Studien zur transnationalen Zeitgeschichte Luxemburgs / Études sur l'histoire contemporaine transnationale du Luxembourg

Édité par Benoît Majerus et Denis Scuto

Volume 1

Histoire de la Justice au Luxembourg (1795 à nos jours)

Institutions – Organisation – Acteurs

Édité par
Vera Fritz, Denis Scuto et Elisabeth Wingerter

DE GRUYTER
OLDENBOURG

ISBN 978-3-11-067953-3
e-ISBN (PDF) 978-3-11-067965-6
e-ISBN (EPUB) 978-3-11-067971-7
ISSN 2629-4575

Library of Congress Control Number: 2021945844

Bibliographic information published by the Deutsche Nationalbibliothek
The Deutsche Nationalbibliothek lists this publication in the Deutsche Nationalbibliografie; detailed bibliographic data are available on the Internet at http://dnb.dnb.de.

Cover image: Christof Weber/SIP
Typesetting: Dörlemann Satz, Lemförde
Printing and binding: CPI books GmbH, Leck

www.degruyter.com

Remerciements

La réalisation de cet ouvrage a nécessité la collaboration de nombreuses institutions et personnes. En premier lieu, il convient de remercier les ministres de la Justice Felix Braz, lequel est à l'origine de ce projet et l'a accompagné avec enthousiasme, et Sam Tanson, qui a soutenu le projet avec la même ardeur.

Nous souhaiterions également remercier les partenaires du projet, qu'ont été le Ministère de la Justice, l'Administration judiciaire, la Cour supérieure de Justice, les juridictions administratives, les Archives nationales et la Bibliothèque nationale, institutions représentées au sein d'un Comité d'accompagnement qui a suivi l'avancement de nos travaux étape par étape. Par leur disponibilité et leur intérêt pour le sujet d'étude, les membres du Comité ont su faciliter l'accès à certains documents, proposer des pistes de recherches supplémentaires et porter conseil tant sur des questions historiographiques que juridiques. Merci à Mesdames et Messieurs Monique Kieffer, Josée Kirps, Théa Harles-Walch, Claude D. Conter, Francis Delaporte, Carlo Heyard, Jeannot Nies, Philippe Nilles, Daniel Ruppert et Laurent Thyes. Merci également aux Archives nationales d'avoir accueilli l'historienne et archiviste Nina Janz pendant un an et demi, afin de permettre l'inventorisation de fonds d'archives nécessaires au projet.

De chaleureux remerciements sont ensuite adressés au Comité scientifique qui a encadré le projet, composé des Professeur-e-s Christoph Brüll, Andreas Fickers, Christoph Safferling, Xavier Rousseaux et Claire Zalc, de l'ancien Procureur général d'Etat Robert Biever et de la conservatrice aux Archives nationales, également docteure en histoire, Corinne Schroeder. Par leurs lectures et relectures, leurs critiques constructives, ainsi que leurs orientations en termes de bibliographie et d'archives, les membres du Comité scientifique ont apporté un soutien indispensable à la réalisation de notre travail.

Un mot de remerciement se doit ensuite d'être adressé à tous les auteurs et autrices externes à ce projet de recherche, historiens et juristes, praticiens et chercheurs, qui ont accepté d'enrichir cet ouvrage par leur regard d'expert.

Enfin, nous souhaiterions remercier les Archives nationales, la Photothèque de la Ville de Luxembourg, le Service Information et Presse du gouvernement luxembourgeois, les Musées de la ville de Luxembourg, l'Administration judiciaire et le photographe Christof Weber, pour leur assistance dans la recherche d'illustrations pour cet ouvrage, ainsi que les nombreuses photographies et numérisations qu'ils ont bien voulu mettre à notre disposition.

https://doi.org/10.1515/9783110679656-205

Table des matières

III. La justice internationale et l'impact du droit international

Présentation des auteurs

L'équipe de recherche du projet

Denis Scuto est professeur associé à l'Université du Luxembourg, directeur de l'unité de recherche en histoire contemporaine du Luxembourg et vice-directeur du *Luxembourg Centre for Contemporary and Digital History* (C2DH).

Vera Fritz est docteure en histoire de l'Université d'Aix-Marseille et a été chercheuse postdoctorale au C2DH de 2018 à 2021. Elle est actuellement chercheuse à l'Université de Copenhague dans le cadre d'une action Marie Curie.

Elisabeth Wingerter est titulaire d'un master en histoire de la New York University (NYU). Elle est actuellement chercheuse doctorale au C2DH.

Les auteurs des chapitres thématiques

Michel Erpelding est docteur en droit public de l'Université Paris 1 Panthéon-Sorbonne et chercheur postdoctoral à l'Université du Luxembourg.

Simone Flammang est magistrat depuis 1999. Elle a occupé des postes de substitut au Parquet de Luxembourg et de juge de la jeunesse. Actuellement, elle est premier avocat général au Parquet général du Grand-Duché de Luxembourg.

Carlo Kinn est professeur d'histoire au lycée Robert Schuman à Luxembourg.

Marc Limpach a fait des études de droit aux universités de Strasbourg, Cologne, Paris I (Panthéon-Sorbonne) et Cambridge (Royaume-Uni). Il a publié sur l'histoire contemporaine et socioculturelle luxembourgeoise. Il est actif dans le milieu culturel (théâtre et cinéma) et coédite la revue *Les Cahiers luxembourgeois*.

Philippe Nilles est conservateur aux Archives nationales de Luxembourg, responsable de la section moderne.

Lisa Payot est titulaire d'un master à finalité archivistique de l'Université catholique de Louvain, dans le cadre duquel elle a rédigé un mémoire de recherche sur les prisons du département des Forêts.

https://doi.org/10.1515/9783110679656-201

Georges Ravarani est juge à la Cour européenne des droits de l'homme depuis 2015. Auparavant il était successivement juge au tribunal d'arrondissement de Luxembourg, avocat, président du tribunal administratif, président de la Cour administrative et vice-président de la Cour constitutionnelle.

Vincent Theis a été directeur du Centre pénitentiaire de Givenich (1983–2000) et du Centre pénitentiaire de Schrassig (2000–2016), expert pour le Conseil de l'Europe et membre du Comité européen de prévention de la torture et des peines ou traitements inhumains ou dégradants.

Danielle Wolter est doctorante en droit à l'Université du Luxembourg.

Introduction

Donner un aperçu de plus de deux siècles d'histoire institutionnelle de la justice au Luxembourg représente un pari, d'autant plus que ce terrain a été jusqu'à présent peu défriché par les historiens et les historiennes. Malgré l'importance centrale du pouvoir judiciaire en tant qu'un des trois pouvoirs constituant l'État luxembourgeois dans la démocratie moderne, l'étude de l'histoire de la justice a jusqu'à présent été largement négligée par l'historiographie. Mis à part des travaux isolés comme ceux plus anciens de Nicolas Majerus[1] ou ceux plus récents de Paul Feltes,[2] ce furent et ce sont avant tout des juristes qui ont recherché et écrit sur le champ de la justice, en s'intéressant en premier lieu à leur époque.

L'initiative prise en 2017 par le ministre luxembourgeois de la Justice, M. Félix Braz, de charger le *Luxembourg Centre for Contemporary and Digital History* (C²DH) d'une étude historique, de même que l'appui apporté par la suite à cette entreprise par sa successeure au poste de ministre, Mme Sam Tanson, doivent être replacés dans ce contexte plus vaste. L'idée initiale du ministre était de combler une des nombreuses lacunes dans ce domaine historiographique. Encouragé par l'ancien procureur général d'État, M. Robert Biever, il s'agissait de réaliser une étude sur la justice sous la deuxième occupation allemande (1940–1944), dans la foulée des recherches des dernières années sur cette période, notamment le Rapport Artuso de 2015 sur le rôle des autorités luxembourgeoises dans la mise en pratique des persécutions antisémites nazies durant la Seconde Guerre mondiale.

La volonté du ministre d'associer à son initiative des acteurs clés de la justice tels que l'Administration judiciaire, la Cour supérieure de justice et les juridictions administratives, a au fil des discussions permis d'étendre le champ d'étude de départ. Le C²DH fut chargé de mener des recherches dans une double perspective : premièrement, une étude de nature chronologique et synthétique qui retracerait l'histoire contemporaine de la justice au Luxembourg à partir de 1815, date de création du Grand-Duché de Luxembourg par le Traité de Vienne; deuxièmement, des études thématiques qui viseraient à problématiser des aspects spécifiques de cette histoire. Les résultats seraient publiés sous une double forme également :

1 Majerus, Nicolas, *Histoire du droit dans le Grand-Duché de Luxembourg*, vol. 1 et 2, Luxembourg, Saint-Paul, 1949.

2 Feltes, Paul, *L'organisation judiciaire du Luxembourg au 19ᵉ siècle. Un élément de la formation d'un État et d'une administration (1839–1885)*, Hémecht 50 (1998), 27–67, 135–175, 375–396.

https://doi.org/10.1515/9783110679656-202

une publication à la fois scientifique et destinée à un vaste public en 2021 et une exposition virtuelle en 2022.

Cette initiative de M. Félix Braz et la réorientation de l'objet de recherche font écho à plusieurs défis que le jeune Centre d'histoire contemporaine et numérique s'est posés au moment de sa création en 2016 comme troisième centre de recherche interdisciplinaire de l'Université du Luxembourg. Un premier défi consiste à défendre une pratique scientifique qui entend sortir d'une histoire portée essentiellement sur les pages dramatiques, les « pages sombres », de l'histoire nationale. Un deuxième défi consiste à rompre avec une historiographie imprégnée de complaisance, d'une attitude de révérence à l'égard des acteurs historiques. Une complaisance qui est inutile parce qu'elle empêche de comprendre le sens que les acteurs des différentes époques ont donné à leurs actes. Il convient de rappeler encore et encore que la science historique s'inscrit dans une démarche explicative et non pas dans une démarche moralisatrice et de jugement. Elle entend « éclairer les différents passés présents dans le présent ».[3] Ou comme l'a exprimé l'historien Patrick Boucheron dans son introduction à l'ouvrage collectif « Histoire mondiale de la France » de 2017 : « Faut-il dire à nouveau qu'il ne s'agit ici ni de célébrer ni de dénoncer ? Que l'histoire soit, depuis bien longtemps déjà, un savoir critique sur le monde et non un art d'acclamation ou de détestation est une idée qu'on pouvait croire acquise ; elle rencontre tant d'adversaires aujourd'hui qu'il est peut-être bon de la défendre à nouveau. »[4]

Un troisième défi consiste pour le C²DH à s'inscrire dans une approche d'histoire publique, une discipline devenue planétaire qui allie compétences académiques et techniques de médiation du savoir pour un vaste public. La présentation des résultats de cette étude sous la double forme d'une publication, qui sera disponible en accès libre après l'écoulement d'un délai de 18 mois, et d'une exposition virtuelle, s'insère dans une telle démarche.

Enfin, comme le titre de cet ouvrage le traduit d'emblée, cette « Histoire de la Justice au Luxembourg (1795 à nos jours) » représente une étude sur la longue durée d'une histoire certes nationale, mais imprégnée de phénomènes historiques européens convergents et transnationaux. L'idée de prendre comme point de départ la date de 1815 a rapidement été délaissée au vu de l'importance fondamentale de l'héritage de la Révolution française, du Consulat et de l'Empire, dont les réformes juridiques et judiciaires ont été exportées dans l'ancien Duché

3 Droit, Emmanuel/Reichherzer, Franz, *La fin de l'histoire du temps présent telle que nous l'avons connue. Plaidoyer franco-allemand pour l'abandon d'une singularité historiographique*, Vingtième Siècle. Revue d'histoire 118 (2013), 121–145, ici 143.

4 Boucheron, Patrick (ed.), *Histoire mondiale de la France*, Paris, Seuil, 2017, 12.

de Luxembourg, annexé par la France en 1795 et transformé en « département des Forêts ». Comme dans beaucoup d'autres pays européens, cet héritage a laissé des traces jusqu'à nos jours et a rendu nécessaire d'entrée un élargissement temporel du cadre chronologique de l'historiographie nationale traditionnelle.

Même si cet ouvrage se veut synthétique et ne prétend donc nullement à l'exhaustivité, il est important de souligner qu'il s'agit d'une synthèse originale. En raison de l'absence presque totale d'aperçus historiques existants, elle a nécessité de la part des chercheur-e-s impliqués des recherches novatrices, se basant sur l'exploitation des archives de différentes institutions. Sous la direction du professeur associé en histoire contemporaine luxembourgeoise, Denis Scuto, un binôme de chercheures formé par Vera Fritz, postdoctorante, et Elisabeth Wingerter, doctorante, a dû se plonger entre autres dans de nombreux fonds modernes et contemporains des Archives nationales de Luxembourg pour cerner les grandes étapes et faire ressortir les mutations principales, tant en ce qui concerne les institutions et leur organisation que leurs acteurs. Une coopération étroite avec les Archives nationales a été mise en place et a permis le recrutement pour une période de dix-huit mois d'une archiviste, en la personne de l'archiviste et historienne Nina Janz. Tout comme la recherche elle-même sur l'histoire de la justice, l'inventorisation des fonds d'archives des tribunaux, de l'Administration judiciaire et du ministère de la Justice comportait bien des lacunes et nécessitera encore d'importants efforts à l'avenir.

L'ouvrage se divise en deux parties. La première propose, comme il a déjà été annoncé, un aperçu historique inédit de l'organisation de la justice au Luxembourg de 1795 à nos jours. Dans un chapitre dédié à la « période française », Vera Fritz éclaire les origines du système judiciaire hiérarchisé contemporain, sa mise en route difficile jusqu'à son arrivée à un stade de maturité et son acceptation par la population. Les chapitres suivants retracent comment les régimes politiques successifs ont adapté l'héritage français aux besoins spécifiques du territoire, aux revendications de la population et à celles de la magistrature. Il ressort de cette analyse trois constats : que le besoin de professionnalisation et d'humanisation de la justice est sujet à réflexions dès le milieu du 19e siècle, notamment en ce qui concerne la formation des magistrats, mais également l'état des prisons et le Code pénal ; que les deux lois d'organisation judiciaire de 1885, souvent considérées comme étant à l'origine de l'organisation judiciaire actuelle, ne font que codifier des textes de lois établis progressivement pendant les décennies précédentes ; que la question des influences étrangères reste un leitmotif de l'histoire de la justice luxembourgeoise, ici illustré à travers le rôle de modèle joué dans le Grand-Duché devenu indépendant par l'héritage juridique issu de la Révolution belge.

Elisabeth Wingerter montre ensuite comment l'organisation judiciaire établie en 1885 se consolide jusqu'en 1914, tout en étant confrontée à divers défis dans son fonctionnement quotidien. Les sujets clés de cette période, comme l'amélioration de l'efficacité du système judiciaire ou la prévention du crime, donnent le ton des discussions sur la réforme tout au long du siècle. Puis s'ouvre pour le système judiciaire une période de guerres et de crises qui marque la première moitié du 20e siècle. Avec l'occupation du pays par le Reich (1914–1918), la souveraineté judiciaire nationale, entravée par la justice militaire allemande, ainsi que les questions du droit international et du droit de la guerre prennent une place importante dans les discussions entre les représentants des deux pays. L'entre-deux-guerres est caractérisé d'une part par des défis similaires à ceux de la Belle Époque et de l'autre par l'irruption de questions sociales dans le monde de la justice et la création de nouvelles juridictions. Avant qu'une réforme judiciaire fondamentale ne puisse répondre aux nouvelles demandes de la société luxembourgeoise, c'est l'exécutif qui acquiert plus de pouvoirs à la fin des années 1930 pour faire face au conflit international qui s'annonce. La deuxième occupation allemande (1940–1944) s'accompagne d'une restructuration idéologique et organisationnelle complète et forcée des institutions de la justice. La transformation national-socialiste du système judiciaire par l'administration civile allemande (le Chef der Zivilverwaltung, CdZ) représente une rupture qui a des conséquences dramatiques pour la population ainsi que pour le personnel judiciaire. Elle est suivie d'une phase de justice transitionnelle après la Libération. Caractérisée par l'épuration judiciaire, les enquêtes administratives et disciplinaires, ainsi que par un manque de personnel, la rupture de l'après-guerre représente, elle aussi, un grand défi pour la justice luxembourgeoise du 20e siècle.

La partie « aperçu historique » s'intéresse enfin à l'évolution de la justice de l'après-guerre jusqu'aux travaux de réforme de la constitution entrepris à partir de 2005. La justice entame pendant cette période un vaste travail de mise à jour de ses institutions et procédures. Dans le cadre de la mise en place de l'Etat-providence, elle endosse également un rôle plus protecteur des citoyens. Cette évolution est couronnée par la création des juridictions administratives et de la Cour constitutionnelle en 1996. Ensuite, la justice doit s'adapter à l'augmentation du nombre et de la complexité des affaires à traiter, de même que les revendications grandissantes de transparence émises à l'égard de l'ensemble de la structure étatique.

La deuxième partie du livre réunit des auteurs aux profils divers – historien-ne-s, archivistes, juristes praticien-ne-s, chercheur-e-s – proposant des contributions thématiques autour de trois grands axes. Le premier axe est dédié aux individus qui ont fait fonctionner la justice depuis la fin du 18e siècle. Vera Fritz s'intéresse à l'identité des magistrats au 19e siècle, ainsi qu'au rôle et au statut particulier des membres du Ministère public. Carlo Kinn étudie le recrutement des juges par élection sous le Directoire et Simone Flammang met en lumière dans quelles circonstances les premières femmes ont fait leur entrée dans la magistrature pendant les années 1960. Marc Limpach et Denis Scuto analysent quant à eux les fondements historiques et les évolutions de la profession d'avocat au Luxembourg, tout en donnant un coup de projecteur sur la situation des barreaux de Luxembourg et de Diekirch pendant l'Occupation allemande et à la Libération.

Le second axe évolue autour du traitement du crime et des prisonniers. Philippe Nilles s'intéresse aux compétences du tribunal criminel sous le régime français et met en lumière ce que les archives nous révèlent au sujet de son activité. Lisa Payot propose un aperçu de ses recherches sur les prisons dans le département des Forêts et Vincent Theis pose un regard critique sur deux siècles de traitement des prisonniers au Luxembourg.

Le troisième et dernier axe de la partie thématique de l'ouvrage est consacré à l'impact que le droit international et les juridictions internationales, notamment européennes, ont eu sur la justice luxembourgeoise. Danielle Wolter remonte aux origines de la primauté du droit international au Luxembourg. Michel Erpelding montre comment le Luxembourg a depuis la deuxième moitié du 19e siècle soutenu l'institutionnalisation de la justice internationale. Enfin, Vera Fritz et Georges Ravarani s'intéressent à la relation du Luxembourg avec la Cour de justice de l'Union européenne et la Cour européenne des droits de l'homme, ainsi qu'au retentissement de la jurisprudence de ces deux juridictions.

De nombreux autres points thématiques, évolutions et influences transnationales auraient sans aucun doute mérité d'être approfondis. En proposant une première vue d'ensemble de l'évolution de la justice à l'époque contemporaine, les auteurs de cet ouvrage espèrent encourager la recherche à s'intéresser à ces sujets non éclairés pour l'instant. Signalons d'ailleurs qu'Elisabeth Wingerter soutient en décembre 2021 une thèse de doctorat dans laquelle elle approfondit son étude des épurations menées dans le Luxembourg d'après-guerre. L'étude se concentre principalement sur le fonctionnement et les conséquences matérielles et sociales de l'épuration judiciaire et de l'enquête administrative sur l'administration de la justice, la police et la gendarmerie.

Il reste à souhaiter que d'autres travaux scientifiques suivront, non seulement sur l'histoire de la justice, son cadre institutionnel, organisationnel et matériel, national, européen, international, son contexte sociétal et politique changeant, ses acteurs et multiples intervenants, mais encore sur l'histoire du droit pénal, civil, constitutionnel, social, du travail, fiscal, administratif, etc. De nouvelles intiatives de recherche pourraient associer des chercheures et chercheurs ainsi que des praticiens et praticiennes de différentes disciplines, tout comme des institutions universitaires et non-universitaires, dans un effort commun pour approfondir nos connaissances sur l'histoire institutionnelle, politique et sociale de la justice au Luxembourg.

Première partie : **Aperçu historique**

Vera Fritz

La conquête française du Duché de Luxembourg et la naissance du système judiciaire contemporain (1795–1814)

La Révolution française a laissé un héritage direct dans les systèmes juridiques et judiciaires de nombreux pays de l'Europe de l'Ouest. Le Luxembourg fait sans aucun doute partie de ceux-ci. Les idées des Lumières ne sont pourtant pas accueillies avec ferveur dans le Duché, un territoire essentiellement rural et replié sur lui-même, qui constitue au moment du soulèvement français une des dix provinces des Pays-Bas autrichiens. Son réseau de transports est peu développé et sa seule ville, la capitale de 8500 habitants, ne connaît point de bourgeoisie sensible aux écrits des philosophes.[1] Les familles nobles sont quant à elles peu nombreuses et ont déjà perdu une grande partie de leurs privilèges, notamment l'exemption d'impôts. Les paysans de la province de Luxembourg souffrent ainsi moins du régime seigneurial que leurs homologues français. Ils sont d'ailleurs profondément catholiques et hostiles au principe révolutionnaire de séparation entre l'Église et l'État.[2]

C'est donc de manière forcée que la population luxembourgeoise se voit confrontée aux chamboulements politiques, sociaux et juridiques entraînés par la Révolution lorsque la France commence la conquête du Duché en 1794. Sur le plan de la justice, les événements de 1789 donnent lieu à un système plus lisible et humain que celui connu sous l'Ancien Régime.[3] L'Assemblée constituante tient

---

1 Sur la province de Luxembourg à la fin de l'Ancien Régime voir Trausch, Gilbert, *Du particularisme à la nation. Essais sur l'histoire du Luxembourg de la fin de l'Ancien Régime à la Seconde Guerre mondiale*, Luxembourg, Saint-Paul, 1988, 59–100.

2 Id.

3 Ce chapitre s'appuie sur une abondante littérature française et belge, dont nous ne pouvons fournir un aperçu détaillé ici. Les principaux ouvrages de synthèse sont les suivants : Royer, Jean-Pierre, et al. (edd.), *Histoire de la Justice en France du XIIIe siècle à nos jours*, Paris, Presses universitaires de France, 4e éd., 2010 ; Chauvaud, Frédéric/Petit, Jacques-Guy/Yvorel, Jean-Jacques (edd.), *Histoire de la Justice de la Révolution à nos jours*, Rennes, Presses universitaires de Rennes, 2007 ; Farcy, Jean-Claude, *Histoire de la justice en France de 1789 à nos jours*, Paris, La Découverte, 2015 ; Garnot, Benoît, *Histoire de la Justice: France, XVIe – XXIe siècle*, Paris, Gallimard, 2009 ; De Koster, Margo/Heirbaut, Dirk/Rousseaux, Xavier (edd.), *Deux siècles de justice. Encyclopédie historique de la justice belge*, Bruges, La Charte-Die Keure, 2015 ; Berger, Emmanuel, *La justice pénale sous la Révolution. Les enjeux d'un modèle judiciaire libéral*, Rennes, Presses universitaires de Rennes, 2008.

https://doi.org/10.1515/9783110679656-001

compte des critiques émises par les philosophes des Lumières, qui pointent du doigt le manque de rationalité de la justice royale et seigneuriale, son éloignement des populations rurales et ses peines arbitraires. Les nouveaux principes régissant la justice répondent également aux attentes des Français, qui ont dans leurs 60.000 cahiers de doléances revendiqué la suppression des justices seigneuriales, la création de tribunaux locaux gratuits et l'abandon des peines cruelles. Par conséquent, il est établi un modèle judiciaire fondé sur la souveraineté du peuple et la protection des libertés individuelles. Cette nouvelle organisation judiciaire est aussi introduite dans les neuf « départements réunis », c'est-à-dire dans l'ancienne principauté de Liège et les Pays-Bas autrichiens, dont le Duché de Luxembourg faisait partie. Sous le Consulat et l'Empire, elle sera réformée, mais un grand nombre des acquis de la Révolution se révèleront irrévocables. Ces deux régimes politiques laisseront quant à eux une empreinte durable avec la mise en place d'une organisation judiciaire hiérarchisée, ainsi que divers codes de loi créés sous l'impulsion de Napoléon Bonaparte. La période 1795–1814 est par conséquent à bien des égards fondatrice du droit et du système judiciaire que le Luxembourg, mais également la Belgique, connaissent aujourd'hui.

1 Le modèle judiciaire libéral issu de la Révolution française

Le désir de rupture avec l'Ancien Régime se manifeste en France dès les premiers jours et mois de la Révolution, entre autres avec la prise de la Bastille, forteresse royale utilisée comme prison et symbole de la justice arbitraire du roi. Aux yeux des États généraux, déclarés Assemblée nationale constituante en juin 1789, la nécessité de réformer la justice est évidente. Dès le 17 août 1789, l'avocat et député du Tiers état Nicolas Bergasse présente à l'Assemblée les principes à suivre dans la nouvelle organisation du pouvoir judiciaire : la justice doit émaner exclusivement de la nation, le pouvoir judiciaire doit être séparé des pouvoirs législatif et exécutif, et il doit être invocable par chaque citoyen.[4] Le 26 août 1789, la Constituante promulgue la Déclaration des droits de l'homme et du citoyen, qui institue trois principes clés constituant encore de nos jours des fondements de la pratique judiciaire : « Nul homme ne peut être accusé, arrêté ni détenu que

4 Rapport par M. Bergasse sur l'organisation du pouvoir judiciaire, lors de la séance du 17 août 1789, in : *Archives Parlementaires de 1787 à 1860*, Première série (1787–1799), vol. 8, 5 mai 1789 au 15 septembre 1789, Paris, Librairie Administrative P. Dupont, 1875, 440–450.

dans les cas déterminés par la Loi» (art. 7) ; «La Loi ne doit établir que des peines strictement et évidemment nécessaires» (art. 8) ; et «tout homme [est] présumé innocent jusqu'à ce qu'il ait été déclaré coupable» (art. 9).[5] Puis au printemps 1790, l'Assemblée décide de revoir l'organisation de la justice de fond en comble. Au bout de cinq mois de travaux, elle adopte la loi sur l'organisation judiciaire, qui réforme de manière radicale les structures juridictionnelles françaises.[6] Les juges sont désormais élus par les justiciables et ne peuvent d'aucune manière participer à l'exercice du pouvoir législatif. Les citoyens sont tous égaux devant les tribunaux et l'accès à la justice est gratuit. Les plaidoyers, rapports et jugements doivent être publics.

Une des innovations les plus importantes de la nouvelle architecture judiciaire consiste en l'instauration de justices de paix, qui remplacent les justices seigneuriales. Élus pour deux ans, les juges de paix sont responsables pour statuer sur les affaires civiles et pénales de la vie quotidienne, tels que les dommages faits aux champs, fruits et récoltes, les usurpations de terres, les injures verbales, etc. Leur principale fonction est de proposer aux populations rurales une justice de proximité, conciliatrice, rapide et peu onéreuse, telle qu'elle a été réclamée dans les cahiers de doléances. D'ailleurs, ils ne sont pas obligatoirement des magistrats professionnels, mais des hommes de bon sens et d'expérience.[7] L'appel des jugements rendus par les juges de paix est porté devant un des nombreux tribunaux de district, qui statuent en première instance sur les affaires en toutes matières, à l'exception des affaires de commerce. En appel, ils jugent les affaires d'autres tribunaux de district. Ce système d'appel circulaire, qui n'existe plus de nos jours, a pour origine le souhait de la Constituante de ne pas instituer de tribunal supérieur surpuissant. C'est pour cette même raison que le tribunal de cassation, qui est créé trois mois plus tard,[8] a des pouvoirs limités et ne juge pas le fond des affaires. Composé de quarante-deux juges élus, il doit seulement empêcher les autres juridictions de violer la loi et assurer une harmonie jurisprudentielle sur le plan national. Lorsqu'il procède à la «cassation» d'un jugement, l'affaire est renvoyée pour jugement final devant un autre tribunal.

---

5 Déclaration des droits de l'homme et du citoyen, 26 août 1789.

6 Loi des 16 et 24 août 1790 sur l'organisation judiciaire.

7 Chauvaud, Frédéric/Petit, Jacques-Guy/Yvorel, Jean-Jacques, (edd.), *Histoire de la Justice de la Révolution à nos jours*, op. cit., 29.

8 Décret des 27 novembre et 1er décembre 1790.

2 La mise en place du modèle judiciaire français dans le Duché de Luxembourg

Après la fuite de Louis XVI à Varennes pendant l'été 1791, le climat politique français se tend et la place du roi dans l'édifice étatique bâti par la première Constitution est progressivement remise en question. Le 21 septembre 1792, la monarchie est abolie et la République proclamée. La France se trouve alors d'ores et déjà en pleine guerre contre une coalition de monarchies européennes hostiles à la Révolution. C'est dans le contexte de cette confrontation militaire qu'elle s'empare, deux ans plus tard, de la province de Luxembourg. Dès l'automne 1794, une grande partie du Duché est sous le contrôle des troupes françaises. Une fois la conquête achevée avec la prise de la forteresse de Luxembourg en juin 1795, les autorités d'occupation commencent un vaste travail de réorganisation administrative. Sur le plan de la justice, il est dans un premier temps décidé de conserver le système judiciaire existant afin de ne pas provoquer de chamboulements excessifs. L'introduction de nouvelles juridictions bâties sur le modèle français est réalisée progressivement. En juillet 1795, le représentant du peuple Joubert promulgue un arrêté qui abolit les justices seigneuriales et les remplace par des justices de paix.[9] Elles sont au nombre de vingt-quatre au total. Dès l'année suivante, il y en aura vingt-six, une par canton administratif. Selon les lois applicables en France, les juges composant ces juridictions devraient en principe être élus pour deux ans. Le Directoire estime toutefois que les résidents des territoires conquis ne sont pas prêts pour de telles élections.[10] Ainsi, jusqu'au printemps 1797, la composition des nouveaux organes judiciaires se fait par nomination.[11] Les premiers juges de paix sont désignés directement par Joubert.[12]

9 ANLux, B-0092, Arrêté du représentant du peuple en mission près les Armées, dans la Ville et Pays de Luxembourg, 16 Messidor an III (4 juillet 1795).

10 En ce qui concerne le Luxembourg, un rapport de l'administration centrale des Forêts indique qu'elle considère le peuple luxembourgeois comme trop « faiblement éclairé sur ses propres intérêts » pour voter. Rapport cité par Trausch, Gilbert, *Du particularisme à la nation*, op. cit., 76.

11 Ensuite, les juges seront élus. Voir à ce sujet le chapitre proposé par Carlo Kinn, « L'élection des juges sous le Directoire (1797–1798) ».

12 ANLux, B-0092, Arrêté du représentant du peuple en mission près les Armées dans la ville et le pays de Luxembourg, 16 messidor an III (4 juillet 1795). Cette liste des premières nominations connaîtra toutefois quelques changements avant la mise en route des nouvelles institutions. Voir Lefort, Albert, *Histoire du Département des Forêts (Le duché de Luxembourg de 1795 à 1814). D'après les archives du gouvernement grand-ducal et des documents français inédits*, Luxembourg, Worré-Mertens, 1905, 94 (notes de bas de page), 98, 180. Les changements sont difficiles à retracer de manière exhaustive à partir des archives disponibles.

Contrairement aux postes politiques de la nouvelle administration, auxquels on trouve de nombreux Français, les premiers juges de paix sont dans la majorité issus du Duché.[13] La plupart sont des notables qui ont déjà exercé des fonctions judiciaires et administratives sous l'Ancien Régime, ou alors ont été notaires, avocats ou greffiers. Seul un juge de paix nommé en 1795 ne présente pas de parcours dans l'administration ou la justice de l'Ancien Régime, celui de Hosingen, qui est simplement indiqué comme « cultivateur ». Ces premiers magistrats de proximité sont donc relativement éloignés de l'image de juges non professionnels, choisis avant tout pour leurs capacités de trouver des accords entre partis.[14] Ce n'est que quelques années plus tard que les juges de paix seront davantage issus de la société dans son ensemble. La plupart du temps ils sont propriétaires, cultivateurs ou marchands, parfois faiblement instruits, mais appréciés pour leur moralité et leur capacité de concilier.[15]

Un mois après la création des justices de paix, les juridictions supérieures de la province de Luxembourg sont à leur tour supprimées et remplacées par celles qui existent dans les différents départements français. Les tribunaux de district établis en France en 1790 ayant entre-temps été abolis par mesure d'économie, seulement deux juridictions supérieures sont installées à Luxembourg-ville : un tribunal civil, composé de vingt juges responsables de se prononcer en dernier ressort sur les décisions des juges de paix et de statuer dans les affaires qui excèdent les compétences de ces derniers ; et un tribunal criminel, composé d'un président et de quatre juges issus du tribunal civil, responsables de statuer en appel sur les jugements des cinq tribunaux de police correctionnelle qui sont créés à Luxembourg, Habay-la-Neuve, Saint-Hubert, Saint-Vith et Bitbourg. Ces derniers sont quant à eux composés d'un président et de deux juges de paix.[16] En 1798, le département sera également doté d'un tribunal de commerce, dont les juges sont élus par les marchands, négociants et manufacturiers ayant payé les droits de patente.[17]

---

13 Pour plus de détails sur l'identité des premiers magistrats choisis par le Directoire, voir le chapitre « La magistrature luxembourgeoise au 19e siècle – une élite à la croisée des pouvoirs ».

14 En France, les premiers juges de paix sont aussi dans la majorité des « professionnels de la justice », dotés d'une formation juridique. Voir Delaigue, Philippe, *Une justice de proximité. Création et installation des juges de paix (1790–1804)*, Histoire de la Justice 8–9 (1995–1996), 41.

15 Voir par exemple ANLux, B-0415, Département des Forêts, Arrondissement de Diekirch, Renseignements sur les juges de paix. Sur les juges de paix de Diekirch, voir également Herr, Joseph, *La justice de paix à Diekirch*, Feuille de liaison de la Conférence Saint-Yves 52 (1981), 46–52.

16 ANLux, B-0093, Arrêté du représentant du peuple en mission près les Armées dans la ville et le pays de Luxembourg, 23 thermidor an III (10 août 1795).

17 Trausch, Gilbert, *Aspects et problèmes de la vie municipale à Luxembourg sous la République (1795–1799)*, Hémecht 15 (1963), 496.

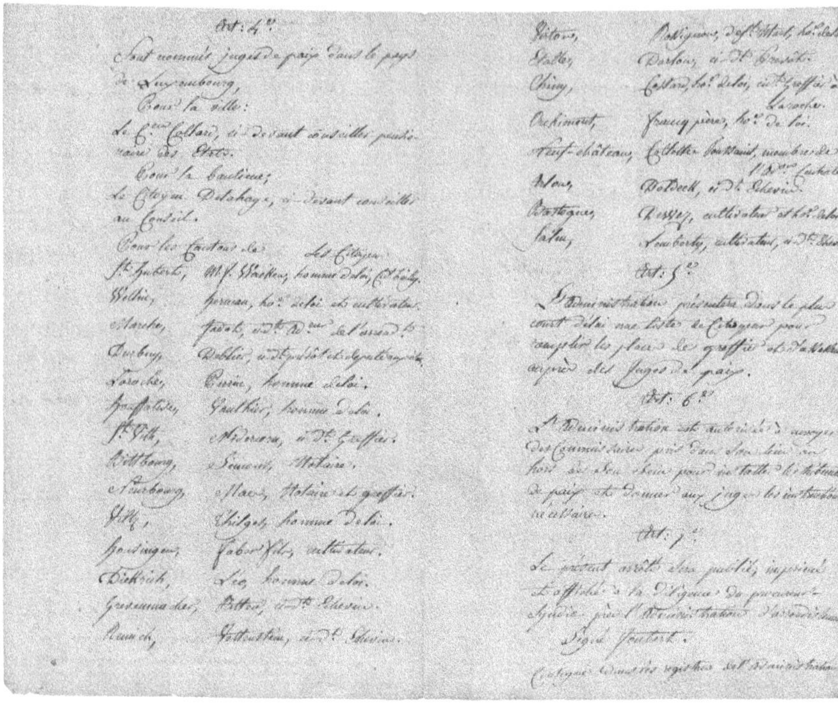

Arrêté de nomination des premiers juges de paix du département des Forêts, 16 messidor an III (4 juillet 1795). ANLux, B-0092.

Ces nouvelles institutions mises en place par l'administration française ne révolutionnent que partiellement le système judiciaire du Duché. D'une part, les justices de proximité avaient déjà existé avec la présence des échevins communaux et des justices seigneuriales dans les campagnes. Certains de ces chargés de justice locaux avaient d'ailleurs été désignés par le biais d'élections.[18] D'autre part, l'empereur Joseph II avait initié des réformes dans le domaine de la justice quelques années avant la Révolution française. Inspiré par les philosophes des Lumières, il avait entièrement réorganisé la carte judiciaire des Pays-Bas autrichiens, dans lesquels une justice émiettée, enchevêtrée, inefficace et arbitraire avait, comme en France, donné lieu à de nombreuses plaintes de la part des populations.[19] En

18 Au sujet du système judiciaire au Duché de Luxembourg avant la réorganisation effectuée par la France, voir l'article de Thewes, Guy, *La justice des Lumières au Duché de Luxembourg*, op. cit.
19 Guy Thewes décrit l'organisation judiciaire des Pays-Bas autrichiens sous l'Ancien Régime comme tellement embrouillée qu'il est impossible d'établir un organigramme. Thewes, Guy, *La*

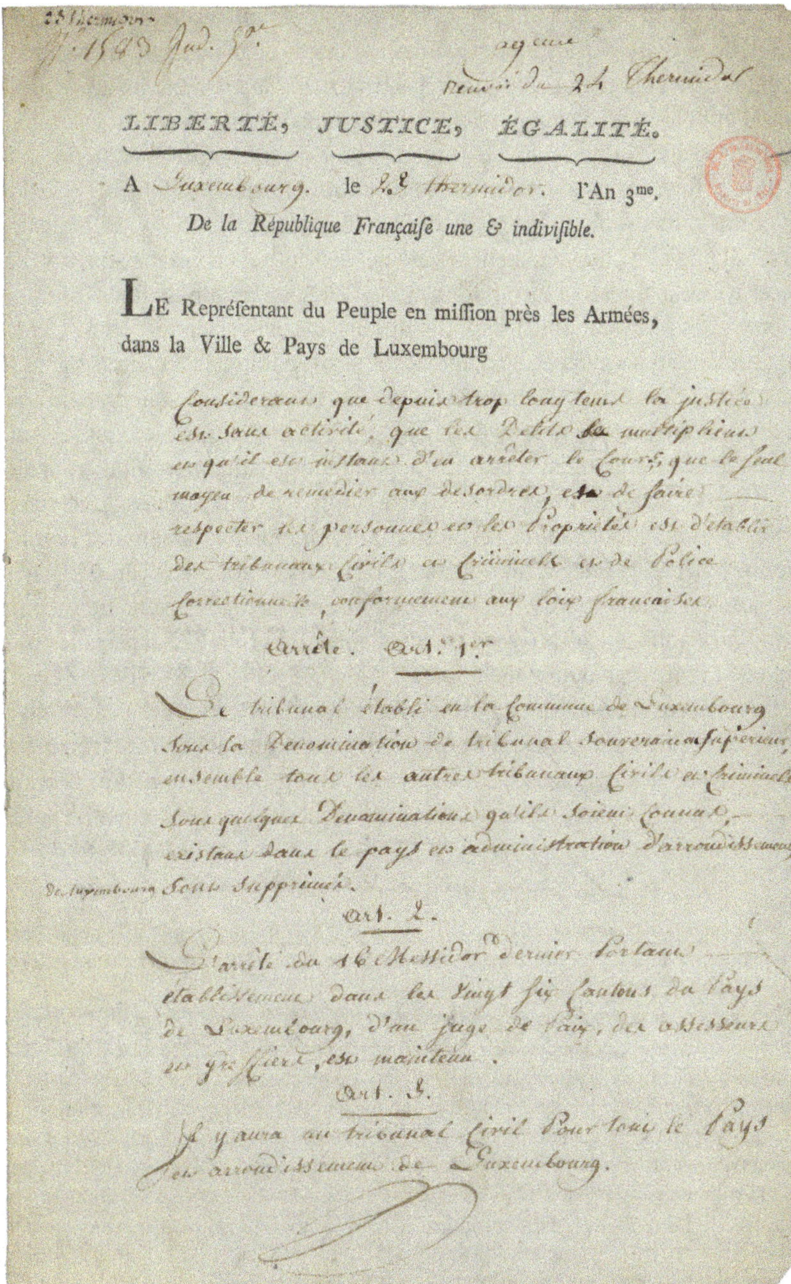

23 thermidor
N° 1583 Jud. 9e
agréé
Reçu le 24 thermidor

LIBERTÉ, JUSTICE, ÉGALITÉ.

A Luxembourg. le 23 thermidor. l'An 3me.
De la République Françaiſe une & indiviſible.

LE Repréſentant du Peuple en miſſion près les Armées, dans la Ville & Pays de Luxembourg

Considerant que depuis trop longtems la justice est sans activité, que les Delits se multiplient et qu'il est instant d'en arrêter le cours, que le seul moyen de remedier aux desordres, est de faire respecter les personnes et les proprietés est d'etablir des tribunaux civils et criminels et de Police correctionnelle, conformement aux loix françaises

Arrête. Art. 1er

Le tribunal établi en la Commune de Luxembourg sous la Denomination de tribunal souverain et superieur, ensemble tous les autres tribunaux civils et criminels sous quelques Denominations qu'ils soient connus, existant dans le pays et administration d'arrondissement de Luxembourg sont supprimés.

Art. 2.

L'arrêté du 16 Messidor dernier portant etablissement dans les vingt six Cantons du pays de Luxembourg, d'un juge de paix, des assesseurs et greffiers, est maintenu.

Art. 3.

Il y aura un tribunal civil pour tout le pays et arrondissement de Luxembourg.

Arrêté de création du tribunal civil et du tribunal criminel à Luxembourg, 23 thermidor an III (10 août 1795). ANLux, B-0093.

1786 et 1787, il avait fait promulguer trois ordonnances qui avaient codifié la procédure civile et remplacé les innombrables instances de justice par un système à trois degrés de juridiction, comportant des tribunaux de première instance, deux conseils d'appel (un à Luxembourg et un à Bruxelles), et un Conseil souverain de justice (Bruxelles).[20] Cette nouvelle organisation devait rendre le système judiciaire plus lisible, mais également plus égalitaire, puisque les nobles, ecclésiastiques et roturiers devaient être jugés devant les mêmes tribunaux. Le judiciaire devait d'ailleurs être complètement séparé de l'exécutif. Cependant les nouvelles instances n'ont, malgré leur installation en mai 1787, jamais fonctionné. Confronté à d'importantes protestations, Joseph II annonça la suspension des nouveaux tribunaux seulement un mois et demi après leur mise en route, le 20 juin 1787.[21] Mais les arrêtés de Joubert de 1795 imposent donc des réformes qui avaient en grande partie déjà été envisagées auparavant.

Outre les nouvelles instances juridictionnelles, l'administration française introduit dans l'ancienne province de Luxembourg deux innovations directement issues des revendications de la Révolution : le principe fondamental du droit à la défense par l'assistance d'un défenseur officieux,[22] adopté en France par la Constituante en automne 1789,[23] et les jurys d'accusation et de jugement. Inspirés du *Grand Jury* anglais, ces jurys de citoyens constituent un des aspects les plus originaux de la réorganisation de la justice effectuée après la Révolution. Tandis que le jury d'accusation décide au niveau du tribunal correctionnel si les preuves rassemblées contre un accusé justifient qu'une procédure judiciaire soit engagée, le jury de jugement, composé de douze jurés, se prononce auprès du tribunal criminel sur sa culpabilité. Les justiciables participent ainsi directement à l'exer-

---

justice des Lumières au Duché de Luxembourg, op. cit., 523. Voir également Warlomont, René, *Les idées modernes de Joseph II sur l'organisation judiciaire dans les Pays-Bas autrichiens*, Revue d'histoire du droit 27 (1959), 269–289.

20 Le règlement pour la procédure civile (3 novembre 1786), le diplôme portant rétablissement des nouveaux tribunaux (1er janvier 1787) et l'édit pour la réformation de la justice (3 avril 1787).

21 Thewes, Guy, *La justice des Lumières au Duché de Luxembourg*, op. cit.

22 L'article 27 de l'arrêté de Joubert stipule que l'on ne peut refuser aux accusés le secours d'un conseil, qu'il soit choisi ou commis d'office. ANLux, B-0093, Arrêté du représentant du peuple en mission près les Armées dans la ville et le pays de Luxembourg, 23 thermidor an III (10 août 1795). La Révolution supprime les barreaux et réserve la défense à des non-professionnels. Voir Leuwers, Hervé, *L'invention du barreau français, 1660–1830. La construction nationale d'un groupe professionnel*, Paris, Editions de l'EHESS, 2006 ; Derasse, Nicolas, *Les défenseurs officieux. Une défense sans barreaux*, Annales historiques de la Révolution française 350 (2007), 49–67.

23 Décret du 9 octobre 1789 sur la réforme de la procédure criminelle, art. 10 : « L'accusé décrété de prise de corps pour quelque crime que ce soit, aura le droit de se choisir un ou plusieurs conseils ».

cice du pouvoir judiciaire au nom de la souveraineté de la nation et protègent les citoyens de l'arbitraire des tribunaux.[24]

En ce qui concerne le choix des premiers magistrats des juridictions supérieures, nous observons comme pour les juges de paix une certaine continuité avec les juridictions de l'Ancien Régime. Le président du tribunal criminel, Théodore-Ignace de Lafontaine, a avant la conquête par les troupes françaises été magistrat (conseiller) à la juridiction suprême de la province de Luxembourg, le Conseil souverain. Le président du tribunal civil, Jean-Adolphe d'Olimart, est lui aussi issu de l'ancien Conseil souverain. Les deux hommes avaient au sein de l'ancien Duché été les principaux responsables de la mise en œuvre des réformes judiciaires de Joseph II.[25] Le tribunal civil compte neuf autres membres issus de l'ancien Conseil souverain.[26] Mais la composition finale des tribunaux ne sera que partiellement celle arrêtée par Joubert. De Lafontaine est rapidement remplacé par Jean-Georges Willmar, qui deviendra plus tard député du département des Forêts au Corps législatif.[27] Puis, les juridictions comptent de nombreux absents le jour de leur inauguration. Sur les vingt premiers juges nommés au tribunal civil par Joubert, seulement dix se présentent.[28] À cet absentéisme initial s'ajoute le désistement de certains qui avaient pourtant accepté leur nouvelle fonction. Enfin, parmi les dix qui se sont présentés, deux sont obligés de renoncer à leurs fonctions quelques semaines plus tard en raison de la loi du 3 brumaire an III, qui interdit aux fonctionnaires publics d'être parents ou complices d'émigrés. C'est le cas du président d'Olimart, qui doit renoncer à son poste parce que son neveu a épousé la fille d'une Française ayant émigré après la Révolution.[29] Il est remplacé par Nicolas Pastoret, lui aussi un ancien magistrat du Conseil souverain. La composition des nouvelles juridictions est ainsi une affaire délicate.[30]

---

24 Voir Allen, Robert, *Les tribunaux criminels sous la Révolution et l'Empire, 1792–1811*, Rennes, Presses universitaires de Rennes, 2005, chapitre 4, le jury de jugement.

25 Thewes, Guy, *La justice des Lumières au Duché de Luxembourg*, op. cit., 529.

26 ANLux, B-0093, Arrêté du Représentant du Peuple en mission près les Armées dans la Ville & Pays de Luxembourg, 23 thermidor an III (10 août 1795). Pour plus de détails sur l'identité des premiers magistrats choisis par le Directoire, voir le chapitre « La magistrature luxembourgeoise au 19e siècle – une élite à la croisée des pouvoirs ».

27 Puis gouverneur civil sous le règne du roi grand-duc Guillaume Ier.

28 ANLux, B-0093, D'Olimart, Président du tribunal civil du département des Forêts à Légier, Commissaire du pouvoir exécutif près de l'administration du même département, 21 frimaire an IV (12 décembre 1795).

29 ANLux, B-0093, Déclaration de d'Olimart, 18 nivôse an IV (8 janvier 1796).

30 Cette désorganisation continuera encore quelques mois puisque même parmi ceux nommés en remplacement des abstentionnistes, tous ne se présentent pas. Voir Lefort, Albert, *Histoire du Département des Forêts*, op. cit., 175–177.

Nicolas Pastoret, président du tribunal civil
Né à Arlon en 1739, Nicolas Pastoret compte à la fin du 18e siècle parmi les grands juristes du Duché de Luxembourg. Nommé conseiller au Conseil provincial en 1777, il contribue de manière considérable à la préparation de la réforme judiciaire de Joseph II. En 1787, il devient conseiller au Conseil d'appel de Luxembourg. Nommé président du tribunal civil sous le régime français, il devient en 1800 juge à la Cour d'appel de Metz et président du tribunal criminel des Forêts. De 1804 jusqu'à sa mort en 1810, il représente le département des Forêts en tant que député au Corps législatif à Paris.[31]

3 L'annexion officielle de l'ancien Duché à la France

Le 1er octobre 1795, les territoires conquis des Pays-Bas autrichiens sont officiellement intégrés à la France et la province de Luxembourg devient le « département des Forêts ». Le Luxembourg subit à cette occasion la perte d'une partie de sa superficie, cédant des territoires du nord et du nord-ouest de l'ancien Duché aux départements de l'Ourthe et de la Sambre-et-Meuse. Cinq jours plus tard, le Directoire fait entrer en vigueur la Constitution de la République française du 5 fructidor an III (22 août 1795). La nouvelle loi fondamentale ne provoque pas de changements dans l'ordre judiciaire qui vient d'être instauré. En revanche, elle introduit sur le territoire luxembourgeois un certain nombre de principes-clefs de droit et de justice qui n'avaient pas encore été rendus applicables par Joubert, à commencer par la Déclaration des droits de l'homme et du citoyen. Reproduite en préambule de la Constitution, celle-ci fait des habitants de la province de Luxembourg des citoyens français égaux en droit, libres de choisir leur religion et d'exprimer leurs opinions. Le titre VIII (pouvoir judiciaire) de la Constitution établit la gratuité de la justice (art. 205) et l'ouverture des séances des tribunaux au public (art. 208). Son adoption dans le département des Forêts étend aussi la compétence du Tribunal de cassation, installé à Paris, aux nouvelles juridictions fondées sur le territoire luxembourgeois.

Le Code des délits et des peines, qui est promulgué le 3 brumaire an IV (25 octobre 1795), ajoute quant à lui dans l'arrondissement de chaque administration municipale un tribunal de police, composé du juge de paix et d'un assesseur.[32] À l'instar du Code pénal de 1791, il fixe en outre les peines applicables,

---

31 Logie, Jacques/Logie, Josette, *Les magistrats des cours et des tribunaux en Belgique (1794–1814). Index prosopographique*, manuscrit inédit, (1995–2009).
32 Article 151.

Le département des forêts (gravure), Luxembourg. © Lëtzebuerg City Museum, Photographie Christof Weber.

qui vont de la simple amende à l'humiliation publique, la dégradation civique, la détention en maison d'arrêt, la gêne (peine qui consiste à être enfermé de manière isolée), les fers (travaux forcés au service de l'État, le prisonnier traînant à ses pieds un boulet attaché à une chaîne de fer), et enfin, la peine de mort. De plus, il introduit des changements dans les pratiques pénitentiaires, puisque les détenus préventifs doivent désormais être séparés de ceux qui sont condamnés à des peines correctionnelles et criminelles.[33] En s'appuyant sur ce principe, le Directoire décidera deux ans plus tard d'enfermer les détenus préventifs à la Maison commune située à l'hôtel de ville de Luxembourg, siège de l'Administration centrale française. La maison de détention pour les condamnés à des peines de prison est quant à elle installée à la tour du Pfaffenthal.[34]

33 Nous verrons dans les chapitres suivants que ce principe ne sera cependant pas appliqué de manière stricte.

34 ANLux, B-0085, Règlement pour la police des Maisons d'arrêt, de justice, de détention et de gêne du département des Forêts, 5 pluviôse an V (24 janvier 1797). Pour plus de détails sur les prisons sous le régime français, voir le chapitre de Lisa Payot, « Prisons et réformes françaises dans le département des Forêts (1795–1814) ». Dans les autres parties du département, ces changements mettent plus de temps à être introduits. Au début du 19e siècle, il n'existe à Diekirch

Trois Tours, Portes à la descente du Pfaffenthal, 1876. © Photothèque de la Ville de Luxembourg, 1876/1/112, Photographie Dominique Kuhn.

Ces deux bâtiments avaient déjà servi de lieu d'incarcération avant l'arrivée des Français.[35]

Conformément à l'idéologie révolutionnaire, qui plaide en faveur de peines non simplement punitives, mais également éducatives, les condamnés sont censés être traités avec « douceur et humanité ».[36] De surcroît, le Directoire encourage les établissements pénitentiaires à les faire travailler. Cette mesure permet

qu'une seule prison, située dans les locaux de la poste. Pour une description, voir ANLux, B-0413, Le Sous-Préfet du 4e arrondissement à Monsieur Lacoste, Préfet du département des Forêts, 24 fructidor an X (11 septembre 1802).

35 Payot, Lisa, *Les prisons du département des Forêts. Les ambitions françaises face aux réalités luxembourgeoises (1795–1815)*, Mémoire réalisé sous la direction du Professeur Xavier Rousseaux, Faculté de philosophie, arts et lettres, Université catholique de Louvain, 2020, 10–11.

36 ANLux, B-0085, Règlement pour la police des Maisons d'arrêt, de justice, de détention et de gêne du département des Forêts, 5 pluviôse an V (24 janvier 1797), chapitre II, article 1er. Cela n'empêche que les conditions de détention restent rudes. Un rapport d'inspection du 4 ventôse an IX décrit des prisonniers malheureux attaqués par la vermine. Rapport cité par Ensch, Nicolas-Antoine, *Geschichtliche Abrisse über die Gefängnisse der Stadt Luxemburg*, Luxembourg, 1934, 8.

non seulement de réduire le coût de leur incarcération, mais aussi de faciliter leur réintégration dans la société. Comme nous le montre le chapitre de Lisa Payot, cet idéalisme révolutionnaire est toutefois vite confronté à la réalité du terrain : les lieux d'incarcération débordent de détenus, l'insalubrité règne et les ateliers de travail sont pratiquement inexistants, faute de place.[37]

4 Les débuts désordonnés du nouvel appareil judiciaire

Comme le reste de la nouvelle structure administrative du département, la machine judiciaire doit trouver ses marques avant de fonctionner de manière efficace. Dès l'automne 1795, les plaintes contre la lenteur des nouvelles juridictions fusent.[38] Les magistrats, qui sont peu familiers avec les principes de la Révolution, se retrouvent désemparés devant la panoplie de circulaires et de lois françaises qu'ils doivent intégrer.[39] Dans de nombreuses lettres adressées au ministre français de la Justice, ils demandent des éclaircissements au sujet des lois à appliquer et de la transition à effectuer dans les procès qui sont en cours au moment de l'installation des nouveaux tribunaux.[40] Il faut dire que les exemplaires du Code judiciaire sont peu nombreux et ne circulent que difficilement. L'absence de traductions en allemand des textes de loi engendre des problèmes de compréhension dans les parties germanophones du département. Il règne alors un grand flou autour des fonctions exactes des nouveaux tribunaux et des hommes qui les composent, ce que ces derniers ne manquent pas de faire savoir. Des substituts commissaires nationaux du tribunal civil installé à Luxemburg se qualifient de « matelots sans rames, de [...] pilotes sans boussole, desquels on ne peut pas prétendre qu'ils mettent en mer ».[41]

Les autorités françaises jugent sévèrement ces dysfonctionnements initiaux : le commissaire du directoire exécutif près le tribunal civil rapporte en février 1796

---

37 Voir le chapitre « Prisons et réformes françaises dans le département des Forêts (1795–1814) ».
38 ANLux, B-0092, Le Général Friant au citoyen Légier, 27 vendémiaire an IV.
39 Selon Gilbert Trausch, le Luxembourg est en 1795 de toutes les provinces annexées la moins préparée à comprendre l'œuvre de la Révolution. Voir Trausch, Gilbert, *Du particularisme à la nation*, op. cit., 72.
40 Voir des exemples de ces lettres dans les Archives nationales de France, dossier BB/18/933.
41 ANLux, B-0092, Les substituts commissaires nationaux du tribunal civil à Luxembourg au Citoyen Willmar, Substitut procureur syndic de l'administration d'arrondissement du Luxembourg, 15 vendémiaire an IV (7 Octobre 1795).

que « presque toutes les parties de l'administration de la justice [du] département ont besoin d'une régénération presque totale, que les lois y sont sans vigueur ou mal interprétées, que la plupart, pour ne pas dire tous les notaires, juges de paix, huissiers rédigent leurs actes en langue allemande, que les formes exigées pour les actes publics ne sont point observées ».[42] Deux ans plus tard, Clément, l'accusateur public français près le Tribunal criminel, perd patience et fait circuler une lettre cinglante, dans laquelle il menace de traduire les juges eux-mêmes en justice :

> Vous le savez comme moi, Citoyens ; que d'efforts le Ministre de la Justice a fait pour nous instruire de nos devoirs respectifs ! [...] je l'avoue avec peine, ses efforts multiples ont jusqu'ici été vains dans ce Département ; & j'en attribue la cause à l'insouciance de la plupart d'entre vous [...] si l'avenir ne répond point à mon attente, soyez assurés que je m'empresserai de proclamer vos fautes ; c'est alors que je vous rappellerai cette responsabilité terrible, inévitable [...] ce sera à ce tribunal juste & inflexible que j'en appellerai, & je vous établirai ainsi Juges de vous-mêmes. [...] Des instructions prodiguées pendant trois ans ont dû suffire pour former des Magistrats [...] Quelle est donc cette difficulté, Citoyens, qui vous fait tant commettre de nullités dans vos instructions sur des délits qui font gémir la société ?[43]

Clément va même jusqu'à rendre les magistrats responsables des soulèvements populaires qui ont eu lieu dans le département des Forêts, dont la fameuse révolte des paysans des Ardennes, connue sous le terme de « Klëppelkrich » (guerre des gourdins ou guerre des paysans), déclenchée seulement quelques semaines auparavant, en octobre 1798 :

> les révoltes qui ont eu lieu dans quelques Cantons de ce Département, ne déposent pas en faveur des fonctionnaires des lieux où elles ont éclaté; leur plus ou moins d'insouciance, le défaut de zèle, & peut-être leur peu de confiance au Gouvernement Républicain, en a rendu un grand nombre complices de ces troubles, qu'une volonté ferme eut peut-être prévenus. Grâces soient rendues aux Magistrats fidèles des cantons restés tranquilles, c'est à eux en partie qu'en est due la gloire.[44]

42 ANLux, B-0092, Le Commissaire du directoire exécutif près le tribunal civil du département des Forêts aux Citoyens Président, membres et commissaire du directoire exécutif près l'administration du département, 16 pluviôse an IV (5 février 1796).

43 ANLux, B-0092, Clément, accusateur public près le Tribunal criminel du département des Forêts, aux Directeurs de jury, Juges de paix, Commissaires du pouvoir exécutif établis près d'eux, aux Commissaires de police, Agents de communes, Inspecteurs des forêts et Gendarmerie dudit département, 28 frimaire an VII (18 décembre 1798).

44 Id.

Il convient d'étudier ces propos avec une certaine précaution, puisque les archives françaises nous révèlent que Clément était un personnage controversé. Des documents produits quelques années plus tard le décrivent comme un homme « d'une sévérité irréfléchie », n'ayant « que fureur, passion et partialité dans sa conduite ».[45] Mais il est vrai que le tribunal criminel de Luxembourg fait preuve d'une certaine clémence envers ceux qui sont accusés de soulèvements populaires. Tout comme il a acquitté les accusés du soulèvement de 1796 (connu sous le nom de « guerre des cocardes »), il remet en liberté les cinq prévenus accusés d'avoir participé au *Klëppelkrich*, alors même que le tribunal militaire a prononcé 35 condamnations à mort et 24 peines de prison contre d'autres acteurs du même soulèvement.[46]

Toutefois, il est important de préciser que ces acquittements sont prononcés par les jurys populaires et non pas par les magistrats, qui déterminent seulement la peine à appliquer en cas de culpabilité des accusés. Les verdicts de ces jurys agacent les autorités françaises bien au-delà du département des Forêts. Dans toute la France, ils feraient preuve de laxisme en innocentant des conspirateurs et des personnes ayant commis des crimes « royalistes ». En 1799, une circulaire du ministre de l'Intérieur exhorte à ne porter sur les listes des jurés « que des citoyens qui inspirent la confiance par leurs vertus civiques et morales », des « hommes [...] éclairés, probes, et sincèrement amis de la République ».[47] Dans le département des Forêts, c'est le préfet Lacoste qui critique les choix des juges de paix concernant les jurés. Il leur reproche de privilégier les « gens de métier » au détriment des « citoyens riches et puissants », de choisir des personnes qui ne maîtrisent pas la langue française et d'autres dont l'hygiène de vie, notamment leur « état d'ivresse habituelle », ne permet pas d'accomplir la responsabilité de juré.[48]

Comme le montrent les travaux de Philippe Nilles, qui propose un aperçu de ses recherches dans cet ouvrage,[49] et de Raymond Schaack, ces critiques ne

---

45 Archives nationales de France, BB/5/277, Forêts, Juges Cour criminelle.

46 Sur la répression du « Klëppelkrich » par les autorités françaises, voir l'étude très détaillée de Trausch, Gilbert, *La répression des soulèvements paysans de 1798 dans le département des Forêts (aspects et problèmes)*, Luxembourg, Section historique de l'Institut grand-ducal, 1967.

47 ANLux, B-0099, Le ministre de l'Intérieur aux Administrations centrales de département, et aux Commissaires du Directoire exécutif près de ces administrations, 16 Pluviôse an VII (4 février 1799).

48 ANLux, B-0099, J. B. Lacoste, Préfet du département des Forêts aux juges de paix du département, 3 floréal an XI (23 avril 1803).

49 Voir le chapitre intitulé « Les archives du tribunal criminel du département des Forêts et leur exploitation en matière de jugements pour le Luxembourg (1795–1810) ».

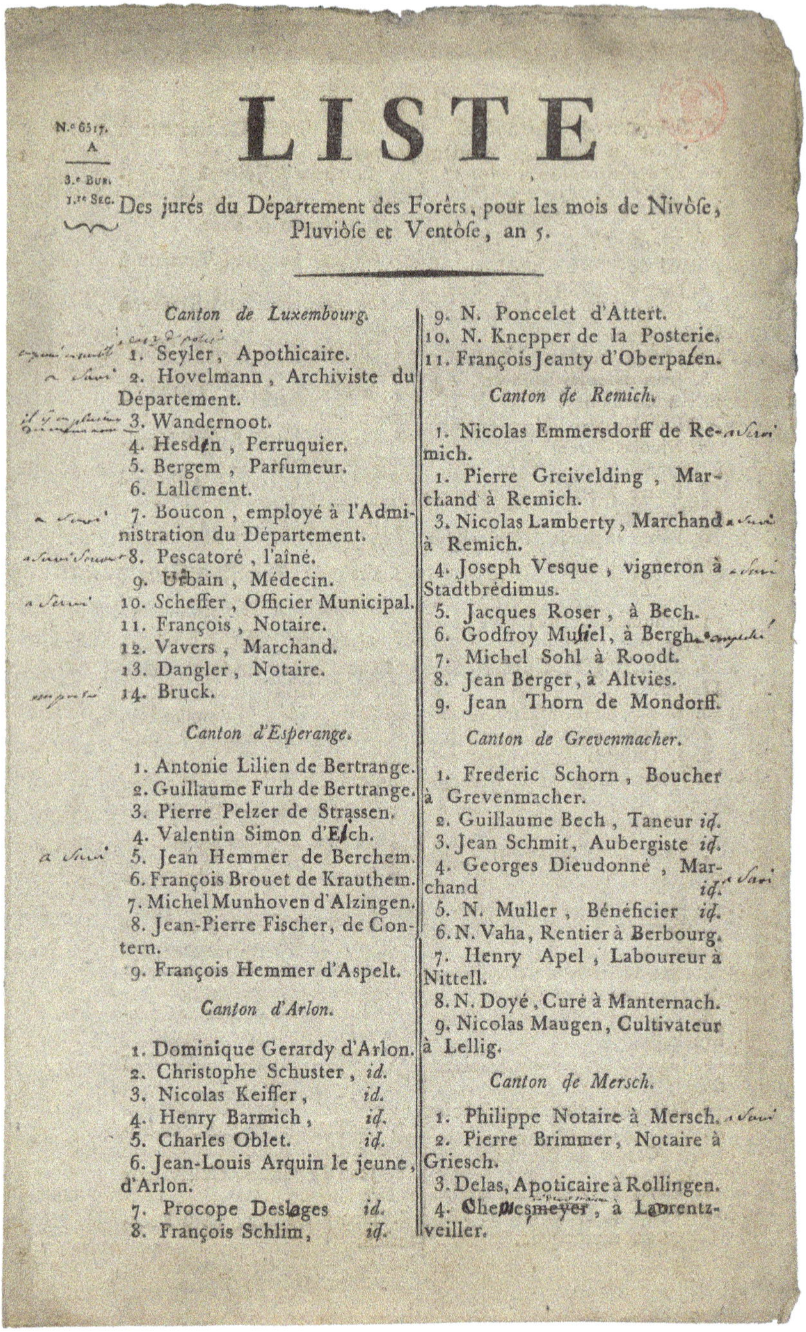

N.° 6517.
A
3.e Bur.
1.re Sec.

LISTE

Des jurés du Département des Forêts, pour les mois de Nivôse, Pluviôse et Ventôse, an 5.

Canton de Luxembourg.

1. Seyler, Apothicaire.
2. Hovelmann, Archiviste du Département.
3. Wandernoot.
4. Hesdin, Perruquier.
5. Bergem, Parfumeur.
6. Lallement.
7. Boucon, employé à l'Administration du Département.
8. Pescatoré, l'aîné.
9. Urbain, Médecin.
10. Scheffer, Officier Municipal.
11. François, Notaire.
12. Vavers, Marchand.
13. Dangler, Notaire.
14. Bruck.

Canton d'Esperange.

1. Antonie Lilien de Bertrange.
2. Guillaume Furh de Bertrange.
3. Pierre Pelzer de Strassen.
4. Valentin Simon d'Esch.
5. Jean Hemmer de Berchem.
6. François Brouet de Krauthem.
7. Michel Munhoven d'Alzingen.
8. Jean-Pierre Fischer, de Contern.
9. François Hemmer d'Aspelt.

Canton d'Arlon.

1. Dominique Gerardy d'Arlon.
2. Christophe Schuster, *id.*
3. Nicolas Keiffer, *id.*
4. Henry Barmich, *id.*
5. Charles Oblet. *id.*
6. Jean-Louis Arquin le jeune, d'Arlon.
7. Procope Desloges *id.*
8. François Schlim, *id.*
9. N. Poncelet d'Attert.
10. N. Knepper de la Posterie.
11. François Jeanty d'Oberpalen.

Canton de Remich.

1. Nicolas Emmersdorff de Remich.
1. Pierre Greivelding, Marchand à Remich.
3. Nicolas Lamberty, Marchand à Remich.
4. Joseph Vesque, vigneron à Stadtbrédimus.
5. Jacques Roser, à Bech.
6. Godfroy Mussel, à Bergh.
7. Michel Sohl à Roodt.
8. Jean Berger, à Altvies.
9. Jean Thorn de Mondorff.

Canton de Grevenmacher.

1. Frederic Schorn, Boucher à Grevenmacher.
2. Guillaume Bech, Taneur *id.*
3. Jean Schmit, Aubergiste *id.*
4. Georges Dieudonné, Marchand *id.*
5. N. Muller, Bénéficier *id.*
6. N. Vaha, Rentier à Berbourg.
7. Henry Apel, Laboureur à Nittell.
8. N. Doyé, Curé à Manternach.
9. Nicolas Maugen, Cultivateur à Lellig.

Canton de Mersch.

1. Philippe Notaire à Mersch.
2. Pierre Brimmer, Notaire à Griesch.
3. Delas, Apoticaire à Rollingen.
4. Chemesmeyer, à Laurentzveiller.

Liste des jurés du département des Forêts, Hiver 1796–1797. ANLux, B-0099.

semblent pas infondées.[50] Les procès-verbaux des affaires traitées par le tribunal criminel de Luxembourg révèlent que le président doit de manière récurrente écarter des membres du jury en raison de difficultés de compréhension du français ou d'états de santé fragiles. En outre, la clémence des jurys populaires se confirme à la lecture des arrêts du tribunal criminel, qui acquitte de nombreux accusés dont la culpabilité ne fait pourtant aucun doute. Le nombre de condamnations augmente cependant considérablement avec l'avènement de Napoléon Bonaparte.[51]

5 La justice luxembourgeoise sous le Consulat et l'Empire

En 1799, le régime du Directoire est fort impopulaire et à bout de souffle, entre autres à cause de la situation financière désastreuse du pays et des défaites militaires subies contre la coalition des monarchies européennes. Convaincu qu'il est nécessaire de changer de régime politique, Emmanuel-Joseph Sieyès, l'un des cinq membres du Directoire, prépare au grand jour, et avec la complicité de nombreuses autres personnalités politiques, un coup d'État. Le général Napoléon Bonaparte semble être le candidat parfait pour mener l'action. Le 18 brumaire an VIII (9 novembre 1799), trois des cinq directeurs, complices du putsch, démissionnent. Le lendemain, les troupes de Bonaparte encerclent le château de Saint-Cloud, auquel ont été transférés le Conseil des Cinq Cents et le Conseil des Anciens. Pendant la nuit du 19 au 20 brumaire, Bonaparte et les deux anciens directeurs Sieyès et Ducos prennent le pouvoir sous le titre de « consuls ». Le régime politique du Consulat débute officiellement le 13 décembre 1799 avec l'adoption de la Constitution de l'an VIII, rédigée en seulement onze jours. Cette nouvelle loi fondamentale rompt avec les constitutions précédentes en mettant en place une

50 Schaack, Raymond, *Le tribunal criminel des Forêts sous le Directoire*, Hémecht 17 (1965), 23–44 ; Schaack, Raymond, *Le tribunal criminel des Forêts. Les Révolutionnaires de 1789 ont-ils réussi à humaniser la justice ?*, Hémecht 19 (1967), 441–455 ; Nilles, Philippe, *La justice criminelle au Luxembourg sous le Consulat et l'Empire (1799–1811)*, Mémoire scientifique réalisé dans le cadre des travaux de fin de stage de la carrière de conservateur aux archives nationales, 2010. Le lecteur trouvera dans ces travaux de nombreux exemples de crimes jugés par le tribunal criminel sous le Directoire, le Consulat et l'Empire.

51 Nilles, Philippe, *La justice criminelle au Luxembourg sous le Consulat et l'Empire (1799–1811)*, op. cit., 28.

Visite de S.M. L’Empereur Napoléon Ier le 9–10 octobre 1804 : le dîner en compagnie des honorables luxembourgeois, Gouache sur papier, 1914. © Lëtzebuerg City Museum, Photographie Christof Weber.

gouvernance aux caractéristiques beaucoup plus autoritaires et concentrant les pouvoirs entre les mains du premier consul, Bonaparte.[52]

Le Consulat introduit des changements profonds dans l'organisation de la justice.[53] Il revient tout d'abord sur la décision du Directoire de ne proposer aux justiciables qu'un seul tribunal civil par département en créant sur l'ensemble du territoire français un tribunal civil par arrondissement communal, appelé tribunal de première instance. Dans le département des Forêts, cette mesure se traduit par la création de quatre tribunaux, installés à Luxembourg-ville, Neufchâteau, Diekirch et Bitbourg.[54] Ce dernier sera en 1811 transféré à Echternach. Les tribunaux de première instance sont compétents pour se prononcer en premier ressort sur les affaires civiles et pour statuer en appel sur les jugements rendus par les juges de paix. Ils récupèrent également la compétence des juges de paix en matière de police correctionnelle. L'appel en matière pénale est effectué par les tribunaux criminels, dont le nombre reste inchangé (un par département). À l'exception du tribunal d'arrondissement de Luxembourg, qui compte quatre juges, les tribunaux de première instance sont composés de seulement trois juges. Contrairement aux constitutions précédentes, celle de l'an VIII ne prévoit plus l'élection des magistrats. Ils sont désormais nommés par le premier consul, c'est-à-dire Napoléon. Afin de néanmoins garantir une certaine indépendance, leurs fonctions leur sont attribuées à vie. Seuls les juges du tribunal de cassation (qui devient la Cour de cassation en 1804), ainsi que les juges de paix, restent élus.[55] En ce qui concerne les juges de paix, leur élection est à son tour abolie en 1802.[56]

La nouvelle organisation judiciaire modifie également le système d'appel circulaire qui régnait depuis 1791. En créant sur l'ensemble du territoire vingt-neuf tribunaux responsables de statuer en appel sur les décisions rendues par les tribunaux de première instance, elle instaure un système hiérarchisé tel que nous

52 Elle n'est d'ailleurs plus précédée d'une déclaration des droits des citoyens. Le garant des libertés est désormais l'ordre public. Menichetti, Johan, *L'écriture de la constitution de l'An VIII. Quelques réflexions sur l'échec d'un mécanisme révolutionnaire*, Napoleonica. La Revue 13 (2013), 73.

53 On trouve ces changements non seulement dans la Constitution de 1799, mais également dans la loi du 27 ventôse an VIII (18 mars 1800).

54 Pour plus de détails sur la mise en place du tribunal de Diekirch, dont notamment un compte-rendu de son procès-verbal d'installation, voir Everling, Roger, *Le tribunal d'arrondissement de Diekirch. Histoire et évolution*, Feuille de liaison de la Conférence Saint-Yves 45 (1979), 7–23.

55 Les membres de la Cour de cassation ne sont toutefois pas élus par les citoyens, mais par le sénat.

56 Le mécanisme d'élection des juges de proximité est trop populaire pour être aboli d'entrée de jeu par le Consulat. Voir Delaigue, Philippe, *Une justice de proximité*, op. cit., 44–45.

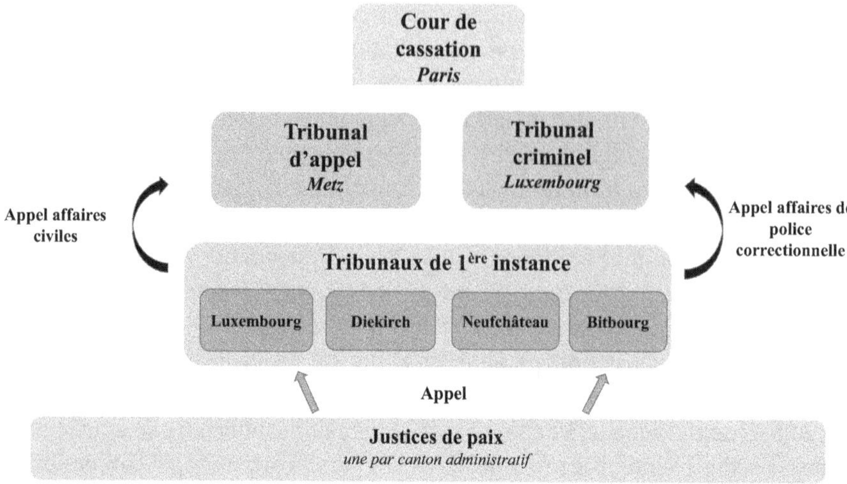

Système d'appel hiérarchisé introduit sous le Consulat.

le connaissons aujourd'hui. Ces nouvelles juridictions seront renommées « cours d'appel » en 1804, puis « cours impériales » à partir de 1810. La fonction de statuer en seconde instance sur les jugements des quatre tribunaux de première instance du département des Forêts tombe sous la juridiction du tribunal d'appel de Metz.[57] Ces nouveaux tribunaux connaîtront, du point de vue de leur composition, une grande stabilité sous le Consulat et l'Empire.[58] Les documents conservés aux Archives nationales de France nous révèlent que l'exécutif est désormais satisfait du travail fourni par les magistrats du département des Forêts.[59] Trois des quatre présidents des tribunaux de première instance resteront en place de 1800 jusqu'à la chute de l'Empire.

57 Le tribunal d'appel de Metz est également responsable pour juger en appel les affaires introduites en première instance dans les tribunaux du département des Ardennes et de celui de la Moselle.

58 Pour plus de détails sur la composition des tribunaux, voir le chapitre « La magistrature luxembourgeoise au 19e siècle – une élite à la croisée des pouvoirs ».

59 Archives nationales de France, BB/5/277, Renseignements et observations sur la moralité, la capacité, les services, la considération des magistrats du tribunal de 1ère instance de Luxembourg, Neufchâteau, Echternach et Diekirch (documents non datés, rédigés entre 1811 et 1814).

Observations françaises sur les quatre présidents de tribunaux de 1ère instance du département des Forêts[60]

Jean-Antoine Laval, Président du tribunal de Luxembourg (nommé en 1800)	« Très instruit, honnête homme, rempli de talent, jouit d'une considération bien méritée »
Pierre-Joseph Collard, Président du tribunal de Neufchâteau (nommé en 1811)	« Cet ancien magistrat est très propre à remplir cette place par son savoir et ses mœurs. [...] La seule chose à appréhender est qu'il ne soit trop attaché à la retraite »
d'Olimart Jean-Adolphe, Président du Tribunal de Diekirch (nommé en 1800)	« Très instruit et éclairé, magistrat respectable à tous égards, beaucoup de dignité et jouit de la plus haute considération »
Jean-Henri Ensch, Président du tribunal de Bitbourg puis du tribunal d'Echternach (nommé en 1800)	« Probe, judicieux, honorable, remplit bien sa place »

6 Le Code civil des Français et les réformes pénales

Le 21 mars 1804, deux mois avant de proclamer l'Empire, Napoléon promulgue le Code civil des Français, l'œuvre dont il sera le plus fier. À Sainte-Hélène, il déclarera en 1816 : « Ma gloire n'est pas d'avoir gagné quarante batailles et d'avoir fait la loi aux rois qui osèrent défendre au peuple français de changer la forme de son gouvernement. Waterloo effacera le souvenir de tant de victoires [...] Mais ce que rien n'effacera, ce qui vivra éternellement, c'est mon Code civil. »[61] Le Code civil regroupe un ensemble de lois relatives aux droits et obligations des citoyens et aux relations entre personnes. Doté de pas moins de 2281 articles, il constitue un énorme effort de codification et d'unification de droits existants, allant du droit romain aux édits royaux, en passant par des règles de coutumes dispersées partout en France, jusqu'aux nouvelles lois issues de la Révolution. Son but

60 Archives nationales de France, BB/5/277, Renseignements et observations sur la moralité, la capacité, les services, la considération des magistrats du tribunal de 1ère instance de Luxembourg, Neufchâteau, Echternach et Diekirch (documents non datés, rédigés entre 1811 et 1814).
61 Montholon, Charles Tristan, *Récits de la captivité de l'Empereur Napoléon à Sainte Hélène*, tome 1, Paris, 1847, 40.

Napoléon Ier rédigeant le Code civil, couronné par le Temps. © Lëtzebuerg City Museum, Photographie Christof Weber.

principal est de donner un socle juridique clair, concis et uniforme à la nouvelle société créée par la Révolution. Au Code civil de 1804 s'ajoute en 1806 le Code de procédure civile, qui régit la manière dont doivent se dérouler les actions en justice civiles devant les juridictions de l'Empire. En reproduisant dans une large mesure les ordonnances de Louis XIV sur la justice civile et criminelle de 1667 et 1670, il n'introduit que peu de nouveautés. Critiqué dès son entrée en vigueur pour son manque de clarté et de précision, il n'atteindra pas le même rayonnement que le Code civil.[62] Le Code de commerce adopté en 1807 reprend lui aussi en grande partie une ordonnance de 1673.

Sur le plan pénal, les grandes modifications n'arrivent qu'après l'établissement de l'Empire. Le Code d'instruction criminelle de 1808 supprime le jury d'accusation, qui a été sous le feu des critiques dès sa mise en place, y compris au

62 Voir au sujet du Code de procédure civile Dauchy, Serge, *La conception du procès civil dans le Code de procédure de 1806*, in : Cadiet, Loïc/Canivet, Guy (edd.), *De la commémoration d'un code à l'autre. 200 ans de procédure civile en France, 1806–1976–2006*, Paris, Litec, 2006, 77–89.

Le Marché-aux-Poissons vers 1866. Les expositions publiques et exécutions eurent lieu à l'endroit où se trouve la fontaine. © Photothèque de la ville de Luxembourg, 1866-00-0023, Photographe inconnu.

sein de la magistrature.[63] Les poursuites judiciaires en matière criminelle sont désormais confiées à un juge d'instruction, qui travaille sous l'autorité du procureur. Contrairement aux délibérés du jury d'accusation, qui étaient auparavant publics, son travail de recherche de preuves d'une infraction pénale est strictement secret. Une fois la phase d'instruction terminée, il remet un rapport à la chambre du conseil du tribunal correctionnel (en cas de délit) ou à la chambre d'accusation de la cour d'appel (en cas de crime). C'est à celles-ci que revient la décision de tenir un procès.[64] Le jury de jugement est toutefois conservé. Les tribunaux criminels sont quant à eux remplacés par des cours d'assises. Composées de juges choisis parmi ceux qui composent les tribunaux civils, elles ne siègent

---

63 Royer, Jean-Pierre, et al. (edd.), *Histoire de la Justice en France du XIIIe siècle à nos jours*, op. cit., 442. Le Code d'instruction criminelle n'entre en vigueur que le 1er janvier 1811, en même temps que le Code pénal.

64 Farcy, Jean-Claude, *Histoire de la justice en France de 1789 à nos jours*, op. cit., 31.

que temporairement. De plus, le Code pénal de 1810, également appelé « Code de fer », réintroduit des peines plus sévères, en élargissant l'application de la peine de mort et en réintroduisant la réclusion criminelle à perpétuité. Il impose aussi la flétrissure au fer brûlant des lettres « T P » pour ceux qui sont condamnés aux travaux forcés à perpétuité, et prévoit une ablation du poing avant l'exécution du condamné en cas de parricide.[65]

7 Conclusion

Les deux décennies que le Duché de Luxembourg passe sous contrôle français marqueront profondément l'organisation juridique et judiciaire du pays. Pour s'en rendre compte, il suffit de jeter un coup d'œil sur le Code civil et le Code d'instruction criminelle (aujourd'hui Code de procédure pénale), qui sont dans une large mesure encore en vigueur tels qu'ils ont été établis en 1804 et 1808. L'infrastructure juridictionnelle actuelle présente elle aussi encore des similitudes avec celle instaurée par la France. Certes, sous le régime français l'appel et la cassation ne sont pas encore assurés par une Cour supérieure de justice locale, mais le système hiérarchisé que nous connaissons aujourd'hui est institué dès 1800. Les tribunaux de première instance, aujourd'hui appelés tribunaux d'arrondissement, conserveront leurs emplacements et une grande partie de leurs compétences. En revanche, les juges d'instruction sont devenus des magistrats indépendants, qui ne sont plus soumis à l'autorité du parquet. Les justices de paix existent toujours, même si elles ne sont plus qu'au nombre de trois.[66] La France les a quant à elle abolies en 1958.

Imposée de l'extérieur, cette machine judiciaire a connu des débuts difficiles. La présence des autorités françaises est au départ rejetée par une large partie de la population luxembourgeoise, ce qui engendre des refus de participation au nouvel appareil administratif. La majorité de l'élite juridique et judiciaire de l'ancien Duché transite toutefois facilement d'un régime à l'autre. Les premières années de résistance passées, la gouvernance française est progressivement acceptée. Lorsque Napoléon visite la ville de Luxembourg en 1804, il

---

65 Carbasse, Jean-Marie, *Histoire du droit pénal et de la justice criminelle*, Paris, Presses universitaires de France, 3e éd., 2014, 464–465. Voir également Boucher, Philippe (ed.), *La Révolution de la justice. Des lois du roi au droit moderne*, Paris, Jean-Pierre de Monza, 1989 ; Badinter, Robert (ed.), *Une autre justice 1789–1799. Contributions à l'histoire de la justice sous la Révolution française*, Paris, Fayard, 1989.

66 Les justices de paix existent également encore en Belgique.

reçoit un accueil favorable. Peu à peu, il devient inimaginable de revenir sur les acquis de la Révolution française, telles que l'égalité de tous les citoyens devant la loi ou la protection des libertés individuelles. L'efficacité et la popularité du système judiciaire mis en œuvre par la France sont telles que, même après la chute de Napoléon et le passage du territoire luxembourgeois sous contrôle néerlandais, Guillaume Ier d'Orange-Nassau le conservera quasiment dans son intégralité.

Vera Fritz

La justice luxembourgeoise sous les régimes néerlandais et belge (1815–1839)

Après la désastreuse campagne française de Russie de 1812, l'Europe sent le vent tourner dans la guerre contre Napoléon. La défaite de la France, désormais attaquée sur son propre territoire, devient de plus en plus probable. À la fin du mois de mars 1814, Paris tombe. Quelques jours plus tard, Napoléon est forcé de signer son abdication inconditionnelle. Le département des Forêts se trouve à ce moment-là d'ores et déjà sous le contrôle des troupes alliées, d'abord rattaché au gouvernement général du Rhin-Moyen, puis à celui du Bas-Rhin. En septembre 1814, les puissances victorieuses se réunissent à Vienne, la capitale des Habsbourg, pour négocier les conditions de la paix et redéfinir les frontières européennes. Sous la direction de l'Angleterre, de la Prusse, de la Russie et de l'Autriche, il s'agit d'établir un équilibre des puissances, un « concert européen », doté de normes de souveraineté et de légitimité reconnues sur tout le continent.[1] L'acte final du Congrès donne en juin 1815 naissance à deux États qui doivent faire office de tampon entre la France et les pays du nord : le royaume des Pays-Bas, placé sous l'autorité de Guillaume d'Orange Nassau, et le Duché de Luxembourg, élevé au rang de Grand-Duché, attribué au même souverain en possession personnelle.[2] Le Grand-Duché est intégré dans la Confédération germanique, une autre création du Congrès de Vienne, qui regroupe en une communauté trente-huit États libres. Juridiquement, il constitue donc une entité distincte des Pays-Bas. Néanmoins, en pratique le roi traite le Grand-Duché comme une province néerlandaise. L'article 1er de la Constitution du 24 août 1815 dispose que le Luxembourg est régi par la même loi fondamentale que le reste des Pays-Bas, sauf ses relations avec la Confédération germanique.

1 Voir au sujet du Congrès de Vienne Lentz, Thierry, *Le Congrès de Vienne. Une refondation de l'Europe*, 1814–1815, Paris, Perrin, 2013.

2 Si le Grand-Duché retrouve à l'ouest des territoires perdus en 1795, et s'agrandit même par rapport à l'ancien Duché (notamment avec le canton de Bouillon), le traité de Vienne lui fait céder les parties situées à l'est de l'Our, de la Sûre et de la Moselle.

https://doi.org/10.1515/9783110679656-002

Congrès de Vienne, Séance des plénipotentiaires des huit puissances signataires du Traité de Paris. © Lëtzebuerg City Museum, Photographie Christof Weber.

1 Continuités et ruptures entre l'Empire et le règne de Guillaume Ier

Guillaume Ier jouit d'importants pouvoirs dans la monarchie constitutionnelle néerlandaise. Il dirige seul les affaires étrangères, assure la direction suprême des finances de l'État et nomme à sa volonté les membres du Conseil des Ministres. Dans le domaine législatif, il partage son pouvoir avec les États généraux du royaume, qui sont constitués de deux chambres. La première est composée de quarante à soixante hommes, nommés à vie par le roi parmi les personnes les plus distinguées par leur naissance ou leur fortune, ainsi que par leurs services rendus à l'État. La seconde comporte cent dix membres, sélectionnés par les États des provinces. Le Luxembourg a le droit d'en nommer quatre.

Sur le plan juridique, Guillaume Ier conserve dans une large mesure l'œuvre de la période française.[3] Le seul retour en arrière significatif consiste en la réintroduction du statut de la noblesse, que le roi se réserve d'attribuer aux personnes de

3 Un texte publié au Journal Officiel du département des Forêts en 1814 (n° 9, p. 5), indique que toutes les lois françaises doivent provisoirement être suivies tant qu'elles ne seront pas formel-

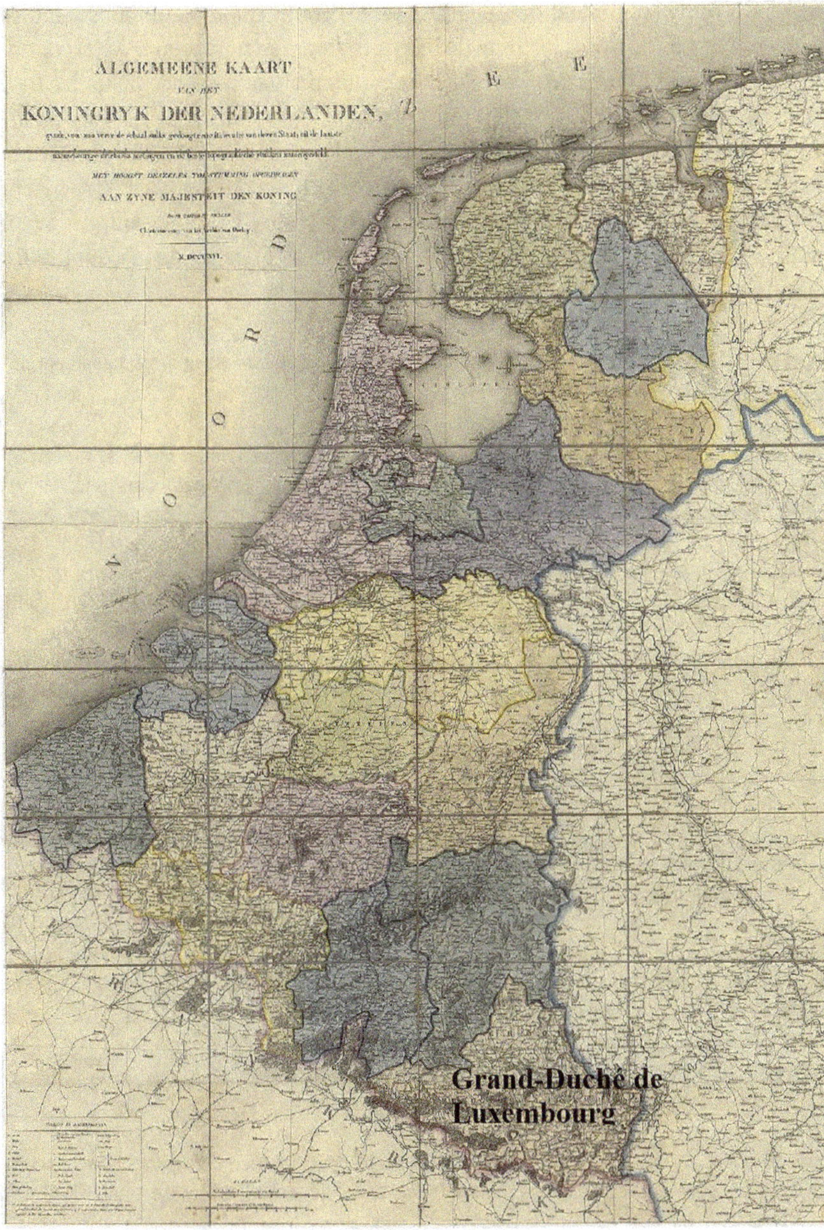

Carte du royaume des Pays-Bas (1816), ANLux, P-012.

son choix.[4] Dans l'organisation de la justice, les changements effectués pendant la première décennie après la chute de l'Empire sont peu nombreux. À l'exception des magistrats originaires de France, qui demandent au ministre de la Justice français d'être réaffectés ailleurs,[5] la plupart des juges sont maintenus à leurs postes et transitent donc aisément du régime français au régime néerlandais.[6] Certains d'entre eux se voient même attribuer des responsabilités politiques. Pierre-Joseph Collard, par exemple, l'ancien juge de paix de la ville de Luxembourg, devenu ensuite président du tribunal de Neufchâteau, devient membre de la « députation des États », l'organe exécutif de la province de Luxembourg.

Lettre du Procureur impérial auprès du tribunal de première instance de l'arrondissement de Luxembourg au ministre français de la Justice, 4 mai 1814[7]

Monseigneur,

J'ai l'honneur de vous faire part que les troupes des Puissances alliées ont pris, hier trois du courant, possession de la place de Luxembourg, que notre brave garnison française en est sortie le matin à sept heures [...]. Parmi les membres qui composent le tribunal, nous sommes cinq Français. [...] À l'exception de nous cinq [...,] les présidents des deux chambres, quatre autres juges et mon deuxième substitut sont du pays de Luxembourg ; par conséquent ils sont assurés d'être replacés dans les nouveaux tribunaux qui, sans doute, ne tarderont pas à être organisés dans cette ville ; mais nous, Monseigneur, que deviendrons-nous après tant d'années d'études, de veilles et de travaux pour rendre la justice ? Nos longs et pénibles services nous donnent incontestablement le droit de nous recommander tous les cinq à la bonté paternelle de sa Majesté Louis XVIII et à votre Excellence. [...]

Comme Français, nous avons tous les cinq éprouvé des grands malheurs dans ces temps d'anarchie où la tête du meilleur des Rois a tombé sous la hache révolutionnaire. Nos cœurs en ont longtemps saigné de douleurs ; mais consolons-nous aujourd'hui puisque nous touchons au moment où son auguste frère, l'amour et l'idole des vrais Français, va remonter sur un trône trop longtemps occupé par un tyran qui a fait le malheur de l'Europe et jeté la désolation dans toutes les familles. [...n]ous avons extrêmement souffert pendant quatre mois de Blocus ; sans vivres, sans ressources, sans crédit [...] ce qui nous détermine à implorer votre commisération et votre humanité pour que vous donniez l'ordre de nous faire payer promptement afin de pouvoir acquitter nos dettes et retourner ensuite dans notre patrie jusqu'à ce qu'il plaise à votre Excellence de nous rappeler.

Je suis avec le plus profond respect, Monseigneur, de votre Excellence,

Le très humble et très obéissant serviteur [Michel-François] Adénis

---

lement abrogées. Ce document est cité par Welter, Félix, *Cour supérieure de justice, Discours prononcé à l'audience solennelle du 23 septembre 1954*, Pasicrisie luxembourgeoise, tome 16, 30–114.

4 Article 63 de la Constitution du 24 août 1815.

5 Voir leur correspondance dans les Archives nationales de France, dossier BB/5/277.

6 Voir la composition du tribunal de Luxembourg en 1814 et 1815 in ANLux, C-0610, État comparatif des traitements du personnel du tribunal de 1ère instance de Luxembourg et C-0618, État des traitements des officiers, agents et employés de l'ordre judiciaire (octobre 1815).

7 Archives nationales de France, BB/5/277.

En termes de législation, les changements dans le domaine de la justice se limitent à la suppression de la guillotine,[8] la réintroduction des peines afflictives de l'Ancien Régime telles que l'étranglement et la flagellation,[9] l'abolition du jury criminel,[10] la mise en place du caractère public des audiences criminelles et correctionnelles et la possibilité pour les magistrats de prendre en compte des circonstances atténuantes. Guillaume Ier doit également procéder au changement du système de renvoi en cassation. La Cour de cassation de Paris n'ayant plus de juridiction sur les Pays-Bas et le Grand-Duché de Luxembourg depuis la chute de l'Empire, il faut désigner un autre tribunal pour accomplir cette tâche. La Constitution de 1815 prévoit un Conseil supérieur, nommé *Hoge Raad*, pour traiter les affaires en cassation. Celui-ci ne verra cependant le jour qu'en 1838. En attendant, les compétences de cassation sont réparties entre trois cours d'appel, appelées cours supérieures de justice et installées à La Haye, Bruxelles et Liège. Les tribunaux du Luxembourg tombent en matière d'appel et de cassation sous la juridiction de la cour supérieure de justice de Liège. Guillaume Ier les conserve d'abord dans les lieux définis par l'Empire (Luxembourg, Diekirch, Neufchâteau, Echternach).[11] Le tribunal d'Echternach sera ensuite supprimé, tandis que deux nouvelles juridictions seront établies à Saint-Hubert et Marche. Le tribunal de commerce sera lui aussi supprimé en 1817.[12]

Enfin, Guillaume Ier réforme le système pénitentiaire. Dès 1815, il estime que les dépenses engendrées par les prisons des Pays-Bas sont exorbitantes, en particulier celles du Grand-Duché,[13] et lance une enquête sur l'état et le coût des prisons.[14] Celle-ci aboutit le 4 novembre 1821 à la promulgation d'un arrêté organique qui doit rendre le système pénitentiaire plus économe. Trois catégories de prisons sont établies : des maisons de correction, des maisons de réclusion et de force, et des maisons de détention militaire. Les maisons d'arrêt, maisons de justice et maisons prévôtales sont utilisées pour la détention préventive. L'arrêté définit également les conditions d'entretien des prisonniers : leur ration journa-

---

8 Arrêté du 11 décembre 1813.

9 Id.

10 Arrêté du 6 novembre 1814 abolissant l'institution du jury, voir également Holthöfer, Ernst, *Beiträge zur Justizgeschichte der Niederlande, Belgiens und Luxemburgs im 19. und 20. Jahrhundert*, Frankfurt-am-Main, Vittorio Klostermann, 1993, 92.

11 Voir leur composition dans le dossier ANLux, C-0618.

12 Arrêté du 3 avril 1817 portant suppression du tribunal de commerce à Luxembourg. Ses compétences sont transférées au tribunal de première instance de Luxembourg.

13 ANLux, C-0410, Rapport adressé à Monsieur le gouverneur, auteur inconnu.

14 Voir les nombreux questionnaires adressés à chacune des prisons dans le dossier ANLux, C-0410.

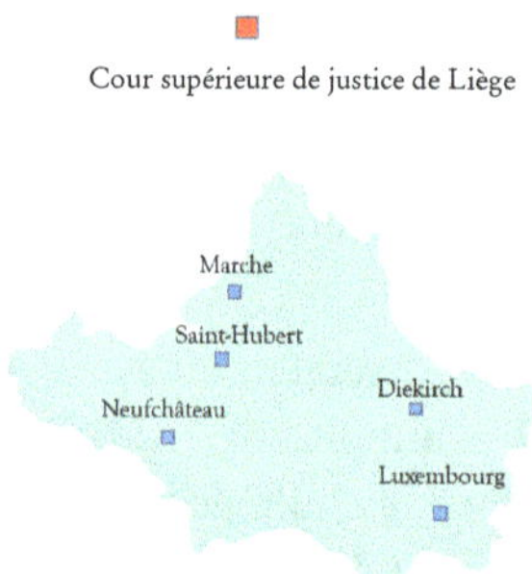

Carte des tribunaux de première instance de la province de Luxembourg

lière de nourriture est constituée d'une ½ livre de pain de seigle, de ¾ de livre de pommes de terre avec assaisonnement, ainsi que d'une soupe qui varie selon les jours. Une fois par semaine, elle est à la viande, trois ou quatre fois à la gélatine, une ou deux fois au gruau et une fois aux pois ou aux lentilles. Le tout doit être « d'une bonne qualité et bien préparé ».[15]

Habillement des détenus selon l'arrêté du 4 novembre 1821

Objets d'habillement pour hommes	Temps de service		Objets d'habillement pour femmes	Temps de service	
	ans	mois		ans	mois
1 veste à manches	3		1 jaquette de drap	3	
1 pantalon de drap	3		1 jupe de laine	3	
1 veste à manches de toile	2		1 jaquette de dimitte	2	
1 pantalon de toile	2		1 jupe de dimitte	2	
3 chemises	1	6	2 jupons de dessous	3	
2 gilets de toile à manches	2		2 mouchoirs de cou	2	
2 cravates	2		2 bonnets	2	
2 paires de chaussons	2		2 paires de bas	2	
2 bonnets de nuit de coton	2		3 chemises	1	6
3 paires de sabots	2		2 tabliers	1	
1 bonnet de feutre	3		2 paires de sabots	2	

15 Instruction relative à la nourriture et aux vêtements des détenus (Annexe à l'article 18 de l'arrêté du 4 novembre 1821). Voir au sujet du traitement des prisonniers Franke, Herman, *The Emancipation of Prisoners. A Socio-Historical Analysis of the Dutch Prison Experience*, Edinburgh, Edinburgh University Press, 1995.

Toujours dans le but de réaliser des économies, l'arrêté introduit aussi la pistole ou « chambre de liberté », qui permet à des prisonniers d'être nourris et logés à leurs frais. En contrepartie de la prise en charge du coût de leur emprisonnement, ils sont dispensés du travail obligatoire. En raison d'un manque de moyens, ces nouvelles mesures pénitentiaires ne sont toutefois que partiellement mises en œuvre.

Un autre sujet qui agite dans les années 1820 le microcosme luxembourgeois de la justice est celui de la suppression de deux voire trois des cinq tribunaux de première instance, voulue par les États provinciaux dans une même optique de réduction des coûts.[16] Etant donné qu'on estime que les cinq tribunaux du Grand-Duché traitent trop peu d'affaires, il est suggéré de n'en garder que deux : un pour les communes wallonnes et un pour les communes allemandes du pays. Du côté allemand, la question de savoir lequel des deux tribunaux il faudrait garder ne se pose guère. La juridiction du tribunal de Diekirch est tellement petite qu'il va de soi qu'il faut maintenir le tribunal de Luxembourg. Du côté wallon cependant, la discussion autour des tribunaux à supprimer provoque de vives discussions et réclamations de la part des bourgmestres des villes concernées, qui souhaitent conserver la proximité des tribunaux pour leurs résidents. Chacune des trois villes concernées – Saint-Hubert, Marche et Neufchâteau – cherche ainsi à convaincre Guillaume Ier de la nécessité de conserver « son » tribunal.[17] Dans sa loi sur l'organisation du pouvoir judiciaire et l'administration de la justice de 1827, qui réforme en profondeur le système judiciaire légué par l'Empire, le roi conservera finalement deux des trois tribunaux de la partie wallonne (Neufchâteau et Marche).[18] La nouvelle organisation de la justice prévoit également de modifier l'appellation des tribunaux. Les justices de paix seront désormais des « justices de canton » et les tribunaux de première instance des « tribunaux d'arrondissement ». Toutefois, la loi de 1827 n'entrera jamais en vigueur au Grand-Duché.[19] Repoussée à plusieurs reprises en raison de critiques exprimées à son égard, elle est enterrée en 1830, lorsque les provinces du sud du royaume se soulèvent et revendiquent leur indépendance.[20]

16 ANLux, C-0608, La députation des États à l'Assemblée générale des États du Grand-Duché de Luxembourg, 9 juillet 1823.

17 Voir les lettres adressées à Guillaume Ier dans le dossier ANLux, C-0608.

18 Loi du 18 avril 1827 sur l'organisation du pouvoir judiciaire et l'administration de la justice dans le royaume des Pays-Bas.

19 Elle entrera en vigueur aux Pays-Bas en 1838.

20 Il en est de même pour l'introduction au Luxembourg du nouveau code civil néerlandais élaboré à partir de 1822 et prévu pour entrer en vigueur au Grand-Duché en 1831. Voir à ce sujet

2 La révolution belge et le découpage administratif du Grand-Duché en deux parties

À la fin des années 1820, le royaume des Pays-Bas rencontre de sérieuses difficultés économiques. L'hiver de 1829 est rude, les prix explosent et la famine s'installe. Face à la crise, les revendications indépendantistes qui circulent depuis la création du royaume en 1815 dans les provinces méridionales prennent de l'ampleur. Leurs habitants reprochent à Guillaume Ier sa politique économique et fiscale, notamment le fait qu'ils supportent la moitié de la dette des Pays-Bas, qui est pourtant essentiellement engendrée par les provinces du nord.[21] L'opposition au roi se structure surtout dans les milieux libéraux. Inspirés et encouragés par la révolution française de juillet 1830, les premiers émeutiers passent à l'action à la fin du mois d'août de la même année en pillant et en incendiant Bruxelles. L'insurrection se répand rapidement vers d'autres villes. Dès la mi-septembre, la contestation de la politique de Guillaume Ier est si forte que les dirigeants libéraux radicaux se sentent assez soutenus pour former un gouvernement provisoire.[22] Le 4 octobre 1830, ils proclament l'indépendance de la Belgique.

Au Luxembourg, le mécontentement est également profond.[23] L'économie du pays est restée largement à l'écart de l'industrialisation et le poids des impôts donne lieu à des plaintes. Nombreux sont les Luxembourgeois qui se sentent abandonnés par le roi grand-duc, considéré comme trop éloigné pour entendre les doléances des habitants du Grand-Duché. Lorsque les agitations belges commencent à prendre de l'ampleur, les Luxembourgeois se joignent au mouvement insurrectionnel en créant des scènes de désordre et de pillage similaires à celles observées dans les provinces belges. Une par une, les communes déclarent leur adhésion au gouvernement provisoire de la Belgique. Seule la forteresse de Luxembourg, dans laquelle la garnison prussienne rend toute agitation populaire impossible, reste à l'écart de la révolte. Le 16 octobre 1830, le gouvernement provisoire de la Belgique déclare que, nonobstant ses relations avec la Confé-

---

Welter, Félix, *Cour supérieure de justice, Discours prononcé à l'audience solennelle du 23 septembre 1954*, 11–12.

21 Witte, Els, et al. (edd.), *Nouvelle histoire de Belgique*, vol. 1, 1839–1905, Bruxelles, Editions Complexe, 2005, 22–27.

22 Id., 49–57.

23 Au sujet de l'association des Luxembourgeois à la révolution belge, voir Calmes, Albert, *Le Grand-Duché de Luxembourg dans la Révolution belge (1830–1839)*, Bruxelles, Edition universelle, 1939 ; Trausch, Gilbert, *Du particularisme à la nation : essais sur l'histoire du Luxembourg de la fin de l'Ancien Régime à la Seconde Guerre mondiale*, Luxembourg, Saint-Paul, 1988, 177–203.

dération germanique, le Luxembourg fait partie intégrante du territoire belge indépendant. Le siège des autorités de la province est transféré de Luxembourg à Arlon.[24]

Incapable de venir à bout de l'insurrection belgo-luxembourgeoise, Guillaume Ier se tourne vers les grandes puissances du Congrès de Vienne, espérant qu'elles écraseront le mouvement indépendantiste qui va à l'encontre de l'équilibre des forces établi en 1815. Sur initiative de l'Angleterre, une grande conférence visant à trouver une solution pacifique au conflit s'ouvre le 4 novembre 1830 à Londres. Deux mois et demi plus tard, le verdict tombe. Contrairement aux attentes du roi des Pays-Bas, l'Autriche, la France, l'Angleterre, la Prusse et la Russie accordent l'indépendance à la Belgique. En revanche, elles répondent par la négative à ses revendications territoriales sur le Luxembourg. Le Grand-Duché continue à appartenir à Guillaume Ier. Lorsque les Belges protestent contre cette décision, de nouvelles négociations sont engagées. Elles aboutissent le 26 juin 1831 à la signature du Traité dit des « XVIII articles », qui pose la possibilité d'un rachat du Luxembourg par la Belgique. Guillaume Ier refuse à son tour. C'est donc un nouveau traité, signé le 15 novembre 1831 à Londres et appelé « traité des XXIV articles », qui doit trancher le différend par le biais d'un compromis. La Belgique obtient la partie wallonne du Luxembourg, avec la région germanophone autour de la ville de garnison d'Arlon,[25] tandis que Guillaume Ier intègre une partie du Limbourg dans son royaume des Pays-Bas. Mais la solution ne satisfait aucun des deux camps et le statu quo perdure : tandis que la forteresse de Luxembourg-Ville reste soumise à l'autorité et aux lois de Guillaume Ier, le reste du pays est gouverné par la Belgique indépendante. Jusqu'en 1839, lorsque le roi des Pays-Bas accepte enfin les clauses du traité, l'administration du Luxembourg suit deux évolutions parallèles. Il faut par conséquent se livrer au récit de deux histoires de la justice du Grand-Duché, l'une néerlandaise, l'autre belge. Commençons par la première.

24 Calmes, Albert, *Le Grand-Duché de Luxembourg dans la Révolution belge*, op. cit., 33. La première Constitution belge de 1831 fait figurer le Luxembourg sur la liste des neuf provinces de la Belgique.

25 Cette partie représente environ deux-tiers du territoire du Grand-Duché.

3 Les réformes de Guillaume Ier face à la révolte populaire

Pour calmer la rébellion au Luxembourg, Guillaume Ier réagit le 31 décembre 1830 par un arrêté qui annonce que le Grand-Duché sera gouverné de manière indépendante des Pays-Bas. Cette décision, dans laquelle le souverain avoue qu'il est devenu impossible de gouverner le Grand-Duché en raison de la propagation de l'insurrection des provinces méridionales, comporte des conséquences juridiques considérables, puisqu'elle sort le Luxembourg entièrement du champ d'application de la Constitution néerlandaise et le plonge dans un vide juridique absolu. Sans constitution, le Grand-Duché est régi par un seul homme aux pouvoirs illimités, représenté sur place par un gouverneur général.[26] Ce dernier est nommé le 19 février 1831 en la personne du Duc Bernard de Saxe-Weimar-Eisenach, un ancien général de l'armée prussienne.[27] Il a pour mission de garantir l'évacuation des autorités belges et de (re)conquérir les Luxembourgeois pour Guillaume Ier. Dans le but de montrer que le pays aura désormais une administration propre et adaptée à ses besoins, la nomination du gouverneur général s'accompagne d'une déclaration qui annonce la mise en place d'une loi fondamentale appropriée aux intérêts locaux, l'usage exclusif du français et de l'allemand (et non plus du néerlandais) dans les affaires publiques, la création d'un système d'impôts correspondant aux besoins réels du pays et l'attribution prioritaire des postes administratifs aux Luxembourgeois.[28] Pour gagner la faveur des habitants, le grand-duc va même jusqu'à annoncer que tous ceux qui ont participé aux agissements révolutionnaires seront pardonnés s'ils redeviennent fidèles.[29]

La séparation effective entre le Luxembourg et les Pays-Bas a aussi des conséquences sur le plan de l'organisation de la justice, puisqu'elle coupe court à toute possibilité d'appel auprès de la cour supérieure de justice de Liège, qui

26 Les conséquences juridiques sont telles que le spécialiste de droit constitutionnel Luc Heuschling qualifie l'arrêté du 31 décembre 1830 de « première constitution propre au Grand-Duché du Luxembourg en tant qu'État distinct du Royaume des Pays-Bas », in Heuschling, Luc, *Les origines au XIXe siècle du rang supra-constitutionnel des traités en droit luxembourgeois. L'enjeu de la monarchie*, in : Riassetto, Isabelle/Heuschling, Luc/Ravarani, Georges (edd.), *Liber amicorum Rusen Ergeç*, Luxembourg, Pasicrisie luxembourgeoise, 2017, 186. L'État luxembourgeois serait ainsi né, en droit interne, pendant la nuit de la Saint-Sylvestre 1830.

27 Calmes, Albert, *Le Grand-Duché de Luxembourg dans la Révolution belge*, op. cit., 118.

28 La plupart des places importantes dans l'administration avaient été occupées par des Belges et des Néerlandais avant la révolution. Il s'agit donc d'une question à laquelle les Luxembourgeois sont sensibles.

29 Calmes, Albert, *Le Grand-Duché de Luxembourg dans la Révolution belge*, op. cit., 123.

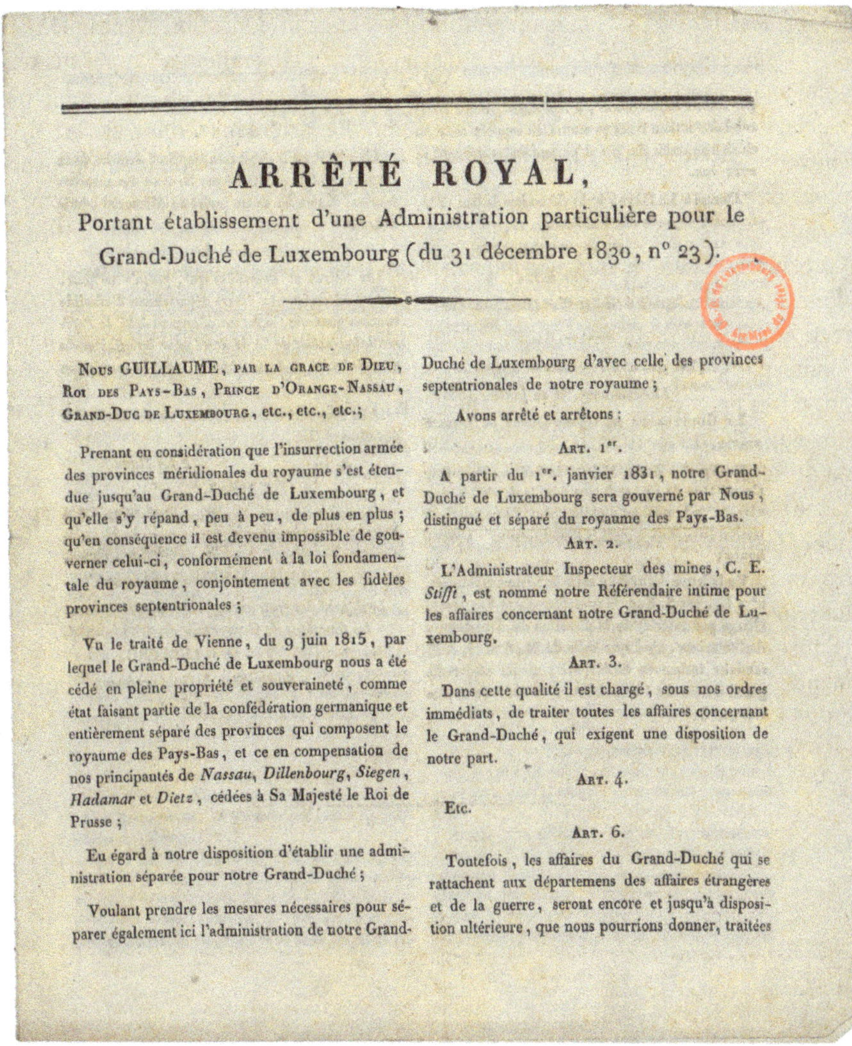

ARRÊTÉ ROYAL,

Portant établissement d'une Administration particulière pour le Grand-Duché de Luxembourg (du 31 décembre 1830, n° 23).

Nous GUILLAUME, par la grace de Dieu, Roi des Pays-Bas, Prince d'Orange-Nassau, Grand-Duc de Luxembourg, etc., etc., etc.;

Prenant en considération que l'insurrection armée des provinces méridionales du royaume s'est étendue jusqu'au Grand-Duché de Luxembourg, et qu'elle s'y répand, peu à peu, de plus en plus; qu'en conséquence il est devenu impossible de gouverner celui-ci, conformément à la loi fondamentale du royaume, conjointement avec les fidèles provinces septentrionales;

Vu le traité de Vienne, du 9 juin 1815, par lequel le Grand-Duché de Luxembourg nous a été cédé en pleine propriété et souveraineté, comme état faisant partie de la confédération germanique et entièrement séparé des provinces qui composent le royaume des Pays-Bas, et ce en compensation de nos principautés de *Nassau*, *Dillenbourg*, *Siegen*, *Hadamar* et *Dietz*, cédées à Sa Majesté le Roi de Prusse;

Eu égard à notre disposition d'établir une administration séparée pour notre Grand-Duché;

Voulant prendre les mesures nécessaires pour séparer également ici l'administration de notre Grand-Duché de Luxembourg d'avec celle des provinces septentrionales de notre royaume;

Avons arrêté et arrêtons:

Art. 1er.

A partir du 1er. janvier 1831, notre Grand-Duché de Luxembourg sera gouverné par Nous, distingué et séparé du royaume des Pays-Bas.

Art. 2.

L'Administrateur Inspecteur des mines, C. E. *Stifft*, est nommé notre Référendaire intime pour les affaires concernant notre Grand-Duché de Luxembourg.

Art. 3.

Dans cette qualité il est chargé, sous nos ordres immédiats, de traiter toutes les affaires concernant le Grand-Duché, qui exigent une disposition de notre part.

Art. 4.

Etc.

Art. 6.

Toutefois, les affaires du Grand-Duché qui se rattachent aux départemens des affaires étrangères et de la guerre, seront encore et jusqu'à disposition ultérieure, que nous pourrions donner, traitées

Arrêté royal du 31 décembre 1830. ANLux, C-0005.

était depuis 1815 responsable de juger en appel et en cassation les arrêts rendus par les cinq tribunaux de première instance du Grand-Duché. Afin de remédier à ce problème, le roi décide de donner satisfaction à une revendication de longue date des Luxembourgeois, celle de disposer d'une cour d'appel et de cassation.[30]

30 La mesure répond également à une exigence de l'acte fédéral de la Confédération germanique, qui veut la présence d'une troisième instance judiciaire. Les États de moins de 300 000

Depuis les années 1820, la magistrature et les États provinciaux revendiquent en effet la mise en place d'une cour d'appel suprême à Luxembourg,[31] non sans rappeler au roi grand-duc que l'empereur Joseph II avait érigé en 1782 le Conseil provincial de Luxembourg en Conseil souverain.[32] Par arrêté royal du 15 avril 1831, le gouverneur général dote ainsi Luxembourg-Ville d'une Cour supérieure de justice provisoire, composée de sept magistrats dits « conseillers », dont un président et un membre désigné pour remplir les fonctions du ministère public sous le titre de « procureur général ». Installée dans le Palais de justice, comme les autres juridictions de la ville, elle est responsable de traiter les appels en matière de police correctionnelle, en matière commerciale et en matière civile, de tous les jugements rendus par les tribunaux de première instance. Elle forme également la chambre des mises en accusation et elle est investie du droit de fixer la tenue des assises. Elle doit ensuite statuer sur les recours en cassation formés contre les actes, jugements et arrêts rendus en dernier ressort par elle-même lorsqu'elle siège en instance d'appel, ainsi que les jugements des cours d'assises, des tribunaux de première instance et des justices de paix de l'ensemble du pays.[33] La majeure partie du Luxembourg s'étant ralliée au régime belge, sa juridiction se limite en pratique toutefois au territoire de Luxembourg-Ville. Abstraction faite de cette limitation, la mise en place de la Cour supérieure de justice en 1831 constitue un pas fondamental vers l'indépendance du Grand-Duché. Mise en place de matière définitive en 1839, elle constitue en effet la toute première haute institution indépendante de l'État luxembourgeois.

---

habitants peuvent toutefois mettre en place une cour supérieure commune avec un autre État membre de la confédération. Voir Feltes, Paul, *L'organisation judiciaire du Luxembourg au 19e siècle. Un élément de la formation d'un État et d'une administration (1839–1885)*, Hémecht 50 (1998), 41.

31 ANLux, C-0608, Lettre à sa majesté le roi des Pays-Bas, 14 juillet 1819.

32 Il avait ainsi évité aux justiciables luxembourgeois de devoir se déplacer jusqu'au grand Conseil de Malines dans le cadre d'affaires traitées en dernier ressort. ANLux, C-0608, Les États députés du Grand-Duché de Luxembourg au roi grand-duc, signé Willmar, président de la députation, 9 avril 1824.

33 Voir ANLux, C-0610, Arrêté du 15 avril 1831 sur l'organisation du pouvoir judiciaire et l'administration de la justice dans le Grand-Duché de Luxembourg.

4 La sélection des premiers conseillers de la Cour supérieure de justice

Les magistrats de la Cour supérieure sont nommés par un arrêté promulgué le lendemain de sa création, le 16 avril 1831. Bien que leur statut soit précaire en raison du caractère provisoire de leur nomination, les conseillers bénéficient de pouvoirs plus importants que leurs prédécesseurs de la cour supérieure de Liège ou de la Cour de cassation de Paris, étant donné qu'ils sont autorisés à juger le fond des affaires lorsqu'ils siègent en cassation.[34] Ils ont donc le dernier mot à tous égards, car ils décident si le droit a été respecté par les magistrats qui se sont prononcés sur l'affaire dans l'instance inférieure *et* ils donnent la solution juridique qui doit clôturer le dossier une bonne fois pour toutes.

Pour occuper ces hautes fonctions, Guillaume Ier sélectionne sept fidèles orangistes, qui ont pratiquement tous derrière eux une activité politico-administrative.[35] L'arrêté place à la présidence de la Cour Jean-François Maréchal, un avocat et ancien membre des États généraux de 1818 à 1830. Maréchal devient en 1831 également membre de la commission du gouvernement du Grand-Duché, l'organe politique qui doit épauler le Duc Bernard de Saxe-Weimar-Eisenach dans sa gouvernance du territoire.[36] Deux autres membres de cette même commission sont nommés conseillers, Jean Leclerc et Philippe Charles München. Ce dernier a été nommé chef administratif de l'arrondissement de Luxembourg lors de la prise de contrôle du département des Forêts par les puissances alliées en 1814. À l'instar du président Maréchal, il a ensuite été membre des États généraux.[37] Il deviendra à son tour président de la Cour supérieure en 1840.

Le quatrième conseiller nommé est Mathias Wellenstein, qui a été juge au tribunal de première instance de Luxembourg de 1827 à 1830. Il a démissionné de ce poste lorsque les autorités belges ont décidé de transférer le tribunal à Arlon.[38] Les conseillers Evrard Tilliard et Mathieu Lambert Schrobilgen ont moins voire aucune expérience dans la magistrature. Tilliard est un ancien avocat-avoué et

---

34 Id.

35 ANLux, C-0610, Arrêté de nomination des membres de la Cour supérieure de justice du 16 avril 1831.

36 La commission du gouvernement n'a toutefois qu'une fonction consultative. Voir au sujet de Maréchal, Calmes, Albert, *Le Grand-Duché de Luxembourg dans la Révolution belge*, op. cit., 120 (note de bas de page).

37 Sur Philippe Charles München, voir Mersch, Jules, *Biographie nationale du pays de Luxembourg*, fasc. 2, 1949, 413–417.

38 Mersch, Jules, *Biographie nationale du pays de Luxembourg*, fasc. 13, Luxembourg, 1965, 170.

juge suppléant du Tribunal de première instance. Cependant, il a peu exercé.[39] Schrobilgen est licencié en droit et a brièvement travaillé comme avocat. Il est avant tout connu pour ses activités d'écrivain et de journaliste. Depuis 1827, il dirige le *Journal de la Ville et du Grand-Duché de Luxembourg*.[40] Enfin, l'arrêté nomme Jean-Jacques Willmar au poste de procureur général. Willmar a exercé comme juge au tribunal de première instance depuis 1824. Il est le fils de Jean-Georges Willmar, gouverneur du Duché de Luxembourg de 1815 à 1830.[41] Le conseiller München devra rapidement quitter la juridiction en raison de son lien de parenté avec Jean-Jacques Willmar, qui est son gendre. Les juges Tilliard et Leclerc quitteront quant à eux la Cour en raison de leur état de santé affaibli. Ils seront remplacés par les conseillers Keucker, Goosse et Werquin.[42]

Une fois que la Cour supérieure de justice est composée, les habitants de la capitale ont de nouveau la possibilité de procéder à l'appel de jugements et au recours en cassation. Pourtant, en pratique, un problème majeur se pose encore, celui de l'impossibilité de créer deux chambres distinctes au sein de la plus haute juridiction de la ville, l'une pour les affaires jugées en appel, l'autre pour les affaires traitées en cassation. Cette difficulté agitera et divisera la magistrature luxembourgeoise pendant les décennies à venir, puisqu'elle amène des juges qui ont traité une affaire en appel à devoir décider en cassation si eux-mêmes ont correctement appliqué la loi. Une affaire menée par le bureau de bienfaisance de Luxembourg contre le propriétaire Molitor, par exemple, arrive pour jugement au niveau de la cassation après que la quasi-totalité des membres de la Cour supérieure se sont déjà prononcés au moins une fois sur son sort. Le président Maréchal, ainsi que les conseillers Tilliard et Wellenstein, ont connu l'affaire en appel à deux reprises. Le conseiller Leclerc s'est prononcé sur l'affaire en appel une fois, le conseiller Schrobilgen a représenté le Ministère public et le conseiller Keucker a siégé comme substitut à une des audiences de l'affaire en première instance. Seul un juge n'a pas connu l'affaire directement, le conseiller Goosse. Impossible également de faire appel aux juges suppléants, puisque ceux-ci proviennent

---

39 ANLux, C-0610, Le lieutenant général, Gouverneur général, à M. le référendaire intime de Sa Majesté, 22 avril 1831.

40 Voir la biographie de Schrobilgen in Mersch, Jules, *Biographie nationale du pays de Luxembourg*, fascicule 1, 1947, 19–99.

41 Jean-Georges Willmar est décédé à la fin de l'année 1830. Il a été évoqué dans le chapitre précédent pour son rôle de président du tribunal criminel. Il est intéressant de noter que le second fils de Jean-Jacques Willmar, Jean-Pierre Willmar, adhère au régime belge, pour lequel il deviendra en 1836 ministre de la Guerre.

42 Voir la composition de la Cour supérieure de justice dans ANLux, C-0611, Lettre du président de la cour supérieure Maréchal au lieutenant général de Goedecke, 13 novembre 1837.

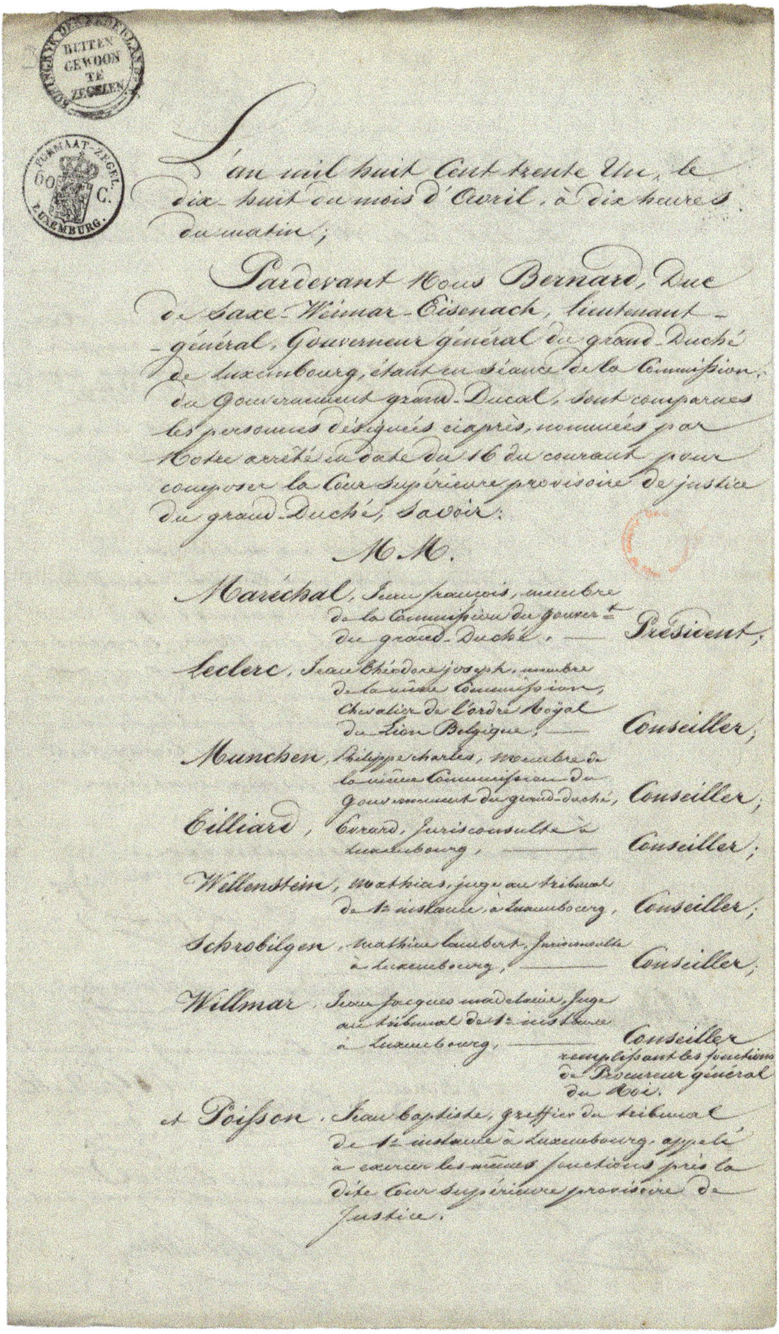

L'an mil huit cent trente Un, le dix-huit du mois d'Avril, à dix heures du matin;

Pardevant Nous Bernard, Duc de Saxe-Weimar-Eisenach, lieutenant-général, Gouverneur général du grand-Duché de Luxembourg, étant en séance de la Commission du Gouvernement grand-Ducal, sont comparues les personnes désignées ci-après, nommées par Notre arrêté en date du 16 du courant pour composer la Cour supérieure provisoire de justice du grand-Duché, savoir:

MM.

Maréchal, Jean françois, membre de la Commission du Gouvernt du grand-Duché. — Président,

Leclerc, Jean Théodore joseph, membre de la même Commission, Chevalier de l'ordre Royal du Lion Belgique; — Conseiller,

Munchen, Philippe charles, membre de la même Commission du gouvernement du grand-duché, Conseiller,

Tilliard, Everard, Jurisconsulte à Luxembourg, — Conseiller,

Wellenstein, Mathias, juge au tribunal de 1e instance à Luxembourg, Conseiller,

Schrobilgen, Mathieu Lambert, Jurisconsulte à Luxembourg, — Conseiller,

Willmar, Jean Jacques Madeleine, juge au tribunal de 1e instance à Luxembourg. — Conseiller remplissant les fonctions de Procureur général du Roi.

et Poisson, Jean baptiste, greffier du tribunal de 1e instance à Luxembourg, appelé à exercer les mêmes fonctions près la dite Cour supérieure provisoire de justice.

Assermentation des premiers conseillers de la Cour supérieure de justice. ANLux, C-0610.

essentiellement du tribunal de première instance, qui a été le premier à statuer sur l'affaire. Il faudrait donc avoir recours à des avocats ou à des jurisconsultes externes pour juger l'affaire en cassation. Face aux nombreuses critiques exprimées envers cette situation, le président de la Cour supérieure Maréchal reste pragmatique. Devant l'impossibilité de trouver dans la ville de Luxembourg les moyens de composer la Cour d'un personnel assez nombreux pour répartir sur des têtes différentes toutes les attributions judiciaires, il est préférable d'avoir recours au cumul des fonctions plutôt que de suspendre le cours de la justice.[43]

5 La justice luxembourgeoise sous l'autorité de la Belgique

Du côté belge, il est également nécessaire de revoir l'organisation de la justice. Dès le 10 octobre 1830, le gouvernement provisoire met en place un comité de la justice sous la présidence d'Alexandre Gendebien, qui deviendra par la suite le premier ministre belge de la Justice. Le comité doit s'occuper de la transition dans le domaine judiciaire et faire des propositions de réorganisation de l'appareil judiciaire. Le 16 octobre, plusieurs arrêtés définissent la composition des tribunaux de l'ancien Grand-Duché.[44] Les candidats sélectionnés se retrouvent face à un dilemme. Au vu de l'instabilité politique du pays, faut-il se rallier au gouvernement belge autoproclamé, qui n'est à ce stade que provisoire et risque d'être renversé par les troupes néerlandaises ou une coalition des puissances signataires de l'acte du Congrès de Vienne ? Que se passera-t-il si Guillaume Ier arrive à reprendre le contrôle des territoires insurrectionnels ? Face aux conséquences professionnelles et personnelles que peut comporter un tel ralliement, mais également par loyauté pour Guillaume Ier, de nombreux candidats refusent les postes proposés.[45] Jean-Jacques Willmar, par exemple, refuse une nomination au tribunal de première instance « de Luxembourg » – il siègera en réalité à Arlon – malgré le fait que le gouvernement lui en offre la présidence.[46] Comme il

43 ANLux, C-0611, Exposé du Président de la Cour supérieure provisoire de justice Maréchal.

44 Voir les Bulletins officiels n° 11, 12, 14 du 16 octobre 1830.

45 Sur les nominations de la Belgique dans leur ensemble, voir Nandrin, Jean-Pierre, *Les nominations judiciaires de 1832. Enjeux constitutionnels et politiques et légitimation du nouvel État belge*, in : Lenders, Piet (ed.), *Le personnel politique dans la transition de l'Ancien Régime au Nouveau Régime en Belgique (1780–1830)*, Kortrijk-Heule, UGA, 1993, 41–69.

46 La nomination de Willmar est arrêtée dans le Bulletin officiel n° 12, 16 octobre 1830, Organisation du tribunal de Luxembourg.

a déjà été mentionné, sa fidélité sera quelques mois plus tard récompensée par une nomination à la Cour supérieure de justice instaurée sur la partie du territoire contrôlée par Guillaume Ier. Le vice-président du tribunal, Pierre Désert, jusqu'ici juge au tribunal civil de Luxembourg, refuse également sa nomination. Il sera quant à lui nommé Président du tribunal de première instance du côté néerlandais. Pour ceux qui acceptent la proposition belge, ces défections s'avèrent utiles, puisqu'elles libèrent les postes élevés du tribunal. Louis-Denis Wurth, initialement nommé juge, devient président, Jean Paquet est nommé vice-président et Nicolas Berger devient juge d'instruction.[47] En ce qui concerne les quatre autres tribunaux de première instance de la partie du Grand-Duché sous contrôle belge, les refus de nomination sont moins nombreux. Certains magistrats perdent toutefois leurs postes parce que les autorités belges estiment qu'ils sont trop proches du régime néerlandais.[48] Pour remplir les positions vacantes, elles sont obligées de faire appel à des candidats qui n'ont pas d'expérience dans la fonction de magistrat, notamment de nombreux avocats.[49]

Quelques semaines après ces premières nominations, les habitants des provinces proclamées indépendantes et ceux du Grand-Duché sont appelés aux urnes pour élire une assemblée constituante.[50] En attendant la rédaction d'une constitution, un arrêté du 14 janvier 1831 abroge les codes néerlandais ainsi que la législation sur l'organisation judiciaire. Le 7 février, la Belgique adopte sa Constitution, une des plus libérales que l'Europe ait connue à ce stade. Le chapitre portant sur la justice est court. En termes de hiérarchie judiciaire, il prévoit, comme il a été coutume depuis l'Empire français, un système qui va des justices de paix jusqu'à la Cour de cassation, qui ne juge pas le fond des affaires. Ainsi, la Constitution abolit le système de cassation observé sous le régime néerlandais, qui était distribué entre trois cours supérieures de justice. Désormais, une seule juridiction centrale veille sur la bonne et uniforme application de la loi au sein du pays. La loi fondamentale belge annonce ensuite la création de trois tribunaux d'appel, sans cependant se prononcer sur leurs sièges respectifs. Ils seront par la suite installés à Bruxelles, Gand et Liège. Les magistrats sont tous nommés par le roi. Les juges sont nommés à vie. En matière pénale, la Consti-

---

47 Ces parcours ont pu être reconstruits grâce au site internet Digithemis, qui propose une base de données prosopographiques issue d'un projet de recherches sur l'ensemble des magistrats belges. (http://www.digithemis.be/index.php/en/)

48 Environ trente pour cent de l'ensemble des magistrats du territoire belge sont révoqués. Voir Gilissen, John, *L'Ordre judiciaire en Belgique au début de l'indépendance (1830–1832)*, Journal des Tribunaux 102 (1983), 586.

49 Id., 587.

50 Appelée Congrès national.

tution remet en place le jury populaire, qui avait été aboli sous Guillaume Ier au grand regret des habitants des provinces méridionales.[51] La première organisation judiciaire de la Belgique reprend donc essentiellement celle de la Constitution française de l'an VIII (1800) et des lois organiques de l'époque du Consulat et de l'Empire.[52]

Si les Luxembourgeois sont dans l'ensemble peu représentés dans la nouvelle magistrature belge, un homme ayant fait l'ensemble de sa carrière à Luxembourg-Ville arrive à se hisser parmi les conseillers de la Cour de cassation. Il s'agit du prénommé Louis-Denis Wurth, avocat et juge suppléant à Luxembourg de 1815 jusqu'à sa nomination comme président du tribunal de première instance à Arlon. Il restera conseiller à la Cour de cassation belge jusqu'à son décès, en 1852.[53] Le premier président de la Cour de cassation, Etienne de Gerlache, est lui aussi né en territoire luxembourgeois.[54] Il a toutefois fait l'ensemble de sa carrière à Paris et à Liège.

En août 1832, le gouvernement de la Belgique complète son système judiciaire par une loi d'organisation.[55] Celle-ci n'introduit pas de changement majeur. Par la suite, le système judiciaire ne sera plus réformé jusque dans les années 1860. Sur le territoire luxembourgeois, du moins dans une partie de l'ancien Grand-Duché, cette nouvelle législation se retrouvera révoquée lorsque Guillaume Ier décidera finalement d'accepter le traité des XXIV articles signé en 1831. N'ayant plus grand espoir de récupérer un jour les territoires désormais belges, le roi des Pays-Bas annonce le 11 mars 1838 qu'il accède « entièrement et pleinement aux conditions de séparation » prévues par l'accord élaboré sous l'égide des grandes puissances d'Europe sept ans plus tôt.[56] L'annonce de cette décision met la Belgique dans une position embarrassante. Selon le traité qu'elle a elle-même ratifié, elle peut garder sous son contrôle uniquement la partie wallonne du Luxembourg, ce qui revient à abandonner des populations qui ont fait la révolution avec elle. En même temps, elle risque la remise en cause de son indépendance par les puissances dirigeantes si elle refuse d'appliquer le traité.[57] Le sort du Luxembourg sera finalement tranché lors d'une conférence internationale tenue à Londres, à l'occasion de laquelle Guillaume Ier

---

51 Gilissen, John, *L'Ordre judiciaire en Belgique au début de l'indépendance*, op. cit., 566.

52 Id., 567.

53 Voir la notice de Louis-Denis Würth in Mersch, Jules, *Biographie nationale du pays de Luxembourg*, fascicule 15, 1967, 198.

54 De Gerlache est né à Biourge (commune de Bertrix, arrondissement de Neufchâteau). Voir sa biographie dans Académie royale des sciences, des lettres et des beaux-arts de Belgique, *Biographie nationale*, tome 32, supplément tome 4, fascicule 1er, Bruxelles, 1964, 217–242.

55 Il s'agit de la première loi votée par le jeune parlement belge.

56 Calmes, Albert, *Le Grand-Duché de Luxembourg dans la Révolution belge*, op. cit., 372.

57 Id., 374–377.

s'engagera par un nouveau traité à accepter les articles négociés en 1831.[58] Un autre accord règle de manière définitive la séparation territoriale entre la Belgique et le Grand-Duché, et établit les frontières qui sont encore en vigueur aujourd'hui. Dépourvu de sa partie wallonne, le Luxembourg se retrouve réduit à seulement un tiers de sa superficie. Les résidents de la partie germanophone du Grand-Duché, pourtant pour la plupart en faveur du régime belge, deviennent quant à eux de nouveaux les sujets de Guillaume Ier.[59]

6 Conclusion

La période 1815–1839 représente une phase de transition dans l'évolution du Grand-Duché en un État indépendant. Alors que Guillaume Ier ignore dans un premier temps les conditions fixées par le Congrès de Vienne et traite le Luxembourg comme une province néerlandaise, la Révolution belge de 1830 l'oblige à ouvrir la voie vers la mise en place d'une administration propre. La plupart des concessions annoncées s'avèreront au fil des années 1830 être des promesses vides. C'est uniquement sur le plan de la justice qu'une réelle avancée vers l'autonomie est atteinte en 1831, avec l'instauration de la Cour supérieure de justice, qui fait à la fois office de cour d'appel et de cour de cassation. Elle est toutefois fragile, en raison de son statut provisoire et de sa juridiction réduite à la ville de Luxembourg.

Les habitants du territoire sous le contrôle de la Belgique, c'est-à-dire la grande majorité de la population luxembourgeoise, connaissent quant à eux dès 1831 une véritable administration judiciaire libérale, dans laquelle les juges sont nommés à vie et les audiences des tribunaux sont publiques. Au moment du partage du Grand-Duché en 1839, le sort des environ 160.000 Luxembourgeois qui redeviennent des sujets de Guillaume Ier est en suspens. Mettra-t-il enfin en œuvre sa promesse de doter le Grand-Duché d'une constitution propre? Leur octroiera-t-il les mêmes droits que ceux qu'ils ont connus en tant que citoyens belges ? Les fonctionnaires loyaux à la Belgique, dont notamment les magistrats, pourront-ils garder leurs postes ? L'incertitude est totale.

58 Traité entre la France, l'Autriche, la Grande-Bretagne, la Prusse et la Russie, d'une part, et les Pays-Bas de l'autre part, relatif à la séparation de la Belgique d'avec les Pays-Bas (Londres, 19 avril 1839).

59 La majorité des Luxembourgeois auraient préféré rester incorporés à la Belgique. Voir à ce sujet Trausch, Gilbert, *Le Luxembourg à l'époque contemporaine. Du partage de 1839 à nos jours*, Bourg-Bourger, Luxembourg, 1975, 16.

Vera Fritz

De l'incertitude juridique de la restauration à la mise en place d'une organisation judiciaire libérale (1839–1848)

La séparation entre les Pays-Bas et la Belgique, de même que l'indépendance et les nouvelles frontières du Grand-Duché, sont entérinées le 19 avril 1839 par la signature du Traité de Londres. Pour les notables luxembourgeois, il est évident qu'il ne sera dès lors plus possible de vivre dans le flou juridique de la déclaration de 1831. Maintenant que la souveraineté de Guillaume Ier est rétablie, il faut donner au pays une administration étatique propre. Sans tarder, le conseil municipal de la ville de Luxembourg[1] et une poignée de notables orangistes, parmi lesquels figure le procureur général de la Cour supérieure de justice Jean-Jacques Willmar, prennent l'initiative d'adresser au roi leurs vœux concernant la future administration. Parmi leurs revendications les plus importantes figurent la rédaction d'une constitution, la mise en place d'une fiscalité juste et adaptée, ainsi que le maintien d'un système judiciaire indépendant avec la conservation de la Cour supérieure à Luxembourg.[2]

Guillaume Ier n'est pas enchanté par cette initiative. Sans entrer dans le détail des revendications, il ordonne simplement aux Luxembourgeois d'attendre une décision de sa part.[3] En réalité, il ne compte pas les consulter dans la mise en place de la nouvelle administration. Afin de marquer la rupture avec la Belgique, le « roi grand-duc », comme il se fait toujours appeler malgré la séparation effective du Luxembourg et des Pays-Bas, souhaite encourager la germanisation du pays. Après avoir encouragé l'usage du français à côté du néerlandais pendant près de vingt-cinq ans pour limiter l'influence de la Confédération germanique, il vise dorénavant à bâtir l'administration luxembourgeoise toute entière sur le modèle allemand.[4] C'est dans cette optique qu'il nomme le 10 juin 1839 le conseiller intime du prince de Hohenzollern-Sigmaringen Hans Daniel Hassenpflug en tant

1 Appelé conseil de régence.

2 Au sujet des adresses au roi, voir Calmes, Albert, *La restauration de Guillaume Ier, roi des Pays-Bas (l'ère Hassenpflug), 1839–1840*, Luxembourg, Saint-Paul, 1947, 58–60.

3 *Id.*, 61.

4 Trausch, Gilbert, *Le Luxembourg à l'époque contemporaine. Du partage de 1839 à nos jours*, Bourg-Bourger, Luxembourg, 1975, 27.

https://doi.org/10.1515/9783110679656-003

que « chef du service civil »,[5] responsable d'assurer la réorganisation du pays.[6] Les conditions de la reprise de possession sont annoncées le lendemain : toutes les relations politiques avec la Belgique sont rompues et les fonctionnaires des territoires qui ont été sous son contrôle pendant près de dix ans sont déliés de leur loyauté envers l'État belge. Les arrondissements des tribunaux sont provisoirement maintenus, mais placés sous la juridiction de la Cour supérieure de justice de Luxembourg. Tant pour le fond que pour la forme, la justice doit suivre les codes, lois et arrêtés subsistants dans la capitale.[7] Les juridictions de la partie du pays précédemment contrôlée par la Belgique doivent donc désormais suivre la législation néerlandaise.

1 La réintégration des fonctionnaires belges

Sur le plan humain, la principale question qui se pose est celle de savoir comment il faut traiter ceux qui ont été loyaux à l'administration du gouvernement belge. En théorie, la question est déjà réglée par le Traité de Londres, qui interdit toute persécution pour participation directe ou indirecte aux événements politiques.[8] En pratique, cependant, le roi Guillaume est réticent à réintégrer ceux qui ont travaillé sous le régime belge, même s'il est conscient du fait qu'il sera impossible de tous les révoquer, sous peine de voir l'appareil administratif s'écrouler. Les principaux fauteurs ne sont à ses yeux pas tant ceux qui ont obtenu des postes dans la fonction publique belge au cours des années 1830. Après tout, les habitants des territoires contrôlés par la Belgique ne pouvaient *de facto* pas entrer dans la fonction publique de Luxembourg-Ville. Ceux qui mériteraient d'être démis de leurs fonctions sont ceux qui ont rejoint le régime belge au moment de la révolution, c'est-à-dire avec conviction. En juin 1839, Guillaume brave l'interdiction du Traité de Londres et donne l'ordre d'écarter de la fonction publique tous ceux qui se sont

5 Ce rôle peut être assimilé à celui de gouverneur. Dans certains documents, la fonction apparaît sous la dénomination de « chef des services civils ».

6 Arrêté royal grand-ducal concernant la nomination du chef du service civil du Grand-Duché de Luxembourg, 10 juin 1839.

7 Arrêté royal grand-ducal concernant la reprise de possession des parties restituées du territoire luxembourgeois, 11 juin 1839.

8 Article 20 du Traité du 19 avril 1839.

fait «particulièrement mal remarquer» dans le cadre du mouvement séparatiste du début des années 1830.[9]

Comme le montrent les recherches de Paul Feltes, Hassenpflug s'appuie dans le domaine de la justice sur les conseils du procureur général d'État Willmar pour évaluer quels fonctionnaires judiciaires doivent être évincés. Le premier magistrat sur lequel Willmar attire l'attention est le président du tribunal de Diekirch, Joseph-Antoine Reuter, qui est à ses yeux «l'un des plus ardents fauteurs de l'insurrection».[10] Reuter avait été substitut du procureur, puis juge, au tribunal de Saint-Hubert dans les années 1820. Il avait obtenu son poste de président du tribunal de Diekirch en 1830, après avoir œuvré en faveur de la révolution belge. Hassenpflug le destitue de cette même fonction en août 1839.[11] Le deuxième fonctionnaire de l'ordre judiciaire révoqué est Pierre-Ernest Dams, le juge de paix de Remich, qui a obtenu ce poste en 1830 suite à la mise à l'écart d'un juge orangiste par les autorités belges.[12] Enfin, Hassenpflug destitue les juges de paix de Mersch et de Betzdorf, Emmanuel-Jean-Antoine Servais, le père du futur homme d'État Emmanuel Servais, un participant actif à la révolution belge, et Jean-Baptiste Weydert. D'autres sont seulement rétrogradés, à l'instar de Michel Klensch, le juge d'instruction de Diekirch, dont le rang est réduit à celui de greffier.[13] Quelques magistrats quittent leur poste de manière volontaire, pour retrouver des fonctions judiciaires en Belgique.[14] À l'exception de celle de Dams, ces destitutions ne seront toutefois pas de longue durée. Craignant une réaction internationale suite à des protestations émises par la Belgique, Guillaume Ier ordonne quelques mois plus tard seulement à Hassenpflug de réintégrer ceux qui ont été frappés par l'épuration. Certains d'entre eux seront dotés de hauts postes, à l'instar de Joseph-Antoine Reuter, qui deviendra président du tribunal d'arrondissement de Luxembourg. Dams sera quant à lui en 1841 invité à participer à la rédaction de la première Constitution du Grand-Duché.[15]

---

9 Au sujet de la politique générale de Guillaume Ier vis-à-vis des fonctionnaires ayant travaillé au sein de l'administration belge, voir le chapitre IX «Oubli ou châtiment» in Calmes, Albert, *La restauration de Guillaume Ier*, op. cit.

10 Feltes, Paul, *L'organisation judiciaire du Luxembourg au 19e siècle. Un élément de la formation d'un État et d'une administration (1839–1885)*, Hémecht 50 (1998), 35.

11 Calmes, Albert, *La restauration de Guillaume Ier*, op. cit., 120.

12 Feltes, Paul, *L'organisation judiciaire du Luxembourg au 19e siècle*, op. cit., 39.

13 Calmes, Albert, *La restauration de Guillaume Ier*, op. cit., 133.

14 Feltes, Paul, *L'organisation judiciaire du Luxembourg au 19e siècle*, op. cit., 37.

15 Voir plus loin dans ce chapitre.

2 La loi d'organisation judiciaire du 4 janvier 1840

Le 4 janvier 1840, Guillaume Ier promulgue deux ordonnances-clefs pour la nouvelle structure étatique luxembourgeoise. La première concerne l'organisation des autorités et prévoit aux côtés du chef du service civil trois instances administratives : une régence, une chambre des comptes et une direction de la caisse de l'État. La seconde ordonnance porte sur l'administration de la justice et maintient l'organisation des justices de paix.[16] Elle prévoit également deux tribunaux d'arrondissement sur le territoire réduit du Grand-Duché : un à Luxembourg et un à Diekirch. La composition du tribunal de Diekirch augmente légèrement par rapport à celle connue sous le régime belge. À côté du Président siègent désormais deux juges au lieu d'un seul.

Les principaux changements introduits par l'ordonnance de 1840 se situent sur le plan de l'appel et de la cassation, qui sont toujours assurés par la Cour supérieure de justice. Conçue en 1831 sous un statut provisoire, celle-ci est désormais installée de manière durable au sommet de l'organisation judiciaire. Cette transformation de statut s'accompagne d'une augmentation du nombre de ses membres. De sept, elle passe à neuf magistrats : un président, un procureur général d'État et sept conseillers. Les affaires en cassation sont traitées par sept conseillers, au lieu de six précédemment. Cette augmentation est le résultat de l'élargissement de la juridiction de la Cour supérieure, qui s'étend désormais non seulement au tribunal de Luxembourg-Ville, mais également à celui de Diekirch. Elle traduit aussi une volonté de parer à la difficulté rencontrée tout au long des années 1830 de trouver un nombre suffisant de magistrats n'ayant pas connu l'affaire avant qu'elle n'arrive en cassation. En matière d'appel, la Cour est constituée de deux chambres : une pour les affaires en matière civile et une pour les affaires commerciales et de police correctionnelle.[17] Ainsi, quand une affaire arrive en cassation, ce sont les juges de la chambre qui n'a pas traité l'affaire en seconde instance qui décideront si le jugement doit être annulé.[18] En ce qui concerne la fonction d'assises de la Cour supérieure, le texte de 1840 crée une chambre de mise en accusation de trois membres qui, accompagnés de deux

16 Ordonnance royale grand-ducale concernant l'administration de la justice, 4 janvier 1840.

17 Chacune de ces chambres est composée de quatre conseillers, tandis que le président siège dans les deux instances. Les membres changent de chambre à tour de rôle. Chaque année, un membre de la première chambre rejoint la deuxième et vice versa.

18 Accompagnés du président du tribunal d'arrondissement qui n'a pas traité l'affaire en première instance.

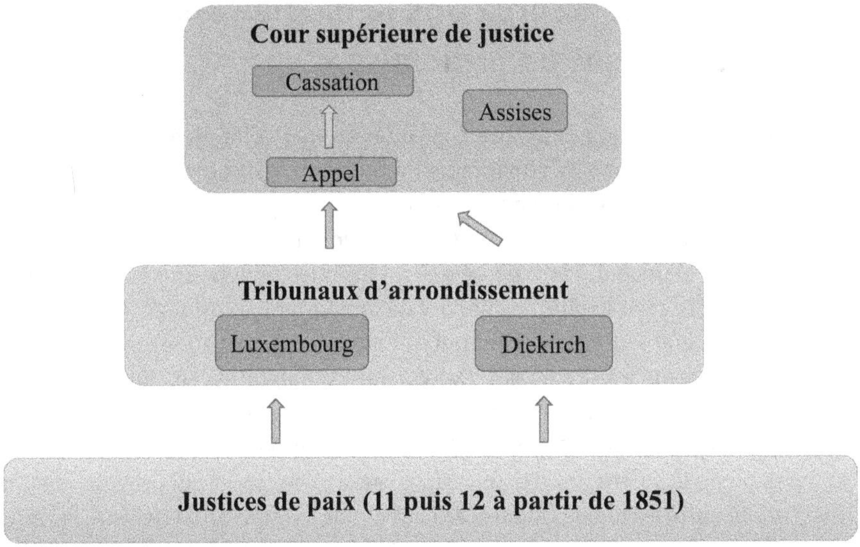

Organisation judiciaire 1840.

conseillers supplémentaires, composeront la Cour d'assises en cas de procès. Comme nous le verrons plus loin, ce système ne fonctionnera pas entièrement comme prévu. Une deuxième nouveauté problématique introduite par le texte de 1840 consiste en l'attribution de la présidence de la Cour de cassation au chef du service civil.[19] Cette mesure, qui fait intervenir l'administration politique directement dans l'activité de la Cour supérieure, ne sera jamais appliquée en raison des critiques qu'elle soulèvera pour son atteinte à l'indépendance de la justice et de la magistrature.[20]

19 Toutefois, si le chef du service civil n'est pas jurisconsulte, le roi grand-duc est libre de choisir une autre personne pour présider la Cour.

20 ANLux, G-0133, Le procureur général d'État Willmar au gouverneur du Grand-Duché, 6 avril 1844.

3 Les remaniements dans la magistrature suite à la réorganisation judiciaire

La nouvelle organisation judiciaire mise en place par la loi du 4 janvier 1840 est suivie, un mois plus tard, de remaniements dans la magistrature. En premier lieu, il est nécessaire de trouver un nouveau président de la Cour supérieure, puisque celui qui a été à la tête de la plus haute juridiction tout au long des années 1830, Jean-François Maréchal, vient de décéder. Parmi les prétendants pour le poste, celui qui semble avoir le plus de chances de remporter la présidence est le procureur général d'État Willmar, qui remplit sa fonction depuis 1831. Ses qualités sont largement reconnues à la fois par ses pairs et les habitants. Le choix du grand-duc tombera toutefois sur un autre homme, qui ne peut compter que sur un parcours relativement bref dans la magistrature, Philippe Charles München.[21] Les archives ne nous livrent pas d'explications quant à ce choix, qui provoquera une vive rivalité entre les deux hommes. Pour Willmar, l'humiliation de voir le grand-duc préférer un magistrat bien moins expérimenté que lui-même est d'autant plus forte que München est son beau-père.[22] L'inimitié entre les deux hommes ne sera pas sans conséquences pour le déroulement de la justice, puisque le procureur général se fera ensuite systématiquement remplacer par son substitut dans les affaires présidées par München.[23] En ce qui concerne les tribunaux d'arrondissement de Luxembourg et de Diekirch, Hassenpflug procède à un échange de magistrats. Cette solution lui a été recommandée par Willmar pour éviter toute empreinte idéologique trop marquée des tribunaux, sachant que celui de Luxembourg est composé d'orangistes et celui de Diekirch de partisans de la révolution belge.[24] C'est dans le cadre de ce remaniement que Joseph-Antoine Reuter, le président du tribunal de Diekirch destitué en 1839, récupère la présidence du tribunal de Luxembourg.

---

21 München avait brièvement exercé les fonctions de conseiller à la Cour supérieure de justice en 1831, mais il s'était surtout distingué par différentes activités dans l'administration politique du pays.

22 La décision amènera Willmar à annoncer sa démission de son poste de procureur général d'État. Pour calmer son indignation, le chef du service civil lui promet un traitement égal à celui du président de la Cour. Pour plus de détails sur la réaction de Willmar, voir Feltes, Paul, *L'organisation judiciaire du Luxembourg au 19e siècle*, op. cit., 49–50.

23 Cette situation sera tolérée jusqu'en 1848, lorsque le gouverneur Théodore de la Fontaine appellera Willmar à trouver une solution au conflit. ANLux, F-036, Le gouverneur Théodore de la Fontaine au Procureur général Willmar, 15 juillet 1848.

24 Calmes, Albert, *La restauration de Guillaume Ier*, op. cit., 133.

Portrait de Philippe Charles München. Collection privée, Photographie Christof Weber.

4 L'abdication de Guillaume Ier et la mise en place de la première Constitution sous Guillaume II

En même temps que le grand-duc met en place une administration indépendante au Grand-Duché, il doit faire face à une tourmente politique aux Pays-Bas, où les États généraux lui reprochent sa gestion désastreuse des finances et ses projets de remariage avec une catholique.[25] La méfiance des députés néerlandais est telle qu'ils cherchent à restreindre les pouvoirs du roi par le biais d'une révision constitutionnelle. Désormais proche des soixante-dix ans, Guillaume Ier préfère

25 L'épouse de Guillaume Ier, la reine Wilhelmine, est décédée en 1837.

renoncer à régner.[26] Le 7 octobre 1840, il signe son abdication à la fois comme roi des Pays-Bas et comme grand-duc de Luxembourg. Son fils Guillaume II lui succède dans les deux fonctions et se retrouve donc responsable de gérer la crise politique néerlandaise tout en continuant le travail de mise en place d'une structure étatique au Luxembourg. Dès l'été 1841, il convoque une commission de neuf notables à La Haye pour commencer l'étude de la nouvelle organisation du pays et discuter de la constitution dont il doit être doté.[27] Les rédacteurs de la future loi fondamentale sont d'emblée mis en garde : la petite taille du Luxembourg et son rattachement à la Confédération germanique constituent un obstacle à la mise en place d'une véritable constitution.[28] Il ne faut donc pas espérer un texte semblable à celui de la Belgique.

En effet, la première loi fondamentale ne correspondra guère aux constitutions démocratiques modernes.[29] Promulguée par Guillaume II le 12 octobre 1841, la « Constitution d'États pour le Grand-Duché de Luxembourg » comprend seulement 52 articles et conserve les pouvoirs exécutif et législatif quasi-exclusivement entre les mains du grand-duc. La seule forme de gouvernance locale consiste en un conseil de gouvernement, composé d'un gouverneur et de quatre membres nommés par le souverain pour exécuter ses décisions. Le pouvoir exécutif ne diffère donc pas grandement de celui que le Luxembourg a connu en tant que province néerlandaise. La Constitution prévoit toutefois une assemblée des États élue, que l'on peut considérer comme l'ancêtre de l'actuelle Chambre des députés.[30] Cependant, ses pouvoirs sont limités, puisque son assentiment n'est requis que pour tout changement introduit dans les lois pénales et fiscales, ainsi que pour le tarif des douanes.[31] Le régime électoral prévu est quant à lui particulièrement restrictif : sur une population d'environ 180.000 habitants, seulement 5.000

---

26 Sur l'abdication de Guillaume Ier, voir Calmes, Albert, *La restauration de Guillaume Ier*, op. cit., chapitre XXVI.

27 La commission se compose des notables suivants : Jean-Baptiste Gellé, Théodore de la Fontaine, tous deux membres de la régence royale grand-ducale, Jean-Jacques Willmar, Pierre-Ernest Dams, Théodore Pescatore, Vendelin Jurion (fils), Michel Witry, Emmanuel Servais, Frédéric de Blochausen. Voir les documents produits par la commission et sa composition dans le dossier d'archives ANLux, G-0925.

28 Calmes, Albert, *La création d'un État (1841–1847)*, Luxembourg, Saint-Paul, 1983, 142.

29 Voir au sujet de l'évolution des constitutions luxembourgeoises Schmit, Paul/Servais, Emmanuel, *Précis de droit constitutionnel. Commentaire de la constitution luxembourgeoise, avec une version coordonnée du texte de la Constitution*, Luxembourg, Saint Paul, 2009 et Majerus, Nicolas, *Histoire du droit dans le Grand-Duché de Luxembourg*, vol. 1 et 2, Luxembourg, Saint-Paul, 1949.

30 Le grand-duc se réserve toutefois le droit de nommer les premiers membres. Majerus, Nicolas, *Histoire du droit dans le Grand-Duché de Luxembourg*, vol. 2, op. cit., 734.

31 Pour le reste, elle ne donne que des avis préalables aux dispositions législatives.

hommes remplissent les conditions pour être électeur au premier degré, tandis que seulement quelques centaines peuvent voter en seconde instance.[32] La première Constitution laisse donc dans une certaine mesure subsister la monarchie absolue.[33]

Seulement un article de la Constitution, l'avant-dernier, est consacré à l'organisation de la justice : « La justice est rendue dans le Grand-Duché par les tribunaux actuellement établis ou à établir par la loi, et conformément aux lois en vigueur ». Elle ne touche donc pas à l'organisation judiciaire mise en place en 1840. En termes de garanties juridiques fondamentales pour les Luxembourgeois, elle propose quelques avancées modestes, telles que l'égalité des citoyens devant la loi, sans distinction de croyance religieuse, de rang ni de naissance, ou encore la limitation des poursuites judiciaires aux seuls cas expressément prévus par la loi. En revanche, il n'existe ni liberté d'expression ni liberté de la presse.

5 Les vaines tentatives de réforme de la justice pendant les années 1840

Si la Constitution elle-même ne procède à aucune modification de l'organisation judiciaire, la structure administrative qu'elle prévoit a pour conséquence de rendre obsolète, du moins en partie, l'ordonnance du 4 janvier 1840. Aux yeux du procureur général d'État Willmar, la nécessité d'adapter le système représente une occasion idéale pour une réforme générale. En décembre 1841, il soumet un projet de loi de 31 articles au nouveau chef du service civil Jean-Baptiste Gellé. Le texte propose d'attribuer les fonctions de ministre de la Justice au gouverneur du pays. Toutefois, dans l'objectif d'éviter toute ingérence politique dans l'exercice de la justice, il lui enlève le droit de présider la Cour de cassation.[34] Le projet renforce ensuite l'indépendance de la magistrature dans son ensemble, en prévoyant la nomination des magistrats à vie après cinq ans d'exercice non interrompu de fonctions judiciaires. Willmar prévoit aussi une nouvelle augmentation du nombre de conseillers de la Cour supérieure et introduit une figure inédite dans son organigramme, l'avocat général, qui doit remplir la fonction de substitut du procureur général. Les attributions des conseillers de la Cour sont toutefois

32 Trausch, Gilbert, *Le Luxembourg à l'époque contemporaine*, op. cit., 28.

33 Id.

34 ANLux, G-0133, Projet d'ordonnance grand-ducale rédigé par Jean-Jacques Willmar, décembre 1841.

restreintes, puisqu'ils ne doivent plus connaître le fond des affaires introduites en cassation, en tout cas pas dans un premier temps.[35] Enfin, le projet prévoit la publicité des audiences en matière correctionnelle et d'assises.[36]

Le chef du service civil Gellé est lui aussi convaincu que l'organisation de la justice est «vicieuse» et doit être révisée de fond en comble.[37] Néanmoins, il estime qu'il est plus avisé de se limiter dans un premier temps aux réformes les plus urgentes. Le projet de loi qu'il soumet au grand-duc ne contiendra que 9 articles. Ceux-ci ne reprendront des innovations phares du projet de Willmar que la suppression de la clause qui attribue la présidence de la Cour de cassation au chef de la gouvernance politique et la mise en place de la publicité des audiences des séances d'assises et de police correctionnelle. Convaincu que la publicité des audiences constitue un principe fondamental,[38] Gellé propose d'ailleurs de l'étendre à toutes les affaires jugées en cassation.

Pour une raison que les archives ne révèlent pas, Guillaume II ne promulguera ni le texte de Gellé ni celui de Willmar. Plusieurs commissions instituées pour se pencher sur la question de la mise à jour de la législation judiciaire n'arriveront pas non plus à aboutir à une révision générale du système judiciaire. Seules quatre modifications seront finalement mises en œuvre. En 1841, une ordonnance règle la fixation des circonscriptions des justices de paix et des tribunaux d'arrondissement.[39] Deux ans plus tard, un arrêté royal crée une haute cour de justice militaire.[40] La même année, le grand-duc promulgue une loi permettant la récusation des magistrats lorsqu'ils présentent des liens familiaux de premier ou de second degré avec l'avocat d'une des parties au litige.[41] Cette mesure vise en particulier le président de la Cour supérieure München, dont le fils, Charles, plaide avec succès dans des procès d'appel et de cassation.[42] Suite à la promulgation de la loi sur la récusation, München sera régulièrement obligé de renoncer à sa fonction de président. La quatrième réforme mise en place concerne la publicité

---

35 Elle ne doit intervenir que lorsqu'un jugement a été cassé et que le besoin de statuer sur le fond existe.

36 À moins que cette publicité ne soit dangereuse pour l'ordre ou les moeurs.

37 ANLux, G-0133, Lettre explicative du projet de loi de Gellé au grand-duc, 28 décembre 1841.

38 Id.

39 Ordonnance royale grand-ducale concernant la fixation de la circonscription des justices de paix et le ressort des tribunaux d'arrondissement, 12 octobre 1841.

40 Composée d'un président et de quatre conseillers, dont deux sont des officiers militaires. Arrêté royal grand-ducal concernant l'établissement d'une haute Cour de justice militaire, 9 juin 1843.

41 Loi concernant la récusation des juges, 6 juillet 1843.

42 Feltes, Paul, *L'organisation judiciaire du Luxembourg au 19e siècle*, op. cit., 50.

des audiences. À partir de 1845, toutes les audiences en matière criminelle et correctionnelle sont de nouveau accessibles au public, à moins que cette publicité ne soit dangereuse pour l'ordre et les mœurs.[43]

Si ces quatre réformes vont dans le sens d'un certain nombre de revendications exprimées par la population, aucune solution n'est trouvée pour remédier aux problèmes qui persistent au niveau de la Cour de cassation. Malgré l'augmentation du nombre de conseillers, la Cour supérieure manque d'effectifs en raison d'absences répétées de ses membres, ce qui entraîne d'importants retards dans le traitement des affaires.[44] La Cour doit par conséquent solliciter les juges des tribunaux d'arrondissement pour être au complet. Cette démarche provoque un fonctionnement absurde du système, puisqu'elle amène les juges des tribunaux inférieurs à examiner si leurs supérieurs hiérarchiques ont correctement appliqué le droit. Il s'ajoute à cela que ces remplacements permanents font de la Cour un corps trop variable dans sa composition, ce qui est en contradiction avec la raison même de son existence, qui veut qu'elle assure une jurisprudence uniforme.[45]

Pour remédier au problème, plusieurs solutions sont envisagées, dont notamment celle de séparer la Cour de cassation de la Cour supérieure, voire de la supprimer tout court. Après tout, il n'existe au Luxembourg qu'une seule Cour d'appel. Le besoin d'uniformisation de la jurisprudence est donc moins important que dans les pays voisins, où de multiples cours d'appel se prononcent sur l'application du droit. La Cour de cassation traite d'ailleurs très peu d'affaires. Son activité est tellement réduite que le gouverneur de la Fontaine écrit en 1842 que « les places de conseiller à la Cour sont à très peu de choses près des sinécures ».[46] Malgré le constat général des inconvénients du système,[47] un projet de réforme

43 Loi du 15 juin 1845, portant abrogation de l'article 5 de l'arrêté du Prince Souverain du 6 novembre 1814 sur la non-publicité des audiences en matière criminelle et correctionnelle.

44 Voir le rapport explicatif d'une des commissions instituées pour travailler sur la réforme dans le dossier d'archives ANLux, G-0133, et Feltes, Paul, *L'organisation judiciaire du Luxembourg au 19e siècle*, op. cit., 56–57. Cet absentéisme est tout d'abord engendré par l'âge avancé de certains membres de la Cour, qui rencontrent des problèmes de santé. Ensuite, la place de président de la Cour de cassation est systématiquement vide, puisque ce rôle revient au gouverneur politique et que celui-ci renonce à exercer la fonction pour ne pas enfreindre le principe de séparation des pouvoirs.

45 Cette critique est émise pendant la discussion des députés des États sur le projet de loi de 1847. Voir le compte-rendu des séances des États du Grand-Duché de Luxembourg, session de 1847, 247–249.

46 ANLux, F-036, Le gouverneur par intérim de la Fontaine au chancelier, 31 janvier 1842.

47 Voir ANLux, G-0133, Rapport destiné à motiver le vote de la minorité de la Commission chargée d'émettre un avis motivé sur une nouvelle organisation de l'ordre judiciaire dans le Grand-Duché de Luxembourg.

n'atterrira à l'assemblée des États qu'en 1847. Guillaume II hésite d'abord à le promulguer, puis se voit obligé de le faire dans le contexte de révolte généralisée du printemps 1848.

6 Le printemps des peuples et la mise en place de la première Constitution libérale (1848)

Le milieu des années 1840 représente une période relativement calme dans la vie politique luxembourgeoise. Malgré les graves répercussions sociales de la récolte catastrophique de 1845, qui a plongé l'Europe entière dans la famine et la récession, Guillaume II rencontre peu de contestation. Il faut dire que l'opposition dispose de peu de moyens pour s'exprimer. Les journaux travaillent sous le joug de la censure et il n'existe aucun droit de pétition, d'association ou de manifestation.[48] Cette situation change radicalement au cours de l'année 1848, à l'occasion du « printemps des peuples », une vague révolutionnaire qui frappe l'Europe de l'ouest à l'est. Le mouvement commence avec le soulèvement français de février 1848, qui contraint le roi Louis-Philippe d'Orléans à abdiquer, puis finit par proclamer la mise en place d'une République ainsi que l'élection d'une assemblée nationale au suffrage universel masculin. Des revendications de réformes libérales similaires se répandent ensuite comme une traînée de poudre en Italie, en Autriche et en Allemagne.[49] Elles se manifestent aussi au Luxembourg. Dès le mois de mars, des troubles et des célébrations des événements français éclatent dans l'ensemble du pays. Sans tarder, le chancelier d'État de Blochausen, influent conseiller intime du roi, l'alerte sur le fait que le Grand-Duché est « en péril » et lui conseille avec insistance de faire des concessions.[50] Guillaume II prend la mesure de la gravité du climat de révolte, qui règne non seulement au Grand-Duché, mais également aux Pays-Bas. Le 9 mars, il introduit à la Seconde chambre des États généraux des Pays-Bas des propositions de réforme de la Constitution néerlandaise.[51] Mais au vu de l'ampleur de la contestation dans toute l'Europe, celles-ci sont trop modestes pour répondre aux revendications des libéraux. Le roi cèdera

---

48 Sur la situation du Luxembourg avant les événements de 1848, voir Calmes, Albert, *La Révolution de 1848 au Luxembourg*, Luxembourg, Saint-Paul, 1957.

49 Au sujet du printemps des peuples en Europe, voir Sperber, Jonathan, *The European Revolutions, 1848–1851*, 2e ed., Cambridge, Cambridge University Press, 2005.

50 ANLux, F-007, De Blochausen au roi grand-duc, 22 mars 1848.

51 Ces réformes avaient toutefois été prévues de longue date. Homan, Gerlof D., *Constitutional reform in the Netherlands in 1848*, The Historian 28 (1966), 417.

quelques jours plus tard en instituant une commission de cinq membres, chargée de rédiger une nouvelle Constitution pour les Pays-Bas.[52]

À ce stade des événements, le roi grand-duc refuse d'envisager une révision de la Constitution luxembourgeoise.[53] Il fait toutefois une concession capitale le 15 mars 1848 : il abolit la censure et ouvre la voie à la libre expression de la contestation. Trois jours après la promulgation de l'arrêté paraît le premier numéro du *Luxemburger Wort für Wahrheit und Recht*, qui revendiquera rapidement la mise en place d'une assemblée constituante.[54] Les Luxembourgeois adressent quant à eux plus de 70 pétitions au souverain, réclamant entre autres la rédaction d'une nouvelle Constitution sur le modèle de celle de la Belgique, des réformes du système électoral, du fonctionnariat, de la fiscalité, l'exclusion des étrangers de la fonction publique et la mise en place de la liberté de pétitionnement et du droit d'association.[55] Du côté du conseil de gouvernement, l'inquiétude est très forte. Théodore Pescatore parle de « guerre civile ».[56]

Le 20 mars, les membres du gouvernement font savoir qu'ils ont demandé une révision constitutionnelle au grand-duc. Pour calmer les ardeurs populaires, et sans même attendre la confirmation de Guillaume II, ils annoncent également que celui-ci a l'intention de promulguer la loi sur l'organisation judiciaire votée en 1847, ainsi qu'une loi réformant l'enseignement supérieur.[57] Ne voyant pas d'autre issue que de céder, Guillaume II décide, comme il l'a fait aux Pays-Bas, de nommer une commission de notables pour élaborer une Constitution. Consciente du fait qu'elle manque de soutien populaire, celle-ci demandera à l'issue de sa première réunion que sa tâche soit confiée à l'assemblée des États.[58] Guillaume II réagira le 31 mars avec un arrêté qui annonce la création d'une assemblée nationale constituante élue par le peuple.

Le souverain fait désormais face à deux réformes constitutionnelles. Elles se déroulent de manière simultanée, mais indépendamment l'une de l'autre. Celle des Pays-Bas est mise en œuvre par une commission nommée, celle du Luxembourg par des députés élus. C'est pourtant cette dernière qui sera promulguée en premier, le 9 juillet 1848. Ses rédacteurs s'étant largement inspirés de la Constitution belge de 1831, elle représente la première loi fondamentale démocratique du

---

52 Id.

53 ANLux, G-0017, Le chancelier d'État de Blochausen à Monsieur le gouverneur de Luxembourg, 9 mars 1848.

54 Calmes, Albert, *La Révolution de 1848 au Luxembourg*, Bruxelles, Edition universelle, 1957, 45.

55 Id., 28–29.

56 Id., 79.

57 Id., 83.

58 Id., 95.

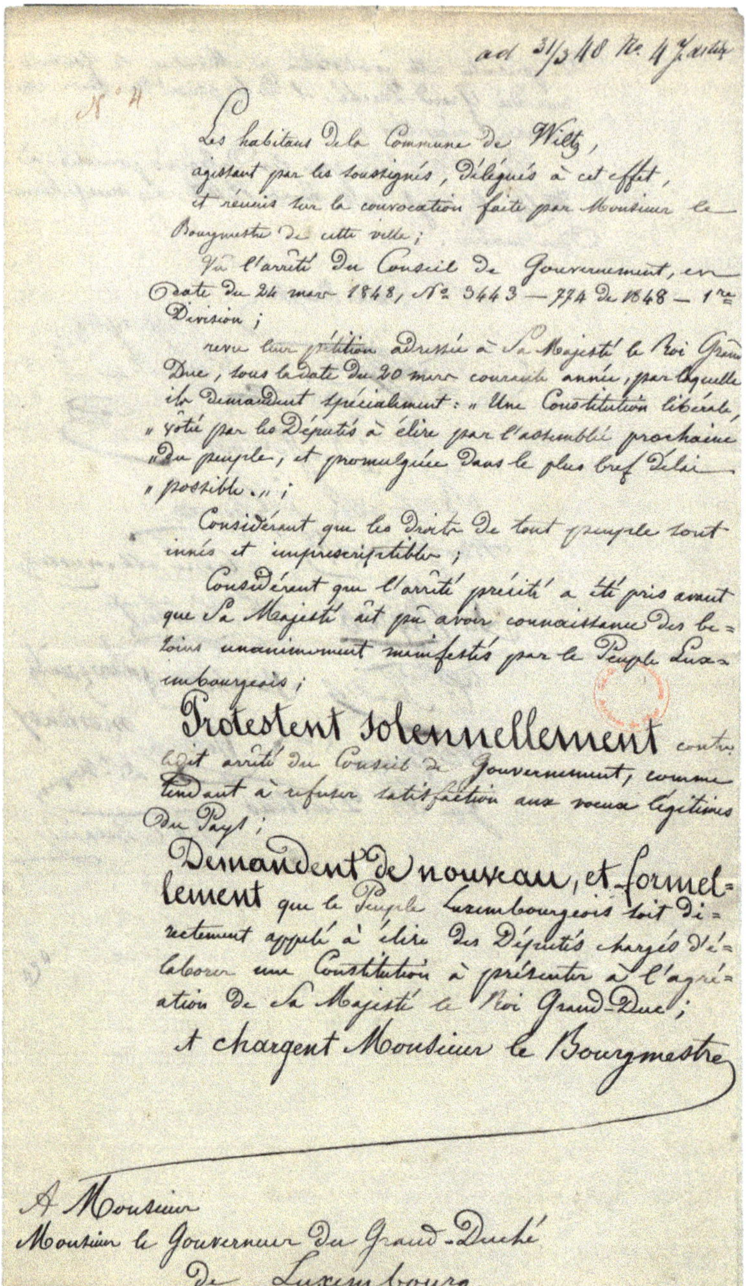

ad 31/3 48 № 4 Index

N° 4

Les habitans de la Commune de Wiltz,
agissant par les soussignés, délégués à cet effet,
et réunis sur la convocation faite par Monsieur le Bourgmestre de cette ville;

Vu l'arrêté du Conseil de Gouvernement, en date du 24 mars 1848, N° 3443 – 774 de 1848 – 1re Division;

vu leur pétition adressée à Sa Majesté le Roi Grand Duc, sous la date du 20 mars courante année, par laquelle ils demandent spécialement: « Une Constitution libérale, votée par les Députés à élire par l'assemblée prochaine du peuple, et promulguée dans le plus bref délai possible. »;

Considérant que les droits de tout peuple sont innés et imprescriptibles;

Considérant que l'arrêté précité a été pris avant que Sa Majesté ait pu avoir connaissance des besoins unanimement manifestés par le Peuple Luxembourgeois;

Protestent solennellement contre ledit arrêté du Conseil de Gouvernement, comme tendant à refuser satisfaction aux voeux légitimes du Pays;

Demandent de nouveau, et formellement que le Peuple Luxembourgeois soit directement appelé à élire des Députés chargés d'élaborer une Constitution à présenter à l'agréation de Sa Majesté le Roi Grand-Duc;

et chargent Monsieur le Bourgmestre

A Monsieur
Monsieur le Gouverneur du Grand-Duché
de Luxembourg.

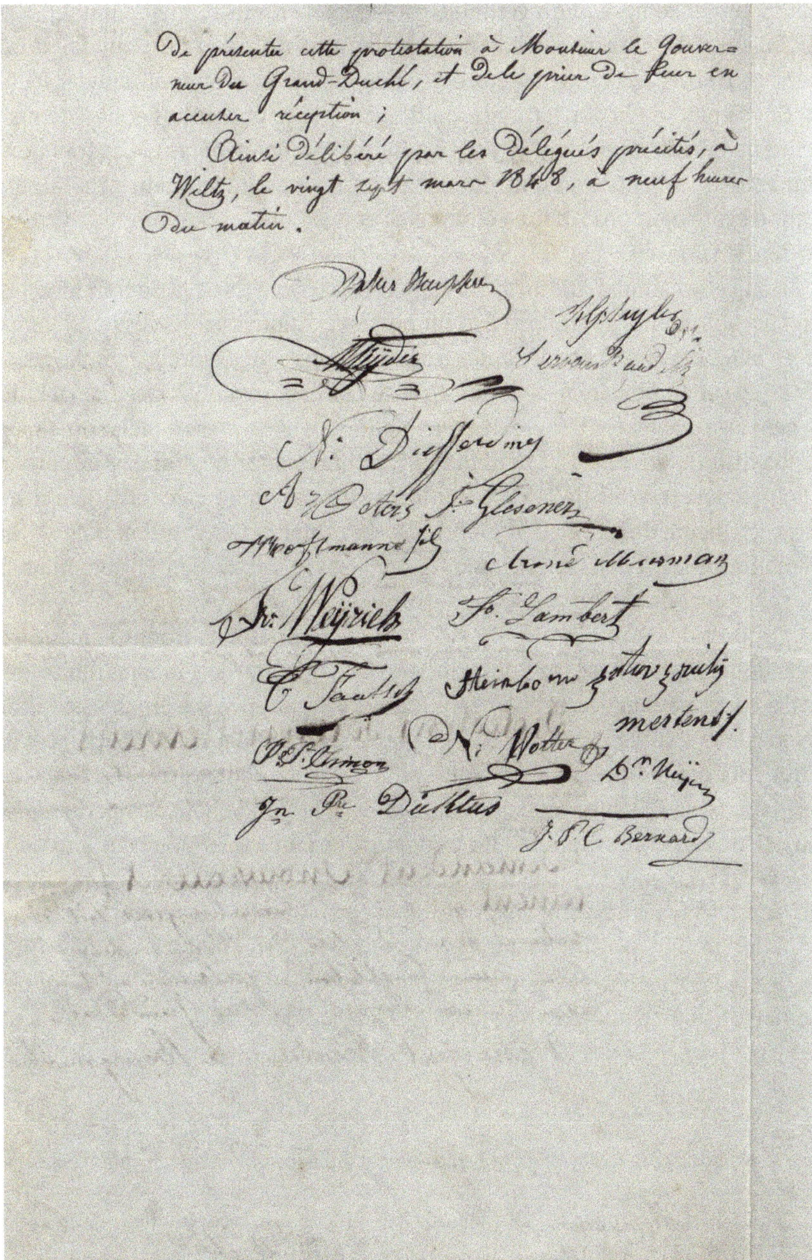

De présenter cette protestation à Monsieur le Gouverneur du Grand-Duché, et de le prier de leur en accuser réception ;

Ainsi délibéré par les Délégués précités, à Wiltz, le vingt sept mars 1848, à neuf heures du matin.

Pétition des habitants de la commune de Wiltz demandant une Constitution libérale votée par une Assemblée élue, 1848. ANLux, F-007.

Luxembourg et comprend un véritable catalogue de droits fondamentaux.[59] Elle restreint aussi de manière considérable les pouvoirs du grand-duc, qui doit dorénavant gouverner avec une chambre des députés dotée d'un vrai pouvoir législatif. Sur le plan de la gouvernance politique, le pays obtient un gouvernement de cinq membres qui portent le titre d'administrateurs généraux. Les fonctions de ministre de la Justice sont attribuées au premier administrateur général, qui s'occupe également des Affaires étrangères et des Cultes, et qui porte le titre de président du Conseil.

Au sujet de l'administration de la justice, les rédacteurs de la Constitution ont cherché à apporter des solutions à la plupart des critiques soulevées pendant les années 1840. Les audiences de toutes les juridictions sont désormais publiques, à moins que cette publicité ne soit dangereuse pour l'ordre ou les mœurs. Le huis-clos peut être décidé en matière de délits politiques et de presse, mais seulement à la condition d'un vote à l'unanimité du tribunal concerné. Comme la plupart des autres paragraphes de la Constitution ayant trait à la justice, l'article instituant ce principe de publicité reprend mot pour mot la Constitution belge.[60] La désignation des magistrats est toujours entre les mains du grand-duc, mais la Cour supérieure de justice peut donner son avis sur le recrutement de ses conseillers, des présidents et des vice-présidents des tribunaux d'arrondissement. La Constitution introduit ensuite le principe fondamental de l'inamovibilité des juges, qui leur permet de travailler sans craindre de potentielles répercussions de leurs jugements sur leur carrière.[61] Cependant, seuls les juges des tribunaux et de la Cour supérieure bénéficient de cette protection statutaire. En en excluant les juges de paix, la Constitution suit donc plutôt la loi fondamentale néerlandaise de 1815. Une autre innovation est l'introduction de l'incompatibilité des fonctions de député avec celle de magistrat du parquet. Les juges peuvent en revanche continuer à se présenter aux élections de la Chambre. De nombreux magistrats profiteront de cette possibilité dans les décennies à venir, non sans soulever des critiques parce que leurs absences régulières perturbent le fonctionnement des tribunaux.[62] Notons toutefois que l'article 96 de la Constitution déclare qu'aucun juge ne peut accepter des fonctions salariées de la part du gouvernement.

---

59 Sur le plan des peines, elle abolit la peine de mort en matière politique, la mort civile et la flétrissure.

60 Article 96 de la constitution de la Belgique de 1831, article 90 de la constitution du Grand-Duché de Luxembourg de 1848.

61 L'introduction de cette clause avait été revendiquée dans de nombreuses pétitions rédigées par les habitants des communes. Voir Feltes, Paul, *L'organisation judiciaire du Luxembourg au 19e siècle,* op. cit., 137.

62 Id., 159–162.

Enfin, la nouvelle Constitution réintroduit par son article 92 le jury populaire dans le jugement des crimes, des délits politiques et des délits de presse. Il s'agit là d'une revendication exprimée par la population dans les pétitions adressées au grand-duc.[63] Faute d'accord politique sur la promulgation d'une loi encadrant son fonctionnement, aucun jury ne verra pourtant le jour avant que la participation populaire à l'exercice de la justice soit de nouveau abolie en 1856.[64] Le seul point litigieux non réglé par la Constitution libérale de 1848 est donc celui de la composition de la Cour supérieure de justice et du système de renvoi en cassation. Il sera traité quelques jours plus tard, par la loi d'organisation judiciaire du 12 juillet 1848. Conformément au principe de séparation des pouvoirs, celle-ci ne prévoit plus aucune fonction présidentielle pour les représentants de l'exécutif à la Cour de cassation. En termes de composition, elle procède à l'augmentation du nombre de conseillers, en les faisant passer à treize, voire quinze membres en cas de besoin.[65] Dans le cas où la cour ne pourrait pas se composer, la loi prévoit de créer un tribunal *ad hoc* composé de magistrats, docteurs ou licenciés en droit. Elle introduit également la fonction d'avocat général proposée par Jean-Jacques Willmar au début des années 1840. En ce qui concerne le renvoi en appel et en cassation, la loi revient en arrière, puisque la Cour siège en assemblée générale pour toutes les affaires traitées en cassation. Cette mesure implique donc le retour d'un problème soulevé pendant des années : des juges qui ont déjà connu une affaire en appel sont amenés à étudier leur propre jugement en cassation. L'explication de ce revirement se trouve dans les débats menés à l'assemblée des États et notamment dans l'intervention du député Vendelin Jurion :

> Personne n'en disconvient, des objections sont à faire à ce système. Il est fâcheux de mettre le magistrat en face de sa propre décision [...] Cependant, ces inconvénients, contre lesquels on s'est d'abord élevé, doivent céder devant d'autres inconvénients plus graves, qui résulteraient de la création d'une Cour de cassation séparée. Ce système donnerait au pays un

---

63 Voir Spielmann Alphonse, *De l'abolition du jury à la suppression de la Cour d'assises au Grand-Duché de Luxembourg*, Revue de droit pénal et de criminologie 67 (1987), 719–733.

64 Pour plus de détails concernant les débats autour de la mise en place du jury, voir Feltes, Paul, *L'organisation judiciaire du Luxembourg au 19e siècle*, op. cit., 139–141. Selon un avis du Conseil d'État de 1868, le jury a été réintroduit sans grande conviction de la part des rédacteurs de la constitution. ANLux, H-0719, Avis du Conseil d'État sur la question de l'établissement du jury dans le Grand-Duché, 23 mai 1862.

65 Un président, un vice-président, neuf conseillers (onze au besoin), un procureur général et un avocat général, qui remplit la fonction de substitut du procureur général et apparaît au même rang que les conseillers.

> corps judiciaire en disproportion absolue avec ses ressources et sa population ; un grand nombre de magistrats les plus instruits n'auraient rien à faire pendant toute l'année.[66]

Autrement dit, le Luxembourg ne connaît pas assez d'affaires de cassation pour instituer une cour qui s'occuperait exclusivement de ce type de recours. Il faut se résoudre à accepter le principe selon lequel certains magistrats statuent sur l'application correcte ou non du droit dans leur propre jugement.

7 La première nomination à vie de magistrats luxembourgeois

Deux semaines après la promulgation de la loi d'organisation judiciaire de 1848, un arrêté royal grand-ducal procède, pour la première fois, à la nomination à vie de magistrats luxembourgeois.[67] Le grand-duc effectue ses choix de nomination en s'appuyant sur les conseils du gouverneur Théodore de la Fontaine.[68] Persuadé qu'un chamboulement trop important dans la magistrature est à éviter dans le climat politique agité du moment, le gouverneur recommande de conserver la plupart des magistrats à leurs postes, même s'il n'est pas entièrement convaincu de leur aptitude à exercer leurs fonctions. Ainsi propose-t-il par exemple de maintenir Philippe München à la tête de la Cour supérieure de justice, malgré le fait qu'il estime qu'il serait plus juste, et dans l'intérêt du fonctionnement de l'institution, de confier la présidence au procureur général Jean-Jacques Willmar. München est aux yeux de Théodore de la Fontaine un homme « vindicatif et haineux », qui prend trop de place à la Cour, les autres conseillers étant trop faibles pour résister à sa forte personnalité et à son argumentation.[69] Il recommande également la nomination à vie du conseiller Jean-Henri Heuardt, qu'il qualifie pourtant de « jurisconsulte faible et d'une instruction fort imparfaite ». Le seul magistrat qui, selon de la Fontaine, ne devrait pas faire partie de la plus haute juridiction du pays est le juge Hubert-Bernard Neuman, qui serait d'une « nullité radicale et complète ».[70] Toujours sur recommandation de la Fontaine,

---

66 Compte-rendu des séances des États du Grand-Duché de Luxembourg, Session de 1848, 271.

67 Arrêté royal grand-ducal du 24 juillet 1848, N° 9, contenant nomination de membres de l'ordre judiciaire.

68 ANLux, F-036, Rapport de Théodore de la Fontaine au grand-duc, 23 juillet 1848.

69 Id.

70 Id. Neuman, précédemment juge au tribunal d'arrondissement de Diekirch, sera nommé juge au tribunal de Luxembourg. En 1863, il deviendra ministre de l'Intérieur et de la Justice.

un homme arrivera quant à lui à se hisser à la Cour supérieure sans expérience préalable dans la magistrature. Il s'agit de l'avocat Emmanuel Servais, qui a été membre de l'assemblée des États au cours des années 1840 et qui a participé à la rédaction de la Constitution de 1848. Guillaume II lui attribue le titre de conseiller.

8 L'affaire « München »

Au lendemain de l'arrêté de nomination de juillet 1848, la magistrature peut enfin espérer une pérennité du système judiciaire. La nouvelle Constitution répond aux revendications libérales de la population, la plupart des difficultés rencontrées par l'organisation judiciaire ont trouvé une solution et l'ensemble des magistrats, à l'exception des juges de paix, ont la garantie de pouvoir exercer leur fonction jusqu'à la fin de leur carrière, sans risquer une quelconque destitution. La suite des évènements sera toutefois moins positive. Dès la mise en place de la nouvelle Chambre des députés, la position de la magistrature, notamment celle de ses plus hauts fonctionnaires, redevient un sujet de discussion dans le cadre de l'objectif de réduire les coûts de l'administration de l'État. Plusieurs lois visant à limiter les dépenses à travers la baisse des traitements des fonctionnaires sont élaborées. Ainsi, est adoptée par la Chambre la loi du 14 février 1849 portant fixation du traitement de l'ordre judiciaire, qui réduit les rémunérations des magistrats, dont notamment ceux constituant la Cour supérieure de justice.[71] La baisse est particulièrement importante pour le président de la Cour, München, dont le traitement passe de 8.500 à 5.500 francs.[72] Se considérant comme « principale victime » de cette injustice arbitraire, München se sent « humilié ».[73] La nouvelle mesure n'arrange pas sa rivalité avec Jean-Jacques Willmar, qui est désormais non seulement chef du gouvernement, mais qui a aussi vu son traitement augmenter par rapport aux membres de la régence précédente. Willmar gagne à présent le double du président de la Cour, ce que München perçoit comme « le comble de l'injustice et de la dérision ».[74] Après avoir tenté de convaincre le grand-duc de ne pas soutenir la loi qui baisse les traitements des magistrats, il décide de réagir par voie judiciaire

71 Loi du 14 février 1849, n° 24, portant fixation du traitement de l'ordre judiciaire.

72 Pour une comparaison des traitements avant et après la nouvelle loi, voir ANLux, G-0135, Mémoire concernant les traitements alloués aux membres de la Cour supérieure de justice du Grand-Duché de Luxembourg, par la loi du 14 février 1849.

73 ANLux, G-0135, Philippe München à l'administrateur général et Président du gouvernement Willmar, 15 mai 1852.

74 ANLux, G-0135, München au roi grand-duc, 4 janvier 1849.

et fait assigner l'État en justice pour violation du principe d'inamovibilité et des droits acquis.[75] Le gouvernement plaide que le tribunal n'est pas compétent pour statuer sur la nouvelle loi, mais son argumentation est rejetée à la fois par le tribunal de première instance et en appel. Entre-temps, une commission de législation a été instituée pour se pencher sur la question des traitements de l'ordre judiciaire et évaluer les chances de l'État de gagner le procès. En prenant en considération des affaires similaires dans les pays voisins, elle arrive à la conclusion que l'État a de fortes chances d'être condamné, puisque le principe d'inamovibilité ne comprend pas seulement le poste, mais aussi les conditions qui l'entourent.[76] Le problème sera résolu avec une nouvelle loi promulguée en 1856, qui rétablit à leur niveau initial les traitements des membres de l'ordre judiciaire.[77]

9 Conclusion

Alors qu'elle lui a été promise dès 1830, le Luxembourg n'est doté d'une structure étatique propre qu'en 1840–1841, lorsque la dynastie des Orange-Nassau récupère le contrôle d'un Grand-Duché diminué des deux-tiers de sa superficie. La première Constitution d'États n'est pas à la hauteur des espoirs de nombreux Luxembourgeois, dont notamment ceux qui ont connu l'administration libérale de la Belgique pendant presque une dizaine d'années. Il faut toutefois souligner le jalon que représente, dans l'histoire de la justice et dans celle de l'État luxembourgeois dans son ensemble, l'ordonnance de janvier 1840, qui ancre de manière permanente la Cour supérieure de justice dans la haute administration luxembourgeoise indépendante. Pour voir opérer une véritable séparation des pouvoirs exécutif et judiciaire, il faudra attendre les réformes libérales de 1848, qui répondront à un mécontentement populaire général exprimé non seulement au Luxembourg, mais dans toute l'Europe.[78] Les grands principes qui régissent encore de nos jours le statut et l'indépendance de la magistrature sont alors établis, même si, comme nous le verrons dans le chapitre suivant, Guillaume III reviendra de manière temporaire sur certaines réformes de l'organisation judiciaire. Malgré ce

75 Id.
76 ANLux, G-0135, Commission de législation, séance du 12 décembre 1853.
77 Loi du 27 mars 1856 portant rétablissement des traitements réduits en 1848 et 1849.
78 Une certaine confusion des pouvoirs persistera encore dans les décennies suivantes en raison du fait que de nombreux magistrats font des aller-retours entre la magistrature et la politique. Voir à ce sujet le chapitre « La magistrature luxembourgeoise au 19e siècle. Une élite à la croisée des pouvoirs ».

retour en arrière passager, le législateur cherchera dans les décennies suivantes à professionnaliser encore davantage la magistrature et à mettre le système en adéquation avec l'évolution des mœurs.

Vera Fritz

La justice sur le chemin de la professionnalisation et de l'humanisation (1848–1885)

Dans de nombreux pays européens, le vent libéral de 1848 est rapidement suivi d'un contre-mouvement réactionnaire.[1] C'est également le cas au Luxembourg, où les réformes acquises par la révolution sont attaquées dès 1856, quand le roi grand-duc Guillaume III instaure un régime autoritaire qui durera jusqu'en 1868. La justice est touchée par ce changement politique, mais cela ne l'empêche pas de se professionnaliser davantage et de préparer le terrain en vue d'importantes réformes. Comme nous le verrons dans ce chapitre, les débats des décennies 1860, 1870 et 1880 tournent essentiellement autour de trois sujets : le renforcement de la formation des magistrats et le besoin d'encadrer davantage leurs conditions de recrutement ; la nécessité de régler enfin de manière durable la question du recours en cassation; le souhait d'adapter à la fois le Code pénal et le système pénitentiaire à l'évolution des mœurs qui a eu lieu depuis le début du 19e siècle. Le Luxembourg suit ainsi une évolution similaire à celle que l'on observe pendant la même période en France, en Belgique et aux Pays-Bas, où les autorités cherchent à « humaniser » le système judiciaire et pénitentiaire légué par la Révolution française et l'Empire. La professionnalisation de la justice entre 1848 et 1885 s'inscrit également dans la modernisation générale que l'État luxembourgeois opère pendant cette période, avec, entre autres, l'introduction et l'extension des chemins de fer, la création de banques et le développement de l'industrie sidérurgique.

1 Le retour à l'autoritarisme politique

Huit mois après avoir cédé face à la vague de revendications libérales, Guillaume II décède. Son fils et successeur, Guillaume III, est un opposant à l'œuvre révolutionnaire. Estimant que les élus ont acquis un poids trop important dans la gouvernance démocratique, il souhaite restaurer l'autorité monarchique. En 1853, le remplacement du cabinet de Jean-Jacques Willmar par un exécutif placé sous la présidence de Charles-Mathias Simons représente l'occasion d'un retour à un régime autocratique. Le nouveau gouvernement reçoit pour mission « d'affermir

1 En Prusse, le roi Frédéric-Guillaume IV restaure son autorité monarchique et en France, Louis-Napoléon Bonaparte se proclame empereur.

https://doi.org/10.1515/9783110679656-004

l'ordre moral, l'autorité publique [...] et le principe monarchique».[2] Nous notons une présence importante de magistrats dans le nouveau gouvernement. Parmi les quatre administrateurs généraux recrutés pour œuvrer aux côtés de Simons, trois ont occupé de hautes positions judiciaires. Tandis que la fonction d'administrateur général de la Justice revient à François-Xavier Wurth-Paquet, le vice-président de la Cour supérieure de Justice, ses deux homologues en charge des Travaux publics et des Finances, Mathias Wellenstein et Emmanuel Servais, sont deux anciens conseillers de cette même cour. Le cinquième membre du gouvernement, Vendelin Jurion, intègrera quant à lui la magistrature après son départ de l'exécutif.[3] Il règne donc toujours une forte confusion entre le politique et le judiciaire.[4] Cette situation perdurera jusqu'à la fin du 19e siècle, et même au-delà.[5] Parmi l'ensemble des membres du gouvernement nommés entre 1848 et 1899, plus de la moitié fait carrière dans une fonction judiciaire avant et/ou après un passage au gouvernement.[6] Il faut dire que le droit représente, avec la médecine et l'ingénierie, la principale voie d'études choisie par les jeunes hommes de classe sociale aisée au 19e siècle.[7] Plus de quatre-vingt pour cent des membres du gouvernement luxembourgeois de la seconde moitié du siècle sont diplômés en droit.

François-Xavier Wurth-Paquet (1801–1885)
Né en 1801, F. – X. Wurth-Paquet, juriste, homme politique et historien, commence sa carrière judiciaire comme juge au tribunal de première instance de Neufchâteau en 1828. Après avoir été juge au tribunal de Luxembourg en 1830, il est nommé substitut du procureur du Roi (1832) puis procureur d'État du Roi (1840). En 1841, il devient président du tribunal de Luxembourg, puis conseiller à la Cour supérieure de justice l'année suivante. Il exercera la fonction de vice-président de celle-ci de 1848 jusqu'à sa nomination comme administrateur général de la Justice en 1853. En 1856, il récupère le poste d'administrateur général de l'Intérieur. Après son départ du gouvernement en 1858, il remporte la course pour le poste de Président de la Cour supérieure de justice contre l'ancien procureur général et président du Conseil Jean-Jacques Willmar.

2 Majerus, Nicolas, *Histoire du droit dans le Grand-Duché de Luxembourg*, vol. 2, Luxembourg, Saint-Paul, 1949, 755.
3 Il est nommé procureur général en 1858.
4 Voir à ce sujet le chapitre «La magistrature luxembourgeoise au 19e siècle. Une élite à la croisée des pouvoirs».
5 On trouve également de nombreux magistrats à la Chambre des députés. Voir Feltes, Paul, *L'organisation judiciaire du Luxembourg au 19e siècle. Un élément de la formation d'un État et d'une administration (1839–1885)*, Hémecht 50 (1998), 159–162.
6 Statistiques établies, entre autres, à l'aide du dossier ANLux, J-003-04, Registre des magistrats, Date de leur nomination à différentes fonctions,1839–1899.
7 Weber, Josiane, *Familien der Oberschicht in Luxemburg. Elitenbildung & Lebenswelten, 1850–1900*, Luxembourg, Guy Binsfeld, 2013, 145.

Fonctions judiciaires des membres du gouvernement nommés entre 1848 et 1899

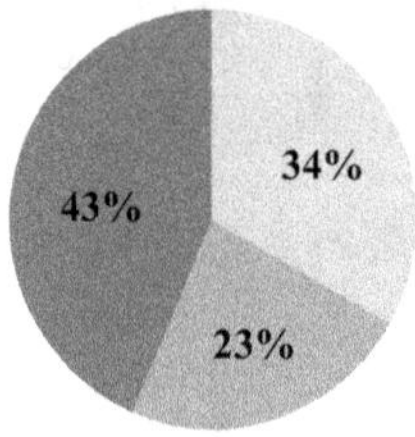

Exercées avant ou après nomination au gouvernement

Exercées avant et après nomination au gouvernement

Pas de fonction dans la magistrature

Conformément aux souhaits du grand-duc, l'objectif principal du cabinet Simons consiste à revenir sur la Constitution de 1848.[8] Cependant, la Chambre des députés refuse de se laisser retirer les pouvoirs acquis lors du printemps des peuples. Même une dissolution suivie de nouvelles élections ne changera pas la donne. Le 27 novembre 1856, Guillaume III décide d'agir seul et de passer en force. En argumentant que la loi fondamentale de 1848 est l'« œuvre de temps d'exaltation et d'appréhensions sinistres », qu'elle est « viciée au fond »[9], il promulgue une ordonnance de révision. L'historiographie parlera de « coup d'État ». Les changements les plus importants opérés par le nouveau texte constitutionnel se situent sur le plan des pouvoirs du grand-duc et de ceux de la Chambre. En affirmant que la personne du roi grand-duc est « sacrée » et que la puissance souveraine réside en lui, l'ordonnance de révision abolit le principe des pouvoirs émanant de la nation. La Chambre des députés redevient quant à elle une simple « Assemblée des États » aux prérogatives réduites.[10]

---

8 Alors même que plusieurs de ses membres étaient des pourfendeurs du système libéral établi en 1848.

9 Ordonnance royale grand-ducale du 27 novembre 1856 portant révision de la constitution.

10 De surcroît, le cens électoral est augmenté de manière considérable.

La carrière politique et judiciaire d'Edouard Thilges (1817–1904)[11]
1853 : Président du tribunal de Luxembourg
1854–1856 : Admin. général (Ministre) des Affaires communales
1856 : Président du Tribunal de Luxembourg
1857–1859 : Membre du Conseil d'État
1859–1860 : Directeur général (Ministre) de l'Intérieur et de la Justice
1861 : Conseiller à la Cour supérieure
1867–1869 : Directeur général (Ministre) des Affaires communales
1870 : Président de la Chambre des comptes
1878 : Procureur général d'État
1879 : Président de la Cour supérieure
1885–1888 : Ministre d'État, Président du gouvernement, Directeur général des Affaires étrangères
1888 : Membre du Conseil d'État

Contrairement aux pouvoirs exécutif et législatif, la justice échappe dans un premier temps au retour en arrière. Le seul changement notable opéré par la Constitution dans le domaine judiciaire consiste en la suppression du jury criminel. Mais dès l'année suivante, l'organisation judiciaire est elle aussi bouleversée. Une ordonnance promulguée par le souverain réduit alors de manière considérable les possibilités de recours en cassation. Les pourvois contre les arrêts prononcés par la Cour supérieure de justice ne sont plus permis.[12] Cette réduction importante des options de recours va de pair avec une diminution du nombre de magistrats qui siègent à la Cour, qui ne sont à présent plus qu'au nombre de neuf. Une loi promulguée en 1864 reviendra partiellement sur ces restrictions, mais il faudra attendre la réforme judiciaire de 1885 pour retrouver un système de recours similaire à celui de 1848.[13]

---

11 D'après la notice biographique proposée dans le dossier ANLux, J-003-04, Registre des magistrats. Date de leur nomination à différentes fonctions 1839–1899.

12 L'ordonnance du 22 septembre 1857 propose toutefois dans certains cas aux parties de demander la rétractation du jugement par une procédure de requête civile. Cette requête est plus difficile à faire aboutir qu'un renvoi en cassation et a le désavantage de ne pas aboutir à un nouveau jugement de l'affaire.

13 La loi d'organisation judiciaire du 21 janvier 1864 n'interdit plus que le recours en cassation contre les arrêts rendus par la Cour supérieure de justice dans les affaires civiles et commerciales. Les affaires en correctionnelle sont donc de nouveau susceptibles d'être traitées en cassation. Pour plus de détails, voir Feltes, Paul, *L'organisation judiciaire du Luxembourg au 19e siècle*, op. cit., 154–155.

2 La création du Conseil d'État

Une nouveauté importante introduite par la Constitution de 1856 est la création du Conseil d'État, un organe doté de fonctions à la fois législatives et judiciaires.[14] En mettant en place cette nouvelle institution inspirée du *Raad van State* néerlandais, Guillaume III cherche à réduire la puissance de la chambre parlementaire.[15] Contrairement aux régimes démocratiques des pays voisins, dans lesquels un sénat doit valider toute loi en deuxième lecture, le Luxembourg ne dispose que d'une seule chambre législative. Le Conseil d'État doit pallier cette absence de deuxième chambre en imposant un second avis sur chaque loi étudiée par l'Assemblée.[16] Au-delà de cette attribution sur le plan législatif, le Conseil d'État a des fonctions juridictionnelles : il doit régler les conflits d'attribution,[17] délibérer sur la légalité des arrêtés et des règlements généraux, et statuer sur le contentieux administratif.

En termes de composition, la loi prévoit entre neuf et quinze membres.[18] Le grand-duc en nommera onze en 1857.[19] Comme c'est encore le cas de nos jours, nous trouvons parmi ces premiers membres de nombreux juristes ayant fait carrière en politique, comme par exemple l'ancien gouverneur de la Fontaine (nommé président), l'ancien procureur général et chef du gouvernement Jean-Jacques Willmar, les anciens administrateurs généraux Vendelin Jurion, Emmanuel Servais, Edouard Thilges, Charles-Gérard Eyschen et Jean Ulveling, ainsi que Ferdinand Pescatore, l'ancien bourgmestre de la ville de Luxembourg et membre des États.

---

14 La fonction du Conseil d'État n'est pas entièrement inédite puisqu'un rôle similaire avait déjà été exercé par une « Commission permanente de législation ». C'est surtout son institutionnalisation comme organe permanent qui est nouvelle.

15 ANLux, G-0018, Exposé du gouvernement concernant la question d'un projet de révision de la Constitution traitée à l'occasion de la discussion de l'adresse, octobre 1856. Pour un aperçu plus détaillé de la création du Conseil d'État, voir Conseil d'État du Grand-Duché de Luxembourg (ed.), *Le Conseil d'État du Grand-Duché de Luxembourg. Livre jubilaire publié à l'occasion du centième anniversaire de sa création, 27 novembre 1856–27 novembre 1956*, Luxembourg, Conseil d'État, 1957 et Service information et presse du gouvernement luxembourgeois, *Le Conseil d'État du Grand-Duché de Luxembourg*, Luxembourg, Service information et presse, 2013.

16 Il devient ainsi le garant de la maturité des lois. Voir le discours prononcé par Félix Welter, Président du Conseil d'État, in : Conseil d'État du Grand-Duché de Luxembourg (ed.), *Le Conseil d'État du Grand-Duché de Luxembourg. Livre jubilaire*, op. cit., 43.

17 Cette fonction revenait auparavant à la Cour supérieure de justice.

18 Ordonnance royale grand-ducale du 28 juin 1857 portant organisation du Conseil d'État.

19 Arrêté royal grand-ducal du 28 novembre 1857 portant nomination des membres du Conseil d'État.

Le Conseil d'État de nos jours
Depuis sa création en 1856, les compétences du Conseil d'État ont subi d'importantes modifications. Suite à la révision de la Constitution en 1996, il n'exerce plus de fonction juridictionnelle. Le contentieux administratif est désormais traité par le tribunal administratif et la Cour administrative. Sur le plan législatif, le Conseil d'État dispose aujourd'hui de compétences élargies, puisqu'il peut proposer de nouvelles dispositions législatives ou des contre-projets. Il dispose ainsi d'un important droit d'initiative. Sur les vingt-et-un membres qui composent le Conseil d'État, onze doivent être détenteurs d'un diplôme en droit.

3 La professionnalisation du recrutement des magistrats

L'ordonnance sur l'organisation judiciaire qui est promulguée un an après la Constitution innove aussi en durcissant les conditions d'accès à la magistrature.[20] La loi prévoit dorénavant l'accomplissement d'un stage judiciaire, à l'instar de celui des avocats qui doivent passer par une telle étape de formation depuis 1810.[21] Dès 1858, un projet de loi précisant les conditions de ce stage pour les « aspirants-magistrats » est soumis à l'avis du Conseil d'État. Ce dernier émet des réserves, estimant qu'il aurait été préférable d'établir un seul texte de loi comme aussi un seul stage pour les magistrats *et* les avocats, afin de ne pas forcer les jeunes juristes à choisir l'une ou l'autre voie professionnelle.[22] En créant un seul stage pour les deux professions, le pays se doterait d'une « véritable pépinière d'hommes d'État, de magistrats et de légistes, propres à des fonctions de genres divers et exercés dans la pratique et le maniement des affaires ».[23] La magistrature pourrait au demeurant recruter « les sujets les plus dignes et les plus capables dans le barreau tout entier».[24] Un stage unique sera finalement mis en place en 1882, lorsque toute nomination à un poste de juge sera soumise à l'inscription au tableau des avocats. L'ensemble des jeunes juristes aspirant à devenir avocat ou magistrat suivent ainsi le même stage de trois ans, avant de

20 L'article 6 de l'ordonnance du 22 septembre 1857 concernant l'organisation judiciaire prévoit un stage judiciaire, dont la durée et les conditions seront déterminées par un règlement d'administration.

21 Dans la pratique, de nombreux magistrats sont auparavant déjà passés par l'épreuve donnant accès à l'exercice de la profession d'avocat-avoué.

22 ANLux, M-01670, Avis du Conseil d'État du 14 mai 1858.

23 Id.

24 Id.

décider dans laquelle des deux voies professionnelles ils souhaitent s'engager.[25] Ce système perdure, avec quelques aménagements, encore aujourd'hui.

Si la loi se fait attendre, nous observons une professionnalisation de la plus haute magistrature dès les années 1850. En regardant de près la composition de la Cour supérieure de justice à la fin de cette décennie, il apparaît que la quasi-totalité des magistrats qui y siègent ont derrière eux un vrai parcours dans la magistrature (*voir tableau*). Plusieurs d'entre eux ont commencé leur carrière comme juge de paix et ont transité par l'ensemble des instances de la hiérarchie judiciaire. Un seul magistrat fait figure de novice de la fonction judiciaire, Vendelin Jurion. Nommé administrateur général de l'Intérieur à plusieurs reprises entre 1848 et 1856, cet avocat de formation s'est clairement vu attribuer le poste de procureur général d'État par faveur politique. Cette exception mise à part, le corps de magistrats de la Cour supérieure a sensiblement changé depuis la création de l'institution en 1831. Cette évolution est d'une part due au fait que le système judiciaire structuré qui a remplacé celui de l'Ancien Régime a désormais atteint un certain stade de maturité. Un nombre croissant de juristes ont donc fait leurs preuves dans ce système et peuvent être recrutés pour les postes plus élevés. S'ajoute à cela que le pays s'est développé d'un point de vue économique, ce qui a élargi l'accès des classes sociales aisées aux études. Par conséquent, même les juges de paix sont de plus en plus porteurs d'un doctorat en droit.[26]

Cette évolution structurelle s'accompagne d'une sensibilité accrue portée aux qualités humaines des magistrats. La discussion sur leur formation pratique va de pair avec des questionnements concernant leur « moralité » et leurs « vertus ». Le procureur d'État du tribunal de Luxembourg Laval écrit en 1857 :

> Le degré de science chez un jeune homme, sans aucun doute, doit servir de point de départ, mais [...] son caractère [...], son éducation et sa tenue, je dirais des sentiments élevés ont bien certainement leur relief. Les qualités de l'âme sont pour la magistrature d'une grande valeur et pour le public une vertu qu'il désire toujours trouver en lui.[27]

Cette sensibilité est en partie initiée par les justiciables, qui expriment leur volonté de voir des magistrats irréprochables occuper les postes judiciaires à travers un

25 La loi du 23 août 1882 sur le stage judiciaire et l'arrêté royal grand-ducal du 2 novembre 1882 portant règlement sur le stage judiciaire.

26 Voir le chapitre « La magistrature luxembourgeoise au 19e siècle – une élite à la croisée des pouvoirs ».

27 ANLux, H-0712, Rapport du procureur d'État Laval à Monsieur le Procureur général, 10 octobre 1857.

Le Palais de justice de Diekirch. © Christof Weber/SIP.

nombre croissant de plaintes adressées à l'administration judiciaire.[28] Celles-ci vont souvent jusqu'à incriminer un juge au-delà de ses fonctions professionnelles, c'est-à-dire pour son comportement dans la vie privée et ses agissements en société. Les attentes envers les représentants de la justice sont donc de plus en plus importantes, à l'intérieur comme à l'extérieur de l'organisation judiciaire. Le gouvernement investit dans cette même professionnalisation de la justice en lançant au début des années 1850 la construction d'un nouveau Palais de Justice pour le tribunal d'arrondissement de Diekirch. Utilisé encore de jours, il constitue le plus ancien bâtiment judiciaire du pays.[29]

28 Voir au sujet de ces plaintes Feltes, Paul, *L'organisation judiciaire du Luxembourg au 19e siècle*, op. cit., 164.
29 Sur l'histoire du Palais de Justice de Diekirch, voir Administration des bâtiments publics, *Le Palais de Justice à Diekirch*, Luxembourg, Administration des bâtiments publics, 2018.

Composition de la Cour supérieure de Justice en 1859

F.-X. Wurth-Paquet *Président*	**Jean-Joseph Keucker** *Conseiller*	**Charles Mathias André** *Conseiller*
Né là Lux. (1801) Docteur en droit (1824) Juge au tribunal à Neufchâteau (1828) Juge d'instruction à Lux. (1830) Juge au tribunal à Lux. (1831) Substitut du procureur du roi (1832) Procureur d'État du Roi (1840) Président du trib. à Lux (1841) Conseiller à la Cour sup. (1842) Vice-Président de la Cour sup. (1848) Président de la Cour sup. (1858)	Né à Winckoll-les-Hamberscheid (1804) Docteur en droit (1830) Avocat (1830) Juge de paix à Hettange (1830) Juge au tribunal à Lux. (1835) Procureur d'État à Diekirch (1840) Procureur d'État à Lux. (1841) Président du tribunal à Lux. (1843) Conseiller à la Cour sup. (1848)	Né à Vianden (1809) Docteur en droit (1836) Avocat (1837) Substitut à Lux. (1840) Juge d'instruction à Lux. (1843) Procureur d'État à Lux. (1844) Président du tribunal (1848) Conseiller à la Cour supérieure (1853)
Joseph Pescatore *Vice-président*	**Charles-Gérard Eyschen** *Conseiller*	**Jean-Henri Heuardt** *Conseiller*
Né à Lux. (1800) Docteur en droit (1822) Juge suppléant à Lux. (1827) Juge au tribunal à Lux. (1831) Assesseur à la Cour sup. (1840) Conseiller à la Cour sup. (1841) Vice-Prés. de la Cour sup. (1853)	Né à Baschleiden (1800) Docteur en droit (1826) Avocat à la Cour d'appel de Bruxelles (1826) Juge au tribunal de Diekirch (1830) Juge d'instruction à Saint-Hubert (1830) Avocat à Lux. (1831–32) Juge de paix à Lux. (1832) Juge au tribunal de Lux. (1832) Président du tribunal de Diekirch (1840) Prés. du tribunal de Lux. (1842) Conseiller à la Cour sup. (1843–1855) Conseiller à la Cour sup. (1857)	Né à Rollingen (1801) Docteur en droit (1828) Avocat (1828) Juge de paix à Mersch (1830) Juge au tribunal de Diekirch (1830) Juge d'instruction à Lux. (1831) Procureur d'État à Diekirch (1841) Président du tribunal à Diekirch (1842) Conseiller à la Cour sup. (1843)

Vendelin Jurion *Procureur général*	Joseph d'Olimart *Avocat général*	Emmanuel Servais *Conseiller*
Né à Bitbourg (1806) Docteur en droit Avocat Procureur général (1858) Démission honorable avec le titre de Procureur général honor. (1878)	Né à Bettembourg (1816) Docteur en droit (1840) Avocat (1840) Substitut à Lux. (1843) Procureur d'État à Lux. (1848) Avocat général (1853) Conseiller (1859)	Né à Mersch (1811) Docteur en droit Avocat à Arlon Avocat à Lux. Conseiller à la Cour sup. (1848–1853) Conseiller à la Cour sup. (1857)

Source : ANLux, J-003-03, Liste du personnel de la Cour supérieure de Justice 1831–1925.

4 Les lois d'organisation judiciaire et de pourvoi en cassation de 1885

Les deux lois de février 1885 sont celles qui ont le plus durablement marqué le fonctionnement de la justice au Luxembourg. La première, qui porte sur l'organisation de la justice, restera en vigueur jusqu'en 1980, en subissant toutefois de nombreuses modifications.[30] La deuxième, portant sur les pourvois et la procédure en cassation, ne sera modifiée pour la première fois qu'en 1989 et s'applique encore de nos jours.[31] Les deux textes prennent pour modèle des lois belges de la fin des années 1860[32] et s'inscrivent dans le mouvement de retour au libéralisme de 1848. Il est donc important de les situer dans leur contexte historique et juridique, qui est essentiellement celui de la nouvelle Constitution de 1868, qui sonne la fin du régime autoritaire de Guillaume III. Suite à la dissolution de la Confédération germanique en 1866 et à la tentative d'achat du Luxembourg par Napoléon III, les puissances européennes décident lors d'une nouvelle conférence internationale organisée à Londres d'attribuer au Luxembourg un statut indépendant et perpétuellement neutre. Le respect de cette décision, qui est officiellement inscrite dans le Traité de Londres de 1867, n'est pas compatible avec la Constitution en vigueur. Il faut donc entamer un processus de révision. C'est dans le cadre de celui-ci que Guillaume III accepte de réintroduire les prin-

30 Loi du 18 février 1885 sur l'organisation judiciaire.
31 Loi du 18 février 1885 sur les pourvois et la procédure en cassation.
32 La loi du 18 juin 1869 et la loi du 25 juillet 1867. Voir le rapport de la commission spéciale dans le dossier ANLux, J-019-04.

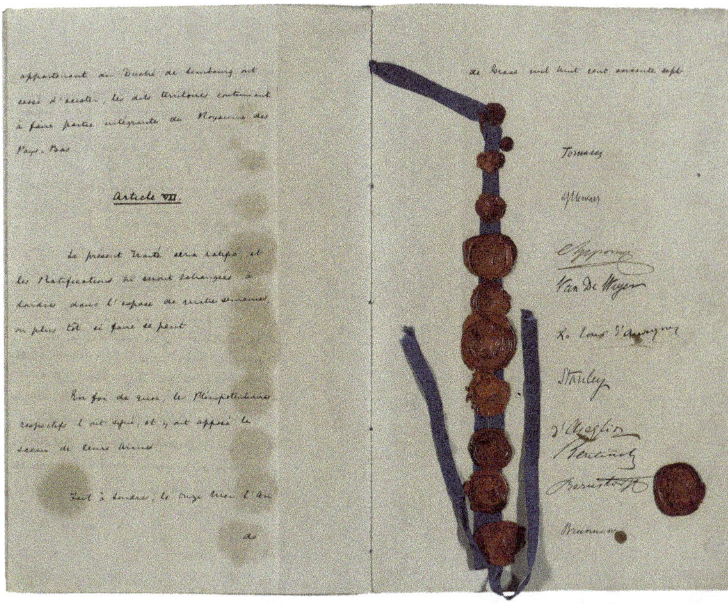

Traité de Londres 1867. ANLux, TC-0043-01.

cipes démocratiques supprimés en 1856. L'équilibre entre les pouvoirs exécutif et législatif est rétabli, l'Assemblée des États redevient « Chambre des députés » et retrouve les prérogatives qui lui avaient été attribuées en 1848.[33] Quant au pouvoir judiciaire, les discussions autour d'une potentielle réforme commencent dès les années 1870, mais n'aboutiront qu'en 1885 avec les deux lois susmentionnées. En ce qui concerne la loi qui règle les pourvois en cassation, nous constatons que les débats soulevés lors de son élaboration sont les mêmes que ceux des décennies précédentes : doit-on maintenir la possibilité d'un recours en cassation, au vu des coûts que l'existence d'une telle cour engendre et des cas peu nombreux qu'elle a à traiter ? Si oui, comment faut-il l'organiser ?

La question sera cette fois-ci tranchée de manière durable. La loi de 1885 maintient la Cour de cassation au sein de la Cour supérieure de justice, qui est désormais composée de 14 membres et divisée en deux chambres, l'une traitant

33 Ravarani, Georges, *La constitution luxembourgeoise au fil du temps*, Annales du droit luxembourgeois 17–18 (2007–2008), 59–83 ; Schmit, Paul/Servais, Emmanuel, *Précis de droit constitutionnel. Commentaire de la constitution luxembourgeoise, avec une version coordonnée du texte de la Constitution*, Luxembourg, Saint Paul, 2009.

Membres de la Cour supérieure de justice et du tribunal d'arrondissement de Luxembourg, décembre 1886. Haut : Velter-Simons, avocat général | Première ligne : de la Fontaine, Majerus, Wolff, juges, Arendt, avocat général | Deuxième ligne : Speyer, juge d'instruction, Lefort, vice-président, Rischard, président, Thorn, procureur, Thilges | Troisième ligne : Liger, Bech, Reisch, juges suppléants | Bas : Elter, Collection de la Cour supérieure de justice, Photographie Christof Weber.

les affaires correctionnelles, l'autre les affaires civiles et commerciales. Le renvoi en cassation est étudié par au moins sept magistrats, qui n'ont pas connu l'affaire à un stade précédent.

La loi organique entraîne quant à elle peu de modifications substantielles, mais codifie surtout un ensemble de lois et d'arrêtés qui ont déjà existé dans le passé.[34] Une innovation à relever est la fixation de conditions d'âge et d'expé-

34 Voir le rapport de la Commission spéciale instituée pour travailler sur le projet de loi dans le dossier ANLux, J-019-04.

Extrait de l'avis du Conseil d'État sur le projet de loi sur l'organisation judiciaire et sur les pourvois et la procédure en cassation[35]
Art 43 et 44 – ces articles s'occupent de la composition de la Cour de cassation ; ils soulèvent les questions suivantes :
1° Y aura-t-il instance en cassation ou n'y en aura-t-il pas ?
2° En cas d'affirmative, la Cour de cassation siègera-t-elle à cinq juges, comme le propose la commission spéciale, ou à sept juges, comme le propose le Gouvernement ?
3° Dans les deux cas, faut-il des juges tous nouveaux ?
4° Ne suffit-il pas que la majorité soit nouvelle, p. ex. cinq sur sept ?

rience pour atteindre les différents postes de la hiérarchie judiciaire. En plus du diplôme en droit et du stage judiciaire, la loi requiert désormais l'âge de vingt-cinq ans accomplis pour accéder aux postes de juges de paix et de juges des tribunaux d'arrondissement. Pour être nommé à un poste de conseiller à la Cour supérieure de justice, de président, vice-président et procureur d'État auprès des tribunaux d'arrondissement de Luxembourg et de Diekirch, il faut avoir trente ans accomplis et au moins trois ans de pratique comme magistrat ou avocat. Enfin, pour être nommé président de la Cour supérieure de justice ou procureur général d'État, il faut avoir trente-cinq ans accomplis et avoir suivi le barreau ou occupé des fonctions judiciaires pendant au moins sept ans. Ces nouvelles conditions d'expérience, que l'on trouve également dans la loi belge utilisée comme modèle, visent à mettre fin aux nominations de juristes sans grande pratique des audiences. On note toutefois que le gouvernement luxembourgeois a ajouté une nuance que l'on ne trouve pas en Belgique, en indiquant que les fonctions de membre du gouvernement, de chef d'administration et de conseiller de gouvernement sont « assimilées aux fonctions judiciaires ». Cette innovation est importante, puisqu'elle permet aux magistrats qui acceptent des responsabilités gouvernementales de ne pas perdre en ancienneté par rapport à des collègues qui sont restés dans la magistrature. Mais elle octroie surtout aux hommes politiques inscrits au barreau la possibilité de faire valoir leurs années d'expérience comme membre du gouvernement en cas de candidature à des postes élevés dans la magistrature. En modifiant ainsi ce paragraphe, le législateur cherche donc à maintenir la pratique de va-et-vient entre la magistrature et la politique.[36]

---

35 ANLux, J-019-04, Chambre des députés, session législative de 1883, Projet de loi sur l'organisation judiciaire et sur les pourvois et la procédure en cassation, Avis du Conseil d'État.
36 Voir à ce sujet le chapitre « La magistrature luxembourgeoise au 19e siècle. Une élite à la croisée des pouvoirs ».

On n'a jamais essayé d'établir chez nous une cour de cassation, c'est-à-dire un corps judiciaire ne s'occupant exclusivement que de recours en cassation. Le nombre restreint des affaires portées en cassation, les grandes dépenses d'une pareille institution, la difficulté de recruter les forces nécessaires ne nous permettent pas une pareille création. En France, il y a une cour de cassation pour 36 millions d'habitants, en Belgique, il en existe une pour 5 millions; peut-on sérieusement songer à l'introduire chez nous pour une population de 200 000 âmes? Evidemment non![37]

5 Le nouveau Code pénal de 1879

Un autre sujet de réforme qui devient urgent au cours des années 1870 est celui de la révision du Code pénal de 1810, qui est demandée depuis de nombreuses années par la population.[38] Le texte légué par Napoléon n'est plus en adéquation avec les mœurs qui ont considérablement évolué depuis le début du siècle. La sévérité du texte fait d'ailleurs en sorte qu'il correspond peu aux valeurs d'humanité que souhaite véhiculer le régime politique démocratique et libéral établi en 1868. La principale question qui se pose pour la commission spéciale chargée de l'examen de la réforme est celle de savoir quelle envergure il faut lui donner. Faut-il se borner à adopter les révisions auxquelles a procédé la France ? Doit-on suivre l'exemple belge de 1867 et adopter un code pénal nouveau, tout en se plaçant dans la tradition juridique française? Ou encore faut-il aller dans la direction d'une législation qui ne suit pas le modèle français, comme par exemple le Code pénal allemand ? En tout cas, le directeur général de la Justice Alphonse Funck ne veut pas que la commission chargée de préparer la révision du Code se lance elle-même dans un vaste travail de codification :

> Dans une matière aussi grave et aussi difficile, qui touche pour ainsi dire aux fondements de la société, le législateur luxembourgeois ne peut prétendre faire une œuvre originale; il lui faut évidemment aller chercher une législation étrangère qui lui serve de modèle, et il ne saurait trouver cette législation que dans l'un ou l'autre des pays qui nous avoisinent [...]. Ce n'est qu'en suivant aussi fidèlement que possible la législation de l'un ou de l'autre de ces pays, que le législateur pourra espérer introduire dans notre loi pénale future la clarté, l'unité, l'harmonie intérieure, et qu'il assurera la possibilité d'une jurisprudence uniforme et constante [...]. [39]

37 ANLux, J-019-04, Chambre des députés, session législative de 1883, Projet de loi sur l'organisation judiciaire et sur les pourvois et la procédure en cassation, Rapport de la Commission spéciale.
38 ANLux, H-0716, Avis du Conseil d'État sur le projet de révision du code pénal, 1874. La France a à ce stade déjà procédé à deux révisions du code de Napoléon, la première en 1832 et la seconde en 1863.
39 ANLux, H-0716, Rapport du directeur général de la Justice A. Funck au Prince-Lieutenant, 14 novembre 1875.

Le Code pénal belge de 1867
En Belgique, la révision du code pénal a fait partie des priorités du gouvernement dès 1832. Un premier projet a été présenté deux ans plus tard, mais il n'a jamais été adopté. En 1848, une nouvelle tentative a été lancée avec l'institution d'une commission spéciale. Son projet de loi n'a été adopté que 20 ans plus tard.[40]

L'exemple français est rapidement écarté. Le directeur général Funck considère non seulement que les nouveaux textes adoptés en la matière par la France sont désordonnés, il estime aussi que la législation pénale française présente, en dépit du travail de révision qui a été réalisé, toujours de graves lacunes et des dispositions surannées. Le Code adopté le 25 mai 1870 par la Confédération de l'Allemagne du Nord apparaît quant à lui comme difficilement compatible avec les souhaits des Luxembourgeois. Il est clément dans son système de peines, puisque la peine de mort est réservée à seulement deux crimes,[41] mais il réprime un certain nombre de mœurs non sanctionnées par le Code français.[42] C'est donc le Code belge, qui s'harmonise le mieux avec le reste de la législation luxembourgeoise, qui l'emporte.[43] Sans tomber dans ce que le directeur général de la Justice qualifie de « rêveries de l'école utopiste »,[44] il injecte une certaine dose d'humanité dans la politique pénale et répond ainsi aux revendications de l'opinion publique et de la science pénale. Une fois le modèle choisi, il s'agit de l'amender en fonction des besoins luxembourgeois. Pour mener à bien ce travail d'adaptation, la commission chargée de préparer la réforme se dote d'une aide de poids en la personne du Professeur Jean Servais Guillaume Nypels, un éminent spécialiste de droit pénal et ancien membre de la commission de rédaction du Code belge. Nypels attire l'attention du législateur luxembourgeois sur les points du texte qui mériteraient d'être améliorés et corrigés, entre autres pour ne pas le recopier « d'une façon par trop servile ».[45]

---

40 Voir à ce sujet Stevens, Fred, *La codification pénale en Belgique. Héritage français et débats néerlandais (1781–1867)*, in : Rousseaux, Xavier/Levy René (edd.), *Le pénal dans tous ses États. Justice, États et sociétés en Europe (XIIe–XXe siècles)*, Bruxelles, Presses de l'Université Saint Louis, 1997, 287–302.

41 L'assassinat et l'attentat contre la vie du souverain.

42 ANLux, H-0716, Rapport du directeur général de la Justice A. Funck au Prince-Lieutenant, 14 novembre 1875.

43 Sur le code pénal belge, voir Nypels, J.S.G, *Le code pénal belge interprété, principalement au point de vue de la pratique*, Bruxelles, Bruylant, vol. 1, 1867 et vol. 2, 1878.

44 ANLux, H-0716, Rapport du directeur général de la Justice A. Funck au Prince-Lieutenant, 14 novembre 1875.

45 ANLux, H-0716, Observations de M. le professeur Nypels au sujet des modifications à apporter au Code pénal belge. Lorsque le projet de Code pénal luxembourgeois arrive à la Chambre des

Le travail d'élaboration du code prendra plusieurs années et ne sera adopté par la Chambre des députés qu'en 1879. Nous constatons sans surprise que le nouveau texte partage avec le Code belge une rédaction plus claire et plus complète que celle de l'ancien Code de Napoléon. L'humanisation de la justice ayant constitué une des motivations centrales du travail de révision, sa principale innovation se situe sur le plan de l'adoucissement du système des peines. Il n'est désormais plus question de carcan, de déportation et de bannissement. L'exposition publique du condamné est également abolie, de même que l'ablation du poing avant la mise à mort en cas de parricide. La peine de mort est quant à elle maintenue, même si la question de son abolition a fait l'objet de débats au sein de la commission spéciale, non seulement parce que son efficacité commence à être remise en question, mais aussi parce que la dernière exécution remonte à 1821.[46] Le nouveau code ne rompt par conséquent pas totalement avec le passé. Son système des peines se veut toujours sévère et intimidant, cherchant à tenir le criminel à l'écart de la société après condamnation, avant de se préoccuper de le rééduquer ou de le réintégrer.[47]

Une deuxième innovation importante du nouveau Code se trouve dans l'extension de la possibilité de prise en compte des circonstances atténuantes, notamment pour les prévenus punissables de la peine de mort ou de travaux forcés à perpétuité, qui étaient jusqu'à présent exclus de cet avantage. Cette mesure semble avoir été accueillie de manière positive, puisque les magistrats en feront immédiatement usage : entre 1879 et 1900, seulement trois condamnations à mort seront prononcées, contre dix-huit entre 1863 et 1879.[48] Une innovation

---

députés, celle-ci bénéficie aussi de l'avis de Léonce Limelette, substitut du procureur du Roi à Dinant. Voir ses observations dans le même dossier. Limelette publiera ensuite un commentaire du Code pénal luxembourgeois : Limelette, Léonce, *Législation comparée. Le nouveau code pénal du Grand-Duché de Luxembourg. Loi du 18 juin 1879*, Liège, Grandmont-Donders, 1880.

46 Les sanctions capitales prononcées par la suite ont toutes fait l'objet de commutations. Voir à ce sujet Biever, Robert, *L'abolition de la peine de mort*, in : Pauly, Michel/Jungblut, Marie-Paule/Frieseisen, Claude (edd.), ... *la volonté de la Chambre qui est la volonté du pays (Eugène Schaus, 22/11/1966). Un florilège de débats parlementaires luxembourgeois (1848–2008)*, Luxembourg, Imprimerie centrale, 2019, 79–112. Pour une vue plus large sur la grâce royale dans l'ensemble des Pays-Bas, voir Van Ruller, Sibo, *Genade voor recht. Gratieverlening aan ter dood veroordeelden in Nederland 1806–1870*, Amsterdam, De Bataafsche Leeuw, 1987.

47 Tiré d'une analyse du Code pénal belge, voir Dubois, Bruno/Le Marc'hadour, Tanguy, *Codifications et recodifications du droit pénal en Europe au XIXe siècle (Angleterre, Belgique, France)*, GIP Mission droit et justice, 1999, 229. Dès l'année suivant l'adoption du nouveau code, il se posera la question du sort à réserver à ceux qui ont été condamnés à des peines plus dures que celles qui sont désormais en vigueur. Le directeur général de la Justice Paul Eyschen recommande au grand-duc de réduire ces peines par voie de grâce.

48 Aucune de ces peines ne sera toutefois exécutée. Entre 1900 et 1940, quatre peines de mort sont prononcées. Chiffres cités par Biever, Robert, *L'abolition de la peine de mort*, op. cit.

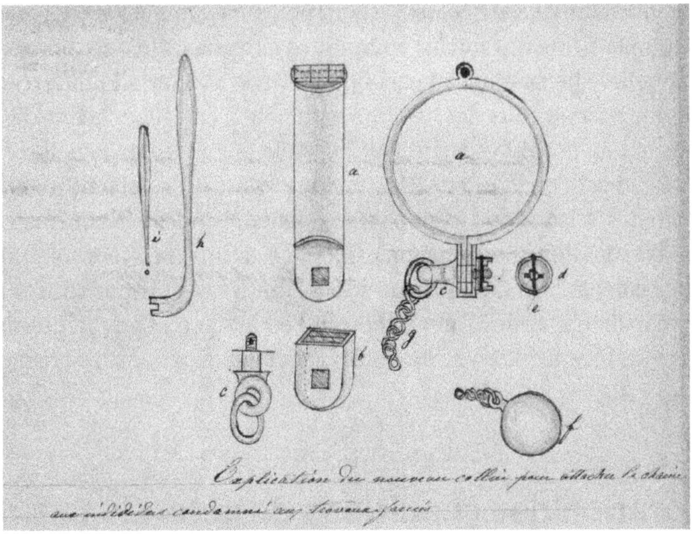

Explication du nouveau collier pour attacher la chaîne aux individus condamnés aux travaux forcés. ANLux, H-0862.

qui va dans le même sens, mais qui est cette fois-ci tirée de la législation pénale allemande, est celle de la libération provisoire. Lorsqu'un détenu est condamné à une peine privative de plus d'un an et qu'il a subi les trois quarts de sa peine, le gouvernement peut décider de le libérer de manière anticipée.[49] Cette faveur doit constituer un auxiliaire actif dans « l'œuvre de moralisation que le [nouveau régime pénitentiaire] poursuit parallèlement à la réalisation du but répressif de la peine ».[50] La promesse d'une libération anticipée est censée inciter le détenu au respect de l'autorité et à la bonne conduite. Notons que la Belgique et la France n'introduiront une législation similaire qu'en 1885 et en 1888.[51]

Un autre point sur lequel le gouvernement luxembourgeois a décidé de ne pas suivre la législation belge est celui de la suppression du boulet pour les détenus condamnés à des peines de travaux forcés. Alors que la nécessité d'abolir cette mesure était apparue comme une évidence en Belgique, l'exécutif luxembour-

---

49 Selon l'article 100 du nouveau Code pénal. Cette libération anticipée est révocable.

50 ANLux, H-0720, Instruction adressée au procureur général, aux procureurs d'État, commissions administratives des prisons, bourgmestres, officiers et agents de la police générale et locale, relativement à l'exécution de l'article 100 du Code pénal, en ce qui concerne la libération provisoire des condamnés détenus, Memorial, 25 février 1882.

51 France, Loi Bérenger du 14 août 1885. Belgique, Loi établissant la libération conditionnelle dans le système pénal, 31 mai 1888.

geois estime que son maintien est nécessaire pour pouvoir distinguer les détenus et faire en sorte que la peine des forçats soit plus sévère que celle des condamnés en correctionnelle. Elle va ainsi à l'encontre de l'avis du Conseil d'État, qui estime que le boulet est d'un autre âge, destiné avant tout à empêcher la fuite des condamnés, mais qui ne revêt plus aucune utilité à l'heure où les travaux forcés sont tous exécutés au sein de la prison. Son maintien s'attire également les critiques du médecin des prisons de Luxembourg, qui alerte sur les effets néfastes du boulet sur la santé des détenus, notamment lorsqu'il est attaché à leur ceinture pendant les déplacements.[52] La Commission administrative des prisons réagira à cette critique en commandant dès l'année suivant l'adoption du Code trente-six nouveau boulets plus légers.[53] L'usage du boulet sera maintenu dans les prisons luxembourgeoises jusqu'en 1906.[54]

6 L'amélioration des conditions de détention dans les prisons

Le souhait d'humaniser davantage la justice ne s'observe pas seulement dans la législation pénale, mais également au sein du système pénitentiaire, dans lequel de sérieux efforts sont au cours des années 1860 et 1870 réalisés pour améliorer les conditions de vie des détenus. Les archives font état de conditions particulièrement insalubres dans la prison située rue Saint Ulrich, dans le Grund. Un rapport du début des années 1850 décrit des cellules humides de 24 mètres carrés dans lesquelles sont parfois entassés jusqu'à seize détenus, alors qu'elles ont été construites pour six personnes.[55] Le collège des régents de la maison de sûreté note également une augmentation « effrayante » des maladies (*voir tableau*), dont notamment la phtisie pulmonaire,[56] qui provoque de nombreux décès.[57] Le démé-

52 Au moment où le détenu se déplace, le boulet est attaché à sa ceinture, ce qui peut provoquer des hernies.

53 Alors que les anciens pesaient près de quatre kilos avec leur chaîne et l'anneau d'attache, les nouveaux n'en font plus que 1,6.

54 Ensch, Nicolas-Antoine, *Geschichtliche Abrisse über die Gefängnisse der Stadt Luxemburg*, Luxembourg, 1934, 4. Voir également Spielmann Alphonse, *À propos du boulet ou Un hommage à Paul Eyschen*, Luxembourg, Imprimerie centrale, 1982.

55 ANLux, H-0863, Progression de la population de la maison de sûreté civile et militaire à Luxembourg depuis l'année 1851.

56 Une forme de tuberculose des poumons.

57 ANLux, H-0863, Progression de la population de la maison de sûreté civile et militaire à Luxembourg depuis l'année 1851.

nagement des femmes dans d'autres bâtiments[58] et la construction d'un deuxième étage pour la prison des hommes en 1845 n'ont pas permis d'améliorer la situation. Les problèmes liés à l'encombrement sont tels que le gouvernement finit par demander au Parquet d'échelonner les emprisonnements en fonction de la disponibilité des locaux.

Malades recensés dans la prison de Luxembourg entre 1849 et 1853

Année	Nombre de malades
1849	96
1850	97
1851	144
1852	158
1853	195

Source : ANLux, H-0863, Progression de la population de la maison de sûreté civile et militaire à Luxembourg depuis l'année 1851.

Afin de permettre aux détenus de vivre dans des conditions dignes, les appels à la construction d'une nouvelle prison se multiplient. Cette prise de conscience accrue du besoin d'offrir un environnement sûr aux prisonniers, dans lequel ceux qui sont condamnés à des crimes graves sont séparés de ceux qui ont été condamnés à un emprisonnement pour de simples délits, s'observe à cette période non seulement au Luxembourg, mais dans toute l'Europe, ainsi qu'aux États-Unis. La Belgique s'est notamment, sous l'influence de son célèbre inspecteur général des prisons Edouard Ducpétiaux, lancée dans un vaste programme de construction de prisons. Dans ses nombreux écrits de théoricien du système pénitentiaire, Ducpétiaux milite pour la séparation stricte des détenus, de nuit comme de jour, c'est-à-dire y compris pour l'exécution de leur travail, réalisé en cellule individuelle.[59] Le gouvernement luxembourgeois ne compte pas pousser la séparation des détenus aussi loin, mais réfléchit lui aussi dès 1849 à la construction d'une nouvelle prison. Face à l'absence de réalisation du projet, la commission spéciale

58 Les femmes ont déménagé dans un autre bâtiment situé dans la rue « Bisserwee » au Grund en 1841, puis à l'Hospice Saint Jean, dans lequel est de nos jours localisé le Musée d'histoire naturelle, en 1853.

59 Dupont-Bouchat, Marie-Sylvie, *Ducpétiaux ou le rêve cellulaire*, Déviance et société 12 (1988), 1–27 et Vanhulle, Bert, *Dreaming about the prison. Edouard Ducpétiaux and Prison Reform in Belgium (1830–1848)*, Crime, History & Societies 14 (2010), 107–130.

Prison du Grund 1871. Hébergement provisoire pour les détenus au départ, l'Abbaye de Neumünster restera finalement la principale prison de Luxembourg jusqu'en 1984. © Photothèque de la ville de Luxembourg, 1871/1/90A, Photographie Brandenburger.

instituée pour l'amélioration du système pénitentiaire propose finalement d'héberger les détenus dans l'abbaye de Neumünster. Ils y seront transférés en 1869.[60]

Ce déménagement améliore considérablement la situation des détenus. En 1874, le médecin de la prison estime que les conditions sanitaires sont satisfaisantes, même si la qualité de l'eau reste à surveiller et à améliorer.[61] L'augmentation de l'espace de détention offert par l'abbaye permet à l'organisation pénitentiaire de passer au célèbre régime dit « d'Auburn », originaire de la prison d'Auburn à New York, qui consiste à faire travailler les détenus ensemble en silence pendant la journée, puis de les séparer la nuit. L'administration des prisons cherche en outre à améliorer la situation des détenus en leur proposant une rémunération

60 Theis, Vincent, *La prison dans son contexte historique. Ses débuts, son évolution, sa situation actuelle*, Forum für Politik, Gesellschaft und Kultur, 295 (2010), 8.

61 ANLux, H-0863, Rapport du médecin des prisons de Luxembourg concernant l'année 1874, 16 juillet 1875.

pour leur travail. Motivée par un « sentiment d'humanité », cette mesure doit leur donner la possibilité d'acheter davantage de nourriture, tout en incitant au goût du travail et en permettant de faire des économies.[62] Octroyée dans la pratique à partir de 1854, cette « gratification » pécuniaire des travailleurs est officiellement inscrite dans le Code pénal de 1879, qui assure aux détenus réclusionnaires 4/10 du fruit de leur travail et à ceux condamnés aux travaux forcés 3/10.

Le travail effectué dans les prisons luxembourgeoises
Au cours des années 1850, les détenus des prisons de Luxembourg et de Diekirch effectuent essentiellement des travaux de cordonnerie, mais la qualité des sabots et des souliers produits est tellement mauvaise qu'ils sont inutilisables. Au cours des années 1860 et 1870, le gouvernement décide de faire travailler les détenus comme tisserands. Ils tissent essentiellement du calicot, mais aussi de la siamoise et de la cotonnade. À Luxembourg, ces produits sont destinés à un marchand de la ville qui a reçu l'autorisation de faire travailler dans les prisons. Certains détenus tissent également des tapis de pied avec des poils de vache. Les femmes tissent elles aussi du calicot et tricotent. Dans le dépôt de mendicité, les jeunes tissent de la toile pour sac à sel. Les détenus de Diekirch fabriquent des brosses et font du tri de soies.[63]

Enfin, nous constatons que le système d'éducation des jeunes détenus est renforcé. En 1863, le directeur général de la Justice se félicite des progrès observés à l'hospice central d'Ettelbruck, où les jeunes suivent cinq heures de cours par jour.[64] Le règlement des prisons de 1873 rend la fréquentation de l'école obligatoire pour tous les détenus des deux sexes enfermés dans la maison de correction et pour tous les autres condamnés âgés de moins de seize ans. L'enseignement comprend la religion et la morale, la lecture de l'allemand, l'écriture et l'arithmétique.[65] Cet enseignement est jusqu'en 1891 assuré par l'aumônier dans les prisons pour hommes. Chez les femmes, ce sont les sœurs franciscaines qui sont en charge de l'enseignement. Dans les prisons aussi se reflète donc l'évolution économique et sociale du pays pendant la seconde moitié du 19e siècle, notamment à partir des années 1870. Les conditions de vie s'améliorent, la mortalité

62 ANLux, H-0860, Le secrétaire de la Commission administrative des prisons et du dépôt de mendicité à Luxembourg, Fusch, au Président de la même Commission, *sine dato*.
63 ANLux, H-0862, Régime des prisons de Luxembourg. Nourriture, travail, genre de vie etc.
64 ANLux, H-0860, Rapport du directeur général de l'Intérieur et de la Justice au comité permanent de la Commission d'instruction à Luxembourg sur la situation de l'école de l'hospice central d'Ettelbruck, 3 janvier 1863.
65 Articles 110 et 111 de l'arrêté royal grand-ducal du 6 février 1873 appuyant le règlement des prisons et du dépôt de mendicité de Luxembourg.

diminue et l'éducation n'est plus réservée à une élite, mais également destinée aux couches sociales inférieures.

7 Conclusion

Les décennies 1870 et 1880 représentent une période charnière dans l'histoire de la justice du Luxembourg. La réforme du Code pénal de 1879 a permis de répondre à la revendication des Luxembourgeois de réviser une des législations les plus controversées de Napoléon. Le choix du gouvernement de prendre pour point de départ de cette révision la législation mise en place par la Belgique est révélatrice de l'orientation qu'il souhaite donner à l'ensemble de sa politique judiciaire sous la Constitution de 1868 : il s'agit d'instaurer un système moins répressif, qui reflète la dynamique libérale de l'ensemble de la politique menée par les exécutifs qui se succèdent, tout en restant ferme sur le fait que les crimes doivent être punis et que le meilleur moyen d'assurer cette punition est la prison, c'est-à-dire l'enfermement. Pour que ce système fonctionne sans tomber dans l'arbitraire, il faut que l'organisation judiciaire soit elle-même irréprochable. Elle doit donner des possibilités de recours étendues aux justiciables et surtout, elle doit leur offrir des magistrats dignes de ce nom. La formation, mais aussi les agissements des magistrats commencent à être davantage sujets à réflexion et mesures que dans la première moitié du 19ᵉ siècle.

Les deux lois de 1885 clôturent quant à elles plusieurs décennies de travail de réforme, en codifiant au passage un ensemble de textes épars établis sous les régimes français puis néerlandais, et ensuite par le législateur de l'État luxembourgeois indépendant. Les archives nous montrent que la Belgique a clairement été un modèle majeur dans les démarches d'amélioration du système judiciaire légué par l'Empire français. Un autre enseignement de ce chapitre est que les projets de loi concrétisés entre 1868 et 1885 dans le domaine de la justice ont tous fait l'objet de réflexions et de premiers travaux sous le régime autoritaire de Guillaume III. Si l'on fait abstraction du recours en cassation, qui a été sérieusement limité entre 1856 et 1868, il existe une vraie continuité entre 1848 et 1885. La question de la formation des magistrats s'est posée plusieurs décennies avant la mise en place du stage judiciaire en 1882. Il en est de même pour le système pénitentiaire, dont les dysfonctionnements sont pointés du doigt dès la fin des années 1840. Les décennies qui ont suivi la Révolution de 1848 se caractérisent donc par une volonté relativement constante de professionnalisation de la justice, mais sa traduction en réformes a été lente et, comme nous le verrons dans les chapitres suivants, elle n'aura pas mis fin à toutes les controverses.

Elisabeth Wingerter

Ruptures et continuités de la justice luxembourgeoise au tournant du siècle (1885–1914)

La seconde moitié du 19e siècle fut une période riche en événements pour la justice luxembourgeoise. En 1885, deux lois fondamentales ont été adoptées : la loi sur l'organisation judiciaire visant à fixer l'organisation du pouvoir judiciaire pendant près d'un siècle et la loi sur la procédure de cassation permettant de faire appel auprès de la Cour supérieure de justice. Le renouvellement du Code pénal d'après le modèle belge avait eu lieu quelque temps auparavant, en 1879. Nous nous intéressons à présent à l'histoire juridique du Grand-Duché pour la période qui va de l'instauration de la loi sur l'organisation judiciaire du 18 février 1885 jusqu'à la veille de la Première Guerre mondiale. Nous examinerons tout d'abord les nouveautés et débats relatifs à l'organisation judiciaire et à la magistrature. La réorganisation des statistiques judiciaires ainsi que l'influence des problèmes sociaux liés à l'industrialisation revêtent une importance capitale pour cette période. Le rôle de la prévention du crime et du reclassement du condamné dans la société sera également abordé. Quelles questions ont sous-tendu la justice luxembourgeoise à la Belle Époque ?

Le contexte politique et social de cette période fut façonné par le mandat du ministre d'État Paul Eyschen[1], en fonction de 1888 à 1915. Pendant les cinquante années de sa carrière politique – Paul Eyschen a été élu député en 1866 – le Grand-Duché de Luxembourg est passé d'un pays avant tout agricole à un État industriel.[2] À la mort de Guillaume III, roi des Pays-Bas en 1890, le Grand-Duché passa aux mains de la maison de Nassau-Weilburg. C'était la première fois que le Luxembourg était dirigé par sa « propre » dynastie régnante.[3] Au premier grand-duc de la maison, Guillaume IV, succéda sa fille Marie-Adélaïde en 1912. Dans le même temps, l'industrialisation croissante du pays s'accompagna de nouveaux

1 Paul Eyschen (*9 septembre 1841–† 12 octobre 1915) commence sa carrière comme avocat dans son pays natal et est nommé directeur général de la Justice 1876 à 1888. Il reste président du Gouvernement et directeur général des Affaires Étrangères, de l'Agriculture et de la Viticulture jusqu'à sa mort en 1915. Thewes, Guy, *Les gouvernements du Grand-Duché de Luxembourg depuis 1848*, Luxembourg, Service Information et Presse, 2011, 63.

2 Scuto, Denis, *Une histoire contemporaine du Luxembourg en 70 chroniques*, Luxembourg, Fondation Robert Krieps, 2019, 313.

3 Thewes, *Les gouvernements du Grand-Duché de Luxembourg*, op. cit., 55–56.

https://doi.org/10.1515/9783110679656-005

défis sociaux. L'immigration d'ouvriers venus d'Allemagne notamment, source d'intenses échanges économiques pour le Grand-Duché depuis 1842 en raison de son appartenance au *Zollverein*, transforma durablement le pays.[4] Des lois constitutives visant à rendre l'assurance maladie et accident obligatoire furent adoptées en 1901 et 1902.[5] Sur le plan économique, cette période fut façonnée par l'essor prodigieux de la production sidérurgique. Les usines luxembourgeoises passèrent aux mains de cinq grands groupes industriels: l'Arbed luxembourgeoise (Aciéries Réunies de Burbach-Eich-Dudelange), fondée en 1911; trois Konzern allemands: la Gelsenkirchener Bergwerks-AG (frères Kirdorf), la Deutsch-Luxemburgische Bergwerks-AG (Stinnes), la société Felten-et-Guilleaume de Cologne et une société belge, Ougrée-Marihaye.[6] La loi scolaire de 1912 contribua à son tour à la compétitivité du pays en garantissant une éducation gratuite et largement accessible.[7] Les conditions de vie et les opinions politiques dans le pays évoluèrent rapidement. Contrairement à l'hypothèse selon laquelle les décennies au tournant du siècle auraient été caractérisées par une grande stabilité, Michel Dormal les considère comme une période de profonde démocratisation du système politique.[8] Cette période a également bouleversé le système judiciaire comme le montrent plusieurs projets de réformes de l'époque.

1 L'organisation de la justice entre projets de réformes et défis

L'organisation judiciaire luxembourgeoise à la Belle Époque sortait à peine d'une phase de consolidation après que des changements structurels dans le système judiciaire luxembourgeois avaient été mis en œuvre en février 1885 à travers les

4 Trausch, Gérard, *La société luxembourgeoise depuis le milieu du XIXe siècle dans une perspective économique et sociale*, cahier économique 108, Luxembourg, Statec, 2009, 18.
5 Thewes, *Les gouvernements du Grand-Duché de Luxembourg*, op. cit., 60–61.
6 Scuto, Denis, *La nationalité luxembourgeoise (XIXe–XXIe siècles), Histoire d'un alliage européen*, Bruxelles, Editions de l'Universite de Bruxelles, 2012, 36–39.
7 Moes, Régis, *La réforme scolaire de 1912. « L'éducation de la jeunesse n'étant plus, comme autrefois, une simple question d'A.B.C. »*, Forum für Politik, Gesellschaft und Kultur. vol. 325 (2013), 35–38.
8 Dormal, Michel, *Die Einführung des allgemeinen Wahlrechts*, in : Frieseisen, Claude/Jungblut, Marie-Paule/Pauly, Michel (edd), *La volonté de la chambre qui est la volonté du pays. Un florilège de débats parlementaires luxembourgeois (1848–2008)*, Luxembourg, Chambre des députés, 2019, 41.

Les membres de la magistrature participant au cortège funèbre des funérailles de S.A.R. Grand-Duc Guillaume IV, 1912. © Photothèque de la Ville de Luxembourg, 1912/3/1201, Photographe inconnu.

lois sur l'organisation judiciaire et la procédure de cassation. Ces dernières instaurèrent un processus de professionnalisation de la magistrature et permirent la création d'une instance de cassation. Si la loi de 1885 perdura dans les grandes lignes jusqu'en 1980,[9] le début du 20e siècle s'accompagne de nombreuses propositions de réforme, qui, souvent, traversèrent les décennies : Comment rendre le système plus rapide et plus efficace ? Comment éviter le cumul des fonctions ? Comment répartir les tribunaux dans le pays ? Une liste de huit domaines à réformer, parmi lesquels l'organisation de la justice de paix et la couverture judiciaire dans les quotidiens, fut présentée en 1910 par le député socialiste Léon Metzler. À la suite de son intervention, les députés Brasseur et Ludovicy s'exclamèrent qu'il

9 La loi sur l'organisation judiciaire a continué à exister jusqu'en 1980 ; cependant, la structure judiciaire sous-jacente continue à exister aujourd'hui. Loi du 18 février 1885 sur l'organisation judiciaire, Mémorial A 23 (1885), 317–176.

y aurait là suffisamment d'idées de réformes pour un siècle entier.[10] En effet, bon nombre des innovations et débats évoqués ci-dessous reviendront dans l'actualité au cours du siècle.

Prenons l'exemple des juges suppléants. Il suffit de feuilleter les Annuaires Officiels pour remarquer que les juges suppléants des justices de paix de différents cantons comptent dans leurs rangs de nombreux receveurs des enregistrements et receveurs des contributions. Cet état de fait remonte à la modification de l'article 103 de la loi sur l'organisation judiciaire, amorcée vers 1907. L'article 103 de la loi sur l'organisation judiciaire de 1885 stipulait, en matière de cumul, que, contrairement à tout autre fonctionnaire de justice, les juges suppléants pouvaient, en plus de leur activité judiciaire, occuper d'autres fonctions (p. ex. avoué, notaire, avocat, bourgmestre).[11] Tandis qu'il était interdit à un juge de paix d'être à la fois notaire ou maire, les juges suppléants exerçaient généralement ces fonctions en parallèle. L'article 103 imposait toutefois une restriction essentielle : les receveurs d'impôts et les huissiers de justice ne pouvaient en aucun cas être également juges suppléants. Vers 1907–1908, cette règle est devenue un véritable casse-tête pour la justice rurale. À Clervaux, un percepteur des postes vit sa nomination en tant que juge suppléant retardée parce qu'on n'était pas certain qu'il appartînt à la catégorie des receveurs d'impôts.[12] En 1908, le procureur général Thorn a conclu qu'il devenait de plus en plus difficile, à la campagne, de trouver des juges suppléants compétents, disponibles et aptes à la tâche.[13] D'autres juges suppléants ont exercé en même temps une fonction au sein du ministère public ou ont occupé parallèlement un poste d'attaché au sein du ministère de la Justice.[14] Ce cumul de fonctions était toutefois considéré comme inadmissible et certains maires, qui étaient à la fois juges suppléants et représentants du ministère public, ont dû démissionner de l'un de leurs postes sous l'impulsion d'Eyschen.[15]

10 « Brasseur : Il y en a pour toute une année. Ludovicy : Pour un siècle ! » Voir ANLux, J-019-16 Projet de loi modificatif de l'organisation judiciaire. Question du juge unique, 2e séance du parlement, 29 novembre 1910, 0169–0170.

11 Loi du 18 février 1885 sur l'organisation judiciaire, Mémorial A 23 (1885), articles 100–103, 337.

12 ANLux, J-019-18, Projet de loi concernant la modification de l'article 103 de l'organisation judiciaire du 18 février 1885, lettre du procureur général Thorn, 20 novembre 1907, 0002.

13 ANLux, J-019-18, Projet de loi concernant la modification de l'article 103 de l'organisation judiciaire du 18 février 1885, lettre du procureur général Thorn, 4 février 1908, 0004.

14 Archives du Parquet Général de Luxembourg, Justice I 23, Cumul des fonctions judiciaires. Incompatibilités, lettre du ministre d'État au ministère public, n° 4275, 1907. Lettre du procureur général au ministre d'État, 2 septembre 1907.

15 Archives du Parquet Général de Luxembourg, Justice I 23, Cumul des fonctions judiciaires. Incompatibilités, lettre du ministre d'État au ministère public, 21 janvier 1908.

Livret artisanal destiné aux policiers sur l'extension de la compétence des tribunaux de police, vers 1911.
© Musée de la Police Grand-Ducale Luxembourg.

Mais qu'en était-il alors des receveurs d'impôts ? L'avis de Thorn et du directeur de l'Enregistrement, qui ne voyait pas d'inconvénient dans l'exercice de deux fonctions de la part des receveurs d'impôts, fut transmis au Conseil d'État.[16] Le changement proposé était simple mais de grande ampleur : le terme « receveur d'impôts » devait être supprimé de l'article. Lors de la discussion du 23 octobre 1908, le Conseil d'État déclara : « Le Conseil ne peut qu'approuver cette proposition qui aura pour conséquence, d'une part, d'élargir considérablement le cercle des personnes pouvant être appelées à ces fonctions, et d'autre part, d'y faire entrer des personnes qui de par leurs fonctions ont reçu une initiation des principes du droit et pourront ainsi d'une manière indépendante rendre des services utiles dans l'administration de la justice. »[17] Le 6 juin 1909, l'amendement législatif entra en vigueur conformément à la proposition et l'article 103, qui avait été repris de la loi belge sur le système judiciaire de 1869,[18] enleva donc le terme de receveur d'impôts. Cette modification fut la première à être apportée à la loi sur l'organisation judiciaire depuis sa création en 1885.

Une autre question qui se posait régulièrement concernait le renforcement du tribunal d'arrondissement de la ville de Luxembourg. Rien qu'entre 1901 et 1910,

16 ANLux, J-019-18, Projet de loi concernant la modification de l'article 103 de l'organisation judiciaire du 18 février 1885, divers avis, 0004–0008.

17 ANLux, J-019-18, Projet de loi concernant la modification de l'article 103 de l'organisation judiciaire du 18 février 1885, avis du Conseil d'État, 23 octobre 1908, 0014–0015.

18 Le directeur de l'Enregistrement a relevé dans son avis que l'article 103 correspond à l'article 178 de la loi belge du 18 juin 1869. ANLux, J-019-18, Projet de loi concernant la modification de l'article 103 de l'organisation judiciaire du 18 février 1885, 0005.

cinq propositions de loi visant à augmenter le personnel judiciaire local furent présentées.[19] Déjà en 1899, un projet de loi affirmait :

> La question, envisagée au point de vue d'une décharge à apporter aux tribunaux correctionnels, n'est pas neuve ; elle a déjà fait l'objet des délibérations de la Cour, qui a toujours conclu et conclut encore aujourd'hui à l'augmentation du personnel du tribunal d'arrondissement de Luxembourg. Les états statistiques des affaires répressives, la permanence depuis des longues années de la chambre temporaire, ainsi que l'accroissement continuel des affaires correctionnelles en souffrance, prouvent surabondamment qu'il importe de remédier sans retard par des mesures radicales à une situation qu'il est impossible de considérer encore comme transitoire.[20]

Différentes approches furent adoptées pour remédier à cette situation. Entre 1899 et 1911, plusieurs propositions de loi visaient spécifiquement à réduire le nombre d'affaires pénales devant les tribunaux d'arrondissement. Cela pouvait se faire en élargissant les compétences des juges de paix et celles des tribunaux de police.[21] Une chambre correctionnelle auxiliaire avait certes été créée au sein du tribunal d'arrondissement de Luxembourg, qui, à partir de 1897, contribua à accélérer le règlement des affaires pénales.[22] Mais il fallait trouver une solution plus durable. En transférant les infractions mineures mais fréquentes devant les tribunaux de police, on pouvait rapprocher le justiciable du juge et donc réduire les frais d'investigation.[23] Il était ainsi possible d'éviter un déplacement au tribunal d'arrondissement de la capitale pour être entendu sur les affaires mineures, comme par exemple, une infraction contre la loi sur la chasse.[24] En confiant certaines infractions aux juges cantonaux plutôt qu'à la chambre correctionnelle, on pouvait également éviter le sous-emploi des magistrats

19 Les lois du renforcement du personnel au Tribunal d'arrondissement du Luxembourg sont distribuées comme suit : 1901, 1904, 1907, 1908, 1910. Cette tendance continue dans les années 1920. Voir ANLux, J-019-12, Renforcement du personnel du Tribunal de Luxembourg, Loi du 23 avril 1904.

20 ANLux, J-004-03, Extension de la compétence des tribunaux de police, Projet de loi sur l'extension de la compétence des tribunaux de police, 20 décembre 1899, 0002.

21 Id. et Contre-projet de loi portant extension de la compétence des juges de paix en matière répressive, 16 mars 1900, 0009–0010.

22 ANLux, J-004-03, Extension de la compétence des tribunaux de police, Lettre du ministre d'État au ministère public, 19 octobre 1898, 0014–0015.

23 ANLux, J-004-03, Extension de la compétence des tribunaux de police, Projet de loi sur l'extension de la compétence des tribunaux de police, 0024.

24 ANLux, J-004-03, Extension de la compétence des tribunaux de police, Projet de loi sur l'extension de la compétence des tribunaux de police, Rapport du ministre d'État, 0030.

ruraux.[25] Le 13 mai 1911, la loi concernant l'extension de la compétence des tribunaux de police en matière répressive entra finalement en vigueur et les affaires pénales spéciales dans une multitude de domaines, y compris toutes les infractions en matière de police rurale, relevèrent alors des juges de paix devant les tribunaux de police cantonaux.[26] Cela eut pour effet de désencombrer les chambres correctionnelles des tribunaux d'arrondissement.

Pour rendre les jugements des affaires spéciales plus efficaces et plus rapides, on eut également l'idée d'introduire des ordonnances pénales (*Strafbescheide* ou *Strafverfügungen*) basées sur l'exemple de l'Empire allemand. Dans le cas de certaines infractions, telles que celles n'impliquant qu'une amende, les condamnations du tribunal de police pouvaient ainsi être envoyées directement à l'accusé par courrier recommandé. Selon le procureur général Thorn, cette idée était généralement rejetée : « Il y avait longtemps dans le pays une certaine répugnance à inaugurer chez nous un système de répression qui ne paraissait pas suffisamment respecter le droit de la défense, ainsi que le caractère contradictoire de la publicité des décisions judiciaires pénales. »[27] Il n'est donc pas surprenant que la pratique de l'ordonnance pénale ne fût introduite qu'en 1924 et ne s'appliquât qu'à certaines affaires de police et de police correctionnelle.[28]

En tant que ministre d'État et directeur général de la Justice, Paul Eyschen joua un rôle non négligeable dans la négociation des innovations dans le système judiciaire. Malgré son vaste domaine de compétence, il intervint personnellement sur diverses questions précises. Il eut des échanges animés avec les procureurs généraux et intégra les modèles judiciaires des pays voisins dans ses discussions. En mars 1908, Eyschen ordonna au procureur général Victor Thorn de diffuser une circulaire « contre la terminologie obscure, l'accumulation de locutions archaïques ou de formules superfétatoires, qui rendent la phraséologie du Palais inintelligible pour la grande majorité des justiciables ».[29] Le courrier, constitué de la lettre d'Eyschen et d'une circulaire du garde des Sceaux de la France, fut

---

25 ANLux, J-004-03, Extension de la compétence des tribunaux de police, Projet de loi sur l'extension de la compétence des tribunaux de police, Lettre du ministre d'État au Procureur général, 19 octobre 1898, 0015.

26 Loi du 13 mai 1911 concernant l'extension de la compétence des tribunaux de police en matière répressive, Mémorial A 33 (1911), 538–541.

27 ANLux, J-081-14, Projet de budget 1907, Observations formulées sur le service judiciaire, lettre du procureur général au ministre d'État, 5 janvier 1907, 0574.

28 Loi du 31 juillet 1924 concernant l'organisation des ordonnances pénales, Mémorial A 45 (1924), 645–647.

29 Archives du Parquet Général de Luxembourg, Justice I 13, Réduction des actes judiciaires, Lettre circulaire du 24 mars 1908.

distribué aux magistrats, avocats, greffiers et huissiers du pays.[30] Il présenta des modèles simplifiés pour les formulaires de base, tels que les jugements, les convocations au tribunal de paix et d'autres documents utilisés pour la communication entre la population et le pouvoir judiciaire.

2 La justice entre enjeux sociaux et inégalités régionales

L'impact profond de l'industrialisation sur la société luxembourgeoise se ressentit sur le plan judiciaire et juridique. Les besoins de la population en pleine évolution se reflétaient dans de nombreux domaines, de la répartition géographique des instances judiciaires au droit du travail en passant par le droit matrimonial.[31] En permanence, mais non sans quelques retards, le pouvoir judiciaire s'adapta à la transformation sociale du pays.

L'introduction de la loi concernant l'assurance obligatoire des ouvriers contre les accidents le 5 avril 1902 eut un effet immédiat sur les justices de paix d'Esch-sur-Alzette et de la ville de Luxembourg. Ce jalon juridique obligeait les employeurs à assurer leurs travailleurs contre les accidents et les décès et constituait la base d'une compensation financière pour les accidents du travail, la base aussi de la garantie du revenu familial des personnes endeuillées. Selon l'article 52 de cette loi, les justices de paix locales devaient statuer sur les litiges liés à cette question.[32] Déjà en 1884, le sujet de l'accident du travail avait été traité devant la Cour d'appel : dans l'affaire pénale Thommas contre C. Metz & Cie, le tribunal jugea que « le patron qui engage un ouvrier pour un travail dangereux, répond

30 Archives du Parquet Général de Luxembourg, Justice I 13, Réduction des actes judiciaires, Confirmation du 7 avril 1908.

31 Au 19e siècle, par exemple, les critères officiels pour se marier étaient si élevés que les satisfaire était impossible pour la classe ouvrière et surtout les immigrés. Cela aboutit, en particulier pour la classe ouvrière, à ce que l'on appela des « mariages sauvages », jugés préoccupants par la classe dirigeante. Avec la loi du 12 juin 1898 modifiant plusieurs dispositions légales sur le mariage, la procédure de mariage fut simplifiée et de nombreux articles du règlement de 1805 furent abolis. Voir Weber, Josiane, *Familien der Oberschicht in Luxemburg. Elitenbildung und Lebenswelten: 1850–1900*, Luxembourg, Editions Guy Binsfeld, 2013, 202 ; Loi du 12 juin 1898 ayant pour objet de modifier quelques dispositions légales relatives au mariage, Mémorial A 31 (1898), 369–377.

32 Loi du 5 avril 1902 concernant l'assurance obligatoire des ouvriers contre les accidents, Mémorial A 20, 1902, 205–247.

vis-à-vis de lui des conséquences du danger auquel il l'expose». Un employeur est responsable des accidents qui n'ont pas été causés par le travailleur lui-même mais qui tiennent au «danger inhérent du travail».[33] Suite à une explosion au trou de coulée d'un haut fourneau de l'usine Metz à Esch, l'ouvrier fondeur Thommas avait subi des brûlures sur tout le corps, en particulier sur son bras droit, et avait perdu la vue. La Cour d'appel décida que l'employeur Metz devait lui verser une somme de 6.000 francs et une pension annuelle de 600 francs.[34] La charge de la preuve fut ainsi renversée. Il n'appartint plus à l'ouvrier de prouver la faute du patron, mais au patron de prouver que la faute incombe à l'ouvrier et que lui, le patron, n'est pas responsable. La notion de risques industriels était donc imposée.[35]

La loi sur l'assurance obligatoire des ouvriers contre les accidents de 1902 était à peine entrée en vigueur depuis un mois que quatre candidats-greffiers d'Esch déposèrent une requête auprès du ministre d'État qui relevait la forte augmentation des affaires pénales devant la justice de paix d'Esch et proposait la création d'une deuxième justice de paix pour ce canton, ainsi que pour la ville de Luxembourg. Un seul juge de paix et un seul greffier par tribunal ne pouvaient pas traiter tout le flot de nouvelles affaires pénales. Dans leur rapport détaillé, les greffiers décrivent leurs impressions sur la vie quotidienne dans les tribunaux :

> A Esch s/A., nous entrons un moment dans la salle d'audience, où il y a audience de police, Monsieur le juge de paix entre avec un volumineux dossier, contenant peut-être 75 à 100 affaires à traiter dans une matinée. L'appel de cause se fait très rapidement, une affaire ne pouvant prendre qu'une à deux minutes, à midi toutes ces affaires sont finies, mais on se demande comment est-il possible qu'une affaire, présentant toujours un pour et un contre, puisse être terminée en 1 à 2 minutes ?[36]

Les requérants déclarèrent également que l'embauche d'un second juge et d'un second greffier équivalait financièrement à la mise en place d'une deuxième justice de paix et recommandèrent donc la seconde option. Le juge de paix à Esch et le commissaire de police à Luxembourg ne semblaient pas favorables à cette

---

33 Ruppert, M. P. (ed.), *Pasicrisie Luxembourgeoise. Recueil de la Jurisprudence Luxembourgeoise*, Luxembourg, V. Buck, 1883–1890, 363.
34 Id., 366.
35 Scuto, *Une histoire contemporaine*, op. cit., 561 et suiv.
36 ANLux, J-019-10, Dédoublement du canton judiciaire d'Esch et de Luxembourg, Mémoire à l'appui de la demande des candidats-greffiers pour voir créées des nouvelles justices à Luxembourg et à Esch s./A., 13. juin 1902, 0006.

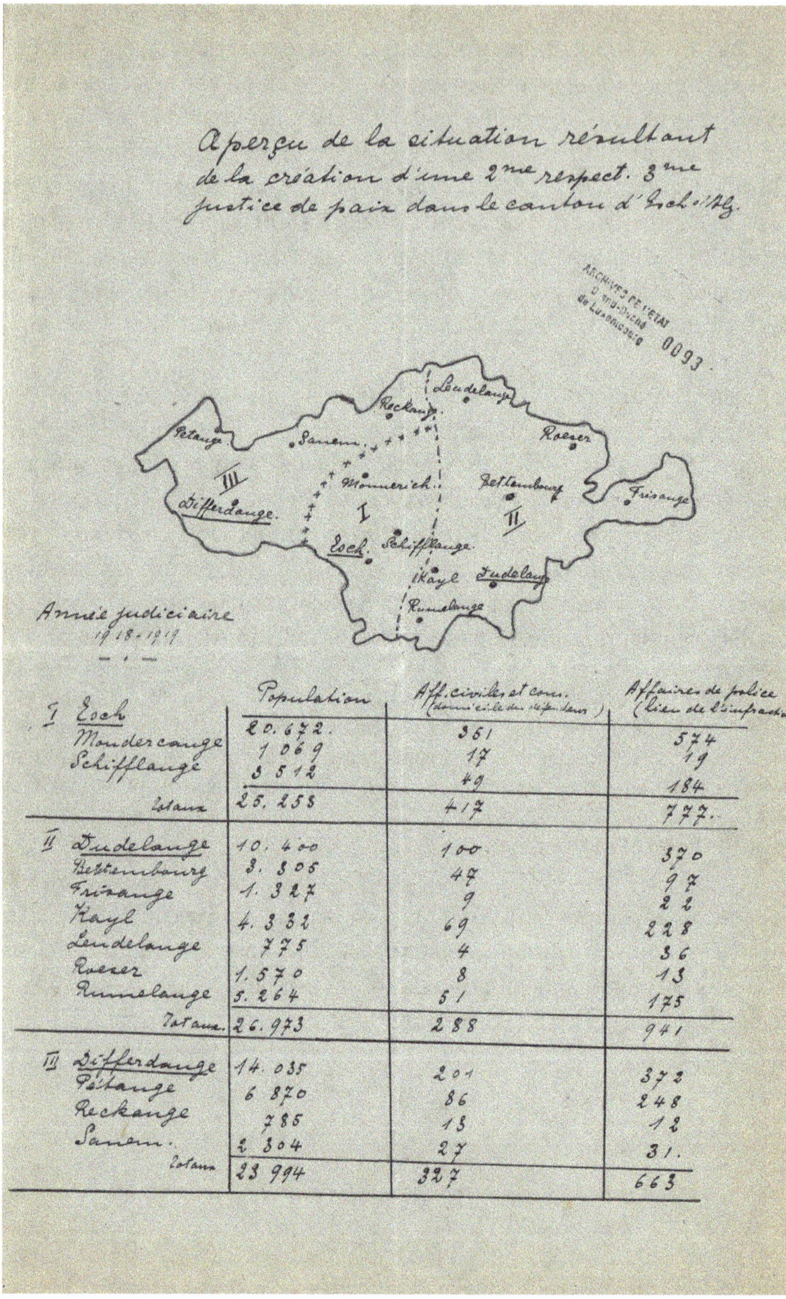

Aperçu de la situation résultant de la création d'une 2me respect. 3me justice de paix dans le canton d'Esch s/Alz.

Année judiciaire 1918-1919

	Population	Aff. civiles et com. (domicile des défendeurs)	Affaires de police (lieu de l'infraction)
I Esch	20.672.	361	574
Mondercange	1 069	17	19
Schifflange	3 512	49	184
Totaux	25. 253	417	777.
II Dudelange	10. 400	100	370
Bettembourg	3. 305	47	97
Frisange	1. 327	9	22
Kayl	4. 332	69	228
Lendelange	775	4	36
Roeser	1.570	8	13
Rumelange	5. 264	51	175
Totaux.	26. 973	288	941
III Differdange	14. 035	201	372
Pétange	6 870	86	248
Reckange	785	13	12
Sanem.	2 304	27	31.
Totaux	23 994	327	663

Aperçu de la situation résultant de la création d'une deuxième respectivement troisième justice de paix dans le canton d'Esch sur Alzette, vers 1920. ANLux, J-019-31, 0093.

proposition, car ils estimaient qu'une seule justice de paix suffisait.[37] Les greffiers trouvèrent une autre explication à cette attitude : « À cela nous sommes à bon droit d'argumenter que le personnel ne se plaint pas, parce que le grand nombre d'affaires lui apporte un large casuel. »[38] Cela est confirmé dans une déclaration de Ferdinand Hauff, le juge de paix d'Esch, et d'Edmond Campbill, le greffier, adressée à la Chambre des députés en avril 1904 et qui insistait sur l'énorme perte financière qu'ils subiraient si la justice de paix du canton d'Esch était dédoublée.[39] Différents points de vue furent exprimés auprès du Parquet général. Le procureur général Thorn se prononça contre la création d'un deuxième tribunal mais le procureur Velter confirma, lui, les demandes croissantes adressées aux justices de paix d'Esch et de Luxembourg et recommanda l'obtention d'informations complémentaires.[40] S'ensuivirent plusieurs propositions de lois impliquant des approches différentes. La section centrale de la Chambre des députés suggéra d'adopter plutôt la pratique allemande de « l'ordonnance pénale » afin de traiter plus rapidement les procès de moindre importance devant les tribunaux de police.[41] Mais comme nous l'avons déjà mentionné, cette idée ne fut acceptée que dans les années 1920. La discussion sur le tribunal d'Esch s'étala sur six ans pour aboutir, le 20 mars 1908, à la loi concernant l'organisation de la justice de paix du canton d'Esch-sur-Alzette. Celle-ci prévoyait enfin la nomination de deux juges de paix et de deux juges suppléants.[42] L'année suivante, l'organisation judiciaire de la justice de paix d'Esch fut réglementée en détail : l'un des deux juges fut désigné responsable des audiences commerciales et civiles à Esch ainsi que de l'ensemble des audiences des communes de Dudelange, Kayl, Rumelange, Bettembourg, Roeser, Frisange et Leudelange, tandis que les audiences de police et celles du tribunal arbitral restèrent à Esch et furent mises aux mains du second juge.

---

37 ANLux, J-019-10, Dédoublement du canton judiciaire d'Esch et de Luxembourg, Lettre du Procureur d'État Velter au Procureur Général, 2 août 1902, 0003.

38 ANLux, J-019-10, Dédoublement du canton judiciaire d'Esch et de Luxembourg, Mémoire à l'appui de la demande des candidats-greffiers pour voir créées de nouvelles justices de paix à Luxembourg et à Esch s/A, 13 juin 1902, 0006.

39 ANLux, J-019-09, Division du canton judiciaire Esch-sur-Alzette, Lettre du 26 avril 1904, 0004 et suiv.

40 ANLux, J-019-10, Dédoublement du canton judiciaire d'Esch et de Luxembourg Lettre du Procureur Général Thorn, 21 janvier 1903 et Lettre du Procureur d'État Velter au Procureur Général, 2 août 1902, 0002–0003

41 ANLux, J-019-10, Dédoublement du canton judiciaire d'Esch et de Luxembourg, Projet de loi, Rapport de la section centrale, 0042–0043.

42 Loi du 20 mars 1908, concernant l'organisation de la justice de paix du canton d'Esch-sur-Alzette, Mémorial A 16 (1908), 147–148.

Celui-ci fut également chargé des communes de Differdange, Pétange, Sanem, Mondercange, Reckange et Schifflange.[43] En outre, les deux juges se virent confier la juridiction gracieuse[44] de leurs municipalités respectives, le second juge étant également chargé de la juridiction gracieuse d'Esch. Cependant, cette décision fut loin de régler la situation, car même pendant la Première Guerre mondiale, les villes de Dudelange et de Differdange réclamèrent chacune leur propre justice de paix.[45] Le recours à des « juges volants » en vertu de la loi de 1908 n'a pas satisfait les conseils municipaux.[46] L'idée de créer un tribunal d'arrondissement pour la ville d'Esch fut également débattue dans les années 1930, et encore après la Seconde Guerre mondiale.[47]

3 Parcours professionnel et recrutement du personnel judiciaire

Les critères de sélection des candidats à un poste spécifique étaient les suivants : prérequis académiques, expérience professionnelle et qualités personnelles. Ci-dessous, un exemple de recrutement d'un juge illustre le déroulement habituel d'une nomination, qui a fait ses preuves au fil des décennies. Certains parcours exceptionnellement réussis au sein de la Cour supérieure sont également mis en évidence. L'introduction, en 1913, d'un nouveau système de rémunération pour les fonctionnaires complète la présentation de la carrière juridique.

En général, on devenait avocat vers l'âge de 24 ans, avant d'effectuer un stage de trois ans, à l'issue duquel on attendait un poste vacant dans l'administration judiciaire. Après avoir réussi l'examen d'avoué après le stage, les diplômés étaient en mesure de déposer des requêtes dans des affaires civiles. La loi sur l'organisa-

---

43 Arrêté de la Régente du 20 décembre 1908, concernant l'organisation de la justice de paix du canton d'Esch-sur-Alzette, Mémorial A 1, 1909, 1–3.

44 La juridiction gracieuse désigne les tâches des juges de paix en tant qu'« agents de l'autorité », telles que la présidence des conseils de famille, la levée des scellés, les ventes des biens des incapables, mineurs, voir le chapitre « Juridiction gracieuse » in : Grand-Duché du Luxembourg, *Statistique judiciaire pour l'année 1909 à 1910*, Luxembourg, P. Worré-Mertens, 1911, 7–8.

45 ANLux, J-019-31, Création Justice de Paix à Dudelange, extrait du livre consultatif de la Ville de Differdange, 13 juillet 1918, 0094–0095.

46 Id.; Extrait du registre des délibérations du Conseil municipal de Dudelange, 27 avril 1918, 0097–0098.

47 En 1907, l'idée fut à nouveau exprimée dans le cadre du projet budgétaire, voir ANLux, J-081-14, Projet de Budget 1907, Observations formulées sur le service judiciaire, 0572.

Don offert par la Cour supérieure à son président Henri Vannerus à l'occasion de sa retraite à Pâques, 1905. © Collection de la Cour supérieure de justice, Photographie Charles Bernhoeft, Reproduction Christof Weber.

tion judiciaire de 1885 fixa l'âge minimum pour l'exercice des fonctions judiciaires à 25 ans.[48] À l'époque, les études de droit constituaient une option appréciée de la jeune génération dans les classes sociales supérieures, car elles ouvraient une carrière non seulement dans l'administration judiciaire, mais aussi au gouvernement, dans l'industrie et dans d'autres domaines.[49] Comme évoqué au chapitre précédent, pendant la seconde moitié du 20e siècle, la majorité des membres du gouvernement était diplômée en droit. Il convient également de noter qu'il était possible d'alterner la carrière au barreau et à la magistrature.

48 Loi du 18 février 1885, sur l'organisation judiciaire, Mémorial A 23, 18 avril 1885, Art. 16 et al.
49 Voir le chapitre précédent et Weber, *Familien der Oberschicht*, op. cit., 145.

Le recrutement de candidats pour le poste vacant de juge de paix à Redange illustre le mode de sélection fréquemment utilisé au tournant du siècle et même après. Dans un avis remis au ministre d'État, l'avocat général Velter donna son évaluation des six candidats appropriés, en particulier Faber, Schaefer et Augustin, qui avaient passé leurs examens le même jour, à savoir le 7 août 1896.[50] Tandis que Schaefer et Faber étaient déjà juges suppléants à la justice de paix de Luxembourg depuis décembre 1896, Augustin avait été nommé au même poste à la justice de paix de Diekirch un mois plus tôt. Velter commenta ainsi ce petit décalage temporel : « Il y a donc au point de vue de l'ancienneté des services un léger écart en faveur de M. Augustin. »[51] Se référant au recrutement du juge de paix à Echternach, où les résultats à l'examen furent déterminants pour le stage judiciaire, Velter s'est attaché à ce critère également pour Diekirch : « Il est certain que, lorsque la différence entre les inscriptions aux tableaux n'est pas trop sensible, cette manière de voir doit prévaloir. »[52] Dans le cas des candidats de Diekirch, c'est Augustin, qui avait terminé à la troisième place aux examens, qui fut choisi, tandis que Faber et Schaefer avaient atteint respectivement les huitième et onzième positions.

Les présidents de la Cour Supérieure au début des années 1900[53]

Charles Rischard	21 octobre 1905–31 août 1913
Ernest Arendt	12 octobre 1913–6 décembre 1916
	14 septembre 1918–4 mai 1923
Paul Ulveling	14 mai 1923–† 5 mai 1924
Charles Larue	16 mai 1924–6 avril 1925
Jacques Delahaye	À partir du 27 avril 1925

Cependant, les relations personnelles pouvaient jouer un rôle dans le recrutement et la création de nouveaux postes. En février 1911 par exemple se posa la question de recruter un nouveau greffier-adjoint à la justice de paix de Luxembourg. Un rapport du juge de paix Kries indiquait que cette nécessité découlait d'une augmentation des affaires pénales. Le procureur général Victor Thorn rejeta pourtant cette proposition non seulement pour des raisons pratiques, mais aussi pour des

50 Archives du Parquet Général de Luxembourg, Justice I 21, Personnel 1850–1980, Copie du Lettre du procureur général de l'État au ministre d'État, 30 octobre 1899, 1.
51 Id.
52 Id., 2.
53 ANLux, J-003-03, Liste du personnel de la Cour supérieure de justice – dates de nomination.

considérations personnelles. Estimant l'augmentation des affaires pénales purement temporaire, il déclara : « En présence de ces renseignements je suis d'avis de laisser tomber l'idée d'un changement dans l'organisation du greffe [...] alors que [...] la situation du commis-greffier Servais, qui depuis plusieurs dizaines d'années fournit à la marche des affaires un concours consciencieux, serait regrettablement compromise du fait de l'innovation qui a été proposée. »[54] Thorn préféra alors ne pas froisser le greffier et lui apporta au contraire une aide temporaire.

En examinant quelques exemples biographiques de cette période, nous pouvons identifier certains éléments d'une carrière réussie de magistrat à la Cour supérieure de justice. Les présidents de la Cour supérieure de justice du début du 20e siècle présentent des parcours particulièrement intéressants. Par exemple, Ernest Arendt, né à Grevenmacher le 27 avril 1855, obtint son doctorat en 1879 à l'âge de 24 ans. Après avoir occupé divers postes d'avocat et d'avoué les trois premières années, il devint deuxième juge suppléant au tribunal d'arrondissement de Diekirch en 1882. Le 9 mai 1885, il devint juge au tribunal d'arrondissement de Luxembourg, puis, à partir de 1889, juge honoraire et membre de la Cour supérieure de justice, avant d'en prendre la présidence le 12 novembre 1913. Parvenu au zénith de sa carrière de magistrat, Arendt quitta le Luxembourg pour occuper le poste de chargé d'affaires du Grand-Duché à Berlin pendant deux ans. À son retour au Grand-Duché, il reprit le poste de président de la Cour supérieure jusqu'en 1923.[55] Le lien entre magistrature et politique apparaît clairement dans ce parcours. Il convient toutefois de noter qu'il était interdit de cumuler poste politique et fonction judiciaire. Les incursions en politique des magistrats ne pouvaient avoir lieu qu'à la faveur d'une interruption de leur fonction habituelle.

Paul Ulveling, le successeur d'Arendt, obtint son diplôme la même année que lui, à savoir en 1879, et prit ses fonctions en mai 1923.[56] Entre l'obtention de son diplôme et sa prise de fonction présidentielle, près de 44 ans se sont écoulés, constituant la plus longue carrière parmi toutes celles abordées ici. En 1885, il devint juge au tribunal d'arrondissement de Diekirch ; après presque 10 ans, il accéda à la présidence du tribunal d'arrondissement de Luxembourg. Il servit pendant 27 ans à la Cour supérieure, dont 20 en tant que conseiller.

54 ANLux, J-019-25, Création éventuelle d'une place de greffier-adjoint à la justice de paix de Luxembourg, Lettre de Victor Thorn au Président du Gouvernement, 30 août 1912, 0002–0003.

55 Pour toutes les informations mentionnées du parcours professionnel d'Ernest Arendt, voir ANLux, J-003-03, Liste du personnel de la Cour supérieure de justice, dates de nomination, 0040–0041.

56 Paul Ulveling (*18 octobre 1856, † 5 mai 1924) reste président pendant un an. Voir ANLux, J-003-03, Liste du personnel de la Cour supérieure de justice, dates de nomination, 0048–0049.

Lorsque l'on parle du personnel judiciaire, il est impératif de mentionner le système de rémunération. Le projet législatif de révision des salaires des fonctionnaires d'avril 1913 donne une idée du niveau des salaires de l'époque. Un concierge ou un garçon de bureau au palais de justice de Luxembourg recevait par exemple entre 1.700 et 1.925 francs.[57] Le projet de loi proposait une augmentation à 2.500 francs.[58] En revanche, un greffier-adjoint pouvait gagner entre 3.000 et 3.625 francs. Les différences de salaire étaient à la fois hiérarchiques et régionales. Partout, les juges de paix recevaient entre 3.925 et 4.225 francs, sauf à Esch, Luxembourg et Diekirch, où il était courant de toucher un salaire plus élevé. Les juges d'Esch gagnaient entre 4.825 et 5.025 francs, tandis que leurs collègues de Diekirch pouvaient toucher entre 4.425 et 4.725 francs. Encore au-dessus, les juges de paix de la capitale percevaient entre 5.025 et 5.325 francs. Ces différences étaient notamment liées au nombre plus élevé d'affaires pénales dans les grandes villes. La loi de révision des salaires des fonctionnaires du 29 juillet 1913 entraîna une augmentation générale de ces salaires standard.[59] Les postes de procureur général et de président de la Cour supérieure de justice étaient les plus rémunérateurs, avec des salaires compris entre 7.800 et 9.000 francs.[60]

4 Une nouvelle statistique pour le pouvoir judiciaire

Lorsque l'on s'intéresse à cette période, les statistiques judiciaires jouent un rôle important non seulement en tant que source de données, mais aussi en tant qu'objet d'étude à part entière, celles-ci étant un véritable miroir des tendances sociopolitiques de l'époque. L'intérêt porté à la collecte de données statistiques et à la méthodologie de traitement était particulièrement évident dans les années 1900. Entre décembre 1908 et janvier 1909, la collecte de données dans le système judiciaire fut profondément réformée : les statistiques furent élargies pour inclure d'autres affaires civiles et pénales et la méthode de collecte de données fut « per-

57 Archives du Parquet Général de Luxembourg, Justice I 6, personnel judiciaire traitements, Projet de loi sur la révision des traitements des fonctionnaires et employés de l'État et des ministres des cultes, 2 avril 1913, 19.

58 Id.

59 Loi sur la révision des traitements des fonctionnaires et employés de l'État du 29 juillet 1913, Mémorial A 51 (1913), 837–861.

60 Id., 859.

fectionnée ».[61] Des statistiques sur la criminalité furent ajoutées dans le but de prendre en compte des « considérations sociales et scientifiques sur la criminalité ». Les comparaisons[62] avec les chiffres de la Belgique et de la France confèrent à l'analyse statistique de la criminalité un caractère transnational, puisque les statistiques de la criminalité dépassent le cadre purement judiciaire : « [...] la statistique criminelle traduit en chiffres certains aspects de la criminalité considérée comme phénomène social et non plus comme objet de l'activité de la magistrature. »[63] Ces statistiques judiciaires d'un nouveau genre qui portaient sur la période allant du 1er août 1909 au 1er août 1910 furent publiées en 1911. Comme son modèle belge inspiré de l'anthropologie criminelle, la publication fut scindée en deux sections : l'une portant sur le pouvoir judiciaire, l'autre sur la criminalité.[64] Deux ans avant ces nouvelles statistiques fut publié pour la première fois l'Annuaire Officiel, qui dressait la liste des noms de l'ensemble des magistrats et employés de l'administration judiciaire, ainsi que de toutes les autres administrations.[65]

Cependant, la publication de la nouvelle édition des statistiques fut loin de mettre un terme à la réforme des statistiques judiciaires. En effet, les difficultés de collecte de données étaient courantes. En 1911, Paul Eyschen s'adressa au procureur général pour résoudre des problèmes spécifiques dans la correspondance statistique avec les différents bureaux :

> Par ma dépêche du 9 décembre 1908 je vous avais transmis les nouveaux formulaires de statistique à l'usage des Justices de paix [...] Ces formulaires me paraissent suffisamment clairs pour me dispenser de longs commentaires [...] Mais, depuis les 2 années que fonctionne le nouveau système j'ai dû me convaincre que les comptes annuels dressés par les Justices de paix sont loin d'être à l'abri de toute critique ; non seulement les indications fournies sont souvent incomplètes ou manquent d'uniformité, mais parfois encore elles sont tellement inexactes que l'erreur saute aux yeux.[66]

---

61 ANLux, J-030-15, États statistiques de la Cour de cassation, de la Cour supérieure de justice et des tribunaux d'arrondissement ; états statistiques des justices de paix ; affaires civiles et commerciales ; questionnaire sur les tribunaux en matière de bail à loyer ; projets de nouveaux états statistiques, 0172.

62 Id.

63 ANLux, J-030-15, États statistiques de la Cour de cassation, Statistique judiciaire pour l'année 1909 à 1910, 0183.

64 Louette, Julie/Rousseaux, Xavier/Tixhon, Axel/Vesentini, Frédéric, *Les statistiques belges et leurs ancêtres (1794–2011)*, in : De Koster, Margo/Heirbaut, Dirk/Rousseaux, Xavier (edd.), *Deux siècles de Justice. Encyclopédie de la justice belge*, Bruges, La Charte-Die Keure, 74–75.

65 Office de la statistique générale, Grand-Duché de Luxembourg, *Annuaire Officiel 1910*, Luxembourg, Victor Buck, 1909.

66 ANLux, J-030-11, Comptes-rendus de l'administration de la justice civile et commerciale ; relevé des arrestations, crimes, délits et contraventions ; tribunaux de police : état des inculpés par

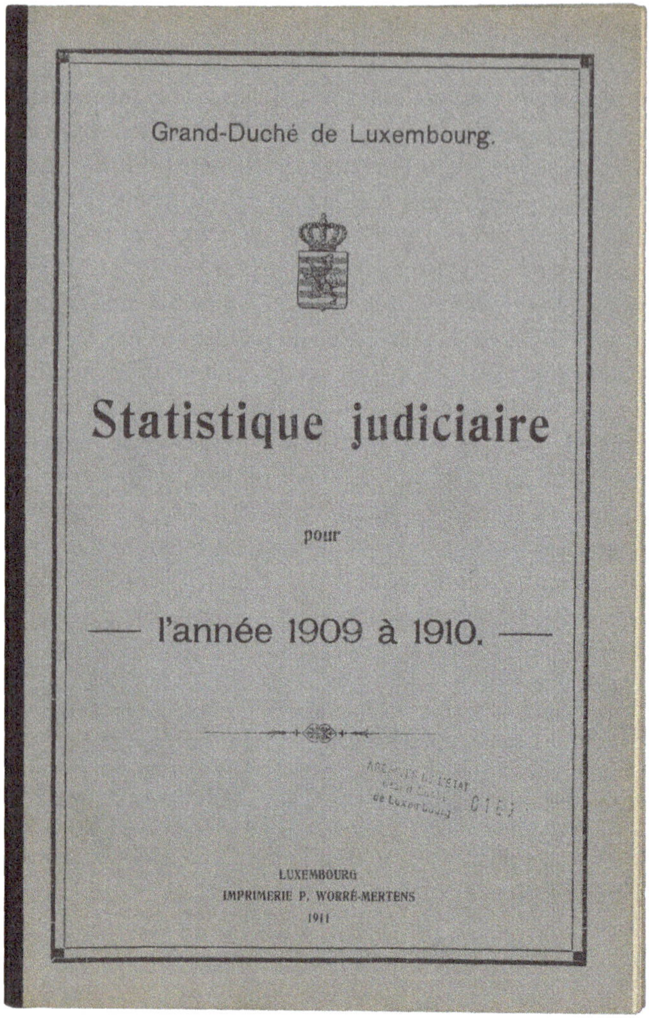
Grand-Duché de Luxembourg.

Statistique judiciaire

pour

— l'année 1909 à 1910. —

LUXEMBOURG
IMPRIMERIE P. WORRÉ-MERTENS
1911

Statistique judiciaire publiée en 1911. ANLux J-030-15, 0167.

La critique violente d'Eyschen contre les juges de paix et leurs greffiers se concentra principalement sur le remplissage incorrect des formulaires fournis par le gouvernement. Il convient surtout de souligner la mention répétée d'affaires pénales « compliquées » répondant à plusieurs entrées dont les tribunaux étaient saisis.

---

cantons, état de la procédure par cantons, état de la durée de la procédure par cantons, état des affaires par cantons, Copie de la lettre circulaire de P. Eyschen au Procureur général d'État, 0323.

Eyschen donna l'instruction de ne faire apparaître ces affaires qu'une seule fois et en ne retenant que leur objet principal.[67] La première édition des nouvelles statistiques souligna en conséquence que la collecte statistique nécessitait une amélioration continue et n'était en aucun cas parfaite : « Si les résultats obtenus ne sont pas encore pour donner entière satisfaction, il faudra songer qu'en une matière aussi vaste et complexe on ne pourra aspirer à la perfection dès l'origine, mais qu'une pratique prolongée [...] sera seule capable de faire obtenir une statistique judiciaire qui soit à l'abri de critique. »[68] Dans les faits, les statistiques sont encore loin de cette perfection, notamment aux yeux du ministre d'État, qui ne se lasse pas d'émettre des critiques : « Quelques Justices de paix ont omis de fixer le chiffre des affaires pendantes au commencement et à la fin de l'année et d'autres ont cru ne pouvoir comprendre dans la rubrique des déplacements ceux pour assister à des ventes immobilières. »[69] Malgré tous les reproches qu'on pouvait lui faire, la publication de la statistique judiciaire en 1911 fut une étape importante vers la collecte appropriée des données statistiques du système judiciaire.

5 Tendances à la modernisation en matière de prévention du crime

Les efforts de modernisation des statistiques pénales reflétèrent notamment l'implication du monde judiciaire luxembourgeois dans les discussions européennes sur les sciences juridiques et criminelles. L'anthropologie criminelle, qui traitait du lien causal entre les caractéristiques individuelles, la société et la moralité, s'appuyait sur de nombreuses publications dans les domaines de la physiologie, de la psychologie et de la sociologie des années 1830. Les pionniers de cette science furent Alexandre Lacassagne et Cesare Lombroso.[70] Si cette discipline ne

---

67 ANLux, J-030-11, Comptes Rendus de l'administration de la justice civile et commerciale; relevé des arrestations, crimes, délits, 0324.

68 Grand-Duché du Luxembourg, *Statistique judiciaire pour l'année 1909 à 1910*, Luxembourg, Worré-Mertens, 1911, 1.

69 ANLux, J-030-11, Comptes Rendus de l'administration de la justice civile et commerciale; relevé des arrestations, crimes, délits, 0324.

70 Lacassagne, Alexandre/Martin, Étienne, *Anthropologie criminelle*, L'année psychologique 11 (1904), 446–456. Les auteurs collectent les titres des publications portant sur l'étude de l'individu criminel. Ils regroupent les arguments les plus pertinents – selon leurs observations – de cette discipline, à savoir : 1. L'hérédité du crime, 2. L'hérédité pathologique lourde, 3. L'existence des malformations anatomiques, 4. Les troubles de la sensibilité morale, 5. L'état intellectuel va-

fut pas utilisée dans le monde judiciaire luxembourgeois, certaines initiatives générales furent prises malgré tout afin d'adopter une approche plus scientifique sur la criminalité. Lors de la séance du parlement du 14 mars 1911, le député socialiste Léon Metzler souligna l'importance d'une formation appropriée : « À titre d'exemple, je relève qu'on n'enseigne pas à nos jeunes jurisconsultes les éléments de médecine légale, de psychiatrie, les notions d'anthropologie criminelle et autres disciplines qui cependant jouent un rôle éminent dans l'administration de la justice répressive. »[71] Voici quelques-unes des initiatives visant à prévenir le crime et à guérir les délinquants malades.

Au sein de la population criminelle, certains groupes firent l'objet de débats et de réformes dans divers pays européens. Par exemple, depuis les années 1890, il était permis de demander à des médecins dans les prisons belges de s'improviser « aliénistes » auprès des détenus handicapés mentaux. Cette évolution aboutit à la création de laboratoires anthropopsychiatriques dans les années 1920.[72] Au Luxembourg, un groupe de délinquants a d'abord suscité l'inquiétude du public : les criminels alcooliques relevant de la catégorie « ivrognerie incorrigible ». En janvier 1906, le directeur de la prison Brück-Faber contribua à la discussion scientifique sur ces délinquants avec un article publié dans la revue *Rivista di Discipline Carcerarie*.[73] Dans cet article intitulé *Influenza dell'alcoolismo sulla criminalità*, Brück-Faber expliquait que, sur 113 détenus condamnés à des peines d'emprisonnement de moins d'un an, 76 avaient commis leurs délits sous l'influence de l'alcool.[74] Cette proportion de 67 % parmi les détenus condamnés à de courtes peines posait la question de la guérison et de la prévention de l'alcoolisme pour le gouvernement et la justice. Eyschen n'était pas opposé à l'idée de rédiger une

---

riable. Ils ne reprennent donc pas à leur compte la théorie du fondateur de la discipline, Cesare Lombroso, qui parle d'une absence complète de sens moral chez les criminels.

71 ANLux, J-019-16, Projet de loi modificatif de l'organisation judiciaire. Question du juge unique, 2e séance du parlement, 14 mars 1911, 0180. Le député Blum fit une objection similaire en 1926, dans laquelle il souligna que des cours d'anthropologie criminelle devraient être organisés dans les casernes luxembourgeoises : « *Die Verbrecher müßten als Ergebnisse ihrer erblichen Belastung, ihres Milieus und ihrer Erziehung behandelt werden* » Voir *Kammer-Bericht*, Luxemburger Wort 76:111 (21 avril 1926), 2.

72 Voir Fally, Nathalie, *Soigner ou punir ? Le traitement des condamnés déficients mentaux en Belgique. L'exemple des prisons centrales de Gand et de Louvain (1870–1940)*, in : Heirbaut, Dirk/ Rousseaux, Xavier/Wijffels, Alain (edd.), *Histoire de droit et de la justice*, Louvain, Presses universitaires de Louvain, 2009, 547–565.

73 Brück-Faber, Jean-Pierre, *Influenza dell'alcoolismo sulla criminalità*, Rivista di Discipline Carcerarie 31 (1906), 17–27. Voir ANLux J-020-09, Publication de l'article Influence de l'alcool sur la criminalité par Brück-Faber.

74 Brück-Faber, Jean-Pierre, *Influenza dell'alcoolismo sulla criminalità*, op. cit., 17.

loi sur la prévention de ce phénomène, si bien que cette question fut soumise à la Chambre des députés.[75] Lors de la discussion du 5 février 1907, Léon Metzler aborda le sujet :

> Le mal ici réside dans le fait que ces ivrognes sont emprisonnés, en particulier dans des cellules individuelles, qu'ils sont avec les prisonniers et qu'ils sont alors à jamais pris dans la honte inhérente à toute détention. Et pourtant, ce sont des gens véritablement malades, qui doivent être guéris et non punis d'emprisonnement. Je ne demande pas ici la création d'un asile spécial pour les ivrognes, comme il en existe ailleurs, mais seulement la création d'un service réservé aux ivrognes, par exemple à l'hospice du Rham. Le traitement curatif viendrait au premier plan et la disgrâce du séjour en prison leur serait épargnée.[76]

Le ministre d'État Eyschen et le député Brasseur s'accordèrent avec Metzler sur cette question, qui se posa dans le contexte particulier de la protection juridique des travailleurs. Il est intéressant de noter que Brasseur vit une similitude entre les problèmes des femmes atteintes de maladies sexuellement transmissibles et ceux des délinquants alcooliques : « Il en va de même pour les malheureuses femmes qui contractent des maladies vénériennes à cause d'un séducteur. Au lieu de les envoyer en prison, l'État devrait s'occuper de leur guérison [...] comme cela fut récemment introduit par les autorités de la ville de Berlin. »[77] La loi votée en 1815 sur la séquestration des personnes dont la libération met en danger l'ordre public, qui fut révisée en 1843, permit aux criminels souffrant de troubles mentaux d'être détenus dans des établissements pénitentiaires jusqu'à ce qu'ils soient identifiés comme tels pour être admis dans un hôpital ou dans une maison de correction.[78] Selon Metzler, cependant, les règlements de 1815 et 1843 étaient beaucoup trop « barbares », si bien qu'ils ne furent appliqués par les juges que dans des cas exceptionnels.[79]

Toutefois, les approches curatives des délinquants alcooliques avaient déjà occupé les magistrats luxembourgeois un peu plus tôt. Vers 1902 et 1903, certains

75 Archives du Parquet Général de Luxembourg, Police générale 26, Trinkerasyl ivrognerie incorrigible, Lettre de P. Eyschen au Procureur Général, 16 janvier 1904.

76 Traduit de l'allemand. Voir Archives du Parquet Général de Luxembourg, Police générale 26, Trinkerasyl ivrognerie incorrigible, Kammer der Abgeordneten, Kurzgefasster Sitzungsbericht 16, 5 février 1907, 2.

77 Id., 3. Traduit de l'allemand.

78 Loi du 4 juillet 1843, N° 1504b, relative à l'observation de l'arrêté du 23 février 1815, permettant la séquestration temporaire de personnes dont la liberté compromet l'ordre public, Mémorial A 34, 17 juillet 1843.

79 Archives du Parquet Général de Luxembourg, Police générale 26, Trinkerasyl ivrognerie incorrigible, Kammer der Abgeordneten, Kurzgefasster Sitzungsbericht 16, 5 février 1907, 2.

cas graves incitèrent à rechercher une meilleure solution. Dans une lettre datée de décembre 1902, le procureur Velter rapporta le cas d'une certaine Madame Beffort, victime à plusieurs reprises des crises dues à son alcoolisme, qui portait atteinte à l'ordre public. Après avoir discuté avec son mari et consulté les rapports médicaux, Velter en conclut qu'il fallait créer un sanatorium approprié, par exemple à l'hospice du Rham ou à la Maison de Santé d'Ettelbruck.[80] Le directeur de l'hospice du Rham estima qu'une telle solution était impossible, car l'hospice était non seulement déjà utilisé au maximum de sa capacité, mais l'orphelinat voisin serait également affecté négativement par l'admission d'alcooliques. Autre objection : depuis l'institution, on pouvait rapidement rejoindre la capitale et ses cabarets, si bien que l'institut du Rham était de toute façon inadapté au processus de guérison.[81] La même année, un rapport du Dr. Buffet, directeur médical de la Maison de Santé d'Ettelbruck, détailla la situation de la recherche en Europe et confia à l'État la responsabilité de résoudre la question de l'alcoolisme :

> Si les mesures de prophylaxie en vue de prévenir ces abus sont du devoir de tous, il semble que ce soit à l'État en 1re ligne qu'incombe la mission de les enrayer et d'en réparer les méfaits. Il est le premier à tirer profit des revenus de la production et de la consommation de l'alcool [...] Il sera toujours plus facile de prévenir que de guérir.[82]

En conséquence, il recommanda d'abord d'envoyer des représentants luxembourgeois au congrès international contre l'alcoolisme et d'étudier soigneusement le sujet avant de prendre des mesures. Malgré tous les efforts entrepris, aucune entente ne put être établie sur une nouvelle loi, alors même que le problème de l'alcoolisme pouvait être associé à la question sociale.[83] De la même façon, les discussions sur la prostitution illégale dans les hôtels ne débouchèrent sur aucune solution : juridiquement, les municipalités pouvaient créer des « maisons publiques », ce qu'elles n'ont pourtant pas fait, si bien que les formes réglementées de prostitution ne furent pas mises en œuvre.[84]

---

80 Archives du Parquet Général de Luxembourg, Police générale 26, Trinkerasyl ivrognerie incorrigible, Lettre du procureur Velter, 2 décembre 1902.

81 Archives du Parquet Général de Luxembourg, Police générale 26, Trinkerasyl ivrognerie incorrigible, Lettre du Directeur de l'Hospice du Rham, N. Georges, 12 janvier 1903.

82 Archives du Parquet Général de Luxembourg, Police générale 26, Trinkerasyl ivrognerie incorrigible, Rapport de A. Buffet sur l'assistance des alcooliques dans le Grand-Duché, 30 mars 1903.

83 ANLux, J-019-16 Projet de loi modificatif de l'organisation judiciaire, 45e séance du parlement, 14 mars 1911, 0182.

84 Mauer, Heike, *Das « Regieren der Bevölkerung ». Die Problematisierung der Prostitution in Luxemburg um 1900 aus einer intersektionalen Perspektive*, in : Norbert Franz/Thorsten Fuchshuber/Sonja Kmec/Jean-Paul Lehners/Renée Wagener (edd.), *Identitätsbildung und Partizipation im*

La possibilité d'une seconde chance fut envisagée non seulement dans le cas des délinquants malades, mais également pour les délinquants mineurs. C'est ce que l'on retrouve dans les débats sur le casier judiciaire. L'arrêté concernant la réorganisation du casier judiciaire du 21 avril 1901 lança des discussions sur les délais pour les différentes inscriptions au casier judiciaire.[85] L'arrêté réglementait l'expiration de certaines inscriptions en trois temps : ainsi, l'on pouvait voir une inscription devenir caduque 1) deux ans après avoir purgé un châtiment corporel ou une unique peine de prison ou amende infligée par la police ; 2) cinq ans après avoir purgé une peine de prison n'excédant pas 6 mois ; 3) dix ans après avoir purgé une peine n'excédant pas 2 ans. Le délai d'effacement le plus long, fixé à 15 ans, s'appliquait à toutes les peines de plus de 2 ans. Pour les mineurs, cette réglementation représentait un obstacle majeur pour le restant de leur vie. Suite aux lettres envoyées par des parents inquiets et à l'avis de Paul Ulveling et d'autres magistrats en faveur des mineurs criminels, ce règlement fut finalement modifié en 1917 au profit des délinquants de moins de 16 ans.[86] L'argumentation en faveur d'un effacement plus rapide des inscriptions concernant les jeunes faisait également référence aux publications étrangères. En l'occurrence, fut citée la *Zentralblatt für Vormundschaftswesen* d'août 1913: « Ils [les jeunes] doivent avoir la possibilité qu'une plaisanterie insouciante de jeunesse soit vouée à l'oubli complet. »[87] Les enfants et adolescents de moins de 21 ans coupables d'une infraction pénale mais déclarés incapables de discernement pouvaient être placés dans une maison de correction par l'État. Les garçons étaient envoyés dans une maison de correction située dans la ville de Luxembourg, tandis que les filles étaient placées dans diverses institutions de bienfaisance chrétiennes.[88] Les garçons y bénéficiaient d'une éducation scolaire et d'un apprentissage professionnel, et l'argent qu'ils percevaient en contrepartie du travail effectué en dehors de l'école était déposé à

---

19. und 20. Jahrhundert. Luxemburg im europäischen Kontext, Francfort-sur-le-Main, Peter Lang, 2016, 397.

85 Arrêté grand-ducal du 21 avril 1901 concernant la réorganisation du casier judiciaire. Mémorial A 32 (1901), 365–370.

86 ANLux, J-029-18, Modification de l'arrêté grand-ducal du 21 avril 1901 concernant la réorganisation du casier judiciaire, situations des mineurs acquittés, 0002–0003 ; 0012–0023. Voir Arrêté grand-ducal du 14 septembre 1917 concernant la réorganisation du casier judiciaire, Mémorial A 79 (1917), 1097–1099.

87 Traduit de l'allemand. Voir ANLux, J-029-18, Modification de l'arrêté grand-ducal du 21 avril 1901 concernant la réorganisation du casier judiciaire, situations des mineurs acquittés, Lettre du comité de patronage, signée par Braunshausen et Ulveling, au ministre d'État, 6 janvier 1914, 0016.

88 Brück-Faber, Jean-Pierre, *Étude sur la législation et les institutions relatives au patronage dans le Grand-Duché de Luxembourg*, Bruxelles, J. Goemaere, 1905, 22.

la caisse d'épargne. Il leur était versé plus tard, à condition qu'ils se fussent bien comportés.[89]

6 Conclusion

Le tournant du siècle fut une période dynamique pour la justice luxembourgeoise, qui vit la consolidation des structures introduites par la loi sur l'organisation judiciaire de 1885. Ces structures furent en même temps soumises à de nombreuses propositions de réformes. Sur le plan de la fonction, la situation des magistrats s'en trouva améliorée grâce aux augmentations prévues par la loi de 1913 sur les salaires.[90] Les statistiques criminelles et les approches scientifiques et moins punitives de la criminalité préparèrent le terrain pour des innovations futures au niveau de l'administration judiciaire. C'est au niveau social que le plus grand défi se posa pour le pouvoir judiciaire : tandis que l'on observait des phénomènes de saturation, un certain clivage s'installa entre la capitale et les communautés urbaines en plein essor dans le Bassin minier au sud du pays. Cela se traduisit, lors des décennies suivantes, par des demandes de création d'un tribunal d'arrondissement à Esch et de justices de paix à Differdange et Dudelange.

Alors que le système judiciaire luxembourgeois était aux prises avec les défis sociétaux de l'époque, un meurtre commis à Sarajevo eut des conséquences inattendues. Le 28 juin 1914, l'archiduc François-Ferdinand d'Autriche et son épouse Sophie furent abattus par Gavrilo Princip. Dans le contexte du conflit européen qui se profilait, cet événement est souvent interprété comme le déclencheur de la Première Guerre mondiale, qui vit ensuite l'armée allemande envahir le Luxembourg. La violation de la neutralité luxembourgeoise par l'entrée des troupes impériales eut de graves conséquences sur le pouvoir judiciaire, dont la souveraineté fut entravée par l'exercice de la justice militaire allemande sur le sol luxembourgeois.

89 Brück-Faber, *Étude sur la législation*, op. cit., 23.
90 Thewes, *Les gouvernements du Grand-Duché de Luxembourg*, op. cit., 58.

Elisabeth Wingerter

Justice nationale contre justice d'occupation ? Juridictions séparées et conflits de compétence au Luxembourg pendant la Première Guerre mondiale (1914–1918)

Les conséquences de la Première Guerre mondiale sur la société et la politique luxembourgeoises ne doivent pas être sous-estimées. Malgré une situation moins grave que celle des pays belligérants voisins, de nombreuses crises frappèrent durement la population et la classe politique de ce pays occupé militairement par le Reich de 1914 à 1918. Violation de la neutralité par l'occupant, pénurie, bombardements, tensions sociales : telles sont les caractéristiques de la guerre au Grand-Duché.[1]

La question des conséquences de la guerre sur la justice luxembourgeoise a été peu abordée par l'historiographie. Quels sont les liens entre la justice d'occupation et la justice nationale et comment leurs domaines de compétence respectifs se recoupent-ils ? Nous clarifierons ci-après les interactions entre la justice luxembourgeoise et la justice militaire allemande et nous examinerons leurs effets sur la population civile. À cet égard, deux situations seront plus particulièrement analysées : les arrestations de Luxembourgeois par l'armée allemande et les mesures prises à l'encontre de militaires allemands ayant commis des infractions pénales au Luxembourg. Le droit international et le droit de la guerre ainsi que leur interprétation du point de vue des différents acteurs européens – puissances centrales vs Alliés – sont souvent au centre de cette analyse.[2]

Pour comprendre cette situation juridique exceptionnelle, il faut d'abord expliquer la nature et la portée de la justice militaire allemande. Il est également

1 La recherche consacrée à la Première Guerre mondiale au Luxembourg s'est intensifiée ces dernières années. Voir, par exemple, Majerus, Benoît/Roemer, Charles/Thommes, Gianna (edd.), *Guerre(s) au Luxembourg 1914–1918*, Luxembourg, Capybarabooks, 2014 ; Camarda, Sandra et al. (edd.), *Légionnaires. Parcours de guerre et de migrations entre le Luxembourg et la France*, Milan, Silvana Editoriale, 2020. Concernant les conséquences économiques de la guerre: Link, René. *L'argent de nécessité luxembourgeois de la première guerre mondiale*, Luxembourg, Éditions Paul Bauler, 2010. À propos des Luxembourgeois à l'étranger : Carelli, Jim, *Les internés civils de la Première Guerre mondiale. Le cas des Luxembourgeois en France* (Collection de la Fondation Robert Krieps du meilleur mémoire de Master 2), Luxembourg, Éditions d'Letzeburger Land, 2018.
2 Voir Hankel, Gerd, *Die Leipziger Prozesse. Deutsche Kriegsverbrechen und ihre strafrechtliche Verfolgung nach dem Ersten Weltkrieg*, Hamburg, Hamburger Edition HIS, 2003.

https://doi.org/10.1515/9783110679656-006

nécessaire de passer en revue la situation générale et la composition de la justice luxembourgeoise.

1 La justice luxembourgeoise à la veille de la Première Guerre mondiale

Rappelons le modèle judiciaire qui prévalait au Luxembourg et qui fut révisé pour la dernière fois en profondeur à l'occasion de la loi sur l'organisation judiciaire du 18 février 1885. Fondé sur le modèle de l'organisation française, il se composait essentiellement de la Cour supérieure de justice, de deux tribunaux d'arrondissement et de 12 tribunaux de paix. Il existait également des tribunaux de police et d'autres chambres d'instruction relevant du système de justice pénale. Depuis le 9 juin 1843, le Grand-Duché disposait également d'une haute Cour militaire,[3] composée d'un président et de quatre conseillers, siégeant au Palais de justice. Le procureur général et le greffier de la Cour supérieure de justice devaient également exercer leurs fonctions devant la haute Cour militaire.[4] Même si le Luxembourg ne possédait pas d'armée eu égard à sa neutralité désarmée, déclarée dans le Traité de Londres de 1867,[5] la juridiction militaire établie au 19e siècle était restée en place.[6]

3 Au cours du 20e siècle, l'expérience de la guerre totale transforma les systèmes de justice militaire en Europe. Au-delà de la discipline des troupes, leur pouvoir s'étendit de plus en plus aux civils. La poursuite des crimes de guerre et des « traîtres » par les tribunaux militaires a créé un état de justice exceptionnel, surtout après la Seconde Guerre mondiale. Voir Berlière, Jean-Marc/ Campion, Jonas/Lacché, Luigi/Rousseaux, Xavier, (edd.), *Justices militaires et guerres mondiales (1914–1950) Military Justice and World Wars*, Louvain-la-Neuve, Presses Universitaires de Louvain, 2013.

4 Loi du 9 juin 1843 concernant l'établissement d'une haute Cour de justice militaire, Mémorial A 30 (1843), 437–438.

5 L'article 3 du Traité de Londres stipule : « Le Grand-Duché de Luxembourg étant neutralisé, aux termes de l'Article précédent, le maintien ou l'établissement de places fortes sur son territoire devient sans nécessité comme sans objet. En conséquence, il est convenu d'un commun accord que la ville de Luxembourg, considérée par le passé, sous le rapport militaire, comme forteresse Fédérale, cessera d'être une ville fortifiée.
Sa Majesté le Roi Grand-Duc se réserve d'entretenir dans cette ville le nombre de troupes nécessaires pour y veiller au maintien du bon ordre. » Le Grand-Duché se retrouva ainsi avec 187 gendarmes et 176 militaires de la compagnie de volontaires, Voir Trausch, Gilbert, *La stratégie du faible. Le Luxembourg pendant la première guerre mondiale (1914–1919)*, in : Trausch, Gilbert (edd.), *Le rôle et la place des petits pays en Europe au XXe siècle. Small Countries in Europe. Their Role and Place in the XXth Century* (Publications du Groupe de liaison des historiens à la Commis-

Victor Thorn. © Photothèque de la Ville de Luxembourg, 23997, Photographie Marcel Schroeder.

Tout comme la structure du système judiciaire, le droit luxembourgeois ne connut aucune transformation majeure au cours de la période étudiée. Les influences transnationales sur le droit luxembourgeois de l'époque, plus précisément sur le droit des brevets, remontent au *Zollverein* (Union douanière allemande), auquel appartint le Grand-Duché jusqu'à la fin de la guerre.[7] Contrairement au système

sion des Communautés européennes, vol. 6), Baden-Baden/Bruxelles, Nomos Verlag/Bruylant, 2005, 45–176. Pour les termes du Traité de Londres, voir *The Treaty of London (1867)*, The World War I Document Archive, Brigham Young University Library, https://wwi.lib.byu.edu/index.php/The_Treaty_of_London_(1867), [dernière consultation : 02.06.2021].

6 Ce n'est qu'après l'entrée en vigueur de la Loi du 31 décembre 1982 concernant la refonte du Code de procédure militaire que la compétence militaire fut remaniée en profondeur.

7 Si le Luxembourg continua à traiter les litiges liés aux brevets conformément au Code de procédure civile, dans la pratique, les « *Kleinpatente* » prussiens pouvaient être enregistrés dans certains cas. Voir Gergen, Thomas, *Luxemburgisches Patentrecht im Deutschen Zollverein – Germanisierung, Rechtsvereinheitlichung, Translation von Recht?*, in : Archives nationales de Luxem-

économique et bancaire, fortement influencé par l'Empire allemand, l'organisation judiciaire s'inspira plutôt de la France et de la Belgique.[8]

L'organisation judiciaire, la composition des tribunaux et le processus de recrutement des magistrats sont restés inchangés. Les carrières du personnel judiciaire se poursuivirent comme à l'accoutumée, même pendant la guerre.[9] En plus, des questions de réputation continuèrent d'être abordées au sein de la magistrature. Certains juges furent réprimandés pour avoir épousé des femmes « de mauvaise conduite » considérées comme « indignes ».[10]

Comme cela avait été le cas un siècle auparavant, certains magistrats et juristes purent jouer des rôles importants en dehors de l'administration judiciaire, sur la scène politique et internationale.[11] Pendant la première année de la guerre, les juristes constituèrent l'un des groupes professionnels les plus représentés au sein du parlement, avec 17 avocats et notaires sur 52 députés.[12] Les membres de la Cour supérieure jouissaient d'une influence politique particulière. Par exemple, son président, Ernest Arendt, fut nommé chargé d'affaires du Grand-Duché à Berlin. Le conseiller Ernest Leclère accepta le même poste en octobre 1917, mais à Paris.[13] Dès 1915, il était déjà actif dans les hautes sphères politiques en tant que directeur général des affaires intérieures (1915) et de l'agriculture (1918). Il faut également mentionner Victor Thorn, qui était lui aussi juriste, comme Paul Eyschen, décédé en 1916.[14] Thorn avait précédemment occupé le poste de directeur général de la justice et poursuivit sa carrière de magistrat jusqu'au poste de procureur général

bourg (ed.), *David & Goliath. L'adhésion du Grand-Duché de Luxembourg au Zollverein allemand 1842–1918*, Luxembourg, Archives nationales de Luxembourg, 2019, 274–277.

8 Calmes, Christian, *Août 1914. Les protestations officielles luxembourgeoises contre l'invasion allemande*, Hémecht 28 (1976), 415.

9 Cette situation contraste avec la deuxième occupation majeure du Luxembourg au 20e siècle par l'Allemagne nazie, qui vit de nombreux juristes enrôlés ou suspendus, ou quitter le pays de leur propre initiative.

10 La question du « Heiratserlass » éclata à la fin de l'été 1918 après que deux juges d'arrondissement se démarquèrent par leur choix de partenaire « inapproprié ». Le procureur Glaesener insista sur le fait que les magistrats devaient informer leurs officiers de tout mariage planifié. Selon Glaesener, cela relevait du « devoir de politesse ». Voir Lettre du Procureur Glaesener, 26 août 1918, ANLux J-002-48 Instructions concernant le mariage des magistrats en vue de garantir la dignité et le prestige de la magistrature, 0006–0007.

11 Il était cependant interdit d'exercer simultanément une fonction politique et une fonction au sein du système judiciaire. Les juristes membres de la Chambre des députés n'étaient pas des magistrats.

12 Calmes, *Août 1914. Les protestations officielles luxembourgeoises*, op. cit., 409.

13 ANLux, J-003-03, Liste du personnel de la Cour supérieure de justice – dates de nomination, 0061.

14 Id., 0042–0043.

jusqu'en 1899, avant de se lancer en politique. Au total, neuf membres de la Cour supérieure furent actifs au Conseil d'État pendant la guerre.[15] Comme nous le verrons ci-dessous, certains membres de la magistrature supérieure participèrent directement aux discussions avec les occupants afin de clarifier la question de la souveraineté judiciaire au Luxembourg pendant la Première Guerre mondiale.

Victor Thorn, né le 31 janvier 1844[16]
Parcours professionnel
Docteur (1867) ; avocat à Lux. (1867) ; juge de paix à Capellen (1872) ; assesseur au tribunal de Diekirch (1879) ; chargé des fonctions de juge d'instruction (1878) ; conseiller du gouvernement (1878) ; procureur d'État (1883) ; auditeur militaire provisoire (1883) ; conseiller honoraire (1885) ; directeur général des travaux publics (1888) ; démission hon. (1892)
Cour Supérieure : Conseiller (26 octobre 1892) ; procureur général (12 mars 1899)
Directeur général de la Justice et des Travaux publics (3 mars 1915) ; démission honorable (6 nov 1915) ; ministre d'État, président du gouvernement (24 fév 1916)
Démission honorable (18 juin 1917)

Du point de de la statistique judiciaire, on peut aussi oser une comparaison entre les années d'avant-guerre et la période de l'occupation. Les statistiques de certains tribunaux de paix sont disponibles pour l'année judiciaire 1909 et pour l'année judiciaire 1915–1916. En 1909, par exemple, 156 audiences eurent lieu à la justice de paix de la ville de Luxembourg, chacune ayant duré 2 heures et 45 minutes en moyenne.[17] Au milieu de l'occupation, c'est-à-dire au cours de l'année judiciaire 1915–1916, on comptait encore 129 audiences de 3 heures chacune.[18] On retrouve également une certaine continuité dans la fréquence des affaires traitées : dans les statistiques de 1909 comme dans celles de 1915–1916, les demandes de paiement pour marchandises fournies figuraient en tête.[19] En décembre 1914, le renforcement temporaire du personnel du tribunal d'arrondissement de Luxem-

15 Cela comprend tous les magistrats de la Cour supérieure membres à court ou long terme entre 1914 et 1918 : Henri Vannérus, Joseph Rischard, Victor Thorn, Joseph Steichen, Ernest Arendt, Paul Ulveling, Mathias Glaesener, Charles Rischard et Joseph Thilges. Voir Conseil d'État, *Membres depuis 1857*, https://conseil-etat.public.lu/fr/conseil-d-etat/historique/membresdepuis1857.html, [dernière consultation : 02.06.2021].

16 ANLux, J-003-03, Liste du personnel de la Cour superieure de justice – dates de nomination, 0042–0043.

17 ANLux J-030-08, Statistiques ; relevé des arrestations, crimes, délits ; statistique pénale ; affaires civiles, 0247.

18 ANLux J-030-14, Statistiques des justices de paix ; Statistiques des tribunaux de police, 0115.

19 ANLux J-030-08, 0248–0249 ; ANLux J-030-14, 0116–0117.

La magistrature sort de la cathédrale Notre-Dame, vers 1916. © Photothèque de la Ville de Luxembourg, 1916/3/1481, Photographe inconnu.

bourg, entamé dès 1901, fut poursuivi.[20] Le projet de loi associé donne un aperçu de l'état statistique des affaires judiciaires au tribunal d'arrondissement de la capitale, qui comptait huit juges. Celui-ci montre un taux de fréquentation constamment élevé au tribunal d'arrondissement. Le nombre d'affaires judiciaires, dans les affaires civiles comme dans les affaires commerciales, oscille autour de 500. Les faibles valeurs de 1914 s'expliquent par le fait que l'année judiciaire n'était pas encore terminée en mai. Les statistiques des tribunaux d'arrondissement n'étant pas disponibles pour les années de guerre, il faut se contenter d'échantillons tirés des chiffres des tribunaux de paix.

Les modifications et les compléments apportés à la loi de 1885 sur l'organisation judiciaire se poursuivirent selon la procédure législative habituelle même pendant la guerre. Tel fut le cas de la loi du 12 août 1916, portant sur la fonction du ministère public devant les tribunaux de police.[21] Habituellement, c'était le

20 Projet de loi de 1914, Voir ANLux J-019-27, Projet de loi concernant le renforcement du tribunal d'arrondissement de Luxembourg, 0011 et suiv. ; Loi du 1er décembre 1914 concernant le renforcement temporaire du personnel du tribunal d'arrondissement de Luxembourg, Mémorial A 82 (1914), 1129–1130.

21 Loi du 12 août 1916 concernant l'organisation du Ministère public près les Tribunaux de police, Mémorial A 62 (1916), 793–794.

Développement des affaires civiles et commerciales au tribunal d'arrondissement de Luxembourg 1900–1914[22]

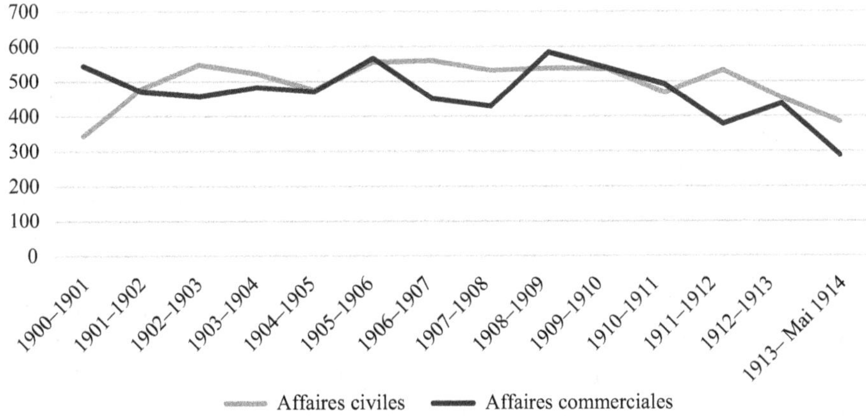

commissaire de police locale qui l'occupait. Pour certains commissaires principaux, par exemple dans la commune d'Esch, cela prenait beaucoup de temps, notamment eu égard aux nouvelles responsabilités liées à la guerre pour les approvisionnements locaux.[23] La nouvelle loi permit alors de le remplacer par un commissaire de police d'une autre commune, un maire ou un juge assesseur du tribunal de police, pour représenter le ministère public.

2 La justice d'occupation allemande au Luxembourg et la question du théâtre de guerre

Quels effets l'entrée des troupes allemandes a-t-elle provoqués sur le système judiciaire par ailleurs stable et sur la magistrature ? Pour comprendre la situation particulière engendrée par la guerre et l'occupation allemande, il est nécessaire de se pencher sur les fondements du droit martial et militaire allemand, auquel le Luxembourg était, comme d'autres territoires occupés, soumis pendant la guerre.

---

22 ANLux, J-019-27, Projet de loi concernant le renforcement du Tribunal d'arrondissement de Luxembourg, 0012–0013.

23 Commentaires du juge de paix Herriges du 6 avril 1916 à propos d'une lettre du ministre d'État Thorn, ANLux J-019-26, Loi du 12 août 1916 concernant l'organisation du Ministère public près les Tribunaux de police, 0012–0013.

Le statut judiciaire des territoires occupés aux yeux du Reich allemand est particulièrement intéressant, tout comme le chevauchement entre la justice civile luxembourgeoise et la justice militaire de l'empire allemand.

La justice militaire allemande de l'époque reposait sur le principe fondamental *iustitia et disciplina*, c'est-à-dire sur la conviction que la discipline et la justice sont unies par un lien indissoluble.[24] Il convient de noter ici que la primauté de la discipline n'est pas une particularité allemande et que le but ultime des tribunaux militaires partout dans le monde était de « maintenir les forces armées en tant qu'unité de combat efficace ».[25] Contrairement à la juridiction civile, le caractère répressif et la courte durée des procédures furent considérés comme avantageux. Outre la population armée, ce droit pénal militaire concernait également « plusieurs millions de prisonniers de guerre et de ressortissants d'États étrangers dans le territoire occupé. »[26] L'ordonnance du tribunal militaire de l'empire allemand du 1er décembre 1898, entrée en vigueur le 1er octobre 1900, était applicable.[27] De manière générale, elle prévoyait quatre instances, à savoir les cours martiales, les conseils de guerre, les cours martiales supérieures et la Cour militaire du Reich.[28] Le droit militaire allemand reposait sur trois sources judiciaires : les lois du Code pénal militaire, la coutume de la guerre et les ordonnances édictées par l'occupant après le début de l'occupation.[29]

Dans les territoires occupés, cela signifiait que certains civils faisaient également l'objet de poursuites judiciaires de la part de l'occupant dans le cadre de procédures judiciaires dites extraordinaires.[30] Avec le début de l'occupation, il

---

24 Dietz, Heinrich, *Das Militärstrafrechtswesen im Kriege*, in : Hans von Winterfeld et. al., *Die Organisation der Kriegsführung, Dritter Teil, Die Organisationen für das geistige Leben im Heere* (Max Schwarte (ed.), *Der Weltkampf um Ehre und Recht. Die Erforschung des Krieges in seiner wahren Begebenheit auf amtlichen Urkunden und Akten beruhend*, vol. 8), Leipzig, Johann Ambrosius Barth, 1923, 113.

25 Bucherer, Janine, *Die Vereinbarkeit von Militärgerichten mit dem Recht auf ein faires Verfahren gemäß Art. 6 Abs. 1 EMRK, Art. 8 Abs. 1 AMRK und Art. 14 Abs. 1 des UN-Paktes über bürgerliche und politische Rechte* (Beiträge zum ausländischen öffentlichen Recht und Völkerrecht 180), Heidelberg 2005, 21–22.

26 Traduit de l'allemand. Voir Dietz, *Das Militärstrafrechtswesen im Kriege*, op. cit., 113.

27 Id., 115.

28 Termes allemands: Standgericht, Kriegsgericht, Oberkriegsgericht, Reichsmilitärgericht. Voir Herz, Paul (ed.), *Militärstrafgerichtsordnung*, Berlin/Boston, DeGruyter, 1900, 17, DOI: https://doi-org.proxy.bnl.lu/10.1515/9783111529318-005.

29 Dietz, *Das Militärstrafrechtswesen im Kriege*, op. cit., 136–137.

30 Les procédures nommées « außerordentliche kriegsrechtliche Verfahren » pouvaient être engagées par des tribunaux militaires contre les groupes suivants : 1) les étrangers n'appartenant pas aux troupes, 2) les fonctionnaires du gouvernement « ennemi », 3) les étrangers appartenant

fallut donc informer publiquement la population civile que la peine de mort serait infligée à ceux qui soutiendraient la puissance ennemie. En outre, tout vol de biens matériels appartenant par exemple à des soldats, malades ou blessés, était poursuivi. Ainsi, les normes juridiques et la justice militaire de l'occupant intervinrent dans le cas de certaines infractions liées à la guerre dans la juridiction nationale civile.

L'application du droit militaire dépendit cependant du statut du territoire luxembourgeois, qui à bien des égards constitua un cas particulier et prêta à discussion. Outre la neutralité du Luxembourg, qu'il partagea avec la Belgique occupée, il y eut aussi les liens économiques particulièrement forts avec l'Empire allemand et le discours problématique concernant le « caractère amical de l'occupation. »[31] Cependant, cette situation particulière n'empêcha pas des Luxembourgeois d'être arrêtés par l'armée allemande.

En 1919, le procureur allemand et ancien *Feldkriegsgerichtsrat* Wolfgang Mettgenberg commenta la position particulière du Luxembourg lors d'une contribution pour la *Zeitschrift für Völkerrecht.*[32] Comme beaucoup d'autres juristes, il fut d'avis que l'autorité de l'État dans un pays occupé fût temporairement transférée à la puissance occupante, sans être nullement abolie. Cependant, ce point de vue ne put s'appliquer au Luxembourg que dans une mesure limitée, car il se trouvait dans une position privilégiée en tant que pays « non hostile » :

> Son indépendance resta fondamentalement intacte, sa législation garda sa liberté et l'ensemble de son gouvernement et de ses fonctionnaires maintinrent un fonctionnement sans entraves. [...] Il conserva donc l'indépendance de sa souveraineté judiciaire et de son pouvoir de police. Tant que les objectifs de l'occupation allemande restaient inachevés ou étaient en danger, tant que l'administration et la justice intérieures ne pouvaient ou ne voulaient pas prendre en compte les intérêts urgents de l'armée allemande, tant que les Allemands considéraient leurs propres mesures comme nécessaires et devant être exécutées, l'empire allemand exerça également au Luxembourg un pouvoir d'État et limita ainsi les droits souverains nationaux.[33]

---

aux troupes ennemies qui n'avaient pas révélé leur appartenance au moment de l'acte supposé. Voir Kaiserliche Verordnung über die Strafrechtspflege bei dem Heere in Kriegszeiten und über das außerordentliche kriegsrechtliche Verfahren gegen Ausländer und die Ausübung der Strafgerichtsbarkeit gegen Kriegsgefangene vom 28. Dezember 1899.

31 Mettgenberg, Wolfgang, *Luxemburg. Juristisch-politische Kriegserinnerungen*, Zeitschrift für Völkerrecht, 11:4 (1919), 418. Voir Trausch, *La stratégie du faible*, op. cit., 56.

32 Dr Wolfang Mettgenberg (1882–1950), juriste, *Feldgerichtsrat* (juge auprès les tribunaux militaires allemands), défendit une position nationaliste et approuva les actes de guerre de l'empire allemand. Selon lui, le Luxembourg était avant tout une zone culturelle d'influence allemande qui souffrirait de l'influence négative de la « propagande » francophile.

33 Traduit de l'allemand. Voir Mettgenberg, *Juristisch-politische Kriegserinnerungen*, op. cit., 417.

Même si la justice et la police luxembourgeoises continuèrent à remplir leurs fonctions habituelles pendant l'occupation, les Allemands estimèrent qu'il était légalement acceptable d'intervenir dans des situations qui menaçaient leurs objectifs militaires. Le ministre d'État Paul Eyschen avait souligné lors d'une communication avec les autorités allemandes le caractère particulier de l'occupation allemande au regard de la souveraineté judiciaire du pays : « Mais notre situation actuelle présente un caractère spécial. Il y a une occupation de fait, certainement, mais les droits luxembourgeois jusqu'à présent n'ont pas subi de modifications ni d'altérations en droit. »[34] Cette situation particulière entraîna des difficultés d'interprétation considérables sur le plan juridique. Car même si elle assura que le Luxembourg conserverait sa souveraineté dans ces domaines, la partie allemande exerça son propre droit en parallèle.[35] En quoi cette affirmation est-elle compatible avec le statut juridique d'un pays qui, du point de vue allemand, était caractérisé comme sous occupation « pacifique » (*freundschaftlich*) ? Pour Mettgenberg, la réponse résidait dans le fait qu'il était impératif pour l'exercice de la justice pénale que le Luxembourg fût désigné comme « occupé » ou comme un « théâtre de guerre » (*Kriegsschauplatz*). En conséquence, la juridiction militaire allemande s'appliqua sur le sol luxembourgeois dès que les infractions décrites dans le système judiciaire militaire y étaient commises par des civils. La poursuite pénale de ces infractions fut menée par la partie allemande, nonobstant la nationalité de ces personnes.

Or, si l'on examine la situation à la lumière de la Convention de La Haye de 1907, à première vue, la notion d'occupation ne semble pas s'appliquer au Luxembourg. L'article 42 de ces lois de la guerre stipule : « Un territoire est considéré comme occupé lorsqu'il se trouve placé de fait sous l'autorité de l'armée ennemie. L'occupation ne s'étend qu'aux territoires où cette autorité est établie et en mesure de s'exercer. »[36] *Stricto sensu*, cela ne fut pas le cas du Luxembourg, dans la mesure où aucune autorité de substitution ne fut mise en place par les Allemands ; l'administration militaire ne fut établie qu'en janvier 1915 sous le commandement de Richard Karl von Tessmar. Déjà demandée à plusieurs reprises par le gouvernement luxembourgeois à partir d'août 1914, la mise en place d'un

34 Cité par Calmes, *Août 1914. Les protestations officielles luxembourgeoises*, op. cit., 423.
35 Mettgenberg, *Juristisch-politische Kriegserinnerungen*, op. cit., 416 et suiv.
36 Convention (IV) concernant les lois et coutumes de la guerre sur terre et son Annexe: Règlement concernant les lois et coutumes de la guerre sur terre. La Haye, 18 octobre 1907, art. 42, International Committee of the Red Cross, https://ihl-databases.icrc.org/dih-traites/INTRO/195 [dernière consultation: 21.06.2021].

tel « office central militaire » ne se concrétisa qu'avec retard.[37] En raison de cette position ambivalente du Luxembourg et de l'attitude prudente du gouvernement, on pourrait qualifier la situation du pays de « proche de l'occupation » et considérer sa neutralité comme préservée, mais pas « pleine ».[38] En outre, l'article 43 des lois de La Haye relatives à la guerre sur terre déclare clairement :

> L'autorité du pouvoir légal ayant passé de fait entre les mains de l'occupant, celui-ci prendra toutes les mesures qui dépendent de lui en vue de rétablir et d'assurer, autant qu'il est possible, l'ordre et la vie publics en respectant, sauf empêchement absolu, les lois en vigueur dans le pays.[39]

Même en cas de transfert de pouvoir de l'occupé à l'occupant, ce dernier était obligé de respecter le droit existant dans le pays occupé concernant le maintien de l'ordre public.

En droit international, cela entraîne des problèmes fondamentaux pour l'exercice de la justice militaire allemande au Luxembourg. La violation de la neutralité du pays constitue la première transgression fondamentale, suivie de la violation de la souveraineté judiciaire. Deux accords internationaux revêtent ici une importance particulière. Dans le Traité de Londres du 21 juin 1867, l'article 2 souvent cité précise ce statut : « Le Grand-Duché de Luxembourg, dans les limites déterminées par annexe au Traité du 19 avril 1839, sous la garantie des cours d'Autriche, de France, de la Grande-Bretagne, de Prusse, et de Russie, formera désormais un État perpétuellement neutre. Il sera tenu d'observer cette même neutralité envers tous les États. »[40] La difficulté ici est que la garantie de protéger cette neutralité était collective, c'est-à-dire qu'en cas de violation, un État ne pouvait offrir à lui seul aucune assistance au Luxembourg.[41] Le deuxième document pertinent sur le statut de neutralité est la Convention de La Haye du 18 octobre 1907, qui stipule sans équivoque que le territoire d'un État neutre doit rester inviolable en cas de guerre. Cela signifie qu'il est non seulement inacceptable de l'occuper, mais aussi

---

37 Ministère d'État, Direction Générale des affaires étrangères, *Neutralité du Grand-Duché pendant la guerre de 1914–1918*, Luxembourg, Victor Buck, 1919, 16.

38 Calmes, *Août 1914. Les protestations officielles luxembourgeoises*, op. cit., 434.

39 Convention (IV) concernant les lois et coutumes de la guerre sur terre et son Annexe: Règlement concernant les lois et coutumes de la guerre sur terre. La Haye, 18 octobre 1907, art. 43, International Committee of the Red Cross, https://ihl-databases.icrc.org/dih-traites/INTRO/195 [dernière consultation: 21.06.2021].

40 Heal, David, *1914. L'invasion du Luxembourg*, Louviers, Ysec Éditions, 2006, 8–9.

41 Heal, *1914. L'invasion du Luxembourg*, op. cit., 11. Pour en savoir plus sur la problématique de la garantie collective, voir Seiwerath, Richard. *Occupés et occupants. La population luxembourgeoise et les troupes allemandes 1914–1918*, Thèse doctorale, Université de Liège, 2017/2018, 11–12.

de simplement y passer ou de le traverser avec des troupes.[42] Une telle violation fut reconnue par les Allemands, même si elle fut présentée comme un acte de légitime défense, comme le montre le discours du chancelier du Reich Bethmann Hollweg au Reichstag : « Nous sommes en situation d'urgence et l'urgence n'obéit à aucune loi. Nos troupes ont occupé le Luxembourg et sont peut-être déjà entrées sur le territoire belge. Cela contredit les exigences du droit international. [...] L'injustice que nous commettons, nous la réparerons. »[43]

Il était d'autant plus crucial de clarifier le statut territorial juridique entre les autorités allemandes et luxembourgeoises. La question de la souveraineté judiciaire revint incessamment. Selon Gilbert Trausch, pour les Allemands, le Luxembourg représentait initialement une zone-étape (*Etappengebiet*) éloignée du front, qui fut déclarée zone de transit le jour de l'armistice, le 11 novembre 1918.[44] Cependant, le facteur décisif ici est le concept de théâtre de guerre, qui revint à maintes reprises durant la guerre et, comme évoqué ci-dessus, fut utilisé par Mettgenberg dans l'immédiat après-guerre pour légitimer l'application du droit militaire allemand. Du point de vue du commandement militaire suprême, le Luxembourg devait être « un territoire étranger occupé par les troupes allemandes au sens du par. 161 du Code pénal militaire. »[45] De plus, cette zone-étape devait être vue comme un théâtre de guerre, comme le précise une lettre de mai 1915.[46]

Victor Berg, né le 10 avril 1860[47]
Parcours professionnel
Docteur (1886) ; avocat à Lux. (1886) ; avoué (1890) ; attaché au parquet (1895) ; candidat notaire (1895) ; substitut à Diekirch (1896) ; juge à Diekirch (1898) ; juge à Lux. (1899) ; juge aux ordres (1901) ; juge d'instruction (1904)
Cour supérieure : Avocat-général (17 oct. 1907) ; conseiller honoraire à la Cour (11 déc. 1912) ; conseiller (11 nov. 1913)
Procureur d'État à Lux. (27 juin 1914) ; Démission hon. (5 mars 1921) ; nommé Procureur général près la Haute Cour du Territoire de la Sarre

---

42 Laws of war. Rights and duties of neutral powers and persons in case of war on land (Hague V), 18 octobre 1907, art. 1 et art. 2, The Avalon Project, New Haven, 2008-, https://avalon.law.yale.edu/20th_century/hague04.asp [dernière consultation: 02.06.2021].

43 Traduit de l'allemand. Voir Ministère d'État, Direction Générale des affaires étrangères, *Neutralité du Grand-Duché pendant la guerre de 1914–1918*, Luxembourg, Victor Buck, 1919, 15 (Annexe 19).

44 Trausch, *La stratégie du faible*, op. cit., 59 et 105.

45 Traduit de l'allemand. Voir ANLux, AE-00430, Décision du quartier général allemand de considérer le Grand-Duché comme théâtre de guerre, 0002.

46 Id.

47 ANLux, J-003-03, Liste du personnel de la Cour superieure de justice – dates de nomination, 0056–0057.

Ainsi, les notions de zone-étape et de théâtre de guerre forment un amalgame qui étend l'application des par. 160 et 161 pour la sanction selon le Code pénal militaire allemand aux personnes se trouvant dans cette zone. Le gouvernement luxembourgeois n'approuva pas cette qualification et s'y opposa dans le cadre des arrestations de civils luxembourgeois. Dans une lettre au commandement des troupes allemandes, qui fut ensuite transmise au conseil de guerre de Trèves, Eyschen déclara :

> Le gouvernement luxembourgeois et les juristes qui ont commenté la législation de guerre se sont opposés à cette vision des choses. [...] Un « théâtre de guerre » ne peut désigner que la zone dans laquelle les opérations armées sont effectivement menées [...] Les troupes ont défilé à travers le pays, mais aucun événement armé n'a eu lieu ici.[48]

En janvier 1915, le procureur général Victor Berg, se rendit à Francfort-sur-le-Main pour clarifier la question de la zone avec l'expert en droit international Karl Strupp. Enfin, des juristes des deux pays purent échanger directement sur le sujet. Le procès-verbal de cette conversation rédigé par Berg montre que la partie allemande dut aller assez loin dans l'argumentation. Après trois jours de discussions, entre autres avec le conseiller de police et le chef de la police, Strupp parvint aux conclusions suivantes : 1) D'un point de vue technico-militaire, le Luxembourg est un théâtre de guerre et une zone d'opérations, puisque les troupes allemandes s'y trouvent ou traversent le pays. 2) Il s'agit automatiquement d'une zone d'occupation par le seul potentiel d'exercice de la puissance militaire : « les troupes allemandes ont la possibilité à tout moment de faire reconnaître leur puissance. »[49] La définition en droit international de la zone d'occupation est donc rejetée par Strupp et il reprend sa définition proposée dans la littérature spécialisée, dans laquelle il suffit pour une *occupatio* que la puissance occupante ait la possibilité d'initier un changement de pouvoir. Comme nous l'avons déjà évoqué, cette justification est insuffisante pour la définition d'après la Convention de La Haye, qui fait du déplacement de l'administration locale la condition principale. Strupp contra également la « violation chronique de la neutralité » avec l'argument de l'urgence, que Mettgenberg devait reprendre ultérieurement. Dès lors, l'inclusion

---

48 Traduit de l'allemand. ANLux, AE-00430, Décision du quartier général allemand de considérer le Grand-Duché comme théâtre de guerre, 0003 ; Ministère d'État, Direction Générale des affaires étrangères, *Neutralité du Grand-Duché pendant la guerre de 1914–1918*, Luxembourg, Victor Buck, 1919, 15 (annexe 19), 39 (annexe 57).

49 Traduit de l'allemand. Voir ANLux, AE-00430, Décision du quartier général allemand de considérer le Grand-Duché comme théâtre de guerre, 0017.

de l'État luxembourgeois dans la zone d'opérations put être « légitimée ».[50] L'application des paragraphes 160 et 161 du Code pénal militaire fut donc autorisée par l'occupant sur le territoire luxembourgeois. Berg souligne que, contrairement aux dispositions prévues par la convention de La Haye, il n'y eut pas de proclamation allemande auprès de la population occupée leur signifiant la criminalité des délits de *Landesverrat*. Strupp explique que cela n'est pas nécessaire dans le cas d'une *occupatio non bellica*, mais que cela renforcerait une atténuation générale des peines. Victor Berg évoque également le caractère « arbitraire » des arrestations menées par la police allemande, à la suite de quoi Strupp souligne l'admissibilité de la détention préventive pour maintenir l'ordre public.[51] Les bureaux de Francfort apportent, à ces questions et à d'autres, des réponses qui justifient la mise en œuvre de la justice militaire allemande et font passer le droit international au second plan. Pas vraiment convaincu, le procureur Berg envoie le rapport qui en résulte à son gouvernement.[52]

Mathias Glaesener, né le 10 août 1878[53]
Parcours professionnel
Docteur (1880) ; avocat à Diekirch (1880) ; avoué à Diekirch (1884) ; substitut à Die. (1885) ; rang de juge (1885) ; juge au tribunal du Lux. (1893) ; juge d'instruction (1893)
Cour supérieure : Avocat-général (11 déc. 1894); conseiller honoraire (8 sept. 1896) ; conseiller (1er mai 1899) ; Procureur général d'État (31 mars 1915)
Décédé le 21 octobre 1924.

La discussion se poursuivit finalement de manière plus concrète en juin 1915 au ministère des Affaires étrangères à Berlin. Le directeur général Victor Thorn et le procureur général Mathias Glaesener étaient présents. Au cours de cet entretien, la protestation luxembourgeoise contre le point de vue allemand fut ouvertement exprimée : « De la part des représentants luxembourgeois, la répression et le châtiment de tels délinquants [ressortissants luxembourgeois] par les autorités militaires allemandes furent décrits comme un empiétement sur la souveraineté

50 Id.
51 ANLux, AE-00430, Décision du quartier général allemand de considérer le Grand-Duché comme théâtre de guerre, 0021.
52 Le rapport évoqué ici présente un autre intérêt : il témoigne d'un échange transnational entre juristes, notamment à travers des articles dans des revues spécialisées comme la *Zeitschrift für Völkerrecht*. De nombreux articles en allemand et en français sont utilisés dans l'argumentation de Strupp.
53 ANLux, J-003-03, Liste du personnel de la Cour superieure de justice – dates de nomination, 0046–0047.

de l'État luxembourgeois, car il ne s'agissait pas par nature d'une occupation hostile, mais seulement d'une occupation factuelle et injustifiée par l'armée allemande. »[54] Les représentants allemands présents, dont le chef du département juridique du *Auswärtiges Amt*, Dr. Kriege, ne contestèrent pas le « Competenzconflikt [sic] », mais continuèrent à insister sur l'application du par. 161 du Code pénal militaire. Cependant, la mise en place d'une solution fut dans l'intérêt des deux parties.[55] Le compromis fut le suivant : 1) Les infractions commises par des Luxembourgeois à l'encontre du personnel militaire allemand au sens de la loi générale devaient rester aux mains de la justice nationale, à condition qu'elles soient sévèrement réprimées. 2) En cas d'espionnage ou d'outrage de la presse, l'armée allemande pouvait imposer une détention préventive, la *Schutzhaft*. Glaesener et Thorn acceptèrent ces deux règles, y compris la règle controversée sur la détention préventive, car avec ce type de détention, la violation de la souveraineté serait moins sensible.[56] Cette règle permit d'éviter les longs procès et de préserver les intérêts allemands.[57] Dans le même temps, la perte de souveraineté de la justice luxembourgeoise sembla atténuée par cette règle. L'historien Gérald Arboit résume ainsi la stratégie de Thorn :

> Victor Thorn fut l'artisan de cette position toute politique qui refusait à la justice luxembourgeoise de se prononcer sur une quelconque affaire d'espionnage et permettait au gouvernement d'opposer à la rigueur du Code militaire allemand l'innocence des citoyens luxembourgeois pour les faits qui leur étaient reprochés, puisque leur pays n'était en guerre avec personne.[58]

En examinant d'autres systèmes judiciaires européens, on constate qu'ils furent mis à l'épreuve par la guerre en de nombreux endroits, car le pouvoir exécutif avait tendance à se voir confier plus de pouvoirs, si bien qu'un « état d'urgence » prévalait,[59] comme ce fut le cas, par exemple, en France. Dans les zones inoccupées, la souveraineté judiciaire française se maintint, mais se resserra sensiblement en tant que « cause nationale » : les tribunaux militaires permanents,

---

54 Traduit de l'allemand. Voir ANLux, AE-00430, Décision du quartier général allemand de considérer le Grand-Duché comme théâtre de guerre, 0038.

55 ANLux, AE-00430, Décision du quartier général allemand de considérer le Grand-Duché comme théâtre de guerre, 0038.

56 Id., 0040.

57 Seiwerath, *Occupés et occupants*, op. cit., 652.

58 Arboit, Gérald, *Espionner le Grand-Duché de Luxembourg. Une guerre secrète méconnue pendant la Première Guerre mondiale*, Hémecht 67 (2015), 73.

59 Steiner, Sebastian, *Unter Kriegsrecht. Die schweizerische Militärjustiz 1914–1921* (*Die Schweiz im Ersten Weltkrieg*, vol. 4), Zurich, Chronos Verlag, 2018, 10.

baptisés « conseils de guerre », interférèrent largement avec les compétences de la justice pénale civile. En outre, il y eut énormément de peines capitales et d'exécutions publiques de soldats français à des fins disciplinaires.[60] En revanche, dans les zones occupées, la France vit son système judiciaire national presque complètement désintégré : Outre le droit des occupants à se charger de l'ordre public, la pénurie de personnel liée à la guerre et la destruction ou l'occupation des bâtiments judiciaires empêchèrent la poursuite de la vie judiciaire. Cependant, à certains endroits, à la demande de l'occupant, des structures de substitution virent le jour, à l'image de la « Commission municipale érigée en tribunal » à Charleville.[61] Ainsi, en France, une double charge pesait sur le système judiciaire national : d'une part, la perte de souveraineté dans les zones occupées par l'empire allemand, d'autre part, une érosion du système de l'intérieur en raison de la perte de compétence des juridictions pénales mais aussi, entre autres, en raison de la création extrajudiciaire de camps de concentration pour certains groupes d'étrangers et d'« indésirables. »[62]

En Belgique neutre, la situation était toutefois différente. Contrairement au Grand-Duché, il existait une possibilité de réaction militaire à l'invasion allemande, car la Grande-Bretagne y garantissait un soutien militaire et une force armée locale était pourvue.[63] Comme en France, le territoire n'y était pas entièrement occupé. Du point de vue du pouvoir judiciaire, cependant, la zone occupée comme la zone « inoccupée » étaient confrontées à des restrictions fonctionnelles. Dans la zone inoccupée, la juridiction militaire et la juridiction civile belges coexistaient. Dans la zone occupée, une « cohabitation » avec les autorités allemandes se développa, sans pour autant empêcher de sévères entailles dans la vie judiciaire.[64] Même si la magistrature resta belge et continua à fonctionner pendant l'occupation, un grand changement eut lieu en ce que l'administration civile allemande remplaça l'exécutif belge. Ainsi, trois référents juridiques allemands furent nommés pour surveiller les juridictions civile, pénale et cultuelle.[65]

---

60 Farcy, Jean-Claude, *Droit et justice pendant la première guerre mondiale (1914–1919). L'exemple de la France,* Guerra Mundial, Globalizaçao e Guerra Total 66 (2014), 123–139, section 5, DOI : https://doi-org.proxy.bnl.lu/10.4000/lerhistoria.751.

61 Farcy, *Droit et justice pendant la première guerre mondiale,* op. cit., section 16,

62 Voir Farcy, Jean-Claude, *Les camps de concentration français de la Première guerre mondiale (1914–1920),* Paris, Anthropos, 1995.

63 Calmes, *Août 1914. Les protestations officielles luxembourgeoises,* op. cit., 441.

64 Bost, Mélanie/Horvat, Stanislas, *Une première crise majeure. L'impact de la Grande Guerre sur la justice belge,* in : Dirk Heirbaut/Xavier Rousseaux/Alain Wijffels (edd.), Histoire du droit et de la justice, Louvain 2009, 517–537.

65 Bost et al., *Une première crise majeure,* op. cit., 520.

En outre, des juridictions allemandes furent créées. Un *modus vivendi* se développa en Belgique occupée, avant de se transformer progressivement en une protestation ouverte[66] de la magistrature contre l'intervention grandissante de l'administration allemande dans les compétences des tribunaux.[67]

En résumé, on peut affirmer que le Luxembourg était considéré, au sens du droit allemand, comme une zone où le droit militaire pouvait s'appliquer, même si sa désignation exacte ne correspondait pas à celle d'une zone d'occupation en droit international. Car si le concept d'occupation fut minimisé par le gouvernement allemand dans le cas du Luxembourg, le pouvoir militaire allemand au Grand-Duché s'avéra comparable à celui qui prévalait dans les zones indiscutablement considérées comme occupées. Hormis les arrestations et les procédures qui en résultèrent, l'ingérence de l'administration militaire allemande sur les institutions et l'organisation étatiques fut faible. Les interventions allemandes se sont principalement concentrées sur l'approvisionnement en vivres, la production industrielle et les civils qui auraient, prétendument ou effectivement, violé les ordonnances des autorités militaires allemandes.[68] Néanmoins, cette intervention militaire eut de graves conséquences pour les civils concernés et pour le gouvernement, qui correspondait en permanence avec le commandement allemand pour arracher ses citoyens à la justice allemande ou atténuer les peines. Cet échange ouvrit également un espace de discussion pour les questions qui, dépassant le sort individuel des personnes interpellées, concernaient le statut territorial du Luxembourg.

3 Arrestations de Luxembourgeois par l'armée allemande

Les arrestations par une puissance occupante représentent un défi immédiat tant pour le pouvoir judiciaire que pour la population qui est confrontée au danger bien réel d'être arrêtée, interrogée, emprisonnée et condamnée par des militaires

66 Sur la grève des magistrats belges voir Bost, Mélanie/Francois, Aurore, *La grève de la magistrature belge (février – novembre 1918). Un haut fait de la résistance nationale à l'épreuve des archives judiciaires*, in : Heirbaut, Dirk/Rousseaux, Xavier/Wijffels, Alain (edd.), *Histoire du droit et de la justice*, Louvain, Presses universitaires de Louvain, 2009, 19–44.

67 Bost et al., *Une première crise majeure*, op. cit., 526.

68 Exemple d'une intervention militaire allemande extraordinaire dans le pays, la grève des ouvriers empêchée de 1917, voir Seiwerath, *Occupés et occupants*, op. cit., 814–818.

étrangers[69]. Tous les pays belligérants ont commencé à capturer et à interner des civils avant la guerre, en se fondant à la fois sur une menace générale d'espionnage et sur la détention d'étrangers aptes au service militaire.[70] Dans un projet de lettre à l'ambassadeur allemand Karl von Buch, le ministre d'État Eyschen se plaignait dès la fin 1914 : « Les très nombreuses arrestations d'autochtones et d'étrangers sur le territoire luxembourgeois constituent l'une des dérives les plus détestables de la présence des troupes allemandes au Grand-Duché. Ces arrestations sont illégales et, à de très rares exceptions près, étaient sans fondement ». Parmi elles, 82 eurent lieu au Grand-Duché et 26 en dehors du pays.[71] Dans son thèse de doctorat, Richard Seiwerath révèle que 162 personnes au total furent arrêtées par les autorités allemandes au Luxembourg pendant la guerre, dont 114 Luxembourgeois.[72]

Dans les cas d'espionnage présumé, les officiers allemands de la police secrète ou du bureau central de la police étaient chargés d'identifier les suspects. Cependant, selon Gérald Arboit, ces officiers ne parvinrent pas à démasquer les activités d'espionnage les plus tangibles.[73] De fait, le Luxembourg était pour ainsi dire devenu le théâtre d'une « guerre secrète » entre les services secrets des nations en guerre.[74] Les affaires d'espionnage devinrent un important enjeu de rivalité entre les deux systèmes judiciaires parallèles. En janvier 1915, le gouvernement luxembourgeois demanda des explications à ce sujet dans un langage qui prônait la préservation de la souveraineté judiciaire nationale, sous-entendant que les espions présumés devant le tribunal militaire subiraient des peines plus sévères que si le droit pénal luxembourgeois était appliqué.[75] Selon Richard Seiwerath,

---

69 Définition : « Unter Militärpersonen sind die Personen des Soldatenstandes und die Militärbeamten zu verstehen, welche zum Heer oder zur Marine gehören. Unter Heer ist das Deutsche Heer, unter Marine die Kaiserliche Marine zu verstehen. » Définition tirée du par. 4 du Code pénal militaire de l'empire allemand (MStrGB) du 20 juin 1872. Voir Herz, Paul / Georg Ernst (edd.), *Militär-Strafgesetzbuch für Das Deutsche Reich. Text-Ausgabe Mit Anmerkungen und Sachregister*, Reprint 2020, 24–25, DOI: https://doi-org.proxy.bnl.lu/10.1515/9783111529325-fm.

70 Carelli, *Les internés civils de la Première Guerre mondiale*, op. cit., 39–40.

71 ANLux, AE-00568, Arrestations opérées par l'autorité militaire allemande, lettre du ministre d'État à l'ambassadeur allemand Karl von Buch, 5 décembre 1914, 0002.

72 Seiwerath, *Occupés et occupants*, op. cit., 980.

73 Arboit, Gérald, *The Zentralpolizeistelle Luxemburg. An unknown intelligence issue in Luxembourg during World War I*, 2018, https://ww1.lu/resources?lang=en, [dernière consultation : 02.06.2021], 7.

74 Arboit, *Espionner le Grand-Duché de Luxembourg*, op. cit., 152.

75 Seiwerath, *Occupés et occupants*, op. cit., 362–363.

le différend concernant « l'espionnage » fut utilisé pour souligner que la justice étrangère ne serait pas tolérée sur le sol luxembourgeois.[76]

D'un point de vue allemand, cependant, les par. 160 et 161 susmentionnés du Code pénal militaire allemand stipulaient que les étrangers ou les Allemands qui commettaient certaines infractions contre les troupes dans un théâtre de guerre, selon les dispositions correspondantes du Code pénal militaire, dont la plupart entrent dans la catégorie *Kriegsverrath*, devaient être jugés. Cette catégorie comprend la coupure des voies de communication, la falsification d'informations, le refus de service et d'autres actes dirigés contre les troupes allemandes.[77] Cependant, la haute trahison était moins souvent invoquée comme motif d'arrestation que le soupçon d'espionnage, qui était la raison la plus fréquemment évoquée.[78] Au début de la guerre, le gouvernement annonça que l'espionnage relèverait de l'article 123 du Code pénal luxembourgeois, qui stipule : « Quiconque, par des actions hostiles non approuvées par le Gouvernement, aura exposé l'État à des hostilités de la part d'une puissance étrangère, sera puni de la détention de cinq ans à dix ans, et, si des hostilités s'en sont suivies, de la détention de dix ans à quinze ans. »[79] Cette annonce souligne l'effort de pacifier le plus possible la population, mais envoie également un signal de souveraineté judiciaire nationale. Elle intervint en août 1914, environ un an avant que Victor Thorn et Mathias Glaesener ne parvinssent à un accord avec les autorités allemandes stipulant que cet article luxembourgeois ne serait pas utilisé pour poursuivre les espions, mais qu'une simple détention préventive serait appliquée du côté allemand. Cependant, cet accord ne signifiait pas que l'ingérence allemande dans la justice locale avait lieu sans critique. Les débats parlementaires sur le sujet de l'organisation judiciaire montrent que l'entrée de l'armée allemande fut également perçue comme une atteinte à la liberté des Luxembourgeois. Lors des débats autour de la loi précitée du 1er décembre 1914 visant à renforcer le tribunal d'arrondissement de Luxembourg, cette interprétation fut utilisée à plusieurs reprises. Le député Housse commenta ainsi le débat sur le renforcement provisoire ou définitif du tribunal d'arrondissement à huit juges :

---

76 Id., 363.

77 Code pénal militaire (MStrGB) du 20 juin 1872, par. 57–59. Herz, Paul/Georg, Ernst (edd.), *Militär-Strafgesetzbuch für Das Deutsche Reich. Text-Ausgabe Mit Anmerkungen und Sachregister*, Reprint 2020, 128–135, DOI: https://doi-org.proxy.bnl.lu/10.1515/9783111529325-fm.

78 Seiwerath, *Occupés et occupants*, op. cit., 256 et suiv.

79 ANLux, AE-00407, Publication du « livre gris » (Neutralité du Grand-Duché pendant la guerre 1914–1918) – L'occupation du Grand-Duché par les Allemands (Protestations du gouvernement ; mesures prises par les autorités, Mémorial du Grand-Duché de Luxembourg, vol. 54, 6 août 1914, 0124.

> J'estime que dans les temps critiques que nous traversons, le temps n'est plus aux paroles, mais aux actes, et que la Chambre doit accepter ou refuser les projets tels qu'ils lui sont présentés, et comme cela se fait dans les pays qui nous entourent, où le rôle des représentants du peuple se borne à accepter ce que le Gouvernement leur soumet. Dans notre pays, où la liberté des citoyens luxembourgeois n'est pas même sauvegardée sur leur propre sol, je me bornerai à présenter seulement quelques observations à l'article 2 du projet de loi.[80]

Ainsi, la discussion sur l'augmentation du personnel donna lieu en parallèle à un débat sur la situation difficile des Luxembourgeois sous l'occupation. Le député Welter ajouta également : « Mais je tiens à dire dès aujourd'hui que, malgré les affirmations et les promesses formelles de l'Empire allemand de sauvegarder nos lois, notre Constitution, nos libertés, on les a foulées aux pieds (*Approbation sur divers bancs.*) Je me réserve donc de revenir à la question, car on nous a donné la garantie qu'on respecterait nos lois et la Constitution. M. Metzler: Et la liberté ! »[81] Comme nous l'avons déjà mentionné, ces questions essentielles sur le statut territorial, la souveraineté et la liberté entre occupants et occupés ne furent jamais suffisamment clarifiées, mais des accords intermédiaires furent trouvés. Il convient donc d'abandonner le point de vue général pour adopter celui des Luxembourgeois concernés.

Un cas bien connu d'espionnage ou de *Kriegsverrath* est celui de l'écrivain Marcel Noppeney, directeur du service politique du journal luxembourgeois francophone et francophile *L'Indépendance luxembourgeoise*, qui aida des soldats au Luxembourg à obtenir de faux papiers et à se cacher. Arrêté le 7 juin 1915 par la *Feldgendarmerie* allemande, il est condamné à mort en tant qu'espion français. À la suite d'une intervention de la grande-duchesse Marie-Adélaïde auprès du Kaiser, sa peine est commuée en travaux forcés à perpétuité. Il restera emprisonné à Dietz sur Lahn jusqu'en novembre 1918.[82] Plus chanceux, Heinrich Wetz, l'officier télégraphique impliqué également dans l'affaire Noppeney, fut condamné à six mois de prison parce qu'il fut jugé devant un tribunal luxembourgeois qui « éluda délibérément les demandes de la puissance occupante ».[83] À l'instar de Marcel Noppeney, on put identifier au Grand-Duché quelques dizaines de personnes qui avaient été actives dans la résistance.[84]

---

80 ANLux J-019-27, Projet de loi concernant le renforcement du tribunal d'arrondissement de Luxembourg, 5e Séance, jeudi 26 novembre 1914, 0002.
81 Id., 0009.
82 Seiwerath, *Occupés et occupants*, op. cit., 709–714 ; 985–988.
83 Weber, Josiane, *Großherzogin Marie Adelheid von Luxemburg. Eine politische Biografie (1912–1919)*, Luxembourg, Éditions Guy Binsfeld, 2019, 213.
84 Debruyne, Emmanuel, *Une guerre secrète et oubliée. Les résistants luxembourgeois face à l'occupant*, in : Majerus, Benoît/Roemer, Charles/Thommes, Gianna (edd.), *Guerre(s) au Luxembourg 1914–1918*, Luxembourg, capybarabooks, 2014, 53.

Des Luxembourgeois furent également arrêtés à l'étranger et jugés par des tribunaux militaires allemands. Un autre cas remarquable est celui du juge Charles Schaack. Né dans la ville de Luxembourg en 1867, il devint docteur en droit à l'âge de 26 ans. Il travailla ensuite comme avocat à Luxembourg, et comme chef de bureau du gouvernement dans le secteur de la justice. Après avoir siégé environ un an à la Cour supérieure en tant que conseiller, il fut finalement nommé procureur au tribunal de Diekirch en juin 1916.[85]

Charles Schaack, né le 20 mars 1867[86]
Parcours professionnel
Docteur (1893) ; avocat à Lux. (1893) ; avoué (1896) ; chef de bureau au gouvernement (Justice) (1901), juge au trib. de Diekirch (1903)
Cour Supérieure : Conseiller (11 mai 1915)
Nommé Procureur d'État à Diekirch (23 juin 1916)

Pendant la guerre, il y travaillait toujours en tant que juge d'arrondissement. En février 1915, Schaack fut arrêté pour transport illégal d'armes lors d'un voyage passant par la ville occupée d'Arlon, qui dépendait du Gouvernement général impérial allemand de Belgique. Eyschen défendit personnellement le juge luxembourgeois et le présenta comme un fonctionnaire et un particulier appartenant à l'une des familles les plus respectables du Grand-Duché.[87] Le ministre d'État attesta également que Schaack consacrait son temps libre aux recherches historiques[88] et à sa collection d'antiquités et d'armes. C'est probablement cette collection qui justifia le « transport d'armes » du juge d'arrondissement de Diekirch, par ailleurs innocent. En avril, le chargé d'affaires bruxellois du Grand-Duché annonça que Schaack avait écopé de l'amende minimale de 20 francs pour non-respect d'une ordonnance allemande, en dehors de quoi il fut acquitté par le tribunal militaire.[89] Au lendemain de l'annonce du verdict, le juge qui, selon

85 ANLux, J-003-03 Liste du personnel de la Cour supérieure de justice – dates de nomination, 0064–0065.

86 ANLux, J-003-03, Liste du personnel de la Cour superieure de justice – dates de nomination, 0064–0065.

87 ANLux, AE-00624, Arrestations condamnations déportations de Luxembourgeois dans les pays occupés, Témoignage sur le docteur en droit Charles Schaack du ministre d'État Eyschen, 20 février 1915, 0146.

88 Charles Schaack a publié les ouvrages historiques suivants: *Les Luxembourgeois, soldats de la France 1792–1815* (1909–1910, deux volumes) et *Un ancien sceau de l'abbaye d'Echternach* (1895).

89 ANLux, AE-00624, Arrestations condamnations déportations de Luxembourgeois dans les pays occupés, 0141.

Eyschen, semblait être devenu la victime d'une tendance pathologique à collectionner (« das Opfer einer krankhaften Sammelwut »), était de retour à Diekirch.[90]

Comme en témoigne cette affaire, mais aussi d'autres condamnations plus lourdes, le gouvernement luxembourgeois défendit les citoyens arrêtés et appuya l'atténuation des peines.[91] Pendant la guerre, des avocats luxembourgeois furent également envoyés à Thionville, Trèves et Coblence pour défendre les Luxembourgeois devant les autorités allemandes.[92] L'engagement des épouses motivait parfois lui aussi les demandes de mise en liberté individuelles, qui furent proposées par le gouvernement jusqu'à Berlin.[93] Les demandes des prisonniers politiques luxembourgeois et de leurs familles suscitèrent souvent la sympathie des responsables allemands, notamment pour des raisons diplomatiques. Le chef du département juridique du *Auswärtiges Amt*, Johannes Kriege, écrivit ce qui suit au président de la Cour militaire du Reich : « Pour des raisons politiques, un règlement bienveillant des requêtes luxembourgeoises est sollicité. En particulier, il ne semble pas raisonnable de placer les Luxembourgeois, en tant que citoyens d'un pays neutre, dans une situation pire que les Belges ennemis. »[94]

Un autre facteur important dans le cas des Luxembourgeois arrêtés fut la possibilité de présenter des demandes d'indemnisation. Le caractère « amical » de l'occupation charriait avec lui la promesse que les Luxembourgeois seraient remboursés pour les dommages liés à la guerre ; un bureau correspondant fut créé en septembre 1914 à l'Hôtel du gouvernement.[95] Cette circonstance déclencha à son tour un réseau de communication entre le procureur, le ministère des

---

90 ANLux, AE-00624, Arrestations condamnations déportations de Luxembourgeois dans les pays occupés, télégramme du ministre d'État Eyschen au lieutenant-général Hurt à Arlon, 16 février 1915, 0147.

91 Seiwerath, *Occupés et occupants*, op. cit., 979 et suiv.

92 ANLux, AE-00407, Publication du « livre gris » (Neutralité du Grand-Duché pendant la guerre 1914–1918) – L'occupation du Grand-Duché par les Allemands (Protestations du gouvernement ; mesures prises par les autorités, 0113.

93 Ce fut le cas pour Lucien Pesch et Karl Schäfer. Ce dernier ne fut libéré qu'avec « son engagement sur l'honneur de se tenir à la disposition des autorités militaires allemandes pendant son séjour chez sa vieille mère au Luxembourg ». Voir BArch 901-82404, Interventionen zugunsten spionageverdächtiger Luxemburger während des Krieges ab 1914, lettre de Karl von Buch au chancelier impérial Bethmann-Hollweg, 16 novembre 1914.

94 Traduit de l'allemand. Voir BArch 901-82404 Interventionen zugunsten spionageverdächtiger Luxemburger während des Krieges ab 1914 Interventionen zugunsten spionageverdächtiger Luxemburger während des Krieges ab 1914, 27 octobre 1918.

95 Trausch, *La stratégie du faible*, op. cit., 56 ; Ministère d'État, Direction Générale des affaires étrangères, *Neutralité du Grand-Duché pendant la guerre de 1914–1918*, Luxembourg, Victor Buck, 1919, XVII ; 37 et suiv.

Affaires étrangères, le directeur général de la justice et l'administration adjointe du 8e corps d'armée (*stellv. Intendantur des VIII. Armeekorps*). Ces correspondances donnent un aperçu de la diversité des cas d'indemnisation. Par exemple, le secrétaire de police Adam Elsen affirma avoir été arrêté à tort par les Allemands en raison d'une confusion. Sa plainte fut transmise par l'Office central des indemnisations de Luxembourg à l'administration militaire (*Intendantur*) à Coblence.[96] Cette décision fut ensuite rejetée en raison de l'absence de mandat d'arrêt judiciaire ou d'acquittement judiciaire. Une détention préventive, comme dans l'affaire Elsen, ne suffisait pas à prétendre à une indemnisation.[97] D'autres cas d'indemnisation concernaient, par exemple, les frais de repas des Luxembourgeois en détention provisoire en Allemagne.[98]

Outre les civils luxembourgeois, des prisonniers de guerre évadés furent également arrêtés par l'armée allemande. Par exemple, de nombreux fugitifs russes réussirent à travailler comme ouvriers agricoles et trouvèrent refuge au Grand-Duché. Les soldats réservistes du *Landsturm* effectuèrent des recherches localisées afin de retrouver les Russes en fuite. Certains coups de feu furent mortels.[99] Dans ce contexte, il faut mentionner le cas du Belge Joseph Fox, un travailleur forcé originaire de Martelange sur la frontière belgo-luxembourgeoise qui s'était évadé de la zone belge occupée et s'était réfugié au Grand-Duché. Celui-ci s'était installé comme ouvrier à Dudelange et fut abattu en juillet 1918 par un soldat du *Landsturm* qui voulait l'arrêter.[100]

Avec la progression de l'état d'occupation, une crise des approvisionnements et l'inflation s'installèrent et frappèrent durement les classes laborieuses. Le 31 mai 1917, une grève dirigée contre le patronat et l'armée impériale débuta dans la région de « Minnett ».[101] À peine dix jours plus tard, le mouvement de grève s'es-

96 ANLux, AE-00568, Arrestations opérées par l'autorité militaire allemande, 0010–0012.

97 ANLux, AE-00568, Arrestations opérées par l'autorité militaire allemande, lettre du ministère de la Guerre, 19 mai 1916, 0009.

98 ANLux, AE-00568 Arrestations opérées par l'autorité militaire allemande, 0004–0005.

99 L'ouvrier russe Johann Zers fut confondu avec un homme recherché nommé Swidesky et persécuté par des soldats allemands. Il mourut d'une balle dans l'abdomen. Ganschow, Inna, *Kosakenmütze und roter Stern : Russische Gefangene in Luxemburg 1918*, 2018, https://ww1.lu/resources?lang=en, [dernière consultation : 02.06.2021]

100 Reuter, Antoinette/Scuto, Denis (edd.), *Être d'ailleurs en temps de guerre (14–18). Étrangers à Dudelange. Dudelangeois à l'étranger*, Catalogue d'exposition, Dudelange, Centre de documentation sur les migrations humaines, 2018, 47–48.

101 Scuto, Denis, *L'ère des pionniers du syndicalisme ouvrier à la constitution d'un grand syndicat libre et unifié (fin du XIXe siècle – 1920)*, in : Krier, Frédéric/Maas, Jacques/Sauer, Arnaud/Scuto, Denis (edd.), *100 Joer fräi Gewerkschaften 1916–2016. Contribution à l'histoire du mouvement syndical luxembourgeois*, Esch-sur-Alzette, Éditions Le Phare, 2016, 32.

souffla pour se solder par un échec et de nombreuses mises à pied, la pression de Tessmar et de l'armée allemande sur place se révélant trop forte pour les syndicats récemment formés.[102] Ainsi, l'intérêt pour l'Empire allemand de maintenir la production industrielle aboutit à une nouvelle violation de l'autorité par l'occupant. Du côté de la gendarmerie, la relation avec l'armée allemande était tendue. Les gendarmes luxembourgeois virent leurs activités fortement limitées par la restriction imposée à leurs communications téléphoniques et télégraphiques. Seules les conversations urgentes avec les chefs de service étaient autorisées, mais devaient être menées en allemand.[103]

En résumé on peut affirmer que du moins toutes les arrestations antérieures à l'accord de juin 1915 sur la détention préventive furent illégales. En même temps, des échanges eurent lieu entre les autorités allemandes et luxembourgeoises concernant les particularités juridiques des arrestations. Aucune clarification définitive du conflit de compétences n'intervint au cours des quatre années d'occupation, mais la position particulière du Luxembourg offrit une marge de négociation importante lorsqu'il fut question de libérer les personnes concernées ou d'en minorer la peine. La voie de la cohabitation fut pavée, entre autres, par l'engagement personnel des membres de la haute magistrature et des directeurs généraux Eyschen et Thorn. Cependant, ce type d'entente ne saurait être assimilé à l'abandon de la revendication de souveraineté du Luxembourg.[104] Les arrestations de Luxembourgeois furent l'occasion de discussions approfondies, de correspondances et d'avis juridiques, qui, partant de cas individuels, posèrent la question globale du théâtre de guerre, discussions qui continuèrent après-guerre. Les débats portaient davantage sur les citoyens luxembourgeois concernés que sur les étrangers arrêtés. Mais le cas inverse, à savoir les crimes commis par les soldats allemands au Grand-Duché, alimenta les conversations entre la justice nationale et la justice d'occupation.

---

102 Les syndicats fondés en 1916 furent la BHAV (Berg-und Hüttenarbeiterverband) et la LHAV (Luxemburger Metallarbeiterverband).

103 Froehling, Fernand, *Wahrer der Ordnung. Bewegte Zeiten während und zwischen zwei Weltkriegen. 1914–1945*, in: Gilbert Trausch (ed.), *La Gendarmerie au Luxembourg. 1797–1997*, Luxembourg, Saint-Paul, 1997, 234.

104 L'illégalité du comportement allemand ne fut pas dissimulée, comme l'a déjà montré la discussion sur le théâtre de guerre. Même lors des discussions sur le renforcement du personnel du tribunal d'arrondissement de la ville de Luxembourg, la question de l'illégalité des autorités allemandes s'invita à maintes reprises dans les débats parlementaires. Voir ANLux J-019-27, Projet de loi concernant le renforcement du tribunal d'arrondissement de Luxembourg, 0002.

4 Condamnations des contrevenants allemands au Luxembourg

Du point de vue luxembourgeois comme du point de vue allemand, les principaux concernés par le droit militaire allemand sont les soldats arrivés au Luxembourg au début de l'occupation.[105] En général, le principe de l'extraterritorialité s'appliquait à tous les membres de l'armée allemande au Luxembourg.[106] Les lois luxembourgeoises ne s'appliquaient quant à elles que si elles étaient expressément adoptées par le commandement allemand.[107] S'il était relativement clair que la condamnation dans ce type d'affaires relevait de la justice militaire allemande, plusieurs interférences jouèrent sur le plan pratique, par exemple lors des interrogatoires et des convocations.

Ainsi, lorsqu'un soldat allemand était entendu en tant que témoin par les autorités luxembourgeoises, cela devenait une source potentielle de conflit entre les deux systèmes judiciaires. En tant que directeur général de la justice, Victor Thorn soumit un accord aux autorités militaires allemandes qui réglementait les convocations et les interrogatoires des militaires allemands. Sa proposition du 7 août 1915 établit les principes suivants : 1) Dans le cadre d'une procédure pénale, la convocation devait être effectivement reçue en personne ou remise au

---

105 Cependant, le recensement luxembourgeois inclut également les soldats allemands qui avaient établi leur résidence légale au Grand-Duché avant la guerre, y possédaient une société enregistrée ou remplissaient d'autres exigences économiques et résidentielles. À cette exception près la séparation juridique entre les civils et les occupants est très claire : « [...] les militaires qui, au moment de la guerre, n'avaient ni leur domicile ni leur résidence dans le pays, mais dont la présence sur le territoire luxembourgeois est un effet de l'occupation, ne sont à comprendre dans aucun compartiment du dénombrement ; ils n'entrent en ligne ni pour la population politique, ni pour la population de fait, ni pour celle résidante. Ils sont nécessairement hors de l'atteinte des prévisions qui sont à la base de notre législation sur les recensements de la population. » Voir Circulaire ministérielle du 28 novembre 1916 concernant le recensement de la population, Mémorial A 91 (1916), 1377–1380.

106 L'extraterritorialité est le privilège de l'immunité dont bénéficient certains étrangers vis-à-vis des poursuites pénales locales. Cette immunité se fonde sur le droit international coutumier ou sur des accords bilatéraux. Dans un article relatif à la Seconde Guerre mondiale, Hersch Lauterpacht soutient cependant l'idée que l'extraterritorialité ne s'applique qu'en temps de paix. Voir Lauterpacht, Hersch, *The Law of Nations and the punishment of war crimes*, in : Guénaël Mettraux, *Perspectives on the Nuremberg Trial*, Oxford/New York, Oxford University Press, 2008, 18, note de base de page 12.

107 Ce règlement incluait non seulement les troupes qui occupaient et traversaient le Grand-Duché, mais aussi toutes les troupes situées en dehors du Grand-Duché dont la zone d'affectation était le Luxembourg. Voir Mettgenberg, *Juristisch-politische Kriegserinnerungen*, op. cit., 441.

domicile de la personne convoquée pour être juridiquement valable. 2) À titre exceptionnel, les militaires convoqués dans le cadre d'une procédure pénale pouvaient l'être sur « invitation de l'autorité militaire », ce qui signifiait que si une telle personne souhaitait se soumettre volontairement à un interrogatoire, aucune convocation des autorités luxembourgeoises n'était nécessaire et que l'invitation serait adressée par les autorités allemandes. 3) Cependant, dans le cas de litiges civils, la procédure classique de convocation devait suivre la loi luxembourgeoise, même si toute convocation était également envoyée au commandement allemand pour information. Dans une dernière phrase, Thorn établit une sorte de coopération juridique, qu'il espère voir soutenue par Tessmar : « Dans les cas où un militaire allemand devrait témoigner dans le cadre d'une procédure pénale, il faudrait ordonner qu'aucune convocation ne soit envoyée, mais que vous, Monsieur le Colonel, soyez invité à obliger les gens à respecter cette convocation. »[108] Trois jours après la proposition écrite de Thorn, le commandant en chef Tessmar accepta ce règlement.[109]

Cette procédure n'était pas simple, mais elle n'engendra aucun conflit ouvert, comme le montre la correspondance associée. Conformément au principe d'évitement des conflits proclamé au début de la guerre, les enquêtes menées par les autorités luxembourgeoises pouvaient adopter un ton apaisant, comme dans le cas d'un militaire allemand qui refusait de témoigner devant les autorités luxembourgeoises. Une lettre du ministre d'État au commandement des troupes allemandes concernant ce genre de cas en juillet 1918 déclarait : « [J'ai] l'honneur [...] de répondre [...], qu'aucune procédure pénale ne fut engagée en l'espèce pour refus de témoigner, mais plutôt que des informations furent demandées pour savoir si le comportement du soldat en question était considéré comme admissible par les autorités supérieures ou si ces dernières l'avaient éventuellement incité à témoigner sous serment. »[110] La partie luxembourgeoise précisa que le soldat s'y refusant ne s'exposait à aucune conséquence juridique. Seul le point de vue des autorités militaires allemandes comptait. Le ton était certes apaisant, mais il y avait peut-être là aussi un reproche implicite adressé à Tessmar, si celui-ci n'avait pas demandé à son soldat de témoigner, comme le laissait entendre le règlement de Thorn. En outre, la lettre comportait un caractère d'urgence, puisque lesdites

108 Traduit de l'allemand. Voir ANLux AE-00539, Justice. Assignations à témoins à l'adresse des membres de l'armée allemande, 0012.
109 Id.
110 Traduit de l'allemand. Voir ANLux AE-00539, Justice. Assignations à témoins à l'adresse des membres de l'armée allemande, 0004.

procédures étaient toujours en cours à la cour d'appel et nécessitaient donc une réaction rapide du commandement militaire.

Concernant les soldats allemands déserteurs qui commettaient des infractions pénales au Luxembourg, lesquels ne portaient plus d'uniforme et n'étaient donc pas directement identifiables comme membres de l'armée allemande, les deux systèmes judiciaires durent à nouveau « se tendre la main ». La condamnation et l'exécution de la peine eurent intégralement lieu selon la juridiction luxembourgeoise et la justice militaire allemande ne prit en charge le détenu qu'après sa libération de la prison locale.[111]

La question de la juridiction devenait encore plus complexe si l'on tenait compte des Allemands qui vivaient déjà au Luxembourg avant la guerre et qui étaient désormais enrôlés dans l'armée.[112] Sous certaines conditions, ces personnes, qu'elles fussent stationnées à l'extérieur ou à l'intérieur du pays, furent même incluses dans le recensement luxembourgeois, comme en atteste une circulaire ministérielle du 28 novembre 1916.[113] Néanmoins, en tant que membres de l'armée, ils étaient soumis au droit militaire allemand, même si l'on pouvait là encore observer des interférences. Ce fut le cas du couple Schloeder-Laroche, qui tenait un commerce de denrées coloniales à Schifflange. Alors que l'époux allemand, Mathias Schloeder-Laroche, était appelé au service militaire, son épouse Marie dut affronter 13 créanciers allemands et luxembourgeois au total, que leurs avocats menacèrent de saisie si leurs livraisons n'étaient pas payées rapidement.[114] La plupart des ordres de paiement furent émis par le juge de paix Henri Nocké du tribunal de paix de paix d'Esch. Alors que les juges de paix, huissiers et avocats luxembourgeois des créanciers prenaient de nouvelles mesures contre Marie Schloeder-Laroche, celle-ci se tourna vers l'administration militaire allemande. En réponse, Tessmar écrivit au gouvernement luxembourgeois pour objecter que le principe d'extraterritorialité devait s'appliquer au propriétaire allemand de

111 Mettgenberg, *Juristisch-politische Kriegserinnerungen*, op. cit., 440.

112 La première vague d'immigration allemande au Luxembourg au cours de l'industrialisation est venue dans le dernier tiers du 19e siècle, en raison du besoin accru de travailleurs engendré par le passage de la sidérurgie de l'ère de la fonte à l'ère de l'acier. Jusqu'en 1940, les Allemands représentent environ la moitié des étrangers résidant au Grand-Duché. Après la Seconde Guerre mondiale, la proportion de migrants allemands est tombée au même niveau qu'avant l'industrialisation. Voir Scuto, Denis, *Histoire des Immigrations au Luxembourg (XIXe-XXIe siècles), OGBL : 25e anniversaire du Département des Immigrés 1985–2010*, Luxembourg, 2011, 20–38.

113 Circulaire ministérielle du 28 novembre 1916 concernant le recensement de la population, Mémorial A 91 (1916), 1377–1380.

114 ANLux, AE-00538 Contraintes contre des membres de l'armée allemande, lettre de Tessmar au gouvernement luxembourgeois, 19 février 1917, 0003.

l'entreprise convoqué et que les exigences de la justice locale devraient attendre le moment où Schloeder ne serait plus au service de l'armée allemande.[115] Les huissiers d'Esch, de Dudelange et de la ville de Luxembourg furent informés par le ministère de la Justice qu'ils devaient s'abstenir de la saisie ; cependant, selon le procureur Berg, l'immeuble était soumis à la juridiction locale et il n'était pas exclu que l'affaire fut reprise ultérieurement.[116] Dans cette affaire, les procureurs Berg et Glaesener suivirent les instructions de Tessmar, mais soutinrent qu'il avait tort sur le plan juridique. Même la tentative de saisie des meubles par l'un de ses sergents fut portée à la connaissance de Tessmar, qui, là encore, insista sur le principe d'extraterritorialité. Néanmoins, il fit clairement savoir à l'intéressé qu'il devrait répondre de ses dettes devant les autorités luxembourgeoises une fois qu'il ne serait plus au service de l'armée allemande.[117] Dès novembre 1914, ce type de problème avait été anticipé par le ministère d'État, qui recommandait aux juges de paix de faire preuve de réserve à l'égard des dettes liées aux ressortissants des belligérants et de conseiller à leurs huissiers de procéder aux saisies avec la plus grande indulgence.[118] Souvent, les limites des compétences entre les deux juridictions étaient négociées au cas par cas.

Un flou supplémentaire, inhérent au *modus vivendi* entre les deux systèmes judiciaires, apparut au sujet des délinquants sans autorisation d'entrée, ainsi que des biens volés et des mauvais traitements infligés aux soldats allemands. Dans certains cas, il ne fut pas possible de déterminer directement si les tribunaux luxembourgeois ou allemands étaient compétents.[119] Selon Mettgenberg, la justice locale intervenait selon le principe de la *luxemburgische Justizhoheit*, même lorsque des civils commettaient des crimes contre des membres de l'armée d'occupation sur le sol luxembourgeois. Il se souvient néanmoins que de tels conflits de compétences pouvaient être largement contenus :

> La solution à ce conflit positif de compétences devait essentiellement être trouvée en déterminant si l'empire allemand nourrissait des intérêts militaires importants et, par conséquent, s'il était justifié d'accorder la priorité à la juridiction allemande. Outre les instructions formelles, un [...] modus vivendi se développa dans les faits entre les autorités allemandes et luxembourgeoises, dont l'organisation fut également déterminée en détail par le rythme des organes impliqués. La Grande Guerre avait créé ici des conditions qui

115 Id.
116 Id., 0001–0002.
117 ANLux, AE-00538 Contraintes contre des membres de l'armée allemande, 0019–0021.
118 ANLux, AE-00537, Justice Législation ravitaillement, 0088.
119 Mettgenberg, *Juristisch-politische Kriegserinnerungen*, op. cit., 452.

> n'étaient prévues dans aucun système de droit international, mais qui étaient d'autant plus réelles et devaient être réglementées dans la pratique.[120]

Bien entendu, ce point de vue permet de nombreuses interprétations, car le critère des « intérêts militaires importants » peut correspondre à une multitude de situations qui ne sont pas clairement catégorisées. La conviction que le droit international put être négligé à l'égard d'un besoin pratique, voire d'une complexité sans précédent de la guerre, est clairement affirmée ici.

Enfin, nous devons nous pencher sur le type d'infractions commises par les soldats allemands au Luxembourg. La plupart des crimes commis par des soldats allemands au Luxembourg étaient de nature économique, comme le vol ou le recel, mais il faut également mentionner la violence physique.[121] L'un des cas les plus frappants, qui ne fut toutefois pas traité dans l'historiographie, fut le *Mordprozess Münchrath*. Il s'agissait d'un cas particulièrement grave de viol et de meurtre qui fut commis le 24 février 1916 par Everhard Münchrath, membre du *Landsturm*, sur Yvonne Brücher, une Luxembourgeoise de douze ans, dans la campagne de Goeblange.[122] Conformément au principe d'extraterritorialité, Münchrath fut condamné par le *Feldkriegsgericht der 30. Infanteriebrigade*.[123] La sanction fut infligée d'après les paragraphes 176 et 178 du Code pénal impérial : Münchrath fut expulsé de l'armée, destitué de ses droits civiques et condamné à mort. Cependant, sa condamnation à mort fut finalement commuée en prison à vie.[124] Certains articles de journaux estimèrent que cet acte nécessitait une coopération efficace entre les deux systèmes judiciaires : après la découverte du corps, celui-ci fut étudié et surveillé par des gendarmes luxembourgeois, tandis que dans les jours suivants, les lieux furent visités tour à tour par diverses autorités des deux côtés,

---

120 Traduit de l'allemand. Voir Mettgenberg, *Juristisch-politische Kriegserinnerungen*, op. cit., 452.

121 Le cas de l'artilleur Ludwig Merz, qui provoqua une bagarre en décembre 1914 alors qu'il était ivre, est un exemple d'altercation physique. Il fut arrêté par des gendarmes luxembourgeois, qui le remirent ensuite à l'armée allemande sur le chemin de la prison de Grund. Voir ANLux, AE-00538 Contraintes contre des membres de l'armée allemande, 0040.

122 Mettgenberg, Wolfgang, *Kriminal-Archiv. Mordprozeß Münchrath*, Deutsche Strafrechtszeitung, 11/12 (1918), 365.

123 Un *Feldgericht* se composait de cinq juges et d'un greffier, le premier juge étant un officier d'état-major, un capitaine ou un capitaine de cavalerie. Les quatre autres juges devaient être des officiers ou des officiers subalternes. En tant que seul juriste professionnel, un officier de justice militaire pouvait être enquêteur, le cas échéant. Sinon, comme d'habitude, s'ensuivent le serment des juges, la collecte de preuves, le vote et l'annonce. Voir Dietz, *Das Militärstrafrechtswesen im Kriege*, op. cit., 48–49.

124 Mettgenberg, *Kriminal-Archiv. Mordprozeß Münchrath*, op. cit., 2.

à savoir l'autorité militaire allemande de Kleinbettingen, le tribunal d'instruction de Luxembourg et le *Feldgericht* de Trèves.[125] Münchrath fut arrêté par l'armée allemande. Les négociations menées par le *Feldkriegsgericht der stellv. 30. Infanteriebrigade* se déroulèrent à l'Hôtel de Cologne[126], dans la ville de Luxembourg, avec Mettgenberg comme procureur et le lieutenant Kolping comme avocat de la défense. Tous deux tentèrent de limiter les répercussions de l'acte sur les relations entre les deux pays. Mettgenberg remercia les autorités luxembourgeoises devant le tribunal, félicitant particulièrement Victor Berg et le brigadier de gendarmerie Rolling. Dans le même temps, l'avocat de la défense Kolping nota ce qui suit : « Chaque Allemand regrette profondément le crime odieux et le premier sentiment veut que le soldat qui commet le même crime doit l'expier en mourant. »[127] Le fait que l'armée allemande ne puisse être accusée de rien d'autre fut repris dans la presse : « Le reluisant bouclier de l'armée allemande au Luxembourg fut souillé de la plus honteuse des manières, c'est pourquoi une exclusion de l'armée doit avoir lieu. »[128] Cela montre que la justice militaire allemande mit l'accent sur la culpabilité individuelle dans des crimes de cette gravité afin de continuer à présenter l'armée en tant que telle comme honorable. L'accusé, cependant, avec son épaisse moustache noire et son visage de criminel (« *Verbrechergesicht* ») fut stigmatisé pour son ivrognerie.[129] Ainsi, l'idée du criminel-né résonne ici – une idée qui allait gagner une importance particulière dans le droit national-socialiste. Münchrath lui-même soutint jusqu'à la fin qu'il n'avait pas commis cet acte. Ses demandes de révision restèrent vaines.[130]

En résumé, on peut affirmer que le sujet de discorde sur les Allemands devant les tribunaux luxembourgeois fut au moins clarifié de manière générale, malgré quelques ambiguïtés. Cette clarification n'a été possible que grâce à la coordination entre l'administration judiciaire luxembourgeoise et les autorités militaires allemandes. Même si la correspondance connexe ne fut pas exempte de tensions,

---

125 *Großherzogtum. Chronik aus der Hauptstadt*, Obermosel Zeitung 37:17 (29 janvier 1916), 2.

126 L'établissement de luxe « Hôtel de Cologne » était situé rue Philippe II dans la ville haute et l'une des meilleures adresses du Luxembourg depuis le début du 19e siècle. Voir Philippart, Robert L., *Hôtels, Cafés, Restaurants de la Belle Époque*, Luxembourg, brain&more, 2018, 20.

127 Traduit de l'allemand. Voir *Gerichtszeitung*, Luxemburger Wort 69:94 (3 avril 1916), 3.

128 Id. Il est important de noter que la liberté de la presse au Luxembourg fut restreinte par les occupants et que la rédaction de l'article de journal fut certainement fortement influencée par les autorités allemandes. Voir Kovacs, Stéphanie, *Politique de flou et « dérapages ». La censure de la presse durant la période d'occupation allemande*, in : Majerus, Benoît/Roemer, Charles/Thommes, Gianna (edd.), *Guerre(s) au Luxembourg 1914–1918*, Luxembourg, capybarabooks, 2014, 103–111.

129 *Chronik aus der Hauptstadt*, Obermosel Zeitung 37:27 (4 avril 1916), 2.

130 *Lokales*, Luxemburger Wort 69:318 (13 novembre 1916), 2.

aucun conflit ouvert n'opposa les deux entités judiciaires, parfois concurrentes. Alors que le système judiciaire luxembourgeois s'est efforcé de réglementer les chevauchements potentiels, les questions juridiques ne constituaient pas une priorité majeure pour les autorités militaires allemandes et étaient supplantées par l'idéologie de l'urgence en temps de guerre. L'accusation de violation du droit international par l'empire allemand devrait être relativisée par l'argument du besoin inhérent à la situation. L'ajournement du droit international au profit des intérêts nationaux laisse déjà entrevoir une évolution, sur laquelle nous reviendrons dans le contexte de l'occupation nazie du pays.[131] Ce n'est d'ailleurs pas un hasard si Wolfgang Mettgenberg, dont les *Juristisch-politische Kriegserinnerungen* déjà citées constituent une source précieuse, poursuivit sa carrière juridique pendant le national-socialisme. Après la guerre, il s'exprima également sur l'appartenance du Luxembourg à la zone culturelle allemande, ce qui lui valut, en 1919, d'être désigné par la presse luxembourgeoise francophile « assesseur du nom, assassin du métier, canaille par définition ».[132] Dans le cadre de son travail pour le ministère de la Justice du Reich à partir de 1939, il agit en tant que chef de département pour la justice dans les territoires occupés (*Ministerialdirektor für Strafrechtspflege in besetzten Gebieten*). Au procès de Nuremberg en 1947, il fut condamné à dix ans de prison et décéda pendant sa détention.[133]

Quelques acteurs, tels que Berg chez les Luxembourgeois, cultivèrent des relations équilibrées avec les autorités des deux côtés. Dans ce cadre, la partie allemande se mettait en scène en tant que partenaire engagé dans la lutte contre les criminels au nom d'une justice équitable. Il convient également de mentionner la correspondance animée entre le commandant Tessmar et l'administration judiciaire, qui témoigne de son intention d'être informé de toutes les affaires pertinentes de la justice luxembourgeoise. Dans l'ensemble, cependant, il faut être conscient que les questions juridiques évoquées ici n'étaient probablement pas le problème le plus pressant aux yeux de la population, pour qui la précarité des approvisionnements était beaucoup plus lourde à supporter.[134]

---

131 Il est possible d'établir plusieurs parallèles entre cette violation du droit international et l'occupation nazie qui a suivi, parallèles qui furent repris par des observateurs luxembourgeois après la Seconde Guerre mondiale. Ce qui suit se trouve dans le résumé de la plaidoirie de l'auditeur militaire lors du premier procès pour crimes de guerre au Luxembourg en 1949 : « La continuité des perspectives de Guillaume II à Hitler nous apparaît clairement. » Voir *Erster Kriegsverbrecher-Prozeß*, Tageblatt 36:72 (29 mars 1949), 4.

132 *La chose Mettgenberg*, L'indépendance luxembourgeoise 49 (21 octobre 1919), 1.

133 Klee, Ernst, *Das Personenlexikon zum Dritten Reich. Wer war was vor und nach 1945*, Francfort-sur-le-Main, Fischer Taschenbuch Verlag, 2007, 405.

134 Froehling, *Wahrer der Ordnung*, op. cit., 235.

5 Conclusion

Confronté aux défaites militaires et à l'entrée en guerre des États-Unis, l'Empire allemand négocia finalement un armistice qui fut conclu le 11 novembre 1918. Les forces allemandes qui levaient le siège passèrent par le Luxembourg tandis que les troupes alliées, américaines et françaises, entrèrent au Grand-Duché. Les procès de Leipzig, au cours desquels les juges allemands jugèrent, avec une clémence considérable, les crimes de guerre commis par leurs compatriotes à l'étranger, constituèrent une conséquence juridique importante de la guerre.[135] Cependant, des tentatives furent également menées à l'étranger pour punir les crimes de guerre allemands. Karl von Tessmar, par exemple, fut responsable de l'exécution de plus de cent civils à Arlon et fut condamné à mort par le conseil de guerre belge de Liège – une peine qui ne fut jamais exécutée.[136] Le projet exprimé à l'article 227 du Traité de Versailles de tenir l'Empereur Guillaume II responsable de « la grave violation du droit moral international et du caractère sacré des traités » fut un échec. Les Alliés étaient en désaccord sur l'interprétation du droit de la guerre et du droit international ; l'abdication de l'empereur, notamment, donna lieu à des difficultés d'interprétation.[137] Le paragraphe sur la responsabilité de la guerre (*Kriegsschuldparagraph*) formulé à l'article 231 n'aboutit à aucune procédure pénale contre les dirigeants allemands. Dans l'entre-deux-guerres, cependant, il eut une influence considérable sur l'opinion publique en Allemagne et devint un sujet de discorde permanent dans les relations internationales tendues en Europe.

La fin de la guerre annonça plusieurs développements pour le Grand-Duché. La question sociale, qui avait déjà éclaté pendant l'occupation, aboutit à deux mouvements révolutionnaires en novembre 1918 et en janvier 1919, à de nombreuses grèves et à un soulèvement ouvrier en août 1919. La Belgique devint un nouveau partenaire commercial avec la conclusion de l'Union économique belgo-luxembourgeoise. Les reproches adressés à la grande-duchesse Marie-Adélaïde pour sa proximité avec l'Empire allemand pendant la guerre aboutirent finalement à son abdication au profit de sa sœur Charlotte. De plus, l'engagement de Marie-Adélaïde aux côtés du gouvernement Loutsch avait profondément marqué

135 Hankel, *Die Leipziger Prozesse*, op. cit., 10.
136 Sur l'exécution de civils à Arlon, voir Hankel, *Die Leipziger Prozesse*, op. cit., 391; Seiwerath, *Occupés et occupants*, op. cit., 471–472. Sur la condamnation à mort, voir Wilhelm, Frank, *Anthologie de textes de Marcel Noppeney (1877–1966)*, Luxembourg, Éditions du Centre Culturel de Differdange, Luxembourg, 2016, 286.
137 Hankel, *Die Leipziger Prozesse*, op. cit., 74 et suiv.

le parlement lors de la crise gouvernementale de 1916.[138] Une autre innovation importante eut lieu au niveau constitutionnel par la révision de 1919, entrée en vigueur le 15 mai. Trois grands sujets étaient au premier plan : le suffrage universel, la souveraineté de la nation et la création d'indemnités parlementaires.[139] Ces innovations décisives se traduisirent par une hausse considérable de la participation aux élections et donc par la domination des partis dans le paysage politique, le parti de la droite, conservateur, détenant la majorité des sièges.[140] En marge du mouvement révolutionnaire demandant l'instauration d'une république, le 14 décembre 1918, la loi de la journée de huit heures sans diminution de salaire fut introduite par arrêté grand-ducal.[141]

Les conséquences juridiques de la guerre au Luxembourg se firent directement sentir en ce que les Luxembourgeois arrêtés par les Allemands bénéficièrent d'une réduction de peine grâce à l'intervention du gouvernement. En réponse à une demande de libération de la grande-duchesse Marie-Adélaïde, une vingtaine de prisonniers politiques, qui avaient été condamnés à moins de dix ans, furent libérés début novembre 1918.[142] Les anciens prisonniers civils du Luxembourg se réunirent finalement au sein d'une association qui, dans les années d'après-guerre, milita notamment pour que le Luxembourg ne procédât à la naturalisation d'immigrants (principalement allemands) qu'uniquement après que l'Allemagne aurait assumé sa responsabilité dans la capture de civils.[143] Ce groupe de personnes participa ainsi aux débats anti-allemands de l'entre-deux-guerres sur la naturalisation.

La fin de la guerre eut également des conséquences sur le personnel judiciaire, certains membres de la haute magistrature luxembourgeoise ayant été nommés au Territoire du bassin de la Sarre pour siéger à la Cour suprême de Justice. Ce territoire fut administré par la France via un mandat de la Société des

---

138 Sur la dissolution du parlement, voir Thewes, Guy, *Les gouvernements du Grand-Duché de Luxembourg depuis 1848*, Luxembourg, Service Information et Presse, 2011, 66. Pour une analyse détaillée des activités de la grande-duchesse Marie-Adélaïde, voir Weber, *Großherzogin Marie Adelheid*, op. cit.

139 Majerus, Nicolas, *Histoire du Droit dans le Grand-Duché de Luxembourg, Tome deuxième*, Luxembourg, Saint-Paul, 1949, 771–777.

140 Thewes, *Les gouvernements du Grand-Duché de Luxembourg*, op. cit., 76.

141 Scuto, *L'ère des pionniers du syndicalisme ouvrier*, op. cit., 33–34.

142 Debruyne, *Une guerre secrète et oubliée*, op. cit., 52.

143 Scuto, Denis, *Staatsbildung und Staatsangehörigkeitsrecht in Luxemburg. Zwischen Inklusion und Exklusion (1804–1940)*, in : Franz, Norbert/Lehners, Jean-Paul (edd.), *Nationenbildung und Demokratie. Europäische Entwicklungen gesellschaftlicher Partizipation* (Luxemburg Studien, vol. 2), 273.

Nations à partir de 1920 et nécessita par conséquent des fonctionnaires de justice expérimentés maîtrisant l'allemand et le français. Par exemple, Ferdinand Schaefer, conseiller à la Cour supérieure, fut nommé conseiller à la Haute Cour du territoire de la Sarre à partir du 23 novembre 1920.[144] De plus, Victor Berg y occupait le poste de procureur général.

En 1919, la publication « Neutralité du Grand-Duché pendant la guerre de 1914–1918 » fut éditée par le ministère d'État.[145] Celle-ci contient des copies de nombreux documents de la guerre, y compris des lettres d'Eyschen adressées aux autorités allemandes, qui visaient à clarifier la question du théâtre de guerre. Certains arrestations des civils luxembourgeois sont cités dans ces documents. Ce « Livre gris », vendu 3,50 francs, montrait à la population comment le gouvernement luxembourgeois avait protesté contre la violation de la neutralité.

Dans l'ensemble, on peut affirmer que l'attitude relativement non intrusive de la puissance occupante à l'égard des affaires intérieures du Luxembourg peut également être établie dans le système judiciaire. Même si la justice militaire allemande marqua la population civile, la forme et la composition du système judiciaire national continuèrent à fonctionner comme avant, même en temps de guerre. Néanmoins, d'importants conflits politiques surgirent au milieu des interférences des deux systèmes, comme le montre l'exemple de la notion de théâtre de guerre. Par rapport à la refonte politique et idéologique radicale du système judiciaire luxembourgeois par l'occupant nazi, la perte de souveraineté judiciaire du Luxembourg pendant la Première Guerre mondiale fut limitée à certains domaines du pénal.

---

144 ANLux, J-003-03, Liste du personnel de la Cour supérieure de justice – dates de nomination, 0063.

145 Ministère d'État, Direction Générale des affaires étrangères, *Neutralité du Grand-Duché pendant la guerre de 1914–1918*, Luxembourg, Victor Buck, 1919.

Elisabeth Wingerter

Le travail et les questions sociales au centre de la justice dans l'entre-deux-guerres (1919–1940)

La Première Guerre mondiale se termina au Luxembourg par un changement de monarque, des processus de transformation politique et des avancées sur la question du travail. Si le pouvoir judiciaire put rapidement revenir à la normale après l'occupation, il fut imprégné par les conséquences des évolutions sociales et économiques. Nous retracerons ici le développement de l'organisation judiciaire luxembourgeoise, notamment dans son interaction avec les questions du travail et de la société dans les années précédant la Seconde Guerre mondiale.

Dans la première partie, nous examinons les modifications apportées à la loi sur l'organisation judiciaire, c'est-à-dire tous les changements pertinents dans l'organisation de la justice, de 1919 jusqu'à l'invasion du Luxembourg par la Wehrmacht en mai 1940. Nous nous intéressons particulièrement aux interactions entre la magistrature et les acteurs politiques sur les questions sociales, par exemple en matière de travail et d'économie. Cela soulève également la question de savoir si les arguments économiques sont recevables pour réformer l'organisation du pouvoir judiciaire. La position sociale des magistrats et leur recrutement sont en outre brièvement évoqués.

La deuxième partie se concentre dans un premier temps sur les interactions entre l'idée d'un droit national luxembourgeois et le pouvoir judiciaire, par exemple à la lumière du centenaire de 1939. En appréhendant les liens naissants entre une identité nationale et le système judiciaire, on comprend encore mieux la force de la rupture historique que fut l'occupation nazie.

https://doi.org/10.1515/9783110679656-007

1 L'organisation de la justice et la magistrature dans un contexte de transformations sociales et économiques (1919–1940)

Selon Gérard Trausch, la fin du suffrage censitaire pendant l'entre-deux-guerres enclenche un processus de transition sociale vers une « société nouvelle. »[1] Pour retracer l'interaction entre le pouvoir judiciaire, son personnel et les transformations socio-économiques, nous examinerons les modifications apportées à la loi sur l'organisation judiciaire (1885) avant l'occupation nazie. Nous évoquerons également les désaccords avec le gouvernement sur l'interprétation du rôle constitutionnel du pouvoir judiciaire.

Avec la fin de la Première Guerre mondiale, le gouvernement du ministre d'État Émile Reuter fut confronté à une situation de crise. D'une part, la perte de légitimité de la grande-duchesse Marie-Adélaïde se solda en 1919 par son abdication au profit de sa sœur Charlotte ; d'autre part, les aspirations républicaines et les enjeux sociaux secouèrent le système politique. L'année 1919 peut être considérée comme décisive pour la stabilisation d'un nouvel ordre politique.[2] La formation d'un pouvoir exécutif et législatif fort et l'apparition de deux blocs politiques au parlement furent accompagnées par l'introduction du suffrage universel et la réforme constitutionnelle afférente.[3] La monarchie, maintenue à la suite du référendum du 28 septembre, était désormais cantonnée à un rôle représentatif.[4] En

---

1 Trausch, Gérard, *La société luxembourgeoise depuis le milieu du XIXe siècle dans une perspective économique et sociale* (Cahier économique Statec, vol. 108), Luxembourg 2009, 35.

2 Péporté, Pit, *Das Jahr 1919 als Wendepunkt für Politik, Kultur und Identitätsdiskurs im Großherzogtum Luxemburg*, in : Franz, Norbert/Lehners, Jean-Paul (edd.), *Nationenbildung und Demokratie. Europäische Entwicklungen gesellschaftlicher Partizipation* (Luxemburg-Studien 2), Francfort, Peter Lang Edition, 2013, 49–62.

3 Par ailleurs, les modifications constitutionnelles du 15 mai 1919 laissèrent le 6e chapitre « de la justice » inchangé. L'article 49, qui stipulait la prononciation des jugements au nom du souverain, fut également retenu. Voir *Annuaires Officiels* à partir de 1919. Contrairement aux lois constitutionnelles judiciaires purement organisationnelles, la constitution donna au système judiciaire ses pouvoirs. Voir Holthöfer, Ernst, *Beiträge zur Justizgeschichte der Niederlande, Belgiens und Luxemburgs im 19. und 20. Jahrhundert* (Rechtsprechung. Materialien und Studien. Veröffentlichungen des Max-Planck-Instituts für Europäische Rechtsgeschichte, vol. 6). Francfort-sur-le-Main 1993, 98–99.

4 Le référendum fut le résultat de débats parlementaires sur la monarchie luxembourgeoise tenus à l'hiver 1918/1919. Le courant antimonarchique se trouva défavorisé par le manque de cohérence de ses idées. Voir Wagener, Renée, *Vive la république ! Vive la Grande-Duchesse ! Die parlamentarischen Debatten über die Zukunft der Luxemburger Monarchie im Winter 1918/1919*,

matière de politique étrangère, il était important de prendre ses distances avec l'Allemagne vaincue et de renforcer son positionnement indépendant sur la scène internationale.[5] Dans l'ensemble, les évolutions de 1919 aboutirent finalement à un nouveau rapport de force politique, profitant à la droite cléricale et imprégnant tout le 20e siècle. Certains historiens parlent d'« une union du trône, de l'église et du parti de droite ».[6]

Sur le plan économique, le début de l'entre-deux-guerres introduisit un changement de paradigme. À nouveau doté, à partir de décembre 1918, de sa propre monnaie, le franc luxembourgeois, le Grand-Duché avait entrepris des négociations autour d'un nouveau partenaire économique. Même si, lors du référendum de septembre 1919, la population se prononça majoritairement en faveur d'une alliance économique avec la France, c'est avec la Belgique qu'un accord fut conclu. Le 25 juillet 1921, le traité de l'Union économique belgo-luxembourgeoise (UEBL) fut signé. Cependant, la réorientation économique et la crise de l'immédiat après-guerre furent « paradoxalement[7] » accompagnées d'avancées dans le droit du travail. Malgré l'introduction de la journée de huit heures et la formation de conseils d'usine, une grève des ouvriers de la métallurgie éclata en 1921, qui se solda par un échec.[8] En conséquence, les conseils ouvriers furent supprimés par une résolution grand-ducale du 11 mars 1921. D'après le gouvernement, les comités ne parvinrent pas à atteindre leur objectif de « cultiver l'entente entre les patrons et les ouvriers », notamment en raison du « rôle assumé » pendant le mouvement de grève, peut-on lire dans la note explicative.[9] Les protestations des syndicats contre cette suppression des délégations ouvrières dans les entreprises restèrent vaines. Elles furent néanmoins réintroduites en 1925.

Le début des années 1920 marqua également l'émergence des chambres professionnelles à base élective. Contrairement aux chambres de commerce (1831) et d'agriculture (1843), les membres des chambres professionnelles n'étaient pas

---

in : Claude Frieseisen/Marie-Paule Jungblut/Michel Pauly (edd.), *La volonté de la chambre qui est la volonté du pays. Un florilège de débats parlementaires luxembourgeois (1848–2008)*, 53–75.

5 Péporté, *Das Jahr 1919 als Wendepunkt*, op. cit., 49–62.

6 Id., 60.

7 Weides, Robert, *Présentation et synthèse*, in : Weides, Robert (ed.), *L'économie luxembourgeoise au XXe siècle*, Luxembourg, Éditions Le Phare, 1999, 13.

8 Voir Scuto, Denis, *Sous le signe de la grève de mars 1921*, Luxembourg, éditpress, 1990. Voir Arrêté grand-ducal du 26 avril 1919 concernant l'institution de conseils d'usine dans les établissements industriels, Mémorial A 27 (1919), 397–400.

9 Arrêté grand-ducal du 11 mars 1921, portant suppression des conseils d'usine actuels et suspension provisoire des effets de l'arrêté grand-ducal du 8 octobre 1920, concernant l'institution de conseils d'usine dans les établissements industriels, Mémorial A 16 (1921), 256.

nommés par le gouvernement, mais pouvaient être élus au sein de leurs groupes professionnels respectifs. Une loi portant création d'une chambre du travail fut adoptée le 28 juin 1920, avant de tourner court lors de la mise en œuvre concrète des élections à la chambre.[10] Ce n'est qu'avec la loi du 4 avril 1924 que furent créées des chambres professionnelles à base élective et à caractère consultatif distinctes pour les ouvriers (Chambre de Travail), les employés (Chambre des Employés privés), les artisans (Chambre des Artisans, à partir de 1945 Chambre des Métiers) et les agriculteurs (Chambre d'Agriculture).[11] Des débats eurent lieu autour du droit à négocier des conventions collectives, sans succès.[12] Ces chambres influencèrent la politique luxembourgeoise en rédigeant des avis sur certaines lois et en affectant leurs représentants à diverses commissions.[13]

Les effets des mutations économiques et politiques se manifestèrent également à travers certaines questions relatives à la magistrature et au système judiciaire, sans pour autant ébranler l'organisation générale de 1885, qui devait rester en place jusqu'en 1980, même si elle subit de nombreuses modifications au fil des ans.

Sur le plan financier, la situation s'est améliorée pour tous les fonctionnaires. Après la révision légale de leur rémunération en juillet 1913, une nouvelle hausse des salaires fut décidée le 28 mai 1919, modifiant en conséquence la loi sur l'organisation judiciaire. En principe, les fonctionnaires percevaient un traitement forfaitaire de 1.000 francs et 15 % du salaire maximum actuel correspondant à leur niveau de salaire en plus de leur rémunération régulière.[14] Pour l'administration de la justice, il fut notamment décidé d'abaisser l'âge de la retraite de 72 à 65 ans. Un fonctionnaire retraité avait droit à cinq sixièmes de son dernier salaire à condition d'avoir travaillé dans la fonction publique pendant au moins 30 ans. En octobre 1919, de nouvelles modifications furent apportées à l'organisation judiciaire : la Cour supérieure de justice fut élargie pour inclure le poste de suppléant

---

10 Loi du 28 juin 1920 portant création d'une chambre de travail à base élective, Mémorial A 48 (1920), 691 ; Thewes, Marc, *Les forces vives de la nation : Dessaisissement du pouvoir législatif ?*, in : Biltgen et al., *Quo vadis droit luxembourgeois ? Réflexions sur l'évolution des sources techniques et normatives*, Windhof, Promoculture-Larcier, 2013, 38.

11 Loi du 4 avril 1924 portant création de chambres professionnelles à base élective, Mémorial A 21 (1924), 257.

12 Thewes, *Les forces vives de la nation*, op. cit., 38.

13 Als, Nicolas/Philippart, Robert, *La Chambre des Députés. Histoire et Lieux de Travail*, Luxembourg 1994, 253–254.

14 Loi du 28 mai 1919 portant augmentation des traitements des fonctionnaires et employés de l'État, des ministres des cultes, allocation d'une indemnité de résidence et modification de certaines dispositions sur les pensions et la limite d'âge, Mémorial A 38 (1919), 589–595.

du procureur général. En outre, le nombre et le niveau de rémunération des secrétaires, de leurs adjoints, commis et candidats-commis furent déterminés. Il ne devait pas y avoir plus de quatre secrétaires ou secrétaires adjoints employés à la Cour supérieure ou au tribunal d'arrondissement de Luxembourg. Les niveaux de salaire des greffiers de Luxembourg, Diekirch et Esch furent également réajustés. Ces mesures se virent accorder un montant total de 20 000 francs sur le budget de l'État.[15]

2 L'ordre interne de la magistrature et la sauvegarde de sa réputation

La magistrature représentait une sphère sociale particulière, ce qui se manifestait, entre autres, dans la réglementation de la vie privée des magistrats. Dès la fin de la Première Guerre mondiale, le procureur général Glaesener observa des développements qui risquaient de compromettre « la dignité et le prestige[16] » de la magistrature. Plusieurs juges d'arrondissement et un greffier adjoint reçurent un avertissement ou se virent refuser une promotion en raison de mariages avec des femmes de « mauvaise conduite ». Sur la base de l'article 157 de la loi sur l'organisation judiciaire et d'autres règlements, Glaesener suggéra au ministre de la Justice d'exiger des membres de l'administration qu'ils informent à l'avance leurs supérieurs hiérarchiques de leurs intentions de mariage.[17] L'article 157 ouvrait le chapitre « Discipline » en ces termes :

> Est qualifié faute disciplinaire tout acte posé dans l'exercice ou hors de l'exercice des fonctions, qui peut compromettre le caractère dont les magistrats sont revêtus, donner lieu à scandale, blesser les convenances et compromettre le service de la justice.[18]

Le contenu de cet article prévoyait ainsi une certaine intrusion dans la vie privée des juges. Avec le consentement du ministre de la Justice Moutrier, une circulaire interne du 14 septembre 1918 assurait que le personnel était au courant de

---

15 Loi du 15 octobre 1919 portant diverses modifications à la loi du 18 février 1885 sur l'organisation judiciaire et à celle du 29 juillet 1913 sur la révision des traitements des fonctionnaires et employés de l'État, Mémorial A 73 (1919), 1187–1189.
16 ANLux J-002-48, Instructions concernant le mariage des magistrats en vue de garantir la dignité et le prestige de la magistrature, lettre du procureur général Glaesener, 26 août 1918, 0006.
17 Id., 0007.
18 Loi du 18 février 1885 sur l'organisation judiciaire, Mémorial A 23 (1885), 351.

ce règlement. Ce «décret de mariage» parvint à la Chambre des députés dès le printemps 1919 et fut repris par le député socialiste Thilmany. Il est intéressant de noter que l'intervention de Thilmany au parlement fut vivement critiquée par le journal clérical *Luxemburger Wort*, qui tomba cependant d'accord avec lui sur un point : «Après que Krier se soit agité pour la journée de huit heures, la séance d'hier s'est terminée avec la pornographie de Thilmany. Sur le plan éthique et juridique, le décret de mariage du procureur général est certainement sujet à diverses objections. Nous concédons même qu'il prête le flanc à la satire.»[19] Deux jours seulement après la réunion de la chambre, Glaesener écrivit que l'opinion publique ne s'obstinerait certainement pas sur cette question si elle était informée de l'ampleur des dérives inhérentes aux mariages inappropriés.[20] Toujours est-il que dans le cadre de la magistrature, l'obligation de notification n'a pas été modifiée. Au contraire, la Chambre de mises en accusation décida même qu'un tribunal d'instruction devait interroger un juge qui avait partagé la circulaire du décret de mariage sur la violation présumée du secret professionnel.[21] Cependant, comme nous le verrons plus loin, les autres magistrats ne renoncèrent pas pour autant à leurs projets de mariage.

Une investigation distincte serait toutefois nécessaire pour déterminer l'orientation politique de la magistrature. De nombreux désaccords opposaient le gouvernement au pouvoir judiciaire, celui-ci ayant tendance à ne pas modifier les structures établies. La propension à ne pas soutenir les réformes fondamentales du système judiciaire se retrouve également dans la magistrature belge.[22] En 1929, par exemple, la Chambre des députés adressa au pouvoir judiciaire une proposition de modification du règlement d'ordre intérieur destinée à permettre une présentation plus détaillée des affaires pénales et des avocats de la défense,[23] et à éviter ainsi les «abus et lenteurs». L'Assemblée générale de la Cour supérieure de justice répondit on ne peut plus clairement à cette proposition : aucune modification de l'ordre intérieur n'était nécessaire. Les retards devant les tribunaux étaient imputables à la durée excessive des plaidoiries des avocats, ce qui

---

19 Traduit de l'allemand. Voir *Kammer-Revue*, Luxemburger Wort, 72:67/68, 8/9 mars 1919, 3.

20 ANLux J-002-48, Instructions concernant le mariage des magistrats en vue de garantir la dignité et le prestige de la magistrature, 9 mars 1919, 0004.

21 ANLux J-002-48, Instructions concernant le mariage des magistrats en vue de garantir la dignité et le prestige de la magistrature, 10 mars 1919, 0002–0003.

22 Henrick, Aude/Muller, Françoise, *La magistrature belge de 1830 à nos jours*, in : Margo de Koster/Dirk Heirbaut/Xavier Rousseaux (edd.), *Tweehonderd jaar justitie. Deux siècles de justice*, Bruges 2015, 326.

23 ANLux, J-019-44, Réforme judiciaire, Observations des sections de la Chambre des députés, 8 février 1929, 0005.

constituait, aux yeux de la Cour supérieure de justice, le « véritable abus » en la matière.[24]

Une loi du 6 janvier 1926 apporta quelques modifications mineures au système judiciaire et au Code de procédure civile. La modification du 11 juillet 1930 fixa le nombre de juges d'instruction permanents dans les tribunaux d'arrondissement : deux juges à Luxembourg et un à Diekirch.[25] En outre, l'augmentation des effectifs du tribunal de Luxembourg fut déterminée comme suit : un président, un vice-président, douze juges, un procureur, trois représentants du procureur, un greffier et huit greffiers-adjoints.[26]

3 Un tribunal d'arrondissement pour Esch ? Arguments économiques en faveur d'une éventuelle réforme judiciaire

Depuis le krach boursier de Wall Street en 1929, les considérations économiques et les innovations en matière de droit du travail influencèrent largement les débats sur les modifications de l'organisation judiciaire. En juillet 1933, le parlement rejeta un projet de loi visant à créer un tribunal d'arrondissement à Esch. Cependant, cette décision déclencha une réaction collective et des lettres ouvertes adressées à la magistrature. Les députés de la circonscription du Sud et leurs partisans des classes moyennes et de divers groupes professionnels[27] étaient aux commandes de cette initiative. Ils formulèrent leur demande de création d'un tribunal d'arrondissement à Esch avec conviction :

24 ANLux, J-019-44, Réforme judiciaire, Extrait du registre aux délibérations de la Cour Supérieure de Justice du Grand-Duché de Luxembourg, 26 février 1929, 0006.

25 Loi du 11 juillet 1930 ayant pour objet la création d'un second poste de juge d'instruction et d'une nouvelle place de greffier-adjoint près le tribunal d'arrondissement de Luxembourg, Mémorial A 32 (1930), 639–640.

26 Id., art. 2.

27 Les parties concernées furent : L'Association des Commerçants, l'Association des Artisans, l'Association des patrons-bouchers, l'Association des patrons-boulangers et du Sacol, section d'Esch. Voir ANLux, J-019-11, Proposition de loi concernant la création d'un tribunal d'arrondissement à Esch-sur-Alzette, Lettre du 7 novembre 1936 au Ministre de la Justice Norbert Dumont, 0040.

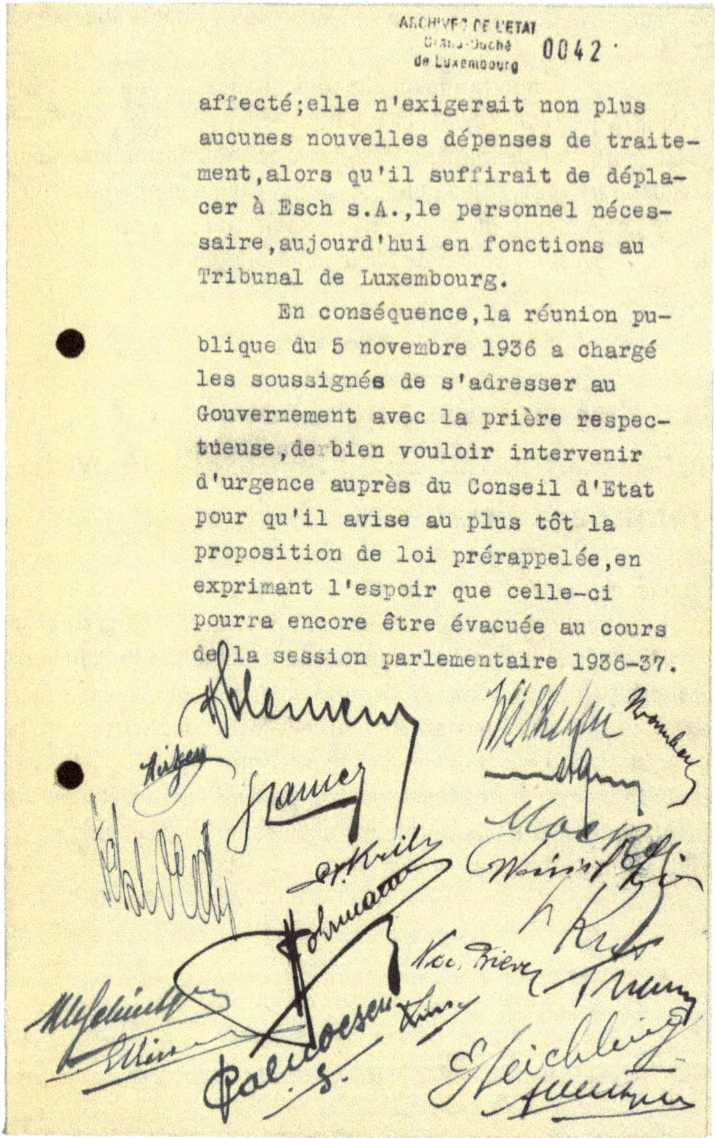

ARCHIVES DE L'ETAT
Grand-Duché
de Luxembourg
0042

affecté;elle n'exigerait non plus aucunes nouvelles dépenses de traitement,alors qu'il suffirait de déplacer à Esch s.A.,le personnel nécessaire,aujourd'hui en fonctions au Tribunal de Luxembourg.

En conséquence,la réunion publique du 5 novembre 1936 a chargé les soussignés de s'adresser au Gouvernement avec la prière respectueuse,de bien vouloir intervenir d'urgence auprès du Conseil d'Etat pour qu'il avise au plus tôt la proposition de loi prérappelée,en exprimant l'espoir que celle-ci pourra encore être évacuée au cours de la session parlementaire 1936-37.

Signatures des députés de la circonscription du Sud sous la résolution demandant la création d'un tribunal d'arrondissement à Esch, 1936. ANLux, J-019-11, 0042.

> Le 5 novembre 1936 s'est tenue à Esch s.Alz., dans la salle de l'Hôtel de la Poste, une grande réunion publique [...] Elle a décidé à l'unanimité de demander aux autorités compétentes de pourvoir, dans le plus bref délai possible, à l'institution d'un Tribunal d'arrondissement [...] sur la base de la proposition de loi, déposée [...] en date du 4 juillet 1933 [...]. [28]

Cela aurait permis de soulager le tribunal d'arrondissement de Luxembourg et de mieux équilibrer[29] le pouvoir judiciaire. Les arguments économiques présentés furent décisifs. Les conséquences de la crise économique pouvaient être atténuées avec le soutien de la justice, puisque le nouveau tribunal aurait également des répercussions positives pour la ville d'Esch : « L'institution d'un Tribunal d'arrondissement à Esch s.A., tout en profitant à la généralité des justiciables, favoriserait en même temps la reprise économique d'une ville et d'une région qui, durement atteintes par la crise, n'en restent pas moins la base solide de notre économie nationale. »[30] De fait, la montée des affaires commerciales[31] se fit sentir au tribunal d'arrondissement de Luxembourg. Dès avril 1933, la section centrale parlementaire compétente rapporta qu'un renforcement temporaire du tribunal d'arrondissement de la capitale était recommandé.[32] Cependant, loin d'être rares au début du siècle, les lois adoptées à cet effet furent souvent prolongées périodiquement.[33] Ces développements suffisaient-ils à justifier un troisième tribunal d'arrondissement ? Le débat de presque « 40 ans »[34] sur la création d'un tribunal d'arrondissement à Esch échauffa les esprits tout en soulevant cette question fondamentale : les arguments économiques dans les discussions sur l'organisation judiciaire étaient-ils légitimes ? Lorsque la proposition de « Loi Clement », baptisée ainsi du nom du maire d'Esch, reçut un avis négatif du Conseil d'État, cela fut loin de satisfaire les partisans du tribunal eschois. L'Association des Commerçants de la ville minière, dirigée par Pierre Mart, a fortement soutenu le projet lors de son

---

28 ANLux, J-019-11, Proposition de loi concernant la création d'un tribunal d'arrondissement à Esch-sur-Alzette, 0041.

29 Id.

30 Id.

31 La loi sur l'organisation judiciaire de 1885 ne créa pas de compétence spécifique pour les questions commerciales, qui relevaient toujours des tribunaux civils, à une exception près : l'une des deux chambres du tribunal d'arrondissement de Luxembourg, qui traitait explicitement des affaires commerciales. Voir Holthöfer, *Beiträge zur Justizgeschichte*, op. cit., 96–97.

32 ANLux, J-019-44, Réforme judiciaire, Projet de loi concernant le renforcement du Tribunal d'arrondissement de Luxembourg, 0003.

33 Voir chapitres précédents.

34 ANLux, J-019-11, Proposition de loi concernant la création d'un tribunal d'arrondissement à Esch-sur-Alzette, « Chez les commerçants », Le Luxembourg, 2 avril 1938, 0004. Voir chapitre « Ruptures et continuités de la justice luxembourgeoise au tournant du siècle (1885–1914) ».

assemblée générale publique : « Le comité organisera une grande manifestation eschoise, afin de déclarer hautement au pays, que la Ville d'Esch ne se lassera pas de demander une réforme, qui est absolument équitable. »[35] Malgré l'engagement des entrepreneurs locaux et de la section centrale représentée par les députés Biever, Clement et Hentgen, « des forces puissantes »[36] s'opposèrent à l'initiative. Le Conseil de l'Ordre du Barreau et le Jeune Barreau s'exprimèrent contre le troisième tribunal d'arrondissement, jugeant l'argument économique irrecevable. Seuls les besoins inhérents au pouvoir judiciaire devaient compter, au contraire des « considérations de prestige, d'ordre économique ou électoral. »[37] Statistiquement, le nombre d'affaires pénales traitées dans la ville de Luxembourg aurait inévitablement diminué, rendant l'existence d'un troisième tribunal obsolète. En outre, la création d'un troisième Barreau à Esch aurait porté atteinte aux « intérêts professionnels légitimes »[38] des autres avocats. Finalement, la perspective d'un tribunal d'arrondissement à Esch ne se concrétisa jamais. Mais elle illustre bien la concurrence et la compétition entre la capitale et le Bassin minier, phénomène historique qui imprègne de nombreux débats politiques au 20e siècle.

4 Juridiction sociale et du travail

Depuis la loi du 5 avril 1902 concernant l'assurance obligatoire des ouvriers contre les accidents, les tribunaux de paix disposaient d'un nouveau champ d'action en tant que tribunaux arbitraux, où le juge de paix est accompagné dans sa décision par un délégué patron et un délégué ouvrier.[39] La création de ces tribunaux intégra pour la première fois dans le système judiciaire luxembourgeois « l'élément non-professionnel. »[40] L'introduction du Code des assurances sociales le 17 décembre 1925 rassembla les compétences pour toutes les questions de sécu-

---

35 ANLux, J-019-11, Proposition de loi concernant la création d'un tribunal d'arrondissement à Esch-sur-Alzette, « Chez les commerçants », Le Luxembourg, 2 avril 1938, 0004.

36 ANLux, J-019-11, Proposition de loi concernant la création d'un tribunal d'arrondissement à Esch-sur-Alzette, 4 décembre 1937, 0006.

37 ANLux, J-019-11, Proposition de loi concernant la création d'un tribunal d'arrondissement à Esch-sur-Alzette, Motion de la Conférence du Jeune Barreau, 2 mars 1937; Nouvel avis du Conseil de l'ordre du Barreau, 0009.

38 ANLux, J-019-11, Proposition de loi concernant la création d'un tribunal d'arrondissement à Esch-sur-Alzette, 0008.

39 Loi du 5 avril 1902 concernant l'assurance obligatoire des ouvriers contre les accidents, Mémorial A 20 (1902), 205–248.

40 Holthöfer, *Beiträge zur Justizgeschichte*, op. cit., 105.

rité sociale (assurance maladie des travailleurs, assurance accidents, assurance vieillesse et invalidité).[41] À partir de 1927, des tribunaux arbitraux faisant appel à des représentants non-juristes intervinrent auprès des justices de paix de Luxembourg, Esch et Diekirch, qui à partir de 1931 devinrent également compétentes pour les employés privés.[42]

Lors des débats budgétaires de la Chambre des députés en 1937, une suggestion fut adressée à la magistrature à cet égard : compte tenu de la particularité des litiges en matière d'assurance des travailleurs et de l'existence d'un Code des assurances sociales spécifique, fut posée la question de la formation des magistrats spécialisés. C'était probablement le nombre excessif de décisions des tribunaux arbitraux qui passaient en cassation, entraînant ainsi des coûts supplémentaires, qui donna naissance à cette initiative. Il convient de noter qu'après la première instance des tribunaux arbitraux, il n'existait pas de tribunaux d'appel spéciaux avec les représentants des travailleurs et des industriels, mais seulement le recours habituel à la Cour de cassation. Ainsi, les litiges relatifs à l'assurance des travailleurs en deuxième instance passaient devant un tribunal composé uniquement de magistrats professionnels. En conséquence, le ministre de la Justice, Étienne Schmit, transmit à la magistrature la proposition sur les magistrats spécialisés.[43] En mars 1937, le procureur Charles Kioes[44] lui adressa une réponse qui, tout en défendant les pouvoirs des magistrats, préconisa néanmoins la définition d'un nombre limité de spécialistes : « C'est qu'il a paru plus logique d'attribuer la connaissance des appels des juridictions arbitrales à des juges de carrière, fidèles interprètes de la loi et complètement désintéressés dans le débat. C'était aussi et surtout à cause de l'avantage que présente l'intervention en appel des magistrats de carrière pour assurer l'exécution uniforme de la loi sur l'ensemble du pays. »[45] Cette réaction fut conforme au système judiciaire luxembourgeois, car la Cour de cassation n'avait pas pour mission d'examiner les faits une seconde fois ou de collecter des informations complémentaires, mais plutôt de vérifier si la loi avait été appliquée correctement et conformément en première instance. De façon assez

---

41 Id., 105–107.

42 Id., 107.

43 Archives du Parquet Général de Luxembourg, Justice I 62, Spécialisation de certains magistrats pour les litiges en matière sociale, lettre du ministre de la Justice du 6 janvier 1937.

44 Charles Kioes fut nommé procureur d'État du tribunal d'arrondissement de Luxembourg en 1937 et était conseiller à la Cour supérieure depuis 1925. Auparavant, il était juge au tribunal d'arrondissement de Luxembourg. Voir Office de la statistique générale, *Annuaire Officiel 1937*, Luxembourg, Victor Buck, 1937, 82 ; 530.

45 Archives du Parquet Général de Luxembourg, Justice I 62, Spécialisation de certains magistrats pour les litiges en matière sociale, lettre au procureur général du 15 mars 1937.

surprenante, cependant, Kioes termina son avis en préconisant le recours à des magistrats spécialisés pour l'assurance des travailleurs, à condition qu'ils fussent les seuls responsables des affaires de ce genre et employés en permanence par les tribunaux compétents.[46] En effet, il était toujours essentiel eu égard à cette décision d'empêcher les fluctuations de personnel dans les tribunaux de paix ; jusqu'alors, seul le juge de paix du canton de Diekirch occupait un poste permanent et avait acquis suffisamment d'expérience sur les litiges sociaux, alors que les juges de paix à Esch et Luxembourg avaient changé beaucoup trop souvent.[47] Dans le même temps, le président de la Cour supérieure, Frédéric Gillissen, rejeta catégoriquement cette idée de spécialisation. Outre l'argumentation avec l'article 123 de la loi sur l'organisation judiciaire relative à la rotation des magistrats, il déclara : « Le travail des juges se réduit le plus souvent à l'appréciation d'enquêtes ou d'expertises : C'est le travail courant de nos magistrats. Quant à l'interprétation de nos textes de lois, spécialement du Code des assurances sociales je ne vois pas pour quel motif il faudrait des spécialistes en cette matière plutôt qu'en toute autre. »[48] Henri Nocké, président du tribunal d'arrondissement de Luxembourg, était d'accord avec Gillissen sur ce point, déclarant que les juges des tribunaux arbitraux fondaient leurs décisions sur les rapports et avis qui leur étaient présentés. Toute lacune dans les « connaissances sociales ou pratiques » devait en réalité être comblée par la collaboration de deux assesseurs non-professionnels. La question des magistrats spécialisés devint ainsi obsolète, sans parler des recours devant la Cour Supérieure, qui examinait uniquement la conformité juridique de la décision.[49]

Entre temps, en février 1937, le renforcement du tribunal d'arrondissement de Luxembourg fut de nouveau prolongé jusqu'au 1er août 1939 et l'article 33 de la loi sur l'organisation judiciaire fut modifié : la Cour supérieure devait désormais disposer de deux avocats généraux en plus du procureur général.[50] Fin 1938-début 1939, un autre débat porta sur les structures d'arbitrage, relatif aux tribu-

46 Id.

47 Archives du Parquet Général de Luxembourg, Justice I 62, Spécialisation de certains magistrats pour les litiges en matière sociale, lettre du procureur J. du 20 janvier 1937.

48 Id., avis du président de la Cour Supérieure, 2 novembre 1937.

49 Id., avis du président du tribunal Nocké, 10 mars 1937.

50 Frédéric Gillissen devint vice-président de la Cour supérieure en 1937, après avoir exercé la fonction de procureur au tribunal d'arrondissement de Luxembourg. En 1938, il fut inscrit à l'Annuaire en tant que président de la Cour supérieure. Voir Office de la statistique générale, *Annuaire Officiel 1937*, Luxembourg, Victor Buck, 1937, 82 et 530 ; Office de la statistique générale, *Annuaire Officiel 1938*, Luxembourg, Victor Buck, 1938, 85.

naux arbitraux en matière de bail à loyer.[51] La publicité des réunions de ces tribunaux fut critiquée et une demande correspondante fut transmise au pouvoir judiciaire. Le procureur général Schaack rejeta fermement ces allégations après avoir consulté les juges de paix : « Des débats d'ordre beaucoup plus grave et de caractère notablement plus délicat se passent journellement par milliers devant tous les tribunaux du monde civilisé sous la garantie de la publicité, conquise après des siècles de lutte sur l'obscurantisme inquisitorial. »[52] Schaack cite également l'article 88[53] de la Constitution comme un obstacle insurmontable à l'exclusion du public des débats judiciaires.

En ce qui concerne la juridiction du travail, les conseils de prud'hommes furent finalement créés le 31 décembre 1938, si bien que les litiges du droit du travail ne relevèrent plus de la juridiction civile.[54] Aux tribunaux de paix d'Esch-sur-Alzette, de Luxembourg et de Diekirch, il était donc possible de résoudre les conflits entre employeur et employé devant un conseil composé d'un juge de paix et d'un représentant de chacun des deux groupes.[55] Le Luxembourg créa ainsi son « propre modèle » en matière de juridiction du travail, puisque les conseils des prud'hommes en Belgique et en France avaient été conçus dans un contexte antérieur.[56] Depuis la loi du 31 octobre 1919 portant règlement légal du louage de service des employés privés, ces litiges étaient résolus par un tribunal arbitral relevant des justice de paix luxembourgeois, jusqu'à l'entrée en vigueur de l'arrêté grand-ducal sur les conseils de prud'hommes en 1938.[57] Cet arrêté fut le résultat de nombreuses années de discussions agitées. La Chambre de travail avait déjà présenté un projet de loi sur les tribunaux du travail en décembre 1930 qui n'avait progressé que lentement.[58] Les avis du tribunal d'arrondissement de Luxembourg et de la Cour supérieure, qui n'ont été présentés que quatre ans plus

---

51 Sur la protection des locataires pendant l'entre-deux-guerres voir Spirinelli, Fabio, *„Nécessité fait loi": La crise du logement et la protection des locataires dans les années 1920*, Tageblatt 108:129 (5/6 juin 2021), 7.

52 Archives du Parquet Général, Justice I 77, Publicité des débats judiciaires, le procureur général Léon Schaack au ministre de la Justice René Blum, 2 décembre 1939.

53 L'article 88 de la constitution de 1868 se lisait comme suit: « Les audiences des tribunaux sont publiques, à moins que cette publicité ne soit dangereuse pour l'ordre ou les mœurs, et dans ce cas le tribunal le déclare par un jugement. »

54 Holthöfer, *Beiträge zur Justizgeschichte*, op. cit., 108.

55 Arrêté grand-ducal du 31 décembre 1938, ayant pour objet la création de Conseils de Prud'hommes, Mémorial A 91 (1938), par. 1415, art. 2–3.

56 Holthöfer, *Beiträge zur Justizgeschichte*, op. cit., 108.

57 Id.

58 ANLux, MJDIV-0553, Conseil de Prud'Hommes – création 1930–1938, Gesetzesprojekt betreffend Schaffung eines Arbeitsgerichtes, 15 décembre 1930.

tard, étaient négatifs, car, aux yeux des magistrats, les tribunaux arbitraux existants suffiraient.[59] Il fallut attendre le changement de gouvernement en 1937, avec l'entrée de deux ministres du parti social et l'extension des pouvoirs exécutifs du gouvernement, pour mettre en œuvre l'idée. La loi sur l'extension des pouvoirs exécutifs a explicitement donné au gouvernement le pouvoir de créer de manière indépendante le tribunal du travail.[60] Cependant, un projet de Code du travail préparé par la Chambre de travail en 1935 n'a pas été repris.[61]

Cette évolution refléta la mobilisation des travailleurs par les syndicats luxembourgeois, qui célébrèrent de grands succès obtenus tant par la négociation que par la grève.[62] L'article 310 du Code pénal, qui prévoyait une peine d'emprisonnement ou une amende pour avoir forcé des augmentations ou des réductions de salaire ou empêché le travail, fut aboli en 1936.[63] La même année, la loi garantissant la liberté d'association entra en vigueur.[64] À partir des années 1920 et 1930, les syndicats devinrent un représentant significatif du peuple, notamment parce que leur confiance dans le Parlement avait diminué.[65]

En 1939, à peine un an après l'entrée en vigueur de l'ordonnance sur les conseils de prud'hommes, le pouvoir judiciaire fut confronté à l'idée d'un tribunal des artisans, Cette idée fut impulsée par les nombreuses réclamations des artisans laissées en suspens devant les tribunaux d'Esch et de la ville de Luxembourg. La demande exprimée par le représentant syndical Bech consistait à créer des journées spéciales où les audiences étaient réservées aux artisans et à demander aux

59 Cependant, le tribunal de district de Diekirch accepta l'idée d'un tribunal du travail. ANLux, MJDIV-0553, Conseil de Prud'Hommes – création 1930–1938, avis des tribunaux et de la Cour supérieure, 1931–1934.

60 Loi du 27 décembre 1937 concernant l'extension de la compétence du pouvoir exécutif, Mémorial A 86 (1937), 885–887, art. 1.

61 ANLux, MJDIV-0553, Conseil de Prud'Hommes – création 1930–1938, Projekt zu einem Gesetzbuch der Arbeit (code du travail), ausgearbeitet und herausgegeben von der Arbeiterkammer Luxemburg, 1935.

62 Cela se produisit principalement grâce aux activités conjointes des syndicats LCGB et BMIAV. Voir Leboutte, René/Puissant, Jean/Scuto, Denis, *Un siècle d'Histoire industrielle. Belgique, Luxembourg, Pays-Bas. Industrialisation et sociétés 1873–1973*, Paris, Éditions SEDES, 1998, 186–187.

63 Loi du 10 juin 1898 concernant la répression des atteintes à la liberté du travail, Mémorial A 28 (1898), 334–335; Loi du 11 mai 1936, portant abrogation de l'article 310 du Code pénal, Mémorial A 39 (1936), 463. Voir Leboutte, et al., *Un siècle d'Histoire industrielle*, op. cit., 187.

64 Loi du 11 mai 1936 garantissant la liberté d'association, Mémorial A 39 (1936), 463–464.

65 Dormal, Michel, *Proportionen des Volkes. Der Wandel im Verhältnis von politischer Repräsentation und Nation am Beispiel Luxemburgs (1841–1939)*, in : Franz, Norbert et al. (edd.), *Identitätsbildung und Partizipation im 19. und 20. Jahrhundert. Luxemburg im europäischen Kontext*, Francfort, Peter Lang Edition, 2016, 273.

associations professionnelles elles-mêmes de proposer des experts.[66] Dans son discours, il proposa également la création d'une police du commerce. Les avis des juges de paix de tous les cantons et du procureur général étaient unanimes quant à la nécessité d'un tribunal des artisans. D'une part, les retards n'étaient perceptibles que dans les grandes circonscriptions judiciaires, d'autre part, la situation était due à la fois à la négligence des avocats des artisans et au retard systématique des rapports des experts, dont plusieurs juges de paix se plaignaient.[67] La nomination des experts auprès des tribunaux était cependant tout à fait réalisable sur la base des propositions des associations. Au-delà des raisons précédemment évoquées, les magistrats craignaient un problème bien plus important avec la création d'un tribunal des artisans : tous les autres groupes professionnels ne réclameraient-ils pas alors eux aussi leurs propres tribunaux, conduisant ainsi à une désintégration progressive du système judiciaire ?[68] Le procureur Kioes, qui craignait que « n'importe quelle autre partie de notre population » ne réclamât au final ses propres tribunaux, mit clairement un terme à cette idée :

> En effet, pour toiser les différends se mouvant entre artisans et qui concernent exclusivement l'exercice de leur profession, on a créé, il y a quelques mois à peine, le tribunal des prud'hommes. Vouloir encore y ajouter un autre tribunal spécial qui serait compétent [...] pour vider les procès entre artisans et leurs clients, ce serait pousser un peu trop loin la manie de la spécialisation. De plus ce procédé serait en opposition flagrante avec le principe de l'unité de juridiction proclamé déjà par la Révolution française et qui est à la base de notre organisation judiciaire.[69]

Puisque la question d'un tribunal spécial pour les artisans, du point de vue de la magistrature, pourrait ébranler le système judiciaire en son cœur, il fut décidé de ne pas y donner suite. Voilà donc abandonnée une autre idée de l'entre-deux-guerres.

---

66 ANLux J-019-64 Avis concernant la création éventuelle d'un Tribunal des artisans (1939), extrait des débats, 0004.

67 ANLux J-019-64 Avis concernant la création éventuelle d'un Tribunal des artisans (1939), avis du juge de paix Maul de Grevenmacher et avis du procureur général Schaack du 9 mai 1939, 0014.

68 Selon les termes des juges de paix Welter et Meris, cela conduirait à la « désorganisation de nos services », Voir ANLux J-019-64 Avis concernant la création éventuelle d'un Tribunal des artisans (1939), Avis du 5 mai 1939, 0008.

69 ANLux J-019-64 Avis concernant la création éventuelle d'un Tribunal des artisans (1939), avis du procureur Kioes du Parquet Général de Luxembourg, 15 mai 1939, 0005.

5 Débats sur la réforme du recrutement dans la magistrature

Le besoin de réforme dans l'entre-deux-guerres se fit également sentir dans le domaine du recrutement dans la magistrature. Le système alors en place suivait le principe de l'âge, comme l'expliqua le directeur général de la Justice Norbert Dumont dans une note : ceux qui passaient l'examen du barreau plus tôt étaient engagés les premiers. Si les candidats passaient leurs examens le même jour, celui qui obtenait le meilleur résultat était accepté en priorité dans la magistrature.[70] Selon Dumont, les postes non rémunérés des attachés provisoires de justice devaient être considérés comme équivalents au stage et constituer un avantage lors de l'embauche.[71] Le principe de l'âge, surnommé « loi de la pesanteur »[72] par le *Luxemburger Wort*, semblait dépassé aux yeux de beaucoup par rapport aux examens d'entrée des futurs magistrats en France et en Belgique. Contrairement à ses successeurs Schmit et Blum, Dumont ne laissa aucune place à cette critique : « Si l'on exige que le recrutement dans la magistrature soit modifié, cela sous-entend l'accusation totalement injustifiée que notre magistrature n'est pas à la hauteur de sa mission. »[73] Cependant, le système alors en place était tout à fait satisfaisant, puisque la magistrature avait jusque-là donné lieu à des « jugements exemplaires ». Étienne Schmit commenta ce problème avec beaucoup de prudence au cours de son mandat, notant que la lenteur de la jurisprudence, sans que cela ne dût être perçu comme une critique des magistrats antérieurs ou actuels, était peut-être due à l'âge avancé des magistrats.[74]

Dans ce contexte, les députés eurent une discussion intéressante le 6 janvier 1937, au cours de laquelle plusieurs idées se heurtèrent. Les députés Gallé et Loesch préconisèrent un concours « au mérite ». La proposition la plus audacieuse émana cependant du député Krier : « Peut-être serait-il mieux pour le peuple que ce soit lui qui désigne les juges, car son sens de la justice n'est pas pire que celui des gens qui siègent au gouvernement. La question pourrait éventuellement être

70 ANLux, J-019-53, Liste de rang établie par la Cour supérieure de justice – recrutement dans la magistrature (1936–1938), note du directeur général de la justice du 21 juillet 1933, 0053.

71 Id., Dumont dans une proposition au procureur général, 25 septembre 1925, 0054.

72 *Kammer-Revue*, Luxemburger Wort 90:7 (7 janvier 1937), 4.

73 Traduit de l'allemand. Voir ANLux, J-019-53, Liste de rang établie par la Cour supérieure de justice – recrutement dans la magistrature (1936–1938), Dumont contre Loesch lors de la réunion de la chambre, mars 1936, 0056.

74 ANLux J-019-53, Liste de rang établie par la Cour supérieure de justice – recrutement dans la magistrature (1936–1938), 0050.

soumise à un référendum. »[75] La réponse du député Thewes provoqua une légère agitation : « Le peuple a déjà bien du mal à élire les députés. »[76]

Lors des débats budgétaires de 1938, la question du recrutement des jeunes magistrats fut de nouveau soulevée. Le député Tony Biever déclara :

> Notre magistrature fut jusqu'ici au-dessus de toute critique, mais il faut garder un œil sur l'avenir et prévenir d'éventuels dangers. Il existe un risque qu'à l'avenir les avocats capables de se faire une place dans leur profession attendent jusqu'à 10 ans avant d'entrer dans la magistrature sans aucune connaissance théorique ou pratique. [...] Il faut tenir compte du fait que l'entrée dans la magistrature se fait beaucoup plus tard que pour les autres postes de l'État, et que l'indépendance matérielle et une sélection stricte sont nécessaires pour les magistrats.[77]

Le ministre de la Justice René Blum répondit à l'inquiétude de Biever en proposant que le système des attachés fût généralisé et que leur accès à la magistrature fût facilité afin que les jeunes juristes, « dans une situation peu enviable » financièrement selon Blum, pussent être introduits dans le système judiciaire et formés au « petit parquet ».[78]

À l'image des débats sur le recrutement, d'autres propositions de réforme ne purent se poursuivre avant le début de l'occupation. Pour les députés comme pour de nombreux citoyens, il était déjà clair qu'une réorganisation et une modernisation du système judiciaire au Luxembourg et chez ses voisins étaient nécessaires : « Depuis des longues années la question de la réorganisation judiciaire et de la modernisation de l'appareil judiciaire est à l'ordre du jour. [...] Il ne faut donc pas s'étonner que pendant ces dernières années, les doléances, tant de la part des justiciables que de la part des autorités judiciaires, sont devenues de plus en plus vives. »[79]

---

75 Traduit de l'allemand. Voir ANLux J-019-53, Liste de rang établie par la Cour supérieure de justice – recrutement dans la magistrature (1936–1938), 0051.

76 Id.

77 Traduit de l'allemand. Voir ANLux, J-019-53, Liste de rang établie par la Cour supérieure de justice – recrutement dans la magistrature (1936–1938), extrait du débat sur le budget du 15 mars 1938, 0011.

78 Id.

79 Archives du Parquet Général de Luxembourg, Justice I 3, Organisation judiciaire 1885 – réforme proposée 1926, 1938, 1939, etc. 1946 – Statistique, Projet de loi portant modification de différentes dispositions de la loi du 18 février 1885 sur l'organisation judiciaire, 2 juin 1938.

6 Bilan intermédiaire

Si le gouvernement Dupong réagit à l'état d'urgence sur le continent européen par des mesures de protection à partir de 1939, le dernier changement majeur[80] dans l'organisation judiciaire au Luxembourg eut lieu avant la guerre. Même si une réorganisation générale de la justice était dans l'air, il fut décidé de procéder d'abord à des « réformes partielles ».[81] Les modifications décidées le 20 avril 1939 affectèrent à la fois la procédure civile et les pouvoirs de plusieurs tribunaux. La modification porta d'abord sur un total de huit articles[82] de l'organisation judiciaire initiale, par exemple sur la nouvelle détermination du nombre de greffiers dans les justices de paix et la composition de la Cour supérieure. La division de ce tribunal en deux chambres, l'une pour les affaires civiles et commerciales et l'autre pour les affaires correctionnelles perdura ; toutefois, selon les besoins, il devait être possible d'échanger leurs domaines de compétence afin que les deux chambres puissent se remplacer en cas de charge inégale.[83] Par ailleurs, l'exercice du ministère public lors des réunions des tribunaux de police fut de nouveau étendu, en l'occurrence aux attachés de justice.[84] Il est important de noter ici que la justice retenue au niveau de la juridiction administrative, c'est-à-dire le droit du souverain d'approuver des décisions du comité du contentieux du Conseil d'État, fut abolie en 1939.[85] Dans l'intervalle, les pouvoirs de l'exécutif furent élargis, de sorte que,en cas de guerre européenne les élections pouvaient être reportées[86] et

---

80 La toute dernière modification avant la guerre de la loi sur l'organisation judiciaire intervint le 24 juillet 1939. Elle portait sur une nouvelle prolongation du renforcement du tribunal de Luxembourg ainsi que sur la prolongation d'un article de la loi du 23 février 1937 concernant la vacance d'un des postes d'avocat général au tribunal de Luxembourg. Voir Loi du 23 février 1937 concernant le renforcement temporaire du tribunal d'arrondissement de Luxembourg et la modification de l'article 33 de la loi du 18 février 1885 sur l'organisation judiciaire, Mémorial A 13 (1937), art. 2

81 Archives du Parquet Général de Luxembourg, Justice I 3, Organisation judiciaire 1885 – réforme proposée 1926, 1938, 1939, etc. 1946 – Statistique, Projet de loi portant modification de différentes dispositions de la loi du 18 février 1885 sur l'organisation judiciaire, 2 juin 1938.

82 Art. 8, 33, 40, 71, 75, 111, 133, 155 de la loi sur l'organisation judiciaire de 1885.

83 Loi du 20 avril 1939, portant modification de différentes dispositions de la loi du 18 février 1885 sur l'organisation judiciaire, de la loi du 27 novembre 1926 sur la compétence des tribunaux ainsi que de l'article 1006 du Code de procédure civile, Mémorial A 33 (1939), 341–345.

84 Voir modification de la loi sur l'organisation judiciaire du 12 août 1916 entamée dans le chapitre précédent « Justice nationale ou justice d'occupation ? ».

85 La Belgique et les Pays-Bas ne l'abolirent qu'en 1976 et 1987. Voir Holthöfer, *Beiträge zur Justizgeschichte*, op. cit., 113 ; Loi du 20 juillet 1939 ayant pour objet la modification de la loi sur l'organisation du Conseil d'Etat, Comité du Contentieux, Mémorial A 51 (1939), art. 2, 729.

86 Loi du 29 août 1939, portant extension de la compétence du pouvoir exécutif, Mémorial A 58 (1939), 837–838.

la population pouvait être alimentée par le budget de l'État.[87] D'autres exceptions furent rendues possibles.[88]

Le 2 août 1939, la loi sur la protection de la jeunesse apporta un autre changement important à la structure judiciaire. Elle prévoyait un magistrat spécialisé faisant office de juge des enfants auprès les tribunaux d'arrondissement, qui pouvait travailler avec un juge d'instruction désigné par le Parquet général.[89] La portée sociale de cette loi réside cependant dans la définition de la protection de la jeunesse en tant que telle : d'une part, elle énonçait des faits susceptibles d'entraîner la déchéance des droits parentaux des mères et des pères, comme dans le cas des abus sexuels sur enfants.[90] D'autre part, les peines des délinquants mineurs étaient fixées de manière à éviter, selon l'infraction commise, tout transfert vers le système pénal, au profit, par exemple, d'une réprimande du juge de paix en présence des parents.[91] Le juge de paix remplissait ainsi une mission particulière : « Le juge des enfants prend à l'égard des mineurs qui comparaissent devant lui, des mesures de garde, d'éducation et de préservation. »[92] L'établissement juridique de la protection des mineurs intervint tardivement par rapport aux pays voisins.[93] Depuis la fin du 19e siècle, les États occidentaux développèrent et adaptèrent différents concepts de rééducation, de réforme et de protection des jeunes.[94] En Belgique, dès le 15 mai 1912, après d'intenses discussions, était entrée en vigueur la loi sur la protection de la jeunesse, qui combinait des éléments du droit français de la jeunesse ainsi que des concepts américains. Il fut décidé de

---

87 Loi du 28 septembre 1938, portant extension de la compétence du pouvoir exécutif, Mémorial A 65, 1099–1100.

88 Loi du 27 décembre 1937 concernant l'extension de la compétence du pouvoir exécutif, Mémorial A 86, 885–887.

89 Loi du 2 août 1939 sur la protection de l'enfance, Mémorial A 54 (1939), 777–789.

90 Dans l'allemand des années 1930, le terme euphémique « Notzucht » (viol) était encore courant. Voir Loi du 2 août 1939 sur la protection de l'enfance, Mémorial A 54 (1939), 777–789.

91 Cela se produisit dans le cas d'infractions, Voir Loi du 2 août 1939 sur la protection de l'enfance, Mémorial A 54 (1939), 777–789, art. 20.

92 Loi du 2 août 1939 sur la protection de l'enfance, in : Mémorial A, n° 54 (1939), Art. 18.

93 Il convient toutefois de noter qu'un projet de loi sur la protection des enfants moralement abandonnés a été élaboré dès 1911 et qu'il fut à nouveau discuté dans les années 1920. Voir ANLux, MJDIV-0965, Protection de l'enfance, loi du 02.08.1939 – légalité, projet de loi, texte 1939–1936.

94 Voir Trépanier, Jean/Rousseaux, Xavier (edd.), *Youth and justice in Western states, 1815–1950. From punishment to welfare*, Cham, Springer International Publishing, 2018, https://doi.org/10.1007/978-3-319-66245-9.

faire appel à un seul juge endossant plusieurs fonctions : « paternel et protecteur, mi-juge, mi-médecin, psychologue et assistant social avant la lettre. »[95]

L'entre-deux-guerres, qui vit la position sociale et l'influence politique des travailleurs se renforcer, eut également un impact sur le système judiciaire. L'esprit de la réforme judiciaire générale était palpable. Cependant, ce processus de développement fut soudainement interrompu par l'occupation nazie. De nombreuses questions issues de la période mouvementée de 1919 à 1940, telles que la répartition des pouvoirs locaux, occupèrent la justice après la fin de la guerre. Avant d'examiner les graves effets de l'administration nazie sur la justice luxembourgeoise, autorisons-nous une digression sur le rôle du pouvoir judiciaire dans la formation d'une identité nationale dans le Grand-Duché de l'entre-deux-guerres.

7 Justice, droit et identité nationale dans les années 1930

Le système judiciaire peut influencer de différentes manières le processus de développement des discours sur l'identité nationale. Par exemple, à travers leur autorité décisionnelle en matière de nationalité des individus, les tribunaux contribuent directement à tisser davantage la définition de la nationalité donnée par l'État. En outre, le système judiciaire lui-même et ses compétences peuvent être perçus comme des aspects de l'identité nationale, en particulier aux yeux du personnel judiciaire, mais aussi pour d'autres parties de la population. Dans le contexte du succès politique des idéologies nationalistes en Europe dans les années 1930 se pose également la question du rôle des systèmes judiciaires dans la construction de l'identité nationale. Dans certains pays, l'enchevêtrement de la loi et de la nationalité atteignit des proportions extrêmes : dans l'Allemagne nazie, les philosophes du droit jetèrent les bases théoriques d'un système judiciaire *verreichlicht* censé « expier » les crimes commis par des individus contre le collectif du peuple allemand. Ici, le « bon sens populaire » (*gesundes Volksempfinden*), une sorte de compréhension juridique inhérente au peuple allemand, servit à interpréter les lois avec plus de souplesse; une stratégie dont nous parlerons plus tard.

95 Toutes les informations sur la loi belge sur la protection de la jeunesse proviennent de Dupont-Bouchat, Marie-Sylvie/Christiaens, Jenneke/Vanneste, Charlotte, *Jeugd en justitie. Modellen, praktijken en hervormingen van het jeugdrechtssysteem (1830–2014)*, in : De Koster, Margo/Heirbaut, Dirk/Rousseaux, Xavier (edd.), *Tweehonderd jaar justitie. Deux siècles de justice*, Bruges, 2015, 250.

Au Luxembourg également, la question du caractère national du droit et de la justice est justifiée. Selon Paul Dostert, deux tendances de l'identité nationale sont reconnaissables après la Première Guerre mondiale, à savoir l'autocaractérisation du Luxembourg en tant que médiateur culturel et porteur de sa propre culture et de sa propre histoire. Ainsi déclara-t-il : « La pensée nationaliste derrière ces aspirations répondait à la lutte constante pour maintenir l'indépendance politique au cours du 19e et au début du 20e siècles. »[96] L'émergence d'une définition ethnoculturelle du « luxembourgeois » peut être démontrée pour cette période.[97] Ces évolutions se reflétèrent-elles également dans le domaine du droit et de la justice ?

Le juriste et historien Nicolas Majerus fut l'un des défenseurs de l'idée d'un droit luxembourgeois original reflétant une identité nationale. Il rejeta la perception commune du Luxembourg en tant que « copiste-intelligent », la jugeant simpliste et hâtive. Dans un discours aux futurs juristes des Cours Supérieurs[98] de l'Athénée en 1938, il expliqua son point de vue en détail. Les termes d'imitation ou de copie de normes juridiques furent clairement rejetés, dans la mesure où la loi originelle n'existe pas et où il n'y a pas de droit « d'une pureté raciale ». Tous les systèmes juridiques européens reposaient sur le droit romain, qui fut ensuite confondu avec les traditions locales et régionales.[99] Dans le cas du Luxembourg, certains domaines juridiques bénéficièrent également d'innovations spécifiques : « Où avons-nous copié les dispositions sur nos chambres professionnelles, le congé ouvrier, le contrat des employés privés, puisque ce sont la France et la Belgique qui ont plutôt imité notre législation qui existait avant la leur ? »[100] En

---

96 Traduit de l'allemand. Voir Dostert, Paul, *Luxemburg zwischen Selbstbehauptung und nationaler Selbstaufgabe. Die deutsche Besatzungspolitik und die Volksdeutsche Bewegung 1940–1945*, Luxembourg, Saint-Paul, 1985, 28.

97 Par exemple, Nicolas Ries dans son ouvrage *Le peuple luxembourgeois* (1920). Voir Scuto, Denis, *La Nationalité Luxembourgeoise (XIXe-XXIe siècles)*, Bruxelles, Éditions de l'Université de Bruxelles, 2012, 159–161.

98 Le Cours Supérieur était un programme scolaire d'un an destiné à la préparation aux études universitaires. Voir Péporté, Pit/Kmec, Sonja/Majerus, Benoît/Margue, Michel, *Inventing Luxembourg. Representations of the past, space and language from the nineteenth to the twenty-first century*, Leiden/Boston, Brill, 2010, 32, note de bas de page 6. De fait, l'existence même du Cours Supérieur venait confirmer les particularités du droit luxembourgeois : les étudiants en droit luxembourgeois le suivaient pendant un an avant de rejoindre une université étrangère. Ils revenaient ensuite passer leurs examens au Luxembourg. Leur formation reposait donc sur la connaissance du droit luxembourgeois. L'auteur tient à remercier M. Robert Biever pour l'information sur le sujet des examens.

99 Majerus, Nicolas, *Un droit luxembourgeois existe-t-il et comment faut-il l'étudier ? Conférence faite à des futurs juristes aux Cours Supérieurs de l'Athénée*, Luxembourg, Saint-Paul, 1938, 6.

100 Id.

effet, la législation sociale et du travail revêtait d'après lui une importance particulière dans la caractérisation du droit luxembourgeois. Elle reçut également une mention spéciale dans la publication luxembourgeoise à l'occasion de l'Exposition universelle de 1935 à Bruxelles, qui offrit une opportunité de faire découvrir divers domaines de la vie du pays. Les lois sociales et du travail furent présentées et citées avec fierté ; elles ne manquaient ni de « hardiesse » ni de portée.[101]

En plus de mettre l'accent sur l'individualité luxembourgeoise, voire sur un « esprit luxembourgeois »[102], Majerus avait également pour objectif de faire comprendre aux jeunes juristes aspirants que leur profession s'inscrivait dans une idée plus large :

> Mes jeunes amis, le droit luxembourgeois n'est pas une momie exsangue, pourvu qu'on sache lui donner une âme vivante. À vous de produire une génération nouvelle de juristes éminents qui fera du droit luxembourgeois un merveilleux instrument, apte à protéger les faibles et à donner à tous compatriotes une très haute idée du Droit, à vous de faire triompher chez nous le règne de la Justice et de la Paix.[103]

Pour Majerus, l'idée qu'il faut éveiller une haute opinion du droit luxembourgeois chez les compatriotes est inextricablement liée au fait que la nouvelle génération de juristes devrait le percevoir comme un droit national à la hauteur des systèmes des pays voisins. Cette même année – 1938 – donna également l'occasion de relier le pouvoir judiciaire à l'identité nationale. Dans le cadre des préparatifs de la célébration du centenaire de l'indépendance du Grand-Duché, le ministre de la Justice René Blum proposa d'associer le centenaire de la Cour supérieure, le 15 avril 1931, à ces festivités. En outre, une collection de portraits des présidents de la Cour supérieure et des procureurs généraux devrait être réalisée.[104] Blum avait déjà adressé une demande similaire en tant que député en octobre 1930, à ceci près qu'il n'y recommandait pas une collection de portraits mais plutôt la publication d'une brochure présentant une rétrospective des travaux de la Cour supérieure de justice et de son personnel. À ces deux reprises, Blum reçut une réponse négative de la Cour supérieure, motivée par des raisons similaires. En décembre 1930, il

---

101 Berg, Joseph, *La vie judiciaire et l'organisation judiciaire*, in : Commissariat général du gouvernement (ed.), *Le Grand-Duché du Luxembourg*, Luxembourg/Bruxelles, Commissariat général du gouvernement, 1935, 22.

102 Majerus, *Un droit luxembourgeois existe-t-il et comment faut-il l'étudier ?*, op. cit., 10.

103 Id., 12.

104 Archives du Parquet Général de Luxembourg, Justice I 39, Centenaire de la création de la Cour supérieure de justice – cérémonie 1931, Lettre du Ministre de la Justice au Procureur général d'État, 21 novembre 1938.

reçut les lignes suivantes du procureur général Ernest Leclère après avoir discuté de cette proposition lors de l'Assemblée générale de la Cour supérieure de justice :

> J'opine avec ce haut corps que la réserve qu'il a cru de tout temps devoir imposer doit déconseiller toute manifestation dépassant les cadres d'une intime fête de famille, qui devrait avoir lieu au sein même de notre prétoire, en présence des intéressés seuls. Cela serait plus digne et de nature à relever le prestige de notre magistrature plus que toutes autres fêtes plus bruyantes et plus dispendieuses.[105]

Dans sa réponse datée de décembre 1938, la Cour considéra également que la célébration de ce centenaire ne se prêtait pas à la participation de la magistrature, arguant que certaines festivités étaient incompatibles avec « la retenue et la réserve qui conviennent à la magistrature ».[106] Encore une fois, une « simple fête de famille » et la proposition d'une collection de portraits furent jugées matériellement inadaptées aux locaux restreints de la magistrature. Ce qui est intéressant dans la réponse de 1938, c'est que la magistrature de la Cour supérieure de justice ne se dissocie pas nécessairement de l'indépendance nationale, mais de la participation personnelle aux célébrations. L'on parle encore de « notre » indépendance, mais l'on se voit comme faisant partie d'un groupe qui s'attribue une position à part dans la société. À cet égard, on peut observer une certaine incohérence entre la position de responsabilité et l'appartenance à une conscience sociale nationale commune dans le cas de la magistrature. La participation effective de la magistrature aux célébrations du centenaire ne peut être prouvée que dans une certaine mesure[107] ; toujours est-il que l'ensemble des fonctionnaires étaient invités au Te Deum.[108] Selon le procureur Kioes, il fallut se contenter de l'aspect religieux des festivités et s'abstenir de toute célébration au palais de justice.[109]

---

105 Archives du Parquet Général de Luxembourg, Justice I 39, Centenaire de la création de la Cour supérieure de justice – cérémonie 1931, Lettre du Procureur Général, 5 décembre 1930.

106 Archives du Parquet Général de Luxembourg, Justice I 39, Centenaire de la création de la Cour supérieure de justice – cérémonie 1931, Extrait du registre aux délibérations de la Cour Supérieure de Justice du Grand-Duché de et à Luxembourg, 22 décembre 1938.

107 Les membres suivants de la Cour Supérieure furent également invités, ainsi que leurs épouses, à une projection cinématographique à l'occasion du centenaire de l'indépendance : Frédéric Gillissen (président), Henri Nocké (vice-président), Léon Schaack (procureur général), Paul Faber (président du tribunal d'arrondissement), Charles Kioes (procureur), Voir ANLux ET-105, Publication du livre du centenaire, film du centenaire, liste des invités, 1938.

108 Archives du Parquet Général de Luxembourg, Justice I 12, Cour supérieure de justice et tribunaux d'arrondissement. Administration de la justice. Centenaire du Grand-Duché, ministre d'État Dupong au procureur général Schaack, 3 avril 1939.

109 Archives du Parquet Général de Luxembourg, Justice I 12, Cour supérieure de justice et tribunaux d'arrondissement. Administration de la justice. Centenaire du Grand-Duché, avis du procureur Kioes, 6 avril 1939.

Le discours prononcé par le procureur général Léon Schaack lors de la séance d'ouverture du 5 octobre 1939 offre un rare aperçu de la perception que les magistrats avaient de la nation luxembourgeoise. Après que la Cour supérieure a célébré son centième anniversaire « en toute simplicité et intimité », il y avait alors, selon Schaack, l'occasion de passer en revue l'histoire de la justice au Luxembourg, des Celtes jusqu'au 18e siècle. Schaack commença son tour d'horizon historique en décrivant le caractère du peuple luxembourgeois, prenant soin comme Nicolas Ries de mettre l'accent sur la filiation celte donc française et ainsi de se démarquer comme Ries de l'Allemagne :

> Privé d'agglomérations importantes, ce petit peuple de race essentiellement terrienne, formation ethnique gallo-franque issue du clan celtique, [...] n'a jamais cessé de maintenir son individualité propre qui fait sa force et sa fierté. Formé de gens réfléchis, toujours près de la nature, laborieux et tenaces, mais accueillants, loyaux, d'esprit ouvert, attachés à la glèbe, à la famille, à l'autorité constituée, d'une robustesse morale et physique appropriée aux dures exigences du sol natal, il n'a jamais eu d'autre ambition que de vivre simplement, honnêtement, dans la paix de son droit.[110]

Ces caractéristiques positives mènent directement à la description des structures judiciaires, au début de son histoire et à l'époque moderne. Deux jours seulement après ce discours, le ministre de la Justice Blum lui-même proposa de réimprimer le discours aux frais de son département afin de le mettre à la disposition d'un maximum d'historiens et de juristes.[111] En outre, à l'occasion de ce centenaire, Blum autorisa les représentants du Parti socialiste et les syndicalistes à vendre des drapeaux aux couleurs luxembourgeoises avec l'inscription « Mir welle bleiwen, wat mir sin » (Nous voulons rester ce que nous sommes) et accorda à ceux qui portaient ces drapeaux une réduction sur le voyage en train vers la capitale.[112]

L'intérêt de Majerus pour la tradition juridique luxembourgeoise persista pendant les années qui suivirent. Pendant l'occupation, il resta à Lyon, où il étudia l'histoire du droit français et tenta de compléter ses recherches pour un livre consacré à l'histoire du droit luxembourgeois. En 1946, il publia enfin une

---

110 Archives du Parquet Général de Luxembourg, Justice I 12, Cour supérieure de justice et tribunaux d'arrondissement. Administration de la justice. Centenaire du Grand-Duché, Discours de rentrée de M. Le Procureur Général Léon Schaack, 5 octobre 1939, 2.

111 Archives du Parquet Général de Luxembourg, Justice I 12, Cour supérieure de justice et tribunaux d'arrondissement. Administration de la justice. Centenaire du Grand-Duché, lettre du ministre de la Justice Blum au procureur général Schaack, 7 octobre 1939.

112 Archives du Parquet Général de Luxembourg, Justice I 12, Cour supérieure de justice et tribunaux d'arrondissement. Administration de la justice. Centenaire du Grand-Duché, correspondance Nic. Biever, Jean Fohrmann und René Blum, 20/24 avril 1939.

édition en deux volumes de l'*Histoire du droit dans le Grand-Duché de Luxembourg*. Il remercia René Blum pour le soutien enthousiaste qu'il lui témoigna autour de ce projet de livre.[113] Majerus écrivit également une contribution pour le *Livre du centenaire*, qui devait initialement être publiée en 1939, mais qui ne put être imprimée avant l'édition de 1948 : *L'évolution de la justice et du droit*.[114] Il y esquissa l'évolution du système judiciaire et juridique au Luxembourg depuis Ermesinde, la présentant comme l'histoire de progrès graduels jusqu'à l'émergence de « notre droit. »[115]

Les considérations de Majerus aboutissent à l'organisation du pouvoir judiciaire au 20e siècle et aux acquis luxembourgeois dans le domaine de la législation sociale. L'auteur était encore plus convaincu après la guerre que le monde du droit et de la justice était lié à l'indépendance de la nation : « Le Droit d'un pays reflète l'esprit qui anime sa population. Il est l'image vivante de ses aspirations, de ses luttes et de ses destinées [...] Malgré les influences étrangères, parfois si fortes, ils [« nos ancêtres »] ont réussi à sauver l'individualité juridique de notre patrie. »[116] Ce n'est probablement pas un hasard si le partisan de Majerus, le député René Blum, joua un rôle clé dans la formulation de la loi sur l'indigénat luxembourgeois de 1934. Cette loi fondamentale, qui rassemblait les réglementations antérieures, se caractérisait dans sa justification par la distinction entre l'identité luxembourgeoise et celle des Allemands. Dans le même temps, la loi était largement libérale, comme le montre, par exemple, le droit de l'épouse à l'autodétermination en matière de citoyenneté.[117] Il convient de noter que cette loi fut remplacée, environ deux mois avant le début de l'occupation nazie, par un texte plus restrictif.[118]

À la fin des années 1930, une autre controverse fut ravivée par l'amendement constitutionnel de 1919. La Constitution de 1919 était une conséquence des crises politiques intervenues pendant la Première Guerre mondiale et avait pris la souveraineté de la nation des mains du monarque pour la remettre entre celles du

---

113 Majerus, Nicolas, *Histoire du droit dans le Grand-Duché de Luxembourg*, vol.2, Luxembourg, Saint-Paul 1949, 7.

114 Majerus, Nicolas, *L'évolution de la justice et du droit*, in : *Le Luxembourg. Livre du centenaire*, Luxembourg, Saint-Paul, 1949, 87–121.

115 Id., 91.

116 Id., 125.

117 Scuto, Denis, *Staatsbildung und Staatsangehörigkeitsrecht in Luxemburg. Zwischen Inklusion und Exklusion (1804–1940)*, in : Franz, Norbert/Lehners, Jean-Paul (edd.), *Nationenbildung und Demokratie. Europäische Entwicklungen gesellschaftlicher Partizipation* (Luxemburg-Studien 2), Francfort, Peter Lang Edition, 2013, 275–277.

118 Id., 77.

peuple. Il devait désormais être possible d'avoir une représentation politique de la nation toute entière. Cependant, la constitution de 1919 ne modifia pas les compétences du pouvoir judiciaire. L'introduction de la souveraineté populaire, en revanche, pourrait avoir une portée non négligeable pour la prononciation des jugements, car ceux-ci étaient encore prononcés au nom de la grande-duchesse.[119] Ce sujet fit l'objet de préoccupations lors d'un débat sur le budget en février 1937, le ministre de la Justice Schmit promettant que « les textes concernés seraient mis en conformité avec le texte de la constitution. »[120] Deux ans plus tard, Schmit reçut un avis du procureur général Schaack stipulant que ce projet était rejeté. La Cour supérieure, les deux tribunaux d'arrondissement et leurs parquets, ainsi que Schaack lui-même rejetèrent l'initiative aux motifs suivants :

> Ainsi que le relèvent ces autorités [la Cour supérieure, les tribunaux d'arrondissement et les parquets] et comme le confirme le manuel de droit public et administratif élaboré par le Conseiller de Gouvernement [...] les pouvoirs qui appartiennent au Grand-Duc lui reviennent par la Grâce de Dieu. Ce n'est pas, en effet, le peuple luxembourgeois à lui seul, qui a investi la famille régnante de ses pouvoirs, mais le pays doit, avec sa propre existence, la monarchie constitutionnelle régnante à la volonté des Puissances qui ont reconstitué le Grand-Duché.[121]

Les juges et le procureur interprétèrent la question de la souveraineté à travers le prisme des traités internationaux qui reconnaissaient la dynastie régnante. Il y était explicitement fait référence au pacte du 30 juin 1783 et au traité de Vienne du 9 juin 1815. Toujours est-il que la discussion sur la formule exécutoire intervint beaucoup trop tard : « Faut-il ajouter au seuil du centenaire du traité de 1839 et du vingtième anniversaire de l'avènement au trône de Son Altesse Royale Madame la Grande-Duchesse, qu'il serait peu décent d'agiter aujourd'hui quatre lustres après la promulgation du texte constitutionnel de 1919, une pareille controverse dénuée de tout intérêt actuel et pratique. »[122] Dans une certaine mesure, cette réaction est

---

119 Texte : « Nous Marie-Adélaïde, par la grâce de Dieu, Grande-Duchesse de Luxembourg, Duchesse de Nassau, etc., etc., etc. ; À tous présents et à venir salut ! Faisons savoir ; (Texte). Mandons et ordonnons à tous huissiers, sur ce requis, de mettre le présent arrêt (jugement) [...] à exécution » Voir Arrêté grand-ducal du 15 juin 1912 déterminant la formule exécutoire des arrêts, jugements, etc. Mémorial A 40 (1912), 429–430.

120 Archives du Parquet Général de Luxembourg, Justice I 45, Formule de l'exécution des jugements et arrêts, changement de la dynastie régnante, réunion de la chambre du 25 février 1937.

121 Archives du Parquet Général de Luxembourg, Justice I 45, Formule de l'exécution des jugements et arrêts, changement de la dynastie régnante, lettre du procureur général Schaack, 6 janvier 1939.

122 Id.

conforme à l'interaction entre le pouvoir judiciaire et la société décrite jusqu'à présent, dans laquelle le pouvoir judiciaire avait tendance à préserver ce qui avait fait ses preuves.[123] Le magistrat de l'époque n'aurait probablement pas partagé cette conclusion. Dans une publication à l'occasion de l'Exposition universelle de Bruxelles en 1935, en revanche, l'ouverture d'esprit du magistrat fut particulièrement soulignée :

> D'un autre côté le recrutement des magistrats sur une large base sans distinction de classe, de confession ou de convictions politiques [...] ont puissamment contribué à créer une magistrature qui est loin de former une caste à part, fermée, ankylosée, mais un corps bien vivant, ayant gardé le contact bienfaisant et régénérateur avec la population et avec la vie journalière, si suggestive et si instructive.[124]

Il est délicat de tirer des conclusions générales sur la mesure dans laquelle le pouvoir judiciaire et la magistrature sont intégrés dans le développement d'une identité nationale en raison des sources, car peu de magistrats ont commenté ce sujet. Cependant, les exemples donnés montrent qu'il y eut des initiatives pour intégrer le droit national et le pouvoir judiciaire, en insistant sur les caractéristiques remarquables du Luxembourg dans ce domaine également, dans le processus de construction national de l'entre-deux-guerres.

Enfin, à la veille de l'occupation nazie, début mai 1940, les questions liées au décret de mariage de 1918 refirent surface. Jean Treinen[125], juge d'arrondissement à Diekirch, épousa une Allemande sans en informer le président du tribunal d'arrondissement, Marcel Hansen.[126] En mettant ses supérieurs devant le fait accompli, il écarta « toute possibilité de prendre des renseignements au sujet de l'honorabilité. »[127] La demande de nationalité luxembourgeoise de Mme Treinen était toujours en cours d'examen.[128] Le 6 mai 1940, le procureur général Léon Schaack commenta l'affaire en faisant remarquer que le mariage fut conclu « en

123 La formule d'exécution commence aujourd'hui avec le nom du souverain actuel, c'est-à-dire le Grand-Duc Henri. Voir Règlement grand-ducal du 7 octobre 2000 déterminant la formule exécutoire des jugements et actes, Mémorial A 102 (2000), 2246.

124 Berg, *La vie judiciaire et l'organisation judiciaire*, op. cit., 21.

125 Jean Treinen travailla au tribunal d'arrondissement de Diekirch même après la guerre. En 1934, il entreprit des études de droit à l'Université de Nancy (Docteur en sciences économiques). Voir *Chronique locale*, in : L'indépendance luxembourgeoise, vol. 123, 3 mai 1934, 3.

126 Office de la statistique générale, *Annuaire Officiel 1940*, Luxembourg, Victor Buck 1940, 96.

127 ANLux, J-002-62, Avertissement adressé à Jean Treinen, juge au tribunal de Diekirch, pour mariage avec une étrangère, 4 mai 1940, 0003.

128 ANLux, J-002-62, Avertissement adresse a Jean Treinen, juge au tribunal de Diekirch, pour mariage avec une etrangere, 6 mai 1940, 0002.

pleine guerre ».[129] Quatre jours plus tard seulement, cette guerre atteignait directement le Grand-Duché.

8 Conclusion

Pendant l'entre-deux-guerres, le pouvoir judiciaire fut confronté à des évolutions sociales et à des crises économiques, même si ses structures de base ne furent pas ébranlées. Lors de cette phase de développement, les questions relatives à l'économie et au travail exercèrent une influence particulière. Les avancées dans le domaine du travail et de la justice sociale s'accompagnèrent de nouvelles initiatives et propositions de réforme. De nombreuses discussions revinrent sur la nécessité d'une réforme judiciaire fondamentale, qui s'exprima à travers de multiples questions allant du recrutement dans la magistrature à la création d'un tribunal d'arrondissement à Esch en passant par la spécialisation des juges dans divers domaines. L'idée que le droit et la justice pouvaient jouer un rôle dans l'identité nationale luxembourgeoise fut soulignée à travers quelques exemples des années 1930.

Les évolutions dans le domaine de la justice reflétèrent les aspirations à l'émancipation de groupes sociaux négligés, ainsi que la politisation et la polarisation croissantes des sociétés européennes dans l'entre-deux guerres. Cependant, avant même qu'un large débat sur le rôle du système judiciaire dans cette société en mutation puisse s'engager, les événements politiques se précipitèrent.

129 Id. Ce qui est remarquable dans ce commentaire, c'est que le procureur général parla de « pleine guerre » quatre jours avant le début de l'occupation. On peut donc supposer qu'il était conscient que l'implication du Luxembourg dans le conflit européen était inévitable.

Elisabeth Wingerter

La justice luxembourgeoise pendant l'occupation nazie et dans l'immédiat après-guerre (1940–1950)

À la fin des années 1930, le Luxembourg connut d'importants changements. Après environ une décennie au poste de ministre d'État, Joseph Bech démissionna en 1937 suite à une débâcle législative. La controversée « loi muselière », qui devait permettre au gouvernement d'interdire les associations susceptibles de mettre en danger la Constitution, fut rejetée à une courte majorité lors du référendum populaire du 6 juin 1937. Les partis de la droite, socialiste et libéral se rassemblèrent après des discussions difficiles au sein du gouvernement de coalition sous Pierre Dupong.[1] Ensuite, le Grand-Duché se prépara à l'escalade du conflit européen après l'arrivée au pouvoir d'Hitler, notamment à travers les lois sur l'extension du pouvoir exécutif du gouvernement, entrées en vigueur en 1938 et 1939.[2] Tandis que la presse et la société exprimèrent de fortes craintes d'une invasion étrangère,[3] la situation juridique concernant l'acquisition de la nationalité luxembourgeoise connut une période restrictive.[4] Pour le pouvoir judiciaire, l'occupation nazie qui s'ensuivit à partir de mai 1940, loin d'être une « simple » perte de souveraineté, constitua une restructuration idéologique et organisationnelle qui devait avoir des conséquences majeures.

La première partie de cette étude est consacrée à la situation du pouvoir judiciaire pendant l'occupation, avec une attention particulière portée à la structure administrative du système judiciaire et aux différentes conséquences pour le personnel. Quelles mesures de nazification le chef de l'administration civile (*Chef der Zivilverwaltung*, CdZ) instaura-t-il et que signifiaient-elles pour les fonctionnaires de justice ? La deuxième partie aborde la question de la reconstruction du système judiciaire luxembourgeois après la guerre. Plusieurs phénomènes sont ici traités :

1 Thewes, Guy, *Les gouvernements du Grand-Duché de Luxembourg depuis 1848*, Luxembourg, Service Information et Presse, 2011, 104.

2 Loi du 29 août 1939, portant extension de la compétence du pouvoir exécutif, Mémorial A 58 (1939), 837–838 ; Loi du 28 septembre 1938, portant extension de la compétence du pouvoir exécutif, Mémorial A 65 (1938), 1099–1100.

3 Artuso, Vincent, *La Question Juive au Luxembourg*, Luxembourg, Éditions forum, 2015, 45 et suiv.

4 Concernant l'évolution de la « Loi Blum » dans une direction encore plus restrictive sous le gouvernement Bech, voir Scuto, Denis, *La Nationalité Luxembourgeoise (XIXe-XXIe siècles)*, Bruxelles, Éditions de l'Université de Bruxelles, 2012, 193–194.

https://doi.org/10.1515/9783110679656-008

les mesures exceptionnelles pour la reprise de la vie judiciaire, les épurations administratives et judiciaires et le procès de crimes de guerre contre les juristes nazis au Luxembourg.

1 L'oppression de la justice et les mesures de nazification pendant l'occupation nazie

Après l'« Anschluss » de l'Autriche, l'occupation de la Tchécoslovaquie par l'Allemagne nazie et l'invasion de la Pologne, le Luxembourg fut lui aussi envahi et occupé le 10 mai 1940. En comparaison avec l'occupation de la Première Guerre mondiale, le gouvernement et la grande-duchesse durent se positionner plus fermement en faveur de la préservation de l'indépendance et échappèrent aux occupants en fuyant vers la France. Pendant les premiers mois, le gouvernement en exil ne prit pas clairement position par rapport à l'Allemagne nazie et aux Alliés.[5] Après l'instauration de l'administration civile nazie au Luxembourg, le gouvernement en exil se rapprocha néanmoins de plus en plus des Alliés.[6] Le gouvernement Dupong déclara la guerre aux puissances de l'Axe le 8 septembre 1942, peu après le déclenchement du mouvement de grève consécutif à l'enrôlement de force des jeunes Luxembourgeois dans la Wehrmacht. Les ministres luxembourgeois et la monarque rencontrèrent finalement à Londres en 1942 les gouvernements en exil de Pologne, de Norvège, de Belgique, de France, de Grèce, de Yougoslavie et des Pays-Bas.[7] Le partenariat politique avec les Alliés, notamment avec la Grande-Bretagne et les États-Unis, se consolida progressivement.[8] Mais comment la situation de la justice au Grand-Duché occupé évolua-t-elle pendant ce temps ?

---

5 Scuto, Denis, *Une histoire contemporaine du Luxembourg en 70 chroniques, Luxembourg*, Fondation Robert Krieps, 2019, 412–416.

6 Artuso, Vincent, *La collaboration au Luxembourg durant la Seconde Guerre mondiale (1940–1945)*, Francfort, Peter Lang, 2013, 353.

7 Deák, István, *Europe on Trial. The Story of Collaboration, Resistance, and Retribution during World War II*, New York, Westview Press, 2015, 35. Au sujet du cas néerlandais, voir également Venema, Derk, *Rechters in oorlogstijd. De confrontatie van de Nederlandse rechterlijke macht met nationaal-socialisme en bezetting*, Thèse doctorale, Radboud Universiteit Nijmegen, 2007.

8 Le gouvernement en exil se rapprocha des grandes puissances alliées également en termes de propagande, adaptant avec succès le concept de démocratie anglo-saxonne dans ses interventions publiques. Voir Linden, André, *Luxemburgs Exilregierung und die Entdeckung des Demokratiebegriffs*, Luxembourg: Capybarabooks/Éditions forum, 2021.

Luxembourg Ville sous l'occupation, 1943. © Photothèque de la Ville de Luxembourg, 1943/1/4394, Photographie Marcel Duffau.

Les effets de la guerre sur le pouvoir judiciaire apparurent immédiatement après l'invasion allemande : deux juges de paix, un greffier en chef et un juge suppléant de la justice de paix d'Esch furent évacués vers la France.[9] En outre, les villes de Dudelange et Differdange, où se déroulaient habituellement les audiences foraines du tribunal de paix d'Esch, furent « exposées aux risques directs de la guerre active ».[10] Dans le cadre des évacuations de la population du Bassin minier vers la France et vers le centre et le nord du Luxembourg, une grande partie de la population d'Esch et de la région sud se retrouva dans la capitale ou ailleurs, si bien que la vie judiciaire normale n'était plus possible. L'avis du procureur général de l'État et du tribunal d'arrondissement de Luxembourg donna lieu à un projet

9 ANLux, J-019-69, Rattachement provisoire du siège de la justice de paix du canton d'Esch à celui du canton de Luxembourg, lettre du procureur général d'État, 30 mai 1940, 0073–0074. Près d'un tiers de la population luxembourgeoise, soit 90.000 personnes, a été évacuée du sud du pays vers la France ou le centre et le nord du Luxembourg après l'invasion allemande.

10 ANLux, J-019-69, Rattachement provisoire du siège de la justice de paix du canton d'Esch à celui du canton de Luxembourg, Projet de Résolution conférant à la Commission administrative le droit de transférer provisoirement les sièges des justices de paix dans d'autres cantons, 4 juin 1940, 0013.

Juillet 1941 : sous les ordres de l'administration civile, les avocats Egide Beissel et Georges Govers nettoient les murs de la maison du chef de groupe local Marius Didesch à Eich.
© Photothèque de la Ville de Luxembourg, 1941/00/50, Photographie Tony Krier.

de résolution du Conseil d'État qui prévoyait le transfert temporaire du siège du tribunal de paix d'Esch dans la ville de Luxembourg.[11] La publication de la résolution fut prévue pour le 17 juin 1940, précisant que la Commission administrative[12] pouvait également déplacer le siège et l'arrondissement d'autres justices de paix si nécessaire.[13] Ce projet fut probablement l'une des dernières tentatives de modification du pouvoir judiciaire mises en œuvre avec l'aide des autorités luxembourgeoises encore présentes.

À l'été 1940, une administration civile allemande fut mise en place sous la direction du Gauleiter Gustav Simon dans le but de parvenir à une germanisation

11 Id.

12 La Commission administrative était une sorte de chambre gouvernementale, créée par la Chambre des députés en mai 1940 et dirigée par Albert Wehrer. Bientôt, son rôle est limité par l'administration civile nazie à une fonction purement administrative – d'où le nom de « commission administrative » – jusqu'à sa dissolution pure et simple en janvier 1941.

13 ANLux, J-019-69, Rattachement provisoire du siège de la justice de paix du canton d'Esch à celui du canton de Luxembourg, résolution du 17 juin 1940 portant sur le transfert provisoire des sièges et arrondissements des tribunaux de paix, 0003.

de la population. Les quatre années d'occupation qui s'ensuivirent représentèrent non seulement une rupture sociale et politique, mais eurent également des effets dramatiques sur la compréhension du droit et le pouvoir judiciaire. Les mesures prises en août 1940 étaient cruciales pour la mutation de la justice : l'introduction de l'allemand comme langue officielle et langue judiciaire eut lieu le 6 août.[14] Le *Sondergericht*, un tribunal d'exception, chargé de « juger les crimes et délits commis contre le Reich », fut institué le 20 août.[15] Quelques jours plus tard, à partir du 26 août, le CdZ décida que les décisions de justice devaient être prononcées « im Namen des Volkes ».[16] D'autres règlements abrogèrent la loi luxembourgeoise dans la mesure où elle était en contradiction avec les règlements du CdZ.[17] Le terme « ministère public » fut interdit le 4 juillet 1941.[18]

Les mesures administratives nazies au Luxembourg violèrent le droit international et la neutralité du pays, comme cela avait déjà été le cas lors de la Première Guerre mondiale. Le régime d'occupation sous Gustav Simon intervint cependant de manière beaucoup plus profonde dans la gouvernance, la politique et la justice du Luxembourg que ne l'avaient fait les structures administratives militaires limitées pendant la première occupation. En conséquence, le système judiciaire nazi instauré au Luxembourg laissa des séquelles plus graves que le système judiciaire militaire allemand de la Première Guerre mondiale.[19]

Comme l'administration civile devait permettre l'annexion éventuelle du Luxembourg, la situation du pays différait de celle de ses voisins occupés, la Belgique et les Pays-Bas, dont l'annexion n'était pas envisagée. En Belgique, il existait

---

14 Verordnung über den Gebrauch der deutschen Sprache im Lande Luxemburg, Verordnungsblatt des CdZ für Luxemburg, vol. 1 (1940), 1.

15 Artuso, *La collaboration au Luxembourg,* op. cit., 87.

16 Joeri Michielsen souligne que de telles formules juridiques d'occupant ne sont autorisées en vertu de la Convention de La Haye que si elles sont rédigées « de manière neutre », c'est-à-dire sans mention d'une nationalité spécifique. La formule « au nom du peuple » fut introduite pour la première fois au Luxembourg, mais fut complétée en octobre 1941 par la mention du peuple « allemand ». Voir Michielsen, Joeri, *The "nazification" and "denazification" of the courts in Belgium, Luxembourg and the Netherlands. The Belgian, Luxembourg and Netherlands courts and their reactions to occupation measures and measures from their governments returning from exile,* Dissertation, Université de Maastricht, 2004, 95–96. Voir Artuso, *La collaboration au Luxembourg,* op. cit., 87.

17 Verordnung über die Einführung von Verfahrens- und Kostengesetzen in Luxemburg, 18 juillet 1941, Verordnungsblatt des CdZ für Luxemburg 49, 311.

18 ANLux, CdG-148, Raderschall Adolf, Harlos Wilhelm, Drach Leo, Wienecke Josef, etc., Relevé des accusations, 5.

19 Voir Trausch, Gilbert, *Les deux occupations allemandes (1914–1918 et 1940–1944) en comparaison. Mémoire collective et précédent,* in : Musée d'histoire de la ville de Luxembourg (ed.), *« ... et wor alles net esou einfach ». Question sur le Luxembourg et la Deuxième Guerre mondiale,* Luxembourg, Publications scientifiques du Musée d'Histoire de la Ville de Luxembourg, 2002, 358.

une dualité entre la justice militaire allemande et la justice belge. La magistrature et surtout la Cour de cassation étaient en conflit juridique avec l'administration militaire, les fonctionnaires de justice essayant de se conformer au statut de délégation de 1940 prévu par la Convention de La Haye, qui stipulait qu'ils devaient rester à leurs postes et assurer l'ordre public.[20] Dans plusieurs affaires, la Cour de cassation belge parvint à empêcher l'administration militaire d'interférer avec le pouvoir judiciaire.[21] Aux Pays-Bas également, l'administration judiciaire nationale continua d'exister, mais subit une perte de compétences et fut largement soumise aux ordres de l'occupant.[22]

Simon justifia les multiples violations du droit international au Luxembourg, y compris la restructuration du système judiciaire existant et fonctionnel, par l'absence de la grande-duchesse.[23] Du point de vue du CdZ, la validité de la Constitution luxembourgeoise fut remise en question par son départ.[24] Le chef de l'administration civile imposa aux membres de la fonction publique une déclaration d'engagement, par laquelle ils devaient proclamer leur subordination hiérarchique à l'administration civile allemande, faute de quoi toute activité dans le service public leur était interdite.[25]

2 La justice sous l'administration civile

Comme pendant l'occupation de la Première Guerre mondiale, les troupes d'occupation « importèrent » d'abord leur propre juridiction militaire, la juridiction de la Wehrmacht,[26] qui traita principalement les affaires concernant l'armée allemande ou des infractions commises à son encontre. À partir de l'introduction du *Sondergericht* devant lequel le droit allemand était seul applicable à partir du 20 août 1940 et de la mise en place de l'ordonnance sur l'administration provisoire de la justice

20 Michielsen, *The "nazification" and "denazification"*, op. cit., 50 et suiv.

21 En 1944, la Cour de cassation obtint la libération d'un juge au tribunal d'Arlon. Michielsen, *The "nazification" and "denazification"*, op. cit., 81.

22 Id., 179.

23 Le droit international comptait peu dans la philosophie juridique nazie, qui reposait sur la protection d'une communauté nationale de race « supérieure » et uniforme contre des éléments « inférieurs ». Les violations du droit international par l'Allemagne pendant la Première Guerre mondiale furent rejetées par l'Empire allemand au prétexte de l'urgence. Voir chapitre « Justice nationale contre justice d'occupation ? » ; Majerus, Nicolas, *Histoire du droit dans le Grand-Duché de Luxembourg*, vol. 2, Luxembourg, Saint-Paul 1949, 834.

24 Michielsen, *The "nazification" and "denazification"*, op. cit., 17.

25 Dostert, *Luxemburg zwischen Selbstbehauptung und nationaler Selbstaufgabe*, op. cit., 85.

26 Id., 189.

(*Verordnung zur vorläufigen Rechtspflege*) au Luxembourg du 9 novembre 1940, l'ancien système judiciaire fut progressivement rebaptisé, réorganisé et, d'une certaine manière, érodé.[27] La Cour supérieure fut abolie. Début août 1940, le président de l'Oberlandesgericht de Cologne, Alexander Bergmann[28], avait été nommé *Justizkommissar für das Gerichtswesen in Luxemburg*. Les précédentes chambres de la Cour supérieure de justice (Cour d'appel, Cour de cassation et Cour d'assises) furent regroupées et remplacées en 1941 par des sénats régionaux supérieurs (*oberlandesgerichtliche Senate*). Les tribunaux d'arrondissement et les justices de paix perdirent leur désignation au profit de leurs homologues allemands *Landgericht* (tribunal régional) et *Amtsgericht* (tribunal cantonal). Tous les tribunaux luxembourgeois durent également appliquer le droit allemand, qui prévoyait l'application du droit fiscal et du droit civil dès le début de l'occupation.[29] À partir de mars 1942, l'intégralité du Code civil et certaines sections du droit des affaires et du droit commercial entrèrent finalement en vigueur bien que certaines dispositions avaient déjà été introduites graduellement par des ordonnances individuelles, comme les «Maßnahmen des Judenrechts» dès le 5 septembre 1940.[30] Dans les bibliothèques des *Amtsgerichte*, les ouvrages 'superflus', tels que le *Bulletin des Lois de la République Française*, durent être retirés.[31] De nouveaux livres, tels que *Die Nürnberger Gesetze* de Bernhard Lösener et Friedrich Knost, furent proposés à l'achat.[32] Les formulaires administratifs basés sur le modèle allemand furent également introduits.[33]

---

27 Pour Nicolas Majerus, le 9 novembre est le point de départ de la « germanisation » de la justice luxembourgeoise, voir ; Majerus, *Histoire du droit*, op. cit., 837 ; Verordnung zur vorläufigen Rechtspflege in Luxemburg, 9 novembre 1940, Verordnungsblatt des CdZ für Luxemburg 56 (1940), 297.

28 Issu d'une famille d'industriels, Alexander Bergmann (1878–1965) devint président de l'*Oberlandesgericht* de Cologne en décembre 1933. Il participa à la Conférence de Schlegelberger, au cours de laquelle de hauts fonctionnaires furent informés de la « destruction de vies dépourvues de valeur », c'est-à-dire du meurtre de personnes handicapées mentales ou physiques. Voir Klee, Ernst, *Das Personenlexikon zum Dritten Reich. Wer war was vor und nach 1945*, Francfort-sur-le-Main, Fischer Taschenbuch Verlag, 2007, 41. En raison de sa mort en 1965, une poursuite judiciaire allemande concernant ses activités pendant le régime nazi n'eut aucune conséquence. Voir Herbers, Justizverwaltung im Oberlandesgerichtsbezirk Köln, op. cit., 15.

29 Une liste des ordonnances décisives du chef de l'administration civile est disponible dans l'œuvre de Metzler, Léon, *Mélanges de Droit Luxembourgeois*, Bruxelles/Luxembourg, Emile Bruylant/Joseph Beffort, 1949, 78–80.

30 Michielsen, *The "nazification" and "denazification"*, op. cit., 106–107.

31 Archives du Palais de Justice de Diekirch, Generalakten Staatliches Beschaffungswesen, Lettre d'un Amtsrichter au CdZ, Verzeichnis entbehrlicher Bücher und Druckschriften, 31 décembre 1942.

32 Archives du Palais de Justice de Diekirch, Generalakten Staatliches Beschaffungswesen, Verzeichnis der Bücher und Zeitschriften, die für die erste Einrichtung der Büchereien kleiner Amtsgerichte in Betracht kommen, septembre 1940.

33 Voir Archives du Palais de Justice de Diekirch, Generalakten Staatliches Beschaffungswesen.

Les pouvoirs de ces tribunaux luxembourgeois rebaptisés furent sévèrement limités par la création du *Sondergericht* le 20 août 1940.[34] Responsable des décisions relatives à la censure, l'ordre public et les infractions commises contre les Allemands, ce tribunal pouvait également se saisir de toute autre affaire relevant normalement du tribunal régional ou cantonal.[35] Il était ainsi possible de contourner à tout moment les structures résiduelles du pouvoir judiciaire luxembourgeois.[36] En l'occurrence, l'évaluation du procureur allemand Wienecke pouvait être décisive. La question de savoir si une affaire relevait ou non de la compétence du *Sondergericht* était généralement déterminée par la motivation politique du crime. Si, en cas de doute, aucune justification politique d'un crime ne pouvait être établie, celui-ci était transmis aux tribunaux ordinaires, selon l'appréciation de Wienecke.[37] Pour cela, il pouvait s'en remettre à la loi allemande appelée *Gesetz zur Wahrung des Rechtsfriedens* (1933), qui fixait les peines pour les crimes de « haute trahison » commis à l'étranger.[38] Selon Paul Dostert, le tribunal d'exception condamna 875 accusés et prononça 17 condamnations à mort au total.[39]

Le tribunal d'exception pouvait également siéger à Luxembourg à titre de *Volksgerichtshof*, le tribunal du peuple.[40] Cela se produisit neuf fois au total.[41] En clair, cela a créé, selon les déclarations ultérieures du magistrat allemand Wilhelm Rahmel, une nouvelle distribution des compétences: « les affaires pénales appar-

---

34 Le Sondergericht, chargé des actes criminels commis contre le Reich, fut instauré quelques jours à peine avant l'adoption de la formule introductive « Au nom du peuple allemand » (26 août). Voir Artuso, *La collaboration au Luxembourg*, op. cit., 87.

35 Les compétences du *Sondergericht* portaient sur les éléments suivants : « sabotage, détention d'armes non autorisée, diffusion de nouvelles, écoutes des émetteurs ennemis, violations des réglementations économiques en temps de guerre, dégradation de la force militaire et bien sûr tout ce qui relevait du concept mouvant de manifestation anti-allemande [...] ». Voir Dostert, *Luxemburg zwischen Selbstbehauptung und nationaler Selbstaufgabe*, op. cit., 190.

36 Michielsen, *The "nazification" and "denazification"*, op. cit., 96–100.

37 Un exemple d'une telle évaluation peut être trouvé dans un cas d'assaut contre un gendarme. Voir ANLux, CT-03-01-01876, rapport d'enquête sur une affaire pénale, 27 novembre 1941.

38 Voir Warmbrunn, Paul, *Strafgerichtsbarkeit in der Pfalz und in Rheinhessen im Dritten Reich*, in : Ministerium der Justiz Rheinland-Pfalz (ed.), Justiz im Dritten Reich. Justizverwaltung, Rechtsprechung und Strafvollzug auf dem Gebiet des heutigen Landes Rheinland-Pfalz (Schriftenreihe des Ministeriums der Justiz, vol. 3). Francfort-sur-le-Main, Peter Lang, 1995, 447.

39 Dostert, *Luxemburg zwischen Selbstbehauptung und nationaler Selbstaufgabe*, op. cit., 196. Une source d'après-guerre confirme le nombre de personnes condamnées, mais dénombre 14 condamnations à mort. Voir ANLux, CdG-006A-02, Rahmel Willy, Dossier personnel, enquêtes sur les magistrats allemands par le service de sécurité publique, 11 janvier 1947, 1063–1064.

40 Voir 4. Verordnung betr. Maßnahmen auf dem Gebiete der Strafrechtspflege, 31 octobre 1941, Verordnungsblatt für Luxemburg, vol. 75, 483.

41 Dostert, *Luxemburg zwischen Selbstbehauptung und nationaler Selbstaufgabe*, op. cit., 196.

tenant à la juridiction du tribunal du peuple de l'*Altreich* ne seraient pas transmises au procureur supérieur du Reich par l'arrondissement du *Landgericht* de Luxembourg. Ces questions seraient plutôt jugées sur la base d'une ordonnance du chef de l'administration civile par le *Sondergericht* à l'arrondissement du Landgericht de Luxembourg. »[42] Les infractions traitées furent des infractions politiques de la plus haute importance : haute trahison, trahison contre le pays ou attaque contre le Führer.[43] Cette compétence spéciale du tribunal d'exception au Luxembourg fut introduite par le CdZ afin d'empêcher les Luxembourgeois d'être jugés en dehors de sa juridiction.[44] Une déclaration ultérieure de Leo Drach montre que le CdZ voulut éviter que le *Volksgerichtshof* ou le procureur supérieur du Reich s'occupèrent des affaires pénales luxembourgeoises.[45]

Dans le contexte de la déclaration de l'état d'urgence à Esch puis dans tout le territoire sous contrôle du CdZ, une Cour martiale sous le nom *Standgericht* fut instaurée à la suite de la grève du 31 août 1942 pour statuer, de manière largement « informelle »[46] et expresse, sur des affaires liées aux débrayages dans les entreprises industrielles et les écoles. Ce tribunal exista uniquement pendant l'état d'urgence, qui dura dix jours au total et, mis à part l'acquittement, ne rendit que deux types de verdicts : la peine de mort ou la remise en vue d'un traitement ultérieur à la Gestapo.[47] La *Volksdeutsche Bewegung* (VdB) disposait en outre d'une Cour d'honneur et de discipline, qui, si nécessaire, pouvait exclure des membres en vertu du droit national-socialiste.[48]

En ce qui concerne la compréhension du droit elle-même, le principe du *gesundes Volksempfinden* issu de la philosophie juridique nazie s'appliquait désormais également au Luxembourg.[49] Cela permit d'interpréter les textes juridiques selon des principes moraux et idéologiques censés être universellement connus, tels qu'énoncés dans la loi modifiant le Code pénal allemand du 28 juin 1935 :

42 Traduit de l'allemand. Voir ANLux, CdG-006A-02, Rahmel Willy, Dossier personnel, enquêtes sur les magistrats allemands par le service de sécurité publique, 11 janvier 1947, 1065–1066.

43 Cheun, N.G., *Collaboration et Épuration. Les jugements du Tribunal d'arrondissement de Luxembourg*, Mémoire de licence, Université Libre de Bruxelles, 2003/2004, 31.

44 Engel, Marcel/Hohengarten, André, *Hinzert. Das SS-Sonderlager im Hunsrück 1939–1945*, Luxemburg, Saint-Paul, 1983, 34.

45 ANLux, CdG-006A-02, Rahmel Willy, Dossier personnel, enquêtes sur les magistrats allemands par le service de sécurité publique, 11 janvier 1947, 1079.

46 Dostert, *Luxemburg zwischen Selbstbehauptung und nationaler Selbstaufgabe*, op. cit., 198.

47 Id., 198–199.

48 Id., 229.

49 Michielsen, *The "nazification" and "denazification"*, op. cit., 107.

***Gleichschaltung* de la justice luxembourgeoise pendant l'occupation nazie**[50]

Système judiciaire précédent	Mesures d'occupation nazie
Cour supérieure de justice **Obergerichtshof**	Supprimée, l'Oberlandesgericht de Cologne comme la plus haute instance de la région
Cour d'appel, Cour de cassation, Cour d'assises	Quatre sénats (*oberlandesgerichtliche Senate*)
Tribunaux d'arrondissement **Bezirksgerichte** (Diekirch/Luxembourg)	*Landgericht* de la ville de Luxembourg, le tribunal d'arrondissement de Diekirch fut aboli le 1er août 1941
Justice de paix **Friedensgerichte** (dans 12 cantons)	11 *Amtsgerichte*, la justice de paix de Vianden fut abolie et rattachée au tribunal cantonal de Diekirch
Sondergericht – Tribunal d'exception (20 août 1940) siégeant en compétence du *Volksgerichtshof* à partir du 31 octobre 1941	
Sonderdienststrafgericht für unzuverlässige Beamte[51] **– Tribunal d'exception pour les fonctionnaires non fiables** (22 octobre 1940)	
Sonderehrengericht[52] **– Cour honoraire d'exception pour les avocats** (12 février 1941)	
Standgericht – Cour martiale (31 août 1942–10 septembre 1942) dans le contexte de l'état d'urgence (grève générale)	

> Par. 2 Toute personne qui commet un acte que la loi déclare punissable ou qui mérite une punition selon l'esprit du droit pénal et selon le bon sens populaire sera punie. Si aucun droit pénal ne s'applique spécifiquement à l'acte, l'acte sera puni conformément à la loi dont l'esprit s'applique le mieux.[53]

50 Tableau basé sur Michielsen, The *"nazification" and "denazification"*, op. cit., 98–99.
51 Dostert, *Luxemburg zwischen Selbstbehauptung und nationaler Selbstaufgabe*, op. cit., 77*, note 80.
52 Löffelsender, Michael, *Kölner Rechtsanwälte im Nationalsozialismus. Eine Berufsgruppe zwischen „Gleichschaltung" und Kriegseinsatz*, (Beiträge zur Rechtsgeschichte des 20. Jahrhunderts, vol. 88), Tübingen, Mohr Siebeck, 2015, 145. Vincent Artuso évoque également la création d'un « tribunal pénal d'exception pour les fonctionnaires non fiables ». Voir Artuso, *La collaboration au Luxembourg*, op. cit., 170.
53 Traduit de l'allemand. Voir Gesetz zur Änderung des Strafgesetzbuchs, 28 juin 1935, Reichsgesetzblatt I, vol. 70 (1935), 839. Rechtsschöpfung durch entsprechende Anwendung der Strafgesetze, art. 1, par. 2 et 2a, in : Münch, Ingo von (ed.), *Gesetze des NS Staates. Dokumente eines Unrechtssystems*, Paderborn, Ferdinand Schöningh, 1994, 93–94. Ce principe s'appliqua également aux Pays-Bas occupés, voir Michielsen, *The "nazification" and "denazification"*, op. cit., 107.

La politique de germanisation modifia non seulement la loi sous-jacente, la langue des audiences et les formules introductives de la justice luxembourgeoise, mais aussi la composition de la magistrature. Au cours des quatre années d'occupation, les juges allemands[54] récemment nommés devinrent la « puissance dominante »[55] dans les tribunaux luxembourgeois, et environ deux tiers des magistrats furent démis de leurs fonctions, déportés, mis à la retraite ou exclus d'une quelconque manière.[56] La plupart des nouveaux juges furent recrutés à Trèves, ce qui fut critiqué par certains juristes allemands.[57] Selon un bilan de Robert Biever, la magistrature luxembourgeoise comptait 55 membres le 10 mai 1940. Après deux défections dès le 10 mai, six démissions et dix révocations, le nombre de magistrats était passé de 55 en 1940 à 34 fin septembre 1941. De ces 34 magistrats, la moitié ont rendu leur carte de membre de la VdB après la grève d'août-septembre 1942.[58] En outre, vers 1940, six membres de la Cour supérieure et deux juges de paix avaient déjà atteint l'âge de la retraite.[59] Le nombre d'avocats luxembourgeois diminua rapidement en 1942 pour cause de révocation, de service militaire ou de démission.[60]

Le CdZ avait le pouvoir de décider de la nomination des fonctionnaires luxembourgeois, puisqu'il les considérait comme des fonctionnaires allemands. Sur la base de l'ordonnance sur le service civil du 31 mars 1941 (*Verordnung über Maßnahmen auf dem Gebiet des Beamtenrechts*), ils pouvaient être révoqués de leurs

54 La forte influence de l'idéologie nazie sur les avocats et les juges allemands est ici décisive. En définitive, une « génération entière » ou presque fut formée sous le régime nazi et façonnée par ses idées juridiques. Voir Görtemaker, Manfred/Safferling, Christoph, *Die Rosenburg. Das Bundesministerium der Justiz und die NS-Vergangenheit. Eine Bestandsaufnahme*, München, C.H. Beck, 2013, 18.

55 Michielsen, *The "nazification" and "denazification"*, op. cit., 102. La majorité des juges et des procureurs venaient de Trèves et de Coblence. Voir Dostert, *Luxemburg zwischen Selbstbehauptung und nationaler Selbstaufgabe*, op. cit., 191.

56 Michielsen, *The "nazification" and "denazification"*, op. cit., 113.

57 Stein, Wolfgang Hans, *Staatsanwaltschaft und Landgericht Trier im Dritten Reich*, in : Ministerium der Justiz Rheinland-Pfalz (ed.), *Justiz im Dritten Reich. Justizverwaltung, Rechtsprechung und Strafvollzug auf dem Gebiet des heutigen Landes Rheinland-Pfalz* (Schriftenreihe des Ministeriums der Justiz, vol. 3). Francfort-sur-le-Main, Peter Lang, 1995, 588.

58 Thomas, Bernard, *« Les magistrats luxembourgeois ont appliqué bien docilement le droit allemand et nazi ». Un entretien avec l'ancien procureur général, Robert Biever*, Luxemburger Land, 2021, https://www.land.lu/page/article/636/337636/DEU/index.html [dernière consultation: 27.07.2021], et renseignements transmis par M. Robert Biever.

59 ANLux, FD-094-136, Renseignements sur le personnel de la magistrature, Liste des magistrats en âge de prendre leur retraite, ca. 1945.

60 Löffelsender, *Kölner Rechtsanwälte im Nationalsozialismus*, op. cit., 146.

fonctions par le CdZ.[61] Le pouvoir judiciaire était considéré comme une « administration spéciale » (*Sonderverwaltung*) directement gérée par ses soins, comme les douanes et la fiscalité.[62] Contrairement à la Belgique et aux Pays-Bas, les fonctionnaires de justice luxembourgeois furent envoyés en Allemagne pour y recevoir une formation idéologique.[63] Le nouveau droit, c'est-à-dire les réglementations propres au Luxembourg, venait uniquement de Simon lui-même[64], qui concentrait ainsi de nombreux pouvoirs personnels que le ministère de l'Intérieur du Reich ne pouvait limiter.[65] Il disposait également du droit de grâce et de répression.[66] Cette indépendance du CdZ au Luxembourg fut contestée par le ministère de la Justice du Reich, dont la fonction était représentée par le président de l'*Oberlandesgericht* de Cologne, Alexander Bergmann, en tant que commissaire à l'administration de la justice dans le Grand-Duché occupé. Du côté de Cologne et du ministère de la Justice du Reich, une influence dans certaines affaires judiciaires au Luxembourg devrait être rendue possible. Cependant, en octobre 1940, un décret du Führer confirma le rôle du chef de l'administration civile en tant que seul décideur en matière de justice.[67] Le rôle de Bergmann se limita à aviser les nominations et à veiller à une introduction correcte du droit nazi au Luxembourg. Simon attendait de l'administration judiciaire « une forte motivation à contribuer au développement du système juridique allemand », si bien qu'il négligea le fait que le droit luxembourgeois avait bien fonctionné avant l'occupation.[68]

---

61 C'était le cas, par exemple, du procureur général Léon Schaack. Le 10 septembre 1942, il fut informé de son licenciement sans pension. Il avait attiré l'attention en raison de son «attitude hostile », entre autres parce qu'il ne pratiquait pas le salut allemand. Voir ANLux, EPU-01-16741.

62 Dostert, *Luxemburg zwischen Selbstbehauptung und nationaler Selbstaufgabe,* op. cit., 81.

63 Michielsen, *The "nazification" and "denazification"*, op. cit., 104–105.

64 En conséquence, le Mémorial fut remplacé par le « Verordnungsblatt des CdZ für Luxemburg ». Voir Dostert, Paul, *« Zivilverwaltung » in Luxemburg*, in : Musée d'histoire de la ville de Luxembourg (ed.), *« ... et wor alles net esou einfach ». Questions sur le Luxembourg et la Deuxième Guerre mondiale*, Luxembourg, Publications scientifiques du Musée d'Histoire de la Ville de Luxembourg, 2002, 48.

65 Dostert, *Luxemburg zwischen Selbstbehauptung und nationaler Selbstaufgabe,* op. cit., 189.

66 Dans ce contexte, le droit de répression (*Niederschlagungsrecht*) désigne le droit d'interrompre ou de contourner une procédure judiciaire au profit d'une mesure non judiciaire (par exemple le transfert direct dans un camp de concentration). ANLux, CdG-006A-02, Rahmel Willy, Dossier personnel, enquêtes sur les magistrats allemands par le service de sécurité publique, 11 janvier 1947, 1085. Voir Dostert, *Luxemburg zwischen Selbstbehauptung und nationaler Selbstaufgabe,* op. cit., 195.

67 Dostert, *Luxemburg zwischen Selbstbehauptung und nationaler Selbstaufgabe,* op. cit., 191.

68 Herbers, Matthias, *Organisationen im Krieg. Die Justizverwaltung im Oberlandesgerichtsbezirk Köln 1939–1945*, (Beiträge zur Rechtsgeschichte des 20. Jahrhunderts, vol. 71), Tübingen, Mohr Siebeck, 2012, 98.

Les juges, avocats et fonctionnaires allemands du *Sondergericht* de Luxembourg eurent différentes marges de manoeuvre, entre concepteurs actifs du système judiciaire nazi et représentants surchargés.[69] Après la guerre, beaucoup d'entre eux furent déférés devant le tribunal luxembourgeois des crimes de guerre.

Magistrats et employés de justice allemands travaillant au Luxembourg pendant l'occupation nazie[70] (les accusés lors du 1er procès pour crimes de guerre au Luxembourg sont marqués en blanc)

Otto Bauknecht	Deuxième représentant du commissaire à l'administration de la justice, assesseur au *Sondergericht*, adjoint administratif du commissaire à la Justice
Alexander Bergmann	Commissaire à l'administration de la justice au Luxembourg, président de l'*Oberlandesgericht* de Cologne
Leo Drach	Représentant du commissaire au ministère public, adjoint administratif et procureur près le *Sondergericht* et le *Sondergericht-Volksgerichtshof*, procureur près le *Standgericht*
Ernst-August-Heinrich Fuhr	Conseiller près l'*Oberlandesgericht*, juge assesseur près le *Sondergericht*
Jakob Gaerner	Conseiller près le *Landgericht*, assesseur près le *Sondergericht*
Wilhelm Harlos	Procureur général, chef du ministère public près le *Sondergericht*
Kurt-Erich Hoffmann	Représentant du commissaire au ministère public, chef du ministère public près le *Sondergericht*

69 Le véritable champ d'action des juristes allemands au Luxembourg est analysé par Matthias Herbers, qui distingue trois groupes d'influence : les concepteurs comme Bergmann, Drach et Lütcke, les co-concepteurs/adaptateurs comme Rahmel et Bauknecht, et ceux qui avaient du mal à se repérer au Luxembourg comme ce fut le cas de Kubasch. Voir Herbers, *Organisationen im Krieg*, op. cit., 101–107.

70 Voir Stein, Wolfgang Hans, *Von rheinischen Richtern. Die Justizjuristen der Landgerichtsbezirke Koblenz und Trier im Nationalsozialismus*, in : Ministerium der Justiz Rheinland-Pfalz (ed.), *Justiz im Dritten Reich. Justizverwaltung, Rechtsprechung und Strafvollzug auf dem Gebiet des heutigen Landes Rheinland-Pfalz* (Schriftenreihe des Ministeriums der Justiz, vol. 3). Francfort-sur-le-Main, Peter Lang, 1995, 294 ; *Pause im ersten Kriegsverbrecherprozeß*, Revue 23 (novembre 1948), 716 et suiv. ; *Der erste Kriegsverbrecherprozess. Revue der Angeklagten*, Revue 28 (décembre 1948), 810–811. Informations complémentaires : ANLux, CdG-006A-02, Rahmel Willy, Dossier personnel, Rahmel Willy, Dossier personnel, enquêtes sur les magistrats allemands par le service de sécurité publique, 11 janvier 1947.

Theodor Kubasch	Assesseur près le *Sondergericht*
Walter Lütcke	Représentant du commissaire à l'administration de la justice, président du Sénat à Luxembourg, président du *Sondergericht* et du tribunal de discipline
Adolf Raderschall	Deuxième représentant du commissaire à l'administration de la justice, président du *Sondergericht*, du *Sondergericht-Volksgerichtshof* et du *Standgericht*
Wilhelm Rahmel	Commissaire au ministère public, chef du ministère public près le *Sondergericht*
Erich-Ernst-Wilhelm Schmidt	Conseiller près le *Landgericht*, assesseur près le *Sondergericht*
Josef Wienecke	Procureur, adjoint administratif du procureur général près le *Sondergericht*, procureur près le *Sondergericht*
Mathias Arenz	Conseiller près le *Landgericht*, activité auprès de la chambre civile
Wilhem Corleis	Adjoint administratif du ministère public
Arnold Wilhelm Ludwig Cünnen	Adjoint administratif du ministère public
Walther Goldberg	Membre du conseil d'administration de la chambre des avocats et président du *Sonderehrengericht* à l'encontre les avocats
Wilhelm Heider	Conseiller près le *Landgericht*, assesseur près le *Sondergericht*
Itschert	Adjoint administratif du ministère public
Hans-Karl Kaul	Conseiller près le *Amtsgericht*, activités auprès de la chambre civile du *Amtsgericht* à Esch
Lenhardt	Représentant du président du *Sondergericht*
Friedrich Meinardus	Adjoint administratif du ministère public, procureur près le *Sondergericht* en matière d'économie de guerre et en matière pénale
Walter Meynen	Conseiller près l'*Oberlandesgericht*, activités auprès de la chambre civile, la chambre correctionnelle et le sénat
Neyses	Conseiller près l'*Amtsgericht*, assesseur lors des séances du *Sondergericht*
Ostercamp	Représentant de Windhausen près le ministère public jusqu'en novembre 1943
Paul Windhausen	Commissaire au ministère public (n'assuma pas cette tâche pour cause de service militaire)
Christian Zimmermann	Conseiller près l'*Amtsgericht* (probablement celui de Luxembourg)

Selon le principe de « *Gleichschaltung* », les travaux de conversion nationale-socialiste devaient être menés au sein de la magistrature luxembourgeoise : L'adhésion à la VdB et à le DRB (*Deutscher Rechtswahrerbund*[71]) devint obligatoire.[72] Cette organisation s'inspira du NSRB (*Nationalsozialistischer Rechtwahrerbund*), l'association national-socialiste des juristes allemands, fondée en 1936. Le DRB, cependant, fut spécifiquement créé dans le but de nazifier les élites luxembourgeoises. Il ne devait pas encore être intégré au NSDAP, mais restait sous l'égide organisationnelle de la VdB.[73] L'adhésion à la VdB fut une condition obligatoire à l'inscription au DRB. L'organisation fut divisée en groupes spécialisés (*Fachgruppen*) représentant les juges, les procureurs, les notaires et les spécialistes du droit dans les domaines économique et administratif.

Le 24 octobre 1940, les membres de la Cour supérieure de justice et du parquet déposèrent, à l'image des fonctionnaires en général, une demande collective d'adhésion à la VdB.[74] À partir de 1941, des cours à orientation idéologique furent introduits et la lecture de l'œuvre hitlérienne *Mein Kampf* fut imposée l'année suivante.[75] De la même façon, le salut nazi devait être pratiqué par les juges à l'ouverture des séances et même en privé.[76] Un costume officiel correspondant, arborant un aigle et une croix gammée, fut introduit en mai et juin 1941.[77] Outre les fonctionnaires de justice, les avocats constituaient un groupe dont la loyauté devait être assurée par l'administration nazie, car, selon les nazis, ils étaient fortement influencés par la France et faisaient partie d'une élite démocratique parle-

71 Cela se produisit en 1941. Le NSRB au Luxembourg était dirigé par l'avocat Emil Peters, qui dut rendre des comptes devant la justice après la fin de la guerre. Voir *Markante Säuberungsprozesse. Affäre Emil Peters, Kommissarischer Führer des Rechtswahrerbundes, Luxemburg*, Tageblatt 32:137, 13 décembre 1945, 2.

72 Michielsen, *The "nazification" and "denazification"*, op. cit., 111.

73 *Gründung eines deutschen Rechtswahrerbundes*, Luxemburger Wort 94:58 (1941), 3.

74 Refuserènt d'adhérer: Paul Faber, Félix Welter (juge de paix) et les attachés Jean Kauffmann et Marc Delvaux. Selon Robert Biever, cela se produisit sous la menace d'une expulsion vers la France ou d'un emprisonnement dans un camp de concentration. Voir Thomas, Bernard, *entretien avec l'ancien procureur général, Robert Biever*, op. cit.

75 Les cours à destination des fonctionnaires de justice étaient dispensés au Gauschulungsburg de Metternich. Voir Dostert, *Luxemburg zwischen Selbstbehauptung und nationaler Selbstaufgabe*, op. cit., 85.

76 Michielsen, *The "nazification" and "denazification"*, op. cit., 113.

77 ANLux, CdG-148, Raderschall Adolf, Harlos Wilhelm, Drach Leo, Wienecke Josef, etc., Relevé des accusations, 6.

mentaire.[78] Des avocats et des juges firent eux aussi partie des 700 fonctionnaires astreints au travail forcé du Reich en mars 1941.[79]

3 Le *Standgericht* – une réaction répressive à la grève générale

En août et septembre 1942, la situation au Luxembourg s'aggrava. Simon annonça le 30 août 1942 que les personnes nées entre 1920 et 1924 seraient enrôlées dans la Wehrmacht et que les Luxembourgeois se verraient attribuer la nationalité allemande. Dans le même temps, les organisations de résistance appelèrent à la grève générale et de nombreux ouvriers, employés et étudiants, refusèrent de travailler.[80] Les dirigeants allemands réagirent en déclarant l'état d'urgence et en créant le *Standgericht*, qui prononça au total 20 condamnations à mort.[81] L'ouvrier d'origine allemande Henri (Hans) Adam, qui avait déclenché l'alarme de la sirène du haut-fourneau de Schifflange, fut cependant traduit devant le *Sondergericht*. Alors que les 20 personnes condamnées par le *Standgericht* étaient exécutées par balle dans la forêt de Hinzert, Adam mourut par décapitation à la prison de Klingelpütz à Cologne le 11 septembre 1942, un jour seulement après la levée de l'état d'urgence.[82]

Si les magistrats ne cessèrent pas de travailler lors des mouvements de grève[83] d'août-septembre 1942, 17 d'entre eux rendirent toutefois leur carte de membre de

78 Voir Dostert, *Luxemburg zwischen Selbstbehauptung und nationaler Selbstaufgabe*, op. cit., 192. Informations complémentaires sur l'orientation de la profession juridique pendant l'occupation : Cerf, Paul, *De l'épuration au Grand-Duché de Luxembourg après la Seconde Guerre mondiale*, Luxembourg, Saint-Paul, 1980, 157 et suiv. Il y eut également des rapports sur des avocats de gauche de l'ASSOSS (Association générale des étudiants luxembourgeois) qui échangeaient des « informations secrètes » sur la place d'Armes. Voir Artuso, *La collaboration au Luxembourg*, op. cit., 100.

79 Artuso, *La collaboration au Luxembourg*, op. cit., 189.

80 Scuto, *Une histoire contemporaine*, op. cit., 437.

81 Hohengarten, André, *Vom Halbmond zum Ziegenkopf. Die Geschichte der Luxemburger Häftlinge in Lublin 1942–1945*, Luxembourg, Saint-Paul, 1991, 83.

82 Dostert, *Luxemburg zwischen Selbstbehauptung und nationaler Selbstaufgabe*, op. cit., 175 ; Hohengarten, *Vom Halbmond zum Ziegenkopf*, op. cit., 82–83.

83 Au début de septembre 1942, en réponse au service militaire obligatoire imposé par le chef de l'administration civile, plusieurs grèves se déclarèrent, notamment à Wiltz, où l'administration locale et les employés arrêtèrent brièvement le travail. Ce fut également le cas d'ARBED à Schifflange. On constata également des refus de participation parmi les étudiants, mais pas à grande échelle. Ces événements marquèrent la conscience nationale sous le nom de « *Generalstreik* ». Voir Majerus, Benoît, *De Generalstreik*, in : Kmec, Sonja/Majerus, Benoît/Margue, Michel/

la VdB.[84] Après la guerre, les juges et procureurs concernés témoignèrent qu'ils avaient pris cette décision collégialement parce qu'ils avaient appris qu'une ordonnance allait bientôt entrer en vigueur pour accorder aux membres de la VdB la nationalité allemande.[85] L'un des membres du Parquet, Marcel Würth, relate après la guerre son arrestation et l'interrogation devant le Standgericht:

> Le 3 septembre 1942, vers 16 heures, je fus convoqué au bureau de la Gestapo (Villa Pauly). Là-bas, on me dit que je devais rester sur place et qu'un mandat d'arrêt avait été émis contre moi. Je fus ensuite envoyé à la prison de Grund. Le vendredi 4 septembre 1942 après-midi, je fus brièvement interrogé par la police. Le lendemain soir, je me présentai devant la Cour martiale avec MM Heldenstein, Fischer, Schmit et Steichen. Si nous avons été arrêtés et présentés devant un tribunal, c'est uniquement parce que nous avions rendu nos cartes de membre de la VdB le 1er septembre 1942. Nous quatre et MM. H. et H. avions rendu nos cartes ensemble. Les Allemands avaient décidé d'y voir un complot. Chacun de nous fut interrogé individuellement devant le Standgericht. Le président Hartmann affirma que nous nous étions rendus coupables de haute trahison parce que nous, fonctionnaires allemands, avions fait cela. Au cours de mon interrogatoire, je soulignai que nous considérions l'administration civile mise en place comme une émanation de l'administration militaire, et que nous nous sentions donc Luxembourgeois et non fonctionnaires allemands. [...] Aucun avocat de la défense ne nous fut accordé. Par ailleurs, aucune accusation claire ne nous avait été communiquée au préalable. À chaque fois, nous nous rendions devant le tribunal en pleine nuit. On devait rester debout pendant des heures, le visage contre le mur, si bien que l'on se sentait véritablement abattu. Cela suffisait à empêcher la défense personnelle.[86]

Après plusieurs audiences, les membres du parquet inculpés furent transférés à la Gestapo et envoyés dans les camps de concentration, parmi eux Jean-Pierre Fischer, Edmond Heldenstein, Joseph Schmit, Raymond Steichen et Marcel Würth.[87] Le greffier Marius Pauly qui avait aussi retourné sa carte VdB fut déporté au camp de concentration de Hinzert suite à ces audiences.[88] Le témoin cité ici fut

---

Péporté, Pit (edd.), *Lieux de mémoire au Luxembourg. Usages du passé et construction nationale*, Luxembourg, Saint-Paul, 2007, 153–158.

84 Ce chiffre est basé sur le bilan de Robert Biever. Voir Thomas, Bernard, entretien avec l'ancien procureur général, Robert Biever, op. cit.

85 ANLux, CdG-007 B 08, Grève à Luxembourg – Suppléants et magistrats, déclarations lors du procès en Cour martiale, déclaration du 24 novembre 1948.

86 Traduit de l'allemand. Voir ANLux, CdG-007 A-07, Untersuchungsbericht der Surêté Publique betreffend dem Standgericht und Fritz Hartmann, 21 juin 1948, 84–85.

87 Pour cause de son état de santé, Heldenstein ne fut pas transferé dans un camp. Spang, Paul, *Von der Zauberflöte zum Standgericht. Naziplakate in Luxemburg*, Luxembourg, Saint-Paul, 1982, 133. Heldenstein, Schmit et Fischer étaient suppléants au Parquet de Luxembourg. Marcel Würth y travailla comme attaché. Voir Publications de l'office de statistique, *Annuaire officiel 1940* (31e année), Luxembourg, Victor Bück, 1940, 95–96.

88 Hohengarten, *Vom Halbmond zum Ziegenkopf*, op. cit., 72.

BEKANNTMACHUNG!

Das

STANDGERICHT

hat wegen Gefährdung des deutschen Aufbauwerkes in Luxemburg durch aufrührerischen Streik und Sabotage im Kriege den

BIREN, Eugen, Walzendreher, Schifflingen

zum Tode verurteilt und die Einziehung des Vermögens angeordnet.

Der Direktor und Betriebsführer Mathias KOENER aus Esch-Alzig wurde wegen Gefährdung des deutschen Aufbauwerkes in Luxemburg der Geheimen Staatspolizei überstellt und die Einziehung seines Vermögens angeordnet.

FISCHER, Johann Peter
Substitut-Staatsanwalt
Luxemburg

Dr. HELDENSTEIN, Edmund
Substitut-Staatsanwalt
Luxemburg

SCHMIT, Josef
Substitut-Staatsanwalt
Luxemburg

WÜRTH, Marzelius
Hilfs-Staatsanwalt
Luxemburg

und 15 weitere Angeklagte wurden der Geheimen Staatspolizei überstellt.

Das Todesurteil wurde heute um 6 Uhr durch Erschiessen vollstreckt.

Luxemburg, den 9. September 1942.

Der Vorsitzer des Standgerichts.

Annonce du jugement de la Cour martiale du 9 septembre 1942. ANLux, ICO-1-2-0059.

emmené à Hinzert en 1942–1943, puis à Dąbrowica avant d'être autorisé à vivre à Lubiąż, avec sa famille qui avait été transplantée et réinstallée de force (« Umsiedlung »).[89] Sept des magistrats qui avaient comparu devant le *Standgericht* furent ultérieurement transplantés à l'est avec leurs familles.[90] Dans le cadre de la campagne de déplacement, environ 4.200 personnes « politiquement peu fiables » au total furent expulsées vers les Sudètes et la Haute-Silésie.[91] Cette mesure toucha les fonctionnaires de justice à différents niveaux hiérarchiques.

En total, 19 magistrats et fonctionnaires revinrent de la réinstallation forcée (« Umsiedlung ») ou de l'internement dans des camps : Paul Faber (président du tribunal de Luxembourg), Félix Welter (juge de paix à Luxembourg), Pierre Schaack (conseiller à la Cour supérieure), Jules Salentiny (conseiller), Marcel Hansen (président du tribunal de Diekirch), René Capus (juge au tribunal de Luxembourg), Arthur Calteux (juge au tribunal de Luxembourg), Maurice Paquet (juge au tribunal de Luxembourg), J. P. Fischer (procureur substitut au parquet de Luxembourg), J. P. Weiland (juge au tribunal d'arrondissement de Diekirch), Antoine Winter (greffier adjoint à Diekirch), Robert Eyschen (secrétaire au parquet de Diekrich), Martin Thill (secrétaire-adjoint), Henri Werthesen (greffier-adjoint), Nicolas Rippinger (commis), Marcel Würth (attaché), Joseph Schmit (substitut du procureur), Raymond Steichen (attaché) et Marius Pauly (greffier-adjoint).[92] À la lecture de ces informations, il faut garder en tête que dans le cas de transplantation forcée en Silésie, toute la famille de la personne déportée l'était le même jour. Certaines personnes citées furent démises de leurs fonctions beaucoup plus tôt ; leur déportation n'eut lieu que quelques années plus tard.[93] Tel fut le cas de Paul Faber, qui s'opposa publiquement à l'interdiction de la langue française en août 1940, et fut démis de ses fonctions puis réquisitionné.[94] Faber et le juge de paix Félix Welter figurent parmi les rares fonctionnaires de justice à refuser de rejoindre la VdB, ce

---

89 ANLux, CdG-007 A-07, Untersuchungsbericht der Surêté Publique betreffend dem Standgericht und Fritz Hartmann, 21 juin 1948, 84–85; LPPD (ed.), *Livre d'or des camps, Numéro spécial*, Rappel 45:5–6 (mai-juin 1990), 112; 150; 354.

90 Il s'agissait de Calteux, Capus, Hansen, Paquet, Salentiny, Schaack et Sevenig, voir Hohengarten, *Vom Halbmond zum Ziegenkopf*, op. cit., 78; Michielsen, *The "nazification" and "denazification"*, op. cit., 115.

91 Voir Dostert, *« Zivilverwaltung » in Luxemburg*, op. cit., 54.

92 ANLux, MJDIV-1156, Liste des magistrats et fonctionnaires de l'administration de la Justice déportés en Allemagne et rentrés au Grand-Duché en 1945.

93 Sont par ailleurs exclus dans cette liste les avocats déportés qui n'étaient pas fonctionnaires de justice. Tel fut le cas de Maurice Neumann, par exemple. Voir *Die Toten der Heimat*, Revue, 23 novembre 1948, 726.

94 Cerf, Paul, *De l'épuration au Grand-Duché de Luxembourg après la Seconde Guerre mondiale*, Luxembourg, Saint-Paul, 1980, 114, nbp 48. Le caducifer du Barreau luxembourgeois, Maurice

qui leur valut d'être limogés par l'occupant en mai 1941.[95] Après la guerre, ils furent tous deux honorés à la Chambre des députés par le député Aloyse Hentgen, qui fit également du greffier Antoine Huberty (tribunal d'arrondissement de Luxembourg) et du secrétaire et délégué au casier judiciaire J.-P.-Henri Thillen (Parquet général) des exemples de comportement patriotique au sein de l'administration judiciaire.[96] Les arrestations par la Gestapo et les déportations vers les camps de concentration marquèrent également le destin individuel de nombreux fonctionnaires de justice. Il suffit de comparer le *Livre d'or des camps* et les Annuaires Officiels des administrations luxembourgeoises pour avoir une vue d'ensemble, quoique incomplète, des victimes du national-socialisme au sein de la justice.[97] Par exemple, Louis Bassing, greffier suppléant du tribunal de paix de Vianden, décéda le 25 février 1944 dans le camp de concentration de Hinzert.[98] Certains employés, tels que le greffier Marius Pauly, sont passés par plusieurs étapes de détention avant de pouvoir rentrer au Luxembourg.[99] Le dernier rapatrié de l'administration judiciaire, le secrétaire Robert Eyschen, rentra en juin 1945.[100]

L'historien Paul Dostert note que nombreux magistrats qui étaient encore en fonction se révélèrent souvent des « collaborateurs malgré eux ».[101] Pour le pouvoir judiciaire, ainsi que pour les autres administrations publiques, le début de l'occupation posa un énorme défi. Contrairement aux Pays-Bas et à la Belgique, les administrations nationales furent systématiquement nazifiées, car le Luxembourg avait été annexé de fait. Le Luxembourg constituait donc un cas par-

---

Neumann, fit preuve de solidarité envers Faber. Voir Aloyse Raths, Unheilvolle Jahre für Luxemburg 1940–1945, Luxembourg 2008, 38.

95 Michielsen, *The "nazification" and "denazification"*, op. cit., 111. Deux attachés de justice, Jean Kauffman et Marc Delvaux, refusèrent de rejoindre la VdB. Voir Thomas, Bernard, *entretien avec l'ancien procureur général, Robert Biever*, op. cit.

96 Cerf, *De l'épuration au Grand-Duché*, op. cit, 156.

97 Publications de l'office de statistique, *Annuaire officiel 1940* (31e année), Luxembourg 1940 ; LPPD (ed.), *Livre d'or des camps, Numéro spécial*, Rappel 45:5–6 (mai-juin 1990).

98 LPPD (ed.), *Livre d'or des camps*, op. cit., 113.

99 Marius Pauly survivra à l'emprisonnement dans le camps Hinzert, et aux *Außenkommandos* du camp Natzweiler-Struthof à Gieslingen an der Steige et Obernai. Voir LPPD (ed.), *Livre d'or des camps, Numéro spécial*, Rappel 45:5-6 (mai-juin 1990), 200.

100 ANLux, MJDIV-1156, Liste des magistrats et fonctionnaires de l'administration de la Justice déportés en Allemagne et rentrés au Grand-Duché en 1945, lettre du procureur général d'État au ministre de la Justice, 27 juin 1945.

101 Dostert, *Luxemburg zwischen Selbstbehauptung und nationaler Selbstaufgabe*, op. cit., 192. Les concepts d'adaptation et d'accommodation proposés par Vincent Artuso dans le cas du Luxembourg apparaissent ici utiles, au sens des efforts consentis par certaines franges de la population pour parvenir à un semblant de normalité. Voir Artuso, *La collaboration au Luxembourg*, op. cit., 41–42.

ticulier dans la région : avec seulement 55 magistrats au début de l'occupation, les fonctionnaires judiciaires luxembourgeois ne pouvaient pas menacer d'un abandon massif du service, surtout si l'on considère que les juristes allemands étaient autorisés à travailler au Luxembourg.[102] Précisément en raison de ce risque de substitution, on peut imaginer que les fonctionnaires de justice luxembourgeois tentèrent de rester en fonction le plus longtemps possible.[103]

À mesure que la guerre progressait, d'autres plans pour la subordination organisationnelle de la justice luxembourgeoise au Gau Moselland ainsi que pour l'intégration des *oberlandesgerichtlichen Senate* dans le tribunal de Coblence furent abandonnés. Le revirement progressif en faveur des Alliés se poursuivit à l'été 1944 avec le débarquement en Normandie. Le 25 août, la bataille de Paris se termina par la reddition du gouverneur militaire nazi. À la fin du mois d'août 1944, les juristes allemands qui travaillaient au Luxembourg furent informés qu'ils devaient se préparer à recevoir un ordre de retrait.[104] Le 31 août 1944, environ 10.000 personnes s'enfuirent du Grand-Duché vers l'Allemagne, tandis que l'administration civile revint quelques jours plus tard pour supprimer les dossiers.[105] Le retrait définitif de l'administration nazie eut lieu le 9 septembre.

4 Reprise de la justice nationale

La restauration du système politique et judiciaire ne put se faire que progressivement au vu des défis que réservait l'après-guerre. Si les fondements juridiques de la reconstruction du pays et du système judiciaire furent en grande partie établis pendant la guerre par le gouvernement en exil, l'administration nazie locale resta en place jusqu'à la fin de l'été 1944. Dans le même temps, côté allié, entre 1941 et 1943, des règlements pour le jugement des crimes de guerre par les systèmes judiciaires des pays concernés furent négociés, initialement entre la Grande-Bretagne, les États-Unis et l'Union soviétique.[106] Ainsi, neuf gouvernements en exil de pays

---

102 Voir Thomas, Bernard, *entretien avec l'ancien procureur général, Robert Biever*, op. cit. et Michielsen, *The "nazification" and "denazification"*, op. cit., 198; 202.

103 Id., 116.

104 Id.

105 Krier, Emile, *Luxemburg am Ende der Besatzungszeit und der Neuanfang*, in : Düwell, Kurt/ Matheus, Michael (edd.), *Kriegsende und Neubeginn. Westdeutschland und Luxemburg zwischen 1944 und 1947* (Geschichtliche Landeskunde Bd. 46), Stuttgart, Franz Steiner Verlag, 1997, 69–95.

106 Steinmetz, Jill, *« Kämpfer mit dem überzeugenden Wort ». Die Verteidigungsstrategie des Rechtsanwalts Kurt Heim im Kriegsverbrecherprozess gegen Gestapobeamte vor dem Gerichtshof des*

occupés signèrent la St. James Declaration à Londres : les ministres luxembourgeois des Affaires étrangères et de la Justice, respectivement Joseph Bech et Victor Bodson[107], apposèrent leurs signatures aux côtés de celles des responsables belges, tchécoslovaques, français, grecs, néerlandais, norvégiens, polonais et yougoslaves.[108] Dans ce document, les signataires confirmaient que les actes de violence commis par l'Allemagne, loin de constituer des actes de guerre, devaient être réprimés, examinés et jugés en tant que crimes.[109] Les fondations légales des poursuites et des condamnations des collaborateurs luxembourgeois furent également créées. Le personnel judiciaire et sa composition revêtirent alors une importance fondamentale. Le manque de juristes qualifiés, le retour tardif d'anciens employés et magistrats, ainsi que les pressions liées à l'épuration politique, entravèrent les efforts de reconstruction.

L'entaille brutale provoquée par l'appareil d'occupation nazi laissa au système judiciaire national deux missions : non seulement la transition juridique au régime précédent, mais aussi l'épuration légale. Plusieurs mesures fondamentales peuvent être distinguées dans le processus de reconstruction du système judiciaire luxembourgeois après la Seconde Guerre mondiale. À partir de novembre 1944, l'appareil administratif de l'État fit l'objet d'une enquête administrative chargée d'identifier et de sanctionner les partisans du régime nazi dans les postes publics. Cette épuration administrative visait à créer un état irréprochable et donc, d'une certaine manière, renouvelé. Si l'administration judiciaire fut loin d'être la seule à être purgée, elle se trouvait dans une situation exceptionnelle en raison du rôle inhérent à son statut comme pouvoir judiciaire. La justice fut également chargée des poursuites et condamnations pénales des collaborateurs, mais aussi des criminels de guerre allemands sur le sol luxembourgeois. Contrairement aux autres administrations de l'État, l'enquête administrative était toutefois moins prononcée dans le système judiciaire. En effet, l'épuration de la magistrature a été réglée par une procédure disciplinaire ; ce n'est que dans des

---

Großherzogtums Luxemburg (1949–1951), in : Grotum, Thomas (ed.), *Die Gestapo Trier. Beiträge zur Geschichte einer regionalen Verfolgungsbehörde*, Cologne, Böhlau, 2018, 276.

107 Victor Bodson (1902–1984), ministre de la Justice de 1940 à 1947 et de 1951 à 1959. Il est le seul Luxembourgeois répertorié dans la base de données Yad Vashem, où il est reconnu pour avoir sauvé plus de 100 Juifs. Pour sa biographie détaillée, voir Carbonell, Mauve, *Victor Bodson : Un notable luxembourgeois dans la tourmente européenne au XXe siècle. Une approche biographique*, Hémecht, vol. 4 (2016), 411–433.

108 *Punishment for war crimes. The inter-allied declaration signed at St. James Palace, London, 13 January 1942*, National Library of Australia, https://nla.gov.au/nla.obj-648522001/view?partId=nla.obj-648522082#page/n0/mode/1up [dernière consultation: 08.06.2021].

109 Id.

cas isolés que des membres de la magistrature apparaissent dans les dossiers des épurations pénales et administratives.[110]

La loi sur l'organisation judiciaire de 1885, pierre angulaire du système judiciaire luxembourgeois, devint l'instrument de la reconstruction. Après presque cinq ans sans aucun changement, quatre modifications y furent apportées en 1944.[111] Celles-ci peuvent être considérées comme un élément important du retour à la normalité dans la justice luxembourgeoise. La modification de l'organisation judiciaire actée par l'ordonnance grand-ducale du 14 juin 1944 stipulait que la reprise de la justice devait s'opérer par la libération. Cette ordonnance, baptisée *Arrêté du 7 juillet 1944 grand-ducal modifiant l'organisation judiciaire afin de rendre possible, dès la libération du territoire, la reprise de la justice*, incluait des mesures sur le retour à la normale du travail judiciaire ainsi que des adaptations sur les circonstances extraordinaires d'après-guerre.[112] Les articles définissant la période de vacance de deux mois ainsi que ceux relatifs à l'affectation de juges représentatifs supplémentaires dans les tribunaux d'arrondissement de Luxembourg et Diekirch peuvent être considérés comme des mesures pour un retour à la normalité. La pénurie de personnel résultant de l'occupation devint visible, entre autres, à travers le complément apporté à l'article 178 : « Le Gouvernement est cependant autorisé à se départir de la limite d'âge en cas de nécessité et replacer en fonctions un magistrat retraité. » L'abolition de l'article 50 portant sur les crimes contre la sécurité extérieure de l'État constitua un changement particulier par rapport à l'occupation nazie.[113] Cet article définit la composition et le fonctionnement de la Cour d'assises, c'est-à-dire la plus haute instance pénale du Luxembourg. Par ailleurs, dans le cas des crimes contre la sécurité extérieure du

---

110 Une liste de toutes les administrations d'État purgées ne comprend qu'un seul juge de paix qui a également fait l'objet d'une sanction administrative (réduction de 25 % de la pension). Voir ANLux, EPU-02-093, Sanctions prises envers des fonctionnaires et employés de diverses administrations et services.

111 Les modifications sont datées des 14 juillet, 2 octobre, 6 novembre et 25 novembre 1944.

112 Arrêté grand-ducal du 14 juin 1944, modifiant l'organisation judiciaire afin de rendre possible, dès la libération du territoire, la reprise de la justice, Mémorial A 3 (1944), 34–35.

113 Les infractions et crimes contre la sécurité extérieure de l'État étaient sévèrement punis. Les articles du Code pénal qui étaient appliqués furent modifiés en 1943 pour ne concerner que les collaborateurs luxembourgeois. Voir Arrêté grand-ducal du 14 juillet 1943 modifiant les dispositions du Code Pénal concernant les crimes et délits contre la sûreté extérieure de l'État, Mémorial A, 3 (1943), 24–28. Pour la liste des sanctions, voir Cerf, *De l'épuration au Grand-Duché*, op. cit, 36–37; Feis, Simone, *La collaboration au Grand-Duché de Luxembourg vue à travers les jugements du Tribunal d'arrondissement de Diekirch*, Mémoire scientifique en vue de l'obtention du grade de licenciée en histoire contemporaine, Université Libre de Bruxelles 2005, 103–105.

Luxembourg, la suppression du jury du 6 novembre 1814 n'était plus valide.[114] Ces changements auraient pu être la condition préalable pour la nomination des deux assesseurs non-professionnels issus de la résistance auprès les tribunaux compétent pour les crimes contre la sûreté extérieure de l'État.[115]

L'introduction de cette première modification ne doit en aucun cas être considérée comme une rupture nette dans la transition vers la souveraineté judiciaire luxembourgeoise. Comme nous l'avons déjà mentionné, l'administration civile nazie existait encore en juin et août 1944. Pendant cette période, le tribunal d'exception siégea encore à 12 reprises et rendit 44 jugements.[116] Par conséquent, le texte de la modification législative envoya un signal clair contre la justice d'occupation toujours présente :

> Considérant qu'à la suite de l'occupation militaire allemande, contraire aux règles du droit public international et interne, le fonctionnement du pouvoir judiciaire a été désorganisé et que des mesures d'ordre provisoire s'imposent en vue de la reprise normale de la justice ; Considérant que l'occupation du territoire rend impossible la procédure législative normale ; Considérant que cette situation, due au fait de l'agresseur, ne saurait ni enlever au Gouvernement le droit ni le dispenser du devoir de défendre l'existence de l'État et d'en assurer la continuité [...][117]

Ainsi, même si la présence de l'occupant empêchait l'exercice normal de la justice, le gouvernement envoyait néanmoins le signal qu'un système judiciaire indépendant serait rétabli avec la libération du pays.

Lorsque le gouvernement en exil revint au Grand-Duché en septembre 1944, la dynamique du pouvoir dans le pays avait changé. Les organisations résistantes s'étaient unies pour former l'Unio'n, qui avait déjà arrêté un certain nombre de collaborateurs avérés ou présumés et exerçait ainsi le pouvoir de police. De plus, la présence militaire des Alliés au Luxembourg fut coordonnée par le SHAEF (*Supreme Headquarters Allied Expeditionary Force*). L'offensive des Ardennes à l'hiver 1944–1945 – dernière attaque de l'Allemagne nazie dans la région – entraîna la destruction d'Echternach et de nombreuses localités de l'Oesling. Pendant les combats, le siège du tribunal d'arrondissement de Diekirch fut transféré à Luxembourg.[118] La libération définitive du territoire luxembourgeois intervint le

114 Arrêté grand-ducal du 14 juin 1944, modifiant l'organisation judiciaire afin de rendre possible, dès la libération du territoire, la reprise de la justice, Mémorial A 3 (1944), Article premier, 34–35.
115 La participation des militants de la résistance comme assesseurs lors du *Gestapoprozess* est évoquée par Steinmetz, « *Kämpfer mit dem überzeugenden Wort*, op. cit., 278.
116 Krier, *Luxemburg am Ende der Besatzungszeit*, op. cit., 71.
117 Arrêté grand-ducal du 14 juin 1944, modifiant l'organisation judiciaire afin de rendre possible, dès la libération du territoire, la reprise de la justice, Mémorial A 3 (1944), 34.
118 Michielsen, *The "nazification" and "denazification"*, op. cit., 237.

15 février 1945. Les élections parlementaires ne purent avoir lieu qu'en octobre de la même année. Entre octobre et novembre 1944, quatre modifications de la loi sur l'organisation judiciaire furent adoptées : deux portant principalement sur la reprise de la justice, une sur la sécurité extérieure de l'État et une conférant aux juges de paix l'autorisation temporaire de desservir un ou plusieurs autres cantons. Pendant cette période tumultueuse, c'est le ministre de la Justice Victor Bodson qui coordonna les efforts de reconstruction judiciaire. Le 28 septembre, quatre juges suppléants, un procureur et deux juges prêtèrent serment au tribunal d'arrondissement de Luxembourg.[119] Cette prestation de serment se déroula sous la supervision du président de la Cour supérieure, Ernest Heuertz, du greffier Jean Guill et du procureur général adjoint Jean Kauffman. Le texte du serment était à nouveau le suivant : « Je jure fidélité à la grande-duchesse, obéissance à la Constitution et aux lois de l'État. Je promets de remplir mes fonctions avec intégrité, exactitude et impartialité. »[120] Un règlement transitoire fut également pris concernant les juristes ayant réussi leur deuxième examen de doctorat pendant l'occupation. Ceux qui avaient passé leurs examens sur la base du *Bundesgesetzbuch* durent passer une épreuve complémentaire dans le cas où aucune attitude antipatriotique n'était avérée.[121] Au total, au moins 25 jeunes avocats ont été examinés en présence d'un commissaire allemand pendant l'occupation.[122]

Il fallut parfois recourir à des nominations temporaires, comme dans le cas des nouveaux attachés du ministère de la Justice. En l'absence du ministre d'État Pierre Dupong en décembre 1944, l'ordonnance de nomination de ces attachés fut retardée de quelques jours, si bien que Bodson incita quand même les six jeunes attachés à prendre leurs fonctions « sans attendre la nomination définitive ».[123] Dans la même veine, les besoins d'après-guerre donnèrent également lieu à des changements législatifs. Les conditions de nomination des attachés au ministère de la Justice, fixées par la loi du 23 août, ne purent être remplies à ce stade. En conséquence, les candidats à ce poste devaient avoir accompli au moins deux ans de stage pour pouvoir être nommés en tant qu'attachés pour trois ans.[124] Dès

---

119 Archives du Parquet Général de Luxembourg, Justice I 81, Organisation provisoire après la libération, Procès-verbal de prestation de serment, 28 septembre 1944.

120 Id.

121 ANLux, MJDIV-0266, Examens juridiques réussis pendant l'occupation – cas individuels, Lettre du ministre de l'Instruction Publique au ministre de la Justice, 29 décembre 1944.

122 Id.

123 Archives du Parquet Général de Luxembourg, Justice I 81, Organisation provisoire après la libération, Bodson au procureur général, 12 décembre 1944.

124 Art. 1 et Art. 2. de la loi du 23 août 1882 relative aux attachés du ministère de la Justice, dans Mémorial A 54 (1882), 571.

le 2 décembre 1944, la durée et le processus de nomination furent modifiés, permettant ainsi les nominations pour une durée inférieure à trois ans. Mais cela ne fut pas suffisant, comme le déclara le procureur général en mars 1945 lorsqu'il demanda au ministre de la Justice de réduire la durée du stage :

> Lors de notre entrevue [...], je vous avais fait part qu'il était impossible au Parquet général et au Parquet d'évacuer les affaires qui s'accumulent, sans augmentation de personnel des substituts ou attachés. Après sondage auprès des nouveaux avocats stagiaires, nous avons dû constater que presque tous étaient placés dans les diverses administrations. Nous sommes donc réduits à demander le concours des 16 nouveaux docteurs en droit qui malheureusement prêtent leur serment seulement à la date du 12 avril. Lors de notre entrevue vous avez envisagé la publication d'un arrêté [...] par la dispense pour les avocats stagiaires de l'accomplissement de deux années de stage, avant de pouvoir être nommés attachés. Par les temps anormaux que nous vivons, les jeunes avocats inscrits n'ont pas plus ni moins d'expérience que les jeunes avocats stagiaires.[125]

Cette lettre témoigne de l'énorme pression qui fut exercée sur le système judiciaire d'après-guerre. Les futurs avocats constituaient de précieuses ressources, également sollicitées par d'autres administrations. Le 15 décembre 1944, Bodson demanda au parquet de confier aux greffiers le « travail de déblayage » des affaires courantes, surtout dans la juridiction gracieuse des tribunaux de paix.[126] Environ deux semaines plus tard, le 1er janvier 1945, le ministre de la Justice annonça la fin des « vacances judiciaires » provisoires afin que les fonctionnaires de justice pussent reprendre leurs fonctions. Il suggéra également au procureur général, au sens de l'article 167 de la loi sur l'organisation judiciaire, de suspendre temporairement tous les magistrats faisant l'objet d'une enquête pendant toute la durée de cette procédure jusqu'à ce qu'une décision fût prise.[127] Cependant, avant la mise en œuvre de l'épuration administrative et judiciaire, d'autres moyens permettaient de contrôler les fonctionnaires de justice. En octobre 1944, Bodson invoqua l'article 157 de la loi sur l'organisation judiciaire pour appliquer à certains juges des mesures disciplinaires allant du blâme à la destitution.[128] Il s'agit du même article qui fut cité dans l'entre-deux-guerres lorsqu'il a été question du décret de mariage.[129]

---

125 Archives du Parquet Général de Luxembourg, Justice I 81, Organisation provisoire après la libération, procureur général au ministre de la Justice, 27 mars 1945.
126 Id., lettre de Victor Bodson au procureur général Welter, 15 décembre 1944.
127 Id., lettre de Victor Bodson au procureur général, 27 décembre 1944.
128 Archives du Parquet Général de Luxembourg, Justice I 82, lettre de Victor Bodson au procureur général, 31 octobre 1944.
129 Voir chapitre « Le travail et les questions sociales au centre de la justice dans l'entre-deux-guerres (1919–1940). »

À l'époque, des mesures disciplinaires avaient déjà été prises à l'encontre de deux juges de paix en vertu de cet article. A partir du 2 mars 1945, la procédure disciplinaire commune s'appliqua comme norme légale pour tous les magistrats soupçonnés n'ayant pas encore pris leur retraite.[130] Au total, des procédures disciplinaires furent engagées contre trois conseillers, quatre juges d'arrondissement à Luxembourg, deux juges d'arrondissement à Diekirch et dix juges de paix.[131] Les documents relatifs à ces procédures disciplinaires ont été perdus.[132]

Avec l'ordonnance du 12 janvier 1945, les greffiers et juges de paix devaient pouvoir tenir des audiences « en cas d'urgence » devant les tribunaux civils ou de police non seulement dans la capitale du canton, mais aussi dans d'autres cantons.[133] Ce règlement permit d'affecter du personnel judiciaire dans des tribunaux en sous-effectif, mais provoqua également des goulots d'étranglement dans d'autres cantons, comme ce fut le cas à la justice de paix de Luxembourg. On y ne comptait parfois qu'un seul greffier, contre trois avant la guerre.[134] Il faut également garder à l'esprit que le retour ne se faisait pas toujours directement au Grand-Duché. Par exemple, un juge suppléant de Diekirch, Oscar Schiltz, avait réussi à s'échapper d'un camp de déportés en Silésie en janvier 1944, avant d'être capturé par la Gestapo au Luxembourg et interné de nouveau pour être libéré par les Alliés seulement en avril 1945.[135]

Il manquait non seulement les employés et magistrats de justice qui se trouvaient à l'étranger, mais également ceux qui avaient été suspendus temporairement en raison d'accusations de collaboration, comme indiqué plus haut. Ce fut le cas de trois employés du parquet, de deux juges de paix, d'un greffier et du concierge du palais de justice.[136] Un juge d'arrondissement de Diekirch fut par

130 « Les magistrats de l'ordre judiciaire, non encore mis à la retraite sur la base de la législation luxembourgeoise, restent soumis à la discipline existante. » Voir Arrêté grand-ducal du 2 mars 1945 portant institution de l'enquête administrative prévue par l'arrêté grand-ducal du 30 novembre 1944, Mémorial A 10 (1945), 85–87.

131 Michielsen, *The "nazification" and "denazification"*, op. cit., 239.

132 Id.

133 Arrêté grand-ducal du 12 janvier 1945, concernant l'organisation des justices de paix, Mémorial A 2 (1945), 14.

134 Archives du Parquet Général de Luxembourg, Justice I 81, Organisation provisoire après la libération, juges de paix Schmitz et Servais au procureur général, 24 février 1945.

135 Raths, *Unheilvolle Jahre*, op. cit., 384.

136 Archives du Parquet Général de Luxembourg, Justice I 82, Liste des fonctionnaires de l'Administration judiciaire suspendus, qui se sont trouvés ou qui se trouvent encore actuellement détenus pour infraction politique ou internés, 13 février 1945.

ailleurs suspendu en décembre 1944.[137] Le vice-président de la Cour supérieure de justice et un conseiller furent suspendus en janvier 1945.[138] Deux juges d'arrondissement luxembourgeois, furent provisoirement suspendus, tout comme le greffier-adjoint de ce tribunal.[139] Pour permettre la reconstruction du système judiciaire, ces cas disciplinaires devaient être traités le plus rapidement possible. Le traitement de ces cas exerça une pression énorme sur toutes les personnes impliquées, comme en témoigne une lettre du procureur général datée de mars 1945, qui répondait à la demande de Bodson concernant l'accélération des procédures disciplinaires contre les juges :

> Depuis six mois je sacrifie ma santé à un poste exposé et plein de responsabilités, pour concourir dans la mesure de mes forces au relèvement de mon pays à une époque critique et historique, après quatre longues années de privations matérielles et de tortures morales. Vous savez mieux que tout autre que je n'ai jamais brigué ce poste et qu'au moment voulu, j'accepte avec soulagement ma libération pour pouvoir reprendre mon étude. Je ne désire qu'une chose c'est que jusqu'à la fin de mon mandat notre collaboration se fasse dans la même loyauté et confiance comme par le passé.[140]

Cependant, ces mesures disciplinaires ne furent pas prises dans le cadre de l'enquête administrative. La quasi absence des magistrats dans les rapports de l'épuration administrative s'explique par le fait que, selon la loi du 2 mars 1945, ils n'étaient pas soumis à l'enquête menée par le commissaire général de l'enquête administrative, mais à l'enquête disciplinaire déjà mentionnée. Cela signifie que la Cour Supérieure purgera la magistrature elle-même, non pas sur la base de l'enquête administrative nouvellement établie, mais avec la procédure disciplinaire basée sur la loi judiciaire de 1885, articles 157 et suivants.

Il est intéressant de noter qu'un seul juge de paix figure dans un relevé de l'épuration administrative. Comme lui, deux greffiers, deux commis au parquet, un commis expéditionnaire et un garçon du bureau du palais de justice furent sanctionnés.[141] Cinq autres fonctionnaires de justice sanctionnés appartenaient à l'administration pénitentiaire. Ce n'est que dans des cas exceptionnels que les

137 Id.

138 Archives du Parquet Général de Luxembourg, Justice I 82, Liste des fonctionnaires de l'Administration judiciaire suspendus, qui se sont trouvés ou qui se trouvent encore actuellement détenus pour infraction politique ou internés, note manuscrite, non datée.

139 Id.

140 Archives du Parquet Général de Luxembourg, Justice I 82, lettre du procureur général Jean Marso au ministre de la Justice, 19 mars 1945.

141 ANLux, EPU-02-093, Sanctions prises envers des fonctionnaires et employés de divers administrations et services, Listes nominatives, 21–22.

magistrats ont été traduits en justice. Au total, trois magistrats ont été soumis à une sanction pénale : Paul Michels, Oscar Erpelding et Aloyse Muller.[142]

Prenons le cas de l'ancien juge Paul Michels qui fut traduit en justice pour attentat contre la sécurité extérieure de l'État. Cet ancien juge du tribunal d'arrondissement de Luxembourg, qui fut ensuite juge du *Amtsgericht* de Luxembourg, fut condamné en 1946 à six ans d'emprisonnement, à une amende de 250 000 francs et à la déchéance de sa nationalité luxembourgeoise.[143] Il fut également privé de sa pension, ce qui plongea sa famille dans une situation financière difficile. Pendant l'occupation, Michels, pourtant animé dans l'entre-deux-guerres d'un esprit de gauche, a notamment été actif au sein de la DRB et intégré dans la NSDAP. L'implication dans le système nazi d'un homme qui avait écrit des poèmes satiriques sur les Allemands avant la guerre fut expliquée par sa « faiblesse de caractère ».[144] En dépit de sa participation au système nazi, Michels avait assisté ses concitoyens, par exemple en les aidant à se soustraire au service militaire obligatoire.[145] Après avoir purgé la moitié de sa peine, il fut libéré de prison. Ce type d'épuration pénale constitua l'une des grandes tâches d'après-guerre des tribunaux luxembourgeois : le tribunal d'arrondissement de Luxembourg traita 4.178 cas de collaboration, et celui de Diekirch 1.567 affaires.[146]

Les autorités militaires alliées étaient elles aussi intéressées par la reprise rapide des travaux aux justices de paix, comme en témoigne une lettre du procureur général adjoint Jean Kauffman, qui transmit un projet des majors Ainsa et Rogers au ministre de la Justice. Il s'agissait de l'établissement d'une « Justice de Paix ambulante » qui devait traiter spécifiquement les infractions qui avaient mis en danger l'ordre public.[147] Les tribunaux de police, qui relevaient des justices de paix, devaient donc prendre en charge ces infractions, qui comprenaient par exemple le non-respect du couvre-feu entre 23 heures et 6 heures, tout séjour en

---

142 Pour un examen détaillé de ces affaires, voir Wingerter, Elisabeth, *Law, order and postwar purge in the Grand Duchy of Luxembourg. Transitional Justice and redistribution through the example of justice personnel, gendarmerie and police,* Thèse doctorale, Université du Luxembourg, 2021/2022.

143 Weber, Josiane, *Luxemburger Autoren während der NS-Besatzungszeit. Zwischen Widerstand, Anpassung und Kollaboration*, in: Conter, Claude/Lieb, Daniela/Limpach, Marc/Schmit, Sandra/Schmitz, Jeff/Weber, Josiane, *Luxemburg und der Zweite Weltkrieg. Literarisch-intellektuelles Leben zwischen Machtergreifung und Epuration*, Luxemburg, Centre national de littérature, 2020, 398.

144 Weber, *Luxemburger Autoren*, op. cit., 398.

145 Thomas, Bernard, *entretien avec l'ancien procureur général, Robert Biever*, op. cit.

146 Cheun, *La collaboration au Luxembourg*, op. cit., 181.

147 Archives du Parquet Général de Luxembourg, Justice I 81, Organisation provisoire après la libération, Kauffman à Bodson, 13 février 1945.

Les juristes allemands accusés devant le tribunal, 1949.
© Photographie Studio Mirgain.

dehors du rayon de 6 km autour de son propre lieu de résidence et le port non-autorisé d'appareils optiques de grossissement.[148] Dans le cas des «infractions contre les Forces Alliées de moindre importance»[149], on encourait au maximum un an d'emprisonnement ou une amende de 10 000 francs.[150]

5 Le *Juristenprozess*

Selon les accords alliés susmentionnés sur les poursuites pénales contre les criminels de guerre allemands, une Cour des crimes de guerre fut également créée au Luxembourg. La loi sur la poursuite des crimes de guerre du 2 août 1947 posa les fondements juridiques de la condamnation des étrangers soupçonnés de tels crimes.[151] Cette cour était composée de cinq juges effectifs, parmi lesquels figuraient toujours un conseiller de la Cour supérieure comme président, deux asses-

148 Arrêté ministériel du 7 novembre 1944 relatif au maintien de l'ordre dans la partie du territoire auquel s'applique l'état de siège, Mémorial A 13 (1944), 104.
149 Archives du Parquet Général de Luxembourg, Justice I 81, Organisation provisoire après la libération, procureur général adjoint Kauffman au commandant de la Force Armée, 13 février 1945.
150 Arrêté grand-ducal du 12 janvier 1945, concernant l'organisation des justices de paix, Mémorial A 2 (1945), 13.
151 Loi du 2 août 1947 sur la répression des crimes de guerre, Mémorial A 38 (1947), 755–758.

seurs de la Cour supérieure ou de l'un des tribunaux d'arrondissement et deux assesseurs du corps d'armée ou de la gendarmerie.[152] Au total, 162 procédures contre des Allemands furent engagées lors des procès pour crimes de guerre au Luxembourg, aboutissant à 44 jugements.[153]

À ce stade, il vaut la peine de s'intéresser au premier procès pour crimes de guerre intenté contre 13 fonctionnaires de justice allemands, qui marqua l'histoire de la justice. Les accusés avaient occupé des postes au *Sondergericht* pendant la guerre, Alexander Bergmann ayant exercé la plus haute fonction de commissaire à l'administration de la justice. Les accusés furent extradés par l'armée britannique.[154] La transformation illégale d'institutions ou d'organisations juridiques de l'État luxembourgeois fut invoquée.[155] Cela signifiait que les juristes devaient non seulement répondre de la condamnation des Luxembourgeois devant le tribunal d'exception nazi[156], mais aussi de la réorganisation du système judiciaire pourtant fonctionnel du Grand-Duché. Des mesures nazies concrètes, telles que l'introduction du salut nazi ou l'incitation à l'adhésion collective à la VdB, furent alors citées.[157] Les dossiers du procès permettent de prendre conscience de l'ampleur des accusations : c'est Raderschall qui fut tenu responsable du plus grand nombre de crimes contre des Luxembourgeois, avec 48 peines d'emprisonnement, 214 peines de réclusion et 11 peines entraînant la mort. Schmidt fut tenu responsable de 43 peines d'emprisonnement, 202 peines de réclusion et 11 décès.[158] Les exécutions de civils luxembourgeois à la prison de Klingelpütz à Cologne furent imputées à Hofmann, Drach, Raderschall, Gaerner et Schmidt en tant que compli-

---

152 Voir Loi du 2 août 1947 sur la répression des crimes de guerre, Mémorial A 38 (1947), 755–758 ; Loi du 20 octobre 1948 portant modification des alinéas 1 à 3 de l'article 20 de la loi du 2 août 1947 sur la répression des crimes de guerre, Mémorial A 59 (1948), 1107.

153 Steinmetz, *« Kämpfer mit dem überzeugenden Wort,* op. cit., 275.

154 Les extraditions de citoyens allemands durent être légalement justifiées devant les autorités britanniques. Dans le cas des 13 juristes, l'accusation de crimes de guerre fut présentée en vertu de la loi n° 10 du Conseil de contrôle allié. Une décision préliminaire du tribunal des crimes de guerre du Luxembourg sur la légalité de l'extradition fut critiquée en Allemagne. Voir Schätzel, W., *Urteil des luxemburgischen Kriegsverbrechengerichts vom 25. Oktober 1948*, Archiv des Völkerrechts 1:4 (mai 1949), 509–512.

155 Id., 512.

156 Le tribunal d'exception et le *Standgericht* prononcèrent 38 condamnations à mort pendant l'occupation. Voir Dostert, *Luxemburg zwischen Selbstbehauptung und nationaler Selbstaufgabe,* op. cit., 200.

157 ANLux, CdG-148, Raderschall Adolf, Harlos Wilhelm, Drach Leo, Wienecke Josef, etc., relevé des accusations.

158 Id., 33 et suiv.

cité de meurtre.[159] Au total, 88 témoins furent entendus dans le cadre du procès, dont 14 travaillaient dans l'administration de la justice.[160]

Le tribunal des crimes de guerre se réunit dans le cadre de la Haute Cour militaire avec Félix Welter comme auditeur général.[161] Présent en tant qu'auditeur militaire, Georges Schommer[162] décrivit dans sa plaidoirie le fonctionnement de l'État nazi et son histoire, notant une continuité dans les violations du droit international de la part des Allemands, de Guillaume II à Hitler.[163] Lors de sa plaidoirie, l'auditeur général Welter formula de nouvelles observations sur la dégradation de la morale juridique allemande et lut les souvenirs de déportés luxembourgeois emprisonnés à Mauthausen.[164] L'argumentation des procureurs passa ainsi en revue le contexte politique général des années écoulées depuis la prise du pouvoir par les nazis en Allemagne afin de retracer les effets du régime d'injustice. Le 25 juin 1949, les verdicts furent finalement prononcés : Rahmel, Harlos, Gaerner, Kubasch, Fuhr et Schmidt furent acquittés. Bergmann, Drach, Raderschall, Hofmann et Wienecke furent condamnés aux travaux forcés ou à la prison, Raderschall, absent, recevant la peine la plus longue avec 20 ans de travaux forcés, et Bauknecht et Lütcke reçurent la peine la plus légère avec 4 ans de prison.[165] Certains d'entre eux purent poursuivre leur carrière, tandis que

---

159 Id., relevé des accusations. L'implication dans l'autorisation des exécutions de prisonniers luxembourgeois dans la prison de Siegburg en 1944 peut également être prouvée. Voir Herbers, *Justizverwaltung im Oberlandesgerichtsbezirk Köln*, op. cit., 173.

160 ANLux, CdG-148, Raderschall Adolf, Harlos Wilhelm, Drach Leo, Wienecke Josef, etc., relevé des accusations.

161 Office de la statistique générale, *Annuaire Officiel 1946*, Luxembourg, Victor Bück, 1946, 131. Le collègue de Welter, Paul Faber, joua un rôle très similaire dans la période d'après-guerre. Paul Faber, qui se rebella contre les mesures nazies pendant l'occupation, présida « le procès le plus important » de l'après-guerre, le *Gestapoprozess*, où furent notamment jugés l'Oberregierungsrat Wilhelm Nölle, Einsatzkommandochef Fritz Hartmann et les inspecteurs Walter Runge, Sebastian Ranner et Josef Stuckenbrock. Voir Cerf, Paul, *Longtemps j'aurai mémoire*, Luxembourg, Éditions du Letzeburger Land, 1974, 134 et suiv.

162 Georges Schommer suivit le gouvernement en exil à Londres et devint conseiller honoraire en 1945. Voir Cerf, *De l'épuration au Grand-Duché*, op. cit, 8.

163 Office de la statistique générale, *Annuaire Officiel 1946*, Luxembourg, Victor Bück, 1946, 131 ; *Der Kriegsverbrecherprozeß*, Tageblatt 36:66 (22 mars 1949), 3; *Erster Kriegsverbrecher-Prozeß*, Tageblatt 36:72 (29 mars 1949), 4.

164 *Erster Kriegsverbrecherprozeß. Das Anklageplädoyer des Generalauditors*, Tageblatt 36: 91 (21 avril 1949), 4.

165 *Das Urteil im ersten Kriegsverbrecher-Prozeß*, Luxemburger Wort, 101:180 (29 juin 1949), 6; ANLux, CdG-148, Raderschall Adolf, Harlos Wilhelm, Drach Leo, Wienecke Josef, etc., Audiences publiques, 1949.

la plupart avaient déjà atteint l'âge de la retraite.[166] Ainsi, Harlos dirigea l'établissement pénitentiaire de Diez jusqu'en 1954 et Bauknecht occupa le poste de président du bureau de contrôle judiciaire (*Justizprüfungsamt*) de Rhénanie-Palatinat.[167] À partir de 1956, Drach avait repris ses activités professionnelles en Allemagne et fut nommé procureur au tribunal de district de Frankenthal.[168] Raderschall travailla comme *Landgerichtsdirektor* en Rhénanie-Palatinat et Wienecke fut nommé procureur à Coblence.

6 Le ralentissement des épurations

Quel bilan peut-on dresser de l'épuration administrative de l'administration judiciaire ? Selon l'analyse du juriste Joeri Michielsen, la magistrature luxembourgeoise était composée de 73 personnes en 1946, dont 32 récemment nommées, 19 furent promues après la guerre et 22 juges avaient été nommées avant l'occupation.[169] Ce dernier groupe comprenait des personnes qui avaient occupé la même fonction pendant l'occupation. Au total, sur les 20.000 à 25.000 dossiers traités dans le cadre de l'enquête administrative, qui s'estompa à partir de 1946, environ 0,2 % écopèrent de sanctions lourdes tandis que 8 % obtinrent des mentions honorifiques pour comportement patriotique.[170] 19 procédures disciplinaires furent ouvertes à l'encontre de magistrats par la Cour supérieure, et 10 sanctions furent prononcées.[171] La sanction de la mise à la retraite a concerné

166 La plupart des condamnés du procès de la Gestapo purent également poursuivre leur carrière après avoir purgé leur peine. Voir Steinmetz, *«Kämpfer mit dem überzeugenden Wort,* op. cit., 292.

167 Stein, *Von rheinischen Richtern*, op. cit., 294.

168 Justiz. Der Fenstersturz, *Der Spiegel* 18:6 (3 février 1965), 37.

169 Michielsen, *The "nazification" and "denazification"*, op. cit., 339.

170 Artuso, Vincent, *Les épurations au Luxembourg (1944–1955), Purifier, enquêter, oublier*, in : Bergère, Marc/Campion, Jonas/Droit, Emmanuel/Rigoll, Dominik/Vincent, Marie-Bénédicte, *Pour une histoire connectée et transnationale des épurations en Europe après 1945* (Convergences, vol. 96), Bruxelles, Peter Lang, 2019, 143. Certains parlent même d'un total de 25 000 dossiers, voir Dostert, Paul, *Vengeance, justice, amnistie. La collaboration et la société luxembourgeoise 1944–55*, in : Archives Nationales Luxembourg (ed.), *Collaboration : Nazification ? – Le cas du Luxembourg à la lumière des situations française, belge et néerlandaise : Actes du colloque international, Centre Culturel de Rencontre Abbaye De Neumünster*, Luxembourg, Archives Nationales, 2008, 441.

171 Cerf, Paul, *De l'épuration au Grand-Duché de Luxembourg après la Seconde Guerre mondiale*, Luxembourg, Saint-Paul, 1980, 155 ; Michielsen, *The "nazification" and "denazification"*, op. cit., 239.

STATISTIQUE GÉNÉRALE
AU 20 SEPTEMBRE 1946.

1° *Fonctionnaires, employés et ouvriers.*

a) Dossiers vidés à ce jour: 17870:

Mentions du 1er degré	356
mentions du 2e degré	445
mentions du 3e degré	554

Il est à remarquer que les propositions de mentions honorifiques pour les chemins de fer, l'enseignement supérieur et secondaire et la Caisse d'Épargne sont encore soumises à la commission spéciale *ad hoc*.

dossiers classés purement et simplement	15246
dossiers classés comme ne comportant pas de sanction	514
Total des dossiers classés:	17115
Avertissements	239
réprimandes	142
réprimande avec retenue de traitement	76
déplacements	15
mises en disponibilité	17
mises à la retraite	26
dégradations	9
révocations	231
Total:	17870

État général de l'enquête administrative en septembre 1946. Extrait du Bulletin d'information du gouvernement luxembourgeois, n° 11, 30 septembre 1946. © Service information et presse.

deux membres de la Cour supérieure et deux membres du Tribunal d'arrondissement de Luxembourg.[172] Au moins 10 membres de l'administration de la justice ont été sanctionnés sur le plan pénal: trois magistrats, deux expéditionnaires, deux greffiers, deux commis et un garçon de bureau.[173] Au moins six révocations ont été prononcées contre des fonctionnaires et des employés de la justice en dehors de la magistrature dans le cadre de l'enquête administrative.[174]

Les employés du pouvoir judiciaire qui n'appartenaient pas à la magistrature étaient soumis à l'enquête administrative dans le cadre de laquelle non seulement des sanctions étaient prononcées, mais aussi un comportement patriotique était récompensé. Parmi eux, cinq ont reçu la distinction du premier degré, dix la distinction du deuxième degré et deux la distinction du troisième degré.[175] Les mentions honorifiques donnaient droit à une nomination préférentielle pour les traitements et les promotions. Les magistrats n'étant pas soumis à l'enquête administrative générale, aucun prix n'a pu être décerné dans ce groupe. Néanmoins, en 1947, le procureur Welter a fait valoir que les magistrats s'étant comportés de

172 ANLux, EPU-01-18547, lettre du ministre de la Justice, 29 septembre 1949.

173 ANLux, EPU-02-093, Sanctions prises envers des fonctionnaires et employés de diverses administrations et services, Listes nominatives, 21–22 ; Cerf, *De l'épuration au Grand-Duché*, op. cit, 155–156.

174 ANLux, EPU-02-093, Sanctions prises envers des fonctionnaires et employés de diverses administrations et services, Listes nominatives, 21–22.

175 Archives du Parquet Général de Luxembourg, Justice I 83, épuration administrative, Lettre de Victor Bodson, 29 mai 1946.

manière patriotique devraient également être récompensés. Il écrit : « À vrai dire, aucun de ces Messieurs n'est titulaire d'une mention honorifique. Ils appartenaient en effet à une profession dont l'épuration a suivi des règles spéciales. Il n'est pas douteux que s'ils avaient été soumis à la procédure ordinaire, leur comportement patriotique aurait valu la mention du premier degré. »[176]

Comme Vincent Artuso et Paul Fonck le constatèrent lors de leurs recherches, la mémoire publique des épurations avait cédé assez rapidement la place aux défis de la guerre froide et à l'oubli collectif.[177] Cependant, cela ne signifiait pas que les membres de la magistrature n'étaient pas activement impliqués dans le discours public sur les conséquences de l'occupation pour le Luxembourg.

Le juge Paul Faber, qui présida le tribunal d'arrondissement de Luxembourg en 1940 et dirigea la Cour supérieure après la guerre, apporta plusieurs contributions dans la publication patriotique *Rappel*. En 1949, il fit imprimer des documents vérifiés concernant les Luxembourgeois déportés dans un camp en Silésie auxquels Damien Kratzenberg rendit visite.[178] En tant que président de la VdB, Kratzenberg fut condamné à mort et exécuté en 1946 dans le cadre des épurations pénales. Ce jugement pourrait être interprété comme une nécessité dans le processus de réconciliation sociale.[179]

Dès 1946, les mesures d'épuration commencèrent à diminuer.[180] Trois lois d'amnistie adoptées dans les années 1950 revêtent une importance particulière dans la fin progressive de l'épuration. Le premier projet de loi d'amnistie fut abordé à l'occasion du 30e anniversaire du règne de la grande-duchesse en 1949.[181] L'amnistie fut d'abord accordée à ceux qui, jusqu'au 1er janvier 1947, avaient commis un crime contre des personnes ayant mis en danger la sécurité extérieure de l'État en temps de guerre, donc des crimes contre des collaborateurs. La loi concernant la répression de certains faits punissables commis sous l'impulsion de sentiments patriotiques pendant l'occupation ou à l'époque de la libération fut adoptée le 24

176 Welter a suggéré, entre autres, qu'un ancien juge suppléant devenu conseiller de la Cour Supérieure après la guerre puisse voir ses années de juge suppléant créditées sur sa pension. Ces « nominations à titre patriotique » devraient, selon lui, être récompensées en conséquence. Voir Archives du Parquet Général de Luxembourg, Justice I 83, lettre du Procureur général Welter au Ministre de la Justice, 27 novembre 1947.

177 Artuso, *Les épurations au Luxembourg (1944–1955)*, op. cit., 145–146; Fonck, *Epuration in Luxemburg*, op. cit.

178 Faber, Paul, *Kratzenberg à Boberstein le 9 mars 1943*, Rappel 3:7 (1949), 465 ; Faber, Paul, *Kratzenberg chez les déportés de Silésie*, Rappel 3:7 (1949), 466–467.

179 Weber, *Luxemburger Autoren*, op. cit., 417.

180 Artuso, *Les épurations au Luxembourg (1944–1955)*, op. cit., 145.

181 Dostert, *Vengeance, justice, amnistie*, op. cit., 442.

mars 1950.[182] Le 11 avril suivit une loi d'amnistie de grande ampleur, qui couvrait des dizaines de types d'infractions commises dans l'après-guerre, y compris les menaces et les blessures qui rendaient la victime incapable de travail.[183] Cependant, ces lois n'affectèrent pas les personnes reconnues coupables de collaboration. Pour ce groupe, la loi du 12 janvier 1955 fut décisive, puisqu'elle gracia ceux qui avaient commis un délit contre la sécurité extérieure de l'État avant le 1er juin 1945.[184] À ce stade, la majorité des personnes détenues pour collaboration n'étaient plus en prison.[185] Dans le cadre de l'épuration judiciaire, 1.335 personnes de nationalité luxembourgeoise, condamnées pour faits de collaboration, furent déchues de leur nationalité, dont presque 1.000 Luxembourgeois de naissance.[186] Par la loi tendant à atténuer certaines peines attachées aux condamnations encourues du chef d'attentat contre la sûreté extérieure de l'État du 31 mars 1950, les Luxembourgeois de naissance recouvrèrent leur nationalité.[187]

Dans l'ensemble, la période d'après-guerre offrit une image de transition rapide, notamment parce que le parlement ratifia les règlements d'exil, les déclarant ainsi juridiquement contraignants. Selon Joeri Michielsen, les tribunaux devinrent inévitablement des « outils exécutifs »[188] pour le gouvernement de retour d'exil et le parlement. Dans le processus de reconstruction, normalité et exception se confondaient parfois : alors que les tribunaux luxembourgeois devaient juger pour la première fois des criminels de guerre et étaient eux-mêmes soumis à une épuration politique, de jeunes avocats furent nommés dans la fonction publique, d'anciens juges furent réintégrés et l'Annuaire Officiel parut sous sa forme habituelle pour l'année 1946. Néanmoins, dans ce contexte, il n'est pas possible de parler de l'éclaircissement (*Aufarbeitung*) de ce qui s'est passé, car l'épuration du pouvoir judiciaire a eu lieu partiellement à huis clos dans le cadre de procédures disciplinaires.

182 Mémorial A 22 (1950), 533–534.

183 Mémorial A 27 (1950), 63–637. Par ailleurs, en 1945 on comptait 224 délits pour blessures, contre 817 en 1946. Voir Archives du Parquet Général de Luxembourg, Statistiques 18, Statistiques de certaines condamnations, document non daté comportant des statistiques des arrondissements de Luxembourg et Diekirch.

184 Mémorial A 5 (1955), 161–164.

185 Dès 1947, la majorité d'entre eux avaient été provisoirement libérés de prison pour être soumis aux travaux forcés. En 1954, il n'y avait plus que 9 personnes en prison. Voir Dostert, *Vengeance, justice, amnistie*, op. cit., 442–443.

186 Weiland, Hippolyte, *Die Aberkennung der luxemburgischen Staatsbürgerschaft nach dem Zweiten Weltkrieg*, Mémoire scientifique, Université du Luxembourg, 2015/2016, 4.

187 Voir Weiland, *Die Aberkennung der luxemburgischen Staatsbürgerschaft*, op. cit., 40.

188 Michielsen, *The "nazification" and "denazification"*, op. cit., 264–265.

7 Conclusion

Pendant l'occupation, le système judiciaire fut nazifié sur le plan organisationnel, mais en raison de la lutte personnelle pour le pouvoir du CdZ, il ne fut pas entièrement lié à celui du Reich. L'ancien système judiciaire luxembourgeois fut presque complètement érodé. Comme le Grand-Duché appartenait au Reich allemand aux yeux des nazis, le système judiciaire et ses fonctionnaires devaient être intégrés à l'idéologie et à l'organisation du Reich. La magistrature luxembourgeoise se conforma d'abord aux ordonnances du chef de l'administration civile, à quelques exceptions près. En rendant leurs cartes de membre de la VdB lors de la grève générale de 1942, certains juges, procureurs et fonctionnaires de justice trouvèrent là l'occasion de manifester leur refus de l'ordre nouveau. Les juristes allemands, quant à eux, ont occupé des postes dans la juridiction spéciale allemande ainsi que dans les chambres civiles des tribunaux locaux. La plupart des sources accessibles sur le système judiciaire de la période 1940 à 1944 ayant été compilées dans la perspective des épurations, il est difficile de reconstruire une image complète de la justice nazie au Luxembourg.[189] Les documents du *Sondergericht* et du *Standgericht* ont été détruits par Leo Drach avant même son arrestation.[190]

Dans la période d'après-guerre, le pouvoir judiciaire joua un rôle qui ne saurait être sous-estimé dans la mise en œuvre des mesures d'épuration pénale. Dans le même temps, en tant qu'objet des épurations, il constitua lui-même un terrain de développement pour l'identité des Luxembourgeois, fortement influencée par la dichotomie entre le patriote et le traître. Néanmoins de nombreuses questions restent sans réponse concernant les procédures disciplinaires à l'encontre des juges : Quels arguments ont été avancés dans la chambre du conseil de

---

189 Pour un aperçu des sources, voir Janz, Nina, *Justiz, Richter und Anwälte während der nationalsozialistischen Besatzung im Großherzogtum Luxemburg. Ein Forschungsbericht*, in: Lölke Janna/Staats, Martina (edd.), *Richten – strafen – erinnern. Nationalsozialistische Justizverbrechen und ihre Nachwirkungen in der Bundesrepublik*, Göttingen, Wallstein, 2021, 53–66.

190 « *Die Aktenrückführung war auf die der G'Akten der Geheimakten, der Sondergerichtsakten sowie der politischen Akten beschränkt worden. Die Vernichtung der Geheimakten ist nach mir erteilter Weisung am 1.9.44 in Trier von mir veranlasst worden, da bei der damaligen Ungeklärtheit der militärischen Lage mir ihre rechtzeitige Wegschaffung zu ungewiss war. Die Generalakten und die politischen Akten sowie Teile der Sondergerichtsakten sind Anfang November 1944 infolge eines Luftangriffs auf Koblenz in Verlust geraten. Die Vernichtung der übrigen Akten habe ich am 8.3.45 angeordnet* [...] », voir ANLux, CdG-006A-02, Rahmel Willy, Dossier personnel, enquêtes sur les magistrats allemands par le service de sécurité publique, 11 janvier 1947, témoignage de Drach, 1090.

la Cour supérieure contre ou pour les juges accusés ? Pourquoi les juges n'ont-ils pas fait l'objet de l'épuration administrative commune ?

Une réévaluation complète de la période d'occupation en matière de justice et de société fut de plus en plus reléguée au second plan dans l'ensemble des pays européens. Avec les nouvelles instabilités économiques et politiques, ainsi qu'avec la menace possible d'une nouvelle guerre entre les puissances mondiales qu'étaient devenus les États-Unis et l'URSS, une transition rapide vers le nouvel agenda devint nécessaire. Dans l'ordre nouveau de l'après-guerre, le Luxembourg était appelé à jouer un rôle important dans le développement d'un espace juridique européen supranational.

Vera Fritz

La justice face aux mutations politiques, économiques et sociales de l'après-guerre (1950–1980)

Après l'adoption des lois d'amnistie et le classement des dernières affaires de faits de collaboration encore ouvertes, la justice peut définitivement reprendre son cours d'avant-guerre. Alors que la composition des tribunaux est largement renouvelée en 1945, l'organisation judiciaire reste essentiellement celle qui a été établie en 1885. Il faudra attendre l'année 1980 avant qu'un nouveau texte de loi coordonné et mis à jour soit adopté. La justice des années 1950, 1960 et 1970 ne présente donc, à première vue, pas d'évolution notable. Pourtant, elle doit pendant ces mêmes décennies s'adapter à de fortes mutations politiques, juridiques, économiques et sociales. Sur le plan politico-juridique tout d'abord, le Luxembourg s'engage après la Seconde Guerre mondiale dans de nombreux projets de coopération internationale. Parmi ceux-ci figurent deux organisations qui mènent à la création des premières juridictions européennes supranationales, la Cour de justice de la Communauté européenne du charbon et de l'acier, l'ancêtre de l'actuelle Cour de justice de l'Union européenne, et la Cour européenne des droits de l'homme. Avec l'émergence et la montée en puissance de ces deux organes de justice internationaux, les tribunaux luxembourgeois n'ont plus l'exclusivité de l'application et de l'interprétation du droit qui règne dans le pays. La percée d'une vision nouvelle de la protection des droits de l'homme sur le plan européen joue également un rôle clef dans la décision de l'État luxembourgeois d'opérer au cours des années 1970 une véritable révolution dans sa politique pénale.

En ce qui concerne les mutations de la société, les magistrats sont avec la police en première ligne pour constater les effets du développement économique et de l'évolution des mœurs que le Luxembourg connaît pendant les « trente glorieuses ». L'industrie sidérurgique connaît un dernier âge d'or, le pouvoir d'achat de la population augmente, le nombre de voitures en circulation explose et le progrès technique fait apparaître des appareils électro-ménagers de toutes sortes dans les ménages.[1] Ce boom économique crée une société de consommation dans laquelle certains délits ou crimes montent en flèche. Mentionnons dans ce contexte une augmentation des problèmes de consommation d'alcool et de

1 Thewes, Guy, *Les années 1950. L'avènement de la société de consommation dans le pays le plus riche d'Europe*, Forum fir kritesch Informatioun iwer Politik, Kultur a Relioun 194 (1999), 32–36.

https://doi.org/10.1515/9783110679656-009

drogues, notamment chez les jeunes. La place des femmes dans la société évolue aussi. À partir des années 1960, elles ont accès à des postes dans la magistrature.[2] Enfin, le Luxembourg continue dans l'après-guerre son évolution vers un État-providence qui se préoccupe davantage du bien-être économique et social de ses citoyens. La justice est mise à contribution dans ce développement en se voyant attribuer de nouvelles fonctions protectrices, notamment des personnes les plus fragiles. Ainsi, sans que les lois d'organisation judiciaire ne soient grandement modifiées, le rôle des magistrats au sein de la société luxembourgeoise évolue considérablement entre 1950 et 1980.

1 L'ouverture diplomatique et l'émergence de juridictions européennes

Une des nombreuses conséquences de la Seconde Guerre mondiale est qu'elle provoque un changement de stratégie radical dans la manière dont le Luxembourg s'engage sur le plan international. L'invasion allemande de 1940 a démontré que le statut de neutralité désarmée, maintenu depuis le Traité de Londres de 1867, ne permet pas de garantir la sécurité du pays.[3] Sous l'impulsion du ministre des Affaires étrangères Joseph Bech, le gouvernement luxembourgeois multiplie ses engagements internationaux : en 1944, il signe l'accord Benelux ; en 1945, il compte parmi les membres fondateurs de l'Organisation des Nations Unies ; en 1948, il devient membre de l'Organisation européenne de coopération économique (OECE) ainsi que de l'Union occidentale (UO), et radie officiellement le statut de neutralité de sa Constitution.[4] Cette révision de la loi fondamentale permet l'année suivante, dans un contexte de guerre froide de plus en plus menaçant, d'adhérer au Traité d'alliance militaire de l'Atlantique nord (OTAN). Enfin, le Luxembourg devient membre de deux organisations européennes qui développeront progressivement des caractéristiques supranationales, le Conseil de l'Europe et la Communauté européenne du charbon et de l'acier (CECA). Ce sont ces deux dernières qui impacteront de la manière la plus durable le droit et la justice du Luxembourg.

2 Elles peuvent être avocates depuis les années 1920. La première femme entre au barreau en 1923. Voir le chapitre de Simone Flammang, « L'accès des femmes au monde judiciaire luxembourgeois ».

3 Trausch, Gilbert, *Histoire du Luxembourg*, Paris, Hatier, 1992, 185.

4 Révision de l'article 1er de la Constitution, 28 avril 1948.

1.1 Le Conseil de l'Europe et la protection des droits de l'homme

Le Conseil de l'Europe voit le jour en 1949, après la signature de son Traité fondateur par dix pays d'Europe de l'Ouest, parmi lesquels figure le Luxembourg. Les objectifs de l'organisation internationale sont vastes et vont de la coopération sociale, économique et culturelle à l'unification progressive en matière de droit. Un domaine juridique qui se dégage d'emblée comme une des ambitions phares de l'organisation est celui de la sauvegarde des droits fondamentaux.[5] Dès l'année suivant sa création, elle ouvre à la signature la Convention européenne des droits de l'homme, qui entrera en vigueur le 3 septembre 1953.[6] Celle-ci se distingue de la Déclaration universelle des droits de l'homme de l'ONU par le fait qu'elle n'est pas une simple proclamation d'objectifs à atteindre, mais un véritable traité international que les États signataires s'engagent à respecter et qui prévoit un mécanisme de sanctions en cas de manquement d'un État à ses obligations.

Trois raisons expliquent le retentissement particulièrement fort de la Convention. Premièrement, elle accorde des droits fondamentaux plus vastes que ceux prévus dans la plupart des constitutions nationales. Dans le domaine de la justice, par exemple, elle interdit tout traitement inhumain ou dégradant, ainsi que la torture. Elle garantit également à toute personne le droit à un procès équitable, tenu dans un délai raisonnable par un tribunal indépendant et impartial. Puis, elle prévoit pour chaque justiciable le droit de se faire assister gratuitement par un interprète s'il ne comprend pas ou ne parle pas la langue employée à l'audience.

Deuxièmement, l'instrument européen de protection des droits fondamentaux prévoit la création d'une Cour européenne des droits de l'homme qui peut être saisie si une infraction à ses règles est constatée et qu'aucune solution à l'amiable n'est trouvée dans un délai de trois mois.[7] Les États s'engagent à respecter les décisions de cette Cour qui verra le jour en 1959. Enfin, sur le plan

5 Voir Wassenberg, Birte, *Histoire du Conseil de l'Europe (1949–2009)*, Bruxelles, Peter Lang, 2012.

6 Dix instruments de ratification devaient être déposés avant l'entrée en vigueur de la Convention. Le dixième a été celui du Luxembourg. Spielmann, Dean, *Le Luxembourg devant la Cour européenne des droits de l'homme. Recueil de jurisprudence (1995–2003)*, Bruxelles, Buylant, 2003, 10. Sur le débat parlementaire luxembourgeois précédant la loi d'approbation, voir Spielmann, Alphonse/Weitzel, Albert/Spielmann, Dean, *La Convention européenne des droits de l'homme et le droit luxembourgeois*, Bruxelles, Nemesis, 1991, 21–25.

7 La saisine se fait au départ par la Commission européenne des droits de l'homme, qui constate l'infraction en premier lieu. Toutes les voies de recours internes doivent être épuisées pour que la Commission retienne une requête. Depuis l'entrée en vigueur du Protocole n° 11 à la Convention

Signature de la Convention européenne des droits de l'homme, Rome, 4 novembre 1950. © Cour européenne des droits de l'homme.

national du Luxembourg, la Convention a un impact important parce que la Cour supérieure de justice juge depuis le 19e siècle, et de manière croissante dans sa jurisprudence des années 1950, que les traités internationaux priment sur la loi nationale.[8] Les tribunaux du pays sont donc non seulement obligés d'appliquer la Convention européenne des droits de l'homme, ils doivent aussi écarter la législation nationale lorsque celle-ci va à l'encontre de la Convention.

Au fil des années, le Conseil de l'Europe étend son activité à d'autres domaines touchant à la justice. En 1957, il adopte la Convention européenne d'extradition, qui entend amener les États vers une harmonisation de leurs règles concernant la remise de personnes à un autre pays en matière pénale. La même année, il institue un Comité européen pour les problèmes criminels, qui a pour ambition de soutenir les travaux de recherche criminologique, d'émettre des recommandations et d'amener les gouvernements à signer des conventions permettant d'harmoniser leur politique pénale.[9] En 1962, le dispositif relatif à l'entraide entre les États signataires est complété par la Convention européenne d'entraide judiciaire

de sauvegarde des Droits de l'Homme et des Libertés fondamentales en 1998, la Commission n'existe plus et les requêtes sont introduites directement devant la Cour.

8 Heuschling, Luc, *Les origines au XIXe siècle du rang supra-constitutionnel des traités en droit luxembourgeois. L'enjeu de la monarchie*, in : Riassetto, Isabelle/Heuschling, Luc/Ravarani, Georges (edd.), *Liber amicorum Rusen Ergeç*, Luxembourg, Pasicrisie luxembourgeoise, 2017, 157–213; Pescatore, Pierre, *Conclusion et effet des traités internationaux selon le droit constitutionnel, les usages et la jurisprudence du Grand-Duché de Luxembourg*, Luxembourg, Office des imprimés de l'État, 1964 ; Kinsch, Patrick, *Le rôle du droit international dans l'ordre juridique luxembourgeois*, Pasicrisie luxembourgeoise. Recueil Trimestriel de la jurisprudence luxembourgeoise (2010), 399–415. Voir également le chapitre de Danielle Wolter « Le juge luxembourgeois et la primauté du droit européen et international ».

9 Wassenberg, Birte, *Histoire du Conseil de l'Europe (1949–2009)*, op. cit., 185–186.

en matière pénale, qui met en place une meilleure assistance entre les magistrats des pays signataires.

1.2 La Cour de justice de la CECA, l'ancêtre de la Cour de justice de l'Union européenne

La Cour européenne des droits de l'homme n'est pas la seule juridiction internationale régionale mise en place pendant les années 1950. La Communauté européenne du charbon et de l'acier (CECA), qui voit le jour dès 1952, est également dotée d'une Cour de justice supranationale. Ses fonctions sont toutefois très différentes de celle qui siègera à Strasbourg, puisque sa principale mission consiste à proposer aux États des voies de recours contre les décisions de la Haute Autorité supranationale du charbon et de l'acier. Cette fonction initiale évolue avec la signature des Traités de Rome en 1957, qui transforment l'organe judiciaire de la CECA en Cour de justice *des* Communautés européennes, c'est-à-dire en l'interprète suprême de l'ensemble des Traités européens alors en vigueur. Quelques années après cette transformation, elle joue un rôle primordial dans l'adoption du principe de supranationalité du droit européen avec son célèbre arrêt *Costa contre ENEL*,[10] dans lequel elle déclare que la Communauté économique européenne a institué un ordre juridique propre, qui s'impose aux États membres.

Les juridictions nationales sont au départ essentiellement concernées par sa jurisprudence lorsqu'elles traitent des affaires commerciales ou des affaires ayant trait aux droits des travailleurs. Cependant, au fur et à mesure de l'élargissement des compétences des Communautés européennes, elles sont obligées de suivre les interprétations des juges européens dans des domaines de plus en plus variés. Le Luxembourg entretient depuis 1952 un lien particulier avec la Cour européenne, puisque celle-ci siège à Luxembourg-ville.[11]

---

10 Arrêt de la Cour de justice des Communautés européennes du 15 juillet 1964, Flaminio Costa contre E.N.E.L., Affaire 6/64, EU:C:1964:66.

11 Voir le chapitre « Le Luxembourg et la Cour de justice de l'Union européenne ».

Villa Vauban, siège de la Cour de justice de la CECA à partir de 1952. Photographie vers 1950. © Photothèque de la Ville de Luxembourg, Photographie Joseph Bohnert.

Les trois tours de l'actuelle Cour de Justice de l'Union européenne sur le plateau du Kirchberg. © Cour de justice de l'Union européenne.

2 L'activité des juridictions luxembourgeoises – une vue d'ensemble statistique

Intéressons-nous désormais à l'activité des juridictions luxembourgeoises dans les décennies d'après-guerre. Il convient ici de tirer profit des statistiques judiciaires publiées par le STATEC en 1974, qui constituent une source d'informations précieuse pour la période étudiée.[12] Ces données proposent non seulement une vue d'ensemble de l'activité des juridictions du pays en matière civile, commerciale et pénale, mais elles fournissent également un état des lieux très détaillé de la criminalité, en renseignant sur la nature des crimes commis, le sexe, l'âge et la nationalité des criminels, ainsi que sur la récidive et la délinquance juvénile. Leur seule limitation se situe sur le plan du cadre chronologique qu'elles couvrent, puisqu'elles n'ont été rassemblées qu'à partir de 1962–1964. Aucune donnée statistique relative aux années précédentes n'est pour l'instant disponible. Nous pouvons supposer que l'activité judiciaire a subi peu de changements fondamentaux pendant les années 1950. Même si le pays a bénéficié d'une croissance économique importante, la société a dans l'ensemble connu peu de bouleversements.[13] Ceux-ci ont surtout eu lieu à partir de la fin des années 1960, c'est-à-dire pendant une période pour laquelle nous disposons de statistiques.

Une mutation sociale qui mérite d'être mise en lumière avant même de nous intéresser à l'activité des tribunaux sous forme de chiffres est l'entrée des femmes dans la magistrature en 1961. Comme le montre un chapitre spécialement dédié à ce sujet en deuxième partie de cet ouvrage, la nomination des trois premières femmes se fait à la surprise générale et un peu par défaut, c'est-à-dire en raison d'un manque de candidats masculins. Jusqu'à la fin des années 1950, à la fois le Conseil d'État et les plus hautes juridictions s'étaient opposés à l'entrée des femmes dans la magistrature.[14] Les trois pionnières feront toutes une longue carrière et graviront les échelons jusqu'à la Cour supérieure de justice. Leur nomination encourage également d'autres femmes à se porter candidates à des postes dans la magistrature. Au début des années 1980, elles représentent plus de vingt pour cent du corps judiciaire.[15]

---

12 Statec, *Statistiques judiciaires*, Bulletin du Statec 22 (1976), 82–120.

13 Sur les années 1950 voir Wey, Claude, *Le Luxembourg des années 50 : une société de petite dimension entre tradition et modernité*, Luxembourg, Musée d'histoire de la ville, 1999 et Thewes, Guy, *Les années 1950*, op. cit.

14 Pour le détail des arguments invoqués pour justifier ce refus, voir le chapitre de Simone Flammang, « L'accès des femmes au monde judiciaire luxembourgeois ».

15 Parquet général du Grand-Duché de Luxembourg, *La justice en chiffres 2019*.

2.1 L'activité des juridictions en matière civile et commerciale

Regardons à présent ce que nous révèlent les statistiques judiciaires du STATEC. En matière civile et commerciale, l'activité des juridictions reste plutôt stable jusqu'au milieu des années 1970.[16] Le plus grand nombre de jugements est rendu par les justices de paix, qui prononcent environ 1.500 jugements par an.[17] Les tribunaux d'arrondissement de Luxembourg et de Diekirch prononcent aux alentours de 1.000–1.100 jugements par an, parmi lesquels la matière civile prédomine légèrement par rapport à la commerciale. L'activité de la Cour supérieure de justice dans ces mêmes domaines est bien plus réduite, se situant aux alentours d'une bonne centaine d'arrêts par an pour la Cour d'appel, et généralement moins de dix arrêts par an pour la Cour de cassation.

Si nous portons notre regard légèrement au-delà de l'année 1974, nous remarquons que les instances judiciaires constatent tout de même une hausse significative de leur activité dans trois domaines spécifiques. Premièrement, elles enregistrent à partir de la fin des années 1960 une augmentation importante du contentieux en matière de droit du travail. Les chiffres précis des affaires traitées en première instance par les tribunaux arbitraux ne sont pas disponibles, mais nous sommes en mesure d'observer la hausse auprès de la Cour supérieure de justice, qui traite ces affaires en appel et enregistre un accroissement important de cas : de 13 par an en 1969/1970, ils passent à 108 en 1980/81.[18] L'augmentation considérable du contentieux du droit du travail s'explique par le fait que la législation sociale devient à partir de 1945 plus protectrice des travailleurs et que ceux-ci connaissent mieux leurs droits, entre autres grâce aux campagnes d'information des syndicats.[19]

Un autre volet du contentieux civil qui se développe de manière significative à partir de 1975 est celui des divorces. Pendant les années 1950 et 1960, le pays a connu relativement peu de ruptures de mariage.[20] Le faible nombre de divorces trouve en partie ses origines dans les mœurs conservatrices de l'époque. Cependant, il s'explique également par le fait que la procédure de divorce est particuliè-

16 Nous verrons dans le chapitre suivant que les tribunaux connaîtront dans les décennies 1980–1990 une véritable explosion de leur activité, toutes matières confondues. Pour certaines juridictions, la hausse de l'activité commence dès le milieu des années 1970. C'est notamment le cas des justices de paix.

17 Les justices de paix enregistrent une baisse d'activité en 1964–1965 et en 1968–1969.

18 Ils rebaissent toutefois de nouveau en 1982 et 1983.

19 Exposé des motifs du projet de loi n° 2707 déposé en 1982 pour réformer les juridictions du travail.

20 161 mariages sont dissous en 1950 ; 153 en 1960.

Activité des juridictions en matière civile et commerciale[21]

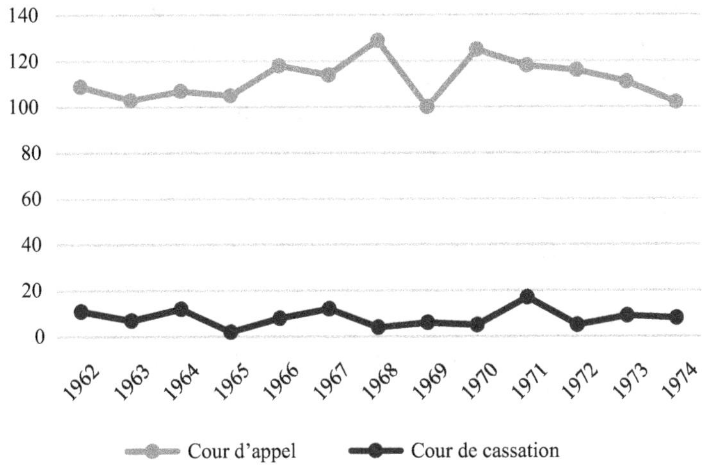

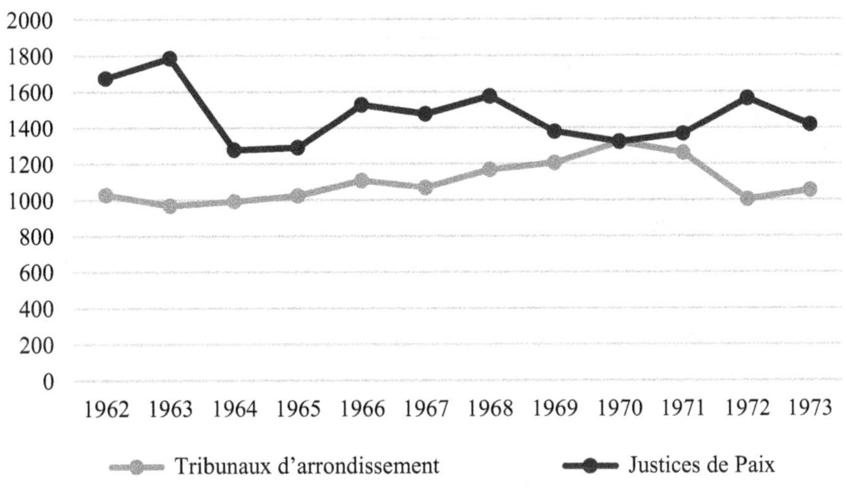

STATEC, « Statistiques judiciaires », Bulletin du Statec 22 (1976).

21 En ce qui concerne la Cour de cassation, les chiffres présentés ne concernent que la matière civile.

rement compliquée. Selon le Code civil de 1804, le juge doit établir qu'une faute grave a été commise, telle qu'un adultère ou des sévices.[22] Le divorce par consentement mutuel existe aussi, mais il est soumis à des conditions très strictes, qui font en sorte qu'il n'est que rarement invoqué devant les tribunaux.[23] En 1975, cette législation change et une nouvelle loi lève pratiquement toutes les conditions préalables au divorce par consentement mutuel.[24] Cette procédure simplifiée provoque une hausse considérable des dissolutions de mariage dans les années qui suivent, de manière à ce qu'en 1980, le Luxembourg connaît proportionnellement à ses habitants un nombre plus élevé de divorces que ses voisins la France et la Belgique. C'est ici que nous observons un premier changement dans le rôle du juge dans la société. Alors qu'avant 1975, le magistrat était obligé de pénétrer dans les sphères les plus intimes du couple pour établir qui était *responsable* de l'échec du mariage, il revêt désormais davantage un rôle d'accompagnateur, notamment dans la mise en place d'une organisation familiale après le divorce.

Nombre de divorces par mille habitants, Luxembourg, France, Belgique

Année	Luxembourg	France	Belgique
1965	0.43	0.71	0.58
1970	0.63	0.77	0.66
1975	0.63	1.05	1.12
1980	1.59	1.5	1.46
1985	1.81	1.94	1.87

Sources : Statec, Insee, Statbel

22 Pour les hommes, l'adultère n'est considéré comme une faute grave que s'il a entretenu sa concubine dans le foyer familial.

23 La durée de l'union doit être inférieure à vingt ans et l'épouse ne doit pas être âgée de plus de quarante-cinq ans. Il faut également pouvoir avancer une autorisation de divorcer de la part des parents ou des ascendants.

24 La loi du 6 février 1975 relative au divorce par consentement mutuel maintient comme seule clause restrictive pour pouvoir divorcer l'écoulement d'une période de deux ans depuis la date de mariage.

2.2 La criminalité et l'activité judiciaire en matière pénale

En matière pénale, les juridictions du pays rendent entre 1962 et 1974 aux alentours de 4500 jugements par an.[25] Ces arrêts émanent pour moitié des tribunaux de police des justices de paix et à hauteur d'environ 40 % des chambres correctionnelles des tribunaux d'arrondissement. La Cour d'appel traite environ 200 cas par an. L'activité de la Cour d'assises, compétente pour les crimes, est très limitée, puisqu'elle ne traite qu'une poignée d'affaires tous les ans. La Cour de cassation ne dépasse pas non plus les dix arrêts par an en matière pénale.

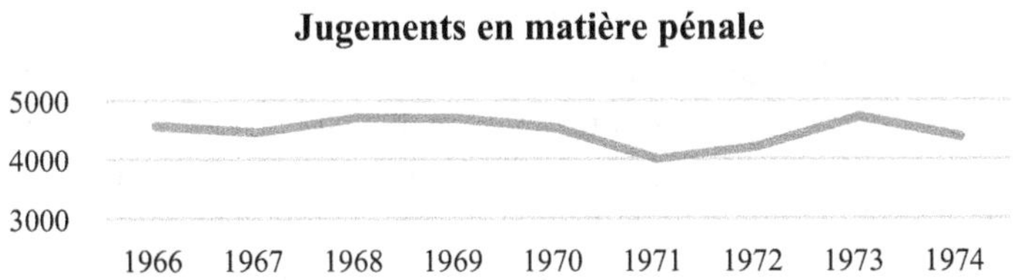

Répartition des peines correctionnelles et criminelles prononcées en 1966 (avec et sans sursis, hors amendes)

1 à 7 jours	8 jours à 6 mois	6 mois à 2 ans	2 à 5 ans	5 à 10 ans	Travaux forcés
22	693	105	28	1	1

Parmi les peines infligées, nous retrouvons en tête de liste les amendes, qui sont essentiellement prononcées sans sursis. En ce qui concerne les peines de prison, les condamnations à moins de six mois d'emprisonnement dominent. La réclusion de 5 à 10 ans et les travaux forcés restent une exception.[26]

Sur le plan de la répartition des condamnations par sexe, les femmes représentent environ 15 pour cent des condamnés, toutes infractions confondues. Ce chiffre reste relativement stable tout au long de la période couverte par les statis-

25 Statec, *Statistiques judiciaires*, Bulletin du Statec 22 (1976), 85.
26 Statec, *Statistiques judiciaires*, op. cit., 85.

tiques. Les condamnations des femmes sont proportionnellement plus élevées dans la catégorie des « meurtres et lésions corporelles volontaires » (environ 25 pour cent des condamnations) et celle des « escroqueries, fraudes, tromperies et falsifications » (18 à 26 pour cent). En revanche, elles sont moins présentes dans la catégorie des « Destructions, dégradations et dommages », et elles sont pratiquement absentes de la catégorie « conduite en état d'ivresse ».

En ce qui concerne la nature des infractions pénales, c'est cette même catégorie des condamnations pour ivresse au volant qui connaît l'augmentation la plus flagrante, passant de 196 en 1964 à 601 en 1974.[27] Cette augmentation est en partie liée à la démocratisation de la voiture, mais elle traduit également un certain effet « mai 1968 ». Au Luxembourg, les manifestations d'élèves et d'étudiants de la fin des années 1960 se déroulent dans le calme et ne prennent pas la même ampleur qu'en France et en Allemagne, entre autres parce que les étudiants poursuivent leurs études supérieures à l'étranger.[28] Néanmoins, les revendications culturelles du mouvement ont un impact sur la société, en particulier les jeunes, qui réclament une libéralisation des mœurs, fréquentent plus de fêtes et augmentent leur consommation d'alcool. Ainsi les 18–21 ans passent-ils de six pour cent des condamnés pour ivresse au volant en 1969 à 20 pour cent des condamnés en 1974.[29]

La consommation de drogues explose à partir de 1972, jusqu'au point où elle n'est plus juste une affaire de police et de justice, mais un véritable enjeu de société. Selon les rapports du Ministère de la Justice, qui a pris la toxicomanie très au sérieux, il s'agit d'abord essentiellement de consommation de haschich et de LSD. À partir du milieu des années 1970 circulent également des amphétamines et l'héroïne.[30] Là encore, il s'agit d'un phénomène que l'on observe dans de nombreux pays européens et ce sont surtout les jeunes qui sont concernés.[31]

---

27 Statec, *Statistiques judiciaires*, op. cit., 84.

28 Sur le mouvement de mai 68 au Luxembourg, voir Wolter, Françoise, *Le mouvement de mai 68 : le Grand-Duché entre modèles étrangers et réalités luxembourgeoises*, Mémoire de fin de stage pédagogique, Luxembourg, 1996 ; et le numéro 103 (1988) du *Forum fir kritesch Informatioun iwer Politik, Kultur a Relioun.*

29 Statec, *Statistiques judiciaires*, op. cit., 89.

30 Ministère de la Justice. *Exposé budgétaire 1979.*

31 Observatoire européen des drogues et des toxicomanies, Rapport européen sur les drogues. Tendances et évolutions, 2019. Voir aussi Marchant, Alexandre, *La lutte contre la drogue en France ou les contradictions de la prohibition (1970–1996)*, Mouvements 86 (2006), 34–43 et Weinhauer, Klaus, *Drug consumption in London and Western Berlin during the 1960s and 1970s. Local and transnational perspectives*, The Social History of Alcohol and Drugs 20 (2006), 187–224.

Ils représentent environ 80 pour cent des personnes inculpées pour usage.[32] Les femmes aussi consomment. En 1978, elles représentent presque vingt pour cent des consommateurs.[33]

En 1980, la consommation de drogues a pris une telle envergure que les dossiers liés aux stupéfiants arrivent en troisième position des affaires enregistrées au Parquet du tribunal d'arrondissement de Luxembourg.[34] Dans l'ensemble, les magistrats optent plutôt pour une attitude conciliante envers les consommateurs.[35] À partir de 1973, la loi concernant la vente de substances médicamenteuses et la lutte contre la toxicomanie leur permet de prendre des mesures thérapeutiques envers les toxicomanes, plutôt que de prononcer des peines correctionnelles.[36] Ici aussi nous observons donc un glissement dans le rôle du juge, qui cherche en premier lieu à aider le toxicomane à sortir de sa situation d'addiction, plutôt que de le punir. En ce qui concerne les trafiquants, les juges optent plutôt pour des peines d'emprisonnement ferme.[37]

Un autre volet de la criminalité qui connaît à partir des années 1960 une augmentation considérable est celui des vols et des escroqueries. Les statistiques du STATEC montrent une hausse de 35 pour cent des condamnations prononcées dans cette catégorie entre 1966 et 1974.[38] Cette augmentation s'explique avant toute par le développement de la société de consommation, dans laquelle les biens sont considérés comme un symbole de réussite.[39] Dans les pays voisins, l'augmentation considérable des vols a également pour origine la conjoncture économique difficile.[40] Alors que le Luxembourg est moins touché par les difficultés économiques et le chômage, les affaires de vols et d'escroqueries représentent à la fin des années 1970 plus de 60 % de l'ensemble des délits et des crimes déclarés.[41]

---

32 Ministère de la Justice. *Exposé budgétaire 1978*.

33 Ministère de la Justice. *Exposé budgétaire 1980*.

34 Le Statec note une augmentation sensible de la délinquance juvénile à partir de 1972, liée en grande partie à la drogue. Statec, *Statistiques judiciaires*, op. cit., 116.

35 Ministère de la Justice. *Exposé budgétaire 1981*, 19.

36 Loi du 19 février 1973 concernant la vente de substances médicamenteuses et la lutte contre la toxicomanie.

37 Entre 1975 à 1979, les tribunaux prononcent 56 peines d'emprisonnement ferme de 1 à 5 ans et 16 peines de prison de cinq ans et plus. Ministère de la Justice, *Exposé budgétaire 1981*, 19.

38 Statec, *Statistiques judiciaires*, op. cit., 84.

39 Sur la France, voir notamment l'analyse de Farcy, Jean-Claude, *Histoire de la justice en France. De 1789 à nos jours*, Paris, La Découverte, 2015, 94.

40 Voir Lagrange, Hugues, *Demandes de sécurité. France, Europe, États-Unis*, Paris, Seuil, 2003.

41 Pour une analyse de la nature et de la motivation des vols, voir les rapports du Ministère de la Justice des années 1978, 1979 et 1980.

La criminalité économique dite « en col blanc », liée, entre autres, au développement du secteur bancaire à partir du début des années 1970, augmente elle aussi. Cependant, beaucoup moins d'enquêtes débouchent dans ce domaine sur des condamnations, pour la principale raison que la police et les magistrats manquent de moyens pour faire face à la complexité des affaires de ce type.[42] Le développement de la place financière internationale n'encourage certainement pas l'exécutif à renforcer les moyens de la justice dans ce domaine.

Notons pour finir cet aperçu général de l'activité judiciaire dans le domaine pénal un autre changement de législation décisif de la fin des années 1970, celui qui règlemente l'interruption volontaire de grossesse. Depuis 1879, la répression de l'avortement est régie par les articles 348 à 353 du Code pénal, qui fixent des peines lourdes : deux à cinq ans d'emprisonnement et une amende pour la femme enceinte, et jusqu'à vingt ans de réclusion pour la personne qui a pratiqué l'avortement s'il agit d'un membre du corps médical. De surcroît, la législation ne prévoit aucune place pour une quelconque exception à la répression de l'avortement, par exemple lorsque l'état de santé de la femme ou de l'enfant est en danger. Dans l'après-guerre, ces articles apparaissent peu à peu comme trop sévères et pas assez nuancés. Les juges se retrouvent donc dans la position délicate où la loi leur demande d'appliquer des peines qui ne sont plus en accord avec l'évolution des mœurs. Cette situation pose des problèmes de conscience.[43]

En attendant que le politique s'empare de ce sujet qui est de plus en plus pointé du doigt par les activistes féministes,[44] c'est le magistrat en charge du dossier au parquet qui décide dans quels cas il faut une application stricte de la loi et lancer des poursuites judiciaires.[45] Les statistiques semblent indiquer que c'est la non-poursuite pénale qui l'a emporté dans la plupart des cas. Néanmoins, des condamnations pour avortement ont bien eu lieu jusque dans les années 1970 (*voir tableau*). Les articles du code pénal relatifs à l'interruption volontaire de grossesse seront finalement abrogés en 1978, lorsqu'une nouvelle loi dépénalise l'interruption volontaire de grossesse si elle est pratiquée dans les douze semaines et que la grossesse met en danger l'état de santé physique ou psychique

---

42 Id.

43 Dans son avis du 6 juin 1978 sur le projet de loi qui doit réformer les articles du code pénal relatifs à l'avortement (n° 2146), le Conseil d'État parle de problèmes de conscience créés à la fois auprès des médecins et des juges par la sévérité excessive du code.

44 Notamment le Mouvement de la Libération de la Femme.

45 Exposé des motifs du projet de loi visant à réformer le code pénal en matière d'avortement (n° 2146).

de la femme enceinte, que l'enfant risque d'être atteint d'une maladie grave ou que la grossesse est la conséquence d'un viol.[46]

Condamnations pour avortement entre 1964 et 1974

1964	1965	1966	1967	1968	1969	1970	1971	1972	1973	1974
6	2	/	2	6	4	/	/	3	/	/

Source : Exposé des motifs du projet de loi n° 2146.

3 La nouvelle loi d'organisation judiciaire de 1980

Après cet aperçu statistique de l'activité des juridictions, regardons ce qui évolue dans leur organisation pendant les décennies qui sont à l'étude dans ce chapitre. Comme il a déjà été souligné dans l'introduction, aucun changement majeur n'est apporté à la loi d'organisation judiciaire avant 1980. Une volonté de refonte générale existe pourtant dès le milieu des années 1960.[47] Le point de réforme qui suscite les avis les plus contradictoires est celui qui a trait à l'organisation de la Cour supérieure de justice et le recours en cassation. Nous retrouvons dans ce débat la même controverse que celle qui a marqué le 19e siècle, c'est-à-dire les discussions tournent essentiellement autour de la question de savoir s'il faut séparer la Cour de cassation de la Cour d'appel afin de garantir qu'aucun juge ne se prononce en dernière instance sur une affaire qu'il a déjà traitée en seconde instance.[48] En 1885, le législateur avait décidé que le faible nombre de jugements rendus par la Cour de cassation ne justifiait pas la création d'une institution complètement autonome. Il fallait accepter une certaine contiguïté entre l'instance d'appel et l'instance de cassation, parce que le pays est trop petit pour se doter d'un organe ne se consacrant qu'à la cassation.

46 Loi du 15 novembre 1978 relative à l'information sexuelle, à la prévention de l'avortement clandestin et à la réglementation de l'interruption de la grossesse.
47 Des réflexions approfondies sont alors menées sur des réformes à opérer en ce qui concerne la loi d'organisation judiciaire de 1885, mais aussi sur le plan de la procédure civile, à laquelle le législateur luxembourgeois a, en comparaison avec la France et la Belgique, apporté relativement peu de changements depuis sa mise en place par Napoléon en 1806. Une Commission d'étude pour la réforme du Code de procédure civile est instituée en 1963.
48 Pour une explication détaillée de ces controverses, voir en particulier le chapitre « La justice sur le chemin de la professionnalisation et de l'humanisation (1848–1885) ».

Quatre-vingts ans plus tard, à la fois le Conseil d'État et la Cour supérieure de justice plaident pour la mise en place d'une Cour de cassation autonome.[49] Le nombre de jugements rendus au niveau le plus élevé de la hiérarchie judiciaire reste pourtant faible, se situant à environ trente par an. Aux yeux du gouvernement, la création d'une institution indépendante ne se justifie toujours pas. Face à l'incapacité des différents acteurs de se mettre d'accord, le projet de refonte de la loi reste en suspens. Seule une révision de la carte judiciaire arrive devant les députés, avec l'objectif de réorganiser les justices de paix suite à une baisse d'activité de certaines d'entre elles. De douze, c'est-à-dire une par canton, elles passent à seulement trois, une à Luxembourg-ville, une à Diekirch et une à Esch-sur-Alzette.[50] Elles perdent ainsi en degré de proximité avec les justiciables, mais cet éloignement géographique est jugé acceptable parce que les moyens de communication et de transport se sont considérablement développés depuis leur mise en place. Le nombre total de juges de paix ne diminue pas de manière significative. Il s'agit essentiellement d'une rationalisation des services.

Un autre point de réforme qui arrive à avancer en 1971 est celui de la mise en place de tribunaux de jeunesse dans les juridictions d'arrondissement de Luxembourg et de Diekirch.[51] Ces tribunaux spéciaux ne sont pas entièrement nouveaux, puisqu'il existe depuis 1939 un juge des enfants qui s'occupe exclusivement de la délinquance juvénile. La loi qui avait mis en place cette instance avait été inspirée de la loi belge du 15 mai 1912. La réforme du début des années 1970 s'appuie également sur la législation belge en la matière, plus précisément la loi du 8 avril 1965. Celle-ci vise d'une part à introduire plus de prévention dans le traitement de la délinquance juvénile, puisqu'un nombre croissant d'études scientifiques montre que la criminalité des jeunes s'inscrit dans une inadaptation sociale générale, souvent accompagnée d'une désintégration familiale.[52] Contrairement à leur prédécesseur, le juge des enfants, les magistrats des tribunaux de jeunesse peuvent prendre des mesures d'éducation et de préservation avant même qu'une infraction n'ait été commise, par exemple lorsqu'un mineur se soustrait à l'obligation scolaire ou lorsqu'il se livre à des activités qui l'exposent à la criminalité. Toutefois, dans le cas des mineurs âgés de plus de

---

49 Les deux institutions ne sont cependant pas d'accord sur le fonctionnement et la composition de la Cour.

50 Loi du 12 avril 1972 portant réorganisation des justices de paix.

51 Loi du 12 novembre 1971 relative à la protection de la jeunesse.

52 Le projet de loi luxembourgeois fait notamment référence aux travaux du psychiatre Georges Heuyer, qui publie en 1969 un ouvrage intitulé *La Délinquance juvénile. Etude psychiatrique*, Paris, Presses universitaires de France.

seize ans, la loi de 1971 durcit le régime appliqué à la criminalité des jeunes. Alors qu'auparavant les affaires de délinquance juvénile revenaient automatiquement au juge des enfants, les magistrats du tribunal de la jeunesse ont en effet, s'ils estiment que des sanctions pénales s'imposent, la possibilité de saisir le Ministère public afin qu'il renvoie l'affaire devant les juridictions ordinaires. Il s'agit là d'une mesure destinée à combattre l'augmentation de la délinquance juvénile.

Au juge de la jeunesse est en 1975 ajouté un deuxième magistrat spécialisé dans les affaires traitant des enfants et des adolescents, le juge des tutelles, qui assure l'administration légale du mineur dans le cas de parents divorcés, ainsi que dans la situation où l'un des deux parents est décédé ou déchu de son autorité parentale.[53] Quelques années plus tard, les mesures de protection judiciaire sont étendues aux incapables majeurs.[54] Trois régimes différents sont introduits afin de protéger des personnes qui, pour diverses raisons physiques ou mentales, ne sont pas ou plus en mesure de se gouverner elles-mêmes : le régime de sauvegarde, qui permet à la justice d'annuler des actes jugés contraires à l'intérêt de la personne protégée, tout en laissant à celle-ci sa pleine capacité juridique et administrative ; le régime de la curatelle, sous lequel la personne concernée doit pour certains actes être assistée par un curateur ; le régime de la tutelle, dans le cadre duquel tout acte administratif et juridique est exercé par un tuteur. Une nouvelle fois, nous notons donc un renforcement du rôle protecteur de la justice.

La question de la refonte générale de la loi d'organisation judiciaire arrive de nouveau sur la table après les élections de 1974 et la constitution d'un nouveau gouvernement libéral-socialiste. Le ministre de la Justice Robert Krieps veut une réforme ambitieuse, visant à moderniser l'appareil judiciaire et à le rapprocher des justiciables. Pour atteindre ce but, il souhaite notamment obliger les magistrats à effectuer un stage d'un an avant leur nomination définitive, à l'instar des autres candidats à des fonctions publiques.[55] L'exposé des motifs du projet de loi sur l'organisation judiciaire emploie des mots durs à l'égard de la fonction judiciaire :

---

53 Loi du 6 février 1975 relative à la majorité civile, l'autorité parentale, l'administration légale, la tutelle et l'émancipation.

54 Loi du 11 août 1982 portant réforme du droit des incapables majeurs.

55 Cette formation d'un an, effectuée au sein des tribunaux, s'ajoute ainsi à celle du stage judiciaire.

> L'initiation pratique des futurs magistrats [doit] contribuer à l'effort de rationalisation et de modernisation des services judiciaires. La fonction judiciaire est restée trop longtemps enserrée dans son carcan traditionnel. Sous peine de perdre définitivement toute considération et toute influence sur le contexte social, elle devra se défaire de ses allures médiévales et rechercher le contact avec l'utilisateur. Service public comme d'autres, la justice devra s'adapter aux besoins et mettre en place de nouvelles procédures [...] Le juge, s'il doit rester l'arbitre impartial, ne saurait plus rester ce personnage inaccessible. La justice moderne doit avant tout être d'un accès facile et en même temps perdre sa réputation de lenteur traditionnelle.[56]

Dans le même but de rendre la justice plus accessible aux utilisateurs, Robert Krieps crée en 1976 un Service d'accueil et d'information juridique qui répond aux questions des justiciables concernant leurs droits et leurs potentielles démarches et actions judiciaires. Ce service, qui fonctionne encore de nos jours, connaît rapidement un franc succès.[57]

Le travail sur la refonte de la loi organique amène finalement à la promulgation de deux nouveaux textes législatifs. En 1977, une première loi procède à l'augmentation du nombre de juges de paix et institue auprès du Parquet général un service central d'assistance sociale qui regroupe tous les services chargés d'enquêtes sociales et d'assistance.[58] Trois ans plus tard, un deuxième texte organique abroge et remplace la loi de 1885. Les principaux changements qu'il introduit sur le plan de l'organisation judiciaire se situent au niveau de la Cour de cassation. Sans procéder à une séparation complète entre la Cour de cassation et la Cour d'appel, il prévoit une chambre de cassation semi-autonome de cinq magistrats, parmi lesquels trois juges s'occupent exclusivement des affaires de cassation : le président de la Cour supérieure de justice et deux conseillers de cassation. Les deux autres postes à pourvoir sont occupés par des conseillers de la Cour d'appel, choisis par le président de la Cour supérieure.

4 La libéralisation du traitement pénologique

Finissons ce chapitre par un passage en revue des réformes qui marquent le plus les esprits à l'époque, c'est-à-dire celles qui sont adoptées dans le domaine du traitement des prisonniers. La principale prison du pays est dans l'après-guerre

56 Projet de loi n° 2103 sur l'organisation judiciaire. Exposé des motifs.

57 Rapports annuels du Ministère de la Justice.

58 Comme le service de la protection de la jeunesse, le service des agents de probation, les services chargés de l'établissement des dossiers de personnalité.

toujours celle de l'ancienne Abbaye de Neumünster, transformée en centre pénitentiaire en 1869. L'installation de détenus dans cet ancien monastère des moines bénédictins du Grund ne devait au départ être que provisoire, en attendant la construction d'un bâtiment adapté. Celui-ci n'a finalement jamais vu le jour, malgré les alertes répétées de l'administration pénitentiaire sur le fait que l'immeuble ne répond aux besoins d'une prison ni en matière de sécurité ni sur le plan des conditions sanitaires.[59]

Suicides en prison 1945–1979

1945	4
1948	2
1951	3
1953	1
1957	2
1958	1
1959	2
1966	1
1967	1
1968	1
1969	2
1978	1
1979	1

Spielmann Alphonse, Des suicides dans nos prisons (« à quatre étoiles » ?), Luxembourg, Imprimerie centrale, 1982.

Ce n'est qu'au cours des années 1970 qu'une succession de réformes mène non seulement à la construction d'un nouvel établissement pénitentiaire, mais à une véritable révolution dans la politique pénologique. Ces changements profonds et durables dans la manière dont l'État approche le crime et les criminels sont souvent attribués au ministre socialiste Robert Krieps, défenseur de longue date de l'humanisation du système pénitentiaire. Ils commencent pourtant dès 1969, sous la gouvernance du parti-chrétien social et du parti démocratique.[60] Ils s'inscrivent d'ailleurs dans les débats généraux sur la protection des droits de l'homme, ainsi que dans la critique croissante des pratiques d'enfermement qui

59 Notamment les règles avancées par les Nations Unies et l'Organisation mondiale de la santé. Voir l'exposé des motifs du projet de loi n° 2031 autorisant le gouvernement à procéder à la construction d'un établissement pénitentiaire central à Schrassig.

60 Sur les combats politiques de Robert Krieps, dont notamment sa vision plus humaine de la justice, voir Fayot, Franz/Limpach, Marc (edd.), *Robert Krieps (1922–1990), Démocratie, Justice, Culture, Education*, Esch-sur-Alzette, Le Phare, 2009.

date de la Seconde Guerre mondiale, pendant laquelle des millions de personnes ont connu l'emprisonnement. Cette tendance à s'interroger sur les droits des prisonniers est amplifiée par la criminologie critique, qui se développe à partir de la fin des années 1960 dans les pays anglo-saxons et remet en question la construction sociale du criminel, les usages faits de la prison et les objectifs qu'elle doit atteindre.[61]

La prise de conscience de l'urgence à agir est provoquée en 1969 par le suicide particulièrement médiatisé d'un faussaire portugais recherché dans plusieurs pays, Candido Soares. Emprisonné au Grund, Soares se donne la mort par une grève de la faim entamée pour protester contre sa détention préventive, qui dure depuis plus d'un an. Sa mort émeut à la fois par le fait que son agonie dure plusieurs semaines et parce qu'elle attire l'attention sur une triste statistique : il représente le vingtième détenu qui se donne la mort depuis 1945.

Robert Krieps (1922–1990)
Ministre de l'Éducation nationale et de la Justice de 1974 à 1979, ministre de la Justice, des Affaires culturelles et de l'Environnement de 1984 à 1989 (LSAP). Interné dans les camps de concentration de Hinzert, Wittlich, Natzweiler et Dachau pendant la Seconde Guerre mondiale, Robert Krieps a lui-même fait l'expérience de l'enfermement. C'est entre autres en raison de ce vécu traumatisant qu'il s'est tout au long de sa carrière politique engagé pour la protection des droits de l'homme et l'encadrement juridique de la toute-puissance de l'État.[62]

Le ministre de la Justice de l'époque, Eugène Schaus, réagit à l'affaire en constituant une commission d'enquête sur les conditions de détention et le traitement des prisonniers du pays. Celle-ci ne fait que constater une réalité déjà connue : l'immeuble ne dispose pas d'assez d'espace pour différencier les détenus en fonction de leur profil (jeune délinquant, détenu préventif, détenu condamné à de longues peines ou particulièrement dangereux) ; il ne dispose pas de véritable mur d'enceinte, ce qui crée des problèmes de surveillance et engendre de nombreuses évasions (*voir encadré*) ; les cellules sont vétustes, mal aérées et sans eau courante, produisant des conditions d'hygiène déplorables ; enfin, les ateliers de travail sont insuffisants, laissant les détenus sans occupation toute la journée.[63]

61 Une des publications phares de la criminologie critique est l'ouvrage de Taylor, Ian/Walton, Paul/Young, Jock, *The New Criminology. For a social Theory of Deviance*, London, Routledge, 1973.
62 Fayot, Franz/Limpach, Marc (edd.), *Robert Krieps (1922–1990)*, op. cit.
63 Projet de loi autorisant le gouvernement à procéder à la construction d'un centre pénitentiaire central à Schrassig, exposé des motifs (n° 2031).

À la suite de la publication du rapport, plusieurs mesures sont prises. En premier lieu, le gouvernement lance l'étude de la construction d'une nouvelle prison capable de garantir la sécurité et la santé des prisonniers. Cependant, il faudra de nombreuses années et plusieurs commissions d'experts avant qu'une loi permettant la création d'un nouveau centre pénitentiaire à Schrassig ne soit adoptée (1977). Entre-temps, plusieurs mutineries éclatent, notamment en 1972 et en 1973. Deux ans plus tard, pas moins de dix-huit tentatives d'évasion sont enregistrées.[64]

La nouvelle prison ouvrira finalement ses portes en 1984. Toutefois, pour répondre aux recommandations de la science pénitentiaire, ainsi que celles émises par le Conseil de l'Europe qui, comme nous l'avons vu précédemment, s'empare de manière croissante de la question des conditions de détention des prisonniers dans les années 1970, c'est tout le régime de l'exécution des peines qui doit être revu. Un terme clef devient omniprésent, celui de l'« individualisation » des peines, un concept qui veut que chaque condamné ait sa sanction adaptée à sa situation personnelle, c'est-à-dire sa personnalité, la motivation de son geste, sa situation socio-économique et familiale, son risque de récidive, etc. Derrière la prise en compte de l'ensemble de ces facteurs ne se trouve pas seulement la volonté de proposer un traitement pénitentiaire plus humain, mais également celle de le rendre plus efficace. En effet, les études montrent depuis des décennies que les politiques pénitentiaires qui cherchent simplement à « punir » par l'enfermement ne représentent pas une réponse efficace à la criminalité et la récidive. Le passage en prison doit être un moyen d'obtenir le « reclassement » du détenu et il faut veiller à ce qu'il puisse réintégrer la société à sa sortie de prison.[65] Dans l'idéal, le prisonnier ne devrait même à aucun moment être véritablement exclu de la société.

---

64 Id.

65 Le projet de loi autorisant le gouvernement à procéder à la construction d'un centre pénitentiaire central à Schrassig cite à ce sujet l'ancien directeur-général de l'administration pénitentiaire belge : « Il faut associer le condamné au traitement dont le but final est d'assurer son reclassement dans la société. La détention ne doit pas être une sinistre parenthèse qui s'ouvre lors de l'incarcération et se ferme à la libération. Elle doit être la continuation de la vie sociale, dans une forme différente, plus austère, mais néanmoins constructive. »

Evasions de la prison du Grund (1950–1976)

1950	6
1951	7
1957	6
1960	3
1964	2
1970	1
1971	5
1972	7
1973	2
1974	2
1975	7
1976	4

Source : Projet de loi autorisant le gouvernement à procéder à la construction d'un établissement pénitentiaire central à Schrassig, exposé des motifs.

C'est principalement dans cet objectif de réinsertion dans la société que les gouvernements déposent au cours des années 1970 plusieurs projets de loi visant à assouplir le régime carcéral et proposer des alternatives à la prison. En 1972, la Chambre adopte une loi qui étend les possibilités d'octroi de libérations conditionnelles, c'est-à-dire d'autorisation de sorties anticipées de prison.[66] Cette réforme vise à la fois à encourager le bon comportement pendant la détention et à limiter le temps passé à l'écart de la société, tout en maintenant néanmoins la menace d'une réincarcération en cas de récidive.

L'année suivante, c'est la procédure de la condamnation conditionnelle, également connue sous le terme de « sursis », qui est réformée.[67] La peine prononcée avec sursis n'est exécutée que si le condamné commet une nouvelle infraction à la loi. Prévue par la législation depuis la fin du 19e siècle, elle sert principalement d'avertissement aux primo-délinquants. La loi de 1973 permet aux magistrats d'accompagner la peine avec sursis d'un « régime de mise à l'épreuve », dans lequel le condamné doit se soumettre à des mesures de surveillance et d'assistance telles que des convocations et des visites régulières. Le juge peut également interdire la fréquentation de certains lieux ou imposer un traitement médical. L'idée derrière la mise à l'épreuve n'est pas de durcir le régime de la condamnation conditionnelle, mais d'étendre son utilisation, en permettant aux magistrats d'éviter l'enfermement même lorsqu'ils sont confrontés à des délinquants qui présentent un certain risque de récidive ou qui ont besoin d'un accompagnement renforcé.

66 Loi du 2 juin 1972 ayant pour objet de modifier l'article 100 du code pénal concernant la libération conditionnelle.

67 Loi du 5 juin 1973 sur la condamnation conditionnelle et le régime de la mise à l'épreuve.

À partir du milieu des années 1970, trois nouvelles mesures sont testées pour éviter les effets néfastes de l'enfermement strict : le fractionnement des peines de courte durée, le régime de la semi-liberté et les congés pénaux.[68] La possibilité de fractionner l'emprisonnement sert principalement dans les peines de courte durée, qui peuvent alors être exécutées par tranches successives de quelques jours ou seulement en fin de semaine ou pendant les périodes de congés, évitant ainsi au condamné d'être arraché de son milieu professionnel et familial. Le régime de la semi-liberté vise un objectif similaire, celui de permettre au détenu de quitter la prison pendant la journée afin de pouvoir exercer une activité professionnelle. Les congés pénaux permettent quant à eux de quitter la prison pendant une journée, voire plusieurs jours d'affilée. Ils sont réservés à ceux qui ont purgé une peine de plus de dix ans. Il s'agit ici d'atténuer les effets de l'enfermement en permettant au détenu de progressivement reprendre pied dans la société, de trouver un logement, un emploi etc.

Congés pénaux accordés entre 1976 et 1985

1976	114
1977	55
1978	72
1979	154
1980	158
1981	296
1982	384
1983	524
1984	438
1985	410 (jusqu'au 1er octobre)

Source : Spielmann, Alphonse, L'exécution des peines – Un éternel problème.[69]

Depuis 1976, les détenus ont également la possibilité d'introduire une demande de réhabilitation judiciaire, c'est-à-dire une réhabilitation intervenant avant celle qui est dans tous les cas prévue par la loi.[70] Si la chambre du conseil de la Cour d'appel reçoit cette demande, après avoir été saisie par le procureur général d'État, elle peut décider de lever toutes les incapacités et interdictions liées à la condamnation, de

68 Ces mesures ne seront officiellement inscrites dans la législation qu'en 1986, avec la promulgation de la loi relative à certains modes d'exécution des peines privatives de liberté.
69 Spielmann, Alphonse, L'exécution des peines – Un éternel problème, in : Conférence Saint Yves (ed.), *Diagonales à travers le droit luxembourgeois. Livre jubilaire de la Conférence Saint-Yves 1946–1986*, Luxembourg, Saint-Paul, 1986, 163.
70 Loi du 6 décembre 1976 sur la réhabilitation des condamnés.

même que l'inscription de celle-ci dans le casier judiciaire. De cette manière, le condamné peut reprendre sa vie sans être marqué par son passé. Cette nouvelle approche de l'État envers le traitement du criminel est couronnée en 1979 par la loi portant abolition de la peine de mort. La suppression de la peine capitale est avant tout symbolique. Depuis 1821, seul un condamné de droit commun a été mis à mort : Nicolas Bernardy, exécuté le 7 août 1948 pour le meurtre de cinq personnes.[71] Dans la pratique, la condamnation à mort n'est donc plus exécutée depuis des années.

Les débats autour de l'abolition de la peine de mort au Luxembourg[72]
L'inscription de l'abolition de la peine de mort dans la Constitution est demandée par un député dès 1868, mais la question n'est discutée de manière approfondie par la Chambre qu'en 1879, dans le cadre de la révision du Code pénal. Aucune majorité ne se dégage alors pour son abolition, puisque seulement trois députés votent pour sa suppression.[73] Le sujet revient sur la table pendant la révision constitutionnelle de 1948. Cependant, le contexte de l'épuration et de la poursuite des criminels de guerre rend la question trop sensible pour avancer vers une abolition de la peine de mort. Ce n'est finalement que deux décennies et demi plus tard, sous l'impulsion du Parti socialiste, qui avait inscrit l'objectif de l'abolition dans son programme électoral, qu'une nouvelle commission d'études est instituée pour étudier l'abolition. Le vote en faveur de la suppression rassemble cette fois-ci une large majorité, mais les députés refusent toujours d'ancrer l'abolition dans la Constitution. Cette étape ne sera réalisée que vingt ans plus tard, en 1999, dans un contexte d'encouragement croissant par le Conseil de l'Europe pour aboutir à une abolition définitive de la peine de mort en Europe.[74]

Si l'ensemble des réformes des années 1970 sont aujourd'hui solidement ancrées dans la législation pénale, elles suscitent au moment de leur adoption de fortes

71 Huit exécutions ont eu lieu pour crimes de guerre après la Seconde Guerre mondiale. Voir le chapitre précédent. Sur Nicolas Bernardy, voir Jungblut, Marie-Paule, et al. (edd), *Mord und Totschlag. Begleitband zur gleichnamigen Ausstellung des historischen Museums der Stadt Luxemburg – Luxemburg, 10 Juli 2009–28 März 2010*, Luxembourg, Musée d'histoire de la ville, 2009.

72 La peine de mort au Luxembourg ainsi que son abolition en 1979 ont d'ores et déjà fait l'objet de nombreuses publications. Nous renvoyons le lecteur désireux de connaître les détails des débats successifs à ces travaux, parmi lesquels on peut notamment citer Biever, Robert, *L'abolition de la peine de mort*, op. cit. ; Limpach, Marc, *'Schafft die Todesstrafe ab!' Die politischen Debatten um die Abschaffung der Todesstrafe im Spiegel des Tageblatt*, in : Scuto Denis, Steichen Yves, Lesch Paul (edd.), *Un journal dans son siècle: Tageblatt (1913–2013)*, Esch-sur-Alzette, Le Phare, 2013, 240–271 ; Spielmann, Alphonse, *La peine de mort au Grand-Duché de Luxembourg*, Revue de science criminelle et de droit pénal comparé 3 (Juillet–Septembre 1976), 661–692 ; Spielmann, Alphonse, *De la peine de mort au Luxembourg. La longue marche vers l'abolition*, in : *Hommage à l'Athénée*, vol. 4, Luxembourg, Saint-Paul, 2003, 237–246.

73 Biever, Robert, *L'abolition de la peine de mort*, op. cit.

74 En 1983, le Conseil de l'Europe a adopté le Protocole n° 6 à la Convention de sauvegarde des Droits de l'Homme et des Libertés fondamentales concernant l'abolition de la peine de mort. Le Luxembourg a ratifié ce texte en 1985.

critiques de la part d'une partie de la presse et de l'opinion publique. En particulier le ministre Robert Krieps fait l'objet de violentes attaques de la part du *Luxemburger Wort*, qui dénonce la création d'un régime d'impunité pour les criminels. Les attaques contre la politique libérale sont telles qu'au printemps 1977, le ministre annonce que la procédure du congé pénal sera réexaminée.[75] Le nombre de congés accordés chute ensuite brutalement pendant deux ans. L'avocat général Alphonse Spielmann, qui a joué un rôle clef dans l'adoption de la nouvelle approche pénologique et qui est lui aussi dans le viseur de la presse, décide quant à lui de démissionner de son poste de délégué du procureur général d'État aux établissements pénitentiaires et à l'exécution des peines. Dans une série de quatre articles publiés l'année suivante dans le journal *d'Letzeburger Land* sous le titre « L'élan brisé », il exprime de vives critiques envers la manière dont la presse traite de la criminalité.[76] Il l'accuse notamment d'augmenter de manière artificielle le sentiment d'insécurité du public par le biais de titres accrocheurs.[77] Cette peur de la criminalité met la pression sur les politiques et empêche toute réforme approfondie en matière pénale et pénitentiaire. Spielmann voit également une corrélation entre la restriction des possibilités de sorties de prison en 1977 et le fait que des suicides sont de nouveaux enregistrés dans le centre pénitentiaire en 1978–1979, alors que plus aucun détenu ne s'était donné la mort pendant près d'une décennie.

Alphonse Spielmann (1931–2006)

Né en 1931 à Brattert, Alphonse Spielmann marque l'histoire de la justice par son engagement de plusieurs décennies pour le respect des droits de l'homme et la mise en place d'une politique pénitentiaire humaine, respectueuse des droits fondamentaux des détenus.[78] Il développe son intérêt pour la justice pénale et le traitement de la criminalité dans le cadre de ses études à Paris, où il suit parallèlement à ses cours de droit une formation à l'Institut de Criminologie. C'est entre autres grâce à ce double cursus qu'il est en 1959 nommé attaché de justice délégué aux établissements pénitentiaires. Dix ans plus tard, il devient le délégué du procureur général d'État aux établissements pénitentiaires et à l'exécution des peines. Cette fonction, qu'il conserve lorsqu'il est nommé avo-

Alphonse Spielmann.
© Conseil de l'Europe.

75 Limpach, Marc, *'Schafft die Todesstrafe ab!'?* op. cit., 252.

76 Spielmann, Alphonse, *L'élan brisé*, d'Letzeburger Land 42 (1978) ; *La criminalité: mythe et réalité. L'élan brisé, 2ème partie*, d'Letzeburger Land 46 (1978) ; *Un retour à des conceptions d'un autre âge. L'élan brisé, 3e partie*, d'Letzeburger Land 46 (1978) ; *L'élan brisé ? Certes*, d'Letzeburger Land 48 (1978).

77 Les chiffres montrés par Spielmann montrent plutôt une baisse de la criminalité qu'une hausse.

78 Kinsch, Patrick, *In memoriam Alphonse Spielmann (1931–2006)*, Annales du droit luxembourgeois 16 (2006), 11–13 ; Berger, Vincent, *In memoriam Alphonse Spielmann*, Revue trimestrielle des droits de l'homme (2006), 481–482.

cat général auprès de la Cour supérieure de justice en 1972, lui permet d'observer de près les dysfonctionnements de la politique pénale. Le long combat d'Alphonse Spielmann pour les droits des détenus est couronné en 1985 par sa nomination comme juge à la Cour européenne des droits de l'homme (jusqu'en 1998). Sur le plan national, sa carrière arrive à son apogée en 1994, lorsqu'il est nommé procureur général d'État.

5 Conclusion

Comme nous l'avons vu tout au long de ce chapitre, notre analyse de l'évolution de l'organisation judiciaire dans les années d'après-guerre doit se placer dans le contexte politique, économique et social de l'époque. Les décennies 1950, 1960 et 1970 apparaissent avant tout comme une période de prospérité économique. Celle-ci permet au Luxembourg de consolider sa politique d'État-providence. La justice est engagée dans cette voie plus sociale. Au lendemain de la Seconde Guerre mondiale émerge aussi une vision plus étendue des droits fondamentaux. L'ancrage de ces nouveaux droits dans les pratiques prend du temps. Ce n'est que dans les années 1970, une décennie qui connaît de nombreuses luttes sociales, que l'on observe véritablement la montée en puissance du Conseil de l'Europe et l'impact de la Déclaration européenne des droits de l'homme.[79] Les multiples réformes entreprises au Luxembourg à partir de 1969 pour améliorer les conditions de détention des prisonniers s'inscrivent dans cette dynamique internationale.

En ce qui concerne l'organisation judiciaire, peu de changements structurels sont opérés pendant les décennies à l'étude dans ce chapitre, puisque la loi de 1980 reprend dans une grande mesure celle de 1885. Néanmoins, on constate une volonté politique de renforcer les principes de transparence et d'accessibilité de la justice. Le travail des tribunaux est aussi scruté de près par les médias, même si leur attention porte avant tout sur les affaires criminelles. Si nous avons vu que cette pression du regard public pèse sur les politiques lorsqu'ils entendent réformer le traitement pénologique, il ne faut pas oublier que les magistrats la subissent également. En effet, le Parquet général et les tribunaux sont eux aussi pointés du doigt lorsqu'un crime est commis dans le cadre d'une mesure de libération ou de condamnation conditionnelle. Les multiples réformes adoptées en vue de la mise en place d'alternatives à la prison augmentent donc aussi la responsabilité des magistrats du pénal, qui doivent en permanence trouver un juste équilibre entre la recherche d'une peine adaptée à la situation du criminel et l'obligation de protéger la société.

---

79 Voir l'ouvrage de Moyn, Samuel, *The last Utopia. Human Rights in History*, Harvard, Harvard University Press, 2012.

Vera Fritz

La mise à jour d'une organisation judiciaire héritée du 19e siècle (1980–2020)

Après avoir décidé de conserver l'organigramme judiciaire du 19e siècle dans la loi de 1980, le pays s'engage à partir de la fin de cette même décennie dans une succession de réformes qui visent à mettre le fonctionnement de la justice au goût du jour, tant du point de vue de l'évolution des mœurs et de la société que des normes internationales. En matière pénale, la procédure de jugement des grands crimes est simplifiée et de nouveaux droits sont ouverts à ceux qui sont condamnés aux peines les plus lourdes. Ces changements de la procédure judiciaire sont accompagnés de nouvelles réflexions sur le régime des peines et l'utilité de la prison, qui mènent elles aussi, sur une période de vingt ans, à d'importantes réformes du Code pénal, de l'exécution des peines et de l'administration des centres pénitentiaires.

En ce qui concerne la justice administrative, c'est une condamnation par la Cour européenne des droits de l'homme en 1995 qui oblige le gouvernement à entamer des réformes et se pencher sur un problème pointé du doigt depuis un certain nombre d'années, celui du cumul de fonctions législatives et judiciaires par le Conseil d'Etat. La justice administrative est sortie du champ de compétences des conseillers d'Etat et mise entre les mains de deux nouveaux organes spécialement créés, le tribunal administratif et la Cour administrative.

Un autre changement fondamental est opéré dans l'organigramme juridictionnel lorsque le Luxembourg se dote en 1997 d'une juridiction responsable de veiller à ce que les lois votées par la Chambre des députés soient conformes à la Constitution. Dans le cadre du grand chantier de réforme constitutionnelle ouvert en 2005, le gouvernement envisage également de créer une Cour suprême, qui serait à la fois juge constitutionnel et juge de cassation. Nous verrons dans ce chapitre pourquoi ce projet sera finalement abandonné.

Au-delà des grands changements dans l'organisation judiciaire, les années les plus récentes se caractérisent par une augmentation importante de l'activité des juridictions. De cette hausse des affaires découlent des conséquences néfastes, telles que la surcharge des magistrats et l'allongement des délais de traitement des dossiers. Puis, on constate une importante internationalisation de la justice, qui accompagne inévitablement le développement du Luxembourg en tant que place financière et l'accélération de l'intégration européenne.

https://doi.org/10.1515/9783110679656-010

1 Une machine judiciaire qui travaille à plein régime

Un constat qui revient dans de nombreux rapports produits par les organes de justice depuis les années 1980 est celui de l'augmentation régulière de la quantité d'affaires à traiter.[1] En matière pénale, les parquets de Luxembourg et de Diekirch enregistrent une croissance importante des affaires criminelles, correctionnelles et de police. À Luxembourg, pas moins de 53.000 nouveaux dossiers sont ouverts pendant l'année 2020.[2] Les parquets font notamment face à une véritable explosion des dossiers liés à la circulation, en particulier depuis la mise en place du système de contrôle et de sanctions automatisés. Les infractions liées à la circulation représentent plus de 40 pour cent des dossiers introduits aux parquets de Luxembourg et de Diekirch. Puis, on constate une augmentation considérable de la criminalité économique, telle que la fraude, le blanchiment d'argent et l'escroquerie. Celle-ci est intimement liée au développement de la place financière. Les dossiers économiques sont complexes et souvent transnationaux, ce qui rend leur traitement difficile. Il en est de même pour les affaires de cybercriminalité, qui se multiplient avec le développement des moyens informatiques et la généralisation des paiements en ligne.[3]

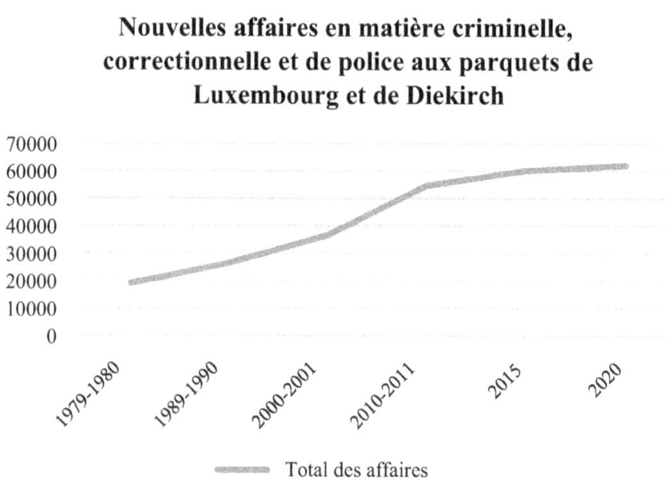

1 Du moins jusqu'en 2010. Ensuite, les juridictions semblent connaître une certaine stabilisation du nombre d'affaires qu'elles ont à traiter.

2 Chiffres tirés des rapports des juridictions judiciaires au ministre de la Justice.

3 Id.

En toute logique, l'activité des tribunaux d'arrondissement en matière pénale augmente elle aussi de manière importante, en particulier au tribunal de Luxembourg. Nous constatons toutefois une certaine baisse des affaires pénales à partir des années 2010. En matière criminelle, elle est de nouveau suivie d'une hausse à partir de 2015.[4]

Jugements rendus en matière correctionnelle par les tribunaux d'arrondissement

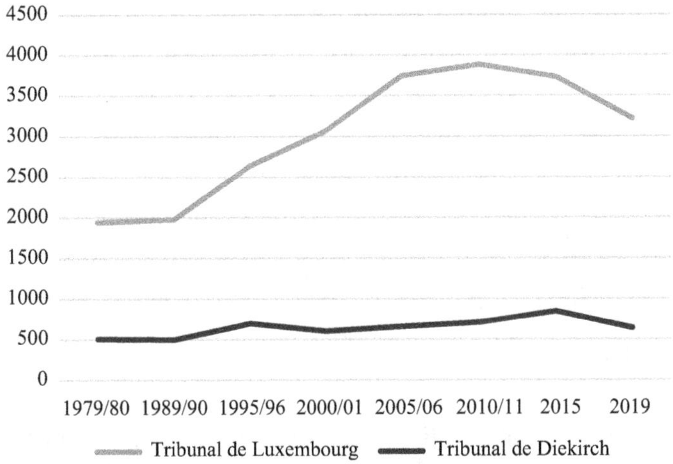

Jugements rendus en matière criminelle par les tribunaux d'arrondissement

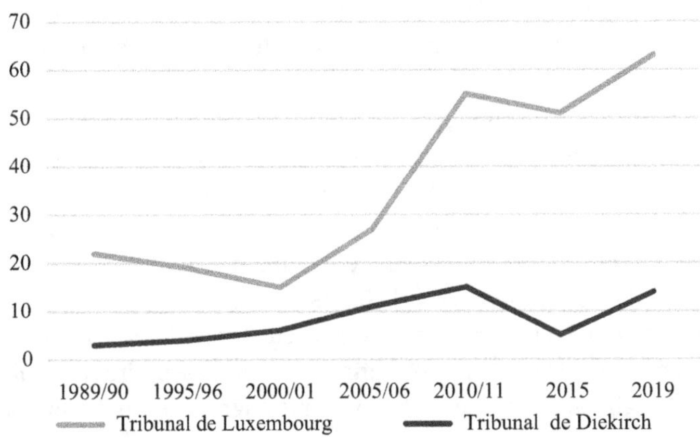

4 Id.

En matière civile et commerciale, l'activité des tribunaux d'arrondissement augmente aussi. L'activité civile croît de plus de 50 % en trente ans (1980–2010), avant de se stabiliser puis même de connaître une certaine baisse. En matière commerciale, en revanche, l'augmentation des affaires a été constante, amenant aujourd'hui les juges à traiter trois fois plus d'affaires de ce type que dans les années 1980/1990.[5]

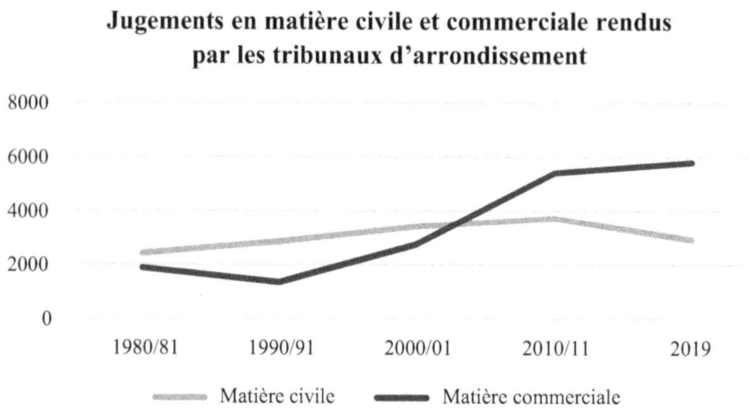

Le contentieux lié au travail, qui avait déjà connu une forte hausse dans les années précédentes, continue également d'augmenter. Entre autres pour permettre un traitement plus rapide de ces affaires, les conseils de prud'hommes et les tribunaux arbitraux qui étaient jusqu'à présent en charge de ces litiges sont en 1989 remplacés par des tribunaux du travail.[6] Ils sont au nombre de trois, un par justice de paix, et se composent d'un juge de paix accompagné de deux assesseurs, dont l'un est choisi parmi les employeurs et l'autre, selon le cas, parmi les salariés.

La Cour supérieure de justice enregistre elle aussi un nombre croissant d'affaires. L'activité de la Cour de cassation se voit tripler entre le milieu des années 1980 et 2019. L'activité de la Cour d'appel varie en fonction des matières. En matière pénale, son activité double pratiquement entre le milieu des années 1980 et 2010. Comme les tribunaux d'arrondissement, elle connaît ensuite une certaine baisse des affaires pénales. En matière civile, la hausse des affaires dépasse même les 100 % entre 1985 et 2010. En matière commerciale, elle connaît une hausse de 44 % entre le milieu des années 1980 et 2019. Enfin, la hausse des affaires de droit du travail est spectaculaire entre 1985 et 2010, avec une augmentation de 180 %.

---

5 Id.
6 Loi du 6 décembre 1989 concernant la juridiction du travail.

Le contentieux lié au travail connaît toutefois de nouveau une baisse importante pendant la dernière décennie.

Arrêts prononcés par la Cour de cassation[7]

	1985/86	1990/91	2000/01	2010/11	2019
Matière pénale	27	17	43	94	68
Matière civile et commerciale	31	39	63	67	110
Total	58	56	106	161	178

Arrêts prononcés par la Cour d'appel en matière pénale, civile, commerciale et en droit du travail[8]

	1985/86	1990/91	2000/01	2010/11	2019
Matière pénale	331	263	427	625	472
Matière civile	239	332	452	510	486
Matière commerciale	135	114	170	166	195
Droit du travail	120	124	318	339	229

Les raisons de cette augmentation des affaires sont multiples. En premier lieu, il faut signaler l'accroissement de la population, qui passe de 360.000 à plus de 600.000 habitants en quarante ans (1980–2020). Ensuite, les modes de vie changent. Le nombre de divorces continue d'augmenter, et à l'heure des couples binationaux et des familles recomposées, il devient plus difficile de trouver un accord sur les questions qui entourent ces séparations, notamment celles liées à la garde d'enfant(s). Depuis 2018, les affaires de divorces, d'autorité parentale et d'obligations alimentaires, qui étaient auparavant dispersées entre les justices de paix et différentes chambres des tribunaux d'arrondissement, sont exclusivement traitées par des magistrats spécialisés, les juges aux affaires familiales. En 2019, ils ont rendu près de 4000 décisions.[9]

Sans surprise, l'augmentation du nombre de dossiers engendre du retard dans leur traitement, plus ou moins marqué selon les juridictions et les matières. Lorsque ce retard est important, il pose problème. Tout d'abord, il risque de pro-

7 Rapports des juridictions judiciaires au ministre de la Justice.

8 Id.

9 Rapport d'activité du Ministère de la Justice, 2019.

voquer un dépassement du délai de prescription, c'est-à-dire du laps de temps écoulé au-delà duquel un fait ne peut plus être poursuivi en justice.[10] En 1994, le juge d'instruction-directeur du tribunal de Luxembourg sonne l'alerte sur cette situation, « qui équivaut en définitive à un déni de justice ».[11] Ensuite, des délais de traitement trop longs constituent une violation du droit international, puisque la Convention européenne des droits de l'homme garantit aux justiciables le droit d'avoir leur cause entendue par les tribunaux dans un « délai raisonnable » (article 6). Une justice qui fonctionne au ralenti risque donc de porter atteinte aux droits fondamentaux des citoyens et le Luxembourg est condamné à de multiples reprises pour cette raison par la Cour européenne des droits de l'homme. Il faut toutefois souligner que le Grand-Duché n'est pas le seul pays à connaître un système de justice engorgé. Le problème se pose également dans les États voisins, même si on constate que certains s'en sortent sur ce point mieux que d'autres.

Cour européenne des droits de l'homme, nombre de condamnations par État pour violation du « délai raisonnable » de la durée de procédure, 1959–2020[12]

	Violation de la durée de procédure	Nombre total d'arrêts
France	284	1048
Allemagne	102	356
Belgique	62	269
Luxembourg	17	46
Pays-Bas	8	169

Le problème des retards dans le traitement des affaires judiciaires ressort également des rapports annuels du Médiateur, connu sous la dénomination de « Ombudsman »[13]. Le Médiateur reçoit depuis sa création en 2004 les réclamations relatives au fonctionnement de l'État, des communes et de leurs établissements publics. Dès la première année de son activité, 42 affaires relatives à la longueur excessive des procédures judiciaires sont introduites auprès de lui, notamment en matière pénale.[14] Pour remédier à ce problème et aider les magistrats à affronter

10 Par exemple, un délit ne peut en principe plus être poursuivi au-delà de cinq ans après les faits.
11 Ministère de la Justice. Rapport d'activité 1994.
12 Cour européenne des droits de l'homme. Statistiques par État. Violations par article et par État, 1950–2020. Ces chiffres sont à mettre en relation avec le nombre total de procédures judiciaires engagées dans chaque pays, qui est lui-même intimement lié à la taille de la population.
13 Terme originaire des pays scandinaves, qui ont été les premiers à mettre en place un tel organe.
14 Ombudsman, Rapport d'activité du 1er octobre 2004 au 30 septembre 2005.

leur surcharge de travail, le gouvernement prend de multiples mesures. Comme dans les autres secteurs de l'administration, il procède avant tout à une vaste informatisation. Puis, de nombreuses procédures judiciaires sont changées ou simplifiées en vue d'une accélération de traitement. En matière civile, par exemple, les juges sont régulièrement obligés de reporter des procès en raison d'une instruction incomplète par les avocats des parties. Une réforme du Code de procédure civile permet de lever ce problème en mettant l'instruction directement sous le contrôle du magistrat, qui peut ainsi veiller à ce que l'affaire soit effectivement prête à être jugée le jour de l'audience.[15] En matière pénale, c'est la mise en place de la possibilité de résoudre des conflits par une médiation plutôt que par une procédure judiciaire, qui permet d'évacuer un certain nombre d'affaires plus rapidement.[16] Enfin, les effectifs de la magistrature sont augmentés de manière considérable : le nombre de magistrats passe de 110 à la fin des années 1980 (30.5/100 000 habitants) à 270 en 2020 (42,8 par 100 000 habitants).[17] En 2020, 121 juges composent les vingt chambres du tribunal d'arrondissement de Luxembourg. Le nombre de juges d'instruction au sein du Parquet auprès du même tribunal est quant à lui pendant cette même période passé de trois à quatorze. À la Cour supérieure de justice, les conseillers qui étudient les recours en appel et en cassation sont au nombre de 41.

Nombre de juges professionnels par 100 000 habitants (2016)[18]

Luxembourg	31
Allemagne	24
Belgique	14
Pays-Bas	14
France	10

15 Loi du 11 août 1996 sur la mise en état en matière de procédure civile contentieuse et portant introduction et modification de certaines dispositions du code de procédure civile, ainsi que d'autres dispositions légales. La question de savoir si cette réforme a effectivement porté ses fruits est toutefois débattue.

16 Loi du 6 mai 1999 relative à la médiation pénale et portant modification de différentes dispositions a) de la loi modifiée du 7 mars 1980 sur l'organisation judiciaire, b) du code des assurances sociales.

17 Comme nous le verrons plus loin dans ce chapitre, on constate cependant aussi une augmentation du nombre de juridictions.

18 Systèmes judiciaires européens. Efficacité et qualité de la justice. Etudes de la CEPEJ n° 26, 2018 (Données 2016). Il faut toutefois regarder ces chiffres avec une certaine prudence, puisque dans certains pays, une partie variable du contentieux peut être traitée par des juges non-professionnels.

Ombudsman – Plaintes enregistrées contre l'administration de la justice

2005	42
2006	39
2007	30
2008	23
2009	26
2010	20
2011	14

Il est intéressant de noter que cette politique d'augmentation du nombre de magistrats ne s'effectue pas toujours comme planifiée. De multiples rapports de la justice au Ministère font état de postes qui ne peuvent être pourvus faute de candidats intéressés. Le manque d'attrait de la profession s'explique par le fait que de nombreux jeunes juristes ayant accompli le stage judiciaire préfèrent s'orienter vers la profession d'avocat, qui est perçue comme plus lucrative. La fonction semble attirer davantage les femmes que les hommes. Depuis leur arrivée dans le corps judiciaire en 1961, la part des femmes n'a cessé d'augmenter.[19] Elles représentent aujourd'hui deux tiers des magistrats. Malgré les difficultés passagères de recrutement, le Luxembourg dispose aujourd'hui d'un nombre élevé de juges par habitants, notamment en comparaison avec ses voisins. Cette politique d'augmentation des effectifs porte ses fruits sur le plan de la gestion des arriérés. En quelques années seulement, le Médiateur constate une baisse significative des plaintes enregistrées contre l'administration de la justice.

2 Une coopération européenne renforcée

Une autre manière d'augmenter l'efficacité du traitement des affaires judiciaires consiste en la mise en place d'une coopération plus étroite au sein de l'Union européenne. Celle-ci devient même inévitable au sein d'un marché commun dans lequel les entreprises et les individus de différents États membres interagissent au quotidien. Dès la fin des années 1960, les six États fondateurs des Communautés européennes signent une convention qui détermine quels tribunaux sont compétents en cas de litige impliquant des parties de différents pays membres. Le même

19 Voir les statistiques proposées par Simone Flammang dans la seconde partie de l'ouvrage.

accord met également en place un système de reconnaissance mutuelle automatique des jugements prononcés en matière civile et commerciale.[20]

En matière pénale, les gouvernements sont plus frileux lorsqu'il s'agit de transférer des compétences sur le plan européen. Ce n'est qu'à la fin des années 1990, suite à la signature du Traité d'Amsterdam, que des discussions concrètes sont entamées. Elles mènent en 2002 à la création de l'agence EUROJUST, qui a pour principale fonction de soutenir la coopération entre les autorités judiciaires dans les cas de criminalité transfrontalière graves. Chaque État membre de l'Union nomme un magistrat qui coordonne la mise en relation avec les autorités judiciaires d'autres pays et constitue, en cas de besoin, des équipes d'enquête communes. Dans le cas du Luxembourg, le bureau EUROJUST travaille en étroite collaboration avec le Parquet général, qui est le principal responsable du traitement des questions de coopération internationale. En tête des affaires traitées par le biais de cette collaboration européenne se trouvent celles liées à la fraude, suivies de celles relatives au blanchiment d'argent et au trafic de drogues.[21] Les autorités judiciaires et policières du Luxembourg contribuent depuis la création d'EUROJUST à de nombreuses enquêtes internationales. En 2018, elles participent à une des plus vastes enquêtes criminelles réalisées à ce jour en Europe, l'opération « Pollino ». Dirigée contre le réseau mafieux 'Ndrangheta, elle permet d'arrêter 84 personnes, de saisir quatre tonnes de cocaïne et de geler deux millions d'euros d'avoirs illicites.[22]

Toujours dans le but de permettre à la coopération judiciaire de se dérouler de manière efficace et rapide, les États membres de l'Union européenne mettent également en place un Mandat d'arrêt européen (MAE, 2004). Le MAE remplace le mécanisme traditionnel et compliqué de l'extradition par un système qui s'appuie sur une reconnaissance mutuelle des décisions judiciaires. Lorsqu'un mandat d'arrêt est émis par un pays membre de l'UE, les autorités des autres États s'engagent à l'exécuter, même s'il est dirigé contre un de leurs propres citoyens. De même, la condition de la double incrimination, qui ne rendait possible une entraide que si le fait à la base de la demande était punissable dans les deux pays, est remplacée, pour une liste de 34 infractions, par un abandon de ce contrôle. Contrairement à l'extradition, la procédure fonctionne sans aucune intervention diplomatique ou politique. Elle est exécutée exclusivement par les juges. Depuis 2005, un nombre sans cesse croissant de mandats d'arrêts européens a été émis.

---

20 Convention de Bruxelles de 1968 concernant la compétence judiciaire et l'exécution des décisions en matière civile et commerciale.

21 Eurojust, Rapports annuels.

22 Eurojust, Rapport annuel 2018.

Le mandat d'arrêt européen a été suivi par d'autres instruments mettant en œuvre le principe de la confiance mutuelle, et qui sont autant d'allégements des procédures concernées. Si cette coopération européenne aide les magistrats luxembourgeois à traiter certaines affaires, elle contribue aussi à l'augmentation de leur charge de travail, puisque le traitement de ces nombreuses commissions rogatoires internationales prend du temps. La coopération rend donc certes la justice plus efficace, mais elle n'allège pas forcément la charge de travail du magistrat.

La dernière innovation européenne en matière pénale date de 2021, lorsque 22 des 27 États membres de l'Union européenne ont mis en place un Parquet européen responsable de lancer des enquêtes et des poursuites contre les infractions qui portent atteinte au budget de l'UE, telles que la fraude à la TVA, le blanchiment de capitaux et la corruption.[23] Comme la Cour de Justice de l'UE, le Parquet européen siège sur le plateau du Kirchberg. Il travaille en étroite coopération avec les Parquets nationaux, EUROJUST et l'Office européen de Police (EUROPOL).

3 Les réformes pénales luxembourgeoises

À partir de la fin des années 1980 et du début des années 1990, des réformes importantes du domaine pénal sont mises en place sur le plan national. En 1986, le législateur donne une base légale aux modalités d'aménagement des peines introduites au cours des années 1970, telles que l'exécution fractionnée, la semi-liberté, le congé pénal et la suspension de la peine.[24] Faisant suite à des débats publics engendrés par un certain nombre de crimes commis par des personnes ayant bénéficié de ce type de modalités, la loi précise désormais dans quelles conditions celles-ci peuvent être accordées. Un autre changement emblématique dans le domaine pénal est la suppression de la Cour d'assises, responsable de juger les personnes renvoyées du chef de faits qualifiés de crimes. Instaurée sous le régime français (1795–1814), la Cour d'assises se distingue à l'origine par le fait qu'un jury populaire y décide du sort de l'accusé.[25] Cette participation des citoyens à la justice doit garantir que le jugement émane de la nation et que les justiciables sont protégés contre l'éventuel arbitraire des magistrats. Or, au

23 Selon les estimations du Conseil européen, la fraude transnationale de la TVA prive chaque année les États d'au moins cinquante milliards d'euros de recettes.

24 Loi du 26 juillet 1986 relative à certains modes d'exécution des peines privatives de liberté. Pour plus de détails, voir le chapitre précédent.

25 Voir le chapitre « La conquête française du Duché de Luxembourg et la naissance du système judiciaire contemporain (1795–1814) ».

Luxembourg, comme dans l'ensemble des Pays-Bas de l'époque, le jury a été aboli par Guillaume Ier quelques années seulement après la mise en place des cours d'assises. Celles-ci ont donc pratiquement toujours fonctionné avec des magistrats professionnels, en conservant toutefois leur procédure particulièrement solennelle. Cette manière de fonctionner très ritualisée apparaît au cours de la deuxième moitié du 20e siècle comme désuète. En 1973, le Conseil d'État estime que « la procédure d'assises, archaïque, un peu théâtrale et pleine d'embuches, nécessite une refonte complète ».[26] Seize ans plus tard, elle est tout simplement supprimée. Les crimes sont désormais du ressort des chambres correctionnelles des tribunaux d'arrondissement, qui jugent déjà les délits. Cet alignement sur la procédure de jugement des délits accorde aux justiciables un droit fondamental dont ils étaient privés dans le système précédent, celui de pouvoir faire appel de leur condamnation.[27] Cet appel est désormais porté devant la chambre d'appels criminels de la Cour d'appel.

L'abolition de la Cour d'assises représente pour le gouvernement l'occasion de revoir le système de peines prévu par le Code pénal, qui date essentiellement de 1879 et qui est donc lui aussi suranné.[28] La peine des « travaux forcés », par exemple, évoque le bagne et le boulet, alors qu'elle ne se distingue en pratique plus de la réclusion classique. Tous les détenus purgent leur peine dans le même établissement et travaillent dans des conditions identiques. Un projet de loi déposé parallèlement à celui de la suppression de la Cour d'assises ne prévoit ainsi plus qu'une seule et unique peine de réclusion, variant simplement dans la durée. La révision des peines permet de prendre en compte les revendications de la science et des doctrines pénales, qui pointent du doigt le manque d'efficacité des peines privatives de liberté dans le traitement de la criminalité. Le régime adopté en 1994 propose notamment de nouvelles alternatives à la prison, telles que l'interdiction d'exercer un certain nombre d'activités professionnelles, la fermeture d'entreprise et d'établissement ou encore l'interdiction de conduire des véhicules.[29] Une autre nouveauté est l'introduction des travaux d'intérêt général.

---

26 Avis du Conseil d'État du 8 mai 1973 concernant le projet de loi ayant pour objet la modification des dispositions préliminaires du code d'instruction criminelle, cité dans l'avis du Parquet général du 14 juillet 1985 concernant le projet de loi portant suppression de la Cour d'assises.

27 Le Pacte des Nations Unies du 19 décembre 1966 relatif aux droits civils et politiques (entré en vigueur en 1976) prévoit que toute personne condamnée ait la possibilité de faire réexaminer son jugement en cas de condamnation.

28 Voir le chapitre « La justice sur le chemin de la professionnalisation et de l'humanisation (1848–1885) ».

29 La plupart de ces alternatives pouvaient déjà être appliquées auparavant, mais seulement à titre accessoire. Loi du 13 juin 1994 relative au régime des peines.

Le remplacement de l'incarcération par un travail d'utilité publique effectué sans rémunération poursuit un double but : permettre au condamné d'engager une démarche réparatrice de son acte tout en assumant ses responsabilités familiales et professionnelles ; impliquer la société civile dans le processus de réinsertion sociale du condamné. Le Conseil de l'Europe avait encouragé les États à examiner cette mesure en guise de substitution aux peines privatives de liberté dès 1976.[30] Un projet pilote avait alors été lancé, permettant à une soixantaine de détenus de bénéficier de la mesure avant son introduction dans le Code pénal.[31]

4 Le retour du problème de la surpopulation carcérale

Du point de vue des capacités d'accueil des prisons, les efforts du législateur pour instaurer des alternatives à l'incarcération arrivent tardivement. En quinze ans (1980–1995), la population carcérale connaît une augmentation de quatre-vingts pour cent, ce qui a pour effet d'engorger le nouveau centre pénitentiaire de Schrassig quelques années seulement après sa mise en service. La surdensité signifie le retour de problèmes déjà connus précédemment, tels que l'insécurité, l'entassement des détenus dans les cellules ainsi que l'impossibilité de séparer les détenus préventifs des condamnés. Dès 1990, le constat est sans appel : « le centre pénitentiaire est devenu une prison fourre-tout où le petit malfrat côtoie le caïd, où le détenu primaire partage la cellule d'un multirécidiviste, où le faible se fait brutaliser par le plus fort. »[32] Pour remédier au problème, la Chambre des députés vote, à deux reprises, en faveur d'une extension de la prison centrale. En parallèle, le centre pénitentiaire de Givenich est rénové et sa capacité d'accueil de détenus pendant la nuit est doublée. Mais lorsqu'en 2005, 2006 et 2007 la population carcérale totale dépasse les 700 détenus alors même que Schrassig ne peut en accueillir que 600, la construction d'un troisième centre pénitentiaire semble inévitable. Une nouvelle loi prévoit donc la construction d'un centre de détention préventive, qui doit permettre de séparer enfin de manière stricte, c'est-à-dire

30 Conseil de l'Europe, Comité des Ministres, Résolution (76) 10 sur certaines mesures pénales de substitution aux peines privatives de liberté, adoptée par le Comité des Ministres le 9 mars 1976.
31 Projet de loi relatif au régime des peines, avis du Parquet général du 23 mai 1985.
32 Projet de loi relatif à l'extension du centre pénitentiaire de Schrassig par la construction d'une maison d'arrêt, Exposé des motifs.

même géographique, les prévenus et les condamnés. Il doit ouvrir ses portes à Sanem en 2023.[33]

Evolution de la population carcérale (Source STATEC)

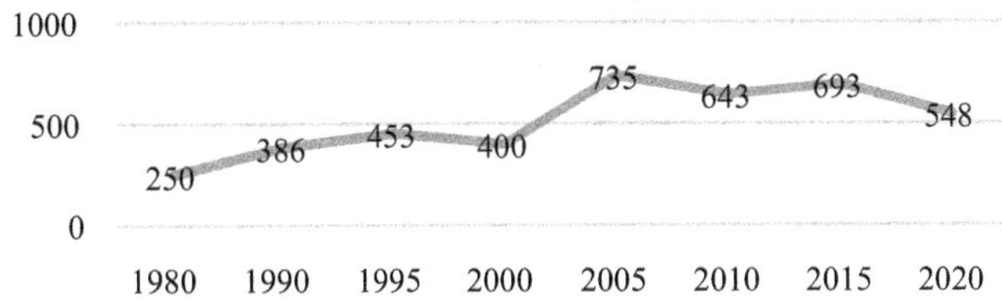

Taux de population carcérale pour 100 000 habitants[34]

	1990	1995	2000
Luxembourg	92	114	90
Allemagne	NA	79	85
Belgique	67	74	85
France	78	89	82
Pays-Bas	45	77	87

5 Un « nouveau concept pénitentiaire »

Ces nombreuses mesures de construction sont accompagnées de réflexions autour de l'efficacité de la prison. En mars 2010, le ministre de la Justice François Biltgen présente devant la Commission juridique de la Chambre des députés un « nouveau concept pénitentiaire » qui affiche l'ambition de rompre avec le traitement pénologique pratiqué dans le passé.[35] Le principal objectif est pourtant toujours celui qui est poursuivi depuis des décennies : resocialiser et responsabiliser les personnes privées de liberté. Pour les encourager dans cette voie dès leur entrée en prison, l'administration pénitentiaire doit élaborer un contrat individuel de resocialisation

33 Centre Pénitentiaire d'Uerschterhaff.

34 Selon les statistiques proposées par la base de données World Prison Brief, accessible à l'adresse https://www.prisonstudies.org/ (dernière consultation en juillet 2021). Aucune donnée datant d'après l'année 2000 n'est proposée.

35 Projet de concept pénitentiaire, Commission juridique de la Chambre des députés, présenté à la presse le 17 mars 2010.

avec chaque détenu. Dans ce contrat sont déterminés à la fois leurs droits et leurs devoirs. Afin de renforcer les liens avec la société, le nouveau concept pénitentiaire cherche à atteindre une « normalisation » de la vie en prison. Cet objectif doit, entre autres, être réalisé par une augmentation du pécule des détenus, c'est-à-dire de la rémunération qu'ils touchent pour leur travail. Ainsi, ils peuvent soutenir financièrement leur famille et retrouver plus facilement un logement. Le maintien des liens familiaux est quant à lui facilité par le biais de larges possibilités de visite. Enfin, les détenus doivent bénéficier de formations afin d'augmenter leurs chances de retrouver un emploi à la sortie de la prison.

Cette philosophie d'ensemble est traduite en deux projets de loi déposés en 2012, mais qui ne seront adoptés qu'en 2018.[36] Au-delà des modifications qu'ils apportent au traitement pénologique, les nouveaux textes législatifs déchargent le procureur général d'État d'un certain nombre de responsabilités relatives aux prisons par la création d'une Administration pénitentiaire rattachée directement au Ministère de la Justice. Celle-ci doit mettre en application la politique pénitentiaire et coordonner les différentes prisons. Les deux lois mettent également en place, au sein de la Cour d'appel, une chambre responsable de traiter des questions de l'application des peines. Les détenus peuvent se tourner vers cette instance lorsqu'ils souhaitent former un recours tant contre les décisions prises par le procureur général d'État dans le cadre de l'exécution de leur peine, que contre celles prises par les directeurs des centres pénitentiaires. La nouvelle législation comble ainsi un manque de voies de recours qui avait souvent été reproché au Luxembourg, notamment au niveau d'évaluations internationales.

6 Le remodelage de la justice administrative

Comme il a été annoncé dans l'introduction de ce chapitre, les changements apportés à l'organisation de la justice pendant les quarante dernières années dépassent largement le cadre pénal. La justice administrative connaît elle aussi une réforme fondamentale. Le fonctionnement, les procédures, les institutions et les objectifs de la justice administrative sont peu connus du grand public. Pourtant, elle joue un rôle essentiel dans la démocratie contemporaine, puisqu'elle est la gardienne de l'État de droit dans la relation entre les citoyens et les autorités publiques.

36 Le gouvernement de Xavier Bettel apporte un certain nombre de modifications aux textes initiaux, mais les idées principales des projets de l'exécutif précédent sont maintenues. Le contrat individuel de resocialisation s'intitule désormais « plan volontaire d'insertion ». Voir les lois du 20 juillet 2018 modifiant le Code de procédure pénale etc. et portant réforme de l'administration pénitentiaire etc.

C'est elle qui permet à tout individu de former des recours contre des décisions administratives prises à son encontre par l'État, les communes ou les entreprises publiques, ainsi que les règles administratives générales qui l'affectent. Depuis 1856, la fonction de juge administratif revenait au Luxembourg au Conseil d'État, et plus précisément au « comité du contentieux », qui formait une section à part dans laquelle pouvaient siéger uniquement des conseillers d'État formés en droit.[37] En 1996, ce comité est supprimé et ses compétences sont transférées à deux institutions spécialement créées, le tribunal administratif et la Cour administrative. Si cette réforme était plébiscitée depuis un certain nombre d'années,[38] elle prend pour origine directe le jugement dit « *Procola* » de la Cour européenne des droits de l'homme, une décision prononcée en 1995 suite à un recours formé par l'Association agricole pour la Promotion de la Commercialisation laitière (Procola).[39]

L'affaire a mené à la condamnation du Luxembourg pour violation de l'article 6.1 de la Convention européenne des droits de l'homme, qui garantit à tous les justiciables le droit à un tribunal indépendant et impartial. Procola reprochait au comité du contentieux de ne pas avoir été impartial dans le traitement de son recours contre un règlement grand-ducal instaurant des quotas de lait. La raison du reproche était que parmi les cinq conseillers d'État qui ont étudié le recours de Procola contre le règlement, quatre avaient auparavant pris part à la rédaction de l'avis du Conseil d'Etat sur le projet de règlement grand-ducal en question. En effet, rappelons-le, au Luxembourg le Conseil d'État participe au processus législatif en donnant son avis sur les projets de loi et règlements. Les conseillers d'État qui siègent au comité du contentieux pouvaient donc cumuler des fonctions législatives et judiciaires. Les juges de Strasbourg estiment que lorsque ce cumul se fait sur l'examen du même texte, il est susceptible de violer la garantie d'impartialité dont doit bénéficier le justiciable.[40]

La réaction politique à la condamnation est immédiate. Dès la fin de l'année, des conseillers d'État suppléants sont nommés pour éviter que la situation ne se reproduise.[41] L'année suivante, la justice administrative est entièrement sortie

---

37 Sur la création du Conseil d'État, voir le chapitre « La justice sur le chemin de la professionnalisation et de l'humanisation (1848–1885) ».

38 Le cumul, par le Conseil d'État, de fonctions juridictionnelles et législatives, de même que l'absence de possibilité de faire appel contre ses décisions, étaient critiqués bien avant que ne tombe l'arrêt *Procola*. Voir Ravarani, Georges, *La constitution luxembourgeoise au fil du temps*, Annales du droit luxembourgeois 17–18 (2007–2008), 74.

39 Cour européenne des droits de l'homme, Arrêt du 28 septembre 1995, Procola contre Luxembourg, 14570/89.

40 Id.

41 La loi du 27 octobre 1995 portant modification de la loi modifiée du 8 février 1961 portant organisation du Conseil d'État.

du ressort de compétences du Conseil d'État. Dans le but de couper court à toute accusation de partialité, deux juridictions complètement indépendantes prennent en charge le contentieux administratif. Le tribunal administratif se prononce en première instance et la Cour administrative juge en seconde et dernière instance. Nous notons donc ici encore comme innovation la mise en place d'un deuxième degré de juridiction, c'est-à-dire de la possibilité de faire appel d'une première décision. Les décisions du comité du contentieux avaient toujours été prononcées en première et dernière instance, sans possibilité d'appel. Les arrêts de la Cour administrative ne peuvent toutefois pas faire l'objet d'un recours en cassation. Comme dans de nombreux autres pays européens, les juridictions administratives forment un ordre judiciaire à part, indépendant de celui des autres tribunaux.[42] Cette « dualité » des ordres judiciaires, qui se justifie par la spécificité du droit administratif, est régulièrement remise en question parce qu'elle engendre une multiplication des tribunaux.[43]

Depuis leur création, les juridictions administratives ont connu une augmentation importante de leur activité, ce qui témoigne de l'intérêt de leur création. Le fait qu'elles proposent une procédure moins solennelle que celle observée sous le Conseil d'État encourage certainement aussi les justiciables à y avoir davantage recours. Une part considérable de recours juridiques traités par les deux institutions concerne le statut des étrangers, en particulier en matière de protection internationale, mais aussi leur autorisation de séjour et leur rétention administrative. Elles traitent aussi de nombreux recours liés à la fiscalité, l'urbanisme et la fonction publique.

Tribunal administratif et Cour administrative – Affaires enrôlées depuis leur création[44]

	1997/1998	2008/2009	2014/2015	2018/2019
Tribunal administratif	459	954	1439	1499
Cour administrative	164	309	300	214

42 Notamment en France, en Belgique et en Allemagne.

43 Ces débats ont lieu dans tous les pays qui pratiquent cette séparation organique. Pour une comparaison des systèmes de justice administrative, voir l'ouvrage de l'Observatoire des mutations institutionnelles et juridiques, *La justice administrative en Europe*, Paris, Presses universitaires de France, 2007.

44 Statistiques établies à l'aide des rapports annuels du Ministère de la Justice, section activités des tribunaux, ainsi que la brochure *La justice en chiffres 2018*.

7 La création de la Cour constitutionnelle

La création des juridictions administratives met sur la table un autre sujet qui soulève depuis un certain nombre d'années des critiques, celui de l'absence de cour constitutionnelle dans l'organigramme judiciaire.[45]À l'exception des Pays-Bas, l'ensemble des pays d'Europe occidentale se sont depuis l'après-guerre dotés d'organes responsables de garantir que les lois du pays sont conformes à leur constitution. L'Italie a mis en place sa *Corte costituzionale* en 1948, l'Allemagne a créé le puissant *Bundesverfassungsgericht* en 1951 et la France a suivi le pas en 1958 avec son Conseil constitutionnel. Si pendant de nombreuses décennies le Luxembourg ne s'est pas engagé dans cette évolution vers le contrôle juridictionnel de la constitutionnalité des lois, cela tient en partie à la crainte des exécutifs de voir s'établir un pouvoir judiciaire surpuissant. La présence d'une cour constitutionnelle signifie en effet que le travail des députés peut être déclaré comme non conforme à la Constitution et, au passage, sérieusement entraver des projets de réforme.

C'est certainement cette même appréhension qui explique pourquoi les prérogatives de la Cour constitutionnelle, telle qu'elle est finalement mise en place au Luxembourg en 1997, sont relativement réduites comparées à celles de ses homologues.[46] Elle ne joue par exemple aucun rôle dans le processus de création des lois et ne peut donc s'exprimer sur leur conformité à la Constitution qu'une fois celles-ci déjà en place. Cette absence de compétence dite *a priori* s'explique par le fait que le Conseil d'État joue un rôle consultatif dans l'élaboration des lois et peut donc alerter sur d'éventuelles inconstitutionnalités. Ensuite, la Cour ne se prononce que sur les lois nationales et non pas sur les traités internationaux, qui l'emportent dans tous les cas sur la loi luxembourgeoise.[47] Enfin, et surtout, elle

---

45 Selon Georges Ravarani, la critique de l'absence de cour constitutionnelle est aussi vieille que la Constitution elle-même, mais elle n'a pendant longtemps pas trouvé de majorité parlementaire. Voir *La constitution luxembourgeoise au fil du temps*, op. cit., 77.

46 Pour une analyse des compétences de la Cour constitutionnelle, entre autres dans une perspective comparative, voir Delpérée, Francis/Fremault de Crayencour, Céline, *La Cour constitutionnelle luxembourgeoise*, Annuaire international de justice constitutionnelle 14 (1998–1999), 11–24 ; Kuhn, Nicole/Rousseaux, Eric, *La Cour constitutionnelle luxembourgeoise : dernière pierre à l'édifice des cours constitutionnelles en Europe occidentale*, Revue internationale de droit comparé 53 (2001), 453–482; Heuschling, Luc, *Une cour constitutionnelle différente des autres. Etendues, raisons et avenir de l'originalité de la Cour constitutionnelle luxembourgeoise*, in : Gerkrath, Jörg (ed.) *Les 20 ans de la Cour constitutionnelle: trop jeune pour mourir ?*, Luxembourg, Pasicrisie, 2018, 55–117.

47 Voir le chapitre précédent.

n'est accessible ni aux autorités publiques, ni aux particuliers, qui sont à l'origine de milliers de plaintes dans les pays voisins. Seuls les juges peuvent interroger leurs confrères de la Cour constitutionnelle lorsqu'ils sont confrontés à des affaires qui soulèvent des questions de conformité à la Constitution. Si ces derniers constatent une inconstitutionnalité, le juge qui a posé la question n'appliquera pas les éléments de la loi déclarés non conformes. Il en est de même pour toutes les autres juridictions qui seront saisies sur cette même question dans le futur. La loi concernée continue cependant d'exister, c'est-à-dire qu'en dehors du contexte judiciaire elle est toujours appliquée dans son intégralité. Ce n'est que depuis mai 2020 que les dispositions des lois déclarées non conformes à la Constitution cessent d'avoir un effet juridique le lendemain de la publication de l'arrêt de la Cour constitutionnelle.[48]

Depuis sa mise en place, la Cour constitutionnelle a été interrogée de nombreuses fois sur des questions d'égalité devant la loi, notamment dans le domaine du droit de la famille et de discriminations fondées sur le sexe. Mais son jugement a également été sollicité à plusieurs reprises dans le domaine du droit du travail ou du droit pénal.[49] En comparaison avec les autres juridictions, elle rend toutefois peu d'arrêts par an et n'a donc pas besoin de siéger de manière permanente.

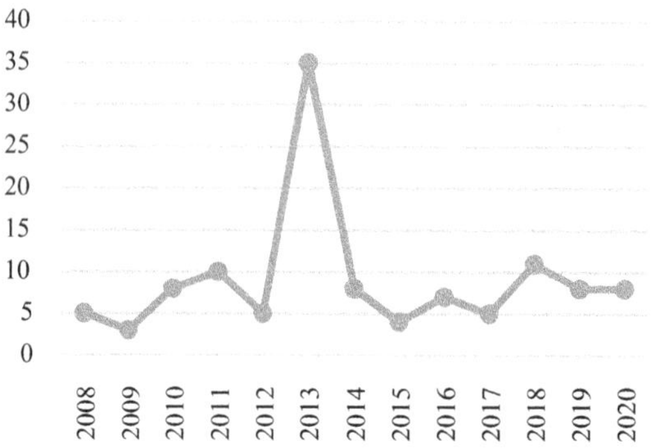

Nombre d'arrêts émis par la Cour constitutionnelle depuis sa création[50]

48 À moins que la Cour constitutionnelle n'ait ordonné un autre délai. Loi du 15 mai 2020 portant révision de l'article 95ter de la Constitution.

49 Au sujet de la jurisprudence de la Cour constitutionnelle, voir Gerkrath, Jörg (ed.) *Les 20 ans de la Cour constitutionnelle*, op. cit. ; Gerkrath, Jörg (ed.), *La jurisprudence de la Cour constitutionnelle du Luxembourg 1997–2007*, Luxembourg, Pasicrisie luxembourgeoise, 2008.

50 Parquet général du Grand-Duché de Luxembourg, La Justice en chiffres 2018 et 2020. En 2013, la même question préjudicielle a été posée par le Tribunal administratif dans 21 dossiers, ce qui explique le pic exceptionnel dans le nombre de décisions rendues.

Du point de vue de sa composition, elle se distingue par le fait qu'elle est uniquement constituée de magistrats professionnels. Ce n'est pas le cas des autres cours constitutionnelles d'Europe, qui sont pour la plupart régies par des processus de nomination très politisés. En France, par exemple, les anciens présidents de la République siègent automatiquement au Conseil constitutionnel. La Cour constitutionnelle luxembourgeoise se compose de neuf membres, mais elle rend ses arrêts en formation de cinq conseillers.[51] Le président de la Cour supérieure de justice, le président de la Cour administrative, ainsi que les deux conseillers de la Cour de cassation les plus anciens en rang en sont membres de droit.[52] Les cinq autres membres sont nommés par le grand-duc sur l'avis conjoint de la Cour supérieure de justice et de la Cour administrative. Tous continuent d'exercer leurs fonctions dans leur juridiction d'origine. La Cour constitutionnelle tient, comme la Cour supérieure de justice, ses audiences à la Cité judiciaire sur le plateau du Saint-Esprit.

8 Les lieux de justice

Avant d'aborder les travaux de réforme les plus récents en matière d'organisation judiciaire, intéressons-nous brièvement aux lieux où sont rendues les décisions de justice. Ceux-ci ont en effet aussi fait peau neuve pendant ces dernières décennies, voire même changé entièrement d'aspect avec la construction de nouveaux locaux. Comme nous l'avons vu précédemment, le tribunal d'arrondissement de Diekirch siège depuis 1852 dans le Palais de justice situé sur la place Guillaume. Jusqu'à la construction de la Cité Judiciaire à Luxembourg, il s'agissait du seul bâtiment de la justice à avoir été construit spécialement à cette fin. Le bâtiment a été entièrement rénové et agrandi entre 2014 et 2018, disposant aujourd'hui de deux salles d'audience. La justice de paix de Diekirch est quant à elle installée à quelques centaines de mètres de là sur la place Joseph Bech. La justice de paix d'Esch-sur-Alzette a intégré en 2012 un bâtiment spécialement construit place Norbert Metz au cœur de la ville, après de nombreuses années de service dans des locaux trop étroits pour répondre aux besoins de son activité dans un autre bâtiment place de la Résistance.

51 Elle peut toutefois siéger en formation plénière dans les affaires importantes.

52 La présidence de la Cour constitutionnelle revient au président de la Cour supérieure, tandis que la vice-présidence revient au président de la Cour administrative.

Les autres institutions judiciaires sont toutes installées sur le plateau du Saint-Esprit à Luxembourg-ville, à l'exception des juridictions administratives, qui se situent sur le plateau du Kirchberg et marquent par cet éloignement leur indépendance de l'ordre judiciaire ordinaire. La Cité judiciaire a été inaugurée en 2008, après cinq années de construction et de nombreuses années de lutte de la magistrature pour obtenir un nouveau Palais de Justice. La demande d'obtention d'un bâtiment « adapté aux exigences d'un service judiciaire moderne et efficace » remonte aux années 1980, voire même au début du 20e siècle, si l'on prend en compte toutes les discussions qui ont eu lieu à ce sujet.[53] Alors que la promesse de construction d'un nouvel édifice a été faite par le gouvernement dès 1991, il a fallu attendre l'année 1998 pour qu'un projet de loi relatif à la construction d'une Cité judiciaire soit enfin déposé à la Chambre. Au cours des années 1980 et 1990, les juridictions situées à Luxembourg étaient éparpillées dans une dizaine de locaux différents.[54]

9 La justice dans le grand chantier de réforme de la Constitution

Pour clore cet aperçu historique de plus de deux cents ans d'histoire d'organisation judiciaire, il convient de se pencher sur les modifications prévues dans le domaine de la justice au sein du grand chantier de refonte de la Constitution qui est à ce jour toujours ouvert. Le travail de révision de la loi fondamentale commence officiellement en 2005, lorsqu'une Commission présidée par le député Paul-Henri Meyers (CSV) reçoit la mission d'étudier des changements à apporter au texte fondamental de 1868, là encore dans le but de le moderniser et de l'adapter à l'air du temps. Sachant que de nombreuses réformes ont à ce stade déjà été apportées à la Constitution, un consensus se dégage rapidement autour de l'idée de procéder à une refonte complète du texte, afin d'assurer la cohérence des nombreux changements qui sont à faire. Sur le plan de la justice, les modifications proposées par le premier avant-projet de réforme déposé en 2009 se limitent

53 Sur l'histoire de la Cité judiciaire, voir Yegles-Becker, Isabelle, et al. (edd.), *Les demeures de la justice : du Palais de justice à la Cité judiciaire*, Luxembourg, Service Information et Presse, 2009.
54 Un rapport de 1995 fait état de la Cour supérieure de justice et du Parquet général siégeant au numéro 12 de la côte d'Eich, tandis que les différentes chambres et services du tribunal d'arrondissement sont dispersés entre la maison Moll, l'ancien hôtel de la monnaie et différents bâtiments de la rue du nord. Ministère de la Justice, Rapport d'activité 1995, Parquet Général.

La grande salle d'audience rénovée du tribunal d'arrondissement de Diekirch. © Christof Weber/SIP.

La justice de paix de Diekirch. © Administration judiciaire.

La justice de paix d'Esch-sur-Alzette. © Christof Weber/SIP.

La cité judiciaire. © Christof Weber/SIP.

La salle d'audience de la Cour supérieure de justice. © Christof Weber/SIP.

Atrium Cité judiciaire. © Christof Weber/SIP.

Bibliothèque centrale de la magistrature. © Christof Weber/SIP.

essentiellement à un renforcement de l'indépendance du pouvoir judiciaire : la justice ne serait plus rendue au nom du grand-duc et celui-ci n'interviendrait plus dans la nomination des juges. Cette prérogative reviendrait désormais au gouvernement.[55] Déjà acté de manière implicite dans la Constitution de 1868, le principe d'indépendance des magistrats figurerait cette fois-ci dans le texte de manière explicite, non seulement en ce qui concerne les juges ordinaires, mais aussi ceux du Ministère public, c'est-à-dire du parquet.

Le gouvernement envisage de son côté d'autres modifications. S'il approuve l'introduction d'un article qui garantirait de manière formelle l'indépendance des magistrats, il ne souhaite pas supprimer le rôle du grand-duc dans la nomination

55 En ce qui concerne les conseillers de la Cour et les présidents et vice-présidents des tribunaux d'arrondissement, cette nomination se ferait sur l'avis de la Cour supérieure de Justice. Proposition de révision portant modification et nouvel ordonnancement de la Constitution, déposé le 21 avril 2009.

des juges.[56] Il propose toutefois de réformer le processus en instituant un Conseil national de la justice, organe inspiré du Conseil supérieur de la Justice belge et du Conseil supérieur de la magistrature français, qui présenterait les candidats destinés aux postes vacants de magistrats du siège et donnerait son avis sur les propositions du Ministre de la Justice en ce qui concerne les magistrats du parquet.[57] Au-delà des questions de nomination, ce Conseil pourrait s'occuper de la supervision du stage judiciaire et de la formation continue des magistrats, ainsi que de la réception et du suivi de plaintes de justiciables dirigées contre le fonctionnement de la justice.[58]

Le gouvernement envisage également une réforme substantielle de la hiérarchie judiciaire. Il souhaite notamment placer à la tête de celle-ci une Cour suprême qui remplacerait à la fois la Cour supérieure de justice et la jeune Cour constitutionnelle. L'objectif affiché est celui d'obtenir une « simplification de l'organisation judiciaire et [...] une meilleure répartition des compétences ».[59] L'instauration d'une Cour suprême devrait aussi permettre de proposer un recours en cassation contre les arrêts de la Cour administrative, actuellement impossible.

L'idée de créer une Cour suprême ne récolte pas un grand enthousiasme au sein des juridictions existantes.[60] Le gouvernement continue quant à lui d'étudier la question et précise en 2013 ses idées dans un avant-projet de loi : la Cour suprême serait composée de neuf conseillers, dont sept magistrats de l'ordre judiciaire et deux de l'ordre administratif. Tous devraient avoir exercé des fonctions judiciaires depuis au moins dix ans et seraient à la fois juges de cassation et juges constitutionnels. La Cour constitutionnelle, qui n'aurait plus raison d'exister, serait supprimée. Il en serait de même pour la Cour supérieure de justice, dont la fonction d'appel serait attribuée à une cour d'appel autonome.[61]

Moins d'un an après la présentation de l'avant-projet, la composition du paysage politique change. Le grand projet de réforme se retrouve désormais sus-

---

56 Prise de position du gouvernement, juin-juillet 2011.

57 Id. Ce Conseil pourrait être composé de membres des tribunaux, mais également de personnes extérieures à la magistrature, tels que des avocats, des professeurs de droit ou encore des représentants des justiciables.

58 L'idée de créer un tel organe prend pour origine une recommandation émise en 2006 par le Médiateur, lorsque celui-ci a constaté des lenteurs de procédure et un manque d'informations de la part des autorités judiciaires à l'égard du justiciable. Voir Ombudsman, *Rapport d'activité du 1er octobre 2005 au 30 septembre 2006*.

59 Prise de position du gouvernement, juin-juillet 2011.

60 Proposition de révision portant modification et nouvel ordonnancement de la Constitution. Avis des juridictions, 2011.

61 Avant-projet de loi portant organisation de la Cour suprême.

pendu aux intentions de la coalition formée par le parti socialiste (LSAP), le parti démocratique (DP) et les Verts (DG). Celle-ci annonce en 2017 qu'elle ne souhaite pas toucher à l'organisation des juridictions. Selon le rapport soumis en 2018, elle craindrait que la « suppression »[62] de la Cour constitutionnelle une vingtaine d'années seulement après sa création susciterait de l'incompréhension auprès du public. L'intention du nouveau gouvernement est plutôt de consolider la Cour constitutionnelle. C'est chose faite en 2020, lorsque sa composition est élargie et que, comme nous l'avons vu précédemment, les effets de sa jurisprudence sont renforcés par un nouveau texte législatif qui abolit tout point de loi déclaré non conforme à la Constitution par les juges constitutionnels.

L'année suivante, c'est le projet de refonte de la Constitution tout entier qui, faute de consensus politique, est abandonné. La révision se fera donc finalement par petites étapes. En ce qui concerne la justice, le gouvernement dépose un projet de révision en mai 2020. Celui-ci maintient l'idée du Conseil national de la justice et introduit dans la Constitution une nouvelle sous-section sur les garanties des justiciables, dans laquelle sont regroupés des principes existants comme la publicité des audiences et l'obligation de motivation de tout jugement. On y trouve aussi un certain nombre de principes tirés de la Convention européenne des droits de l'homme, tels que la garantie d'impartialité du magistrat, le caractère équitable et loyal des procédures, ainsi que le délai raisonnable. L'organisation des juridictions avec sa séparation en deux ordres juridictionnels séparés reste inchangée. Dans l'immédiat, aucune modification de l'organigramme de la justice tel qu'il est établi depuis 1996 n'est donc en vue.

10 Conclusion

Comme nous l'avons vu tout au long de ce chapitre, les trente, quarante, dernières années d'évolution de l'organisation judiciaire se caractérisent avant tout par un important besoin de modernisation. Après avoir connu une grande stabilité pendant un siècle, la justice devient l'objet d'une vague de réformes d'une ampleur sans précédent, touchant à de nombreux domaines tant de fond (réformes en droit pénal, administratif, constitutionnel etc.) qu'institutionnelles (créations de nouvelles juridictions). Les deux dernières institutions issues de cette dynamique, c'est-à-dire la Cour administrative et la Cour constitutionnelle,

62 En réalité il ne s'agit pas d'une suppression mais d'un remplacement, sachant que la Cour suprême reprendrait les fonctions de la Cour constitutionnelle.

jouent un rôle-clef dans la consolidation de la démocratie luxembourgeoise. La première protège les citoyens de l'arbitraire de l'État en leur permettant d'attaquer ses décisions en justice, la seconde en étant la gardienne de la Constitution. L'on peut regretter que le Grand-Duché ait mis autant de temps à suivre l'exemple des pays voisins dans la mise en place d'un contrôle de la constitutionnalité.

Une autre évolution notable à laquelle la justice a fait face ces dernières décennies est celle de la montée en puissance des revendications de transparence, de lisibilité et de légitimité, à laquelle est confronté l'ensemble de la structure étatique. Octroyer davantage de transparence à la justice et renforcer sa légitimité sont d'ailleurs les principales fonctions du Conseil national de la justice, dont la création est toujours à l'ordre du jour. Par le biais de la presse, le regard du public est également plus présent. Le justiciable n'a plus seulement des droits garantis par la Constitution et les lois d'organisation judiciaire, il a aussi un droit de regard. De manière croissante, la justice doit ainsi « rendre des comptes », sur la composition de ses organes, le nombre de dossiers clôturés, leur durée de traitement etc.

Le traitement des personnes privées de liberté a lui aussi fait l'objet de multiples réformes pendant les décennies étudiées dans ce chapitre. Les résultats entraînés par ces efforts législatifs peinent cependant à apparaître. Le lecteur de cet ouvrage s'en rend compte aisément, les discussions autour de la prison sont globalement les mêmes depuis de nombreuses décennies, si ce n'est, dans une certaine mesure, depuis le 19e siècle. Les approches ont certes évolué, mais ne portent toujours pas les fruits attendus en termes de resocialisation et d'évitement de la récidive criminelle. L'état matériel dans lequel les prisons luxembourgeoises ont été laissées pendant de nombreuses années surprend lui aussi. Au fil des différents chapitres, la prison et la politique pénitentiaire apparaissent comme le parent pauvre de l'organisation judiciaire luxembourgeoise. On ne peut qu'espérer que la mise en route du centre pénitentiaire d'Uerschterhaff mettra enfin un terme aux problèmes de la surpopulation carcérale et de la promiscuité entre détenus condamnés et détenus préventifs.

Deuxième partie : **Études thématiques**

I. Des hommes et des femmes de justice

Vera Fritz

La magistrature luxembourgeoise au 19e siècle – une élite à la croisée des pouvoirs

Tout au long du 19e siècle, l'accès aux plus hautes fonctions dans la magistrature luxembourgeoise, voire à la carrière de magistrat tout court, est réservé à une minorité d'hommes issus des familles les plus riches et connues du territoire, qui seules disposent des ressources intellectuelles et économiques pour permettre à leurs enfants de faire des études de droit.[1] Certes, il y a la figure du juge de paix introduite par le Directoire en 1795, qui est censée apporter des qualités humaines avant d'être juriste.[2] Mais les juges de paix ne montent initialement pas dans la hiérarchie judiciaire. Lorsque la circulation entre les justices de paix et les tribunaux se met en place, seuls les hommes formés en droit arrivent à se hisser au-delà de la fonction de juge de paix. À partir des années 1850, ces juges de proximité sont eux aussi issus du vivier des docteurs en droit.[3] Tant sous le régime français que sous celui de la dynastie des Orange-Nassau, le recrutement des magistrats est d'ailleurs basé sur un système de recommandations qui favorise les candidats dotés de relations personnelles et familiales. Il ne s'agit là pas d'une particularité luxembourgeoise, puisque le système fonctionne de manière similaire dans les pays voisins.[4] Propre au Grand-Duché est en revanche le fait que

---

1 Sur les élites de la société luxembourgeoise au 19e siècle de manière générale, voir le travail fondamental de Weber, Josiane, *Familien der Oberschicht in Luxemburg. Elitenbildung & Lebenswelten, 1850–1900*, Luxembourg, Guy Binsfeld, 2013.

2 Nous ne reviendrons ici pas sur l'analyse de l'évolution de l'organisation judiciaire luxembourgeoise, qui est proposée dans la première partie de cet ouvrage. Sur la mise en place et le rôle du juge de paix, voir le chapitre « La conquête française du Duché de Luxembourg et la naissance du système judiciaire contemporain (1795–1814) ».

3 À l'exception de certains juges de paix nommés avant cette décennie. Voir la liste du personnel de justice de paix dans le dossier ANLux, J-003-02, Liste du personnel des justices de paix, 1815–1913.

4 Pour la France, voir Rousselet, Marcel, *Histoire de la magistrature française des origines à nos jours*, vol. 1, Paris, Plon, 1957 ; pour la Belgique, Logie, Jacques, *Les magistrats des cours et des tribunaux en Belgique : 1794–1814. Essai d'approche politique et sociale*, Genève, Droz, 1998, ainsi que et la thèse de Nandrin, Jean-Pierre, *Hommes et normes. Le pouvoir judiciaire en Belgique aux premiers temps de l'indépendance (1832–1848)*, Université catholique de Louvain, 1995 ; Nan-

https://doi.org/10.1515/9783110679656-011

cette élite judiciaire se confond jusqu'à la fin du siècle largement avec la classe dirigeante politico-administrative du pays.

Ce chapitre plongera dans l'identité des premières générations de magistrats du système judiciaire contemporain. La richesse des informations dont nous disposons à ce sujet n'est pas de valeur égale pour l'ensemble de la période étudiée. L'organisation judiciaire des premières décennies du 19e siècle vit au rythme de régimes politiques successifs qui ont chacun leur carte et organisation judiciaire propres. Reconstituer les trajectoires des magistrats est par conséquent complexe. Les frontières du territoire changent en outre à de multiples reprises, ce qui a pour conséquence que certains individus ne travaillent que pendant une partie de leur carrière sur le sol « luxembourgeois ». Mais la contrainte de recherche la plus importante se situe sur le plan des sources, puisque les archives de cette période sont dispersées entre différents pays (France, Pays-Bas, Belgique, Luxembourg) et ne proposent que peu de recensements systématiques des magistrats. Il nous faut donc croiser des informations partielles trouvées ci et là dans les nombreux dossiers produits par l'organisation judiciaire. L'étude qui suivra ne peut par conséquent prétendre à l'exhaustivité en ce qui concerne la première moitié du siècle. Signalons toutefois qu'elle a, pour la période 1795–1815, pu bénéficier du travail de recherche monumental réalisé par le magistrat et historien Jacques Logie sur les membres des tribunaux des « départements belges », qui couvre aussi le département des Forêts.[5]

En 1839–1840, la situation politique du Luxembourg se stabilise,[6] le pays obtient ses frontières actuelles et se dote de la première loi d'organisation judiciaire qui fixe de manière durable l'organigramme des juridictions. Les parcours des juges et des membres du Ministère public sont donc plus faciles à suivre. Les sources ont aussi changé de nature, puisque des registres de magistrats sont à partir de 1840 disponibles sur la longue durée.[7] Ceux-ci permettent d'analyser

drin, Jean-Pierre, *La justice de paix à l'aube de l'indépendance de la Belgique (1832–1848). La professionnalisation d'une fonction judiciaire*, Bruxelles, Publications des facultés universitaires de Saint-Louis, 1998.

5 Logie, Jacques, *Les magistrats des cours et des tribunaux en Belgique*, op. cit. Logie, Jacques/ Logie, Josette, *Les magistrats des cours et des tribunaux en Belgique (1794–1814). Index prosopographique*, manuscrit inédit, (1995–2009).

6 Elle connaît toutefois encore des rebondissements qui ne seront pas sans conséquences sur l'organisation judiciaire. Nous renvoyons ici aux chapitres « De l'incertitude juridique de la restauration à la mise en place d'une organisation judiciaire libérale (1839–1848) » et « La justice sur le chemin de la professionnalisation et de l'humanisation (1848–1885) ».

7 ANLux, J-003-02, Liste du personnel des justices de paix ; J-003-03, Liste du personnel de la Cour supérieure de justice ; J-003-04, Registre des magistrats ; J-003-05, Liste du personnel du tribunal de Diekirch ; J-003-06, Liste du personnel du tribunal de Luxembourg.

de manière précise le déroulement des carrières judiciaires pendant la deuxième moitié du siècle.

1 Importance du corps de magistrats et procédures de recrutement

Commençons cette étude de la magistrature luxembourgeoise par une question que les sources disponibles nous permettent de traiter de manière transversale pour l'ensemble de la période étudiée. Combien de magistrats le pays compte-t-il au 19e siècle? Nous devons ici prendre en compte les variations de la superficie et de la démographie du territoire. Ainsi n'est-il pas surprenant de constater que le pays compte le nombre de magistrats le plus élevé, cinquante-cinq, à la fin du 18e et au début du 19e siècle, lorsque le département des Forêts compte environ 225 000 habitants. Alors même que la population ne diminue pas, ce chiffre baisse en dessous de cinquante sous le Consulat, principalement en raison du remplacement du grand tribunal civil par quatre tribunaux de première instance composés de seulement trois à quatre magistrats.

Le corps de magistrats au 19e siècle

Année	Juges	Ministère public, titulaires (et substituts)	Total des titulaires	Population (chiffre approximatif)	Magistrats par habitants (approximatif)[8]
1795	47	8 (+ 3)	55	225 000	**1/4090**
1800	42	5	47	225 000	**1/4790**
1815	36	4 (+ 3)	40	165 000	**1/4125**
1831	15	2	17	**10 000*	**1/588**
1840	29	3 (+3)	32	170 000	**1/5312**
1848	33	3 (+3)	36	190 000	**1/5280**
1857	29	3 (+3)	32	195 000	**1/6090**
1864	33	3 (+3)	36	198 000	**1/5500**
1885	36	3 (+3)	39	211 000	**1/5400**

** Population de la ville de Luxembourg*

8 À titre de comparaison, en 2018, le Luxembourg compte 1 magistrat pour 2711 habitants. Proportionnellement à la population, le nombre de magistrats a donc presque doublé depuis le 19e siècle.

Proportionnellement à sa population, le Luxembourg compte le corps de magistrats le plus élevé entre 1831 et 1839, lorsque Guillaume Ier ne contrôle plus que la capitale de 10 000 habitants, pourtant dotée de dix-sept magistrats. Ce chiffre comparativement énorme s'explique par la situation politique particulière subie par le pays pendant cette décennie. Entraînés dans le mouvement d'indépendance révolutionnaire belge en 1830, la plupart des habitants du territoire vivent sous la gouvernance de la Belgique. À Luxembourg-ville, les magistrats devraient en principe être seulement dix : sept juges au tribunal d'arrondissement de Luxembourg, auprès duquel travaillent également deux membres du Ministère public, ainsi que le juge de paix de la ville. Mais face au contexte politique tendu, Guillaume Ier a décidé de donner satisfaction à la demande de longue date des magistrats luxembourgeois de disposer de leur propre juridiction d'appel et de cassation. Sept hommes supplémentaires obtiennent donc un poste de conseiller à la Cour supérieure de justice nouvellement créée en 1831. Cet épisode particulier mis à part, le corps de magistrats ne dépasse jamais les quarante hommes tout au long du 19e siècle. Nous constatons une légère baisse du nombre de juges au cours des années 1850, mais celle-ci est compensée par un renforcement des effectifs dans les décennies suivantes.

Qu'en est-il des modalités de nomination des magistrats ? Quand le Directoire installe son système judiciaire issu de la Révolution française en 1795, les juges sont tous nommés par le représentant du peuple, Nicolas Joubert. Cette mesure n'est cependant que transitoire, puisque la constitution de l'an III prévoit l'élection des magistrats de chaque département. Les membres du Ministère public sont en revanche nommés par l'exécutif.[9] Les premières élections judiciaires se déroulent en 1797, mais dès l'année 1799, le régime du Consulat revient sur ce mode de désignation des juges.[10] L'ensemble des membres des tribunaux civils et criminels sont ensuite nommés par le Premier Consul, c'est-à-dire Napoléon Bonaparte. Seuls les juges de paix continuent d'être élus localement jusqu'en 1802. Sous l'Empire, le recrutement des magistrats est aussi entre les mains de Bonaparte, qui jouit d'importantes libertés dans le choix des candidats.[11] La loi

9 Pour plus de détails, voir le chapitre « Le rôle et le statut particulier des magistrats du Ministère public ».

10 Sur les élections judiciaires sous le Directoire, voir l'étude très détaillée de Kinn, Carlo, *Un enjeu de pouvoir. Les élections au département des Forêts (1797–1799)*, mémoire rédigé dans le cadre du stage pédagogique en vue de l'obtention du grade de professeur de l'enseignement secondaire luxembourgeois, 1994. Voir également le chapitre de Carlo Kinn dans le présent ouvrage.

11 Dans la pratique, le choix est généralement fait par le ministre de la Justice, parfois sur consultation des préfets ou des députations. Sous l'Empire, le bureau d'organisation judiciaire et

ne prévoit en effet pas d'exigence de diplôme ou de formation pour l'accès aux fonctions de juge ou de membre du Ministère public. Seulement des conditions d'âge minimum sont requises, l'expérience et la sagesse étant considérées comme des qualités fondamentales pour la fonction.[12] La probité est également un critère très important.[13] À partir de 1810, les magistrats, commissaires du gouvernement et substituts doivent être licenciés en droit.[14] Toutefois, il n'est pas rare de trouver encore des juges haut placés qui n'ont pratiquement pas de formation juridique. Le recrutement est essentiellement basé sur un système de recommandations auprès du pouvoir central. Celui qui dispose d'un réseau politique et familial, notamment à l'intérieur même de la magistrature, augmente donc considérablement ses chances de nomination.[15] Signalons enfin que les magistrats ne sont jusque dans les années 1870–1880 que faiblement rémunérés et qu'ils doivent donc disposer de revenus personnels pour pouvoir subvenir à leurs besoins.[16] Dans la pratique, seule l'élite aisée a donc accès aux fonctions judiciaires et la fortune est même un critère de recrutement souvent renseigné dans les notices biographiques des juges.

Sous le règne de Guillaume Ier d'Orange-Nassau, la procédure de recrutement des magistrats n'évolue guère, puisque le roi des Pays-Bas conserve la majorité des lois françaises ainsi que l'organisation judiciaire léguée par l'Empire. Alors même que leurs homologues de France subissent une forte épuration, de nombreux magistrats transitent au Luxembourg facilement d'un régime à l'autre.[17] Au lieu d'être loyaux à l'Empereur, ils le sont désormais au « roi grand-duc ». L'indépendance du pays définitivement acquise, ni l'ordonnance de 1840 sur l'administration de la justice ni la première charte constitutionnelle de 1841 ne s'attardent sur les conditions d'accès à la fonction de magistrat. Même les critères d'âge observés sous le régime français disparaissent donc de la loi. En

---

les institutions judiciaires elles-mêmes jouent également un rôle de recommandation important dans les procédures de nomination. Logie, Jacques, *Les magistrats des cours et des tribunaux en Belgique*, op. cit., 278, 291–293, 366–370.

12 Rousselet, Marcel, *Histoire de la magistrature française des origines à nos jours*, op. cit., 231 et suivantes.

13 Logie, Jacques, *Les magistrats des cours et des tribunaux en Belgique*, op. cit., 393.

14 Loi du 20 avril 1810 sur l'organisation de l'ordre judiciaire et l'administration de la justice.

15 Sur le recrutement familial dans la magistrature française, même après la chute de l'Ancien Régime, voir Rousselet, Marcel, *Histoire de la magistrature française des origines à nos jours*, op. cit., 259 et suivantes.

16 Entre 1874 et 1889, les magistrats bénéficient d'une majoration de 7 et 21 %, Feltes, Paul, *L'organisation judiciaire au Luxembourg au 19e siècle*, Hémecht 50 (1998), 386.

17 Sur l'épuration de la magistrature en France, voir Tort, Olivier, *La magistrature française face aux deux Restaurations (1814–1815)*, Revue d'histoire du XIXe siècle 49 (2014), 93–107.

1848, le libre arbitre du grand-duc dans le choix des magistrats est encadré par une clause concernant la nomination aux postes les plus élevés dans la magistrature : les conseillers de la Cour supérieure, les présidents et vice-présidents des tribunaux d'arrondissement sont nommés par le grand-duc *sur l'avis de la Cour supérieure*.[18] À partir de 1882, la loi pose également comme condition préalable à l'entrée dans la magistrature l'accomplissement du stage judiciaire de trois ans, qui est exigé des avocats.[19] Enfin, à partir de 1885, elle exige un diplôme de docteur en droit pour tous les membres de la magistrature, y compris les juges de paix. Elle réintroduit en outre des conditions d'âge et d'expérience pour l'accès aux fonctions judiciaires.[20]

Si l'accès aux postes dans la magistrature n'est juridiquement soumis à conditions que vers la fin du siècle, la quasi-totalité des candidats sont en réalité docteurs en droit et ont accompli le stage d'avocat dès les années 1850. À partir du milieu du 19e siècle, l'entrée dans la magistrature se fait donc généralement de la manière suivante : après avoir achevé leurs études secondaires à l'Athénée de Luxembourg, les jeunes juristes aspirants partent faire leurs études supérieures dans les pays voisins. Leur choix se porte généralement sur les universités de Liège, Gand, Louvain ou Bruxelles en Belgique, Paris, Nancy ou Strasbourg en France, ou encore Bonn, Heidelberg ou Munich en Allemagne.[21] À leur retour, ils sont obligés de se présenter devant un jury qui seul est capable de leur livrer un diplôme en droit reconnu au Luxembourg. À partir de 1848, deux examens sont prévus, la candidature en droit et l'examen de docteur en droit. La quasi-totalité de ceux qui feront carrière dans la magistrature passent l'examen du grade de docteur, au cours duquel ils sont interrogés sur les pandectes, le droit canon, le droit civil moderne, le droit criminel, le droit commercial, le droit administratif, le droit public, la procédure civile et la médecine légale. À partir de 1875, la loi concernant les jurys d'examen pour la collation des grades prévoit deux examens pour le titre de docteur en droit, ainsi que des conditions d'admissibilité à l'exa-

18 Italique ajouté. Le grand-duc n'est toutefois pas lié par cet avis.

19 Loi du 23 août 1882 sur le stage judiciaire.

20 Il faut avoir 25 ans pour être nommé juge de paix ou juge des tribunaux d'arrondissement; 30 ans et au moins trois ans de pratique comme juge ou avocat pour être conseiller à la Cour supérieure de justice, président, vice-président ou procureur d'État auprès des tribunaux d'arrondissement ; 35 ans et sept ans d'expérience du barreau ou de fonctions judiciaires pour être nommé président de la Cour supérieure de justice ou procureur général d'État. Loi du 18 février 1885 sur l'organisation judiciaire.

21 Weber, Josiane, *Familien der Oberschicht in Luxemburg*, op. cit., 149.

men : deux ans d'études pour être admis au premier examen de doctorat, trois ans pour le second.[22]

Au moment où ils se présentent à l'examen en question, la plupart des candidats ont entre 23 et 26 ans, ce qui indique que leurs études ont parfois été plus longues que celles exigées par la loi. Ils prêtent le serment d'avocat et commencent le stage judiciaire dans les semaines et mois qui suivent l'obtention du grade de docteur. La fonction d'avoué ne peut être exercée qu'après l'accomplissement du stage, donc trois ans plus tard. Le laps de temps qui s'écoule jusqu'à l'entrée dans la magistrature est hautement aléatoire. Certains commencent dès l'année suivant leur inscription au stage judiciaire à exercer comme suppléant de juge de paix, d'autres pratiquent pendant de nombreuses années en tant qu'avocat avant de faire le choix de la carrière de magistrat. La majorité des trajectoires commencent par la fonction de juge de paix. Certains débutent aussi comme assesseur ou substitut de juge du tribunal d'arrondissement. Seule une minorité arrive directement aux postes de juges des tribunaux de Luxembourg et de Diekirch.

2 Les magistrats du département des Forêts – une élite au service d'une succession de régimes

En 1795, quand le Directoire installe le modèle administratif et judiciaire français dans les anciens Pays-Bas autrichiens annexés,[23] il ne s'agit dans le département des Forêts pas de faire table rase de ses magistrats.[24] Essentiellement rural et mal relié aux territoires voisins, l'ancien Duché compte peu d'hommes érudits ayant des notions de droit. Dès lors qu'il faut choisir ceux qui composeront les nouveaux tribunaux du département, il est donc impossible d'écarter les juges expérimentés

22 Loi du 8 mars 1875 concernant les jurys d'examen pour la collation des grades.

23 Nous ne reviendrons ici pas en détail sur l'analyse de l'évolution de l'organisation judiciaire luxembourgeoise, qui est proposée dans le chapitre « La conquête française du Duché de Luxembourg et la naissance du système judiciaire contemporain (1795–1814) ». Pour rappel, le Directoire installe un tribunal civil et un tribunal criminel à Luxembourg-ville, cinq tribunaux de police correctionnelle (Luxembourg, Habay-la-Neuve, Saint-Hubert, Saint-Vith et Bitbourg) et 26 justices de paix (une par canton).

24 Dans d'autres départements des anciens Pays-Bas, la magistrature est pourtant en grande partie renouvelée. Voir à ce sujet Logie, Jacques, *Les magistrats des cours et des tribunaux en Belgique*, op. cit.

du régime politique précédent. C'est ainsi que le tribunal civil installé à Luxembourg-ville est composé pour moitié de membres de la plus haute juridiction de l'ancien Duché de Luxembourg, le Conseil souverain.[25] Nombre d'entre eux sont issus des familles très aisées, comme Jean-Adolphe d'Olimart, seigneur de Bettendorf, Jean-Pierre de Muziel ou Charles-Joseph du Prel, tous nobles sous l'Ancien Régime, ou encore Nicolas Pastoret, le fils d'un marchand bourgeois et bourgmestre de la ville d'Arlon, propriétaire des seigneuries de Dippach, de Garnich et d'Alheim.[26] Tous sont détenteurs d'une licence ès lois de l'Université de Louvain, seule habilitée à délivrer le diplôme requis pour être conseiller dans les Conseils de justice des anciens Pays-Bas.[27] Parmi les dix juges restants comptent d'anciens prévôts, baillis ou hommes de loi, qui ont donc également une expérience dans le droit ou la fonction de juge.[28] En tant que représentants du souverain à la tête des prévôtés, les prévôts avaient sous l'Ancien Régime à la fois des fonctions administratives et judiciaires.[29] Les baillis étaient quant à eux des officiers chargés de fonctions judiciaires dans les villes et villages de taille plus importante.

Le premier président du tribunal criminel, Théodore-Ignace de Lafontaine, est lui aussi issu de la noblesse et a siégé au Conseil souverain. Les membres du Ministère public ne sont en revanche pas originaires de l'ancien Duché, puisque le représentant du peuple Joubert ne place à ces postes que des juristes français (appelés « Français de l'intérieur »[30]) qui ont déjà une expérience dans leurs rôles respectifs.[31] Notons que ces premiers magistrats tissent entre eux d'importants liens familiaux : Nicolas Pastoret est le beau-frère du juge Quiriny, qui est lui aussi un ancien du Conseil souverain. Tous les deux sont apparentés à un autre juge

25 Le Conseil souverain était la juridiction de dernière instance du Duché de Luxembourg. Elle a été mise en place par l'empereur Joseph II en 1782. Voir le premier arrêté de nomination de juges en date du 23 thermidor an III dans le dossier ANLux, B-0093.

26 Les informations biographiques proposées ici sont tirées de Logie, Jacques/Logie, Josette, *Les magistrats des cours et des tribunaux en Belgique (1794–1814). Index prosopographique*, manuscrit inédit, (1995–2009).

27 Logie, Jacques, *Les magistrats des cours et des tribunaux en Belgique*, op. cit., 23.

28 Ferriet a été conseiller à Metz, Bockoltz bailli à Donnebourg, Sandkoul bailli à Cugnon, Labeville juge des douanes à Marche, Buschmann homme de loi à Saint-Vith, Dumont prévôt à Chiny, Feider et Dupont hommes de loi à Luxembourg.

29 Everling, Roger, *Le tribunal d'arrondissement de Diekirch. Histoire et évolution*, Feuille de liaison de la Conférence Saint-Yves 45 (1979), 8.

30 Les habitants du département des Forêts sont eux aussi désormais des Français, la dénomination « Français de l'intérieur » fait donc référence à ceux qui étaient français avant l'annexion des territoires des anciens Pays-Bas. Logie, Jacques, *Les magistrats des cours et des tribunaux en Belgique*, op. cit., 7.

31 Voir à ce sujet le chapitre sur les membres du Ministère public.

du tribunal civil, Charles-Lambert Sandkoul. Le juge Théodore Ensch, nommé quelques mois plus tard,[32] est quant à lui le beau-frère du juge Faber, et son neveu Jean-Henri est le beau-frère du juge Jean-François Bocholtz.[33] Comme à l'époque des Pays-Bas autrichiens, le pouvoir judiciaire est donc entre les mains d'individus venant de familles privilégiées et unies entre elles par les mariages.

Les juges de paix sont eux aussi pour la plupart des notables qui ont déjà connu des fonctions judiciaires et administratives sous l'Ancien Régime. Collard, le juge de paix de la ville de Luxembourg, a siégé aux *États*, l'administration provinciale du Duché. Son homologue juge de paix de la banlieue de Luxembourg a été conseiller au Conseil souverain. Parmi les autres nommés de l'année 1795, deux sont indiqués comme ayant été prévôts, deux sont listés comme baillis et trois figurent dans l'arrêté comme anciens « échevins ». La fonction de ces derniers consistait sous l'Ancien Régime à assister les prévôts dans leurs responsabilités administratives et judiciaires.[34] Les juges de paix restants étaient auparavant avocats, notaires ou greffiers. Seul un homme nommé en 1795 ne présente pas de parcours dans l'administration ou la justice de l'Ancien Régime, celui de Hosingen, qui est simplement indiqué comme « cultivateur ».

Tous les hommes choisis par le Directoire n'accepteront pas les nouvelles fonctions proposées. Tandis que certains refusent pour des raisons financières, d'autres se retirent après avoir initialement accepté ou ne donnent simplement pas suite.[35] L'obligation de résidence près des tribunaux a probablement écarté un certain nombre de candidats, d'autant plus que les juges sont censés assumer eux-mêmes leurs frais de déménagement.[36] La loi du 3 brumaire an III, qui interdit aux fonctionnaires publics d'être parents ou complices d'émigrés, en écarte également quelques-uns. C'est le cas du président du tribunal civil d'Olimart, qui doit renoncer à son poste parce que son neveu a épousé la fille d'une Française ayant

---

32 Un deuxième arrêté de nomination est promulgué le 28 novembre 1795. Voir à ce sujet Lefort, Alfred, *Histoire du département des Forêts. Le Duché de Luxembourg de 1795 à 1814 d'après les archives du gouvernement grand-ducal et des documents français inédits*, Luxembourg, Worré-Mertens, 1905, 174–175. En raison de multiples désistements, la composition finale du tribunal n'est pas connue.

33 Informations tirées de Logie, Jacques/Logie, Josette, *Les magistrats des cours et des tribunaux en Belgique (1794–1814). Index prosopographique*, manuscrit inédit, (1995–2009).

34 Ensemble, ils formaient le « Magistrat ».

35 ANLux, B-0093, Le président du tribunal civil du département des forêts Pastoret au Commissaire du Directoire du pouvoir exécutif pour le département des forêts, administration centrale, Légier, 4 nivôse an IV (25 décembre 1795).

36 Logie, Jacques, *Les magistrats des cours et des tribunaux en Belgique*, op. cit., 143.

émigré après la Révolution.[37] Le représentant du peuple Joubert est donc obligé de présenter deux nouvelles listes de nomination.[38]

Comme le montre de manière détaillée Carlo Kinn, les tribunaux sont de nouveau chamboulés en 1797.[39] Cette fois-ci ce sont les électeurs qui sont à l'origine du jeu de chaises musicales. Parmi les vingt membres du tribunal civil, huit arrivent à faire renouveler le mandat de juge qui leur a été confié par nomination. Cinq d'entre eux sont issus de l'ancien Conseil souverain, et même ceux qui ne le sont pas disposent pour la plupart d'une licence en droit.[40] L'ancien conseiller Jean-Antoine Laval se fait élire accusateur public, figure-clef de la poursuite pénale.[41] Le président du tribunal criminel, Jean-Georges Willmar,[42] est confirmé à son poste. Mais les anciens magistrats ne se cantonnent pas à leur rôle judiciaire. Deux anciens conseillers et un avocat du Conseil se font élire administrateurs du département[43] et un autre ancien avocat du Conseil, initialement nommé juge de paix de la ville de Luxembourg, est élu député au Conseil des Cinq-Cents à Paris.[44] Les magistrats profitent donc aussi des nouvelles opportunités proposées par le régime français pour embrasser une carrière politique ou administrative.[45]

Sous le Consulat et l'Empire, les juges et les représentants du Ministère public sont nommés par le pouvoir exécutif.[46] Le remplacement du grand tribunal civil par quatre tribunaux de première instance installés à Luxembourg, Neufchâteau, Diekirch et Bitbourg est l'occasion de revoir la liste des magistrats. Pour en savoir plus sur l'identité des individus recrutés, il est nécessaire de plonger

---

37 ANLux, B-0093, Déclaration de d'Olimart, 18 nivôse an IV (8 janvier 1796).

38 Une en août 1795 et une autre en novembre de la même année.

39 Voir le chapitre de Carlo Kinn, « L'élection des juges sous le Directoire (1797 et 1798) ».

40 Sans donner des indications biographiques précises, Jacques Logie a recensé 19 sur 24 magistrats civils dotés d'une licence avant la réforme consulaire. Logie, Jacques, *Les magistrats des cours et des tribunaux en Belgique*, op. cit., 236.

41 Voir le chapitre « Le rôle et le statut particulier des magistrats du Ministère public ».

42 Le juriste Jean-Georges Willmar (1763–1831) est né à Prüm, à quelques kilomètres du Duché de Luxembourg. Naturalisé par l'Empereur Joseph II, il sera par la suite nommé gouverneur de la province du Luxembourg par Guillaume Ier et occupera ce poste jusqu'à sa mort en 1831.

43 Nicolas Reuter et Henri-Joseph Otte (conseillers) et Jean Othon Francq (avocat). Les deux autres administrateurs sont avocats ou notaires (Jean-François Bocholtz et Pierre-Xavier Dewildt). Kinn, Carlo, *Un enjeu de pouvoir. Les élections au département des Forêts (1797–1799)*, mémoire rédigé dans le cadre du stage pédagogique en vue de l'obtention du grade de professeur de l'enseignement secondaire luxembourgeois, 1994, 52–53.

44 Pierre-Joseph Collard.

45 Les résultats des élections politico-administratives seront cependant annulés suite au coup d'État du 18 fructidor an V.

46 À l'exception des juges de paix qui sont élus jusqu'en 1802.

dans les Archives nationales de France, qui proposent une liste des hommes ayant siégé dans les tribunaux de première instance en l'an 1811.[47] Recoupée avec les informations biographiques rassemblées par Jacques Logie, elle révèle une nette continuité entre le Consulat et l'Empire. Pratiquement tous les membres des tribunaux de l'année 1811 ont été nommés en 1800 ou 1801, c'est-à-dire dès la première campagne de nomination après l'abolition du recrutement par élection. Les procureurs impériaux[48] sont toujours exclusivement français, de même que les magistrats de sûreté, ancêtres des juges d'instruction. Les juges sont en revanche presque tous nés dans l'ancien Duché. Aux présidences des tribunaux siègent quatre hommes qui avaient déjà fait partie des premiers magistrats choisis par le Directoire. Deux d'entre eux, Laval et d'Olimart, sont d'anciens conseillers du Conseil souverain. Ce sont désormais les seuls magistrats de cette institution abolie qui comptent encore parmi les juges effectifs des tribunaux. La plupart des autres juges ont été avocats sous l'Ancien Régime.[49] Quelques anciens conseillers du Conseil souverain circulent toutefois encore dans les juridictions en tant que juges suppléants.[50] D'autres ne figurent plus sur la liste des magistrats parce qu'ils se sont reconvertis dans des fonctions politico-administratives : c'est le cas de Nicolas Reuter et de Nicolas Pastoret, qui siègent au Corps législatif, ou de l'ancien conseiller de Muziel, qui est devenu maire d'Ettelbruck et receveur de l'arrondissement de Diekirch.[51]

47 Les sources dont nous disposons aux archives nationales de l'État ont essentiellement été produites sous le Directoire.

48 Dénommés commissaires sous le Consulat, puis procureurs généraux.

49 Sous l'Ancien Régime, la ville de Luxembourg, siège du Conseil souverain, comptait un barreau de 70 avocats. Logie, Jacques, *Les magistrats des cours et des tribunaux en Belgique*, op. cit., 284.

50 C'est le cas de du Prel, juge suppléant au tribunal de Diekirch de 1800 à 1811, et de Henri-Joseph Otte, qui est nommé juge suppléant au tribunal de Malmedy en 1804 et y devient juge effectif en 1811.

51 Le premier de 1805 à 1810, le second de 1804 à 1806.

Membres des tribunaux de première instance du département des Forêts, 1811[52]

Fonction	**Nom**	**Nomination**	**Lieu de naissance**	**Fonctions sous l'Ancien Régime**
Tribunal de Luxembourg				
Président	Laval Jean-Antoine	1800	D. de Lux.	Conseiller, Conseil souverain
Juge	Ensch Théodore	1800	D. de Lux.	Avocat, Conseil de Luxembourg
Juge	Winckell Jean-Baptiste	1806	D. de Lux.	Avocat
Juge	Neumann Jacques-Philippe	1808	Inconnu	Avocat, Conseil de Luxembourg
Procureur impérial	Adénis Michel-François	1800	Yonne, France	Employé au Parlement de Paris puis procureur au bailliage de Sens
Magistrat de sûreté	Vaullegeard Denis	1800	Seine-et-Marne, France	Professeur
Tribunal de Neufchâteau				
Président	Collard Pierre-Joseph	1811	D. de Lux.	Avocat, Conseil de Luxembourg, Juge royal à Neufchâteau
Juge	Dewez François-Emmanuel	1800	D. de Lux.	Procureur et notaire à Bastogne, échevin du Magistrat
Procureur impérial	Jacquier Memmin	1800	Châlons-sur-Marne, France	Ecclésiastique
Magistrat de sûreté	Werquin Jean-Baptiste	1801	Inconnu	inconnues
Tribunal de Bitbourg/Echternach[53]				
Président	Ensch Jean-Henri	1800	D. de Luxb.	Avocat, Conseil de Luxembourg

52 Tableau établi à l'aide de deux sources : 1) « Notes sur les membres des tribunaux de 1ère instance du département des Forêts », conservé dans le dossier BB/5/277 des Archives nationales de France. L'année de production du document a pu être établie grâce aux informations biographiques qu'elle contient. 2) Logie, Jacques/Logie, Josette, *Les magistrats des cours et des tribunaux en Belgique (1794–1814). Index prosopographique*, manuscrit inédit, (1995–2009).

53 Le tribunal de Bitbourg est transféré à Echternach au cours de l'année 1811, sans que ce transfert n'entraîne de changement dans sa composition.

Fonction	Nom	Nomination	Lieu de naissance	Fonctions sous l'Ancien Régime
Juge	Fondeur Jacques Hubert	1800	Meurthe, France	Homme de loi, puis sergent de justice
Juge	Gérardy	inconnue		
Procureur impérial	Non indiqué			
Magistrat de sûreté	Le Geay André-Nicolas	1801	Inconnu	Conseiller, Parlement et Chambre des Comptes de Metz
Tribunal d'arrondissement de Diekirch				
Président	D'Olimart Jean-Adolphe	1800	D. de Lux.	Procureur général, Conseil souverain
Juge	Dennershausen Laurent	1800	D. de Lux.	Avocat à Vianden
Juge	Seyler Jean-Pierre	1800	D. de Lux.	Médecin et avocat
Procureur impérial	Coeulin François-Charles	inconnue	Somme, France	Ecclésiastique
Magistrat de sûreté	Michalant André-Henri	1808	Meurthe-et-Moselle, France	Avocat

Les magistrats du département des Forêts ont donc été peu concernés par l'importante épuration des juridictions qui a eu lieu en 1807 et 1808. En revanche, ils seront largement touchés par celle qui est opérée en 1811, peu de temps après la production de la liste proposée ci-dessus. Tous ceux qui présentent des opinions politiques dérangeantes ou des compétences jugées insuffisantes, parfois en raison de leur âge avancé, sont alors mis à l'écart : Théodore Ensch est mis à la retraite pour infirmités, Jean-Baptiste Winckell est écarté comme ancien jacobin, Jean-Pierre Seyler fait les frais de ses opinions républicaines et anticléricales, et le juge Jacques Hubert Fondeur n'est pas maintenu à son poste pour des raisons inconnues. Le juge Dennershausen est quant à lui remplacé parce qu'il décède. Plus d'un tiers des juges des tribunaux de première instance sont donc renouvelés en 1811. Le procureur français Memmin Jacquier est lui aussi remplacé.[54] Il n'a toutefois pas été possible d'identifier avec précision l'identité de ceux qui sont nommés en remplacement.

54 Toutes ces informations sont tirées de Logie, Jacques/Logie, Josette, *Les magistrats des cours et des tribunaux en Belgique (1794–1814). Index prosopographique*, manuscrit inédit, (1995–2009).

3 Loyautés politiques et cumuls de mandats sous le roi grand-duc Guillaume Ier

Les données disponibles au sujet des magistrats recrutés pendant la première moitié du règne du roi des Pays-Bas Guillaume Ier sont maigres. Les seuls renseignements exhaustifs proposés par les archives conservées à Luxembourg concernent l'année 1815 et montrent une nouvelle fois une grande continuité personnelle entre les deux régimes politiques qui se succèdent.[55] Seuls les magistrats français sont évincés des tribunaux, s'ils n'ont pas eux-mêmes pris l'initiative de partir auparavant.[56] Un Français souhaite rester sur place : Pierre Désert, qui a épousé une Luxembourgeoise en 1799. Comme de nombreux administrateurs du département, il est originaire de Provins et s'est vu attribuer un poste de commissaire exécutif près de l'administration municipale de Luxembourg en 1796. Par son mariage avec la veuve Triacca (née Marie-Catherine Seyler), il est devenu le beau-frère du maire de Luxembourg François Scheffer et a intégré une des familles les plus connues de la ville. Il a accédé à un poste de juge au tribunal de Luxembourg suite aux remaniements de 1811. Sous Guillaume Ier, il arrive non seulement à garder sa position, mais il deviendra président de ce même tribunal. Fidèle au roi grand-duc pendant la Révolution belge, il occupera cette position tout au long des années 1830.[57]

La plupart des hommes originaires du Grand-Duché conservent leur position. Les présidents des tribunaux d'arrondissement de Luxembourg (Jean-Antoine Laval), Neufchâteau (Pierre-Joseph Collard) et Diekirch (Jean-Adolphe d'Olimart) sont reconduits dans leurs fonctions. Le premier gardera son poste jusqu'en 1829. En quarante ans de carrière, il traverse cinq régimes politiques différents sans

55 Dans l'ensemble des Pays-Bas, environ deux-tiers des magistrats du régime français sont maintenus en fonctions. Rousseaux, Xavier, *Le personnel judiciaire en Belgique à travers les Révolutions (1780–1832). Quelques hypothèses de recherches et premiers résultats*, in: Lenders, Piet (ed.), *Le personnel politique dans la transition de l'Ancien Régime au Nouveau Régime en Belgique (1780–1830)*, Kortrijk-Heule, UGA, 1993, 37.

56 Dès le mois de mai 1814, le procureur impérial auprès du tribunal de Luxembourg signale au ministre de la Justice de Louis XVIII les souffrances subies par les magistrats français sous le blocus de la ville et demande leur relocalisation dans des juridictions françaises. Voir ses multiples lettres envoyées dans le dossier des archives nationales de France BB/5/277.

57 Calmes, Albert, *La restauration de Guillaume Ier, roi des Pays-Bas : (l'ère Hassenpflug) 1839–1840*, Bruxelles, Edition universelle, 1947, 66 et Trausch, Gilbert, *Aspects et problèmes de la vie municipale à Luxembourg sous la République (1795–1799)*, Hémecht 15 (1963), 465–466.

jamais être écarté du rang des magistrats les plus haut placés du territoire.[58] Les juges du tribunal d'arrondissement de Luxembourg sont eux aussi intégralement reconduits. Le président du tribunal d'Echternach (Jean-Henri Ensch) est transféré à la vice-présidence du tribunal de Luxembourg. En remplacement, Guillaume Ier nomme Jean-Philippe Eberhard, un homme qui avait déjà occupé diverses fonctions judiciaires sous le régime français. Les changements le plus importants ont lieu au niveau du Ministère public, auquel trois hommes nouveaux représentent désormais les intérêts de la société et de l'État dans les affaires de justice, Nicolas Reuter, Guillaume Goosse et Jean-Conrad Moriz.[59]

Les sources rassemblées sur l'identité des magistrats reprennent ensuite au début de la décennie 1830, qui représente à plusieurs égards une période tumultueuse dans la vie politique et judiciaire luxembourgeoise, étant donné que seule la ville de Luxembourg est encore entre les mains de Guillaume Ier.[60] Cette situation a de multiples conséquences sur l'organisation judiciaire. D'abord, elle mène au dédoublement du tribunal de Luxembourg. Par un arrêté du 16 octobre 1830, le nouveau gouvernement belge décide de transférer cette juridiction provisoirement à Arlon, tout en conservant sa dénomination « de Luxembourg ».[61] Ce transfert engendre des nominations concurrentes, mais la plupart des juges de Luxembourg-ville restent fidèles à Guillaume Ier. Ce dernier est quant à lui conscient du fait que la fidélité des « orangistes » a un prix et qu'il faudra leur laisser une place grandissante dans la gouvernance du territoire. Dès la fin de l'année 1830, il promulgue un arrêté royal qui sépare l'administration du Grand-Duché de celle des Pays-Bas. Sur le plan de la justice, cela signifie que les juridictions luxembourgeoises sont coupées de la Cour supérieure de justice de Liège, qui recevait depuis 1815 les pourvois en appel et en cassation introduits à l'encontre des jugements

58 Il a traversé la fin du régime des Pays-Bas autrichiens, le Directoire, le Consulat, l'Empire et quatorze ans de règne de Guillaume Ier d'Orange-Nassau. Cette longévité est exceptionnelle au Luxembourg, mais elle n'est pas un cas isolé si nous prenons en compte les magistrats des autres départements annexés. Pour d'autres exemples du même type, voir Rousseaux, Xavier, *Le personnel judiciaire en Belgique à travers les Révolutions (1780–1832)*, op. cit., 39–40.

59 Nicolas Reuter est un ancien conseiller du Conseil souverain de Luxembourg, qui a été juge au tribunal civil sous le Directoire, puis conseiller de préfecture et député au Corps législatif à Paris. Guillaume Goosse a été avocat au Conseil souverain de Luxembourg, puis aux tribunaux civil et criminel du département des Forêts et à la cour d'appel de Metz. Il restera à son poste de procureur jusqu'en 1821, lorsqu'il sera nommé président du tribunal de Neufchâteau.

60 Pour une analyse détaillée des événements de la révolution belge et leur impact sur l'organisation judiciaire, nous renvoyons ici au chapitre « La justice luxembourgeoise sous les régimes néerlandais et belge (1815–1839) ».

61 *Bulletin des arrêtés et actes du Gouvernement provisoire de la Belgique*, n° XII, 25/10/1830.

émis par les tribunaux luxembourgeois.[62] Quelques mois plus tard, le grand-duc installe à Luxembourg-ville une Cour supérieure de justice. Quoique réduite à un groupe social minuscule, la magistrature luxembourgeoise retrouve enfin l'autonomie dont elle jouissait sous le régime des Pays-Bas autrichiens, en jugeant elle-même jusqu'en dernière instance les affaires judiciaires. La partie du Duché restée sous contrôle de Guillaume Ier pendant les années 1830 compte donc trois juridictions : la justice de paix,[63] le tribunal d'arrondissement de Luxembourg[64] et la Cour supérieure de justice.

Les magistrats les plus expérimentés ne sont pas nécessairement ceux qui siègent au sommet de la hiérarchie judiciaire.[65] Pour composer la Cour supérieure de justice, Guillaume Ier sollicite plutôt des hommes qui se sont distingués par leur fidélité et leur expérience dans la gestion politique et législative du territoire. Le président de la Cour, Jean-François Maréchal, et le conseiller Philippe München, sont d'anciens membres des États généraux, l'assemblée législative des Pays-Bas. Le conseiller Jean Leclerc est un ancien membre de l'organe exécutif de la province de Luxembourg, la députation des États. Il a également fait fonction de gouverneur provisoire après la mort du gouverneur Jean-Georges Willmar en janvier 1831.[66] Le conseiller Jean-Jacques Willmar est le fils de ce même gouverneur décédé, qui a été au service de Guillaume Ier depuis 1815 et qui lui est resté dévoué alors que deux de ses fils ont rejoint le mouvement d'indépendance belge. Willmar le jeune obtient à la Cour le rôle de procureur général.[67] Avec le conseiller Mathias Wellenstein, il compte parmi les deux seuls membres de l'institution dotés de quelques années d'expérience dans la magistrature.[68] Les conseillers Evrard Tilliard et Mathias-Lambert Schrobilgen ont exercé brièvement comme

---

62 Voir à ce sujet le deuxième chapitre de cet ouvrage.

63 À laquelle siège le juge Charles Simonis.

64 Au 12 août 1832, la composition du tribunal est la suivante: Désert (président), Winckell, Neumann, Pescatore, Maréchal, Wurth-Paquet (juges), Heuardt (juge d'instruction), Keuker (substitut du procureur du roi). ANLux, C-0610, État nominatif du personnel du tribunal de première instance de l'arrondissement de et à Luxembourg, 12 août 1832.

65 Au tribunal de Luxembourg siègent par exemple Pierre Désert, dont le parcours a déjà été décrit, et Jean-Baptiste Winckell, qui a été juge au tribunal de Luxembourg de 1806 à 1811, puis juge d'instruction sous Guillaume Ier. Au Ministère public, les choix du roi grand-duc surprennent également. Le procureur auprès du tribunal d'arrondissement, Jean-Baptiste Keucker, a en effet derrière lui de nombreuses années d'expérience à différents postes du Ministère public, sous le régime français et sous Guillaume Ier.

66 Il s'agit ici de l'ancien président du tribunal criminel qui a été évoqué plus haut.

67 Voir son portrait dans le chapitre « Le rôle et le statut particulier du Ministère public ».

68 Willmar est juge depuis 1824 et Wellenstein siège au tribunal de 1ère instance de Luxembourg depuis 1827.

avocats. Le second est secrétaire communal de la ville de Luxembourg et dirige le *Journal de la Ville et du Grand-Duché de Luxembourg*.[69]

Quatre de ces hommes auront la possibilité de cumuler leur fonction de conseiller de la Cour supérieure avec celle de membre de la commission du gouvernement, l'organe administratif de la province de Luxembourg. Le président Maréchal exercera ces deux fonctions de manière parallèle jusqu'à son décès, en 1839. Il en est de même pour le conseiller Leclerc, sauf qu'il mourra en 1836. Les deux autres conseillers-administrateurs, Philippe-Charles München et Jean-Jacques Willmar sont quant à eux au bout de quelques mois exclus de l'une ou de l'autre fonction en raison de leur lien de parenté. Willmar venant d'épouser la fille de München, le beau-père est évincé de la Cour supérieure, tandis que le gendre se voit retirer les charges de membre de la commission du gouvernement. Le cumul est donc permis, mais cumuler tout en étant allié ne l'est pas. Nous verrons plus loin que les deux hommes travailleront malgré tout pendant de nombreuses années côte à côte à la Cour supérieure. Il faut dire que le grand-duc ne compte pas réellement doter le pays d'une structure étatique propre tant qu'il n'a pas récupéré le contrôle des territoires absorbés par la Belgique. Pendant toute la décennie 1830, il gouverne ce qu'il lui reste de l'ancienne province sans constitution, en monarque absolu. Les postes à responsabilité servent avant tout à fidéliser ses soutiens.[70]

Si cet épisode représente une parenthèse dans l'histoire du Grand-Duché, il n'est pas sans conséquences sur le fonctionnement et les ambitions de la magistrature par la suite. En brouillant les frontières entre le politique et le judiciaire, le roi habitue les magistrats à l'idée qu'ils se situent non seulement au sommet de la hiérarchie judiciaire, mais qu'ils font partie de l'élite dirigeante du pays. Lorsqu'une structure étatique est mise en place en 1841 et en 1848, des juges et des membres du Ministère public revendiquent par conséquent un rôle de premier plan dans celle-ci, que ce soit dans la rédaction des constitutions ou l'occupation des plus hautes charges au sein du nouvel État.[71]

---

69 Tilliard a été juge suppléant, mais a peu exercé. Schrobilgen est qualifié de « pamphlétaire de l'orangisme » par Calmes, Albert, *Le Grand-Duché de Luxembourg dans la Révolution belge (1830–1839)*, Bruxelles, Édition universelle, 1939, 49.

70 Voir Calmes, Albert, *Le Grand-Duché de Luxembourg dans la Révolution belge*, op. cit.

71 En 1841, deux magistrats, le procureur général Jean-Jacques Willmar et l'ancien juge de paix Pierre-Ernest Dams, font partie de la commission extraordinaire qui se rend à La Haye pour informer le Grand-Duc Guillaume II des besoins administratifs du Grand-Duché. En 1848, Willmar et Dams, de même que le président du tribunal de Diekirch Jean-Pierre Mongenast, le juge du tribunal de Luxembourg Michel Rausch, ainsi que les juges de paix Pierre-Joseph Augustin et Henri Motté, font aussi partie de la commission dite « des quinze », chargée par le Grand-Duc de rédiger

4 La création de l'État luxembourgeois indépendant et la mise en place d'une organisation judiciaire stable

La situation politique se stabilise enfin en 1839, lorsque les Pays-Bas et la Belgique trouvent avec la signature du Traité de Londres enfin un accord sur les territoires disputés. Le 4 janvier 1840, le Luxembourg administrativement séparé des Pays-Bas obtient sa première loi d'organisation judiciaire propre.[72] Celle-ci institue de manière définitive la Cour supérieure de justice et lui donne juridiction sur l'ensemble du territoire. À Luxembourg-ville et à Diekirch sont implantés deux tribunaux d'arrondissement, tandis que onze justices de paix siègent dans les cantons (douze à partir de 1851).[73] Comme il a été annoncé dans l'introduction, nous disposons à partir de cette date de multiples registres de magistrats permettant d'observer de près non seulement leur identité, mais aussi le déroulement de leurs carrières.

L'entrée dans la magistrature se fait généralement entre vingt-cinq et trente-cinq ans. La majorité des jeunes magistrats commencent leur carrière comme juge de paix. Les registres révèlent une importante professionnalisation de cette fonction depuis le régime français. Dès les années 1840, la quasi-totalité des juges de paix sont titulaires d'un doctorat en droit.[74] Les quelques individus qui ne sont pas dotés de ce grade ont auparavant exercé une autre profession judiciaire ou une activité en lien avec le droit.[75] Les juges de paix suppléants présentent en revanche des profils variés et parfois éloignés du monde du droit, et cela jusqu'à la fin du siècle. Ils sont, entre autres, docteurs en médecine, bourgmestres, receveurs de l'enregistrement ou propriétaires, et exercent la plupart du temps leur fonction judiciaire en sus de leur activité principale. La justice de paix de la ville de Luxembourg représente ici une exception, puisque ses juges de paix suppléants sont comme les juges titulaires tous docteurs en droit dès le milieu du siècle. Cela est certainement dû au fait que le tribunal d'arrondissement de la ville attire de nombreux avocats qui exercent cette fonction parallèlement à leur activité.

---

une nouvelle constitution. Ce travail sera finalement réalisé par une Assemblée constituante. Voir Calmes Albert, *La création d'un État (1841–1847)*, Luxembourg, Saint Paul, 2e éd., 1983, 49 et Calmes, Albert, *La Révolution de 1848 au Luxembourg*, Bruxelles, Edition universelle, 1957, 94.

72 Ordonnance royale grand-ducale du 4 janvier 1840 concernant l'Administration de la justice.

73 Depuis 1972, le Luxembourg ne compte plus que trois justices de paix.

74 J-003-02, Liste du personnel des justices de paix.

75 Dans le canton d'Esch-sur-Alzette par exemple, les deux juges de paix en place entre 1847 et 1872 étaient notaire et greffier.

De nombreux juges de paix restent en fonction autour d'une dizaine d'années. Le canton de Mersch n'a connu que trois juges de paix entre 1842 et 1902, le premier étant resté en fonction trente-cinq ans et le second vingt ans. La ville de Diekirch a quant à elle connu le même juge de paix de 1842 à 1875. Le record de longévité est détenu par Pierre-Joseph Augustin à Remich, qui est juge de paix de 1824 jusqu'à son décès en 1872 (48 ans). Lorsque la durée de passage à la justice de paix est plus courte, il s'agit généralement de candidats qui sont mutés à un poste de juge dans les tribunaux d'arrondissement.[76] Certains d'entre eux ont à ce stade siégé dans plusieurs justices de paix, à l'instar du juge Philippe Dupont de Grevenmacher, qui a été nommé juge de paix à Esch-sur-Alzette en 1872, juge au tribunal de Diekirch en 1873 puis juge de paix à Luxembourg en 1875, avant d'être nommé juge au tribunal de la capitale la même année. Le plus jeune titulaire à un tribunal d'arrondissement est le futur directeur général de l'Intérieur (1878) Henri Kirpach, qui est nommé juge au tribunal de Luxembourg à seulement vingt-sept ans.[77]

Une fois nommés titulaires à un des deux tribunaux d'arrondissement, les juges restent à leur poste pendant quelques années.[78] Dans de nombreux cas, une mobilité a lieu entre le tribunal de Luxembourg et celui de Diekirch. Certains magistrats des tribunaux deviennent juge d'instruction. Saisi par le procureur, ce dernier joue un rôle clef dans l'enquête pénale en instruisant les affaires les plus graves.[79] Les juges d'instruction ont généralement entre trente-cinq et quarante ans au moment de leur nomination. Une exception représente ici le parcours d'Antoine Lefort, qui a été nommé juge d'instruction à Diekirch à seulement 31 ans en 1844. Ce record sera battu par son fils Emile, qui deviendra à son tour juge d'instruction en 1879, à seulement 28 ans. À l'exception de ce dernier, tous les juges d'instruction sont au moment de leur nomination déjà titulaires dans leur tribunal. Le passage à cette fonction n'entraîne donc pas de mobilité géographique. Ils sont tous choisis parmi les magistrats qui ont fait leurs preuves dans leur juridiction. Vers le milieu du 19e siècle, les juges d'instruction restent à leur poste pendant de nombreuses années, comme les magistrats Henri-Gustave Heuardt et Jean-Baptiste Augustin, qui exercent ce rôle de 1864 à 1873 (9 ans). Vers la fin du siècle, la durée des fonctions diminue et les juges d'instruction changent tous les

76 Dans certains cas il s'agit de décès.

77 ANLux, J-003-02, Liste du personnel des justices de paix.

78 J-003-06, Liste du personnel du tribunal de Luxembourg.

79 Le rôle du juge d'instruction consiste à organiser le travail de la police judiciaire, se déplacer sur les lieux de crimes, ordonner des perquisitions, expertises et saisies, ainsi que les interrogatoires des suspects et des témoins.

deux ou trois ans. Comme constante tout au long du siècle, nous observons que la fonction représente un tremplin pour la suite de la carrière. La quasi-totalité des juges d'instruction se voient par la suite placés à un poste de procureur d'État, de président ou de vice-président de tribunal, ou encore de conseiller à la Cour supérieure de justice.

Si les premiers conseillers nommés à la Cour supérieure en 1831 ont eu des parcours assez éloignés de la fonction de magistrat, l'analyse de la liste des magistrats de cette juridiction nous montre que les nominations purement « politiques » se font rares à partir des années 1840.[80] Pratiquement tous ceux qui sont nommés à la Cour supérieure de justice sont désormais passés par la fonction de président ou vice-président de tribunal, procureur d'État ou avocat général. Certains y arrivent aussi après avoir été juge d'instruction, mais cela est peu fréquent. Seuls deux hommes arrivent à décrocher un poste de conseiller alors qu'ils n'ont aucune expérience dans la magistrature. Il s'agit du futur homme d'État Emmanuel Servais, nommé en 1848, et de Joseph Steichen, qui devient conseiller en 1889. Tous les deux sont au moment de leur nomination avocats. La Cour supérieure de justice s'est donc elle aussi professionnalisée depuis sa création. Elle conserve toutefois un lien très étroit avec le pouvoir exécutif et législatif. Pendant de longues années, les magistrats sont en effet autorisés à cumuler la fonction de juge et de député. De nombreux conseillers de la Cour sont d'ailleurs sollicités pour occuper les plus hautes charges exécutives de l'État. Les postes de président de la Cour et de procureur général d'État semblent même être exclusivement réservés à des hommes qui ont fait un passage au gouvernement.

5 Le va-et-vient des magistrats entre le judiciaire, le législatif et l'exécutif

Dès son institution en 1841, l'Assemblée des États, qui deviendra la Chambre des députés en 1848, compte en son sein cinq magistrats. Tous ont été nommés par Guillaume II, qui a pris les rênes du pouvoir en 1840 : le procureur général Jean-Jacques Willmar, l'ancien juge de paix Pierre-Ernest Dams, ainsi que les trois juges de paix en fonction Augustin, Hoffmann et Faber.[81] En 1845, quand la moitié de la chambre est renouvelée par une élection au suffrage censitaire indirect, les magis-

80 ANLux, J-003-03 Liste du personnel de la Cour supérieure de justice. Dates de nomination.
81 Ordonnance royale grand-ducale du 30 octobre 1841 portant nomination des membres des États. Trois membres du Conseil de gouvernement font également partie des États. Il règne donc aussi une confusion entre l'exécutif et le législatif.

trats augmentent encore en nombre. Quatre conseillers de la Cour supérieure de justice et deux juges des tribunaux d'arrondissement cumulent désormais des fonctions judiciaires et législatives.[82] Trois ans plus tard, l'assemblée constituée en vue de la rédaction d'une nouvelle loi fondamentale compte elle aussi cinq magistrats : le conseiller de la Cour supérieure François-Xavier Wurth-Paquet, le procureur d'État de Luxembourg Charles Mathias André, le juge du tribunal de Diekirch Bernard-Hubert Neuman et les juges de paix Jean-Pierre Hoffmann et Jean-Baptiste Weydert.[83]

Etant donné que la constitution libérale et démocratique produite par l'Assemblée ne met pas fin au cumul, les membres de la magistrature continuent de se présenter aux élections à la nouvelle Chambre des députés après son adoption. Quatre magistrats en exercice arriveront à se faire élire dès 1848.[84] Un premier frein au cumul sera seulement mis en place en 1860, lorsque la loi électorale interdit aux membres du parquet d'être éligibles.[85] Le sujet de l'incompatibilité des fonctions de magistrat et de député est de nouveau mis sur la table une décennie plus tard, dans le cadre de la préparation d'une loi sur les droits et les devoirs des fonctionnaires de l'État. Comme l'a relevé l'historien Paul Feltes, le fait que trois magistrats siègent parmi les députés au moment du débat crée un climat inconfortable, puisqu'il s'agit de décider s'il faut exclure des collègues.[86] Les magistrats obtiendront finalement une exception à la règle générale qui est votée. Alors que la loi ordonne dans son article 8 que tous les fonctionnaires publics salariés de l'État sont interdits d'éligibilité à la Chambre des députés, l'article 42 en exempte les magistrats inamovibles de la Cour supérieure et des tribunaux d'arrondissement.[87] Cette exemption sera reprise en 1879 dans la loi sur les élections de la Chambre des députés, alors même que la section centrale de la Chambre s'était exprimée contre la reprise de la clause en argumentant que le cumul pouvait amener les justiciables à suspecter une partialité de la part des juges.[88] L'exemp-

---

82 Calmes, Albert, *La création d'un État (1841–1847)*, op. cit., 177.

83 Voir la liste des élus dans la Circulaire du 22 avril 1848 N° 4984–136 concernant la publication de la liste des députés élus lors des élections du 19 avril courant.

84 Charles-Gérard Eyschen, conseiller à la Cour supérieure de justice, Antoine Lefort et Toutsch, juges à Diekirch, Jean-Pierre Hoffmann, juge de paix à Mersch.

85 Loi du 1er décembre 1860 sur les élections pour l'Assemblée des États.

86 Feltes, Paul, *L'organisation judiciaire au Luxembourg au 19e siècle*, op. cit., 390.

87 Loi du 8 mai 1872 concernant les droits et les devoirs des fonctionnaires de l'État.

88 ANLux, CdD-1097, Projet de loi sur les élections pour la Chambre des députés. Rapport de la section centrale, 1879. Ce projet deviendra la loi du 28 mai 1879 sur les élections de la Chambre des députés.

tion controversée sera finalement abrogée par la loi du 5 mars 1884 sur les élections législatives et communales.

En ce qui concerne le cumul des responsabilités exécutives et judiciaires, Guillaume II est plus strict que son père. De 1841 à 1848, il ne nomme aucun magistrat au sein de l'organe exécutif du pays. À partir du moment où le Grand-Duché dispose d'un véritable gouvernement, il permet toutefois un bal incessant d'aller-retours entre la politique et les plus hautes fonctions judiciaires, qui se poursuivra sous son fils Guillaume III et même après, jusqu'à la première moitié du 20e siècle.[89] À la tête du gouvernement de 1848 à 1853, nous retrouvons ainsi une nouvelle fois Jean-Jacques Willmar, qui a démissionné de sa fonction de procureur général d'État pour occuper cette haute charge exécutive. Les procureurs généraux suivants circulent plutôt dans le sens inverse, c'est-à-dire qu'ils sont nommés à la tête du Ministère public après leur passage au gouvernement. Vendelin Jurion, par exemple, est d'abord administrateur général de l'Intérieur à la fin des années 1840 et au milieu des années 1850, avant d'exercer comme procureur général d'État pendant vingt ans (1858–1878). Il est au moment de sa nomination avocat, mais n'a aucune expérience directe dans la magistrature. Henri Vannerus est nommé procureur général en 1879 après avoir été directeur général de la Justice pendant neuf ans (1864–1866 et 1867–1874). Ernest Leclère deviendra procureur général d'État en 1925, après avoir été directeur général de l'Intérieur et de l'Agriculture, de l'Industrie et du Commerce.

Si certains changent ainsi de voie professionnelle, d'autres s'engagent plutôt dans un va-et-vient répété entre l'exécutif et le judiciaire. C'est notamment le cas d'Edouard Thilges, qui a au cours de sa carrière occupé successivement les charges de ministre (à deux reprises), président du tribunal de Luxembourg, conseiller à la Cour supérieure, procureur général d'État, président de la Cour supérieure, président du gouvernement et président du Conseil d'État. Comme le montre le tableau suivant, ce type de parcours n'est pas isolé. De très nombreux ministres luxembourgeois du 19e siècle transitent, avant ou après leur mandat au gouvernement, par la Cour supérieure de justice. Rien que sur la période 1848–1860, neuf des quatorze ministres nommés exercent avant ou après leur passage au gouvernement les plus hautes charges dans la magistrature. Des gouvernements presque entiers siègent même comme conseillers à la Cour supérieure de justice. Les ministres Wurth-Paquet, Servais et Thilges, par exemple, tous membres du gouvernement Simons de 1854 à 1856, siègent côte à côte comme conseillers au début des années 1860.

89 Pour une vue d'ensemble de la circulation des élites politico-administratives, voir aussi Weber, Josiane, *Familien der Oberschicht in Luxemburg*, op. cit., 277 et suivantes.

Liste de membres du gouvernement ayant exercé de hautes fonctions judiciaires[90]

Noms	Fonctions au gouvernement	Hautes fonctions judiciaires[91]
Vendelin Jurion	Ministre de l'Intérieur (1848, 1853–1856)	Procureur général (1858–1878)
Willmar J.-J.	Président du gouvernement (1848–53)	Procureur général (1831–1853)
Wurth-Paquet F.-X.	Ministre de la Justice (1853–56) Ministre de l'Intérieur (1856–58)	Procureur d'État Luxbg (1840) Président trib. Luxbg (1841) Conseiller Cour sup (1842) Vice-Président Cour sup (1848) Président Cour sup (1858)
Servais Emmanuel	Ministre des Finances (1853–57) Président du gouvernement (1867–74)	Conseiller Cour sup. (1848) Conseiller (1857) Vice-Président (1862)
Thilges Edouard	Ministre des Affaires communales (1854–56) Ministre de la Justice (1859–1860) Ministre des affaires communales (1867–70) Président du gouvernement (1885–88)	Président Trib. Luxbg. (1856) Conseiller Cour sup. (1861) Procureur général (1878) Président de la Cour (1879)
Eyschen Charles-Gérard	Ministre de la Justice (1856–57)	Président Trib. Diekirch (1840) Président Trib. Luxbg (1842) Conseiller à la Cour (1843) Conseiller à la Cour (1857)
De Scherff Paul	Ministre des Travaux publics (1856–57) Ministre des Chemins de fer (1857)	Avocat général (1841) Procureur général (1853) Membre de la Haute Cour militaire (1853)
Augustin G.-M.	Ministre des Travaux publics (1857) Ministre de la Justice et des Finances (1857–59)	Procureur d'État Diekirch (1848) Conseiller chargé par intérim de la fonction de procureur général (1853)
Neuman B.-H.	Ministre de l'Intérieur et de la Justice (1863–64)	Avocat général (1861) Conseiller Cour sup. (1864) Vice-Prés. Cour sup. (1885)

90 Tableau établi à l'aide de Thewes, Guy, *Les gouvernements du Grand-Duché de Luxembourg depuis 1848*, Luxembourg, Service Information et Presse, 2011 et ANLux, J-003-03, Liste du personnel de la Cour supérieure de justice.

91 Sauf indication d'une période, il s'agit ici de la date de nomination.

Noms	Fonctions au gouvernement	Hautes fonctions judiciaires
Vannerus Henri	Ministre de la Justice (1864–66 puis de 1867–74)	Procureur général (1879) Président Cour sup. (1885) Président Haute Cour militaire (1885)
Salentiny Nicolas	Ministre de l'Intérieur (1870–78)	Avocat général (1864) Conseiller Cour sup. (1869)
Thorn Victor	Ministre des Travaux publics (1888–92) Ministre de la Justice et des Travaux publics (1915) Président du gouvernement (1916–17)	Conseiller honoraire (1885) Conseiller (1892) Procureur général (1899)
Rischard Charles	Ministre des Travaux publics (1896–05)	Avocat général (1875) Conseiller Cour sup. (1885) Président Cour sup. (1905)
Leclère Ernest	Ministre de l'Intérieur (1915) Ministre de l'Agriculture, de l'Industrie et du commerce (1917)	Conseiller à la Cour (1914, 1916, 1917) Procureur général d'État (1925)

Au sommet de deux des trois branches de l'État circule ainsi une élite politico-judiciaire intégrée, qui se distribue à tour de rôle les plus hautes fonctions de l'État. La confusion des pouvoirs ne résulte cette fois-ci pas d'un cumul de charges, mais du fait que les mêmes professionnels du droit et de la politique sont aux manettes du côté de l'exécutif et de la justice. Un jour, ils gèrent les plus hautes questions politiques de l'État. Le lendemain, ils statuent, en toute indépendance de l'exécutif et des querelles politiques, sur les affaires judiciaires les plus importantes.[92] Cette imbrication des pouvoirs crée des hommes d'État qui par leur accumulation de ressources et de responsabilités deviennent des acteurs-clefs de toutes les questions politiques, administratives, économiques et législatives du Grand-Duché.

La raison avancée pour légitimer cet entre-soi est souvent le même : en tant que petit pays, le Grand-Duché ne dispose que d'un nombre restreint d'hommes capables d'occuper les plus hautes fonctions de l'État.[93] Cet argument n'est pas

92 Un grand nombre d'entre eux pèsent par ailleurs sur le processus législatif en finissant leur carrière au Conseil d'État. Contrairement aux fonctions au gouvernement, les mandats au Conseil d'État ne sont pas répertoriés dans le registre des magistrats de la Cour supérieure de justice et n'ont donc pas pu être établis avec précision.

93 En 1872, par exemple, dans le cadre du débat sur l'incompatibilité des fonctions de magistrats et de députés, l'administrateur général de la Justice Vannerus explique que le Luxembourg étant

faux, étant donné que l'accès aux études suppose un certain confort économique dont la plupart des Luxembourgeois ne jouissent pas.[94] Mais l'élite au pouvoir profite aussi de ces voies de recrutement restreintes, qui garantissent à ses fils, neveux et cousins des carrières prometteuses. Comme le montrent les recherches de Josiane Weber, le gouvernement cherche d'ailleurs dans les années 1880 et 1890 activement à restreindre l'accès des catégories sociales les moins élevées aux études, dont notamment les études de droit.[95] Jusqu'à la fin du 19e siècle et au-delà, d'innombrables liens familiaux unissent par conséquent les magistrats entre eux et aux membres des autres sphères de pouvoir. Cette proximité personnelle renforce encore l'imbrication entre le politique, le législatif et le judiciaire. Quelques exemples suffisent pour l'illustrer : le président de la Cour supérieure de justice de 1840 à 1858, Philippe Charles München, est par le mariage de deux de ses filles apparenté à deux hommes qui travaillent à la juridiction d'appel et de dernière instance en même temps que lui. Comme il a déjà été évoqué, le procureur général d'État Jean-Jacques Willmar est son gendre. München et Willmar travailleront en même temps à la Cour de 1840 à 1848. En principe, ces liens de parenté sont interdits par la loi, mais comme dans de nombreux autres cas, le grand-duc a ici accordé une dispense.[96] En 1848, Willmar devient chef du gouvernement. Jusqu'en 1853, le beau-père et le gendre sont donc l'un à la tête de la plus haute institution judiciaire, l'autre au poste le plus élevé de l'exécutif.[97] Une autre

« un petit pays, le nombre des députés est très considérable, et les capacités n'y sont pas tellement nombreuses qu'il faille multiplier les causes d'exclusion ». Compte-rendu 1871–1872, séance du 27 février 1872, 792–820, cité par Feltes, Paul, *L'organisation judiciaire au Luxembourg au 19e siècle*, op. cit., 390. Le directeur général de la Justice Paul Eyschen évoque un argument similaire en 1882, lorsqu'il propose de nommer le magistrat Wolff au parquet de Diekirch alors qu'il est apparenté au président et au procureur du tribunal d'arrondissement de Diekirch : « comme j'ai eu déjà l'honneur d'exposer à Votre Majesté, ces inconvénients ne savent guère être évités dans un petit pays comme le nôtre ». ANLux, L-025, Le directeur général de la Justice Eyschen au Roi Grand-Duc, 9 décembre 1882.

94 Entre 1851 et 1900, seulement 1639 élèves vont jusqu'au bout de leurs études secondaires classiques. Weber, Josiane, *Familien der Oberschicht in Luxemburg*, op. cit., 107.

95 L'État cherche notamment à restreindre le nombre d'élèves inscrits aux études classiques et supprime la bourse d'État accordée précédemment aux étudiants qui ont poursuivi des études de droit, en argumentant qu'il y a trop peu de postes pour le nombre de juristes qui reviennent au pays. Weber, Josiane, *Familien der Oberschicht in Luxemburg. Elitenbildung & Lebenswelten, 1850–1900*, op. cit., 108–109.

96 La loi qui est souvent citée est celle du 20 avril 1810, qui interdit aux parents et alliés, jusqu'au degré d'oncle et neveu inclusivement d'être simultanément membres d'un même tribunal ou d'une même cour.

97 Les deux hommes ne s'entendent cependant point. Sur leur rivalité, voir le chapitre « De l'incertitude juridique de la restauration à la mise en place d'une organisation judiciaire libérale (1839–1848) ».

fille de München a épousé le fils du conseiller Jean Wolff, qui siège également à la Cour supérieure pendant cette même période (1846 à 1857). Signalons que deux des fils de München sont avocats et plaident devant les juridictions de la ville de Luxembourg. Charles München plaide notamment souvent dans des affaires de cassation, alors même que son père préside la Cour de cassation.[98]

Vendelin Jurion, le procureur général d'État de 1858 à 1878, est lui aussi solidement ancré dans les hautes sphères politiques et économiques du pays, d'une part grâce sa propre activité politique qui a déjà été évoquée, d'autre part par son mariage avec Pétronille Vannerus. Celle-ci est la fille de l'éminent notaire de Diekirch et propriétaire du château de Bourscheid, François-Julien Vannerus, et fait de Vendelin Jurion le beau-frère de Henri Vannerus et de Charles Metz.[99] Henri Vannerus est ministre de la Justice de 1864 à 1866 et de 1867 à 1874. En 1879, il remplace son beau-frère Vendelin Jurion au poste de procureur général d'État, avant de devenir président de la Cour supérieure de justice en 1885. Charles Metz est quant à lui avocat, journaliste, membre de la Constituante de 1848, puis président de la Chambre des députés de 1848 à 1853. Ses deux frères Norbert et Auguste sont à l'origine du développement de l'industrie sidérurgique moderne et sont eux aussi actifs en politique.[100]

Joseph Pescatore, conseiller à la Cour supérieure en 1841, puis vice-président de la Cour en 1853, anciennement bourgmestre de la ville d'Eich et membre des États provinciaux pendant les années 1830, est le frère de Théodore Pescatore, membre de l'Assemblée des États et de la Constituante de 1848, puis pendant de longues années membre éminent de la Chambre des députés. La fille de son frère Antoine a épousé Paul de Scherff, qui est lui aussi magistrat et occupe à la Cour supérieure de justice le rôle d'avocat général de 1848 à 1853, puis de conseiller avec le titre de procureur général ad interim. En 1857 et 1858 il figure au gouvernement en tant qu'administrateur général des Travaux publics puis des Chemins de fer.[101] Ajoutons ici que Joseph Pescatore dispose parallèlement à sa fonction

---

98 Pour plus de détails, voir Feltes, Paul, *L'organisation judiciaire au Luxembourg au 19e siècle*, op. cit., 50. C'est entre autres ce lien de parenté controversé qui provoque la promulgation de la loi du 6 juillet 1843, N° 1529b concernant la récusation des juges, qui permet aux parties de récuser un magistrat lié par un lien de parenté jusqu'au deuxième degré à l'avocat de la partie adverse.

99 Metz a épousé la sœur de Pétronille Vannerus.

100 Norbert Metz siège à l'Assemblée des États de 1841 à 1848, tout en étant bourgmestre de la commune d'Eich. Il fait ensuite partie de la Constituante puis devient administrateur général des Finances de 1848 à 1853. Il occupera dans les années suivantes un rôle de premier plan à la Chambre des députés. Auguste Metz est lui aussi membre de la Chambre des députés.

101 Il est également le cousin de Jean-Pierre Pescatore, un des hommes les plus riches et les plus influents de la ville de Luxembourg.

de magistrat d'une activité économique lucrative grâce à l'exploitation agricole de ses terres de Bofferdange. Avec l'ancien conseiller de la Cour supérieure de justice, puis ministre des Travaux publics (1853–1854) Mathias Wellenstein, il est très actif dans la Société agricole et introduit en 1852 au Grand-Duché une nouvelle méthode de drainage. Par son mariage avec Eugénie Dutreux, il est également propriétaire de la faïencerie de Septfontaines.

Le président de la Cour supérieure de justice, Edouard Thilges, est quant à lui marié à la cousine germaine du magistrat, administrateur général puis président du gouvernement Emmanuel Servais. Les deux hommes siègent ensemble au gouvernement et à la Cour supérieure de justice pendant de nombreuses années. Un des fils d'Edouard Thilges, Joseph, sera également magistrat. Il deviendra à son tour conseiller à la Cour en 1894, puis vice-président en 1913. De nombreux autres magistrats verront un de leurs fils entrer dans la magistrature. Henri-Ambroise Maréchal, le fils du premier président de la Cour supérieure de justice Jean-François Maréchal, devient conseiller à la Cour en 1859, vingt ans après le décès de son père. Le fils du conseiller Keucker, nommé dans les années 1830, est nommé conseiller en 1848, puis vice-président en 1868. Jean-Auguste Laval, le fils de l'éminent magistrat Laval rencontré en début de ce chapitre, devient avocat général en 1859 et conseiller en 1862. Emile Lefort, le fils du conseiller Antoine Lefort, nommé en 1859, devient conseiller en 1892.[102] Enfin, la Cour compte trois hommes dénommés Rischard et un nombre équivalent d'individus au nom de famille Wolff, dont l'éventuel lien de parenté n'a pas pu être établi avec précision. Un de ces trois derniers est en 1882 nommé substitut du procureur d'État à Diekirch, alors qu'il est le petit-cousin du président *et* du procureur d'État du même tribunal, et que d'autres candidats se sont présentés pour occuper la fonction.[103]

6 Conclusion

Jusqu'au début du 20e siècle, la magistrature luxembourgeoise constitue donc un monde relativement hermétique, dans lequel les jeunes hommes nés dans les familles influentes ont les meilleures chances de faire carrière jusqu'au sommet. Les ressortissants de la noblesse, encore fort présents sous le régime français

102 Ces liens de parenté ont été établis à l'aide des registres civils conservés aux Archives nationales.

103 ANLux, L-025, Le directeur général de la Justice Eyschen au Roi Grand-Duc, 9 décembre 1882.

qui les a maintenus dans des postes à responsabilité, laissent progressivement la place à la bourgeoisie intellectuelle et économique, qui investit à partir des années 1840 tous les champs du pouvoir et se constitue ainsi en véritable « oligarchie des notables ».[104] La mise en place d'une constitution démocratique, une première fois en 1848, puis de manière durable à partir de 1868, ne rime donc pas avec un accès équitable de tous les citoyens à la magistrature et aux postes à responsabilité de manière générale. Rappelons d'ailleurs que la grande majorité des Luxembourgeois n'ont pas le droit de vote jusqu'en 1919.

Sur le plan de la formation des magistrats, la professionnalisation des juges et des membres du Ministère public est plus précoce que ne le laisse entendre la législation, qui ne prévoit de véritables conditions d'accès à la magistrature qu'à partir des années 1870/1880. Nous avons vu qu'une grande partie des magistrats nommés par le Directoire étaient dotés d'une licence en droit, ou avaient exercé des fonctions judiciaires sous l'Ancien Régime. Certains anciens conseillers du Conseil souverain ont d'ailleurs réussi à se maintenir aux présidences des tribunaux jusqu'à la chute de l'Empire. Les registres des membres de la magistrature montrent ensuite que dès la fin des années 1840 et le début des années 1850, les nouveaux nommés sont systématiquement dotés d'un diplôme de docteur en droit, même au niveau des justices de paix. Ces résultats contrastent avec l'image d'une magistrature qui aurait manqué de professionnalisme tout au long du 19e siècle. Les nominations sans diplôme, pour de simples raisons politiques, ont surtout eu lieu dans les années 1830 et au début des années 1840. Ensuite, on remarque une volonté quasi-constante de proposer aux justiciables des magistrats intègres et dotés d'un diplôme en droit. La plupart des magistrats avancent d'ailleurs dans leur carrière de manière similaire. Seuls les postes les plus élevés de la magistrature, c'est-à-dire ceux de conseillers à la Cour supérieure et de procureur général d'État, restent soumis à des logiques de nomination très politiques.

104 Terme employé par Calmes, Albert, *La création d'un État : (1841–1847)*, Bruxelles, Édition universelle, 1954, 171.

Carlo Kinn

L'élection des juges sous le Directoire (1797 et 1798)

À partir de 1795, l'ancien Duché de Luxembourg, transformé en département des Forêts, subit une refonte complète de ses institutions.[1] En proclamant l'égalité des citoyens et la souveraineté de la Nation une et indivisible, les autorités françaises imposent aux Luxembourgeois une uniformisation systématique qui, tel un rouleau compresseur, aplatit privilèges, coutumes et particularités.[2] L'innovation politique la plus significative de l'œuvre réformatrice entamée par la Révolution française est la pratique du droit électoral. En créant la citoyenneté, la Révolution confère aux Français, puis aux habitants des territoires annexés par la France, l'exercice des droits civiques. C'est ainsi qu'en 1797 se déroulent, pour la première fois dans l'histoire du Luxembourg, des élections à la fois politiques et judiciaires, qui permettent d'analyser les réactions des Luxembourgeois à la conquête française et à ses principes révolutionnaires. À l'aide d'une analyse approfondie du fonds français des Archives nationales de Luxembourg, de documents relatifs aux élections déposés aux Archives de l'État à Arlon, ainsi que de documents des Archives nationales de France à Paris, ce chapitre étudie comment et dans quel contexte les habitants du département des Forêts élisent le président, l'accusateur public et le greffier du tribunal criminel, les juges du tribunal civil, ainsi que les juges de paix des vingt-six cantons du département. Nous verrons ainsi que ces élections judiciaires sont intimement liées aux élections politiques, non seulement parce qu'elles se déroulent en même temps, mais aussi parce que de nombreux magistrats se portent candidats à des postes administratifs et législatifs.

---

1 Ce chapitre est tiré du mémoire de stage pédagogique de l'auteur, rédigé en vue de l'obtention du grade de professeur de l'enseignement secondaire avec le titre *Un enjeu de pouvoir. Les élections du département des Forêts (1797–1799)*, 1994.

2 Pour plus de détails sur la conquête du Duché de Luxembourg et la mise en place des institutions françaises, dont notamment dans le domaine de la justice, nous renvoyons au chapitre « La conquête française du Duché de Luxembourg et la naissance du système judiciaire contemporain (1795–1814) ».

https://doi.org/10.1515/9783110679656-012

1 Le déroulement des élections

Selon la constitution de l'an III (1795), les élections se déroulent selon un mode de scrutin à deux degrés et censitaire. Tous les ans, des assemblées dites primaires sont constituées pour désigner, en fonction des renouvellements prévus par la loi, les membres de la grande assemblée électorale qui vote au deuxième degré, les juges de paix et leurs assesseurs, ainsi que le président de l'administration du canton. Pour pouvoir voter dans les assemblées primaires, il faut avoir 21 ans accomplis, être domicilié dans sa commune depuis un an et payer une contribution directe ou verser une somme égale à trois journées de travail agricole suivant l'estimation locale. L'assemblée électorale constituée par les votes émis lors des assemblées primaires élit quant à elle les membres du Corps législatif, les membres du Tribunal de cassation situé à Paris, les hauts-jurés,[3] les administrateurs de département, le président, l'accusateur public et le greffier du tribunal criminel du département, ainsi que les juges du tribunal civil. Pour pouvoir siéger à la grande Assemblée électorale, il faut avoir vingt-cinq ans accomplis, réunir les qualités nécessaires pour exercer les droits de citoyen français et être propriétaire ou usufruitier d'un bien évalué à un revenu de 150 à 200 journées travail. Seuls les citoyens aisés ont donc accès à la fonction d'électeur dans l'assemblée qui distribue les postes les plus importants.

Selon la législation en vigueur, les premières élections doivent avoir lieu dans le département des Forêts dès l'année 1796. Cependant, pour s'assurer le contrôle des anciens Pays-Bas autrichiens, le Directoire n'hésite pas à violer la constitution de l'an III en ajournant provisoirement l'exercice des droits politiques. L'administration centrale du département fait savoir au gouvernement directorial que les administrés ne sont pas encore mûrs pour procéder aux élections prévues par la constitution. L'année suivante, son avis est toujours résolument négatif. Les administrateurs estiment qu'il n'est guère possible de confier l'exercice du droit de vote « à un peuple qui ne connaît pas encore les lois relatives aux élections et la marche convenable dans ces opérations compliquées ». Elle estime aussi que « le peuple n'est encore que faiblement éclairé sur ses propres intérêts. N'ayant ressenti pour ainsi dire aucune des grandes secousses de la Révolution, il n'a ni combattu par lui-même ni vu terrasser avec autant d'énergie qu'en France, les colosses de la féodalité et du fanatisme ». Selon les administrateurs, la population du département

3 Selon la constitution, il y a une Haute Cour de justice pour juger les accusations admises par le Corps législatif, soit contre ses propres membres, soit contre ceux du Directoire exécutif. La Haute Cour de justice est composée de cinq juges et de deux accusateurs nationaux tirés du Tribunal de cassation, et de hauts jurés nommés par les assemblées électorales des départements.

conserverait par ailleurs « encore de grands préjugés surtout quant à la religion et s'intéresse trop vivement au sort des prêtres et des moines. Ces mêmes préjugés joints à l'inexpérience le feront succomber aux insinuations des ci-devant nobles, des moines, des prêtres ou de leurs agents et l'on doit s'attendre que les choix tomberont infailliblement sur cette classe d'hommes. »[4]

Ces nombreux arguments n'arriveront pas à convaincre le Directoire, qui ordonne en 1797 que les élections soient préparées et tenues. Par l'arrêté du 9 pluviôse an V (28 janvier 1797), l'administration centrale charge les municipalités de canton de dresser les tableaux par agence de tous les citoyens ayant le droit de voter. Avant la clôture officielle des inscriptions, « les Luxembourgeois s'inscrivent nombreux au grand étonnement d'abord, à la grande inquiétude ensuite de l'administration centrale ».[5] D'après un tableau renseignant sur le nombre de citoyens inscrits sur les registres civiques du département des Forêts, il y aurait 24,666 inscrits pour une population de 194.514 habitants.[6]

2 La désignation des électeurs de l'assemblée électorale et des juges de paix

Le problème des inscriptions résolu, l'administration centrale se met à organiser les assemblées primaires dans les cantons. D'après l'article 19 de la constitution, les assemblées primaires sont formées des citoyens domiciliés dans le canton depuis un an au moins et ne peuvent compter plus de 900 membres. Dans le cas contraire, on forme une ou plusieurs assemblées primaires supplémentaires par fraction de 900 citoyens en sus. Ouvertes au premier germinal an V (21 mars 1797), les 41 assemblées primaires des 26 cantons du département se tiennent dans les églises transformées en temples des lois, sauf à Roodt, où la session se déroule dans la maison du citoyen Havelange, président de la municipalité, et à Luxembourg (section nord), où elle se réunit au Palais de Justice, siège des tribunaux criminel et civil des Forêts.[7]

Après la vérification des pouvoirs des votants, l'assemblée primaire procède aux élections. Elle doit d'abord nommer les électeurs du second degré. Chaque

4 ANLux, B-0043, dossier 482, L'administration centrale du département des Forêts à la commission des Cinq-Cents sur le renouvellement du Corps législatif, 24 vendémiaire an V (15 octobre 1796).
5 Trausch, Gilbert, *Les élections de l'an V (1797) dans le canton de Remich*, Hémecht 14 (1961), 6.
6 ANLux, B-0043, dossier 479, L'A.C.F. au ministre de l'Intérieur, 14 germinal an V (3 avril 1797).
7 ANLux, B-0043, dossier 482. Extrait du registre des délibérations de l'A.C.F., 28 ventôse an V (18 mars 1797).

assemblée primaire nomme un électeur à raison de deux cents citoyens, présents ou absents, ayant le droit d'y voter. Les Luxembourgeois portent leurs suffrages sur des hommes modérés et dévoués aux intérêts de leurs concitoyens.[8] Les républicains n'apprécient guère que beaucoup de candidatures officielles soient écartées et demandent l'annulation du scrutin.[9]

Répartition professionnelle des électeurs

Hommes de loi (notaires, avocats)	38	31,1 %
Cultivateurs	17	13,9 %
Propriétaires	13	10, 6 %
Marchands	5	4 %
Tanneurs	4	3,2 %
Aubergistes	3	2,4 %
Maîtres de forges	2	1,6 %
Rentiers	2	1,6 %
Prêtre	1	0,8 %
Officier	1	0,8 %
Meunier	1	0,8 %
Professions non indiquées	35	28,6 %
Total	122	

Les hommes de loi, les propriétaires et les riches cultivateurs semblent attirer particulièrement les suffrages. Dans un système électoral censitaire, il n'est pas étonnant que les électeurs soient avant tout choisis dans une élite sociale, élite de l'intelligence et de la richesse. À noter aussi la présence des professions indépendantes : marchands, tanneurs, aubergistes.

Après la nomination des « électeurs », les assemblées primaires passent à l'élection du juge de paix et de ses assesseurs. Ici, les irrégularités sont nombreuses. Le traitement, le pouvoir et même le prestige de la fonction de juge de paix suscitent bien des convoitises. Motivées ou non, des intrigues et des « cabales » éclatent un peu partout. À Bascharage, par exemple, le président de l'assemblée primaire, Joseph Kuné, juge de paix en exercice, découvre qu'un grand nombre de bulletins de vote sont écrits d'une même écriture qui n'est ni celle d'un scru-

8 Pour plus de détails sur la désignation des électeurs, voir Kinn, Carlo, *Un enjeu de pouvoir. Les élections du département des Forêts (1797–1799)*, op. cit.

9 Archives nationales de France, F/1CIII/Forêts 1, Observations sur les assemblées primaires du département des Forêts.

tateur, ni celle d'aucun membre qui a pu voter, mais celle du citoyen Jacques Bintz de Sanem. Tous ces bulletins portent le nom de la même personne, à savoir Jean-Baptiste Jost.[10] Dans le canton de Paliseul, la nomination du juge de paix n'est pas tranquille non plus. Elle se fait durant l'après-midi du 6 germinal an V (25 mars 1797), à un moment « où les esprits sont fort chauffés par la boisson. Le bureau est assailli comme il ne l'a pas encore été sans que l'on puisse y apporter de l'ordre; ce qui a dégoûté infiniment les votants honnêtes qui se sont retirés ».[11] Ces exemples montrent que les irrégularités sont dues le plus souvent à des rivalités individuelles et à des affrontements de factions locales qui cherchent par tous les moyens à faire élire leur candidat. En ce qui concerne les résultats de l'élection des juges de paix, nous avons pu identifier 25 élus sur 26. On compte parmi eux 9 hommes de loi (36 %), 3 propriétaires (12 %), 3 marchands (12 %), 2 tanneurs (8 %) et seulement 1 cultivateur (4 %). Pour 7 juges de paix les documents ne mentionnent pas la profession (28 %). Au moins 8 des candidats élus ont exercé une fonction à l'époque autrichienne (32 %).

3 L'élection du président du tribunal criminel, de l'accusateur public et des juges du tribunal civil

Du 9 au 16 avril 1797, les électeurs du second degré se réunissent à Luxembourg dans la grande salle du gouvernement. Ils participent en masse au scrutin, car cette fois, le jeu en vaut la chandelle, des mandats lucratifs sont à conférer. Sur les 133 électeurs du département, 126 participent à une première réunion de l'assemblée électorale (taux de participation 94,7 %). La journée du 11 avril est consacrée à la désignation d'un député au Conseil des Cinq-Cents.[12] Les 118 électeurs présents portent leurs suffrages à Pierre Joseph Collard, le juge de paix de la ville de Luxembourg, qui obtient 59 voix alors que l'autre candidat, Jean-Georges Willmar, le président du tribunal criminel, n'en obtient que 19. Ce dernier a plus de chance lors de la nomination du Haut juré qui a lieu durant l'après-midi du même jour.[13]

---

10 ANLux, B-0431, dossier 83. Sur cette affaire voir aussi Logelin-Simon, A., *Pierre Joseph Durieux et les chouans du canton de Bascharage*, Bulletin des Amis de L'Histoire Differdange 61 (1986), 73–76.

11 Archives nationales de France, F/1CIII/Forêts, Lettre du commissaire Fosses à Légier, 27 germinal an V (16 avril 1797).

12 Avec ses 194.514 habitants le département des Forêts doit avoir 1 mandat aux Anciens et 3 aux Cinq-Cents.

13 Il y a un Haut juré par département.

Les magistrats du pays ne briguent donc pas seulement des fonctions judiciaires locales, mais également des positions judiciaires et même législatives à Paris.

La séance du 23 germinal (12 avril) commence avec l'élection de cinq administrateurs du département. Aucun des administrateurs nommés par le Directoire, à savoir les Français Failly, Arnoul, Lebrun et Rousset, ainsi que le Luxembourgeois Seyler, ne sont renouvelés dans leurs fonctions. Fidèles au principe « Point de Français, ni d'origine, ni d'opinion »[14], les notables luxembourgeois écartent les Français au profit des leurs. Parmi les nouveaux administrateurs, nous trouvons de nouveau des magistrats et hommes de loi : Nicolas Reuter, juge au tribunal civil du département; Henri-Joseph Otte, juge au tribunal civil, Jean-François Bocholtz, homme de loi à Luxembourg, Pierre-Xavier Dewildt, également homme de loi et Jean Othon Francq, ancien membre de l'administration d'arrondissement.

Puis l'assemblée passe à l'élection du président du tribunal criminel. Cette fois-ci, pas de surprise. Willmar est confirmé dans ses fonctions en obtenant 109 des 110 voix émises. Les 100 électeurs restants choisissent ensuite l'accusateur public. Laval, juge au tribunal civil et ci-devant conseiller à la plus haute juridiction de l'ancien Duché, le Conseil souverain, obtient 95 suffrages. La journée du 24 germinal (13 avril) est réservée à la désignation des 21 juges du tribunal civil du département. 118 électeurs participent à cette opération électorale qui donne les résultats suivants :

Lamberty	Juge au tribunal civil et ci-devant conseiller au Conseil souverain	118 voix
Pastoret	Juge au tribunal civil et ci-devant conseiller au Conseil souverain	116 voix
Faber	Juge au tribunal civil et ci-devant conseiller au Conseil souverain	115 voix
Simonin	Juge au tribunal civil	115 voix
Bernard		115 voix
Dennershausen	Juge au tribunal civil et ci-devant avocat au Conseil souverain	114 voix
Ensch l'aîné	Juge au tribunal civil	112 voix

14 Archives nationales de France, F/1CIII/Forêts 1, Le commissaire Légier au Directoire exécutif, 30 germinal an V (19 avril 1797), « Tous les Français, fonctionnaires publics depuis 2 ans dans ces contrées et dont la majorité jouissait de l'estime et de la confiance des habitants n'ont point été réélus. Les fonctionnaires publics habitants du pays et qui s'étaient montrés pour le gouvernement républicain ne l'ont point été non plus. (...) Le mot de ralliement de tous les ci-devant seigneurs, officiers de justice ou fermiers de moines était, qu'il ne fallait aucun Français ni d'origine, ni d'opinion. »

Darlon	ci-devant juge de paix d'Etalle	107 voix
Keller	ci-devant échevin du Magistrat de Luxembourg	99 voix
Sandkoul fils		97 voix
Frédéric	Juge au tribunal civil	97 voix
Boland de Dude-lange	ci-devant noble et seigneur du Mont-Saint-Jean, ci-devant conseiller de courte robe au Conseil souverain	91 voix
Thorn de Mondorf		81 voix
Dewez de Bastogne	ci-devant juge de paix de Bastogne	79 voix
Guillaume de Chantemel		78 voix
Sibenaler de Luxembourg		75 voix
Ensch le jeune		74 voix
Simonis fils de Surré		70 voix
Houry	Juge de paix de Houffalize	63 voix
Marlet	Juge au tribunal civil	62 voix

Le 25 germinal (14 avril), 113 votants procèdent à la nomination du dernier juge. Ce poste échoit à Joseph Gérardy, homme de loi de Luxembourg et juge suppléant au tribunal civil, par 84 voix sur 113. L'ex-administrateur Arnoul, qui est également candidat, n'obtient que 4 voix.[15] La séance de l'après-midi est consacrée à l'élection de cinq juges suppléants. Les 106 électeurs nomment François Roeser et Terlinden, homme de loi. Les Français Arnoul et Failly, qui ont visé le même poste, échouent à nouveau en n'obtenant qu'une seule voix. La dernière réunion de l'assemblée électorale se déroule le 16 avril. Au programme, le second scrutin pour la nomination de trois juges suppléants. Failly, encore une fois candidat, succombe par 2 voix sur 97. Finalement les électeurs choisissent Ferdinand Thierry de Grevenmacher, ci-devant noble et prévôt, Heuschling, homme de loi de Luxembourg et Gerlache de Rodange. Sur tous les fronts, les électeurs refusent donc d'attribuer de nouvelles hautes fonctions aux Français mis en place par le Directoire en 1795.

15 Au début de la réunion du 26 germinal (15 avril), les citoyens Boland et Darlon donnent leur démission de la place de juge du tribunal civil. Les 108 votants présents pourvoient immédiatement au remplacement des démissionnaires. Seul Poncelet, juge au tribunal civil, réunit la majorité absolue des suffrages. Le scrutin lui attribue 79 voix. Le second scrutin pour l'élection du juge restant a lieu en présence de 95 électeurs. Ils désignent comme juge au tribunal civil le citoyen Collard, juge de paix du canton de Florenville.

4 L'annulation des élections par le Directoire

L'ancienne administration centrale du département sera finalement sauvée, du moins en partie, par le coup d'État du 18 fructidor an V (4 septembre 1797). Exécuté par trois des cinq membres du Directoire suite à la forte poussée électorale des royalistes dans toute la France, ce coup politique mène à l'arrestation des députés royalistes et l'annulation des élections qui ont eu lieu dans les 49 départements du pays.[16] Le 5 novembre 1797, l'administration centrale des Forêts est destituée sous prétexte que « de nombreuses infractions aux lois ont eu lieu dans le département ».[17] En remplacement des administrateurs déchus, le Directoire remet en place trois des cinq administrateurs écartés lors des élections (Rousset, Arnoul, Lebrun), ainsi qu'un quatrième Français ancien membre de l'administration d'arrondissement (Clesse). Comme dans l'administration précédente, un seul Luxembourgeois figure parmi les administrateurs, Scheffer, un ancien membre de l'administration municipale de Luxembourg. Entièrement dévoués au Directoire, les nouveaux administrateurs s'attaquent aux administrations municipales. Les résultats des élections judiciaires sont eux aussi partiellement annulés. Ces nombreuses destitutions ne sont guère de nature à stimuler l'enthousiasme électoral des Luxembourgeois. Ceux-ci se rendent compte de leur impuissance face à un gouvernement qui, en annulant les élections, a foulé aux pieds les décisions du collège électoral. Sans surprise, les notables luxembourgeois finissent par se désintéresser des élections. Celles de l'an VI (1798) s'annoncent donc plutôt mal.

5 Les élections de 1798

À l'approche du scrutin de 1798, le Directoire a retenu la leçon de l'année précédente : mieux vaut se mettre à l'abri du hasard et préparer les élections dans le détail. Au moyen de proclamations successives affichées dans tous les villages, le Directoire se livre à une vaste campagne de propagande et déploie de grands efforts pour assurer le succès de ses candidats. À travers tout le département, elle fait diffuser une publication avec le titre prometteur « Loisirs d'un patriote ou quelques instructions à mes concitoyens ». Œuvre de Mallarmé, commissaire du département de la Dyle, la brochure s'intéresse avant tout aux habitants des

16 Voir à ce sujet et sur les élections de l'an V dans l'ensemble de la France, Lefebvre, Georges, *Le Directoire*, Paris, Armand Colin, 1971, 51–61 et 79–86.

17 Cet arrêté est publié par Blaise, A., *Le canton de Virton pendant la Révolution française (1792–1799)*, Mémoire Université de Liège, 1966, 59.

campagnes et développe dans un style très simple des thèmes comme l'opposition entre les abus de la noblesse et l'égalité apportée par la Révolution, ou encore la démonstration des bienfaits de celle-ci. Une autre brochure de propagande, intitulée « Des Amis de la Constitution de l'An III à leurs Concitoyens », est éditée par le club des républicains de Luxembourg, le « Cercle Constitutionnel ».[18] Son but est d'encourager les républicains au cours de cette campagne [p]our mettre un frein à l'audace des cabaleurs, les forcer au silence et les vouer au mépris public ». Malgré ces efforts, les élections échappent aux républicains au fur et à mesure que les opérations électorales avancent. Pour ne pas perdre une fois de plus, le Directoire inaugure donc une nouvelle méthode : il demande à tous les « vrais » républicains de faire scission là où ils ne seraient pas assurés de l'emporter.[19] Ainsi se réunissent deux assemblées primaires scissionnaires, siégeant l'une (Nord) dans la maison du citoyen Bastgen, l'autre (Midi) dans la bibliothèque des ci-devant Récollets (Knuedler).

Lorsqu'il s'agit de désigner les juges de paix, qui sont en principe élus pour deux ans, les nouvelles élections tenues dans les assemblées primaires amènent à des changements dans au moins 4 cantons (Bastogne, Diekirch, Houffalize et Virton). L'assemblée mère élit ensuite les cinq administrateurs du département et le président du tribunal criminel. Ce dernier poste revient à Jean-François Maréchal. L'accusateur public Laval est confirmé dans ses fonctions. L'assemblée scissionnaire, qui se réunit en parallèle, choisit d'autres hommes. Comme membres de l'administration centrale, les électeurs scissionnaires remettent en place Arnoul et Scheffer, puis désignent Jesson, originaire de Cuperty (Marne) et Hoevelmann, originaire de Liège, et le citoyen Collard de Neufchâteau, déjà élu administrateur par l'assemblée-mère. Le chef du secrétariat à l'administration centrale Jacquier est élu président du tribunal criminel et Nicolas Reuter, administrateur déchu en novembre 1797 et réélu en 1798, devient accusateur public. Mais Reuter démissionne aussitôt et est remplacé par le Français Clément, que le Directoire avait déjà placé au poste d'accusateur public en 1795. Le Directoire se trouve donc en présence de deux listes et doit valider l'une ou l'autre. Par la loi du 22 floréal an VI (11 mai 1798), il se décide non pas pour les élus de la majorité,

---

18 Fondé durant l'été 1797, ce club est destiné à unir plus fortement les républicains et à maintenir le contact avec leurs camarades isolés dans les cantons ruraux. Il compte une cinquantaine de membres. Voir Blum, Martin, *Une association républicaine à Luxembourg*, Ons Hémecht 1 (1895), 210–214.

19 Sur le système des assemblées scissionnaires, qui permet au Directoire de valider qui il veut, voir Suratteau, Jean-René, *Les élections de l'an VI et le coup d'État du 22 floréal an VI (11 mai 1798). Étude documentaire, statistique et analytique*, Paris, Les Belles Lettres, 1971, 25–27 et 227–262.

mais pour les candidats nommés par l'assemblée scissionnaire. Ce nouveau coup d'État déconsidère encore davantage le régime français auprès des électeurs.

Nominations faites par les deux assemblées

	Assemblée mère	Assemblée scissionnaire
Député aux cinq-cents	Willmar	Légier
Haut Juré	Pastoret	Failly
Administrateurs	Bocholtz, Collard, Feyder, Francq, Reuter	Arnoul, Collard, Jesson, Scheffer, Hoevelmann
Président du tribunal criminel		Jacquier
Accusateur public	Laval	Clément
Greffier	Mamer	Offenheim
Juges suppléants au tribunal civil	Brasseur, Lachapelle, Arnoul, Otte, Didier	Lebrun, Chardon, Denis, Lefêbvre, Gallant

6 Conclusion

Les élections de 1798 sont les dernières grandes élections judiciaires que les Luxembourgeois ont connues. En 1799, seuls quelques postes de juges de paix sont soumis au scrutin, les autres fonctions judiciaires ayant été attribuées pour plusieurs années. Les élus n'auront cependant pas le temps de finir leur mandat populaire, puisque la chute du Directoire et l'avènement du Consulat sonneront la fin de la composition des tribunaux par élection. Aux termes de la constitution de 1799, les magistrats seront tous nommés par le Premier consul, Napoléon Bonaparte. Si ce retour aux nominations par le pouvoir central permet au Consulat puis à l'Empire de contrôler davantage l'activité des tribunaux, notamment en y plaçant des hommes originaires de France, il n'écarte pas pour autant de manière automatique les hommes choisis par les électeurs luxembourgeois. Les voix de ceux-ci se sont en effet souvent portées sur les juristes les plus reconnus du territoire, qui avaient déjà occupé de hautes fonctions judiciaires sous l'Ancien Régime. Le nouveau gouvernement sait lui aussi reconnaître ces qualités, permettant à un grand nombre de ceux qui ont perdu leur poste attribué par élection d'en retrouver un autre par nomination.

Vera Fritz

Le rôle et le statut particulier des magistrats du Ministère public

Les membres du Ministère public, plus communément appelé « Parquet »,[1] occupent à la fois une position centrale et une place à part dans l'organisation judiciaire. Leur principale fonction consiste à défendre les intérêts de l'État et de la société : ils décident si des poursuites pénales sont à engager contre une personne soupçonnée d'avoir commis un délit ou un crime, requièrent l'application de la loi et veillent à l'exécution des peines. Mais leur fonction n'est pas exclusivement répressive. Ils sont aussi responsables de protéger les personnes incapables de se défendre elles-mêmes et peuvent intervenir dans les affaires civiles lorsqu'ils estiment que l'intérêt public est engagé. En revanche, ils ne rendent pas de jugements. Cette fonction est réservée aux juges. Les deux catégories d'acteurs sont statutairement des membres de la magistrature.[2] En référence à leurs rôles respectifs pendant l'audience, on distingue la magistrature « assise » ou « du siège », et la magistrature « debout ». Tandis que les juges restent assis, les membres du Parquet présentent leurs conclusions orales en se tenant debout. Ces positions ne sont toutefois pas figées. Au cours d'une carrière, il est possible de passer d'une fonction à l'autre.

À l'heure actuelle, le Ministère public luxembourgeois se compose de trois parquets : le Parquet général, qui exerce auprès de la Cour supérieure de justice, ainsi que les Parquets de Luxembourg et de Diekirch, qui sont établis auprès des tribunaux d'arrondissement de chacune de ces villes.[3] La figure la plus emblématique du Ministère public est le procureur général d'État, qui dirige à l'heure

1 En ce qui concerne l'étymologie de ce terme, on lit souvent qu'il viendrait de l'époque où les procureurs du roi se tenaient debout sur le « parquet », c'est-à-dire le sol de la salle d'audience. Cette explication est rejetée par l'historien Jean-Marie Carbasse, qui affirme que le terme « parquet » n'est utilisé pour désigner le revêtement de sol qu'à partir du XVIIe siècle, c'est-à-dire bien après que la distinction entre la magistrature assise et debout n'ait été établie. Au XVIe siècle, le terme est utilisé pour désigner l'enclos judiciaire tout entier. Voir Carbasse, Jean-Marie, *Introduction*, in : Carbasse, Jean-Marie (ed.), *Histoire du parquet*, Paris, Presses universitaires de France, 2000, 19–20.

2 La loi du 7 mars 1980 retient à la fois pour les juges et les membres du Ministère public le terme de « magistrat ». Leur système de recrutement est également identique.

3 Le parquet près le tribunal d'arrondissement de Luxembourg assume en outre les fonctions du Ministère public près des justices de paix de Luxembourg et d'Esch-sur-Alzette, tandis que celui de Diekirch en fait de même auprès de la justice de paix de Diekirch.

https://doi.org/10.1515/9783110679656-013

actuelle l'activité d'une soixantaine de magistrats du Parquet. Ce chapitre retrace les origines historiques des représentants de l'intérêt public dans la procédure judiciaire, afin de comprendre dans quel contexte leur fonction a vu le jour et comment elle a évolué au fil des années.

1 Les origines françaises du Ministère public

Le Ministère public tel que nous le connaissons actuellement est une institution d'origine française qui a mis plusieurs siècles à se mettre en place. Nous trouvons ses racines dans les procureurs et les avocats du roi établis sous Philippe Le Bel, roi de France de 1285 à 1314.[4] D'abord chargés de défendre les intérêts privés du souverain, ces « gens du roi » voient graduellement leurs fonctions s'étendre à la défense des intérêts de la société dans son ensemble. Cependant le terme « avocats généraux » désigne à l'origine non pas les avocats du roi, mais les avocats ordinaires. La nomination s'inverse au 16e siècle, quand le titre d'avocat général est progressivement utilisé pour les défenseurs du roi et de l'État.[5] Sous la Révolution française, les hommes du roi subissent une sérieuse revue à la baisse de leurs prérogatives. Lorsque l'Assemblée revoit de fond en comble l'organisation de la justice en août 1790,[6] le Ministère public est, à l'instar des juridictions, soumis à une réorganisation afin qu'il soit plus proche des justiciables et moins arbitraire. Alors que le roi est toujours au pouvoir, ses procureurs et avocats sont abolis et remplacés par des commissaires dont les attributions sont considérablement diminuées. Dénués du pouvoir d'action, ils sont principalement responsables de la réquisition, c'est-à-dire du plaidoyer oral pour l'application de la loi, et de l'exécution des jugements.[7] En matière pénale, le pouvoir d'accusation est transféré à une figure inédite, l'accusateur public.[8] Ce dernier n'est pas nommé par le pouvoir central comme les commissaires, mais élu par un suffrage à deux degrés. Cette désignation par élection permet aux citoyens de participer de manière indirecte à l'action conduite au nom de la société en vue de la répression

4 La principale référence sur l'histoire du Ministère public reste à ce jour l'ouvrage publié sous la direction de Carbasse, Jean-Marie (ed.), *Histoire du parquet*, op. cit.

5 Rousselet, Marcel, *Histoire de la magistrature française des origines à nos jours*, tome I, Paris, Plon, 1957, 21.

6 Loi des 16–24 août 1790 sur l'organisation judiciaire.

7 De Mari, Eric, *Le parquet sous la Révolution, 1789–1799*, in : Carbasse, Jean-Marie (ed.), *Histoire du parquet*, Paris, Presses universitaires de France, 2000, 221–255.

8 Décret du 1er décembre 1790.

des infractions pénales.[9] Ils contribueront de manière plus active encore à la poursuite judiciaire à partir de 1791, lorsqu'ils seront également invités à élire des jurys d'accusation. Rattachés aux tribunaux correctionnels, ces derniers décident si les preuves rassemblées contre un accusé justifient qu'une procédure judiciaire soit engagée. En conséquence, la Révolution a façonné un Ministère public considérablement différent de celui qui a régi sous l'Ancien Régime. C'est ce Parquet fortement remodelé qui est introduit au Luxembourg en 1795.[10]

2 La mise en place du Ministère public français au Luxembourg

La France se lance dans la conquête du Luxembourg au cours de la première moitié des années 1790, dans le cadre de la guerre menée contre les monarchies européennes suite à la destitution et la mise à mort du roi Louis XVI. Le Duché de Luxembourg constitue à cette époque une des dix provinces des Pays-Bas autrichiens. Comme le reste des Pays-Bas, il est annexé et se voit imposer une administration identique à celle de la France.[11] Sur le plan de la justice, cela signifie que le Conseil souverain et les justices seigneuriales sont abolis et remplacés par les nouvelles juridictions françaises : une justice de paix par canton (vingt-six au total), des tribunaux de police (au nombre de cinq), ainsi qu'un tribunal criminel et un tribunal civil installés à Luxembourg-ville.[12] Le Ministère public est représenté auprès de l'ensemble de ces juridictions, à l'exception des justices de paix. Au niveau du tribunal civil, il est constitué de deux commissaires nationaux, également appelés « commissaires du gouvernement » ou « du Directoire », et de deux substituts. Un de ces mêmes commissaires exerce également auprès du tribunal criminel. À ce représentant des intérêts de l'État s'ajoute auprès du tribunal criminel l'accusateur public, qui est soutenu par un substitut en cas de besoin de rem-

9 Au sujet de l'élection de l'accusateur public, voir le chapitre de Carlo Kinn dans le présent ouvrage.

10 Sous l'Ancien Régime, le Duché de Luxembourg disposait aussi d'un Ministère public, avec le Parquet général près le Conseil souverain. Voir Majerus, Nicolas, *Histoire du droit dans le Grand-Duché de Luxembourg*, Luxembourg, Saint Paul, vol. 2, 1949, 507–509.

11 L'ancien Duché perd lors de cette annexion une partie de son territoire au profit des départements de Sambre-et-Meuse (Namur) et de l'Ourthe (Liège).

12 Pour plus de détails sur l'organisation judiciaire mise en place par la France au Duché de Luxembourg en 1795, voir le chapitre « La conquête française du Duché de Luxembourg et la naissance du système judiciaire contemporain (1795–1814) ».

placement. Selon l'arrêté du représentant Joubert en date du 23 thermidor an III (10 août 1795), il doit poursuivre les délits sur les actes d'accusation admis par les jurés ; transmettre aux officiers de police les dénonciations qui lui sont adressées directement ; et surveiller les officiers de police ainsi que les directeurs de jury.[13] Enfin, chaque tribunal de police correctionnelle compte un commissaire national, qui représente également le Ministère public auprès du jury d'accusation de son arrondissement. Au total, le Parquet de ce qui deviendra quelques semaines plus tard le « département des Forêts » compte donc onze acteurs, dont trois jouent le rôle de substituts.

Si nous regardons la liste des premiers hommes qui occupent ces postes, nous constatons que Joubert nomme aux trois postes clefs du Ministère public des juristes français ayant déjà une expérience dans leurs rôles respectifs. Ce choix n'est pas étonnant. Au-delà de la volonté évidente de placer des Français dévoués aux principes de la Révolution aux postes influents de l'administration du nouveau département,[14] cette décision répond au besoin pratique d'avoir des connaisseurs de la législation française parmi ceux qui demandent l'application de la loi devant les juges. Les juristes et les magistrats de l'ancien Duché sont en effet incapables d'appliquer du jour au lendemain les lois françaises qui leur étaient jusqu'à présent étrangères.[15] En plaçant des Français au Ministère public, Joubert répond au double objectif de surveillance des tribunaux et de garantie de l'application de la loi par des hommes fidèles et expérimentés. Les fonctions de commissaires nationaux auprès des plus hautes juridictions du département, c'est-à-dire le tribunal civil et le tribunal criminel, sont attribuées aux Français Simons et Rabiet, qui ont auparavant exercé la fonction de commissaires nationaux dans le district de Provins, au sein du département de Seine-et-Marne. Nous distinguons ici l'influence de Vincent Légier, premier commissaire du Directoire auprès de l'administration centrale des Forêts, lui-même originaire de Provins, qui a introduit de nombreux hommes de ce district dans l'administration du Luxembourg.[16] Les substituts de Simons et de Rabiet sont en revanche des hommes de loi locaux, dénommés Baclesse et Leclerc.

---

13 ANLux, B-0093, Arrêté du représentant du peuple en mission près les Armées dans la ville et le pays de Luxembourg, 23 thermidor an III (10 août 1795).

14 Les commissaires de l'administration centrale du département sont aussi quasiment tous des Français.

15 Sur les difficultés des magistrats sous le régime français en ses débuts, voir le chapitre « La conquête française du Duché de Luxembourg et la naissance du système judiciaire contemporain (1795–1814) ».

16 Trausch, Gilbert, *Les Luxembourgeois devant la Révolution française*, in : Poidevin, Raymond/ Trausch, Gilbert (edd.), *Les relations franco-luxembourgeoises de Louis XVI à Robert Schuman*,

Les cinq commissaires nationaux près les tribunaux de police de Luxembourg, Habay-La-Neuve, Saint-Hubert, Saint Vith, et Bitbourg sont eux aussi des hommes issus du territoire. Le troisième poste important, celui de l'accusateur public, est attribué au Français Nicolas-Etienne Clément, qui a préalablement été accusateur militaire près de l'armée du Rhin. Clément se montrera particulièrement dur avec les magistrats locaux et n'hésitera pas à les menacer de représailles suite à leurs difficultés d'assimiler et d'appliquer rapidement les lois françaises.[17] Son substitut est un juriste local dénommé Wacken. En 1797, lorsque les habitants du département des Forêts sont invités à se rendre aux urnes pour élire les juges des tribunaux et l'accusateur public, Clément est écarté de son poste. À 95 voix sur 100, les notables de la grande assemblée électorale élisent pour le remplacer Jean-Antoine Laval, un ancien conseiller du Conseil souverain que le Directoire a nommé juge au tribunal civil en 1795.[18] Mais Laval ne restera pas à ce poste pendant longtemps, puisque le coup d'État du 18 fructidor an V mènera à l'annulation des résultats des élections. L'année suivante, les électeurs renouvellent son mandat, mais une assemblée scissionnaire décide de maintenir en place Clément. Le Directoire validera les choix de cette dernière.[19]

Après l'arrivée au pouvoir de Napoléon comme Premier consul, le Ministère public subit à nouveau des changements structurels et d'attributions. Dans l'objectif de retrouver un pouvoir central fort, le Consulat remet en cause un grand nombre des acquis fondamentaux de l'organisation judiciaire issue de la Révolution. En ce qui concerne les acteurs du Parquet, la fonction de l'accusateur public disparaît avec la constitution du 22 frimaire an VIII (1799). Désormais un seul commissaire nommé par l'exécutif assure auprès du tribunal criminel à la fois l'accusation et la réquisition de l'application de la loi. Cette fonction revient une nouvelle fois à Nicolas-Etienne Clément. Napoléon rétablit aussi la dénomination de « procureur » pour désigner les dirigeants des Parquets. Puis, le pouvoir du Ministère public est renforcé par l'abolition du jury d'accusation.[20] Les fonctions du Parquet sont ensuite établies pratiquement telles que nous les connaissons aujourd'hui.[21] En matière pénale, ses membres sont responsables de recevoir les

Actes du colloque de Luxembourg (17–19 novembre 1977), Metz, Publications du Centre de Recherches relations internationales de l'Université de Metz, 1978, 97.

17 Voir à ce sujet le chapitre « La conquête française du Duché de Luxembourg et la naissance du système judiciaire contemporain (1795–1814) ».

18 Voir le chapitre de Carlo Kinn, « L'élection des juges sous le Directoire (1797 et 1798) ».

19 Id.

20 Code d'instruction criminelle de 1808.

21 Désormais appelé Code de procédure pénale, le Code d'instruction criminelle est d'ailleurs encore en vigueur aujourd'hui.

plaintes et les dénonciations qui leur sont adressées directement, de chercher et de poursuivre tous les délits, de requérir la peine, d'être présents à la prononciation de l'arrêt et de requérir l'exécution du jugement. Ils surveillent également les officiers de police judiciaire, ainsi que les juges d'instruction. En matière civile et commerciale, ils peuvent faire entendre leurs conclusions dans toutes les causes qui intéressent l'État et l'ordre public. Enfin, ils prennent communication des causes concernant l'état des personnes et les tutelles, ainsi que celles concernant les personnes présumées absentes.

3 L'évolution du Ministère public au cours des 19e et 20e siècles

Si le Ministère public a pu conserver le rôle que lui ont attribué le Consulat et l'Empire, cela tient en grande partie à la décision du roi Guillaume Ier de garder au sein des Pays-Bas le système judiciaire et la quasi-totalité de la législation française. Les membres du Ministère public changent ainsi seulement de dénomination. « Procureurs impériaux » sous l'Empire, ils deviennent d'abord « procureurs d'État », terme en usage de nos jours, puis « procureurs du roi ». Au Grand-Duché, ils sont en 1815 au nombre de quatre : Nicolas Reuter, un magistrat élu député au Corps législatif à Paris sous l'Empire, est nommé auprès du tribunal de 1ère instance de Luxembourg ; Jean-Baptiste Forron, déjà procureur impérial sous Napoléon, est nommé à Diekirch ; Guillaume Goosse devient Procureur auprès du tribunal de Neufchâteau ; et Conrad Moriz est affecté à Echternach.[22] À ces quatre hommes s'ajoute un procureur criminel auprès de la Cour d'assises, Nicolas Simons, qui a lui aussi déjà exercé la fonction de procureur sous l'Empire.[23] Guillaume Ier redessinera plus tard la carte judiciaire en instaurant non pas quatre, mais cinq tribunaux de première instance, soit un nombre équivalent de Parquets au Grand-Duché (Saint-Hubert, Marche, Neufchâteau, Diekirch et Luxembourg).[24]

Notons que le Luxembourg ne connaît à l'époque pas encore de procureur général d'État (ou de procureur général du roi). Guillaume Ier a en effet décidé

22 ANLux, C-0618, État des traitements des officiers, agents et employés de l'ordre judiciaire (octobre 1815).

23 Les informations biographiques sur les premiers procureurs de Guillaume Ier sont tirées de Logie, Jacques/Logie Josette, *Les magistrats des cours et des tribunaux en Belgique (1794–1814). Index prosopographique*, manuscrit inédit, (1995–2009).

24 Voir la carte proposée dans le chapitre « La justice luxembourgeoise sous les régimes néerlandais et belge (1815–1839) ».

de gouverner le Grand-Duché comme s'il s'agissait d'une province des Pays-Bas. Les renvois en appel et en cassation contre les jugements des tribunaux luxembourgeois ne sont ainsi pas reçus par une cour souveraine locale, mais par la cour supérieure de justice de Liège. Il faudra de nombreuses années de revendications de la part des magistrats et des notables du Grand-Duché pour obtenir un système judiciaire autonome. Guillaume Ier cèdera finalement dans le contexte du mouvement d'indépendance belge, auquel se rallie l'ensemble du territoire luxembourgeois à l'exception de la capitale. Craignant de voir basculer la totalité du Grand-Duché sous le contrôle de la Belgique indépendante, le roi promet aux Luxembourgeois une administration autonome et installe à Luxembourg-ville une Cour supérieure de justice. La création de cette haute juridiction marque le début d'une organisation judiciaire indépendante et engendre, le 16 avril 1831, la nomination d'un premier procureur général.

Jean-Jacques Willmar (1792–1866), premier procureur général du Luxembourg
Né en 1792 à Luxembourg-ville, Jean-Jacques Willmar est le fils de Jean-Georges Willmar (1763–1831), président du tribunal criminel sous le régime français, puis gouverneur civil du Grand-Duché sous le règne de Guillaume Ier (jusqu'en 1830). En tant que procureur général, il marque profondément l'organisation de la justice pendant les années 1830 et 1840. Les dossiers d'archives conservent des centaines de pages manuscrites qui témoignent de son engagement auprès de Guillaume Ier pour donner au pays une organisation judiciaire indépendante et efficace. Nous retrouvons sa trace sur tous les terrains et sujets de l'organisation judiciaire, du signalement des dysfonctionnements qui règnent à la Cour supérieure, jusqu'à la nomination de magistrats et la proposition de nouveaux projets de loi. Ce n'est donc pas par hasard que Willmar figure en 1841 parmi les neufs notables choisis pour conseiller le Grand-Duc dans l'élaboration de la première constitution pour le Luxembourg. Tout en étant toujours procureur général, il est en 1842 nommé membre de l'Assemblée des États, l'embryon de la future Chambre des députés. À partir de 1848, son activité devient exclusivement politique, lorsqu'il est nommé à la tête du gouvernement. Après cinq ans de services au sommet de l'État, il finit sa carrière au Conseil d'État.

La création de la Cour supérieure de justice ne change rien au quotidien de la grande majorité des habitants du Grand-Duché, qui vivent sous la gouvernance de la Belgique indépendante. Les Parquets de Diekirch, Saint-Hubert, Neufchâteau et Marche défendent dorénavant l'intérêt public du nouvel État belge. Cette situation dure jusqu'en 1839, lorsque Guillaume Ier récupère une partie du territoire précédemment sous autorité de la Belgique avec la signature du Traité de Londres. Le Luxembourg prend alors sa forme actuelle et il en est de même pour le Ministère public. Le Parquet général continue de fonctionner auprès de la Cour supérieure de justice à Luxembourg, tandis que deux procureurs d'État sont en fonction auprès des tribunaux d'arrondissement de Luxembourg et de Diekirch. Cette organisation est ancrée dans la première ordonnance royale grand-ducale concernant l'administration de la justice en date du 4 janvier 1840. À partir de 1843, le Grand-Duché dispose également d'une haute Cour de justice militaire. Les fonctions du Ministère public près de celle-ci sont occupées par le procureur général d'État. Les grands changements introduits par la suite se limitent essentiellement à l'augmentation du nombre de substituts des procureurs afin de faire face à une charge de travail croissante. La loi d'organisation judiciaire du 12 juillet 1848 introduit la fonction de l'avocat général, nouveau bras droit du procureur général au sein du Parquet général. Plus tard seront également nommés des procureurs (généraux) d'État adjoints.[25] En 2021, la loi prévoit au total 56 magistrats pour le Ministère public.[26] En 2019, 65 pour cent des postes de magistrats du Parquet général et 45 pour cent de ceux des Parquets d'arrondissement étaient occupés par des femmes.[27]

Parquet général	Parquet de Luxembourg	Parquet de Diekirch
Procureur général d'État	*Procureur d'État*	*Procureur d'État*
2 procureurs généraux d'État adjoints	2 procureurs d'État adjoints	1 procureur d'État adjoint
4 premiers avocats généraux	5 substituts principaux	1 substitut principal
5 avocats généraux	14 premiers substituts	2 premiers substituts
1 substitut	14 substituts	2 substituts

Le procureur général d'État se voit également attribuer de nouvelles fonctions administratives. En 1964, il est placé en charge de la direction générale et de la surveillance des établissements pénitentiaires.[28] Depuis 2018, une grande partie de cette responsabilité est toutefois transférée à l'administration pénitentiaire.[29] Mais le procureur général est toujours doté de responsabilités croissantes en matière d'entraide pénale internationale et dans l'entraide judiciaire en matière civile et commerciale au sein de l'Union européenne. Depuis 1977, il est également en charge du Service central d'assistance sociale (SCAS), qui regroupe tous les

25 Il n'existe pas de différence significative dans le rôle des procureurs adjoints et des avocats généraux. Il s'agit avant tout de mettre en place une carrière au sein du Ministère public.

26 Loi du 27 juin 2018 instituant le juge aux affaires familiales, portant réforme du divorce et de l'autorité parentale et portant modification, entre autres, à la loi du 27 juin 2017 arrêtant un programme pluriannuel de recrutement dans la magistrature.

27 Parquet général du Grand-Duché de Luxembourg, *La justice en chiffres 2019*, 27.

28 Loi du 21 mai 1964 portant 1) réorganisation des établissements pénitentiaires et des maisons d'éducation; 2) création d'un service de défense sociale.

29 Loi du 20 juillet 2018 portant réforme de l'administration pénitentiaire. Il a toutefois gardé ses compétences liées à l'exécution des peines prononcées par les juridictions.

services chargés d'enquêtes sociales et d'assistance. Enfin, il a depuis 2018 sous sa surveillance administrative la cellule de renseignement financier (CRF).

4 L'indépendance statutaire des membres du Ministère public

Arrêtons-nous pour finir ce chapitre sur un sujet qui provoque depuis le 19e siècle de nombreuses controverses, celui de l'indépendance des membres du Ministère public, en particulier leur indépendance vis-à-vis du pouvoir exécutif. Contrairement aux magistrats du siège, les magistrats du Ministère public ne bénéficient pas du principe de l'inamovibilité. Ainsi leur statut est plus fragile que celui des juges, qui sont protégés de toute pression hiérarchique ou politique par le fait qu'il est impossible de les muter de force à un autre poste, même sous forme d'avancement de carrière. À cette vulnérabilité statutaire s'ajoute un article du Code d'instruction criminelle de 1808, que l'on retrouve encore dans le Code de procédure pénale actuel, qui autorise le ministre de la Justice à charger le procureur de poursuivre les délits dont il a connaissance.[30] Le pouvoir exécutif peut donc obliger le Ministère public à déclencher une enquête pénale, exposant ses magistrats au risque de voir leurs fonctions utilisées à des fins politiques.[31] La loi d'organisation judiciaire de 1885 va encore plus loin, en décrétant que « les fonctions du ministère public sont exercées, *sous l'autorité* du directeur général de la Justice [ministre de la Justice], par le procureur général d'État ».[32] Cette fois-ci la rédaction de l'article en question provient de la loi belge du 18 juin 1869 sur l'organisation judiciaire, qui a servi de modèle. Elle prévaut elle aussi encore dans la loi d'organisation judiciaire actuelle.[33] Le principe de l'injonction de poursuite est toutefois tempéré par la possibilité offerte au magistrat exerçant l'action publique de « développer

---

30 L'article 274 du Code d'instruction criminelle de 1808 stipule que « Le procureur général, soit d'office, soit par les ordres du grand-juge, ministre de la Justice, charge le procureur impérial de poursuivre les délits dont il a connaissance ». L'article 19 de l'actuel Code de procédure pénale propose quant à lui la formulation suivante : « Le ministre de la Justice peut dénoncer au procureur général d'État les infractions à la loi pénale dont il a connaissance, lui enjoindre d'engager des poursuites ou de saisir la juridiction compétente de telles réquisitions écrites que le ministre juge opportunes. »

31 En revanche, il n'a pas la possibilité de lui ordonner l'arrêt des poursuites.

32 Italique ajouté.

33 Article 70 de la loi d'organisation judiciaire de 1980.

librement les observations orales qu'il croit convenables au bien de la justice »[34] et d'aller ainsi à l'encontre des poursuites écrites qui lui ont été imposées.

Dans une publication récente, l'ancien procureur général d'État Robert Biever assure que dans la pratique, les ministres de la Justice n'ont pendant les dernières décennies pas fait usage de leur droit de s'immiscer dans la poursuite pénale.[35] D'un point de vue politique, ils risqueraient davantage qu'ils ne gagneraient avec de telles manœuvres. Cela n'empêche que la situation statutaire du Ministère public entraîne un certain degré d'incertitude. Plus important encore, aux yeux du même auteur, il nourrit la suspicion d'un Parquet qui travaillerait sous influence du ministre de la Justice.[36] Or, presque cent-quarante ans après la loi d'organisation judiciaire de 1885, les mœurs ont changé et les exigences d'indépendance des tribunaux et du Parquet se sont renforcées, entre autres sous l'influence de la jurisprudence de la Cour européenne des droits de l'homme.[37] L'ancien procureur général d'État argumente donc en faveur d'un Ministère public dont l'indépendance n'est pas seulement acquise *de facto*, mais inscrite dans la loi.[38]

Cette prise de position fait écho aux débats qui entourent le travail de révision constitutionnelle entamé en 2005. Le premier avant-projet de réforme déposé quatre ans après le début des travaux avait proposé d'adapter la constitution aux exigences nouvelles d'indépendance de la justice en inscrivant l'existence du Ministère public dans la constitution, accompagné de la mention qu'il est « indépendant dans l'exercice des recherches et poursuites individuelles, sans préjudice du droit du ministre compétent d'arrêter des directives générales de politique criminelle, y compris en matière de politique de recherche et de poursuite. »[39] Cette formulation est inspirée d'un article que la Belgique a décidé d'introduire dans sa constitution en 1998.[40] Dans son avis du 12 juin 2012, le Conseil d'État a proposé une formule encore moins équivoque : « Le ministère public exerce l'ac-

34 Article 16-2 du Code de procédure pénale, 2e phrase.

35 Du moins pendant ces dernières décennies. Voir Biever, Robert, *Die Staatsanwaltschaft in Luxemburg – Gemeinsamkeiten und Unterschiede beiderseits der Grenze*, in Bohnen, Wolfgang/ Haase, Lena (edd.), *Kontrolle, Konflikt und Kooperation. Festschrift 200 Jahre Staatsanwaltschaften Koblenz und Trier (1820–2020)*, 218.

36 Id., 219.

37 Comme nous le montrons dans le chapitre sur la magistrature au 19e siècle, la quasi-totalité des procureurs généraux d'État nommés pendant ce même siècle avaient avant leur nomination fait carrière en politique, parfois au poste de ministre de la Justice.

38 Biever, Robert, *Die Staatsanwaltschaft in Luxemburg*, op. cit., 219.

39 Proposition de révision portant modification et nouvel ordonnancement de la constitution, 15 mai 2009.

40 L'article 151 de la constitution belge propose la formulation suivante : « Le ministère public est indépendant dans l'exercice des recherches et poursuites individuelles, sans préjudice du droit

tion publique et requiert l'application de la loi. Il est indépendant dans l'exercice de ces fonctions. »[41] Une décennie plus tard, la proposition de révision du chapitre VI de la constitution (« de la justice »), déposée le 5 mai 2020, revient en arrière. « Faute de consensus », la Commission des Institutions et de la Révision constitutionnelle a finalement décidé de ne pas toucher au statut du Ministère public et de ne pas lui accorder une garantie statutaire d'indépendance.[42]

La réaction des principaux intéressés ne s'est pas fait attendre. Deux mois après le dépôt du nouveau projet de révision, les trois Parquets estiment dans un avis commun de quarante-quatre pages que le revirement soudain de la Commission « ne respecte pas les exigences de l'État de droit », « donne carte blanche à tout législateur futur d'accroître à sa guise l'influence du gouvernement sur la justice à travers le Ministère public », « fait passer le Luxembourg en-dessous du standard constitutionnel de la France et de la Belgique », et « ne respecte pas la jurisprudence de la Cour européenne des droits de l'homme, qui a consacré le principe d'indépendance du Ministère public ». Le refus de la Commission de revoir les garanties d'indépendance des membres du Parquet, notamment vis-à-vis du ministre de la Justice, représenterait ainsi « une occasion manquée de doter le Luxembourg d'institutions qui soient à l'aulne du XXIe siècle. »[43]

Au vu des nombreux rebondissements qui ont marqué le travail de révision de la constitution depuis plus de quinze ans, il est difficile de prédire quelles seront à terme les formulations choisies. Sans être aussi critique que les trois Parquets, le Conseil d'État a lui aussi souligné que la tendance dans les autres pays européens allait plutôt vers le renforcement de l'indépendance du Parquet.[44] Le gouvernement a quant à lui regretté que l'indépendance du Ministère public ne soit pas inscrite dans la constitution.[45] Un revirement de situation est donc certainement encore possible. En attendant la suite, l'héritage du 19e siècle est toujours d'actualité.

---

du ministre compétent d'ordonner des poursuites et d'arrêter des directives contraignantes de politique criminelle, y compris en matière de politique de recherche et de poursuite. »

41 Proposition de révision portant modification et nouvel ordonnancement de la constitution. Avis du Conseil d'État du 6 juin 2012.

42 Proposition de révision du chapitre VI de la constitution, déposé le 5 mai 2020.

43 Dossier parlementaire 7575, Avis commun du Parquet Général et des Parquets près les Tribunaux d'arrondissement de Luxembourg et de Diekirch (26.6.2020).

44 Dossier parlementaire 7575, Avis du Conseil d'État (17.11.2020).

45 Dossier parlementaire 7575, Prise de position du gouvernement (28.10.2020).

Simone Flammang

L'accès des femmes au monde judiciaire luxembourgeois

Quiconque entre aujourd'hui dans le prétoire d'une juridiction luxembourgeoise a de fortes chances de se retrouver face à des femmes vêtues de toges noires : des avocates, des parquetières ainsi que des juges plaident et siègent dans des affaires de nature civile, administrative et pénale. La présence féminine dans nos tribunaux est une évidence, une normalité. Tel n'a cependant pas toujours été le cas et le métier d'avocat, respectivement de magistrat, a pendant longtemps été un privilège exclusivement masculin. Si l'on essaye d'en connaître les raisons et de retracer le combat des femmes pour accéder aux professions judiciaires, force est de constater qu'il n'existe à l'heure actuelle pas de travaux scientifiques consacrés à ce sujet. Il faut donc puiser dans les archives de la justice et se pencher sur les écrits de celles qui étaient les premières à briguer ces postes, ainsi que sur les avis des autorités judiciaires de l'époque, appelées à prendre position par rapport aux demandes des candidates féminines, pour décrire le cheminement d'une conquête de longue haleine.

1 Les femmes entrent au barreau : les premières femmes-avocats

La première femme à être admise comme avocat au Luxembourg est Marguerite Welter.[1] Elle prête serment le 31 juillet 1923 devant la première chambre de la Cour supérieure de justice à Luxembourg, le Conseil de l'ordre du barreau ainsi que la Cour ayant estimé qu'aucun texte légal ne s'y opposait.[2] Marguerite

1 Les informations sur les premières femmes inscrites aux barreaux du Luxembourg sont tirées de Rouff, Jeanne, *'Un office essentiellement viril' : les premières femmes au barreau de Luxembourg*, in : Goetzinger, Germaine/Lorang Antoinette/Wagener, Renée (ed.), *« Wenn nun wir Frauen auch das Wort ergreifen ... », 1880–1950. Frauen in Luxemburg*, Luxembourg, Ministère de la Culture, 1997, 207–222.

2 À titre de comparaison, il est intéressant de noter qu'en Belgique, Marie Popelin (*1846) est la première femme à demander son assermentation comme avocat au barreau de Bruxelles en 1888. La cour d'appel de Bruxelles, confirmée par la Cour de cassation, considère toutefois cette assermentation comme étant inadmissible, consacrant par-là les conclusions de l'avocat général Van Schoor, selon lesquelles « la défense d'autrui est un office viril, la femme y est impropre ».

https://doi.org/10.1515/9783110679656-014

Welter a eu la chance d'être la fille de Nik Welter (1871–1951), professeur d'allemand et d'histoire, qui défend l'idée que les filles doivent pouvoir bénéficier de la même éducation que les garçons. Ainsi, Marguerite Welter peut faire des études de droit à Paris, où elle rencontre son futur mari et confrère, Félix Welter. Après son mariage, elle quitte le barreau, probablement de son propre gré, se pliant à la conviction de l'époque selon laquelle les professions libérales ou d'enseignantes sont réservées aux femmes célibataires. Le rôle de la femme mariée consiste à se consacrer à son foyer, à son mari et à ses enfants. Son mari, Félix Welter, rejoint par la suite la magistrature, accédant même au poste de procureur général d'État en juillet 1945.[3] Pendant toute sa carrière, comme nous le verrons, il s'opposera à l'accès des femmes à la magistrature, estimant qu'il s'agit d'un « métier d'homme », tout en sachant qu'aucun obstacle insurmontable d'ordre légal ne s'y oppose.

La deuxième femme à solliciter son assermentation au barreau est Netty Probst (1903–1990), fille de Jean-Pierre Probst, également avocat et l'un des fondateurs du parti socialiste en 1902. Netty Probst, de même que sa soeur Rosalie, a bénéficié d'une éducation très moderne, mais rigoureuse. Après des études brillantes, elle demande à être assermentée comme avocat en 1927. Le Conseil de l'ordre du barreau y est favorable. Or, contrairement à sa position de 1923, lors de l'assermentation de Marguerite Welter, la Cour supérieure de justice s'y oppose. Elle ne revient sur ce refus et procède donc à l'assermentation de Netty Probst qu'à la suite d'un bel exemple de solidarité collégiale de la part des jeunes collègues masculins de la candidate, qui refusent de prêter serment si leur consoeur n'est pas assermentée avec eux. Netty Probst peut ainsi entamer une belle carrière d'avocat. Elle reprendra ensuite l'étude d'avocat de son père et se spécialisera en matière de divorce et de droit pénal. En 1954, elle est élue par ses pairs comme première femme-bâtonnier de l'ordre des avocats. Très bonne avocate, elle est respectée, voire même redoutée par ses confrères. Sa soeur Rosalie prête le serment d'avocat en 1928. À noter qu'elle restera inscrite au barreau même après son mariage et devient donc la première femme mariée avocat. Par après, elle quittera toutefois le barreau pour se consacrer à sa famille et à son foyer. Si à partir de 1928, la voie est donc ouverte aux femmes-avocats, célibataires ou mariées, il en va autrement pour celles qui souhaitent entrer dans la magistrature. Leurs aspirations mettront plusieurs décennies avant de pouvoir se réaliser.

Mentionnons enfin dans ce cadre Nelly Flick (1902–1963), assermentée en même temps que Rosalie Probst, fille d'un directeur de minières de Lamadelaine. Elle fit son stage d'avocat dans l'étude de l'avocat et député socialiste Jos dit Jis

3 Félix Welter exerce la fonction de procureur général d'État de juillet 1945 à mars 1963.

Thorn. Elle porta également la défense de la cause des femmes sur la scène politique et fut élue en 1934 conseillère communale de la Ville de Luxembourg dans les rangs du parti radical-libéral. Destituée de ses fonctions d'avocate par l'occupant nazie et transplantée (« *umgesiedelt* ») en Silésie avec sa mère, elle fut à son retour en 1945 nommée – comme seule membre féminine – à l'Assemblée consultative qui remplaça la Chambre des députés jusqu'en octobre 1945.[4]

2 Les femmes entrent dans la magistrature : un chemin semé d'obstacles

En Allemagne, une loi du 11 juillet 1927 admet les femmes aux fonctions judiciaires. Pourtant, un décret du Ministère de la Justice du 10 janvier 1936 les en exclut à nouveau. Ce n'est qu'après la Seconde Guerre mondiale qu'elles peuvent définitivement aspirer à ces fonctions. En Belgique, c'est une loi du 21 février 1948, et en France, une loi du 11 avril 1946, qui ouvrent l'accès des femmes à la magistrature. Au Luxembourg, la première femme qui demande à devenir magistrat est Marthe Glesener. Le 13 mars 1937, à l'époque avocat-avoué, elle écrit au ministre de la Justice pour proposer ses services comme attaché de justice. Elle est tout à fait consciente que sa demande est sans précédent et invoque le principe constitutionnel de l'égalité des Luxembourgeois devant la loi pour souligner qu'aucun obstacle de nature légale ne s'oppose à sa nomination. Intelligente, elle y ajoute un autre argument, à savoir « (...) le fait qu'une femme, notre vénérable Grande-Duchesse, préside aux destinées du pays, et remplit admirablement ce rôle pour le bonheur de tous. Or, si la plus haute fonction dans l'État est accomplie avec tant de perfection par notre Souveraine, comment soutenir sérieusement qu'une femme ne peut devenir magistrat ou fonctionnaire public ? ».[5] Le ministre de la Justice demande l'avis des autorités judiciaires. Celles-ci émettent un avis négatif, estimant que la femme ne peut pas, en l'état actuel du droit public et de l'organisation judiciaire luxembourgeois, prétendre à une nomination à des fonctions judiciaires. À l'appui de cette opinion, les magistrats invoquent des arguments de nature juridique. En effet, selon le Code civil en vigueur à l'époque,

4 Rouff, Jeanne, *'Un office essentiellement viril' : les premières femmes au barreau de Luxembourg*, op. cit., 215–218.

5 Archives du Parquet général, dossier Justice I 61–63, Lettre du 13 mars 1937 de Marthe Glesener au ministre de la Justice.

datant de 1804, la femme mariée est considérée comme étant mineure.[6] Sans permission de son mari, elle ne peut, par exemple, travailler en dehors du foyer familial, conclure un contrat ou bien ouvrir un compte bancaire. De même, le mari a le droit de prendre connaissance du courrier de sa femme et de décider du lieu de logement commun. Ainsi, on a estimé que le fait que la femme mariée se trouve sous l'autorité de son mari (la puissance maritale) s'oppose à sa nomination à des fonctions de magistrat, pour lesquelles l'indépendance complète est la première condition. De même, on a redouté des procédures en nullité contre des décisions auxquelles des juges féminins auraient participé. Une autre difficulté a été identifiée dans le pouvoir du mari de fixer le domicile familial dans une localité autre que celle où son épouse serait amenée à exercer ses fonctions, voire même à l'étranger. La question se pose toutefois différemment pour la femme célibataire, qui jouit de la quasi-totalité de l'exercice de ses droits civils.[7]

Conscientes qu'aucun texte constitutionnel ou légal n'existe, soit pour appeler la femme à une fonction judiciaire, soit pour l'en exclure, les autorités judiciaires invoquent le principe selon lequel un texte de loi devrait être interprété selon les traditions de l'époque à laquelle ce texte est entré en vigueur. Or, selon le tribunal d'arrondissement de Luxembourg, les textes en cause auraient été « édictés sous l'empire de l'idée traditionnelle de l'inaptitude naturelle de la femme à l'exercice des droits qui la feraient agir en dehors du cercle des travaux domestiques ou des devoirs de la famille. » Les magistrats en déduisent que « la tradition semble bien constante dans le sens de l'exclusion des femmes de toutes les fonctions publiques proprement dites, c'est-à-dire de toutes celles qui impliquent l'exercice soit d'une partie de l'autorité publique, soit d'un droit politique. Sauf un texte exprès qui admette les femmes à une fonction publique, il faut donc les exclure. »[8]

La portée traditionnelle des textes de loi luxembourgeois s'opposerait donc à l'admission de la femme à la magistrature. Les autorités judiciaires se réfèrent également à des arguments de nature moins juridique : « il ne faut pas perdre de vue si dans beaucoup de branches des carrières libérales, la femme a su remplir

---

6 La femme mariée ne s'émancipera qu'au début des années 1970, sous l'effet de deux lois successives : la loi du 12 décembre 1972 relative aux droits et devoirs des époux et la loi du 4 février 1974 portant réforme des régimes matrimoniaux.

7 À noter que dans un avis du 1er juin 1937, le tribunal d'arrondissement de Luxembourg se réfère à certaines incapacités juridiques qui persistent même pour la femme non mariée. Il en est ainsi, par exemple, de l'incapacité de la femme d'être tuteur ou membre d'un conseil de famille, prévue par l'article 442 du Code civil. Cette disposition n'est amendée que par la loi du 12 décembre 1972 relative aux droits et devoirs des époux.

8 Archives du Parquet général, dossier Justice I 61–63, Avis du tribunal d'arrondissement de Luxembourg du 1er juin 1937.

un rôle particulièrement idoine à ses aptitudes (doctoresses, infirmières etc), on ne saurait nier que les fonctions judiciaires telles qu'elles existent actuellement chez nous, ne comportent aucun poste qui semble être plus particulièrement désigné à l'activité féminine. Le jour où pareilles fonctions judiciaires (juge pour enfants p.ex.) seraient créées, la question devrait être réexaminée.»[9] Dans l'avis du tribunal d'arrondissement de Diekirch on peut même lire : «Mais il y a des motifs spéciaux qui militent contre la nomination des femmes aux fonctions judiciaires. Il échet de relever notamment que la femme n'aura guère la constitution assez robuste ni l'autorité nécessaire pour vaquer à certaines fonctions judiciaires, comme p. ex. celles de juge d'instruction, de représentant du Ministère Public, etc. Ensuite la collaboration entre magistrats du même siège est particulièrement constante et intime. L'intervention de la femme dans ce collège y introduirait un élément hétérogène de nature à compromettre la sérénité qui doit présider à cette collaboration. Enfin, l'autorité des tribunaux vis-à-vis du public exige impérieusement que toute possibilité d'un soupçon, reposant sur la différence du sexe, soit écartée du prétoire».[10] La femme ne serait donc pas assez forte, elle ne serait pas dotée de l'autorité nécessaire et elle risquerait de perturber ses collègues masculins.

Les autorités judiciaires en concluent : « Pratiquement et socialement aucune nécessité ou opportunité d'une collaboration féminine aux fonctions judiciaires n'existe ».[11] Un avis du Conseil d'État du 17 juin 1938 vient appuyer la position de la magistrature, partageant la théorie avancée par cette dernière selon laquelle les textes devraient s'interpréter en fonction des traditions et mœurs de l'époque de leur promulgation. Ainsi, on peut y lire : «Pour interpréter une loi il faut nécessairement se baser sur le langage juridique du temps de sa promulgation. Dans une espèce comme la présente le silence du législateur est la meilleure preuve de sa volonté négative. La loi n'avait pas besoin d'exclure spécialement les femmes de la magistrature pour la bonne raison qu'elles n'en avaient jamais fait partie et que la possibilité de leur admission n'avait à aucun moment été admise. II est au contraire certain qu'à l'époque de la création de notre législation organique des tribunaux les mœurs et l'intention du législateur étaient positivement opposées à la pensée de la participation de la femme à la magistrature. Le préjugé de l'inégalité des deux sexes, d'ailleurs nettement sanctionné par le Code civil, est entré

9 Id.

10 Archives du Parquet général, dossier Justice I 61–63, Avis du tribunal d'arrondissement de Diekirch du 23 avril 1937.

11 Archives du Parquet général, dossier Justice I 61–63, Avis du tribunal d'arrondissement de Luxembourg du 1er juin 1937.

dans la loi et ne pourra être modifié que par une autre loi. Le masculin partout employé concrétise d'ailleurs clairement la volonté du législateur d'écarter le féminin. Tel est le langage juridique qui régit aujourd'hui la matière; il s'oppose à l'accueil de la demande de Me Glesener. »[12]

Marthe Glesener se voit donc refuser l'accès aux fonctions judiciaires, malgré une lettre de protestation de sa part, dans laquelle elle prend le soin de contredire chacun des arguments avancés, précisant que ce n'est pas une collaboration féminine qu'elle a offerte, mais « une collaboration tout court de la part d'une femme qui possède des titres identiques à ceux des candidats masculins et qui présente les mêmes garanties de capacité. Pratiquement et socialement, cette collaboration serait donc aussi nécessaire et opportune que celle d'un homme d'égale valeur et plus utile que celle d'un homme moins capable. »[13] Elle restera avocat-avoué au barreau de Luxembourg jusqu'à sa nomination en tant que notaire en 1950.[14]

Saisi d'une nouvelle demande de la part d'une femme, le procureur général d'État Félix Welter maintient en 1947 fermement la position des autorités judiciaires d'avant la Deuxième Guerre mondiale, nonobstant le changement de cap opéré en France en vertu d'une loi de 1946.[15] Se référant aux mêmes arguments juridiques que ceux figurant dans les avis précédents, ce haut magistrat prend le soin d'ajouter : « Surabondamment, il y a lieu d'insister sur l'existence de fortes raisons d'opportunité venant s'opposer à l'admission des femmes dans la magistrature. Je me permettrai de déclarer que le recrutement de magistrats parmi les femmes rencontrerait des difficultés considérables si on se montrait quelque peu exigeant au point de vue des qualités d'ordre psychologique. [...] Le magistrat doit plutôt user d'une sévérité éclairée, mitigée par le sens de l'humanité et des nécessités sociales, mais également réfractaire aux influences et sollicitations extra-juridiques et extra-judiciaires, aux ressentiments aveugles et aux transports d'un sentimentalisme facile. »[16] Renvoyant à l'avis précité du Tribunal d'arrondissement de Diekirch, dont il partage entièrement le point de vue, il estime donc

12 Archives du Parquet général, dossier Justice I 61–63, Avis du Conseil d'État du 17 juin 1938.

13 Archives du Parquet général, dossier Justice I 61–63, Lettre du 15 novembre 1937 de Marthe Glesener au Ministre de la Justice.

14 Le 11 février 1949, la Chambre des Notaires a émis un avis négatif quant à la nomination d'une femme comme notaire, s'appuyant notamment sur l'incapacité juridique de la femme mariée. En 1950, Marthe Glesener est néanmoins nommée comme notaire sans aucune objection.

15 Archives du Parquet général, dossier Justice I 61–63, Avis du procureur général d'État du 15 janvier 1947, dans le texte il est question d'une demande de « Maître Flick ». Il doit s'agir de Nelly Flick, avocat-avoué, nommée membre de l'assemblée consultative par arrêté grand-ducal du 12 mars 1945.

16 Id.

que la femme ne serait pas apte, d'un point de vue psychologique, à exercer la profession de magistrat. Tout au plus, et encore à condition de trouver une candidate adéquate, l'on pourrait songer à lui confier un poste de juge de la jeunesse. Mais, en pratique cela ne serait pas souhaitable, notamment parce que ce magistrat pourrait être amené, le cas échéant, à remplacer des collègues dans d'autres matières, ce qui serait tout à fait inimaginable.

En 1955, Raymonde De Waha, avocat à Diekirch, sollicite sa nomination comme juge suppléant à la Justice de paix du canton de Diekirch. Dans son avis très circonstancié et fouillé du 28 mars 1955, le même procureur général Welter franchit un premier cap dans l'opposition des autorités judiciaires à l'accès des femmes aux fonctions de magistrat. Ainsi, il admet qu'aucun obstacle légal ne s'oppose à la nomination des femmes aux fonctions de magistrat et qu'une intervention législative n'est pas nécessaire pour les y autoriser. Pour la femme célibataire, aucune difficulté ne se pose, elle se trouve dans la même situation juridique qu'un homme. Concernant les femmes mariées, certains problèmes persistent ayant trait à sa capacité juridique, à son domicile ainsi qu'aux incompatibilités prévues par la loi de 1885 sur l'organisation judiciaire. Cependant, le procureur général Welter juge inadmissible de réserver l'accès à la magistrature aux seules femmes célibataires et encore moins de leur demander de renoncer à leurs fonctions en cas de mariage. Contrairement aux avis antérieurs et notamment à l'opposé de l'avis du Conseil d'État, il ne défend pas l'opinion qu'une loi doit s'interpréter selon les mœurs et traditions en vigueur au moment auquel la loi a été votée, mais qu'il faut tenir compte des mœurs et de l'évolution de la société au moment où la question d'interprétation se pose. Quant à la question de l'opportunité de l'admission des femmes aux fonctions judiciaires, le procureur général Welter écrit en 1955 : « On ne saurait, pour des raisons d'opportunité, leur refuser un droit dont elles ne sont pas exclues par la loi. » En conclusion, il reste néanmoins prudent en recommandant au ministre de la Justice, auquel son avis est adressé, « avant de prendre une décision, de consulter d'autres autorités » et « de saisir l'occasion pour faire disparaître de nos lois certaines dispositions anachroniques, celle par exemple qui écarte les femmes de la tutelle et des conseils de famille. »[17]

Malgré cet avis somme toute favorable et en dépit de ses très bonnes qualifications professionnelles soulignées par le procureur d'État de Diekirch dans son avis, la demande de Maître De Waha de se voir nommer juge suppléant à la Justice de paix de Diekirch ne fut pas couronnée de succès. L'avis du procureur

---

17 Archives du Parquet général, dossier Justice I 61–63, Avis du procureur général d'État Félix Welter du 28 mars 1955.

général Welter de 1955 a-t-il cependant entrouvert les portails de la magistrature aux femmes ? À lire un avis du Tribunal d'arrondissement de Diekirch de 1958 sur cette question, rien n'est moins sûr.[18] Les magistrats y soulignent qu'à côté du problème de la légalité de l'accès des femmes aux fonctions de magistrats, ce sont des questions d'opportunité qui s'y opposent. Ainsi, ils conviennent que certes, les femmes ont une bonne mémoire et peuvent donc acquérir des connaissances juridiques et même assimiler les connaissances juridiques aussi bien qu'un candidat masculin. Cependant, « la femme se laisse guider par le sentiment plutôt que par la raison », « elle est plus sensible que l'homme et moins objective. » Ceci rendrait la femme inapte à siéger dans une juridiction pénale. De plus, « l'irritation du plaideur perdant sera encore accrue au cas où un membre féminin faisait partie du siège. »[19] Les juges diekirchois terminent leur avis en retenant que tant qu'on aurait suffisamment de candidats masculins pour s'intéresser aux fonctions judiciaires, il n'y aurait aucune raison et aucun besoin d'ouvrir la magistrature aux femmes. Le 3 mars 1958, le procureur d'État de Diekirch se rallie à cet avis en y rajoutant : « Je termine en disant qu'il me paraît opportun de ne pas procéder à la nomination de femmes tant que les candidats du sexe masculin ne manquent pas ou de ne le faire que dans une faible proportion. En effet, si des places vacantes dans la magistrature devaient peu à peu être occupées par des femmes, les hommes qui ne peuvent pas ou ne veulent pas faire carrière au Barreau, seraient obligés de chercher des emplois ailleurs ou s'expatrier, étant donné l'exiguïté de notre territoire national et la faculté d'absorption restreinte qui en résulte. Cette perspective peu encourageante pour les jeunes gens du sexe masculin serait de nature à les détourner de l'étude du droit. Et je me demande, si cette conséquence plutôt fâcheuse ne serait pas contraire aux intérêts majeurs du pays. »[20]

Il est étonnant de constater que dans son avis du 3 avril 1960, le procureur général d'État Welter revient sur sa position progressiste, sinon du moins nuancée de 1955, en se ralliant à ces considérations que l'on qualifierait aujourd'hui d'ordre sexiste, estimant qu'il ne serait pas recommandable de confier aux femmes la juridiction répressive : « Je crois que la présence des femmes dans les juridictions pénales y introduirait le même élément d'incertitude que présentent les juridictions fonctionnant avec des jurés. » Il se rallie à un avis de 1958 de la Cour Supérieure de Justice, qui constate que « les candidats masculins délaissent la

18 Archives du Parquet général, dossier Justice I 61–63, Avis du tribunal d'arrondissement de Diekirch du 28 février 1958.

19 Id.

20 Archives du Parquet général, dossier Justice I 61–63, Avis du procureur d'État de Diekirch du 3 mars 1958.

carrière judiciaire et qu'on devrait s'attendre à une invasion massive de l'élément féminin. » Il conclut que « [d]ans ces conditions, l'admission des femmes devrait, je crois, inspirer quelques inquiétudes. Les hommes qui se sentiraient de taille à exercer la lourde profession d'avocat, resteraient au barreau, tandis que les femmes en nombre croissant occuperaient les sièges et finalement s'y retrouveraient en majorité. [...] On pourrait ainsi assister à un phénomène assez déconcertant, en ce que les causes seraient plaidées par des hommes, mais qu'elles seraient jugées par des femmes. Ce résultat ne me paraîtrait pas souhaitable. Mieux vaudrait créer à la Magistrature un statut qui tenterait les meilleurs juristes masculins. »[21] Voilà donc un pronostic bien sombre pour les jeunes juristes de sexe masculin, voire même pour le sort de notre pays.

3 Le revirement de 1961

Malgré ces résistances massives, trois femmes sont assermentées le 11 avril 1961 comme substituts du procureur d'État de Luxembourg. Il s'agit de Claire Peters, de Jeanne Rouff et d'Anne-Marie Courte. Les trois dames sont célibataires et inscrites comme avocats-avoués au barreau de Luxembourg. Trois femmes réussissent donc, en 1961, à conquérir leur poste dans la magistrature et à vaincre les réticences des autorités judiciaires. Comment expliquer ce changement d'idées ? En aurait-on fini d'un jour à l'autre et une fois pour toutes avec des considérations que l'on pourrait qualifier de machistes ? A-t-on assisté, en la période d'une seule année, à un changement radical de philosophie ou bien cédé à des idées féministes ?

La réponse, cependant, est d'un autre registre. Elle est tout simplement dictée par des impératifs d'ordre pratique. En effet, en 1961, le nombre de postes à pourvoir dans la magistrature est tout simplement supérieur à celui des candidats masculins admissibles. Dans son avis du 25 mars 1961, le procureur général d'État Félix Welter écrit au ministre de la Justice : « En d'autres termes, le nombre de postes à pourvoir est supérieur à celui des candidats actuellement admissibles. C'est pour la première fois, sans doute, que ce fait se produit. Il dénonce de façon brutale les difficultés de recrutement et la situation critique, pour ne pas dire tragique dans laquelle se trouve la Magistrature. Il semble définitivement établi que celle-ci n'attire plus les jeunes juristes, ni surtout les plus doués

21 Archives du Parquet général, dossier Justice I 61–63, Avis du procureur général d'État Félix Welter du 3 avril 1960.

Les premières femmes magistrats, 1961.
© d'Letzeburger Land.

d'entre eux. Cette situation s'aggravera encore dans un avenir prochain. Quoiqu'il en soit, cette pénurie de candidats nous oblige à accueillir dans la Magistrature des juristes qui viennent seulement de passer l'examen pour le stage judiciaire. Elle nous dispense d'examiner la qualification professionnelle des candidats, car nous n'avons pas le choix. Elle nous oblige enfin, à recevoir dans la Magistrature des candidats femmes alors que l'accès des femmes aux fonctions publiques n'est pas réglé par la loi. »[22]

En raison de l'incapacité civile des femmes mariées, toujours fermement ancrée dans la loi en 1961, une quatrième candidate, mariée, est refusée. Les trois candidates célibataires sont cependant acceptées et affectées à des postes dans la magistrature debout. En effet, un mariage postérieur des jeunes recrues ne pouvant être exclu, on craignait, pour des raisons tenant à l'inamovibilité des magistrats du siège, que les juges féminins, au cas où l'autorisation maritale leur serait retirée, ne doivent se démettre de leurs fonctions. C'est donc clairement à contrecœur et par résignation face à la pénurie de candidats masculins que les trois premières femmes sont entrées dans la magistrature. Interviewées le jour-même de leur assermentation par la journaliste Liliane Thorn-Petit, elles

22 Archives du Parquet général, dossier Justice I 61–63, Avis du procureur général d'État Félix Welter du 25 mars 1961.

expriment leur étonnement d'avoir été nommées magistrats.[23] Elles affirment qu'elles ne s'y attendaient guère et avaient posé leur candidature sans trop d'espoir. Questionnées quant aux réactions que leur nomination a suscitées parmi la famille judiciaire, elles répondent : « Nous ne pouvons peut-être pas nous en rendre compte de façon objective puisque nos collègues nous cachent probablement le plus souvent leur façon de penser à ce sujet. Mais en général, nous avons constaté un effet de surprise indéniable, qui fait place aujourd'hui à l'hostilité plus ou moins cachée de quelques-uns et à la neutralité bienveillante des autres. » Elles se disent néanmoins confiantes qu'il « suffira probablement de quelques mois, tout au plus de quelques années, pour que le fait de voir des femmes faire partie de la magistrature debout ou assise ne choquera plus ni les justiciers ni les justiciables. »

Elles ont eu raison. Jeanne Rouff se marie en 1962. Aucun de ses supérieurs hiérarchiques ne s'y est opposé et elle n'est pas obligée de se démettre de ses fonctions. En 1967, elle est nommée juge au tribunal d'arrondissement de Luxembourg. Les craintes exprimées quant aux difficultés posées par l'entrée des femmes dans la magistrature, surtout assise, ne s'avèrent pas justifiées. Jeanne Rouff embrassera différentes fonctions au cours de sa carrière de magistrat. Elle a notamment été la première femme procureur d'État à Luxembourg. Les portes de la magistrature sont dorénavant ouvertes aux femmes, célibataires et mariées. En 1983, 26 des 94 magistrats sont des femmes, soit 27,66 %. C'est vers l'an 2000 que la proportion bascule et que le taux de magistrats féminins dépasse les 50 %. En 2020, 192 des 292 magistrats[24] sont des femmes, soit 66 %. Les femmes occupent aujourd'hui toutes les fonctions de la magistrature debout et assise.

Le 1er août 2015, la première femme à revêtir le poste de procureur général d'État, Martine Solovieff, entre en fonction. Les temps de la prédominance masculine au sein de la magistrature luxembourgeoise appartiennent définitivement au passé.

23 Article paru dans le journal Letzebuerger Land 15 (14 avril 1961), 3.
24 Ce nombre comprend tant les magistrats de l'ordre judiciaire que de l'ordre administratif. Pour les magistrats de l'ordre judiciaire, le pourcentage des femmes est passé à 67 % en 2020.

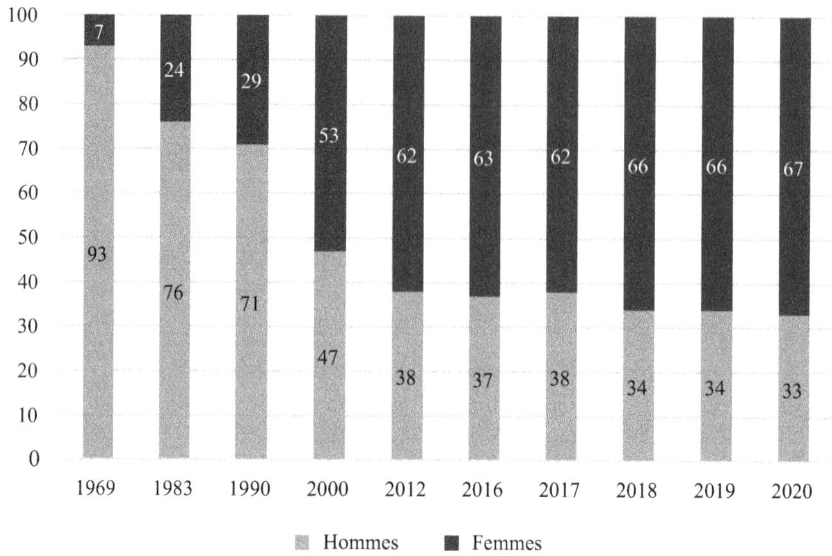

Evolution de la proportion des magistrats des juridictions judiciaires par sexe (en pourcentage)[25]

4 Conclusion et perspectives

Si les femmes ont donc fini par gagner leur combat et peuvent aujourd'hui occuper des fonctions judiciaires et plus particulièrement des postes dans la magistrature depuis le début des années 1960, ce n'est guère grâce aux idées progressistes des milieux juridique et politique de l'époque, mais par pure nécessité, par manque de candidats masculins éligibles. Aujourd'hui, depuis une vingtaine d'années, les femmes sont majoritaires dans la magistrature luxembourgeoise.[26]

---

25 La justice en chiffres 2020 (www.justice.lu/fr./publications) : ce tableau ne concerne que les magistrats de l'ordre judiciaire.

26 À noter que pour la profession d'avocat, les femmes sont encore dans la minorité au Luxembourg. Selon les chiffres fournis par les barreaux en septembre 2019 : barreau de Diekirch 50 avocats, dont 18 femmes (36 %), barreau de Luxembourg 2.761 avocats, dont 1.298 femmes (47 %)

Nombre de magistrats des juridictions judiciaires par sexe[27]

	Hommes	Femmes	Total
Cour supérieure de justice	12	29	**41**
Pool CSJ	2	5	**7**
Parquet général	5	8	**13**
Pool PG	2	0	**2**
Tribunaux d'arrondissement	33	88	**121**
Parquets d'arrondissement	24	23	**47**
Justices de paix	10	23	**33**
CRF	2	4	**6**
Total*	**90**	**180**	**270**

**Y sont inclus les attachés de justice affectés auprès des différentes juridictions*

Nombre de magistrats des juridictions administratives par sexe[28]

	Hommes	Femmes	Total
Cour administrative	4	1	**5**
Tribunal administratif	6	11	**17**
Total*	**10**	**12**	**22**

**Y sont inclus les attachés de justice affectés auprès des différentes juridictions*

Elles occupent tous les postes de la magistrature et accèdent également aux plus hautes fonctions judiciaires. Ce n'est qu'aux parquets que les hommes sont légèrement majoritaires[29], ce qui s'explique le cas échéant par les contraintes imposées par ces postes (permanences de nuit et de weekend), plus difficilement conciliables avec les tâches familiales qui continuent souvent à incomber de manière prépondérante aux femmes. Mais les temps sont en train de changer. De plus en plus de collègues masculins sollicitent dorénavant des congés parentaux, voire des congés à mi-temps, afin de mieux concilier devoirs professionnels et charges familiales.

27 La justice en chiffres 2020 (www.justice.lu/fr./publications).
28 *Id.*
29 Au niveau des juridictions administratives, les hommes sont également majoritaires à la Cour administrative.

Dans nos pays voisins, des tendances similaires peuvent être observées. En France[30], en 2018, 66 % des quelque 8.537 magistrats étaient des femmes. Dans les nouvelles promotions de l'École Nationale de la Magistrature, le taux d'auditeurs de justice féminins passe même à 71–81 % depuis 2003. On évoque d'ailleurs une « sur-féminisation » de la magistrature et la Chancellerie a élaboré un plan d'action afin de favoriser la mixité. En Belgique,[31] la tendance est un peu moins marquée, mais les femmes ont passé le cap des 50 % depuis 2018. En Allemagne,[32] le taux de femmes dans la magistrature était de 45,74 % en 2019.[33]

Cependant, les femmes accèdent encore difficilement aux postes à haute responsabilité dans les magistratures de nos pays limitrophes et elles se plaignent d'un phénomène de « plafond de verre »[34]. Notamment dans les juridictions suprêmes, les juges masculins sont toujours largement majoritaires. Tel n'est pas le cas au Luxembourg, comme le démontrent les chiffres repris dans les tableaux ci-dessus[35]. La conquête de la magistrature luxembourgeoise par les femmes peut donc être considérée aujourd'hui comme une mission accomplie.

Espérons toutefois que de jeunes juristes masculins continuent à avoir de l'intérêt pour la passionnante profession de magistrat. En effet, la mixité de la magistrature, signe d'équilibre et source de richesse des échanges, devrait refléter celle de la société en général, dans l'intérêt du justiciable.

30 Coustet, Thomas, *Journée des droits des femmes : La Chancellerie veut plus de mixité dans la magistrature*, Dalloz actualité (8 mars 2019); Coignac, Anaïs, *Féminisation de la magistrature et retour à la mixité*, La Semaine Juridique, édition générale n°9–10 (4 mars 2019).

31 levif.be, 16 janvier 2018: « Les femmes sont majoritaires dans la magistrature ».

32 Bundesamt für Justiz, Statistik 15. November 2019.

33 Voir également les données de la *European Commission for the efficiency of justice* (CEPEJ) du Conseil de l'Europe à l'adresse https://www.coe.int/en/web/cepej/home/.

34 Coustet, Thomas, *Journée des droits des femmes*, op. cit.; Coignac, Anaïs, *Féminisation de la magistrature et retour à la mixité*, op. cit.

35 À l'exception de la composition actuelle (état 31.12.2020) de la Cour administrative.

Marc Limpach/Denis Scuto

Histoire de la profession d'avocat au Luxembourg : un aperçu

Des débuts du régime constitutionnel démocratique au grand-duché de Luxembourg, donc de 1848, jusqu'à aujourd'hui, seulement deux des 22 premiers ministres – tous des hommes – qu'a connus le pays n'étaient pas des avocats de formation : le baron Victor de Tornaco (1860–1867) qui a fait des études d'ingénieur, et Pierre Frieden (1958–1959) qui a fait des études de philosophie et lettres. Au 19e siècle, comme le montre Vera Fritz dans cet ouvrage, si on ajoute les magistrats (qui ont d'abord été avocats), cette élite judiciaire se confond, par le cumul de mandats, avec la classe dirigeante politique du pays. De 1848 à 1900, seulement quatre ministres sur 30 n'ont pas fait des études de droit. Tout au long du 19e et d'une partie du 20e siècle, c'est également dans ce groupe professionnel des avocats qu'on retrouve, après les propriétaires-rentiers, le deuxième plus grand contingent de députés. Ils sont au 21e siècle toujours au cœur de l'élite économique et sociale du pays comme le souligne le poids des cabinets d'affaires, non plus seulement nationaux mais internationaux, dans le contexte de la place financière. Le Luxembourg, une « monarchie d'avocats » ?[1] Et pourtant, très peu d'études historiques se sont penchées jusqu'à présent sur l'histoire des avocats au Luxembourg.[2] Il n'est dès lors pas inutile de donner un bref aperçu des fondements historiques et de quelques évolutions de cette profession.

1 Les avocats sous l'Ancien Régime

Avant la Révolution française, comme dans le royaume de France ou l'Empire allemand, trois professions juridiques et judiciaires prédominaient dans les Pays-

1 Terme employé récemment par le journaliste Bernard Thomas par analogie avec la « république des avocats » de la Troisième République française (*Les confrères*, Lëtzebuerger Land, 2 juillet 2016).

2 Majerus, Nicolas, *L'évolution de la justice et du droit. Le Luxembourg. Livre du centenaire*, Luxembourg, Saint-Paul, 1948 ; Majerus, Nicolas, *Histoire du droit dans le grand-duché de Luxembourg*, 2 vol., Luxembourg, Saint-Paul, 1949 ; Metzler, Léon, *Mélanges de droit luxembourgeois*, Bruxelles/Luxembourg, Buylant/Beffort, 1949 ; Arendt, Ernest (avec la collaboration de Joseph Vezzani), *Le Barreau du Grand-Duché de Luxembourg*, Luxembourg, Joseph Beffort, 1957 ; Loesch, Jacques, *Quels avocats avons-nous ? Séance du 25 mars 2009*, Volume XIII, *Actes de la Section des sciences morales et politiques*, Institut grand-ducal, Luxembourg, Institut grand-ducal, 2010, 61–90.

https://doi.org/10.1515/9783110679656-015

Bas bourguignons, espagnols, autrichiens et donc dans le comté puis duché de Luxembourg : les avocats, les procureurs et les notaires. Mais, contrairement à d'autres régions plus centrales, les compétences et les territoires n'étaient pas aussi clairement délimités dans cette province située en périphérie des Pays-Bas.

Au 16e siècle, le praticien du droit coutumier est progressivement remplacé par les avocats et procureurs du droit canon et du droit romain, enseigné dans les universités qui se sont développées depuis le Moyen Âge à partir de l'Italie du nord. Mentionnons pour les Pays-Bas la création de l'université de Louvain en 1425.[3] Cet ancien droit cède également sa place à la législation du prince avec ses édits, ordonnances et « styles de procédure ». Sur le modèle du Parlement de Paris sont créés les conseils de justice de Flandre, du Brabant, de Hainaut, de Namur, de Luxembourg.

L'édit de Charles Quint du 11 septembre 1532 « portant règlement pour le conseil de Luxembourg » distingue entre avocats (« *Advokaten* ») et procureurs (« *Momperen* ») ou praticiens (« *Practicanten* »), « *postulant* » au tribunal.[4] Les avocats, issus des classes supérieures, étaient ceux qui disposaient au moins d'une licence en droit. Ils étaient qualifiés de « maîtres » alors que les avocats avec un doctorat en droit étaient appelés « messires ». Les avocats constituaient un ordre particulier – mais non une corporation –, faisaient partie du Conseil provincial et jouissaient dans ce contexte de privilèges comme l'exemption d'impôts et un droit de préséance lors des cérémonies publiques.[5] Or, les avocats formés en droit étaient rares au Luxembourg, trop rares comme le précise l'édit de 1532 : « Quant aux advocatz pour le présent oudict pays ne sont à recouvrer personaiges graduez, ne qui soyent ydoines ne souffisans pour exercer ledict estat dadvocat, par quoy convient prendre et tollerer les plus ydoines practiciens que on pourra recouvrer ; et neantmoins pour tenir aucun ordre quant ausdicts praticiens [...] . »[6]

Voilà pourquoi les procureurs, bien que moins payés, non organisés en ordre et non admis au Conseil provincial, exerçaient en fait dans la province du Luxembourg les mêmes fonctions que les avocats, dont beaucoup préféraient entrer dans la magistrature et l'administration. Dans les autres provinces des Pays-Bas mais

3 Martyn, Georges, *L'influence du modèle français sur les barreaux belges (avant et après 1810)*, in : Ordre des avocats du barreau de Liège (ed.), *Deux siècles de libertés, Colloque multidisciplinaire organisé les 8 et 9 septembre 2011 par l'Ordre des Avocats du barreau de Liège à l'occasion de son bicentenaire*, Liège, Ordre des Avocats du barreau de Liège, 2011, 11–25.

4 Majerus, Nicolas, *Histoire du droit*, vol. 2, op. cit., 541.

5 Van Werveke, Nicolas, *Création du Barreau*, L'Indépendance luxembourgeoise (25.11.1924), 2.

6 Recueil des ordonnances des Pays-Bas, *Deuxième série, 1506–1700*, Tome troisième, par J. Lameere, Bruxelles, J. Goemaere, 1902, 350–368.

aussi en France, avocats et procureurs se distinguaient par leurs compétences et par leurs fonctions. L'avocat, diplômé en droit, remplissait le rôle de conseil juridique et plaidait alors que le procureur, non diplômé, remplissait le rôle de la représentation judiciaire. Il représentait la partie devant une juridiction et avait l'exclusivité de la procédure.[7]

Au comté puis au duché de Luxembourg, pour les uns comme pour les autres, il n'y avait à l'époque pas d'examen de prévu. Les procureurs étaient formés sur le tas, avaient appris à « faire escripture en bonne forme » pendant plusieurs années comme clercs auprès d'autres procureurs ou d'avocats. Au 18e siècle, la fonction de procureur fut davantage réglementée. Par les styles de procédure de 1752 et 1756, plusieurs conditions furent ajoutées : domicile dans la province, stage de deux ans consécutifs dans l'étude d'un praticien jurisconsulte admis par le Conseil, certificat de ce praticien sur le stage, le comportement de l'aspirant, un examen subi devant deux commissaires, admission en pleine assemblée de justice.[8] Joseph II renforça encore les exigences en 1782 au niveau de la formation et des compétences en demandant « des attestations suffisantes d'avoir fait une année au moins de philosophie dans nos états, d'avoir fréquenté assiduement pendant quatre ans consécutifs l'étude d'un avocat postulant pardevant le même Conseil [...]. »[9]

Les avocats comme les procureurs étaient nommés et surveillés par le Conseil provincial. Les avocats luxembourgeois s'organisèrent sous forme de barreau au 17e siècle, le 10 octobre 1630, principalement pour défendre leur privilège de préséance lors de processions religieuses.[10] Contrairement aux centres politiques de France, d'Allemagne ou des Pays-Bas, le cumul de fonctions, procureur et notaire, mais encore clerc, mayeur, échevin, etc., était souvent de mise au comté puis duché de Luxembourg. Concernant les notaires de l'époque dans la province luxembourgeoise des Pays-Bas, Nicolas Majerus note ainsi dans son *Histoire du droit* : « Les revenus des notaires qui étaient de simples gratte-papiers étaient minimes et la plupart d'entre eux se vit forcée d'exercer l'emploi de procureur pour pouvoir nourrir une famille. »[11]

---

7 Martyn, Georges, op. cit., 17–18.

8 Majerus, Nicolas, *Histoire du droit*, vol. 2, op. cit., 543.

9 Id., 544.

10 Van Werveke, Nicolas, op. cit.

11 Majerus, Nicolas, *Histoire du droit*, vol. 2, op. cit., 545.

2 L'empreinte de la période française

Les deux décennies entre l'annexion des Pays-Bas méridionaux à la France en 1795 et leur reconquête par les forces alliées en 1814, avec l'introduction d'une nouvelle organisation judiciaire et administrative[12] et de nouveaux codes, sont décisives pour l'histoire du droit luxembourgeois (voir aussi les autres chapitres consacrés à cette période dans cet ouvrage).[13] Le concept français de barreau[14] sera également déterminant au Luxembourg au début du 19ᵉ siècle. En France, l'Assemblée constituante (1789–1791) avait profondément réorganisé le droit et les procédures, tant au civil qu'au pénal. Les changements de l'Assemblée constituante visaient également la profession des avocats et leurs ordres.[15]

Dans un souci de rupture avec la société d'ordres de l'Ancien régime, la loi des 16–24 août 1790 avait ôté le monopole de la défense aux membres du barreau et voulait offrir la possibilité à tout citoyen de plaider sa cause lui-même. L'Assemblée constituante avait ensuite dissout l'ordre des avocats par le décret des 2–11 septembre 1790 : « Les hommes de loi, ci-devant appelés avocats, ne devant former ni ordre ni corporation, n'auront aucun costume particulier dans leurs fonctions. » Le décret du 15 décembre 1790 précise, dans son article 4, que « les parties auront toujours le droit de se défendre elles-mêmes verbalement et par écrit, d'emprunter le ministère d'un défenseur officieux pour la défense soit verbale, soit par écrit. » Bien souvent, les « défenseurs officieux » sont d'anciens

---

12 Ainsi peut-on lire dans le Courrier du Grand-Duché de Luxembourg, 10 juin 1846, 1 : « Parmi les conquêtes morales et politiques faites par la révolution de 1789 sur l'ancien ordre des choses, on doit ranger en première ligne l'établissement d'une législation unique et uniforme : ce bienfait s'est étendu sur plusieurs contrées limitrophes dont les destinées furent pendant plusieurs années confondues avec celles de l'empire français ; et notre patrie a été de ce nombre. Pour faire comprendre tout ce qu'une législation une et unique, une législation vraiment nationale présente d'utilité et de progrès philosophique et social, nous n'avons besoin que de rapporter un fait juridique et historique. Avant la réunion des anciens Pays-Bas à la France, le droit civil du pays se composait : a) des placets et ordonnances des souverains b) des coutumes particulières des villes et territoires c) des usages généraux de chaque province, d) du droit romain, e) des statuts des villes, f) des arrêts des cours souveraines, g) des sentences des juges subalternes. »

13 Holthöfer, Ernst, *Beiträge zur Justizgeschichte der Niederlande, Belgiens und Luxemburgs im 19. und 20. Jahrhundert* (Rechtsprechung. Materialen und Studien. Veröffentlichungen des Max-Planck-Instituts für Europäische Rechtsgeschichte, vol. 6), Frankfurt am Main, Vittorio Klostermann, 1993.

14 Leuwers, Hervé, *L'invention du barreau français, 1660–1830. La construction nationale d'un groupe professionnel*, Paris, Ed. EHESS, 2006.

15 Gazzaniga, Jean-Louis, *Les avocats pendant la période révolutionnaire*, in : Badinter, Robert (ed.), *Une autre Justice*, Paris, 1989, 363–380. Pour la Belgique, voir Coppein, Bart/de Brouwer, Jérôme, *Histoire du Barreau de Bruxelles 1811–2011*, Bruxelles, Bruylant 2012.

avocats et magistrats, cependant il n'existe plus aucun contrôle de qualité des personnes exerçant cette fonction.

La dualité entre avocats et procureur fut ainsi introduite sous une nouvelle forme par la législation révolutionnaire. Par le décret des 29 janvier et 20 mars 1791 les avoués sont institués à la place des anciens procureurs (art. 3) : « Il y aura auprès des tribunaux de district des officiers ministériels ou avoués, dont la fonction sera exclusivement de représenter les parties, d'être chargés et responsables des pièces et titres des parties, de faire des actes de forme nécessaires pour la régularité de la procédure, et mettre l'affaire en état. Ces avoués pourront même défendre les parties, soit verbalement, soit par écrit, pourvu qu'ils soient expressément autorisés par les parties, lesquelles auront toujours le droit de se défendre elles-mêmes verbalement et par écrit, ou d'employer le ministère d'un défenseur officieux pour leur défense, soit verbale, soit par écrit. »[16] Le décret du 14–17 avril 1791 fixe les fonctions d'avoué. Supprimés en brumaire de l'an II (lois du 24 octobre et 1793), des fondés de pouvoir gratuits leur succèdent. Ils réapparaissent définitivement le 27 ventôse an VIII (18 mars 1800).[17]

La suppression des avoués et, en fin de compte, des droits de la défense devant les juridictions révolutionnaires par les lois de l'An II, s'avéra un échec et fut révisée sous le Consulat. À la suite de la conquête française du duché de Luxembourg, la nouvelle loi du 18 mars 1800 qui rétablissait les avoués auprès de chaque tribunal et leur accordait un monopole pour représenter les parties et accomplir les actes de procédure fut introduit dans le département des Forêts comme dans les autres « départements réunis », c'est-à-dire dans l'ancienne principauté de Liège et les Pays-Bas autrichiens. En effet, depuis et en vertu des arrêtés des 20 vendémiaire et 26 brumaire an IV, l'ordre judiciaire français avait effectivement été établi dans le département des Forêts.

Mais l'ancienne dualité avoués-avocats reprit le dessus. Malgré son aversion des avocats et leur esprit d'indépendance — il parla des avocats comme « des factieux et des artisans de crime et de trahison », Napoléon Bonaparte rétablit finalement les écoles de droit par la loi du 13 mars 1804 qui prévoyait également un tableau des avocats auprès des tribunaux. D'après cette loi, les avoués devaient de leur côté désormais être titulaires d'une licence en droit pour plaider. Le décret du 14 décembre 1810 souligna même la prédominance des avocats. Les droits de

---

16 Buyle, Jean-Pierre/Lenaerts, Jean-Sébastien, *Le monopole de l'avocat : privilège anachronique ou impérative nécessité ?*, in : *Les monopoles professionnels*, Anthemis (2010), 21–80 (historique p. 21–29), ici 24.

17 Voir Rials, Stéphane/Alland, Denis (ed.), *Dictionnaire de la culture juridique*, Paris, 2003, 1106s.

plaidoirie des avocats furent renforcés aux dépens des avoués. L'incompatibilité entre les fonctions d'avocat, d'avoué et de notaire fut proclamée.

En 1804 et en 1810 entrent donc en vigueur en France[18] et à Luxembourg, devenu département des Forêts, la loi du 22 ventôse an XII (13 mars 1804) relative aux écoles de droit (rétablissant les tableaux d'avocats et ainsi la profession elle-même), le décret impérial du 19 juillet 1810 sur la postulation et surtout le décret du 14 décembre 1810 organisant les barreaux. Ce deuxième texte est la traduction, par le pouvoir exécutif, du principe établi par la loi de l'an XII. L'article 38 de la loi du 22 ventôse an XII disposait en effet que : « Il sera pourvu par des règlements d'administration publique à l'exécution de la présente loi, et notamment à ce qui concernera : [...] 7° La formation du tableau des avocats et la discipline du barreau. » L'article premier du décret du 14 décembre 1810 disposait : « En exécution de l'article 29 de la loi du 22 ventôse an XII, il sera dressé un tableau des avocats exerçant auprès de nos cours impériales et de nos tribunaux de première instance. » En effet, le 14 décembre 1810, après quatre années de travaux préparatoires et huit projets successifs, fut finalement adopté un décret contenant règlement sur l'exercice de la profession d'avocat et la discipline du barreau. Si l'accès à la barre était réservé aux avocats admis à un tableau, le barreau de modèle napoléonien était mis sous tutelle du pouvoir public.[19]

Ainsi, les membres du conseil de discipline et le bâtonnier étaient nommés par le procureur général (art. 19 à 21).[20] Chaque ordre est soumis à l'approbation des autorités judiciaires et du grand-juge, ministre de la Justice (art. 4 à 6). Pour plaider hors du ressort de la cour ou du département, il faut l'autorisation du grand-juge (art. 10). Les avocats doivent prêter un serment politique de fidélité à l'Empereur (art. 14). C'est le procureur général qui désigne le bâtonnier et les membres du conseil de discipline, sur la base d'une liste élue par les avocats (art. 19 à 21). Les tribunaux ou le ministre de la Justice disposent d'un droit de sanction. Ce dernier pouvait rayer un avocat du tableau sans même l'avoir entendu (art. 39 et 40). En rétablissant les barreaux, Napoléon les musela en même temps.

Toutefois, le décret du 14 décembre 1810 comporte au moins trois points fondamentaux qui deviennent les pierres angulaires du développement des deux barreaux luxembourgeois de Luxembourg et de Diekirch : (1) l'expression « ordre

---

18 Buteau, Henry, *L'ordre des avocats, ses rapports avec la magistrature. Histoire, législation, jurisprudence*, thèse de doctorat, Droit, Paris, Larose, 1895

19 Halpérin, Jean-Louis (ed.), op. cit., 69 et suivantes ; Martyn, Georges, *Evoluties en revoluties in de Belgische advocatuur*, in : Heirbaut, Dirk/Rousseaux, Xavier/Velle, Karel (edd.) *Histoire politique et sociale de la Justice en Belgique*, Bruges, la Charte, 2004, 227 et suivantes.

20 Arendt, Ernest (avec la collaboration de Joseph Vezzani), *Le Barreau du Grand-Duché de Luxembourg*, Luxembourg, Joseph Beffort, 1957, 7sv.

des avocats » désignant le collectif professionnel (article 9 : « Ceux qui seront inscrits au tableau formeront seuls l'ordre des avocats »),[21] (2) les conditions d'inscription au tableau et (3) la création de conseils de discipline. En effet, en ce qui concerne l'inscription au tableau, l'article 12 du titre 2, qui dispose que « à l'avenir, il sera nécessaire, pour être inscrit au tableau des avocats près d'une cour impériale, d'avoir prêté serment, et fait trois ans de stage près l'une desdites cours, et pour être inscrit au tableau près d'un tribunal de première instance, d'avoir fait pareil temps de stage devant les tribunaux de première instance. Le stage peut être fait en diverses cours ou tribunaux, mais sans pouvoir être interrompu plus de trois mois ».

En 1815, sous le régime hollandais de Guillaume Ier, aucun grand changement n'intervient pour les avocats des neuf départements belges. La législation napoléonienne a donc continué à régir les barreaux des Pays-Bas et elle a été un instrument de pouvoir pour le roi Guillaume Ier. Seule nouveauté procédurale : l'article 2 de l'arrêté royal du 25 février 1817 impose aux avocats de renouveler leur serment professionnel et de jurer fidélité au roi et soumission à la constitution.[22] En France, les avocats obtiennent de Louis-Philippe le droit de choisir eux-mêmes leurs représentants et s'affranchir ainsi de la tutelle des pouvoirs publics (1830). En Belgique, après la Révolution belge, l'arrêté royal du 5 août 1836 contenant règlement sur la profession d'avocat et sur la discipline du barreau modifie le décret napoléonien de 1810. Il reproduit en grande partie le décret de 1810, mais en modifie quelques articles cruciaux au nom des libertés nouvelles introduites par la Révolution belge, en premier lieu en abrogeant la nomination du bâtonnier et des membres du conseil de discipline par le procureur général au profit de l'élection par les avocats eux-mêmes et en limitant le pouvoir du ministre de la Justice. Au grand-duché de Luxembourg, dans la partie contrôlée par Guillaume Ier, donc la ville-garnison de Luxembourg, un arrêté souverain du 21 juin 1836 avait

---

21 Selon Ernest Arendt : « on entend par "Ordre" de religion, de chevalerie ou autres, des compagnies, corporations ou organes d'un État, dont les membres, par vœu ou par serment, se soumettent à des règles uniformes, dont leur ensemble est comptable, comme leurs membres, vis-à-vis des autres hommes. » Voir Arendt, Ernest, op. cit., 27.

22 *Journal officiel du Royaume des Pays-Bas*, X, 13 (1817), 3. Voir aussi Martyn, Georges, *L'influence du modèle français sur les barreaux belges (avant et après 1810)*, op. cit., 11–25, et Martyn, Georges (avec la collaboration de Quintelier, Bart), *L'introduction des barreaux de modèle napoléonien dans les Neuf Départements et leur évolution au XIXe siècle*, in : Leuwers, Hervé (ed.), *Juges, avocats et notaires dans l'espace franco-belge. Expériences spécifiques ou partagées (XVIIIe-XIXe siècle)* (Justice and Society, II), Brussels, Algemeen Rijksarchief-Archives Générales du Royaume, 2010, 85–101.

accordé aux avocats la faculté d'exercer les fonctions d'avoués. Il fut confirmé, vu le nombre insuffisant d'avoués, par l'arrêté royal-grand-ducal du 16 mars 1842.

3 L'évolution dans le Grand-Duché indépendant

En 1862, le Grand-Duché de Luxembourg compte 30 avocats-avoués. Peu nombreux, ils n'en constituent pas moins une petite élite au sein de l'élite judiciaire mais aussi politique et sociale du pays. La première révolution industrielle gagne le Luxembourg et fait augmenter, avec l'activité économique, le contentieux devant les juridictions luxembourgeoises et partant l'importance des avocats dans la société luxembourgeoise. Ainsi, on peut lire dans un journal de l'époque :

> Un membre du barreau nous communique l'intéressant travail statistique que voici et qui donnera au public une idée exacte de l'augmentation considérable des affaires judiciaires de l'arrondissement de Luxembourg pendant les vingt dernières années : De 1850 à 1860, le nombre des actes portés sur le répertoire du greffe était de onze à douze cents par an. En 1874, ce chiffre s'est élevé à 2321. [...] Cet accroissement considérable des affaires judiciaires est la conséquence naturelle du développement du commerce et de l'industrie, de la multiplicité des transactions, de la construction des chemins de fer, en un mot, de la fortune publique.[23]

En 1880, on trouve à Luxembourg-Ville de plus en plus de ménages aisés, dont le « père de famille » avait fait des études de droit, est avocat ou ancien avocat, étant devenu, après quelques années au barreau, magistrat ou haut fonctionnaire.[24]

Au Luxembourg, alors que la pratique concernant les règles du barreau changea au fil des années et que les textes napoléoniens furent appliqués *mutatis mutandis* en fonction des évolutions politiques, la prochaine grande réforme

---

23 L'indépendance luxembourgeoise (2 février 1875), 3.

24 Voir Weber, Josiane, *Familien der Oberschicht in Luxemburg. Elitenbildung & Lebenswelten, 1850–1900*, Luxembourg, 2013, notamment les listes p. 538–547; et Weber, Josiane, *Politische Eliten in Luxemburg: die Rekrutierung der Minister in der zweiten Hälfte des 19. Jahrhunderts*, Forum für Politik, Gesellschaft und Kultur Luxembourg 314 (jan. 2012), 21–24. La famille d'Alexis Brasseur est un exemple de l'importance croissante de la fonction d'avocat dans la société luxembourgeoise : Alexis Brasseur (1833–1906), prestation de serment en tant qu'avocat en 1858 et en tant qu'avocat-avoué en 1861, et ses fils Lexi Brasseur (1860–1924) et Robert Brasseur (1870–1934), ce dernier ayant été élu quatre fois bâtonnier (en l'année judiciaire 1918–1919 ; 1919–1920 ; 1930–1931 et 1931–1932). Robert fut également président-fondateur de l'Union internationale des avocats (1929–1930). Voir Mersch, Jules, *Deux branches de la famille BRASSEUR*, in : *Biographie nationale du pays de Luxembourg*, fasc. 19, Luxembourg 1959, 77–153.

légale se fit seulement en 1882 et elle fut largement inspirée de l'arrêté belge de 1836. La loi du 23 août 1882 sur l'ordre disciplinaire du barreau dispose dans son article premier :

> Les chambres d'avoués sont supprimées. Leurs attributions, à l'exception de celles d'ordre disciplinaire, qui sont abolies purement et simplement, sont conférées dans chaque siège au conseil de l'ordre des avocats, s'il en existe un. Le régime disciplinaire organisé pour les avocats est applicable aux faits ressortissant au ministère d'avoué. Les cours et tribunaux jugeront en chambre du conseil les affaires disciplinaires dont ils auront à connaître à charge d'avocats ou d'avoués.

L'arrêté royal grand-ducal du 23 août 1882 sur l'exercice de la profession d'avocat et sur la discipline du barreau, qui règle les détails, se réfère toujours à la loi du 22 ventôse an XII et du décret du 14 décembre 1810 mais désire « rétablir l'harmonie nécessaire entre les dispositions qui régissent la constitution de l'ordre des avocats et la législation politique actuelle de Notre Grand-Duché ». L'arrêté royal grand-ducal abroge ou modifie ainsi toute une série d'articles du décret du 14 décembre 1810 qui reste cependant toujours en vigueur.

Conformément à l'esprit libéral de la Constitution luxembourgeoise de 1868, les aspects interventionnistes et autoritaires du décret impérial de 1810 furent réformées, comme l'a bien résumé Ernest Arendt :

> On résolut donc d'abolir le serment annuel des avocats inscrits au tableau, de leur accorder le droit de s'assembler et de délibérer librement, de supprimer la faculté accordée au ministre de la Justice d'infliger une peine disciplinaire à un avocat, de permettre au conseil de discipline, et, à son défaut, au tribunal, de dresser le tableau, de faire élire directement les membres du conseil de discipline et le bâtonnier par les avocats inscrits, de charger le bâtonnier de la désignation des avocats en cas d'assistance gratuite et de supprimer l'approbation par le président de la Cour et le procureur général d'une décision disciplinaire prononçant la radiation d'un membre du tableau.[25]

Aujourd'hui encore, le serment spécifique des avocats luxembourgeois est proche de la formule de celui que prêtent les avocats belges.

Par ailleurs, la loi du même 23 août 1882 sur le stage judiciaire disposait notamment que : « Pour être inscrit à l'avenir au tableau des avocats, prévu par le décret du 14 décembre 1810 sur la profession d'avocat, il sera nécessaire d'avoir fait un stage de trois ans et d'avoir obtenu un certificat de capacité délivré sur un examen pratique. »

---

25 Arendt, Ernest, op. cit., 9.

La loi du 18 février 1885 sur l'organisation judiciaire traitant des avocats sous le titre « § 4 Des avocats-avoués », soulignait notamment le monopole des plaidoiries de l'avocat en justice en disposant dans son article 91 que « les avocats-avoués ont seuls le droit de postuler, c'est-à-dire, de représenter les parties devant la cour supérieure de justice, et devant les tribunaux d'arrondissement auxquels ils sont attachés, de conclure pour elles, de recevoir leurs pièces et titres afin de les présenter aux juges, et de faire et signer les actes nécessaires pour la régularité de la procédure, et pour mettre l'affaire en état de recevoir jugement » et dispose finalement dans son article 92: « Le ministère d'avoué est compatible avec l'exercice de la profession d'avocat. Les fonctions d'avoué près la cour et le tribunal de Luxembourg peuvent être exercées cumulativement ou séparément. » Cette compatibilité perpétue en quelque sorte la pratique historique d'Ancien Régime. Le cumul était en fait la règle.[26] Dans son article 96, il est ensuite statué : « Des règlements d'administration publique détermineront tout ce qui concerne la constitution de l'ordre des avocats et la discipline du barreau. »

Il faudra attendre les années 1970 avant que les ministres de la Justice Schaus et Krieps ne procèdent à de premiers changements réglementaires et signent respectivement un règlement grand-ducal du 25 juin 1971 portant organisation du stage judiciaire et réglementant l'accès au notariat, et un règlement grand-ducal du 21 janvier 1978 portant organisation du stage judiciaire et réglementant l'accès au notariat.

Jusqu'à la loi du 10 août 1991 sur la profession d'avocat, les textes de base sur la profession d'avocat dataient donc en effet toujours de l'époque impériale et du 19e siècle : les décrets du 19 juillet et du 14 décembre 1810 sur la postulation et sur l'exercice de la profession d'avocat, ensuite la loi du 23 août 1882 sur la discipline du barreau et la loi sur l'organisation judiciaire et les règlements d'ordre intérieur pour la cour et les tribunaux d'arrondissement, dont les dispositions qui concernent la profession d'avocat remontaient également à 1885. En considération du fait que l'exercice cumulatif de la profession d'avocat et du ministère d'avoué était permis et constituait même la règle, le régime disciplinaire organisé par les avocats était donc également applicable aux faits ressortissant au ministère d'avoué.

L'organisation du barreau est donc en place dès le début du 19e siècle et ses structures témoignent d'une grande pérennité : tableau des avocats, organisation

---

26 En droit, on pouvait donc théoriquement distinguer le conseil, qui revient à l'avocat, de la représentation en justice, qui appartient à l'avoué. Mais au Luxembourg, la distinction n'avait jamais réellement d'intérêt pratique, alors que les deux fonctions ont de fait toujours été cumulées. Voir Arendt, Ernest, op. cit., 36–39.

en deux barreaux (Luxembourg et Diekirch), formation (docteur en droit), stage judiciaire, prestation de serment, secret professionnel, compatibilité et cumul entre avocat et avoué, incompatibilité avec les places de l'ordre judiciaire (sauf celle de suppléant), avec celles de greffier et de notaire, mais possibilité d'être attaché au ministère de la Justice ...

Dans la continuité avec l'Ancien Régime, le Luxembourg n'avait pas d'université au 19e et au 20e siècle, obligeant les étudiants en droit à accomplir leurs études juridiques dans des universités étrangères, surtout françaises, belges et allemandes. Ensuite, ils devaient passer trois examens devant des commissions nommées par le gouvernement pour recevoir finalement le titre de docteur en droit. Un stage de trois ans et un examen de stage leur permettaient ensuite d'accéder aux fonctions d'avocat-avoué (« *Advocat-Anwalt* »), fonctions rassemblées au Luxembourg, contrairement à l'étranger, entre les mêmes mains.[27] En 1922–1923 est finalement fondée la Conférence du Jeune Barreau[28], suivant l'exemple notamment de la Conférence du Jeune Barreau de Bruxelles, fondée en 1841.

---

27 Eyschen, Paul, *Das Staatsrecht des Großherzogtums Luxemburg*, Tübingen, J.C.B. Mohr, 1910, 100–101.

28 Arendt, Ernest, op. cit., 32sv. Voir aussi, L'indépendance luxembourgeoise (17 octobre 1922), 1 : « Samedi passé la Conférence du Jeune Barreau a tenu sa séance de rentrée sous la Présidence de Maître [Benjamin] Bonn, Bâtonnier, qui a assuré les membres de l'intérêt que lui-même et le Conseil de l'Ordre leur portent. [...] Maître [Tony] Pemmers, Président de la Conférence, en a développé le programme, qui comporte des réunions fréquentes, au cours desquelles seront débattues des questions d'ordre juridique et professionnel. Elle entretiendra des relations suivies avec les Conférences du Barreau français et belge, s'appliquant ainsi à faire passer un souffle d'air frais dans la vie du Palais. D'autre part la question des examens de droit retiendra également son attention. Pour que la carrière juridique pût déverser son trop-plein sur les pays environnants, il faudrait d'abord doter les jeunes avocats, qui forment dans la jeunesse intellectuelle l'élément le plus souple, possédant les vues les plus larges et les plus grandes facilités d'adaptation, de grades universitaires ayant une valeur à l'étranger. Rappelant l'avis émis par une commission dont faisait partie le ci-devant Maître Léon Metzler, Me Pemmers voit le remède dans l'octroi d'équivalences et dans une réforme de l'enseignement, tendant à ce qu'une partie des examens soient passés aux Universités. Il pria les députés présents de rappeler à la Chambre que les intellectuels attendaient impatiemment une nouvelle loi sur la Collation des Grades. Maître Albert Wehrer, Secrétaire, fit à l'assemblée un rapport très circonstancié et très documenté sur le fonctionnement de la Conférence des Avocats de Paris et de la Conférence du Jeune Barreau de Bruxelles, que la Conférence luxembourgeoise prendra comme modèles. Il exposa l'historique de ces institutions qui jouent en France et en Belgique, un rôle de tout premier ordre. Beaucoup d'hommes politiques, qui font actuellement la gloire de leurs pays, ont débuté dans ces conférences. Maître Wehrer donna lecture de plusieurs lettres de confrères étrangers, exprimant leur joie au sujet de la constitution de la Conférence luxembourgeoise et donnant à celle-ci des conseils pratiques de grande importance. Le Comité a été invité à Bruxelles pour les réceptions et les cérémonies de rentrée qui auront lieu à la fin du mois. Il ne manquera pas de s'y rendre.

4 La rupture de l'Occupation nazie

L'organisation judiciaire héritée du 18e-19e siècle fut complètement remaniée au cours d'un moment historique particulier du 20e siècle : la Seconde Guerre mondiale et l'instauration d'un régime autoritaire par l'occupant allemand.

Comme le montre Elisabeth Wingerter dans son chapitre sur la justice sous l'Occupation nazie pendant la Seconde Guerre mondiale, l'annexion de fait du Grand-Duché et sa transformation en Gau sous administration civile allemande aboutit également à l'abolition de l'organisation judiciaire luxembourgeoise. En fait, comme les autres domaines, la justice était mise sous la tutelle du Chef der *Zivilverwaltung*, le *Gauleiter* Gustav Simon, en charge de la « germanisation » du pays, aux dépens d'autres structures du pouvoir nazi comme les *Reichsministerien*.

Pour atteindre son but, Simon fait promulguer une première ordonnance le 6 août 1940 qui interdit l'usage de la langue française en public. Le 12 août 1940, le président du tribunal d'arrondissement de Luxembourg, Paul Faber, proteste en séance publique contre le décret interdisant l'emploi de la langue française. Au nom du barreau, le bâtonnier Maurice Neuman se rallie à la déclaration solennelle du président. L'occupant avait apparemment des soucis particuliers avec les juristes luxembourgeois et notamment avec les membres du barreau socialisés dans un « état libéral-démocratique ».[29]

Même si la Cour supérieure de justice fut abolie et si le Luxembourg fut placé sous la juridiction du *Oberlandesgericht* de Cologne, en tant que sixième district, cette restructuration fut décidée par le CdZ sur les plans des infrastructures, du personnel et des règlementations juridiques.[30] Les « *Kommissare für die*

Maître René Blum, député, soumettra à la Conférence tous les projets de loi présentant un intérêt juridique. Il fera état à la Chambre des avis émis par la Conférence. Ce projet est accueilli avec sympathie par l'assemblée. Maître Brasseur, député, engagea les Jeunes à s'inspirer, durant toute leur carrière, des grands exemples fournis par les Barreaux de Paris et Bruxelles. Avec une chaleur qui força l'admiration de l'assemblée, il conseilla aux Jeunes de rechercher toujours la perfection de la forme et de cultiver, en même temps que l'éloquence judiciaire, les sentiments de courtoisie et de confraternité. » La Conférence du Jeune Barreau (pour les jeunes avocats des deux Ordres) a d'abord été un groupement sans personnalité juridique, avant de s'organiser en 2005 sous la forme d'une association sans but lucratif.

29 Herbers, Matthias, *Organisationen im Krieg. Die Justizverwaltung im Oberlandesgerichtsbezirk Köln 1939–1945*, Beiträge zur Rechtsgeschichte des 20. Jahrhunderts 71, Tübingen, Mohr Siebeck 2012. Voir notamment p. 98 et suivantes. Voir aussi Weber, Paul, *Geschichte Luxemburgs im Zweiten Weltkrieg*, Luxemburg, 1946, 101.

30 Voir Löffelsender, Michael, *Kölner Rechtsanwälte im Nationalsozialismus/Eine Berufsgruppe zwischen « Gleichschaltung » und Kriegseinsatz*, Beiträge zur Rechtsgeschichte des 20. Jahrhunderts 88, Tübingen, Mohr Siebeck, 2015.

Justizverwaltung» chargés de la réorganisation travaillaient sous la direction du représentant du *Gauleiter*, le *Gaurechtsamtleiter* Dr Friedrich Münzel, né en 1901, *Regierungsdirektor* depuis 1934 ayant exercé comme juge (*Amtsrichter* et *Landrichter*) à Coblence.

Le CdZ entreprit également la mise au pas des avocats.[31] En automne 1940, à la rentrée judiciaire, le barreau de Luxembourg comptait[32] 79 avocats et 35 avocats-stagiaires.[33] Le Conseil de l'ordre se composait pour l'année judiciaire 1940–1941 du bâtonnier Jean-Pierre Schmit, des membres Auguste Thorn, doyen du barreau, Maurice Neuman (qui avait été bâtonnier lors de l'année judiciaire 1939–1940), Eugène Schaus, Robert Elter, Tony Biever et Joseph Kaufmann, secrétaire. Le barreau de Diekirch avait en 1940–1914 13 avocats et 2 avocats-stagiaires autour du bâtonnier Constant Wolff, du secrétaire du Conseil de l'ordre André Origer et de Léon Hetto. Carl Dietrich, le président de la *Rechtsanwaltkammer* de Cologne, ainsi que son représentant, l'avocat de Trèves, Walther Goldberg, furent chargés de cette tâche. Ils furent aidés par le *Referent-Assessor* Alfons Trossen et le *Kreisleiter des Personalamts* Hermann Unger.

Dans le cadre des mesures antisémites promulguées pour le Luxembourg par le *Gauleiter* en septembre 1940, la circulaire zur *Beseitigung des jüdischen Einflusses auf das öffentliche Leben in dem mir als Chef der Zivilverwaltung in Luxemburg unterstehenden Gebiet* concernait également les avocats. Elle ordonnait l'exclusion de personnes définies par les nazis comme juives de la fonction publique, y compris de l'enseignement, et leur interdisait l'exercice de certaines professions libérales (avocat, médecin, dentiste, vétérinaire, pharmacien).[34]

Dans leur volonté de rallier la population luxembourgeoise à leur cause, de les convaincre de se rendre volontairement «*heim ins Reich*», les avocats ne furent pas intégrés dans la *Rechtsanwaltkammer* de Cologne, mais un *Deutscher*

---

31 Janz, Nina, *Justiz, Richter und Anwälte während der nationalsozialistischen Besatzung im Großherzogtum Luxemburg. Ein Forschungsbericht*, in : Lölke, Janna/Staats, Martina (edd.), *Richten – strafen – erinnern. Nationalsozialistische Justizverbrechen und ihre Nachwirkungen in der Bundesrepublik*, Göttingen 2021, 53–66. Voir aussi Wolter, Roger, *Souvenirs de choses vécues au Barreau de Luxembourg*, in : Bosseler, Nicolas/Steichen, Raymond (L.P.P.D.) (edd.), *Livre d'or de la Résistance Luxembourgeoise de 1940–1945*, Esch-sur-Alzette, 1952, 546s.

32 *Advokatenkammer*, Luxemburger Wort (27 novembre 1940).

33 En 1939–1940, d'après l'Annuaire officiel, le barreau de Luxembourg comptait 83 avocats et 33 avocats-stagiaires et le barreau de Diekirch 9 avocats et 5 avocats-stagiaires (*Annuaire officiel 1940*, Luxembourg, Impr. Victor Buck, 1940, 106–107).

34 Commission spéciale pour l'étude des spoliations des biens juifs au Luxembourg pendant les années de guerre 1940–1945, *La spoliation des biens juifs, 1940–1945, Rapport final*, Luxembourg, 19 juin 2009, http://www.gouvernement.lu/salle_presse/communiques/2009/07-juillet/06-biens-juifs/rapport_final.pdf, 17sv.

Rechtswahrerbund (DRB) pour le Luxembourg affilié à la *Volksdeutsche Bewegung* (VdB)[35], donc non affilié au *Nationalsozialistischer Rechtswahrerbund* (NSRB) du *Altreich* intégré au NSDAP, fut fondé de façon solennelle au Casino de Luxembourg le 26 février 1941 en présence du *Regierungsdirektor* Münzel qui en expliqua le sens :

> Die mit den großen politischen Umwälzungen verbundene Neuformung des gesamten öffentlichen Lebens Luxemburgs, die grundsätzlich auf dessen deutschvölkische Vergangenheit abgestimmt ist und auf historischen Grundlagen sich aufbaut, somit auf der Erkenntnis, daß Luxemburg urdeutsches Land ist, erforderte naturgemäß auch eine Umwälzung im gesamten Rechtsleben Luxemburgs, da auch hier eine Überfremdung eingetreten ist, die dem ursprünglichen Rechtssinn des Volkes widersprach. Den Luxemburgern Rechtswahrern ist nun durch die Gründung des Rechtswahrerbundes Gelegenheit geboten, auch ihrerseits ihre Bereitschaft und ihre Aufgeschlossenheit zu den Forderungen der neuen Zeit unter Beweis zu stellen. [...] In feierlicher Weise verkündete dann der Gaurechtsführer die Gründung eines Rechtswahrerbundes für Luxemburg als Vorläufer des nationalsozialistischen Rechtswahrerbundes, dem alle Rechtswahrer beitreten können, ob sie Richter, Notare, Rechtsanwälte usw. sind. Vorbedingung zum Beitritt ist natürlich die Mitgliedschaft der VdB, da der Rechtswahrerbund in enger Anlehnung an die Volksdeutsche Bewegung aufgezogen wird. Die organisatorische Gliederung des Rechtswahrerbundes sieht eine Zentralstelle in Luxemburg vor und Kreisgruppen, die den Distriktsleitungen der VdB entsprechen. Bei dieser Gelegenheit gab Regierungsdirektor Dr. Münzel bekannt, daß es dem Willen des Chefs der Zivilverwaltung entspricht, daß in Luxemburg der Nachwuchs der Rechtswahrer möglichst aus der Luxemburger Jugend herangezogen werden soll.[36]

Le *Rechtswahrerbund* sera divisé, comme en Allemagne, en sections suivant l'activité des juristes luxembourgeois: *Fachgruppe „Richter-Staatsanwälte"*: Pol Michels; *Fachgruppe „Junge Rechtswahrer"*: Ernst Salentiny; *Fachgruppe „Rechtsanwälte"*: Emil Peters; *Fachgruppe „Wirtschaftsrechtswahrer"*: Leo Wampach; *Fachgruppe „Rechtspfleger"*: Pletschette; *Fachgruppe „Verwaltungsrechtswahrer"*: Drossaert; *Fachgruppe „Patentanwälte"*: Constant De Muyser; et en quatre sections géographiques: Luxemburg: Emil Peters ; Esch/Alzig: Ferdinand Arendt; Diekirch: Heinrich Cravatte; Grevenmacher: Constant Knepper.

Déjà à partir de septembre 1940, l'occupant avait essayé d'endoctriner les juristes luxembourgeois, magistrats, avocats et notamment les avocats-stagiaires, par des stages de formation, avec un succès limité comme le montrent les éva-

35 Dostert, Paul, *Luxemburg zwischen Selbstbehauptung und nationaler Selbstaufgabe. Die deutsche Besatzungspolitik und die Volksdeutsche Bewegung*, Luxembourg, Saint-Paul, 1985.

36 Voir *Rechtswahrerbund innerhalb der VdB – Gaurechtsamtsleiter Dr. Münzel zeichnete den Luxemburger Rechtswahrern die Marschrichtung an. Mitgliedschaft der VdB*, Escher Tageblatt (27 février 1941).

luations faites en mai-juin 1941 par la *Fachgruppe „Junge Rechtswahrer"*, dirigée par un avocat-stagiaire qui avait lui décidé de collaborer, Ernest Salentiny.[37] 19 des 33 avocats-stagiaires refusaient ainsi toujours d'adhérer à la VdB, condition pour devenir membre du *Rechtswahrerbund*, sept autres devaient être réexaminés concernant leur attitude politique.

Le refus d'adhérer à la *Volksdeutsche Bewegung* distingue dans un premier temps le groupe professionnel des avocats d'autres groupes comme les fonctionnaires. Ces derniers avaient décidé d'adhérer collectivement en octobre 1940 à la VdB après la suppression de la Chambre des députés et du Conseil d'Etat et l'arrestation par la Gestapo du président de la Commission administrative, Albert Wehrer, les 22 et 23 octobre 1940. Ces épisodes marquent la fin de ce que l'historien Henri Wehenkel a appelé la « période de double pouvoir et de double jeu » ou la période de la « collaboration impossible » débutée avec l'invasion allemande du 10 mai.[38] Rappelons qu'une commission gouvernementale présidée par le conseiller de gouvernement Albert Wehrer, rebaptisée commission administrative, avait, après le départ du gouvernement luxembourgeois vers la France, reçu les pleins pouvoirs de la part de la Chambre des députés et du Conseil d'État et que ces institutions avaient décidé de collaborer avec les forces d'occupation allemandes, dans le but de sauver une forme d'indépendance pour le pays. Sur initiative du président de la Chambre et ancien ministre d'État, Émile Reuter, la Chambre et la Commission administrative avaient lancé début juillet un appel à la grande-duchesse par lequel elles demandaient son retour au Grand-Duché et la démission du gouvernement. L'instauration d'une administration civile allemande avec le *Gauleiter* à sa tête en août 1940 puis la suppression des institutions luxembourgeoises et l'arrestation du chef du « gouvernement de fait » en octobre 1940 mettent fin à cette illusion de collaboration étatique à la Vichy.

Dans son rapport de février 2015, Vincent Artuso relate le passage vers la soumission jugée inévitable par les autres membres de la Commission administrative au nouvel ordre, avec l'effondrement du refus initial des fonctionnaires d'adhérer à la VdB. Le 24 octobre 1940 est publié dans la presse la *Verordnung über die Einrichtung eines Sonderdienststrafgerichts in Luxemburg*, menaçant les « *unzuverläs-*

---

37 ANLux, CT-03-01-01967, Dossier Affaires Politiques Ernest Salentiny. Cet avocat-stagiaire a été condamné à cinq ans de prison et à 2 millions de francs d'amende pour des faits de collaboration (notamment pour les fonctions exercées dans des organisations nazies jusqu'en 1942 et la dénonciation d'autres avocats-stagiaires en vue de leur radiation du tableau des avocats).

38 Wehenkel, Henri, *La collaboration impossible*, Forum 257 (Juni 2006), 52–54 ; Wehenkel, Henri, *L'aventure historique de Vincent Artuso. Compte-rendu de* La collaboration au Luxembourg durant la Seconde Guerre mondiale (1940–1945), Forum 332 (2013), 57–62.

sige Beamte » de révocation.[39] C'est dans ce contexte qu'il convient de replacer la réunion de la Commission administrative le 25 octobre 1940, décrite par Vincent Artuso: « Ce matin-là, la presse annonçait officiellement la fermeture de la VdB aux fonctionnaires et employés de l'État. Désormais privée de son président, la Commission administrative se réunit à Hôtel des Terres Rouges afin d'y discuter la situation. « Une panique générale régnait dans les rangs des fonctionnaires qui se traduisait par une tendance pour ainsi dire épidémique de se décider pour l'adhésion collective à la VdB », se souvint Joseph Carmes : « Au milieu des débats des membres de la Commission administrative, se présentèrent dans le Hall de l'Hôtel des Terres Rouges un certain nombre de chefs d'administration, fort alarmés des événements et se faisaient l'interprète de l'anxiété de leurs subordonnés qu'ils disaient ne plus pouvoir contenir : « *Mir packen ons Leit net me', wat solle mer machen* ? » [...] Une heure plus tard, se fit annoncer une délégation de professeurs et aussi M. le ministre Margue (qui faisait alors service de professeur) qui venaient se renseigner sur l'attitude prise par la Commission. M. Simmer sortit pour leur donner la réponse suivante, dont il donnait préalablement connaissance à la Commission : « *Mir sin zur Menung komm, dass den Drock elo so' stark ass gin, dass eis Regierung, wann se eremkennt, kengem Beamten e Crime draus ka machen, wann en elô noget* [...] Avant de se quitter, les membres de la Commission administrative encore en fonction décidèrent de lier leur sort à celui des autres fonctionnaires et signèrent une demande collective d'adhésion. »[40]

---

39 *Sonderdienststrafgericht für unzuverlässige Beamte in Luxemburg*, Luxemburger Wort (24 octobre 1940), 3 ; voir aussi l'interview de Bernard Thomas avec l'ancien procureur général d'État Robert Biever dans le Lëtzebuerger Land du 8 janvier 2021 : « Les magistrats ont appliqué bien docilement le droit allemand et nazi » : « Les avocats étaient beaucoup plus indépendants [que les magistrats], plus libres d'esprit, je dirais. Et puis, ils ont une autre approche de la politique. Voyez-vous, beaucoup de magistrats n'aiment pas la politique. Ils n'aiment pas tellement les hommes politiques non plus. Après l'invasion, ils étaient donc très mal à l'aise. Certes, il y en avait qui s'opposaient dès le début. Mais la majorité restait réticente, elle ne savait pas très bien quelle attitude prendre. [...] Le premier test arrive avec la *Volksdeutsche Bewegung* (VdB) : Faut-il y adhérer ou non ? Le 24 octobre 1940 la presse publie une ordonnance menaçant les « *unzuverlässige Beamten* » de déportation vers le Midi de la France et notant que, dès le lendemain, plus personne ne pourrait adhérer à la VdB. Officieusement, on évoquait également les camps de concentration. Ce jour-là, les membres de la Cour supérieure de Justice et du Parquet général ont fait une demande collective. Les autres magistrats ont suivi la démarche du président de la Cour supérieure de Justice et du Procureur général d'État. Mais il y a eu des rares exceptions de gens qui ont refusé : Paul Faber, président du tribunal de l'arrondissement de Luxembourg, Félix Welter, juge de paix, ainsi que les deux attachés de justice Jean Kauffman et Marc Delvaux. »

40 Artuso, Vincent, *La « Question juive » au Luxembourg (1933–1941). L'État luxembourgeois face aux persécutions antisémites nazies, Rapport final*, 125 et suivantes. (https://gouvernement.lu/dam-assets/fr/actualites/articles/2015/02-fevrier/10-bettel-artuso/rapport.pdf).

De leur côté, les avocats décident en octobre 1940 de persévérer dans leur attitude de refus d'adhésion malgré les pressions de la *Zivilverwaltung* qui les menace de radiation du tableau des avocats. Cette menace se traduisit dans les faits avec la *Verordnung über Maßnahmen auf dem Gebiet des Rechtsanwaltsrechts* du 19 avril 1941[41] et la décision de radier définitivement six avocats — Lambert Schaus, Joseph Kaufmann, Fernand Loesch, Albert Philippe, Gaston Diderich, Paul Ruppert — et d'en suspendre quatre autres — Bernard Delvaux, Henri Delvaux, Marthe Glesener, Joseph Wolter. Les journaux précisaient: «*Die bezeichneten Rechtsanwälte bieten nach dem von ihnen gezeigten Verhalten nicht die Gewähr dafür, daß sie jederzeit rückhaltlos in- und außerhalb ihrer Berufstätigkeit die Pflichten, die durch die Einrichtung einer deutschen Verwaltung und mit Rücksicht auf die deutsch-bewußte Haltung der Bevölkerung in Luxemburg, begründet sind, vorbildlich erfüllen.*»[42] Comme l'a récemment souligné Vincent Artuso, cette campagne de répression contre une partie des élites luxembourgeoises au printemps 1941 doit être vue dans le contexte plus large des premiers revers militaires subis par les forces de l'Axe (Britanniques chassant les Italiens d'Afrique du nord, revers de l'armée italienne en Grèce).[43]

Le 2 mai 1941, le *Gauleiter* ordonna le travail forcé pour les avocats, médecins et fonctionnaires destitués en-dessous de 60 ans. Schaus, Kaufmann et Loesch furent astreints au travail forcé à la *Reichsautobahn* dans l'Eifel quelques semaines plus tard.[44] D'autres avocats comme Jean Kauffman, François Goerens, Camille Biever, Joseph Guill, Nic Hommel, Émile Lemmer, Pierre Bauler, Égide Beissel, Tony Biever, Henri Delvaux et Cyrille Heuertz connurent le même sort.[45]

---

41 Quelques semaines plus tôt, le 31 mars 1941, était publiée la *Verordnung über Maßnahmen auf dem Gebiet des Beamtenrechts*, permettant de sanctionner les fonctionnaires.

42 Escher Tageblatt (9 mai 1941).

43 Artuso, Vincent, *La consolation des affligés*, Tageblatt (29.5.2021), 7.

44 Schmitt-Kölzer, Wolfgang, *Bau der « Reichsautobahn » in der Eifel (1939–1941/42). Eine Regionalstudie zur Zwangsarbeit*, Berlin, Pro Business, 2016. Lambert Schaus, conseiller communal à Luxembourg-ville pour le parti de la droite, fut par la suite déplacé au Landsratamt à Cochem avant d'être transplanté à l'est dans les camps de Nestomitz, Schreckenstein et Oberkratzau. Après la guerre, il fut notamment, ministre des Affaires économiques et de l'Armée de 1946 à 1948, ambassadeur en Belgique et auprès de l'OTAN. Fernand Loesch (1900–1984) fut député du parti de la droite/CSV de 1932 à 1940 et de 1945 à 1958.

45 Voir Arend, Alphonse, *Les destitués politiques « Sie bieten nicht die Gewähr »*, in : Bosseler, Nicolas/Steichen, Raymond (L.P.P.D.) (edd.), *Livre d'or de la Résistance Luxembourgeoise de 1940–1945*, Esch-sur-Alzette 1952, 260 et suivantes, et Schaus, Lambert, *L'aventure de l'Autostrade*, in : Bosseler, Nicolas/Steichen, Raymond (L.P.P.D.) (edd.), *Livre d'or de la Résistance Luxembourgeoise de 1940–1945*, op. cit., 270 et suivantes.

Sous le choc de l'annonce de la répression de leurs collègues, plusieurs avocats se réunissent le 14 mai 1941 dans la bibliothèque du barreau au palais de justice, dont le bâtonnier Jean-Pierre Schmit, les (anciens) députés Auguste Thorn (droite)[46], Alphonse Neyens (droite)[47], Jos Thorn (socialiste)[48], Émile Reuter (droite)[49], Georges Govers (socialiste-libéral indépendant)[50] et Aloyse Hentgen

---

46 Sur la vie d'Auguste Thorn (1873–1948), inscrit au barreau en 1897 et bâtonnier à deux reprises (1924–1925 et 1925–1926) et qui fut député de 1917 à 1937 dans les rangs du parti de la droite, voir *Me Auguste Thorn gestorben*, Tageblatt (25 septembre 1948).

47 L'avocat Alphonse Neyens (1886–1971), un des fondateurs en 1903 de l'Association populaire catholique, fut député du parti de la droite en 1914–1915 et également, du 28 septembre 1918 au 19 mars 1925, directeur général des Finances dans le gouvernement dirigé par Émile Reuter.

48 Voir Fayot, Ben, *Joseph Thorn, der Vater des Luxemburger Sozialismus*, Tageblatt (6. November 1983). À partir de 1907, Joseph dit «Jis» Thorn (1883–1953) fut inscrit au barreau de Luxembourg dont il devint le bâtonnier à quatre reprises (1928–1929 ; 1929–1930 et, à nouveau, en 1946–1947 et 1947–48). Lors de l'invasion nazie, il s'enfuit avec sa famille en France, puis au Portugal, mais revint au Luxembourg en juin 1940. Destitué fin juillet 1941, arrêté par la Gestapo le 23 septembre 1941, il fut interné à Hinzert, puis à Dachau. Voir la notice *Joseph Thorn*, in : Bodry, Alex/Fayot, Ben, *120 Jor Sozialistesch Deputéiert an der Lëtzebuerger Chamber*, Luxemburg, La mémoire socialiste, 2016, 186 et suivantes; et sur Joseph Thorn (et son confrère Georges Govers) à Hinzert, voir *Engel*, Marcel/*Hohengarten*, André, *Hinzert – Das SS-Sonderlager im Hunsrück 1939–1945*, Luxembourg, Saint-Paul, 1983, 78 et suivantes.

49 Émile Reuter (1874–1973), un des fondateurs du parti de la droite en 1914, fut député de 1911 à 1918, de 1925 à 1940, puis de 1945 à 1959. Il fut Président du gouvernement luxembourgeois de septembre 1918 à mars 1925. Au début de l'Occupation allemande, il envoya, le 1er juillet 1940, en tant que président de la Commission politique qui conseillait la Commission administrative, un télégramme à Lisbonne où se trouvait la grande-duchesse Charlotte et le gouvernement en exil, dans lequel il demandait le retour de la Grande-Duchesse au Luxembourg et la démission du gouvernement. D'après les historiens Henri Wehenkel et Vincent Artuso, Reuter cherchait à instaurer une forme de collaboration avec l'occupant dans le but de préserver l'indépendance du Grand-Duché. Après la suppression de la Chambre des députés et du Conseil d'État par le *Gauleiter*, Reuter refuse d'adhérer au VdB, attitude de refus qu'il gardera tout au long de l'Occupation. Destitué comme avocat, il est arrêté et incarcéré pendant plusieurs mois en 1942. Voir Dostert, Paul, Émile Reuter (1874–1973), *400 Joer Kolléisch*, vol. 2 (L'Athénée et ses grands anciens), Luxembourg, 2003, 327–328.

50 Georges Govers, né le 27 mai 1903, originaire d'Echternach. Y fait ses études primaires et secondaires et est actif dans les scouts de la FNEL. Études de droit à Liège, Paris et Strasbourg, élu membre du comité de l'ASSOSS (étudiants de gauche), président de l'ASSOSS (août 1933) et ensuite membre du comité permanent de l'ASSOSS. Participe aux élections à la Chambre des Députés en juin 1934 (6388 voix) sur la liste de la gauche indépendante dans l'Est viticole du pays (menée entre autres par le socialiste Othon Decker et le Dr Godart). Devient député, suite au décès du député A. Keiffer, en juillet 1935. Secrétaire de la Ligue des Droits de l'Homme en 1937 et adversaire farouche de la loi muselière, il est officiellement député pendant la période de 1935–1945. Juriste de formation et avocat de profession (prestation de serment en juillet 1932), il est destitué

(droite)[51] ainsi que d'autres avocats comme Albert Wagner et Paul Dieudonné. Cette rencontre est relatée dans plusieurs témoignages et plaintes versés au dossier pénal concernant l'avocat Émile Peters, dirigeant de la *Fachgruppe Rechtsanwälte du Rechtswahrerbund*.[52]

Aloyse Hentgen rapporte après la guerre que le bâtonnier Jean-Pierre Schmit avait plaidé pour une entrée des avocats, à titre individuel, dans la VdB. Face à la contrainte on a le droit de céder, dit-il :

> Als sich im Herbst 1940 die Frage des Eintritts in die V.d.B. stellte, erklärten wir uns solidarisch um den Eintritt abzulehnen. Jetzt sind Sanktionen erfolgt und eine Reihe Kollegen wurden abgesetzt. Meiner Ansicht nach hat sich damit der Stand der Frage geändert. Ich bin der Meinung, dass jetzt jeder seine Freiheit zurücknehmen kann und individuell sich für den Eintritt oder gegen denselben entscheiden kann. Es wird jetzt vom Chef der Zivilverwaltung Zwang angewandt und die Handlungen, die von uns unter diesem Zwang gesetzt werden, können für uns keine Verantwortung nach sich ziehen.[53]

Certains comme Auguste Thorn et Alphonse Neyens partagent ce point de vue alors que d'autres, en premier lieu Govers et Hentgen, invoquent la solidarité avec les collègues destitués et la responsabilité du barreau comme « classe dirigeante intellectuelle du pays » :

---

en juillet 1941. Les camps de concentration qu'il affronte pendant 44 mois (depuis le 5 septembre 1941 à la prison du Grund, ensuite à Hinzert où il retrouve notamment Frantz Clément et son confrère Jos Thorn, initialement prévu pour Dachau, transféré le 5 novembre vers la prison de Trêves, finalement emprisonné à Sachsenhausen, participation en avril 1945 au « *Todesmarsch* » vers Lübeck/Schwerin, libéré le 2 mai 1945) le marquent profondément. En été 1945, il devient membre du Conseil de l'Ordre et, en 1946, Président de la Ligue de défense des droits de l'homme et du citoyen (Vice-président René Blum), ce qu'il restera pendant de longues années. Désigné *ex officio*, il accepte la défense du *Landesleiter* Kratzenberg. Govers décède le 22 août 1977.

51 Aloyse Hentgen (1894–1953), député du parti de la droite de 1934 à 1940 et un des fondateurs de la compagnie d'assurances La Luxembourgeoise, est arrêté après la grève de 1942 et transplanté (« *umgesiedelt* ») en Silésie, à Leubus puis à Boberstein. Il est rapatrié avec sa famille le 11 avril 1945 (fiche LPPD). Il sera chef de la fraction du CSV après la guerre et en 1948 ministre des Affaires économiques et de l'Agriculture, poste dont il démissionnera en 1950 en raison d'un accident vasculaire cérébral. Sur Aloyse Hentgen voir, RAPPEL 12 (décembre 1953), 649.

52 Émile Peters s'associera même avec Goldberg, *Beauftragter des CdZ für die Rechtsanwaltschaft*, dans une étude d'avocats commune. Il fut condamné le 17 décembre 1945 à 15 années de travaux forcés et 1.000.000 francs d'amende pour attentat contre la sûreté extérieure de l'État (ANLux, CT-03-01-04409).

53 Citations relevées dans la plainte écrite déposée par Aloyse Hentgen le 8 octobre 1946 notamment contre l'ancien avocat Émile Peters et l'ancien juge de paix Paul Michels pour dénonciation (Dossier Affaires politiques Peters, ANLux, CT-03-01-04409).

> Es wäre höchst unkollegial von uns, uns von den abgesetzten Rechtsanwälten in diesem Augenblick zu desolidarisieren. Nachdem gegen eine Reihe von Kollegen von uns Sanktionen erfolgt sind, müssen wir uns erst recht solidarisch erklären. Der Begriff des Zwangs, der unsere Verantwortung ausschliessen soll, ist ein sehr relativer. Der Zwang der auf uns ausgeübt wird, ist bis jetzt ausschließlich die Drohung, als Rechtsanwalt abgesetzt zu werden. Wir sind vor die Alternative gestellt, entweder durch die Annahme der Devise «Heim ins Reich» unser Land, unseren Treueeid aufzugeben oder unseren Beruf zu verlieren. Das Barreau hat von jeher beansprucht zur geistigen Führerschicht des Landes zu gehören. Ein Rechtsanwalt muss daher eher die wirtschaftlichen Nachteile, die mit der Einstellung seiner Berufsarbeit verbunden sind, über sich nehmen, als auch nur äußerlich seinem Land und seinem Eide untreu werden. Die Verantwortung in dieser Frage wächst eben mit der Stellung die der Einzelne im Staate und in der Öffentlichkeit einnimmt.

Alors que Jean-Pierre Schmit siègera pendant la guerre encore dans plusieurs conseils d'administration de grandes entreprises, d'autres participants à cette discussion (au sujet de laquelle Peters et les Allemands seront informés) se retrouveront dans des camps de concentration, comme notamment Jos. Thorn et Georges Govers.

Début juin 1941, le «*Stillhaltekommissar für das Organisationswesen in Luxemburg*», placé sous l'autorité immédiate du CdZ, procède à la dissolution des barreaux de Luxembourg et de Diekirch, sur la base de l'ordonnance du 23 octobre 1940 sur la dissolution, la transmission et l'intégration des organisations au Luxembourg.[54] Pour l'occupant il s'agissait d'introduire au plus vite le droit du Reich allemand, en rappelant aux juristes luxembourgeois les «traditions» anciennes au Luxembourg du droit coutumier allemand («*Gewohnheitsrecht*») et de l'organisation du barreau bien avant 1810.[55]

---

54 «*Auf Grund der Verordnung des Chefs der Zivilverwaltung in Luxemburg über die Auflösung, Überleitung und Eingliederung von Organisationen in Luxemburg vom 23. Oktober 1940 hat der Stillhaltekommissar für das Organisationswesen in Luxemburg die Rechtsanwaltskammer Luxemburg mit sofortiger Wirkung gelöscht. Die gesamten Aufgaben der bisherigen Stabträger und Ordensräte werden künftig vom Beauftragten des Chefs der Zivilverwaltung für die Rechtsanwaltschaft, Pg. Dr. [Walther] Goldberg, wahrgenommen. Das Vermögen, einschließlich Bücherei, wird in den Deutschen Rechtswahrerbund, Luxemburg, eingewiesen.*» *Aus der Advokatenkammer*, Escher Tageblatt/Luxemburger Wort (10 juin 1941).

55 *Vom Barreau zum deutschen Rechtswahrerbund – Anknüpfung an frühere Traditionen/Der Advokatenrat zur Zeit des Provinzialrates*, Luxemburger Wort (8 juillet 1941) : «*Durch den Chef der Zivilverwaltung ist bekanntlich vor kurzem die bisherige Rechtsanwaltskammer in Luxemburg aufgelöst worden. Vollständig dem französischen Muster nachgebildet entstand diese Berufsorganisation der Advokatenschaft in Luxemburg erst in neuerer Zeit; ihre letzte Form erhielt sie durch das Gesetz vom 23. August 1882 und die Ausführungbeschlüsse gleichen Datums, die das einschlägige Dekret vom 14 Dezember 1810 in zahlreichen Bestimmungen ersetzten. [...] Die erste Berufskörper-*

L'exemple de l'attitude des avocats face à l'occupant, que des études plus poussées devront cerner en détail, montre toute la complexité de cette constellation historique qui ne peut être réduite au binôme collaboration-résistance. 52 avocats ou avocats-stagiaires du barreau de Luxembourg ont refusé d'adhérer à la VdB ou au *Rechtswahrerbund* jusqu'au bout, un chiffre élevé si on le compare à d'autres groupes professionnels qui ont décidé d'adhérer en bloc. Certains de ces 52 avaient donné leur démission comme membre du barreau afin de devancer les mesures de l'occupant. Des sanctions diverses de la part de l'occupant ont frappé ces avocats (dont quatre femmes). La solidarité invoquée par Govers et Hentgen a sans doute permis cet acte collectif de résistance. 62 avocats ou avocats-stagiaires du barreau de Luxembourg ont en revanche finalement adhéré à la VdB et au *Rechtswahrerbund*.[56] Face aux menaces, ils ont choisi de s'accommoder de la situation créée par l'occupant. Mais beaucoup d'entre eux ont renvoyé leur carte ou/et démissionné après les destitutions massives d'août 1941, d'autres encore après la proclamation de l'enrôlement forcé et la grève d'août-septembre 1942. Parmi les 62 avocats ayant adhéré en 1941, une douzaine seulement est restée en place jusqu'à la fin de l'Occupation. La question de l'attitude face à l'occupant resurgira à la Libération.

5 Le barreau à la Libération

Le Luxembourg a été libéré par les forces alliées en septembre 1944. Les chars alliés sont entrés dans la capitale le 10 septembre 1944, où les Allemands se sont

schaft der Advokaten des Provinzialrates im Herzogtum Luxemburg entstand am 10. Oktober 1630. 19 Advokaten waren es, die sich an diesem Tag zusammenschlossen, um ihre Standesinteressen zu verteidigen. Als ihre berufenen Vertreter wählten sie die Advokaten Mathäus Kilberger und Heinrich Mathelin und gaben ihnen alle Vollmacht, den gesamten Stand zu vertreten. Zwischen diesem Advokatenrat und dem späteren Barreau nach französischem Muster läßt sich jedoch, wie bereits bemerkt, keinerlei organische Verbindung herstellen. Die Neuordnung, die künftighin die Rechte und Pflichten der Advokaten in Luxemburg festlegt und sichert, stellt also keineswegs einen Bruch mit Traditionen dar, die sich wenigstens auf ein ehrwürdiges Alter berufen könnten. Alle Advokaten des Landes Luxemburg sollten sich denn auch vernünftigerweise freudig zu der großen Organisation des Deutschen Rechtswahrerbundes bekennen, der ihnen in der Volksgemeinschaft den Platz anweist, der ihnen auf Grund ihrer Stellung gebührt.»

56 Les avocats du barreau de Luxembourg restés en fonction jusqu'à la libération, *In propria causa : Histoire d'une épuration*, Luxembourg, Saint-Paul, 1946 ; *Annuaire officiel 1940*, Luxembourg, Impr. Victor Buck, 1940, 106–107 ; Annuaire officiel 1946, Luxembourg, Impr. Victor Buck, 1946, 113–114.

retirés sans se battre. Trois jours après, le 13 septembre, le Barreau s'est réuni au Palais de Justice, en une Assemblée extraordinaire de rentrée sur le désir et sous les auspices du Major Schommer, Chef de la Mission pour les Affaires Civiles du Gouvernement[57] accompagné du Colonel Fraser et du Capitaine Ainsa de l'Armée américaine ainsi que du colonel Lamberts et du Capitaine Grieves de l'Armée britannique. Le barreau précisa dans un communiqué :

> En attendant qu'une Assemblée plénière puisse se tenir dès la rentrée des nombreux membres du Barreau qui se trouvent actuellement encore retenus en terre d'exil, le Conseil de l'Ordre a été provisoirement composé comme suit : Maître Maurice Neuman, bâtonnier ff., Maîtres Émile Reuter, Paul Ruppert, Jean Marso, Joseph Wolter, Joseph Kaufmann, membres ff. Maître Max Baden, membre-secrétaire ff. Luxembourg, le 14 septembre 1944.[58]

Le 21 septembre 1944, le conseil de l'ordre provisoire, s'est réuni, afin de dresser la liste des avocats inscrits sur le tableau : « À défaut d'autre discrimination, il a décidé de faire figurer sur le tableau provisoire uniquement les confrères qui n'ont jamais, à aucun titre, été membres ni de la VdB ni du *Rechtswahrerbund*.[59] Le conseil de l'ordre a été au très grand regret de ne pouvoir, d'ores et déjà, prendre une décision, fût-elle provisoire, sur l'inscription des autres confrères, même déportés, avant le retour des nombreux avocats retenus en Allemagne, dans les camps de concentration ou de déportation ou simplement en exil. Après le retour des confrères encore à l'étranger, un conseil de l'ordre sera régulièrement élu qui dressera un tableau définitif des avocats encore inscrits, et le cas échéant, procédera conformément aux articles 26 et suivants du décret du 14 décembre 1810.

---

57 Voir la lettre du juge de paix Paul Michels au Major Schommer datée du 19 septembre 1944 : « après la défaite foudroyante de la France en 1940 j'étais comme paralysé et croyais à la victoire des troupes occupantes. Cette croyance fut mienne jusqu'en novembre 1942, jusqu'au moment donc du débarquement des forces américaines en Afrique du Nord. Je n'étais pas le seul et, croyez-moi Monsieur le Major, qu'après la campagne de France la grande majorité des Luxembourgeois restés dans le pays s'accommodaient à l'idée que l'Allemagne sortirait victorieuse du conflit. Faut-il ajouter que la défaillance des chefs de l'Administration judiciaire, Procureur général et Président de la Cour, a été en l'occurrence complète et que lesdits magistrats, en faisant toutes les concessions, ont plongé leurs subordonnés dans le désarroi ? ». ANLux, CT-03-01-01552, Paul Michels.

58 *Barreau de Luxembourg*, Luxemburger Wort (15 septembre 1944).

59 Cette ligne « dure » sera vue comme un exemple à suivre par une partie de la Résistance. Voir *De' so'genannt Amnestiegesetzprojets' en – Exposé [Albert] Wingert fir de kongress vum 10. abrël 1949*: « *Mir sin der ménong, dat de' bedenken an awerf de' mer am hibleck op d'fonktionnairen ugin hun, och hei gëllen. Wa schon d'affekoten vun dem barreau ausgeschloss bleiwen, da soll datselwecht och op dokteren, zänndokteren an apdikter gëllen.* » RAPPEL 4 (1949), 12–25, ici 21.

La liste des avocats provisoirement inscrits est affichée au Palais de Justice. »[60] En cette fin 1944/début 1945, la vie juridique doit reprendre dans le pays libéré : « après le départ de l'envahisseur, il s'agissait de faire fonctionner à nouveau les Tribunaux Luxembourgeois, un grand nombre de magistrats étaient retenus en Allemagne dans les camps de déportation ou de concentration, en sorte qu'il fallait combler les lacunes par des magistrats émérites ou des anciens du Barreau restés sur place. »[61]

Vers la fin de la guerre, un nouveau communiqué est publié par le Conseil de l'Ordre du Barreau de Luxembourg qui s'est réuni, à nouveau en séance plénière, en avril 1945, ensemble « avec les confrères récemment rentrés de l'exil ». Le Conseil

> a pris la décision suivante à l'unanimité : 1) La défense dans les affaires politiques est faite exclusivement par des défenseurs désignés d'office. 2) Ces affaires sont réparties par M. le Bâtonnier, assisté d'une commission composée d'un avocat prisonnier de camp de concentration, d'un avocat déporté et d'un avocat destitué et réquisitionné (*dienstverpflichtet*). Cette mesure concilie le droit de la défense, dont les principes demeurent une des règles essentielles de la démocratie et du Barreau, avec les principes d'honneur et de dignité qui sont de règle pour la profession d'avocat. 3) Les honoraires à percevoir dans ces affaires sont taxés par le Conseil de l'Ordre et le produit en sera versé à raison de 50 % dans une caisse commune pour être affecté à des œuvres de secours ou de solidarité. 4) Les demandes en commission d'un défenseur d'office sont à adresser uniquement par écrit au Cabinet du Bâtonnier au Palais de Justice à Luxembourg.[62]

Le 18 juillet 1945, au cours d'une séance solennelle d'hommage aux héros de la guerre et de commémoration de la victoire, organisée par le Jeune Barreau de

---

60 Communiqué du 22 septembre 1944, signé par le bâtonnier ff. Maurice Neuman et le secrétaire du conseil de l'ordre ff. Max-Baden, publié dans le Luxemburger Wort du 29 décembre 1944.

61 Discours par Maître Paul Reiser, bâtonnier des avocats à la mémoire de Maître Paul Ruppert, Pasicrisie Luxembourgeoise XV (1950–1953), 1 et suivantes. Voir aussi Escher Tageblatt, 2 janvier 1945: « *Nicht nur mußte Justizminister Bodson eine vollständig zeitangepaßte neue Gesetzgebung schaffen, er mußte zudem auch noch zur Ausführung derselben den langsam wieder erstehenden Organen der Justiz die geeigneten Ausführungsmittel zur Verfügung stellen. So wurden nach und nach neue Untersuchungsrichter ernannt, der ominöse Konflikt beim Barreau beigelegt, ein neues Volksgericht geschaffen, Internierungskommissionen eingesetzt, Kommissionen für die Schließung von Geschäften, Internierungslager eingerichtet und dergleichen mehr.* » Contrairement à ce que prétend le journal, le « fameux conflit auprès du barreau » n'est cependant pas déjà « réglé » en ce début d'année 1945.

62 *Barreau de Luxembourg*, Escher Tageblatt/Luxemburger Wort (14 avril 1945). Voir aussi l'Arrêté grand-ducal du 12 mars 1945, portant interprétation de l'art. 5 de l'arrêté grand-ducal du 16 novembre 1944 sur l'exercice de la profession d'avocat et la discipline du barreau.

Bruxelles, Me Lambert Schaus, en sa qualité de premier délégué du barreau de Luxembourg, prononça un discours exposant une statistique sur le destin des avocats du barreau :

> Le 10 mai 1940, 114 confrères étaient inscrits au Tableau des avocats du Barreau de Luxembourg ; à la veille de la Libération, il en restait douze, dont deux citoyens allemands. Le Barreau de Luxembourg n'a pas voulu se soumettre. Parmi les avocats destitués, auxquels on avait interdit d'exercer 'à tout jamais' – ainsi parlait l'envahisseur ! – la profession d'avocat, 2 sont morts à la peine: le Bâtonnier Émile Schlesser[63] et Me Albert Philippe[64], Échevin de la Ville de Luxembourg; 12 ont été internés dans les camps de Concentration de Hinzert, Dachau, Sachsenhausen plusieurs durant trois ou quatre ans; 15 ont été déportés, avec leurs familles, dans les camps de Silésie et de Tchécoslovaquie; 27 ont été déportés en Allemagne pour y travailler comme ouvriers-terrassiers sur les autostrades ou comme humbles aide-commis dans les bureaux – sans compter les arrestations temporaires et les emprisonnements de courte durée.[65]

Le 19 juillet 1945, Me Maurice Neuman est élu bâtonnier et le conseil de l'ordre se compose de Mes Joseph Thorn, Fernand Loesch, Georges Govers, Robert Schmitz, Émile Schlesser (junior) et Nicolas Hommel »,[66] tous des avocats destitués, ayant

---

63 Émile Schlesser (1880–1944) fut bâtonnier du barreau de Luxembourg en 1932–1933. Il fut arrêté le 30 mars 1943 et transplanté (« *umgesiedelt* ») à l'est, dans les camps de Schreckenstein, puis Nestomitz et Aussig. C'est ici qu'il décéda à la suite d'une opération le 5 février 1944. Voir Hurst, Pierre, *À la mémoire de Monsieur Émile Schlesser, Ancien Bâtonnier du Barreau de Luxembourg*, RAPPEL 3e année, 834–838 et *Obsèques du bâtonnier Émile Schlesser*, in : Bulletin d'information du Ministère d'État 4 (30 avril 1946), 10–11.

64 Albert Philippe (1886–1941), avocat, échevin et député, fut arrêté le 29 septembre 1941 et incarcéré au Grund jusqu'au 6 octobre, ensuite à Hinzert et forcé de faire des travaux routiers sur l'autoroute. Fin 1941, il peut retourner à Luxembourg, mais l'occupant envisage de transplanter sa famille début janvier 1942 à l'est. Le 17 décembre 1941, son corps est repêché dans l'Alzette, voir Philippe, Jean, *Albert Philippe assassiné à Luxembourg le 17 décembre 1941*, RAPPEL (1998), 595–600. Voir aussi : *Engel*, Marcel/*Hohengarten*, André, *Hinzert* – Das SS-Sonderlager im Hunsrück 1939–1945, Luxembourg 1983, 79 ; et Calmes, Christian, *À la mémoire d'Albert Philippe*, D'Unio'n (3 septembre 1945) : « Aux heures sombres du glissement, de l'anéantissement de l'État, en septembre-octobre 1940, le premier cercle de la résistance fut la Bibliothèque du Barreau de l'Ordre des Avocats. Philippe y plaidait pour son pays, obstinément, désespérément, brillamment. Serment, Constitution. Fidélité, Dynastie, tels étaient les mots qu'il jetait dans la discussion. Allant de l'un à l'autre, s'adressant même aux deux traîtres qui d'un œil sournois observaient le débat, il plaida la résistance à l'oppresseur. Parce qu'il était un chef, il réconforta les jeunes, prenant des responsabilités qu'il n'avait pas, mais que lui dictait sa seule conscience. Son chemin de croix commença : Hinzert, Villa Pauly. Gestapo. S.D. Aucun geste de capitulation. »

65 *Bulletin d'information*, Ministère d'Etat 8 (30 juillet 1945).

66 Escher Tageblatt, 20 juillet 1945. Les membres du Barreau de Diekirch se sont réunis en assemblée générale le vendredi 27 juillet, pour procéder à l'élection d'un conseil de l'ordre pour

dû travailler sur la *Reichsautobahn*, transplantés (« *umgesiedelt* ») ou anciens prisonniers des camps de concentration.

En mai 1946, les douze « avocats du barreau de Luxembourg restés en fonction jusqu'à la libération », publient eux une brochure intitulée « *In propria causa* : histoire d'une épuration » et critiquent sur 48 pages, tout en faisant des comparaisons avec la Belgique, l'Alsace et la Lorraine, le fait d'être écartés du barreau, alors qu'ils n'auraient fait que leur devoir d'avocat en restant « à la disposition des justiciables luxembourgeois jusqu'à la libération », comme ils l'écrivent dans leur avant-propos.[67] La presse résume l'argumentation de ces avocats, sans prendre de position.[68]

En janvier 1945, ces douze avocats avaient été frappés par le conseil de discipline de l'Ordre des avocats d'interdiction d'exercer la profession d'avocat. Ils firent appel à la Cour supérieure de justice qui laissa traîner l'affaire. Dans la brochure, l'argument principal tourne autour de l'adhésion à la VdB et le deux poids-deux mesures régnant au cours de l'épuration administrative à l'égard des fonctionnaires, employés et ouvriers d'une part et les avocats de l'autre. Pour la majorité des fonctionnaires et employés luxembourgeois, le simple fait de l'adhésion à la VdB, obtenue sous la pression, n'était pas retenu à charge, suivant la circulaire du gouvernement du 22 septembre 1944 qui précisait : « L'affiliation à la VdB et aux groupements similaires DRB, DAF, etc., n'est une atteinte à la dignité professionnelle que si l'intéressé a adhéré de plein gré. Eu égard au fait que les circonstances dans lesquelles la très grande majorité des fonctionnaires et employés visés adhéra aux groupements en question sont connues et comme l'existence d'une menace grave pesant sur eux fut vérifiée, les fonctionnaires et employés bénéficient d'une présomption de non-culpabilité. »[69] En novembre 1945, dans le cadre du recours contre la décision du conseil de discipline, neuf des douze avocats sanctionnés protestent, en se référant au texte de l'arrêté grand-ducal du 19 décembre 1944[70], contre la composition de la Cour supérieure de justice

l'année judiciaire 1945–1946. Ont été élus : Me Paul Pemmers, bâtonnier, Me Constant Wolff, membre, Me Felix Steichen, secrétaire. Escher Tageblatt (31 juillet 1945).

67 Les avocats du barreau de Luxembourg restés en fonction jusqu'à la libération, *In propria causa : Histoire d'une épuration*, Luxembourg, Saint-Paul, 1946.

68 Voir Escher Tageblatt (23 mai 1946); Obermosel-Zeitung (25 mai 1946); et Luxemburger Wort (5 juin 1946).

69 Id., 7.

70 Arrêté grand-ducal du 19 décembre 1944 portant modification de l'organisation judiciaire, afin de rendre possible, dès la libération, la reprise de la justice, qui sera abrogé par la loi du 6 avril 1946 portant modification de la loi du 18 février 1885 sur l'organisation judiciaire et de la loi du 23 août 1882 sur les attachés de justice.

(incluant des juges suppléants du tribunal d'arrondissement) auprès du ministre de la Justice Victor Bodson : « Ayant formé recours contre une décision du conseil de discipline, nous serons appelés à comparaître prochainement devant la Cour Supérieure de Justice. C'est dire l'intérêt que nous avons à une composition strictement légale de cette Cour. (...) Nous ne croyons pas faire erreur en supposant que c'est la question de l'affiliation à la VdB qui a déterminé cette composition. Question complexe et combien délicate qui, depuis plus d'un an, divise les esprits et défraye les conversations. »[71] Ils reviennent sur le deux-poids-deux mesures en mentionnant le cas de ministres nommés dans le gouvernement d'après-guerre malgré leur adhésion à la VdB (référence est faite au ministre de l'Intérieur et de l'Épuration Robert Als et au ministre de l'Agriculture et du Rapatriement Nicolas Margue) : « Or, nous croyons devoir vous faire observer très respectueusement que si la Souveraine n'a pas cru devoir refuser sa confiance à des ministres qui avaient été membres de la VdB, il ne nous semble pas que l'affiliation à ce groupement puisse constituer un motif suffisant pour justifier l'exclusion d'un magistrat lors de la composition de la Cour. »

Ce discours gouvernemental reflète un autre discours, celui de la nation résistante. Le ministre d'État Pierre Dupong, le 5 avril 1945 devant l'Assemblée consultative (qui se réunit de mars à août 1945 et fut composée de 37 députés de 1940 et de 30 membres représentatifs de la société luxembourgeoise), invoque cette nation résistante : « J'ai toujours défendu la thèse que le peuple luxembourgeois a résisté dans sa presque totalité, les uns de cette façon, les autres d'une autre façon, les uns par des actes d'héroïsme, les autres par des actes de résistance passive, et tous ceux-ci ont le droit de se réclamer de la Résistance. C'est justement ce fait qui nous a rendus si forts à l'étranger. La résistance organisée était un fait. Nous nous sommes basés sur les renseignements obtenus conformes à cette vérité. Ces renseignements nous ont clairement démontré que le nombre de traîtres véritables était d'une infime minorité et que la grande masse du peuple luxembourgeois a résisté autant qu'elle a pu. [...] Je me sens en parfait accord avec elle (la Résistance luxembourgeoise) et avec la cause qu'elle partage et défend. »[72] Pierre Dupong, mais aussi l'avocat Lambert Schaus avancent même un chiffre : 95 % des Luxembourgeois auraient résisté aux côtés de leur gouvernement en exil ...

Le « malheur » pour les douze avocats interdits de profession est que ceux qu'ils appellent dans leur brochure le « groupe minoritaire », c'est-à-dire les 52 avocats qui n'ont pas adhéré à la VdB et leurs représentants autour du bâton-

71 Lettre du 19 novembre 1945 au ministre de la Justice, Victor Bodson, ANLux, MJDIV-0054, Modification et réforme de l'organisation judiciaire – rapports et avis 1944–1945.
72 *Compte-rendu des séances de l'Assemblée consultative, Session de 1945*, volume unique, 58.

nier Neuman, donc notamment ceux qui avaient plaidé lors de la discussion à la bibliothèque du palais de justice le 14 mai 1941 pour la solidarité avec les destitués et invoqué la responsabilité sociétale particulière de l'avocat, ont pris le pouvoir au sein du barreau à la libération. Ils optent en matière d'épuration au sein du barreau, contrairement au gouvernement qui a pratiqué une épuration administrative plus que mesurée, pour une ligne dure. Si le gouvernement avait adopté le même critère à l'égard de son administration – exclure tous ceux qui sont restés en place jusqu'au bout – beaucoup plus de fonctionnaires, employés et ouvriers auraient été révoqués après la guerre que les 231 révoqués parmi les 17.870 personnes sur lesquelles porta l'enquête administrative.[73]

L'histoire des événements, phénomènes et acteurs liés à l'épuration et à la collaboration reste toujours largement à écrire au Luxembourg.

6 Évolutions marquantes de l'après-guerre : féminisation, intégration européenne, place financière

Après l'occupation, la guerre et l'épuration, la vie du barreau, avec ses règles de déontologie,[74] reprend son cours :

> À Luxembourg, l'avocat-stagiaire, après un stage de trois ans, se présente à l'examen de fin de stage judiciaire. Dans la suite, il est avocat-avoué et il plaide les causes civiles. Monsieur le Bâtonnier Paul Elvinger nous a permis de consulter les listes annuelles du Barreau. En 1947–1948, le Barreau comptait 84 avocats inscrits et 31 avocats-stagiaires. En 1948–49, les chiffres étaient de 80 et de 28 ; en 1949–50, ils étaient de 81 et de 30 ; en 1950–51, de 76 et de 37 ; en 1951–52, de 79 et de 41 ; en 1952–53, de 83 et de 35 ; en 1953–54, de 79 et de 39 ; en 1954–55, de 67 et de 41 ; en 1955–56, de 70 et de 44 ; en 1956–57, de 74 et de 44. L'avocat qui quitte le barreau pour la magistrature commence par être juge de paix ou substitut. [...] D'autre part, l'avocat peut entrer dans une administration publique comme les Affaires étrangères, à la Haute Autorité, dans l'industrie privée, dans une banque, dans une compagnie d'assurances ... Enfin, il pourra songer à devenir notaire.[75]

---

73 État général de l'enquête administrative en septembre 1946. Extrait du Bulletin d'information du gouvernement luxembourgeois, n° 11, 30 septembre 1946.

74 Bonn, Alex, *Éloge de la profession d'avocat (1952)*, Pasicrisie Luxembourgeoise XV (1950–1953), 241 et suivantes.

75 Rk., *Carrières universitaires – La profession d'avocat*, Lëtzebuerger Land (16 août 1957).

Les évolutions les plus marquantes sont la féminisation, la démocratisation de l'accès à la profession, l'ouverture de la profession aux étrangers dans le cadre du processus d'intégration européenne et l'explosion du nombre des avocats et les mutations de leur profession résultant de l'éclosion du Luxembourg comme place financière internationale.

Féminisation : Marguerite Welter, fille de l'écrivain Nik Welter, a été la première femme inscrite au barreau le 31 juillet 1923 mais elle quitte le barreau après son mariage avec l'avocat et futur magistrat Félix Welter. Vu qu'aucun texte légal ne s'y opposait au Grand-Duché, le Conseil de l'ordre du barreau et la Cour avaient finalement marqué leur accord à son inscription. Netty Probst, inscrite le 25 janvier 1927, était la première femme qui a effectivement exercé le métier d'avocat.[76] Elle deviendra d'ailleurs en 1954 la première femme bâtonnière du barreau de Luxembourg. Elle sera suivie en 1928 de sa sœur Rosalie Probst et de Nelly Flick.[77] Alors que la profession d'avocat était perçue comme une profession « essentiellement virile » avant la guerre, Ernest Arendt décrivit encore en 1957 la mission du Bâtonnier comme consistant « avant tout à exercer son autorité *paternelle* auprès des avocats ».[78] En 1960, on peut encore lire dans un hebdomadaire luxembourgeois :

> La profession d'avocat semble moins attirer les femmes. C'est une profession fatigante, absorbante et difficile à concilier avec le rôle de femme mariée et mère de famille. Dans maints cas, d'ailleurs, les femmes avocates renoncent à exercer leur métier lorsqu'elles sont mariées. Les femmes ne sont pas très nombreuses au barreau. II y en a 7, si nos renseignements sont exacts. Il y a une dizaine d'avocates stagiaires. La magistrature conviendrait beaucoup mieux aux femmes que le métier d'avocat. Pourquoi ne nommerait-on pas une femme juge des enfants ?[79]

---

76 Voir Jeanne Rouff : « Un office essentiellement viril » : les premières femmes au barreau de Luxembourg, in : « *Wenn nun wir Frauen auch das Wort ergreifen ...* »: *1880–1950: Frauen in Luxemburg – femmes au Luxembourg*, Luxembourg, 1997. Fille de l'avocat et député social-démocrate Jean-Pierre Probst (bâtonnier en 1916–1917 et 1917–1918), Netty Probst prête serment comme avocate en janvier 1927, à l'âge de 24 ans. Lorsque les magistrats de la Cour Supérieure refusent de l'admettre dans la Chambre des avocats parce qu'elle est une femme, ses collègues refusent de prêter serment par solidarité, jusqu'à ce que cette décision négative soit annulée. Ensuite elle travaille dans le cabinet de son père qu'elle reprend après son décès. Elle assurera la fonction de bâtonnier en l'année judiciaire 1954–55 et 1955–1956.

77 Voir le chapitre consacré dans cet ouvrage par Simone Flammang à « L'accès des femmes au monde judiciaire luxembourgeois ».

78 Arendt, Ernest, op. cit., 29.

79 Anders, Jérôme, *Nos femmes au travail*, Lëtzebuerger Land (30 décembre 1960).

Peu après les premières magistrates, issues du barreau, sont nommées au Luxembourg, comme le rappelle Jeanne Rouff : « L'ère des trois premières femmes, admises ensemble à la magistrature, sera révolue lorsque [...] j'aurai quitté mes fonctions. Par arrêté grand-ducal du 27 mars 1961 Madame Claire Peters, moi-même et Madame Anne-Marie Courte avions été nommées substituts du Procureur d'Etat à Luxembourg. [...] Aujourd'hui 40 % des magistrats sont des femmes. »[80] La féminisation croissante du barreau est caractéristique du dernier demi-siècle. Aujourd'hui, en 2021, les Barreaux de Luxembourg et de Diekirch comptent 3.157 avocats et avocats-stagiaires : 1.638 hommes (52 %) et 1.519 femmes (48 %).

La féminisation est liée à une autre évolution ou révolution de l'après-guerre : la démocratisation de l'accès à la profession. Au 18e et au 19e siècle, les avocats sont issus des classes supérieures, essentiellement de la bourgeoisie d'affaires. Dans la première moitié du 20e siècle, la profession et les études universitaires qui mènent à la profession s'ouvrent aux enfants du « *Bildungsbürgertum* ». Cette position sociale reflète également leur poids dans le monde politique. Jusque dans l'après-guerre, les avocats sont restés un des groupes professionnels dominants à la Chambre des députés. De 1848 aux années 1960, ils partagent, en tant que représentants du monde industriel et urbain, cette prédominance avec les propriétaires-rentiers et les agriculteurs, représentants du Luxembourg rural.[81] Depuis les années 1970, les avocats, tout en restant un groupe professionnel fort présent (8 avocats siègent au parlement parmi les 60 députés actuels), ont cédé leur première place, avec l'essor vertigineux de la fonction publique au Grand-Duché, aux fonctionnaires (enseignants, assistants sociaux, éducateurs, fonctionnaires de l'État et des communes).

Le regretté Jacques Loesch (1928–2020), avocat depuis 1952, ancien bâtonnier, ancien vice-président de l'Union Internationale des Avocats, a résumé de façon magistrale plus d'un demi-siècle dans sa conférence de 2009 consacrée à la question « Quels avocats avons-nous ? ».[82] Premièrement, les mutations profondes de la société luxembourgeoise ont entraîné une augmentation substantielle de la matière à juger : « Cette augmentation a plusieurs causes :

---

80 Rouff, Jeanne, *Quelques réflexions sur la justice – Allocution prononcée par Madame la Procureure d'Etat Jeanne Rouff à l'occasion de son départ à la retraite*, Pasicrisie Luxembourgeoise 29 (1993) 1s., ici 10.

81 Voir les chapitres consacrés à la composition socio-professionnelle de la Chambre des députés, chez : Als, Nicolas, Philippart, Robert, Trausch, Gilbert, *La Chambre des députés. Histoire et lieux de travail*, Luxembourg, Binsfeld, 1994, 291sv.

82 Loesch, Jacques, *Quels avocats avons-nous ? Séance du 25 mars 2009*, Volume XIII, *Actes de la Section des sciences morales et politiques*, Institut grand-ducal, Luxembourg, Institut grand-ducal, 2010, 61–90.

- accroissement de la population résidente qui passe en gros, de 350.000 à 470.000[83]
- augmentation du nombre des salariés, en y comptant non seulement les salariés résidents mais encore et surtout les frontaliers de plus en plus nombreux, puisqu'ils interviennent dans tout le contentieux du droit du travail et du droit de la sécurité sociale
- libération des mœurs, d'où augmentation du contentieux familial, essentiellement les divorces
- développement de la copropriété immobilière, d'où nombre croissant de litiges entre copropriétaires
- accroissement significatif de la circulation notamment automobile, d'où accroissement du nombre des accidents avec le contentieux correspondant
- augmentation, quoique au moins proportionnellement moins importante, des infractions de droit commun
- augmentation du nombre des juridictions. Je ne vise pas tellement l'augmentation du nombre des chambres ou sections des juridictions existantes, mais plutôt la création de juridictions nouvelles. J'ai en vue le tribunal administratif et la Cour administrative, ainsi que la Cour constitutionnelle. »[84]

Deuxièmement, c'est évidemment le développement de la place financière à partir des années 1960 qui a entraîné une augmentation des activités cette fois-ci du non-judiciaire et, partant, une multiplication d'acteurs – banques, assurances, réviseurs d'entreprise, experts-comptables, consultants – et de produits financiers.[85] Sur le plan matériel, le petit cabinet d'avocat, installé dans la maison d'habitation, avec un petit secrétariat et quelques stagiaires, a cédé sa place au cabinet occupant tout un immeuble, un cabinet de plusieurs voire des dizaines d'avocats associés, avec le droit d'association entériné par la loi du 10 août 1991, des cabinets de plus en plus organisés comme des entreprises. La langue principale à maîtriser dans ce domaine est devenue une langue non inscrite dans la loi sur le régime des langues de 1984, à savoir l'anglais.

Autre évolution marquante : Le processus d'intégration européenne et la libéralisation dans le secteur des services a vu se développer certains réflexes protectionnistes. En septembre 1960, les participants à un congrès de l'Union internationale des avocats (UIA) à Bâle ont constaté la nécessité de créer un organe représentatif qui agirait dans l'intérêt des avocats auprès de la Communauté économique euro-

83 La population est entretemps passée à 635.000 personnes au 1er janvier 2021.
84 Loesch, Jacques, op. cit., 68.
85 Id., 70 et suivantes .

péenne (CEE). Le Barreau de Luxembourg est l'un des membres fondateurs du Conseil des Barreaux européens (CCBE), organisme représentatif des intérêts des avocats européens. En date du 22 mars 1977, le Conseil des Communautés Européennes a arrêté une directive tendant à faciliter l'exercice effectif de la libre prestation de services par les avocats, transposée au Luxembourg par la loi du 29 avril 1980 réglant l'activité en prestations de service, au Luxembourg, des avocats habilités à exercer leurs activités dans un autre État membre des Communautés Européennes.

Même si le barreau était généralement considéré comme pro-européen, l'accélération des initiatives européennes de libéralisation des services juridiques a été pendant longtemps vue avec une certaine appréhension – on ne voulait pas être submergé par des avocats étrangers – même si le barreau soulignait toujours qu'il n'avait pas l'intention de livrer un combat d'arrière-garde en la matière. Ainsi le bâtonnier Gaston Neu déclarait en 1998 au sujet de la transposition de la Directive 98/5/CE du 16 février 1998, visant à faciliter l'exercice permanent de la profession d'avocat dans un État membre autre que celui où la qualification a été acquise : « Si au début des années 1980/81, une bonne trentaine d'avocats, au total, étaient assermentés par année, ce nombre ne comprenait qu'un ou deux ressortissants étrangers. Fin des années 80, la proportion des ressortissants étrangers commence à augmenter : en 1989 sur 35 avocats assermentés, il y en avait 9 qui étaient des ressortissants étrangers. Sur 45 avocats assermentés en 1991, 16 étaient étrangers ; en 1993, sur 51 assermentations, il y eut 21 ressortissants étrangers et en 1994, pour une promotion de 75 assermentations, il y eut 41 étrangers, donc plus que la moitié. [...] D'une façon générale, le Luxembourg attire les étrangers qui considèrent notre pays, à tort ou à raison, comme un paradis terrestre où on paierait très peu d'impôts tout en gagnant gros. Il ne faut pas non plus oublier de mentionner que le Luxembourg est considéré comme pays francophone et que devant les cours et tribunaux, la tradition veut que la procédure et les plaidoiries se fassent en français ce qui favorise l'établissement des jeunes juristes francophones des pays limitrophes qui cherchent à tenter leurs chances chez nous. »[86] Certains considèrent que le barreau a pris des positions et fait voter des dispositions législatives protectionnistes.[87] En 2002, on introduit l'exigence que les avocats luxembourgeois doivent avoir un certain niveau de maîtrise linguistique, notamment en luxembourgeois et allemand à côté du français, en

86 Voir : « Il ne s'agit pas d'un combat d'arrière-garde. » Entretien avec le bâtonnier du Barreau des avocats de Luxembourg, maître Gaston Neu, à propos de la directive européenne sur le libre établissement des avocats au sein de l'Union européenne, Lëtzebuerger Land (20 février 1998).

87 Voir : mg [Marc Gerges], *Protectionnisme*, Lëtzebuerger Land (23 mai 1997) et mg [Marc Gerges], *Concurrence maîtres !*, Lëtzebuerger Land (10 novembre 2000).

modifiant dans ce sens la loi de 1991. Le Luxembourg est condamné par la Cour de Justice européenne (Affaire C-193/05, 19 septembre 2006)[88] pour avoir initialement même imposé cette condition linguistique également aux avocats désireux de s'établir à Luxembourg « sous leur titre d'origine ».[89]

La profession d'avocat est actuellement toujours réglementée par la loi modifiée du 10 août 1991 sur la profession d'avocat, déjà modifiée plus de trente fois en trente ans.[90] Les dispositions fondamentales qui se trouvent dans cette loi sont complétées par des règlements adoptés par le Conseil de l'Ordre des avocats.[91] Le Règlement de l'Ordre des Avocats du Barreau de Luxembourg a également été adopté et modifié maintes fois.[92] Une illustration essentielle des changements ayant trait au barreau est, qu'en 1991, le tableau de l'ordre ne comportait que trois listes (comprenant, respectivement, les avocats « qui ont réussi à l'examen de fin de stage », les « avocats » qui n'ont pas (encore) passé l'examen de fin de stage et les « avocats honoraires »), alors, qu'en 2021, le tableau se compose de six listes : la « liste I » est celle des « avocats à la Cour », détenteurs du diplôme de l'examen de fin de stage, seuls autorisés à porter ce titre et habilités à accomplir les actes pour lesquels les lois et règlements prescrivent le ministère d'avoué ; la « liste II » est celle sur laquelle figurent les « avocats » stagiaires et les « avocats » qui, bien

---

88 Voir le commentaire de smb, *Des barrières au barreau*, d'Lëtzebuerger Land (22 septembre 2006).

89 Sur l'évolution du contrôle des compétences linguistiques des avocats, voir de manière détaillée : Thewes, Marc, *La profession d'avocat au Grand-Duché de Luxembourg*, Bruxelles, 2015 (2e éd.), 65 et suivantes. Voir aussi le Règlement du Conseil de l'Ordre pris en date du 11 mai 2016 tel que modifié en date du 8 juin 2016 en relation avec l'article 6 (1) d) de la loi modifiée du 10 août 1991 sur la profession d'avocat : « En vertu des dispositions de l'article 6 (1) d) de la loi modifiée du 10 août 1991 sur la profession d'avocat, toute personne physique souhaitant s'inscrire au tableau d'un des Ordres des avocats établis au Grand-Duché de Luxembourg doit maîtriser la langue de la législation ainsi que les langues administratives et judiciaires au sens de la loi du 24 février 1984 sur le régime des langues. Les niveaux à atteindre sont ceux fixés par la loi. »

90 Mémorial A n° 58 de 1991. L'objet du projet de loi n°3273 initial élaboré sur base d'une proposition soumise par le Barreau et déposé le 26.10.1988 par Robert Krieps, Ministre de la Justice, était de remplacer le décret impérial du 14 décembre 1810, qui continuait à réglementer l'exercice de la profession d'avocat. Le projet de loi concernait les structures de la profession, la définition des droits et devoirs des avocats et la procédure disciplinaire du Barreau.

91 Ces règlements sont pris sur la base de l'article 19 de la loi de 1991. La question de la constitutionnalité de l'article 19 de la loi de 1991 ne se pose plus depuis la révision constitutionnelle intervenue le 19 novembre 2004.

92 Voir par exemple le Règlement de l'Ordre des Avocats du Barreau de Luxembourg du 16 mai 2018 portant modification du Règlement intérieur de l'Ordre des avocats du Barreau de Luxembourg du 9 janvier 2013 (modifiant le titre 13 intitulé : Lutte contre le blanchiment et le financement du terrorisme).

qu'ayant accompli leur stage, ne sont pas titulaires du diplôme de l'examen de fin de stage ; la « liste III » énumère les « avocats honoraires »; la « liste IV » comprend les avocats admis à exercer « sous leur titre d'origine » ; la « liste V » reprend les personnes morales exerçant la profession d'avocat qui comptent parmi leurs associés un avocat à la Cour exerçant une influence significative sur l'activité de la personne morale au Grand-Duché ; et enfin la « liste VI » énumère les autres personnes morales admises à exercer la profession d'avocat au Grand-Duché.[93]

Depuis les années 1960, le domaine des activités de l'avocat[94] a fortement évolué avec la place financière. Nous l'avons déjà relevé, mais permettez-nous de conclure cet aperçu historique par quelques remarques supplémentaires sur ce volet. L'historien Benoît Majerus souligne dans une étude historiographique de la place : « Un groupe qui a joué un rôle clé [dans le développement de la place financière] dans les années 1960 et qui a jusqu'à présent été complètement exclu du récit historique (ainsi que d'autres disciplines des sciences humaines et sociales) est celui des avocats (d'affaires). Ils servent de médiateurs importants entre les banques (le plus souvent étrangères) et les élites (politiques) luxembourgeoises. »[95] Beaucoup d'avocats plaident moins et conseillent davantage, une majorité conseille exclusivement. Les grands cabinets d'avocat d'affaires, tout en gardant leurs anciens privilèges[96] et monopoles, ressemblent (depuis les années 1990) de plus en plus aux réviseurs d'entreprises des « Big Four ».[97] À partir des années 2000 des « *law firms* » internationales d'origine anglaise s'installent au Luxembourg (Linklaters, Clifford Chance, Allen&Overy), suivies par des entités d'origine états-unienne.[98] Une loi de 2011 a même introduit la possibilité d'exercer la profession d'avocat sous forme de société.[99]

---

93 Sur l'organisation du barreau actuel, voir Thewes, Marc, op. cit.

94 Voir Elvinger, André, *Le domaine d'activité de l'avocat*, Annales du droit luxembourgeois (1992), 259–281 et Loesch, Jacques, op. cit.

95 Majerus, Benoît, *Écrire l'histoire de la place financière d/au Luxembourg, Surveillance, indépendance et intégrité*, in : Claude Marx, Marc Limpach et Benoît Majerus (edd.), *75e anniversaire du contrôle prudentiel et de la surveillance de la place financière au Luxembourg*, 126.

96 Hoss, Toinon, *L'avocat et le réviseur d'entreprises : confidents nécessaires en droit luxembourgeois et en droit communautaire*, Annales du droit luxembourgeois 7 (1997), 117–233 et L'avocat et le réviseur d'entreprises : confidents nécessaires ? : une mise à jour, Annales du droit luxembourgeois, 8 (1998), 401–410.

97 Thomas, Bernard, *Les confrères*, Lëtzebuerger Land (2 juillet 2016) et Trausch, Gérard, *L'émergence de l'avocature d'affaires et des Big Four*, Lëtzebuerger Land (1er décembre 2017).

98 Sokol, D. Daniel, *Globalization of Law Firms: A Survey of the Literature and a Research Agenda for Further Study*, Indiana Journal of Global Legal Studies 14 (2007).

99 Loi du 16 décembre 2011 concernant l'exercice de la profession d'avocat sous forme d'une personne morale.

Une hausse vertigineuse du nombre d'avocats en résulte : « Le nombre d'avocats exerçant au Luxembourg a augmenté de manière impressionnante. Au 1er janvier 2010, le Barreau de Luxembourg comptait 1.665 avocats inscrits ; ce chiffre est passé à 2.140 en juin 2014. Le Barreau de Diekirch, qui dénombrait 28 avocats en 2010, en annonce désormais 38. En nombre, les avocats sont, de loin, la profession indépendante la plus importante du pays. Le nombre d'avocats exerçant à Luxembourg peut paraître démesuré pour un pays de 550.000 habitants. La progression est exponentielle, puisque d'une centaine avocats en 1965, on est passé à 300 en 1990, à 700 en 2000 et à de près de 1.700 en 2010. Le cap des 2.000 avocats inscrits a été passé durant l'année judiciaire 2012–13. »[100]

En 2021, les Barreaux de Luxembourg et de Diekirch comptent 3.157 avocats et avocats-stagiaires. On recense au Barreau de Luxembourg 45 nationalités différentes, avec aux premières places les Français (1354 avocats ; 43,61 %), les Luxembourgeois (830 ; 26,73 %), les Belges (395 ; 12,72 %), les Allemands (156 ; 5,02 %) et les Italiens (66 ; 2,13 %).

100 Thewes, Marc, op. cit., p. 15.

II. La justice face au crime

Philippe Nilles

Les archives du tribunal criminel du département des Forêts et leur exploitation en matière de jugements pour le Luxembourg (1795–1810)

Le rattachement de l'ancien Duché de Luxembourg à la République française en 1795 change de manière significative et durable le paysage luxembourgeois tant aux niveaux institutionnel et administratif qu'au niveau judiciaire. Malgré le caractère éphémère du régime français qui, en fin de compte, ne dura même pas deux décennies, le Luxembourg se voit définitivement libéré des structures archaïques de l'Ancien Régime et doté, en matière judiciaire, d'un appareil moderne, rationnel et hiérarchisé, hérité des Constituants.[1] Il ne fallut que peu de temps aux nouveaux maîtres du Luxembourg pour mettre en place ce système qui a fait ses preuves en France depuis 1791 et qui repose depuis la Constituante sur une classification tripartite des juridictions répressives en fonction de la gravité de l'infraction commise. Les infractions mineures sont traitées devant les tribunaux de police, les délits devant les tribunaux correctionnels. Pour les infractions les plus graves, désormais qualifiées de crimes par la loi, elles sont traitées devant le tribunal criminel établi au chef-lieu de chaque département.

En effet, à peine deux mois après la capitulation de la place de Luxembourg, et avant même la création officielle du département des Forêts le 1er octobre 1795, le tribunal criminel est institué par décret le 23 thermidor an III (10 août 1795) et siège dès lors au chef-lieu du département au rez-de-chaussée de l'ancien Hôtel du gouvernement à Luxembourg, devenu palais de justice,[2] et demeure actuelle du Ministère des Affaires étrangères. Le choix de l'installation de la juridiction criminelle à Luxembourg-Ville n'a depuis lors jamais été mis en cause et a perduré,

1 Pour une analyse détaillée de la mise en place des juridictions françaises dans l'ancien Duché de Luxembourg, voir le chapitre « La conquête française du Duché de Luxembourg et la naissance du système judiciaire contemporain (1795–1814) ».

2 Pour de plus amples renseignements sur le passé mouvementé de l'ancien palais de justice, voir Yegles-Becker, Isabelle, *Du Palais du gouverneur au Palais de justice de Luxembourg – l'histoire architecturale d'un bâtiment plusieurs fois centenaire*, in : Yegles-Becker, Isabelle, et al. (edd.), *Les demeures de la justice. Du Palais de justice à la Cité judiciaire*, Luxembourg, 2009, 12–49.

https://doi.org/10.1515/9783110679656-016

en dépit des changements politiques et réformes judiciaires, jusqu'à nos jours.[3] Cet aspect durable du lieu d'implantation n'est pas valable pour les juridictions correctionnelles et de simple police qui ont subi de nombreux remaniements au cours de leur existence.[4]

Une autre constante dans l'histoire du tribunal criminel, rebaptisé cour de justice criminelle en 1804, est son domaine de compétence, vaste et diversifié. Si sa mission principale fut bien évidemment le traitement des affaires qualifiées de crimes par la loi, son champ d'action ne se limita pourtant pas à cette seule attribution. Lui sont également confiés les appels en provenance des tribunaux correctionnels ainsi que des jugements portant sur la légalité ou non de pièces de procédure ou d'actes d'un magistrat inférieur. Le tribunal criminel, sous toutes ses facettes, a fait l'objet de nombreuses études tant au niveau des départements français qu'au niveau des départements réunis à la France en 1795. Pour les Forêts, il faut citer l'étude considérable menée par Raymond Schaack pour le Directoire.[5] Le travail fut poursuivi par l'auteur de ce chapitre dans une étude portant sur la justice criminelle sous le Consulat et l'Empire.[6] Sur la base des données recueillies par les deux auteurs dans leurs travaux respectifs, le présent article essaiera de dresser, pour toute la période française, une synthèse des jugements rendus en matière criminelle par le tribunal criminel des Forêts pour le seul territoire luxembourgeois actuel en tenant compte des types de crimes et des peines encourues. Avant de fournir les résultats obtenus, il faut tout d'abord apporter des précisions

3 Même durant les années révolutionnaires de 1830 à 1839, la cour d'assises de Luxembourg ne cessa pas ses activités, certes réduites à la seule capitale forteresse. La cour d'assises de la province de Luxembourg séante à Arlon fut compétente pour le reste du territoire du Grand-Duché.
4 La suppression du district sous le Directoire entraîne une redistribution des lieux d'implantation des tribunaux correctionnels au niveau de l'arrondissement, au nombre de quatre pour le département des Forêts, à savoir Luxembourg, Diekirch, Neufchâteau et Bitbourg. Quant aux justices de paix, elles sont désormais fixées au niveau cantonal à partir du Consulat. Voir à ce sujet la carte du département des Forêts avec indication du lieu d'implantation du tribunal criminel.
5 Schaack, Raymond, *Le tribunal criminel du département des Forêts pendant les années IV à VII de la République*, mémoire scientifique, Luxembourg, 1963. Le mémoire fut publié en trois parties, à savoir Schaack, Raymond, *Le tribunal criminel des Forêts sous le Directoire*, Hémecht 17 (1965), 23–44 ; Schaack, Raymond, *Le tribunal criminel des Forêts : Les Révolutionnaires de 1789 ont-ils réussi à humaniser la justice ?*, Hémecht 19 (1967), 441–455; Schaack, Raymond, *Crimes et criminels au temps du Directoire*, Hémecht 21 (1969), 51–56.
6 Nilles, Philippe, *Le tribunal criminel du département des Forêts sous le Consulat et l'Empire (1799–1811)*, mémoire scientifique, Luxembourg, 2010. Le mémoire fut publié en deux parties, à savoir Nilles, Philippe, *Crimes et criminels sous le Consulat et l'Empire*, Galerie, Revue culturelle et pédagogique Differdange 29 (2011), 515–538 ; Nilles, Philippe, *Le tribunal criminel du Département des Forêts sous le Consulat et l'Empire*, Galerie. Revue culturelle et pédagogique Differdange 29 (2011), 383–400.

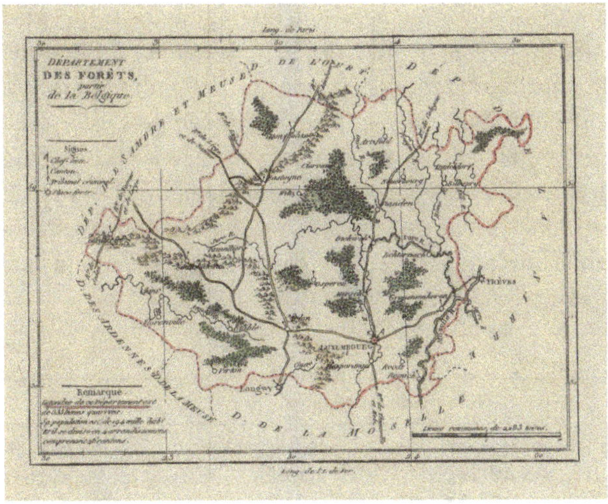

Carte du département des Forêts. ANLux, n.i.

importantes aussi bien au sujet des sources archivistiques disponibles qu'à la méthodologie retenue.

Les archives du tribunal criminel, c'est-à-dire les dossiers de procédure,[7] les procès-verbaux des séances[8] et les arrêts,[9] sont conservées aux Archives nationales de Luxembourg (ANLux) et aux Archives de l'État à Arlon (AEA). En effet, suite au traité des XXIV articles, la province de Luxembourg est cédée au royaume de Belgique en 1839. La cession de ces territoires du Grand-Duché, jadis territoires du département des Forêts, s'accompagne d'importants transferts d'archives, dont font également partie les affaires « belges » du tribunal criminel.[10] Le lecteur averti peut s'interroger à juste titre sur le sort réservé aux affaires « allemandes » suite au partage de 1815. L'état actuel de la recherche laisse supposer que ces archives n'ont tout simplement pas été transférées.[11] À cet éparpillement géogra-

7 ANLux, CT-01-01-0001 à CT-01-01-0301.

8 ANLux, CT-01-01-0302 à CT-01-01-0325.

9 ANLux, CT-01-01-0326 à CT-01-01-0341.

10 ANLux, E-089, Archives – Échange de papiers avec la Belgique, Inventaire n°6 des affaires criminelles, d'appels correctionnels, correctionnelles et forestières, retirées des archives judiciaires de Luxembourg et remises à la Belgique.

11 Cette hypothèse s'appuie sur le fait que des procédures « allemandes » figurent toujours parmi les procédures « luxembourgeoises » conservées aux Archives nationales de Luxembourg et qu'aucune trace n'a pu être localisée ni au sujet d'un potentiel transfert des archives du tribunal criminel vers la Prusse, ni au sujet de la présence de ces dernières dans un dépôt d'archives allemand quelconque.

phique des archives s'ajoute, essentiellement du côté luxembourgeois, un caractère lacunaire plus ou moins prononcé, rendu visible et mesurable par l'intermédiaire d'un inventaire d'époque reprenant les procédures criminelles, année par année, depuis l'an III de la République.[12] Grâce à cet instrument fort utile, qui a d'ailleurs servi de document de référence pour la confection de l'inventaire actuel des procédures criminelles, il a été possible de déterminer le nombre des procédures criminelles en phase finale portées devant le jury de jugement pour chaque année judiciaire et de statuer sur la présence physique ou non des dossiers dans les dépôts d'archives concernés à l'aide du tableau ci-dessous.

Année	**Nombre de procédures**			
	d'après l'inventaire manuscrit	**se trouvant aux ANLux**	**se trouvant aux AEA**	**manquent en place**
an III	1	0	1	0
an IV	14	6	7	1
an V	30	15	10	5
an VI	11	7	2	2
an VII	25	6	11	8
an VIII	17	3	6	8
an IX	11	6	5	0
an X	15	8	6	1
an XI	19	6	8	5
an XII	26	9	14	3
an XIII	23	10	10	3
an XIV	5	4	1	0
1806	16	10	6	0
1807	22	6	15	1
1808	22	10	12	0
1809	17	10	7	0
1810	20	0	12	8
Total	**294**[1]	**116**[2]	**133**	**45**

12 ANLux, CT-00-0001, Inventaire des procédures criminelles depuis l'an 3 à 1852.

1 Nous remarquons une différence de 7 affaires par rapport aux 301 affaires reprises dans l'inventaire des ANLux (https://query.an.etat.lu/Query/detail.aspx?id=372910). Cette différence est due au fait que plusieurs affaires ont été reprises sous forme cumulée de pièces détachées dans l'inventaire manuscrit, tandis qu'elles ont été saisies individuellement dans l'inventaire des ANLux. S'y ajoutent également plusieurs affaires dirigées contre des prêtres insermentés et des émigrés qui n'ont pas été reprises dans l'inventaire manuscrit.

2 Dont 87 pour le territoire luxembourgeois après déduction des dossiers « allemands ».

La lecture de ce tableau révèle tout d'abord que le tribunal criminel s'est prononcé en moyenne sur environ 17 affaires criminelles par an, avec un pic en l'an V essentiellement dû aux nombreux procès dits politiques dirigés contre des émigrés et prêtres insermentés. Durant les ans III et XIV, le nombre d'affaires portées devant le tribunal criminel est particulièrement faible. Ceci s'explique par le fait que l'année judiciaire de l'an III se limita au Luxembourg à un mois grégorien, sachant que le tribunal criminel a été institué le 10 août 1785 et que l'an IV débuta le 23 septembre 1795. L'an XIV ne comporta plus que les mois de septembre à décembre 1805, le calendrier grégorien étant rétabli à partir du 1er janvier 1806.

On remarque également que la majorité des dossiers de procédure se trouvent désormais aux Archives de l'État à Arlon et non aux Archives nationales de Luxembourg. D'ailleurs, le nombre des procédures « belges » du tableau correspond exactement au nombre de procédures reprises dans l'inventaire arrêté et signé le 21 octobre 1842 par les commissaires grand-ducal et belge, François-Xavier Wurth-Paquet et Nicolas Watlet, nommés pour l'échange respectif des archives judiciaires entre la Belgique et le Grand-Duché de Luxembourg[3]. C'est la preuve que toutes les procédures susceptibles d'être transférées, l'ont bel et bien été à Arlon. Ce constat soulève également des questions quant aux raisons de l'état lacunaire actuel des procédures déposées aux Archives nationales de Luxembourg, alors que l'intégrité de l'ensemble des procédures sembla être acquise, au moins jusqu'en 1842 au vu des procédures « belges ». Les archives des tribunaux conservées dans le palais de justice n'ont été déposées aux Archives de l'État qu'à partir des années 1960. Il nous paraît donc audacieux de nous prononcer à ce stade sur les causes de ces pertes en absence de toute étude quelque peu concluante retraçant l'histoire de conservation des archives de tous les cours et tribunaux, dont le tribunal criminel ne constitue qu'une partie infime. Ce travail reste à faire.

Malgré ces contraintes liées à l'état des sources, nous avons essayé d'esquisser, sur la base des procédures « luxembourgeoises » présentes, un bilan en matière de jugements criminels valable pour le seul territoire luxembourgeois actuel, faisant abstraction des procédures « belges » et « allemandes » existantes et manquantes. Certes, ce bilan ne représente qu'une vision limitée, réduite à un ensemble géographique, mais il a toutefois le mérite de dégager des tendances qui restent à être confirmées ou, le cas échéant, à être rectifiées par une étude générale retraçant l'activité du tribunal criminel des Forêts sur toute son étendue territoriale. Une étude des crimes nécessite d'abord leur classification. La méthode

3 ANLux, E-089, Archives – Échange de papiers avec la Belgique, Inventaire n°6 des affaires criminelles, d'appels correctionnels, correctionnelles et forestières, retirées des archives judiciaires de Luxembourg et remises à la Belgique.

retenue est celle utilisée par l'historien Robert Allen dans son ouvrage sur les tribunaux criminels français et qui consiste à diviser les crimes en quatre catégories.[4] Une première catégorie regroupe les crimes contre la propriété tels que les vols et incendies volontaires. Une deuxième catégorie est consacrée aux crimes violents, dont les agressions physiques et les voies de fait. Les crimes contre l'ordre public ou «crimes contre l'État» représentent une troisième catégorie. Il s'agit de crimes motivés par l'intérêt personnel mais constituant une menace concrète pour l'État tels que la contrefaçon de pièces de monnaie, les faux et l'usage de faux, les détournements de fonds ou encore la complicité d'évasion de prison. Une quatrième et dernière catégorie regroupe finalement les crimes politiques. Contrairement aux crimes contre l'ordre public, il s'agit de crimes exprimant ouvertement une opposition politique tels que les crimes impliquant des prêtres réfractaires et des émigrés, la rébellion armée, l'incendie volontaire et le pillage lorsque les motivations politiques sont évidentes. En adoptant ce schéma, nous avons su esquisser les résultats suivants pour le Luxembourg actuel pour toute la période d'activité du tribunal criminel. Nous avons également jugé utile d'attribuer ces chiffres au régime politique en place au moment des faits afin de pouvoir les comparer entre eux.

	Sous le Directoire		**Sous le Consulat et l'Empire**		**Pour toute la période**	
Types de crime	**Nombre**	**%**	**Nombre**	**%**	**Nombre**	**%**
Crimes contre la propriété	7	*24*	23	*40*	30	*34*
Crimes violents	2	*7*	15	*26*	17	*20*
Crimes contre l'ordre public	7	*24*	14	*24*	21	*24*
Crimes politiques	13	*45*	6	*10*	19	*22*
TOTAUX	**29**	***100***	**58**	***100***	**87**	***100***

Le tableau nous révèle que la majorité des crimes traités devant le tribunal criminel sont ceux liés à la propriété. Il s'agit très souvent de vols d'objets de peu de valeur, tels que des chiffons ou habits, voire de vols de bestiaux ou de vivres, témoignant de la situation matérielle précaire des prévenus. Trois cas de menaces incendiaires ou d'incendies volontaires ont également pu être recensés. La pro-

4 Allen, Robert, *Les tribunaux criminels sous la Révolution et l'Empire 1792–1811*, Rennes, 2005, 61.

portion des trois types de crimes restants est plus ou moins la même, variant entre 20 % et 24 %. L'évolution des crimes politiques est particulièrement frappante car ils sont majoritaires sous le Directoire et minoritaires sous le Consulat et l'Empire. Les affaires liées aux deux grandes insurrections de l'an IV (guerre des Cocardes) et de l'an VII (guerre des Gourdins ou *Klëppelkrich*) et avant tout celles dirigées contre des émigrés, souvent des prêtres en fuite et chassés par les autorités républicaines, et des prêtres insermentés sujets à la déportation, en sont l'explication.[5] La répression envers ces personnes s'est atténuée à la fin du Directoire et n'est plus d'actualité depuis le rétablissement de la paix religieuse suite à la signature du concordat avec l'Église catholique le 26 messidor an IX (15 juillet 1801).

Le dépouillement systématique des affaires criminelles permet aussi de mener une analyse détaillée des jugements rendus par le tribunal criminel. Il faut souligner à cet égard que la question de la culpabilité ou de l'innocence de l'accusé a été résolue, en règle générale, par des jurés formant le jury de jugement.[6] Le Code des délits et des peines du 3 brumaire an IV (25 octobre 1795) a également prévu au niveau de la procédure préparatoire l'intervention d'un premier jury, dit jury d'accusation, qui décidait s'il y a lieu ou non de traduire l'accusé devant le tribunal criminel. L'institution de ce double jury, composé de citoyens élus puis sélectionnés, constitue sans doute la plus grande innovation de l'époque et reflète l'esprit des Constituants préconisant une stricte séparation du pouvoir de juger de celui d'appliquer la loi. Parallèlement aux procès par jurés, le législateur a prévu, essentiellement pour traiter des crimes contre l'ordre public et des crimes politiques, la possibilité de recourir à des tribunaux spéciaux statuant sans l'intervention d'un jury.

On peut résumer les résultats obtenus dans le tableau suivant qui tient compte du nombre d'accusés condamnés à des peines criminelles ou à des peines correctionnelles (peines inférieures à deux ans d'emprisonnement) et de ceux qui ont été acquittés. Le tableau reprend également les affaires où les accusés ont été renvoyés par-devant qui de droit, donc des cas où le tribunal criminel a déclaré son incompétence de connaître de l'affaire, ainsi que les affaires dont on ignore, faute de sources, le sort réservé à l'accusé.

5 Schaack, Raymond, *Le tribunal criminel des Forêts sous le Directoire*, Hémecht 17 (1965), 29.

6 Pour de plus amples renseignements au sujet du jury de jugement, voir Allen, Robert, *Les tribunaux criminels sous la Révolution et l'Empire 1792–1811*, Rennes, 2005, 155–184.

	Sous le Directoire		Sous le Consulat et l'Empire		Pour toute la période	
Verdicts rendus	**Nombre**	**%**	**Nombre**	**%**	**Nombre**	**%**
Peines criminelles	6	*20*	28	*43*	34	*36*
Peines correctionnelles	2	*7*	14	*21*	16	*17*
Acquittements	11	*38*	15	*23*	26	*28*
Déclarations d'incompétence	6	*21*	5	*8*	11	*12*
Inconnus	4	*14*	3	*5*	7	*7*
TOTAUX	**29**	***100***	**65**	***100***	**94**	***100***

Nous remarquons dès lors que la plupart des accusés ont été condamnés à des peines criminelles, donc à des peines dépassant deux années de détention. L'évolution du taux de condamnations criminelles, en nette hausse à partir du Consulat par rapport au Directoire, est particulièrement révélatrice et traduit très clairement une reprise en main de la justice dans un sens plus répressif par Napoléon Bonaparte. L'institution du jury a suscité, déjà dans les années qui suivirent sa création, de vives critiques au niveau de l'État et de la magistrature. On lui reproche, outre son laxisme, voire son incompétence, sa clémence et son indulgence. Napoléon, qui d'ailleurs aurait préféré la suppression pure et simple de l'institution du jury, est déterminé à remédier à ce fléau par le biais de deux réformes majeures. D'une part, il crée par le décret du 7 pluviôse an IX le personnage du substitut du commissaire du gouvernement pour uniformiser la procédure préparatoire et réduire les pouvoirs discrétionnaires des juges de paix et des directeurs de jury. D'autre part, il réintroduit la justice d'exception, statuant sans intervention du jury, pour certains types de crimes afin de rendre la justice plus répressive et réduire les acquittements excessifs. Encore majoritaires sous le Directoire, les acquittements s'effondrent à partir du Consulat. Parallèlement, les peines correctionnelles, encore minoritaires sous le Directoire, augmentent de manière significative à partir du Consulat. Cela peut s'expliquer par le fait que les juges et jurés, sous l'impulsion des réformes napoléoniennes, ont eu tendance à infliger des peines correctionnelles plutôt que d'acquitter.

Le tableau suivant nous permet de développer encore davantage l'étude des sentences prononcées en les mettant en relation avec les différents types de crimes.[7]

7 Les chiffres de ce tableau peuvent diverger par rapport à ceux des deux précédents car il ne tient pas compte des déclarations d'incompétence et des jugements inconnus.

	Sous le Directoire			Sous le Consulat et l'Empire			Pour toute la période		
	Acquit.	Peines corr.	Peines crim.	Acquit.	Peines corr.	Peines crim.	Acquit.	Peines corr.	Peines crim.
Crimes contre la propriété	0	2	5	3	4	13	3	6	18
Crimes violents	2	0	0	7	1	9	9	1	9
Crimes contre l'ordre public	4	0	1	5	4	6	9	4	7
Crimes politiques	5	0	0	0	5	0	5	5	0

Nous observons que les atteintes à la propriété ont le plus souvent été sanctionnées par des peines criminelles. Cette tendance correspond d'ailleurs à celle dégagée par Robert Allen pour les départements français,[8] et nous mène à conclure que les jurés tendent à prononcer des verdicts plus sévères principalement à l'encontre des voleurs. Les affaires de violences sont sanctionnées de manière égale par des acquittements et des peines criminelles. Le taux d'acquittement s'accentue davantage pour les crimes contre l'ordre public, où il est majoritaire, et pour les crimes politiques, où il se situe au même niveau que les peines correctionnelles. Sachant que ces deux types de crimes font l'objet de la justice d'exception, statuant avec l'intervention de jurés spéciaux, voire sans jury pour certains crimes, on aurait pu supposer que les jugements rendus par ce type de tribunal aient été les plus durs – mais ce n'est pas le cas. Pour ces deux types de crimes, nous constatons une nette augmentation des peines criminelles et correctionnelles à partir du Consulat, même si le nombre de peines criminelles est inférieur au nombre d'acquittements et/ou au nombre de peines correctionnelles pour toute la période en question.

8 Allen, Robert, *Les tribunaux criminels sous la Révolution et l'Empire 1792–1811*, Rennes, 2005, 62. Voir également Rousseaux, Xavier/Dupont-Bouchat, Sylvie/Vael, Claude (edd.), *Révolutions et justice pénale en Europe. Modèles français et traditions nationales (1780–1830)*, Paris, L'Harmattan, 1999 ; Berger, Emmanuel/Rousseaux, Xavier, *Le jury criminel sous l'Empire : bilan et perspectives d'une tentative d'harmonisation juridique en Europe*, in : Antoine, François, et al. (edd.), *L'Empire napoléonien. Une expérience européenne ?*, Paris, Armand Colin, 2014, 227–250; Rousseaux, Xavier, *Politique judiciaire, criminalisation et répression. La révolution des juridictions criminelles (1792–1800)*, in : Martin, Clément (ed.), *La Révolution française à l'œuvre. Perspectives actuelles dans l'histoire de la Révolution française*, Rennes, Presses universitaires de Rennes, 2005, 89–114.

Ceci nous laisse supposer que les réformes entamées sous Napoléon Bonaparte ont eu l'impact recherché : réduire les acquittements pour condamner davantage.

Dans un dernier temps, consacrons-nous à une analyse des peines criminelles. À ce titre, il faut savoir que les peines, de manière globale, ont été codifiées dans le Code des délits et des peines du 3 brumaire an IV. Les peines retenues sont les suivantes : les peines de simple police,[9] les peines correctionnelles,[10] les peines criminelles infamantes[11] et les peines criminelles afflictives.[12] Le dépouillement des arrêts rendus par le tribunal criminel des Forêts nous a permis de regrouper les peines criminelles prononcées dans le tableau suivant.

Peines criminelles prononcées	Nombre de condamnés
3 ans de détention	1
4 ans de détention	3
6 ans de détention	2
8 ans de fers	5
10 ans de fers	2
12 ans de fers	3
14 ans de fers	5
15 ans de fers	3
18 ans de fers	2
20 ans de fers	2
24 ans de fers	4
Peine de mort	2

Ce tableau nous montre que seules des peines afflictives ont été prononcées. Parmi celles-ci nous distinguons trois catégories différentes, à savoir la détention,

9 Peine pouvant aller d'une amende d'une valeur de trois journées de travail à un emprisonnement de trois jours au plus.

10 Peine comportant soit une amende supérieure à la valeur de trois jours de travail, soit un emprisonnement de deux ans au plus.

11 Les peines infamantes sont la dégradation civique consistant dans la perte des droits de citoyen français, déchéance portée à la connaissance du public par l'exposition du condamné avec carcan au cou et lecture en sa présence par le greffier du tribunal criminel à haute voix de la formule : « Votre pays vous a trouvé convaincu d'une action infâme. La loi et le tribunal vous dégradent de la qualité de citoyen français ».

12 Les peines afflictives équivalent à une peine criminelle portant directement atteinte à l'intégrité physique et corporelle de la personne condamnée. Toute peine afflictive est en même temps infamante.

les fers et la mort. Six personnes ont été condamnées à des peines de détention ou d'emprisonnement dans une maison destinée à cette fin, avec travail facultatif solitaire ou en commun, au choix du condamné. La peine des fers constitue la peine criminelle la plus prononcée par le tribunal criminel. Les fers consistent en des travaux forcés dans un bagne, avec une chaîne et un boulet au pied, pendant 24 ans au maximum. Les condamnés aux fers ont été employés, entre autres, à des travaux forcés pénibles au profit de l'État dans l'intérieur des maisons de force et dans les ports et arsenaux, ou encore pour l'extraction des mines et le dessèchement des marais.

La peine de mort a été prononcée à deux reprises pour violences. Celle-ci consiste en la simple privation de la vie, sans qu'il ne puisse jamais être exercé aucune torture envers les condamnés. Tout condamné à mort dut avoir la tête tranchée par la guillotine sur la place publique du lieu où siégeait le tribunal criminel, donc au Marché-aux-Poissons dans la ville forteresse de Luxembourg.[13] Les deux affaires sanctionnées par la peine capitale, l'infanticide commis par Anne-François Janson à Dommeldange[14] et le meurtre d'un soldat français à Grevenmacher par Corneil Rippinger,[15] ont d'ailleurs été reprises par Tony Jungblut dans son *Pitaval*.[16]

Notons qu'à côté de ces peines citées, il exista encore les peines de la déportation dans une des colonies françaises et la gêne sous forme d'un emprisonnement cellulaire au pain et à l'eau, sans travail forcé et sans communication avec d'autres personnes condamnées ou extérieures. Tout condamné à une peine criminelle a également dû, avant de subir sa peine, être conduit sur la place publique, attaché à un poteau placé sur un échafaud, et exposé pendant un certain nombre d'heures aux regards du peuple. Pour certains types de crimes, comme par exemple le faux monnayage, le condamné a été flétri publiquement au fer rouge sur l'épaule.

L'exploitation systématique des archives du tribunal criminel des Forêts, malgré leur état lacunaire et leur dispersement géographique, nous a permis de classifier les crimes « luxembourgeois » par types et d'en déduire les jugements rendus ainsi que les peines prononcées. L'éternel débat autour du laxisme du jury, déjà présent sous le Directoire, s'est accentué à partir du Consulat pour finalement devenir l'élément-clé de toute la réorganisation future de la justice pénale.

---

13 Fayot, Ben, *Die Abschaffung der Todesstrafe*, in : Jungblut, Marie-Paule, et al. (edd.), *Mord und Totschlag, Begleitband zur gleichnamigen Ausstellung des historischen Museums der Stadt Luxemburg*, 2e éd., Luxembourg, 2009, 236–255.

14 ANLux, CT-01-01-0210, Janson Anne-Françoise – Accusée d'infanticide.

15 ANLux, CT-01-01-0063, Rippinger Corneil – Accusé d'assassinat.

16 Jungblut, Tony, *Luxemburger Pitaval*, Luxemburg, 1938.

La restauration du ministère public et le retour de la justice d'exception à partir de l'an IX constituent une première étape vers une justice pénale plus répressive.[17] Les résultats esquissés semblent prouver que l'objectif visé fut atteint au Luxembourg – la hausse des jugements criminels et correctionnels à partir du Consulat en est un indicateur. La rédaction du Code d'instruction criminelle de 1808 et celle du Code pénal de 1810 achèvent la réorganisation de la justice pénale. Avec l'entrée en vigueur du Code d'instruction criminelle, le tribunal criminel est remplacé par la cour d'assises à partir du 1er janvier 1811. La substitution du tribunal criminel a également entraîné la suppression du jury d'accusation. Le jury de jugement est quant à lui maintenu au Luxembourg jusqu'en 1814, pour être aboli définitivement par Guillaume, prince souverain des Provinces-Unies des Pays-Bas, suite à l'arrêté du 6 novembre de la même année.

17 Voir à ce sujet le chapitre « Le rôle et le statut particulier des magistrats du Ministère public ».

Lisa Payot

Prisons et réformes françaises dans le département des Forêts (1795–1814)

À l'aube de l'annexion à la République française, le Duché de Luxembourg est une province des Pays-Bas autrichiens empreinte de particularisme, attachée à ses traditions et à sa religion.[1] Son réseau de prisons est à l'image du système judiciaire d'Ancien Régime : « un enchevêtrement inextricable de juridictions concurrentes et rivales, héritées du morcellement féodal, [...] chapeautées vaille que vaille par une organisation de plus en plus centralisatrice que tente d'imposer l'État ».[2] On trouve généralement des geôles dans les murs d'enceinte, les portes des villes et les tours des châteaux.

À Luxembourg même, on compte quatre lieux de détention dépendant du domaine du Souverain. Ils sont gérés par la ville qui confie la tenue des lieux à des concierges. La Maison commune (actuel Palais Grand-Ducal) accueille une première prison. Elle se compose de trois cachots respectivement appelés *Hollande*, *Neulande* et *Frislande*. Ces derniers renferment, sans distinction, des prévenus en attente de jugement et des accusés criminels. Tous sont originaires de la ville ou de sa banlieue. La deuxième prison est située dans la Tour du Pfaffenthal qui comporte trois étages composés chacun de trois cachots. Ce bâtiment sert à la détention des prévenus de crimes capitaux relevant de la juridiction du siège prévôtal et du Conseil souverain de Luxembourg. Enfin, deux chambres de la vieille tour du Marché-aux-Poissons – centre historique de la ville – servent au logement des galériens et des prisonniers de guerre, et trois chambres au sein de la Maison du Conseil accueillent les prisonniers en arrêt civil. Chaque cachot peut contenir en moyenne deux détenus mais certains sont régulièrement vides. Les conditions de vie y sont détestables. Les locaux sont en mauvais état, humides et insalubres, « n'offrant aucun des avantages qu'exige la sureté publique [et] aucune des

1 Cette contribution est tirée du mémoire de maîtrise de Payot, Lisa, *Les prisons du département des Forêts. Les ambitions françaises face aux réalités luxembourgeoises (1795–1815)*, Université catholique de Louvain, Faculté de philosophie, arts et lettres, promoteur : Rousseaux, Xavier, 2020 (inédit).

2 Dupont-Bouchat, Marie-Sylvie, *La répression de la sorcellerie dans le Duché de Luxembourg aux XVIe et XVIIe siècles. Une analyse des structures de pouvoir et leur fonctionnement dans le cadre de la chasse aux sorcières*, Thèse, Louvain-la-Neuve, Université Catholique de Louvain, 1977, 141, 161–163.

https://doi.org/10.1515/9783110679656-017

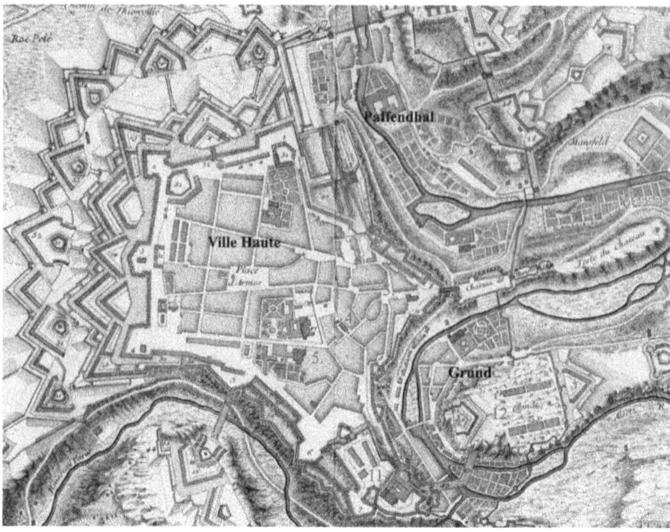

Légende

1. Tour du Pfaffenthal
2. Maison Le Gouvernement puis Palais de Justice à partir de 1795
3. Marché-aux-Poissons
4. Maison Commune ou Hôtel de Ville (actuel Palais Grand-Ducal)
5. Refuge Saint Maximin
6. Couvent des récollets
7. Porte d'Eich (aujourd'hui Porte Vauban)
8. Porte des Bons Malades (aujourd'hui Porte Vauban)
9. Abbaye de Munster (Prison de l'an 7 à 1809 puis hôpital militaire)
10. Nouvelles prisons (à partir de 1809)
11. Citadelle du Saint Esprit
12. Plateau (Casernes) du Rham

Plan de la ville de Luxembourg et localisation des lieux de détention de l'Ancien Régime à 1814 (Jaillot Bernard-Hyacinthe, 1781, 377x536 mm, 1 : 6500, Les 2 Musées de la Ville de Luxembourg, Inv. 1990. 26). [Version recoupée, le plan complet est disponible en ligne sur le site http://www.mapping-luxembourg.lu/, dernière consultation le 28.07.2020].

commodités que l'humanité réclame ».[3] Les détenus couchent sur de la paille et reçoivent en général un repas par jour composé d'une soupe, de légumes et de viande.[4]

En dehors de la ville de Luxembourg, les maisons servant de prisons sont des propriétés particulières de seigneurs chargés de la police judiciaire. Il est difficile d'en établir une liste mais elles sont peu nombreuses comparativement à l'étendue du duché, et en très mauvais état. Les autorités locales rechignent en effet à y investir de l'argent sachant que les détenus sont très peu nombreux.[5]

---

3 ANLux, Régime français et gouvernement provisoire des Alliés (1795–1815), Prisons, portefeuille n° B-0084, Instructions, personnel, police intérieure, Lettres de l'administration du département des Forêts aux ministres de l'Intérieur, des Finances et de la Guerre, 29 prairial an VI.

4 ANLux, B-0084, Instructions, personnel, police intérieure, Questionnaire adressé à la ville de Luxembourg concernant la situation carcérale de la ville, s. d.

5 Aupsert, Sarah/Neuville, Virginie, *Prison et réforme pénale à Namur au temps des Lumières*, in : Auspert, Sarah/Parmentier, Isabelle/Rousseaux, Xavier (edd.), *Buveurs, voleuses, insensés et prisonniers à Namur au XVIIIe siècle. Déviance, justice et régulation sociale au temps des Lumières*, Namur, Presses universitaires de Namur, 2012, 117.

Durant l'Ancien Régime, la prison ne tient qu'un rôle préventif visant à maintenir en sûreté les individus en attente de jugement. Dans ce système, les détenus, sous l'emprise d'une justice seigneuriale arbitraire, font l'objet de peu d'attention de la part des autorités et attendent parfois indéfiniment leur procès, croupissant dans les geôles. Les petits délinquants y côtoient les grands criminels, si bien que certains, quand ils finissent par sortir, se retrouvent parfois plus corrompus qu'à leur entrée.[6] Après l'annexion des Pays-Bas à la République française et l'établissement du duché en tant que département des Forêts en 1795, les autorités françaises entreprennent d'importantes réformes sur les plans judiciaire et pénal. Le Code de 1791 fait de la prison pénale la peine par excellence, augmentant considérablement la masse de détenus. De plus, prévenus, accusés et condamnés doivent désormais être enfermés distinctement et la séparation des sexes est également de mise. Le système carcéral d'Ancien Régime nécessite dès lors une réorganisation profonde pour répondre aux exigences et aux besoins du nouveau Code. Les prisonniers seront à l'avenir répartis dans des maisons d'arrêt, de justice et de détention suivant leur statut.[7]

1 Premières tentatives de réformes (1795–1805)

Dans le département des Forêts, le Directoire (1795–1799) s'ouvre sur un constat alarmant : le système carcéral d'Ancien Régime est totalement incapable d'absorber le nouveau flot de détenus. Les prisonniers s'entassent dans les locaux d'Ancien Régime et les séparations prévues par le Code ne sont pas respectées faute de place.[8] En outre, l'état matériel des bâtiments est inquiétant tant du point de vue de la solidité que de la salubrité. La Tour du Pfaffenthal est notamment déclarée *« malsaine »* et impropre à la fonction de prison. La promiscuité, l'humidité et la faible circulation de l'air favorisent le développement de la vermine et des maladies. Beaucoup de détenus tombent malades et, malgré la législation sur le sujet, il n'y a pas d'infirmerie pour les prendre en charge.[9] Dans ce contexte, les

6 Petit, Jacques-Guy, *Ces peines obscures : la prison pénale en France 1780–1875*, Paris, Fayard, 1990, 44.

7 Petit, Jacques-Guy, *Ces peines obscures : la prison pénale en France 1780–1875*, Paris, Fayard, 1990, 9 et 52–55.

8 ANLux, B-0084, Instructions, personnel, police intérieure, Procès-verbal de séance de l'Administration centrale du Département des Forêts, 5 pluviôse an V.

9 ANLux, B-0084, Instructions, personnel, police intérieure, Rapport sur l'état des prisons de la ville de Luxembourg, [an IV].

évasions sont fréquentes, encouragées par la faible présence de sentinelles et la rumeur du faible taux de repris.[10] Les autorités françaises sont bien conscientes de la situation et entreprennent de réformer le réseau carcéral pour résoudre ces nombreux problèmes.

Les premières mesures prises durant l'an IV et l'an V (1795–1797) sont timides et concernent exclusivement la ville de Luxembourg. En tant que chef-lieu départemental, la ville doit se doter d'une maison de détention, de justice et d'arrêt.[11] Dans un premier temps, les locaux d'Ancien Régime, bien qu'insalubres, sont maintenus. L'administration française manque de fonds pour entreprendre des travaux de construction et de réparation de grande ampleur. Les cachots de la Maison commune sont donc désignés comme maison d'arrêt, la maison de justice est établie dans la Tour du Marché-aux-Poissons et la maison de détention est installée dans la Tour du Pfaffenthal.[12] Le Refuge Saint Maximin est également utilisé comme succursale tandis qu'une chambre de l'abbaye de Munster est désignée pour l'accueil des femmes. Enfin, les détenus militaires sont logés séparément des détenus civils, au sein des portes d'Eich et des Bons Malades ou à la prison du Rham. Ils sont sous la responsabilité du Ministère de la Guerre et font l'objet d'un régime particulier.[13] À ce stade, aucune réparation majeure n'est entreprise. Les administrations sont complètement débordées et se contentent de maintenir un minimum d'ordre dans la séparation des catégories de détenus.[14]

Les problèmes de place et d'insalubrité persistent cependant et le transfert des maisons d'arrêt, de justice et de détention dans l'abbaye de Munster est discuté en prairial an VI (mai 1798). Le bâtiment situé le long de la rivière de l'Alzette, dans le quartier du Grund (ville basse), offre l'avantage d'être séparé des habitations et peut être aisément converti en prison moyennant l'entreprise de quelques travaux. Le plan intègre également un logement pour la gendarmerie (jusqu'à présent dispersée dans divers établissements du centre-ville) au sein

---

10 ANLux, B-0086, Événements Evènements de police, Conseil gratuit et charitable, Service des dépenses, Extrait du Registre aux Rapports des prisonniers détenus à la Tour du Pfaffenthal, 9 frimaire an V.

11 ANLux, B-0084, Instructions, personnel, police intérieure, Lettre de l'Administration Centrale du Département des Forêts à l'Administration municipale de Luxembourg, 13 pluviôse an IV.

12 ANLux, B-0084, Instructions, personnel, police intérieure, Règlement pour la police des maisons d'arrêt, de Justice, de Détention et de Gêne du Département des Forêts, 5 pluviôse an V.

13 ANLux, B-0086, Événements Evènements de police, Conseil gratuit et charitable, Service des dépenses, Lettre de Couturier, officier municipal chargé de la surveillance des prisons, à la Municipalité de Luxembourg, 9 frimaire an V.

14 ANLux, B-0084, Instructions, personnel, police intérieure, Lettre du Tribunal criminel du département des Forêts à l'Administration Centrale du même département, 19 nivôse an IV.

de l'abbaye en plus de l'aménagement de locaux particuliers pour chacune des trois prisons permettant la séparation des sexes, des âges et des délits. Le projet traverse quelques déboires administratifs et financiers et les travaux, pourtant débutés sous l'an VII (1798–1799), se poursuivent sous le Consulat (1799–1804).[15]

Dans les autres arrondissements, la mise en place de la nouvelle organisation carcérale rencontre beaucoup de difficultés et le désordre règne. Pour la période du Directoire, les archives attestent avec sûreté la présence de maisons d'arrêt à Diekirch, Bitbourg, Paliseul, Fauvillers, Florenville, Houffalize, Habay, Bastogne, Arlon et Neufchâteau. Ces établissements occupent en règle générale des biens nationaux ou des locaux d'Ancien Régime.[16] En dernier ressort, les autorités sont cependant forcées de louer des chambres à des particuliers pour y détenir les prisonniers. C'est le cas à Diekirch où un certain Henry Boch, cultivateur, loue deux chambres du rez-de-chaussée de sa maison à cet effet pour 9 francs par mois.[17] Les dépôts de sûreté, normalement exclusivement destinés à l'enfermement des prisonniers en transfert, servent régulièrement de succursales aux maisons d'arrêt surpeuplées. Les problèmes sont sensiblement les mêmes qu'à Luxembourg : les bâtiments sont peu sûrs et en mauvais état, l'insalubrité y règne et les évasions sont fréquentes.[18]

À ce stade, les prisons du département connaissent donc peu d'améliorations par rapport à leur état d'Ancien Régime et elles débordent à présent de détenus. L'entreprise des premières réformes rencontre en réalité plusieurs difficultés. L'annexion du département des Forêts à la République est récente et la mise en place de la nouvelle administration française a été difficile, surtout au niveau local.[19] Les magistrats français se heurtent à une réticente collaboration de la part des autorités locales attachées à leur autonomie traditionaliste. L'hostilité générale de la population est encore accentuée dans les cantons germaniques par la barrière linguistique et culturelle.[20] L'instauration des réformes est d'autant plus périlleuse qu'elle débute dans un contexte économique difficile pour la France. La guerre

---

15 ANLux, B-0084, Instructions, personnel, police intérieure.

16 Hannick, Pierre, La ville de Neufchâteau à l'aube du XIXe siècle. Essai de reconstitution du paysage, Terre de Neufchâteau 12 (1976), 347.

17 ANLux, n° B-0413, Arrondissement de Diekirch, Bail du local servant de prison, 14 pluviôse an IV.

18 ANLux, B-0084, Instructions, personnel, police intérieure, Lettre du ministre de l'Intérieur à l'Administration centrale du département des Forêts, 12 vendémiaire an VI.

19 ANLux, B-0084, Instructions, personnel, police intérieure, Lettre du ministre de l'Intérieur à l'Administration centrale du département des Forêts, 12 vendémiaire an VI.

20 Trausch, Gilbert, *Du particularisme à la nation. Essais sur l'histoire du Luxembourg de la fin de l'Ancien Régime à la Seconde Guerre mondiale*, Luxembourg, Saint-Paul, 1989, 83–86.

menée outre-Rhin pour y diffuser l'idéal républicain coûte très cher au Directoire. Les Luxembourgeois, comme l'ensemble des territoires conquis, sont soumis à de nombreuses réquisitions et contributions.[21] Les salaires sont difficiles à toucher pour le petit personnel administratif, y compris pour les geôliers qui sont forcés de faire des avances de leurs poches pour continuer à fournir de la nourriture aux détenus.[22] Ces difficultés financières, couplées au manque de stabilité administrative, mettent à mal l'entreprise des réformes dans le département.

Le Consulat et l'Empire bénéficient d'une continuité de pouvoir qui faisait défaut durant le Directoire. L'administration française est mieux ancrée et plus efficace.[23] De l'an VIII (1799–1800) à 1806, le réseau carcéral des Forêts évolue cependant peu en dehors de la ville de Luxembourg. Le projet du Munster y est finalisé durant l'an VIII, abritant les maisons d'arrêt, de détention et de dépôt. La maison de justice est quant à elle établie dans la Tour du Pfaffenthal et la Tour du Marché-aux-Poissons est utilisée comme succursale en cas de surpopulation. Enfin, la maison de réclusion, située dans le couvent des Récollets depuis l'an VII, sert à la réclusion des prêtres mais ne renferme dans les faits que peu de détenus. Il apparait toutefois rapidement que les réparations réalisées au Munster ne sont pas de bonne qualité. Les détenus y sont tout de même transférés en messidor an VIII (juin 1800) mais dès 1803, le bâtiment présente de nouvelles dégradations qui ont des conséquences néfastes sur la santé des détenus.[24]

Dans le reste du département, les améliorations entreprises ne consistent qu'en de petites réparations requérant des sommes minimes (ouvrages de menuiserie, serrurerie, vitrerie) et visant à stopper les évasions incessantes. Aucune réparation d'ampleur ne peut être effectuée faute de fonds.[25] Les prisons des trois chefs-lieux d'arrondissement (Diekirch, Bitbourg et Neufchâteau) ne sont alors que des établissements provisoires, mal distribués et trop petits pour contenir le nombre habituel des prisonniers qui doivent y être enfermés. Aucune ne

---

21 Lefort, Alfred, *Histoire du Département des Forêts. Le Duché de Luxembourg de 1795 à 1814 d'après les archives du gouvernement Grand-Ducal et des documents français inédits*, Luxembourg, Worré-Mertens, 1905 (Extrait des publications de la Section historique de l'Institut grand-ducal de Luxembourg, 50), 191.

22 AEArlon, Administration du département des Forêts, n° 154/21, Canton de Bastogne : maison d'arrêt, Lettre du geôlier à l'Administration centrale du département des Forêts, 13 thermidor an V.

23 Petit, Jacques-Guy, *Ces peines obscures : la prison pénale en France 1780–1875*, Paris, Fayard, 1990, 109.

24 ANLux, B-0084, Instructions, personnel, police intérieure, Rapport sur l'état actuel des prisons du département des Forêts, [an X].

25 ANLux, n° B-0087, Bâtiments, entretiens et constructions.

respecte la séparation des détenus imposée par le Code. À Diekirch, le contrat de location permettant aux autorités de disposer de chambres chez un particulier pour constituer la maison d'arrêt prend fin en janvier 1802 et les détenus sont transférés à Luxembourg dans l'attente d'une nouvelle solution pour les loger.[26] À Bitbourg, la maison d'arrêt est située dans une maison appartenant à l'hospice de la ville. Elle est en mauvais état et sa distribution intérieure ne permet pas la séparation des détenus.[27] La ville de Neufchâteau tarde quant à elle à se doter d'une maison d'arrêt qui ne voit le jour que durant l'an XI (1802). Elle prend place dans la Maison de ville. Aucune séparation des détenus n'y est mise en place, ni de sexes, ni de délits, tout simplement parce que le bâtiment ne le permet pas. Il n'y a même pas de logement pour le concierge.[28] Inutile de s'interroger sur la qualité de la surveillance. La surpopulation est toujours de mise et les problèmes de salubrité et de sûreté hérités du Directoire demeurent.

2 Nouvelles constructions, restauration de 1810 et prisons d'État impériales

La situation s'améliore réellement à partir de 1806 avec la construction de nouvelles prisons pour trois des quatre chefs-lieux d'arrondissement. Le trésor public se porte mieux et permet désormais de financer des travaux d'envergure. Un budget de 54 000 francs est débloqué par décret impérial pour la construction de nouvelles prisons à Luxembourg (chef-lieu départemental), Neufchâteau et Diekirch. En 1808, le département réalise une avance sur ses fonds propres avant qu'un nouveau décret n'octroie un surplus de 40 000 francs. Au total, 108 850 francs vont être mobilisés.[29]

La nouvelle prison de Luxembourg est bâtie à la place de l'ancienne boulangerie militaire du Grund entre 1806 et 1809. Elle a été cédée par le ministre de la Guerre aux autorités civiles en compensation des bâtiments de la congrégation qui servent désormais au casernement de la gendarmerie nationale. La situation

26 ANLux, Arrondissement de Diekirch, portefeuille n° B-0413, Prisons, maisons de détention, n° 4810, Réparations à la maison d'arrêt.

27 ANLux, Arrondissement de Bitbourg, portefeuille n° B-0393, Prisons, n° 4541, Locaux en réparations.

28 AEArlon, Administration du département des Forêts, n° 354/16, Canton de Neufchâteau : Prison.

29 ANLux, B-0087, Bâtiments, entretiens, constructions, Lettre du ministre de l'Intérieur au préfet du département des Forêts, 18 août 1808.

du terrain promet des prisons plus sûres qu'au Munster puisqu'il est longé par la rue de la Porte de Thionville d'un côté (aujourd'hui rue Saint Ulric)[30] et par l'escarpement rocheux à pic des fortifications du Saint-Esprit de l'autre.[31] Le bâtiment existant est démoli et ses matériaux sont réutilisés pour bâtir la nouvelle prison. Le nouvel établissement regroupe une maison d'arrêt, une maison de détention, une maison de justice et une maison de dépôt qui sert aussi de maison de correction. Sa capacité de population totale est de 120 détenus (80 hommes et 40 femmes). La prison est composée de trois corps avec chacun un étage en plus du rez-de-chaussée. Le premier sert à la détention des femmes, le deuxième à la détention des hommes et le troisième est composé du logement du concierge et de ses aides, d'un corps de garde et d'une infirmerie. On trouve également un atelier de travail et une chambre dite de la pistole. Le système de la pistole offre la possibilité aux détenus qui en ont les moyens financiers de disposer d'une chambre individuelle et de services particuliers en échange de paiements remis au geôlier.[32] Au sein de ce nouveau bâtiment, les maisons d'arrêt, de détention, de justice et de dépôt sont réparties en sept chambres pour les hommes et sept chambres pour les femmes, ce qui assure la séparation des sexes mais aussi des catégories de détenus (condamnés, accusés, prévenus). Chaque chambre a une capacité de dix à douze personnes pour les hommes et de cinq à six pour les femmes. Quatre « cabines » servent également à l'enfermement de détenus « à mettre en particulier ». Les travaux sont achevés en 1809 et les détenus sont transférés dans les nouveaux locaux dans le courant des mois de juillet et août. L'abbaye de Munster est de son côté convertie en hôpital militaire.[33]

À Neufchâteau, la nouvelle prison est construite entre 1806 et 1808 sur la place du Château, à l'emplacement actuel de l'Institut Saint-Michel.[34] Le site se trouve non loin du tribunal. Contrairement à Luxembourg, l'établissement n'accueille qu'une maison de dépôt, d'arrêt et de correction. Le rez-de-chaussée est composé d'un corridor de part et d'autre duquel se trouvent huit chambres : trois servent à la détention des hommes, deux à la détention des femmes, une au loge-

---

30 Theis, Vincent, *La prison dans son contexte historique. Ses débuts, son évolution, sa situation actuelle*, Forum für Politik, Gesellschaft und Kultur 295 (avril 2010), 9.

31 ANLux, B-0087, Bâtiments, entretiens, constructions, Lettre du préfet du département des Forêts au ministre de l'Intérieur, 24 pluviôse an XII.

32 Petit, Jacques-Guy, *Ces peines obscures : la prison pénale en France 1780–1875*, Paris, Fayard, 1990, 25.

33 ANLux, B-0087, Bâtiments, entretiens, constructions, Procès-verbal du transfert des détenus des anciennes prisons vers la prison neuve, 1er août 1809.

34 Marchesani, Frédéric, *Sur les traces de la Wallonie française*, Namur, Institut du patrimoine wallon, 2014, 87.

ment du concierge et les deux dernières d'ateliers de travail. Chaque chambre a une capacité de cinq personnes. Il y a uniquement un étage au-dessus de l'avant-corps, comportant un corridor et deux chambres d'infirmerie. Les détenus sont transférés sur place dans le courant du mois de décembre 1808.[35] Diekirch fait l'objet du même projet de construction que Neufchâteau, le nouveau bâtiment est édifié à la même période et d'après le même plan sur les « fossés de la place ». Le projet prévoit également l'édification de deux bâtiments supplémentaires, l'un pour le tribunal de première instance et l'autre pour le logement de la gendarmerie. Leur proximité doit faciliter la communication entre les services. Les travaux sont achevés en 1808 et les détenus, incarcérés entre-temps dans une porte de la ville, sont transférés dans la nouvelle prison durant le mois de septembre. Le local de l'ancienne prison, devenu inutile, est quant à lui démoli pour agrandir le passage à l'entrée de la ville.[36] Entre 1806 et 1809, trois des quatre chefs-lieux d'arrondissement se débarrassent donc enfin de leurs locaux d'Ancien Régime, permettant l'amélioration des conditions de vie de détenus. Les nouveaux locaux ont en effet été construits suivant les besoins des localités. Les prisons ne sont plus surpeuplées et les bâtiments neufs garantissent un bon niveau de sûreté et de salubrité. Mais si les cas de Luxembourg, Neufchâteau et Diekirch s'améliorent, il n'en va pas de même pour le reste du département qui reste empêtré dans les problèmes d'Ancien Régime.

La restauration intégrale des prisons se concrétise seulement à partir de 1810, sous l'Empire (1804–1814). Le nouveau Code pénal de 1810 augmente globalement la durée de la peine d'emprisonnement pour l'ensemble des délits. La pratique de la prison préventive connaît également un essor important, elle est plus fréquente mais aussi plus longue, ce qui a pour effet d'accroître considérablement le nombre de détenus. Pour absorber cette masse de prisonniers, l'Empire entreprend une grande restauration des prisons dans le but de remettre définitivement le réseau carcéral sur pied et de l'adapter aux dispositions du nouveau Code. Dans l'arrondissement de Bitbourg, le tribunal est transféré de Bitbourg à Echternach et une nouvelle prison y est édifiée sur un terrain communal que la ville consent à céder gratuitement. L'établissement a une capacité de 35 à 40 détenus.[37] Le Code de 1810 réitère les principes de séparation des détenus et définit cinq grands types

35 ANLux, B-0087, Bâtiments, entretiens, constructions, Lettre du préfet du département des Forêts à l'Ingénieur des Ponts et Chaussées du département, 26 juin 1806.

36 ANLux, B-0087, Bâtiments, entretiens, constructions, Observations sur les projets et les dépenses des nouvelles prisons à construire dans les villes de Neufchâteau, Bitbourg, Diekirch et Luxembourg, 4 octobre 1806.

37 ANLux, B-0084, Instructions, personnel, police intérieure, Lettre du préfet du département des Forêts au ministre de l'Intérieur, 12 décembre 1810.

de prisons : les maisons centrales de détention, les maisons de correction, les maisons de justice, les maisons d'arrêt et les maisons de police municipale.[38] Auparavant souvent restreinte aux chefs-lieux d'arrondissement (Luxembourg, Diekirch, Bitbourg et Neufchâteau), la réalisation des réformes s'étend désormais jusque dans les petites localités avec la mise en place des maisons de police municipale près des justices de paix. Mais elles sont rapidement prises d'assaut par les prisonniers de passage très nombreux au sein du département.[39] Le réseau de dépôts de sûreté n'est pas assez dense pour tous les héberger et les prisons locales deviennent de véritables gares de transit où les risques de confusions des catégories de détenus sont multipliés. De nouveaux dépôts sont donc construits en septembre 1810, notamment à Frisange, Remich, Niederanven, Mersch, Bascharage, Habay-la-Neuve, Houffalize, Martelange, Ettelbruck, Hossingen, Wiltz, Wahl, Vianden, Oberkail, Lünebach et Dudeldorf. À Luxembourg, le dépôt est originellement situé dans la Maison commune. Entre 1804 et 1808, le bâtiment est converti en palais de la préfecture – en plus d'abriter le siège de la municipalité – et les détenus sont transférés dans la « prison neuve ».[40]

Le dispositif carcéral impérial est enfin complété par des prisons d'État destinées à la détention arbitraire des personnes jugées dangereuses pour le régime. Elles sont légalisées par le décret du 3 mars 1810.[41] La ville de Luxembourg en compte deux. La première est située dans les locaux de l'ancienne prison militaire du plateau du Rham. Ces locaux sont réaffectés en prison d'État en pluviôse an XII (janvier 1804) pour l'enfermement de Chouans ou de *« révoltés de l'Ouest »*. Ces mentions font référence aux épisodes de la Chouannerie et de la guerre de Vendée ayant opposé Royalistes et Révolutionnaires entre 1795 et 1800.[42] Ces prisonniers d'État sont originaires des départements des Deux Sèvres, de Maine-et-Loire, de Vendée et de Loire-inférieure. L'État les incarcère loin de leur département d'ori-

---

38 *Prisons et bagnes* in : Laederich, Frank Jacques (ed.), *Encyclopédie juridique. Table alphabétique générale d'orientation*, vol. 36, Paris, Jurisprudence Générale Dalloz, 1980, 985.

39 Petit, Jacques-Guy, *Ces peines obscures*, op. cit., 110–111.

40 ANLux, B-0085, Maisons de dépôt, dépenses des prisons, fournitures, mobiliers, ateliers, Lettre du capitaine de la gendarmerie nationale et commandant de la compagnie du département des Forêts au préfet dudit département, 12 ventôse an XII.

41 Berger, Emmanuel, *La poursuite pénale sous le Directoire (1795–1799) et l'Empire (1811–1814) dans les départements belges. Évolutions et ruptures des modèles judiciaires français*, in : Berger, Emmanuel (ed.), *L'acculturation des modèles policiers et judiciaires français en Belgique et aux Pays-Bas (1795–1815)*, Bruxelles, Archives générales du Royaume, 2010, 97.

42 Dupuy, Roger, *Chouannerie et pouvoir local sous le Directoire*, in : Bernet, Jacques/Jessenne, Jean-Pierre/Leuwers, Hervé (edd.), *Du Directoire au Consulat. 1 : Le lien politique local dans la grande nation*, Villeneuve-d'Ascq, Université Charles-de-Gaulle-Lille III, 1999, 71–77.

gine pour les isoler de leur corps social et minimiser les risques de récidives et de sympathie de la part de la population.[43] La prison d'État du Rham contiendra jusqu'à 62 individus pour une capacité maximale de 50 personnes. Les conditions de détention y sont difficiles. La promiscuité favorise le développement des maladies. Ces Chouans seront finalement élargis par l'Empereur en mai 1812. La prison du Rham n'accueillera plus de détenus par la suite et le poste de concierge y sera supprimé. La deuxième prison d'État se trouve au sein de la citadelle du Saint Esprit. Elle ne consiste qu'en quelques cachots et semble contenir des prisonniers par mesure de haute police devant être tenus isolés. On y trouve notamment d'anciens officiers militaires royalistes. La plupart de ces détenus connaissent des problèmes de subsistance. S'ils sont délaissés par leur famille, ils ne reçoivent en effet que le pain et l'eau sans possibilité d'amélioration.[44]

3 Réformes financières et efforts sanitaires

Le Directoire, plein d'ambition, s'est lancé tête la première dans des réformes carcérales vouées à l'échec, trop coûteuses pour le régime. Le Consulat et l'Empire en ont retenu la leçon. Le système de dépenses des prisons est réformé pour permettre des économies drastiques et compenser l'entreprise des nouvelles constructions. Le ministre réduit les budgets accordés en réformant divers aspects du service des prisons. Ce programme s'axe sur quatre points : la suppression des abus du régime précédent (mauvaises tenues des comptes et abus des geôliers) ; la mise en place d'adjudications à rabais pour les fournitures de pain, soupe et paille ; la réduction des rations alimentaires des détenus ; et l'instauration du travail carcéral.[45] Ces mesures sont mises en place à l'arrivée de Chaptal à l'Intérieur (1800) mais n'ont réellement les effets escomptés qu'à partir de l'an XI (1802–1803).[46] Au sein du département des Forêts, l'application de ces mesures a plusieurs conséquences négatives. La diminution du prix des adjudications est notamment poussée si bas que les fournisseurs des prisons n'y trouvent plus leurs comptes.

---

43 Berger, Emmanuel/Le Quang, Jeanne-Laure, *La Justice face aux mesures de haute police sous le Consulat et l'Empire. De la violation de l'indépendance du pouvoir judiciaire à la collaboration entre pouvoirs*, in : Cicchini, Marco/Vincent, Denis (edd.), *Le Noeud gordien. Police et justice : du temps des Lumières à l'État libéral (1750–1850)*, Chêne-Bourg, Médecine & Hygiène, 2017, 302.

44 ANLux, B-0091, Haute police, prisonniers d'État, insurgés, prisons militaires, n° 1052 et 1053.

45 ANLux, B-0086, Événements vènements de police, Conseils gratuits et charitables, service des dépenses, n° 944, Dépenses des prisons et correspondance (an VIII–an X).

46 Petit, Jacques-Guy, *Ces peines obscures*, op. cit., 121.

Beaucoup se retirent donc ou diminuent la qualité du pain au point que le Maire de Luxembourg le déclarera « nuisible à la santé des détenus ».[47] Les réductions des rations des détenus, destinées à soulager le Trésor public, sont humainement justifiées par la mise au travail des détenus leur permettant d'acheter des fournitures et de la nourriture supplémentaire. Chaque détenu peut également réaliser des épargnes pour subvenir à ses besoins dès sa sortie de prison.[48] Le travail carcéral se développe déjà sous le Consulat mais connaît son apogée sous l'Empire au sein des Maisons centrales de détention (Gand et Vilvorde). Les Préfets sont chargés d'établir des ateliers de travail au sein des maisons de détention, d'arrêt et de justice de leur département dès le mois de pluviôse an IX (janvier 1801) mais, dans les faits, la tâche est difficile, même dans les grandes villes. Dans les Forêts, seule la ville de Luxembourg développe un atelier de filature en 1812. Ce sont les budgets nécessaires qui manquent le plus souvent pour développer de tels projets. Finalement, à partir de 1811, le soudain accroissement de la population carcérale dû à l'instauration des Codes plus répressifs fait exploser les dépenses des prisons et le régime d'économie ne suffit pas à les compenser. Au même moment, la crise économique de 1810 met à mal le Trésor public, consacrant l'échec de la grande Restauration des prisons selon Jacques-Guy Petit.[49] Les crédits ne suffisent plus pour financer l'ensemble des travaux d'amélioration et certaines prisons restent dans un état de délabrement.

En dépit de ces difficultés financières, le Consulat et l'Empire ont permis une nette amélioration sur le plan de la santé des détenus. C'est le paradoxe du Consulat et de l'Empire, qui n'hésitent pas à réduire les rations des prisonniers, atteignant ainsi durement leurs conditions de vie, tout en se préoccupant d'améliorer leur santé. Dès la fin du Consulat, les rapports centrés sur la santé et les conditions de vie des détenus se multiplient à Luxembourg. L'absence d'infirmerie empêche l'isolement des malades et les épidémies sont fréquentes jusqu'en l'an XIII (1804–1805). Un règlement visant le maintien d'une bonne salubrité au sein des bâtiments est promulgué en 1809 et il semble avoir des effets favorables. Les femmes enceintes se voient également accorder des rations supplémentaires de nourriture pour elles et leurs nouveaux-nés. La même année, un accord est passé avec la Commission administrative des hospices civils de Luxembourg pré-

---

47 ANLux, B-0085, Maisons de dépôt, dépenses des prisons, fournitures, mobiliers, ateliers, Lettre de Dominique Servais, boulanger, à la Préfecture du département des Forêts, 3 complémentaire an X.

48 ANLux, B-0085, Maisons de dépôt, dépenses des prisons, fournitures, mobiliers, ateliers, Lettre du ministre de l'Intérieur, au préfet du département des Forêts, 8 décembre 1812.

49 Petit, Jacques-Guy, *Ces peines obscures*, op. cit., 118–122.

voyant que les détenus malades des prisons neuves soient pris en charge dans le bâtiment du Munster reconverti en hospice.[50] Enfin, en octobre 1810, un Conseil gratuit et charitable chargé de la surveillance des prisons est créé au sein de chaque arrondissement sur ordre du ministre de l'Intérieur. Cette assemblée n'a pas d'autorité propre : « son service purement charitable consiste à visiter les prisonniers, à les consoler, à leur rendre de bons offices, à se charger de leur représentation aux griefs fondés auprès des magistrats compétents. Tout ce qui a trait aux mœurs, à la religion, au service sanitaire est confié à sa vigilance. » Elle est également chargée de récolter les aumônes et de les redistribuer. Ces conseils sont composés de notables locaux de professions diverses : chirurgien, propriétaire, curé, marchand, artisan, négociant, etc.[51] On retrouve une forme de surveillance des prisons par des élites locales comme c'était le cas durant l'Ancien Régime.[52] Les rapports sur la santé des détenus se multiplient, les épidémies sont mieux gérées et le développement des maladies au sein des prisons est considérablement réduit. Ces mesures survivront au Régime français pour réellement se concrétiser pendant la période hollandaise.

Si le Directoire a échoué dans la restauration des prisons du département, les résultats sont en demi-teinte pour les périodes du Consulat et de l'Empire. Les améliorations amenées par l'établissement de nouvelles constructions en 1806 et l'effort sanitaire de 1809–1810 se doivent d'être considérées. Les nouvelles constructions de Luxembourg, Diekirch, Bitbourg et Neufchâteau garantissent la sûreté et la séparation des détenus, la santé des prisonniers préoccupe davantage les autorités et la salubrité s'est nettement améliorée, au moins à Luxembourg. Il reste bien sûr de nombreuses ombres au tableau : les rations sont médiocres, le travail carcéral n'a pratiquement pas été instauré et la situation des prisons locales reste encore floue ; mais les avancées amorcées durant la période française trouveront leur concrétisation dans la durée, sous le Régime hollandais.[53]

50 ANLux, B-0084, Instructions, personnel, police intérieure, Lettre du Maire de Luxembourg au préfet du département des Forêts, 18 floréal an XIII.

51 ANLux, B-0086, Événements de police, Conseils gratuits et charitables, service des dépenses, Lettre du préfet du département des Forêts aux quatre sous-préfets dudit département, 25 mars 1812.

52 Dupont-Bouchat, Marie-Sylvie, *Prisons et prisonniers à Namur sous le régime français*, in : Dupont-Bouchat, Marie-Sylvie/Rousseaux, Xavier (edd.), *Juges, délinquants et prisonniers dans le département de Sambre-et-Meuse (1794–1814)*, Annales de la Société archéologique de Namur 72 (1998), 352–353.

53 Petit, Jacques-Guy, *Ces peines obscures*, op. cit., 183–186 et 218.

Vincent Theis

La prison, cette étrange pratique « d'enfermer pour redresser ».[1] Deux siècles de traitement des prisonniers au Luxembourg

Normalisation, individualisation, réinsertion. Tel se lit l'adage des systèmes pénitentiaires actuels. Il fait l'unanimité depuis un demi-siècle, sinon en pratique, du moins en théorie. En infligeant une peine, les Cours et tribunaux répressifs sanctionnent l'acte commis en infraction de la loi pénale et punissent, au nom de la société, l'auteur coupable en guise de rétribution pour le mal commis. Le degré de pénibilité des sanctions prononcées est supposé avoir un effet dissuasif et donc de prévention individuelle ou collective. C'est l'approche causale. La prison au contraire adopte une approche proactive. Elle ne punit pas – elle est la punition. Elle met en œuvre une décision judiciaire portant privation de la liberté d'aller et de venir. Son objectif est l'insertion ou la réinsertion du justiciable à son retour en société. Nous concevons aujourd'hui qu'une prise en charge individualisée du condamné, dans un environnement aussi proche que possible des conditions de vie normales dans notre société, constitue une *conditio sine qua non* pour y parvenir. Cependant, telle n'a pas toujours été l'approche de l'État envers le criminel.

Ce chapitre a pour objectif de passer en revue deux siècles d'évolutions et de tribulations luxembourgeoises en matière de traitement des prisonniers. Après un bref panorama des grandes tendances qui ont marqué la pensée pénitentiaire en Europe depuis la fin du 18e siècle, il étudiera l'évolution de la législation luxembourgeoise en matière de prisons et de traitement des détenus depuis 1821. Il s'intéressera également au travail du Conseil de l'Europe, qui joue un rôle moteur clef dans la défense du traitement humain des personnes privées de liberté.

1 Foucault, Michel, *Surveiller et punir. Naissance de la prison*, Paris, Gallimard, 1975, 318 : « D'où vient cette étrange pratique et le curieux projet d'enfermer pour redresser, que portent avec eux les Codes pénaux de l'époque moderne. »

https://doi.org/10.1515/9783110679656-018

1 Évolution de la pensée pénitentiaire en Europe

« Toutes choses sont dites déjà ; mais comme personne n'écoute, il faut toujours recommencer. »[2]

En l'été 1764 parut à Livourne, sous couvert d'anonymat, un court essai intitulé « Des délits et des peines »[3], traitant « de la cruauté des supplices et de l'irrégularité des procédures criminelles » de l'époque. L'écrit connaît un succès fulgurant à travers l'Europe parmi les philosophes des Lumières et ceux-là qui vont paver le chemin pour la Révolution de 1789. L'auteur de l'essai, un jeune Italien de 26 ans, sera rapidement connu sous le nom de Cesare Beccaria (1738–1794). Il aura posé les bases de la réflexion pénale moderne, qui évoluera en flux et reflux jusqu'à nos jours. En s'opposant à l'arbitraire le plus absolu des décisions judiciaires durant l'Ancien Régime, il pose que « les lois seules peuvent déterminer les peines des délits », que donc seul le législateur « qui représente la société unie par un contrat social » peut les définir. En critiquant sévèrement la cruauté sans limites des peines corporelles qu'endurent les condamnés, ainsi que la torture associée à la question du suspect pour lui arracher des aveux, il est le premier à défendre un utilitarisme qui veut que le châtiment soit jugé nécessaire pour garantir la sûreté publique, proportionné à la gravité du délit, et qu'il serve la cause de la société. Adversaire de la peine de mort, Beccaria plaide contre l'exclusion du coupable, voire son élimination. Au lieu de faire expier le mal commis et de prévenir par la dissuasion et l'horreur du châtiment, la peine doit protéger la société et se mesurer en fonction de son utilité sociale.

La Déclaration des droits de l'homme et du citoyen de 1789 grave dans le marbre les principes de la légalité des peines[4] et de la présomption d'innocence.[5] La liberté individuelle étant déclarée bien suprême, sa privation devient la peine principale en matière pénale. La peine de mort est néanmoins maintenue, et tout au long du 19e siècle, des peines corporelles, douloureuses, dégradantes et autrement infamantes sont inventées (poing coupé pour les parricides, travaux les plus pénibles pour les forçats, port de chaînes et du boulet, transportation,

---

2 Gide, André, *Le traité du Narcisse. Théorie du symbole*, Paris, Librairie de l'Art indépendant, 1891.

3 Beccaria, Cesare, *Dei delitti e delle pene*, 1764.

4 Déclaration des droits de l'homme et du citoyen (1789), art. 8 : « La loi ne doit établir que des peines strictement et évidemment nécessaires, et nul ne peut être puni qu'en vertu d'une loi établie et promulguée antérieurement au délit, et légalement appliquée. »

5 Id., art. 9 : « Tout homme étant présumé innocent jusqu'à ce qu'il ait été déclaré coupable, s'il est jugé indispensable de l'arrêter, toute rigueur qui ne serait pas nécessaire pour s'assurer de sa personne doit être sévèrement réprimée par la loi. »

déportation, pour ne citer que les plus cruelles), en alternance avec les poussées modératrices intermittentes des humanistes d'inspiration laïque ou religieuse. Il n'y a d'unanimité que sur la nécessité pressante de réformer les prisons, d'en finir avec l'insalubrité, foyer de maladies infectieuses et souvent mortelles, ainsi qu'avec la promiscuité des vieilles geôles où s'entassaient pêle-mêle suspects et condamnés, hommes, femmes et enfants, petits larcins et criminels violents, débiteurs insolvables et mendiants, fous, syphilitiques et prostituées.

Il aura fallu que John Howard (1726–1790) publiât en 1777 « L'État des prisons »[6] pour attirer le regard sur la condition honteuse du monde pénitentiaire et contribuer ainsi à la réflexion menant aux réformes du 19e siècle. Ayant souffert lui-même d'un emprisonnement à Brest, ne fut-ce que pour 6 jours, il parcourut, alors qu'il était devenu *High Sheriff* de Bedfordshire, près de 100.000 km à travers le Royaume-Uni et l'Europe continentale, visitant toutes les prisons qu'il rencontra sur son chemin. Plus d'un demi-siècle plus tard, le diplomate français Alexis de Tocqueville (1805–1859)[7] rentre de son voyage aux États-Unis plein d'admiration pour les prisons de Philadelphie et d'Auburn (New York). À l'opposé des philanthropes de son époque qui visent l'amendement du condamné, il défend l'idée que la prison doit prioritairement protéger la société du crime et du désordre, et milite en faveur de l'isolement cellulaire et du travail comme moyen de réduire le coût des prisons. Il sera l'adversaire conjuré de Charles Lucas (1803–1889), inspecteur général des prisons françaises, qui juge inhumain l'isolement jour et nuit (Philadelphie) et trop dur le régime de l'isolement entrecoupé de travail en silence (Auburn). Il préconise la seule privation de liberté comme moyen unifié de sanction, dont la durée et non la pénibilité plus ou moins stricte sera l'élément variable menant à une individualisation de la peine.

Alors que Charles Lucas est considéré comme père de la science pénitentiaire et des réformes à la fin du 19e siècle, le psychiatre et phrénologue Cesare Lombroso (1835–1909)[8] passe pour le fondateur de la criminologie positiviste. Ses théories atavistes nient l'existence du libre arbitre dans le choix des comportements, qui seraient au contraire conditionnés par des éléments congénitaux héréditaires. La criminalité serait innée et présenterait des caractéristiques morphologiques que Lombroso s'est attelé à documenter. Ainsi naît l'anthropologie criminelle avec son

6 Howard, John, *L'état des prisons, des hôpitaux et des maisons de force en Europe au XVIIIe siècle (1777 et 1784)*,Paris, Éditions de l'Atelier, 1994.

7 De Tocqueville, Alexis/De Beaumont Gustave, *Le système pénitentiaire aux États-Unis et son application en France*, Paris, H. Fournier Jeune, 1833.

8 Lombroso, Cesare, *L'Uomo delinquente, studiato in rapporto alla antropologia, alla medicina legale ed alle discipline carcerarie*, Milan, Ulrico Hoepli, 1876.

anthropométrie, suivie par les mouvements eugénistes qui ont connu des émules jusque dans les années 1950[9], voire au-delà, bien que de plus en plus contestée dès le début du 20e siècle, notamment par les sciences humaines qui privilégient l'influence des facteurs psychologiques et sociaux.

L'entre-deux-guerres voit apparaître un déterminisme médicalisé de la criminogénèse et un consensus parmi les experts internationaux selon lequel il s'agira de traiter cette « criminalité morbide des parasites sociaux, des anormaux moraux, des délinquants d'habitude, alcooliques et autres dégénérés » (sic !)[10] à coups de méthodes scientifiques toutes modernes et prometteuses. C'est l'époque où la Belgique instaure l'internement à durée indéterminée dans ses établissements de défense sociale.[11]

Ce n'est qu'après la Seconde Guerre mondiale que le condamné devient sujet, qu'il ne s'agit plus de réformer les âmes, mais de donner au détenu des outils concrets pour sa future réinsertion. Le directeur de l'administration pénitentiaire française, Paul Amor (1901–1984), lui-même détenu pendant la guerre, s'attelle à une importante réforme pénitentiaire et place l'amendement et le reclassement social du condamné au centre de la peine privative de liberté. Mais aussi humaine et constructive que devrait être la prison suivant l'ambition des réformateurs, « il demeure un fond suppliciant » d'après Michel Foucault (1926–1984),[12] qui pense que si « les punitions [sont] moins immédiatement physiques, une certaine discrétion dans l'art de faire souffrir » s'est imposée. Il se demandait d'où avait surgi l'idée « d'enfermer pour modifier les comportements ». Déjà en 1949, le criminologue belge Etienne de Greeff (1898–1961) avait déploré que « les seuls individus que j'aie jamais vus s'améliorer en prison sont ceux qui se seraient amendés s'ils n'y étaient pas entrés »[13].

Le 21e siècle enfin se démarque par une traduction dans le droit positif des Règles pénitentiaires européennes, sur lesquelles nous reviendrons plus loin, et par l'inscription dans une législation contraignante de la situation en droit de la

---

9 Notamment en la personne du criminologue luxembourgeois Armand (dit Toto) Mergen (1919–1999).

10 Ensch, Nicolas-Antoine, *Mesures spéciales pour combattre la récidive criminelle, conférence faite le 21 décembre 1935 sur le désir du Jeune barreau de Luxembourg*, Luxembourg, Administration pénitentiaire, 1935.

11 Loi belge du 9 avril 1930 de défense sociale à l'égard des anormaux, des délinquants d'habitude et des auteurs de certains délits sexuels.

12 Foucault, Michel, *Surveiller et punir. Naissance de la prison*, op. cit.

13 De Greeff, Etienne, *Âmes criminelles*, Paris, Casterman, 1949.

personne privée de liberté, qui en tant qu'administré est en droit de se voir garantir par l'administration « l'exercice de la citoyenneté »[14].

Après ce panorama de l'évolution de la pensée pénitentiaire en Europe, et plus spécialement dans nos deux pays voisins francophones, dont le système pénitentiaire luxembourgeois restait tributaire et dont il a emboîté le pas avec plus ou moins de retard, voyons quelles ont été les grandes étapes des réformes opérées au Grand-Duché.

2 Les grandes réformes luxembourgeoises au fil de deux siècles

Le 4 novembre 1821, le Roi Grand-Duc Guillaume Ier promulgue un arrêté organique de 75 articles établissant trois classes de prisons : les maisons de correction, de réclusion de force et de détention militaire, en dehors des maisons d'arrêt, de justice, prévôtales et de dépôt. Il institue également des collèges de régents, qui deviendront par la suite des commissions d'administration, chargés de la gestion administrative des prisons. La surveillance des établissements est confiée aux gouverneurs des provinces, qui exercent cette fonction sous la direction supérieure du département de la justice. Enfin, l'arrêté règlemente l'ordre intérieur des prisons en donnant des instructions concernant l'alimentation, les objets d'habillement et de casernement (couchage) des prisonniers, ainsi que leur travail au sein des établissements pénitentiaires. De 1822 à 1839[15] il sera suivi de quelque 200 règlements,[16] instructions et circulaires prescrivant jusque dans le moindre détail les procédures à suivre.

Il faudra patienter un demi-siècle avant que l'arrêté royal grand-ducal du 6 février 1873 approuvant le règlement des prisons et du dépôt de mendicité de Luxembourg ne réorganise la matière. La direction des prisons, ainsi que la surveillance et le contrôle de tous les services sont désormais confiés à une commission administrative et un administrateur. Le régime de détention classe les détenus dans huit catégories de prisonniers devant être logées en quartiers

14 Tournier, Pierre, *Loi pénitentiaire. Contexte et enjeux*, Paris, L'Harmattan, 2007.

15 Jusqu'au partage donc du Luxembourg par le traité de Londres du 19 avril 1839, entre le Grand-Duché placé sous la souveraineté des Orange-Nassau et la province qui rejoint la Belgique.

16 Voir le *Recueil des arrêtés, règlements et instructions concernant les prisons de Belgique*, édité par le Ministère de la Justice de Belgique (1840).

séparés : les forçats, réclusionnaires, condamnés correctionnels, prévenus et accusés, détenus militaires, individus incarcérés pour frais de justice et amendes, détenus pour dettes, reclus du dépôt de mendicité.[17] Ce régime restera en vigueur pendant plus de 97 ans.[18]

Sur le plan disciplinaire, le nouveau règlement limite les punitions infligeables par l'administrateur : huit jours maximum concernant la privation du lit ou du hamac, du travail, du tabac, de la cantine et des visites; trois jours tout au plus en ce qui concerne la privation d'un repas par jour ou la mise au pain et à l'eau. Enfin, la peine de mise aux fers et au cachot est limitée à 14 jours et doit être prononcée par la commission administrative. L'article 218 rappelle aux détenus qu'ils « ne doivent jamais perdre de vue qu'ils se trouvent dans une position d'expiation ; que le bien-être dont ils jouissent, ils le doivent à l'esprit de charité qui anime l'autorité, et qu'ils ne peuvent réparer ou faire oublier leur faute ou vie passée que par une entière résignation, un sincère repentir et une ferme volonté de s'amender. » Concernant les travaux forcés, le règlement reprend les dispositions de l'article 15 du Code pénal de 1810 qui ordonne que « les hommes condamnés aux travaux forcés seront employés aux travaux les plus pénibles ; ils traîneront à leurs pieds un boulet ou seront attachés deux à deux avec une chaîne lorsque la nature du travail auquel ils seront employés le permettra. »

La première moitié du 20e siècle est marquée par les deux guerres mondiales. L'exécution des peines et les conditions de détention ne comptaient certainement pas parmi les préoccupations premières des autorités. Il faudra mentionner néanmoins l'abolition, par la loi du 2 mai 1906, du port du boulet auquel étaient astreints les forçats. Alors que la peine accessoire avilissante des fers et du boulet avait été abandonnée avec la suppression du bagne d'Anvers en 1821 sous le règne de Guillaume Ier, il fut réintroduit au Grand-Duché en 1855 sur proposition du collège des régents qui crut bon devoir appliquer à la lettre les dispositions de l'article 15 du Code pénal de 1810, dispositions qui furent reprises en partie par l'article 14 du Code pénal de 1879 qui prescrivait que « les hommes condamnés aux travaux forcés traîneront un boulet. » L'obligation, par arrêté grand-ducal du même 2 mai 1906, au marquage des condamnés aux travaux forcés moyennant les lettres « T.F. » brodées en rouge voyant sur la manche gauche de leur veston afin de les distinguer des condamnés à la réclusion criminelle, avait été le prix à payer

---

17 Arrêté royal grand-ducal du 6 février 1873, approuvant le règlement des prisons et dépôts de mendicité de Luxembourg – art. 179.

18 Jusqu'au 1er janvier 1971.

pour obtenir une majorité à la Chambre des députés en faveur de l'abolition, après un demi-siècle de controverses.[19]

Encore sous le choc des horreurs de la Deuxième Guerre mondiale et de la révélation des atrocités perpétrées par le régime nazi d'un côté, et de l'autre encouragé par le mouvement de la communauté internationale en faveur des droits de l'homme, de la démocratie et de l'État de droit, sans oublier l'influence de la psychologie et de la sociologie en plein essor, un vent nouveau se mit à souffler en Europe. Les réformes promues dès mai 1945 par Paul Amor, directeur général de l'administration pénitentiaire française, mettent le reclassement social du condamné au premier plan des objectifs recherchés durant la privation de liberté, moyennant un régime progressif par étapes, l'instruction et le travail, la généralisation de l'accès à la libération conditionnelle et l'assistance fournie aux détenus pendant et après leur peine. En France, les décisions concernant l'exécution des peines et le traitement pénologique seront désormais prises par un magistrat.

Au Grand-Duché, il a fallu une « série d'incidents » qui « ont révélé la nécessité de procéder à des réformes urgentes » pour amener le ministre de la Justice Paul Elvinger à instituer par arrêté ministériel du 8 octobre 1959 une commission de réforme de l'ensemble des établissements pénitentiaires. Par la suite, la loi du 21 mai 1964[20] confie la direction générale et la surveillance des établissements pénitentiaires au procureur général d'État, qui est chargé également de l'exécution des peines et du traitement pénologique.[21] Les commissions administratives sont abolies. La loi crée un service de défense sociale – ou plutôt, régularise le service existant en vertu d'un arrêté ministériel du 31 janvier 1950, en lui assurant enfin une base légale.[22]

La loi reste cependant muette sur la condition du détenu, en stipulant que l'arrêté royal grand-ducal du 6 février 1873 restera en vigueur jusqu'à son remplacement par un règlement d'administration publique qui n'interviendra que le 3 décembre 1970. Inspiré par l'Ensemble des règles minima pour le traitement des détenus adopté au sein des Nations Unies en 1955, ce règlement demande à l'administration pénitentiaire d'assurer « à l'égard de toutes les personnes dont elle a la charge à quelque titre que ce soit [...] le respect de la dignité inhérente

19 Voir Spielmann Alphonse, *À propos du boulet ou: Un hommage à Paul Eyschen*, Luxembourg, Imprimerie centrale, 1982.

20 Loi du 21 mai 1964 portant 1. réorganisation des établissements pénitentiaires et des maisons d'éducation ; 2. création d'un service de défense sociale.

21 Id., art. 2.

22 Id., art. 11.

à la personne humaine», et de prendre «toutes les mesures destinées à faciliter leur réintégration dans la société.»[23] «[...] le régime intérieur [...] est institué dans le but de favoriser l'amendement des détenus condamnés et de préparer leur reclassement social.»[24]

Néanmoins, comme s'exprimera plus tard le ministre de la Justice Robert Krieps, «il sera plus aisé de construire un nouveau bâtiment que de démolir les préjugés qui l'entourent».[25] Direction et personnel, rodés à maintenir une discipline de fer, restent réfractaires à l'esprit de la réforme. Les détenus révoltés finissent par monter sur le toit, occupent l'atelier «Tutesall» et prennent des surveillants en otage à plusieurs reprises entre 1972 et 1975. Les émeutes sont violemment réprimées. Ce n'est qu'à partir de 1976 que le trio Robert Krieps, ministre de la Justice, Alphonse Spielmann, délégué du procureur général d'État, et Alphonse Wagner, jeune directeur dynamique, réussit à faire souffler un vent résolu de réforme et d'humanisation des conditions de détention.[26] La discipline exigée des détenus devient moins rigoureuse, les congés pénaux et libérations conditionnelles sont accordés à foison, l'usage de la force est encadré et les abus sont poursuivis.

La loi du 9 janvier 1984 portant réorganisation des établissements pénitentiaires et maisons d'éducation ne fait qu'entériner les grands principes de la réforme de 1964 et adapte la structure du personnel aux nouveaux besoins recensés pour prendre en service le nouveau centre pénitentiaire de Luxembourg (CPL) à Schrassig. De nouveau, le règlement grand-ducal déterminant les modalités de l'administration et le régime interne des établissements pénitentiaires tardera à sortir des tiroirs. Il portera la date du 24 mars 1989 – et reste en vigueur à ce jour, sauf quelques menus amendements, malgré le fait qu'il soit insuffisant et obsolète depuis les réformes de 1997 et 2018.

La loi du 27 juillet 1997 portant réorganisation de l'administration pénitentiaire maintient le principe du cumul des compétences entre les mains du procureur général d'État (direction générale, surveillance, exécution des peines et traitement pénologique). Derechef, l'essentiel du texte concerne des questions organiques et l'adaptation de la structure du personnel aux besoins dictés par le dédoublement de la capacité d'accueil du CPL. Les maisons d'éducation avaient été réorganisées en centres socio-éducatifs sous la tutelle du ministre de la Famille

23 Règlement grand-ducal du 3 décembre 1970 concernant l'administration et le régime interne des établissements pénitentiaires et des maisons d'éducation, art. 20.

24 Id., art. 21.

25 Cité dans un article de presse paru au quotidien *Tageblatt* du 28 août 1982.

26 Voir à ce sujet également le chapitre de Vera Fritz, «La justice face aux mutations politiques, économiques et sociales de l'après-guerre (1950–1980)».

et de la Solidarité par la loi du 12 juillet 1991,[27] et ne font dès lors plus partie de l'administration pénitentiaire.

Deux innovations méritent une attention spéciale. Le service de défense sociale créé par la loi de 1964 avait été intégré en 1977 au SCAS (service central d'assistance sociale)[28] pour y devenir le service de probation sous l'autorité du procureur général d'État, laissant les prisons alors démunies. La loi de 1997 introduit les services psycho-sociaux et socio-éducatifs au sein des établissements pénitentiaires, sans préciser toutefois leur objectif et leur fonctionnement. Il est cependant bien compris que ce nouveau service est complémentaire à l'action du service de probation avec lequel il doit coopérer au plus près. La loi de 1997 souhaite encore voir créer une « section médicale spéciale destinée à accueillir les détenus toxicomanes et les détenus atteints d'une maladie mentale, qui peut également accueillir des personnes faisant l'objet d'un placement conformément à la loi[29] »[30]. Elle n'a cependant jamais vu le jour.

La réforme de 2018 est triple. Elle remanie l'exécution des peines, réorganise l'administration pénitentiaire et statue enfin sur la situation en droit du détenu. La loi du 20 juillet 2018 modifiant 1° le Code de procédure pénale etc ... y introduit un titre IX concernant l'exécution des peines. Cette dernière reste entre les mains du procureur général d'État, mais il est précisé que « l'exécution des peines privatives de liberté favorise, dans le respect des intérêts de la société et des droits des victimes, l'insertion des condamnés ainsi que la prévention de la récidive » (art. 670). Les différents modes d'exécution prévus par la loi du 26 juillet 1986 et la libération conditionnelle sont intégrés dans le Code de procédure pénale qui y rajoute la possibilité du placement sous surveillance électronique. La grande nouveauté réside en la création d'une chambre de l'application des peines près la Cour d'appel, qui connaîtra dorénavant « des recours contre les décisions prises par le procureur général d'État dans le cadre de l'exécution des peines » (art. 696).

---

27 Loi du 12 juillet 1991 portant organisation des centres socio-éducatifs de l'État, abrogée et remplacée par la loi du 16 juin 2004 portant réorganisation du centre socio-éducatif de l'État. Le CSEE se trouve aujourd'hui sous la tutelle du ministre de l'Éducation nationale, de l'Enfance et de la Jeunesse.

28 Loi du 25 juillet 1977 sur l'organisation judiciaire. Voir aussi Lombardi, Patrick, *Historique du Service central d'assistance sociale*, 2017, https://gouvernement.lu/dam-assets/documents/actualites/2018/03-mars/23-braz-scas/historique-du-scas.pdf (dernière consultation: 27.07.2021).

29 À l'époque, la loi du 26 mai 1988 relative au placement des personnes atteintes de troubles mentaux dans des établissements ou services psychiatriques fermés, remplacée entretemps par la loi du 10 décembre 2009 a) relative à l'hospitalisation sans leur consentement de personnes atteintes de troubles mentaux etc ...

30 Loi du 27 juillet 1997 portant réorganisation de l'administration pénitentiaire, art. 9.

La deuxième loi datant également du 20 juillet 2018 et portant réforme de l'administration pénitentiaire crée une direction propre à cette administration, brisant avec la réforme de 1964 qui avait confié cette mission au procureur général. Le directeur de l'administration pénitentiaire aura à mettre en œuvre la politique pénitentiaire déterminée par le ministre de la Justice, et coordonne et surveille la gestion des centres pénitentiaires par leurs directeurs respectifs. En reprenant les mots de la loi jumelle, le texte précise d'emblée en son article 1er que « l'objectif de la mise en œuvre des peines privatives de liberté est de concilier la protection de la société, la sanction du condamné et les intérêts de la victime avec la nécessité de préparer l'insertion de la personne détenue afin de lui permettre de mener une vie responsable et de prévenir la commission de nouvelles infractions. »

L'article 21 introduit le Plan volontaire d'insertion (PVI) qui est élaboré par le Service psycho-social et socio-éducatif (SPSE) du centre « dès la condamnation définitive avec la collaboration du condamné et en coordination avec l'agent de probation du SCAS ». Ce PVI a « comme objet de déterminer les mesures à prendre pendant la détention pour favoriser l'insertion ». Ces mesures peuvent concerner l'amélioration de l'employabilité sur le marché du travail, des programmes psychosociaux ou socio-éducatifs, psychologiques ou psychothérapeutiques, mais aussi la réparation des torts causés aux victimes.

L'article 26 garantit au détenu le droit à l'équivalence de la qualité des soins de santé et le respect des droits du patient suivant le droit commun. Mais l'innovation la plus importante réside dans le fait que dorénavant toute restriction de liberté et toute mesure intrusive ou atteinte à l'intimité qui dépassent le strictement nécessaire dans l'intérêt de la sûreté et de la sécurité ou inhérent au fait de la privation de liberté et à la vie en communauté en prison, sont étroitement encadrées par un texte de loi, et non plus par un simple règlement administratif. Il en est ainsi des contrôles et surtout des fouilles intégrales ou intimes qui « doivent être effectuées dans le respect de la dignité humaine et éviter toute humiliation » (art. 38), des moyens de contrainte physiques et matériels dont l'usage doit « toujours être justifié, limité dans le temps et proportionné aux faits en cause » (art. 42), ou encore du confinement en cellule individuelle à l'écart des autres détenus ou en régime cellulaire comportant une mesure d'isolement. Une telle mise à l'écart est maintenant inadmissible vis-à-vis d'un mineur[31] ou d'une femme enceinte, allaitante ou accompagnée de son enfant[32] (art. 29 par. 3).

---

31 Voir Règles des Nations Unies pour la protection des mineurs privés de liberté dites « Règles de Havane » adoptées par l'Assemblée Générale des Nations Unies en 1990, règle 67.

32 Voir Règles des Nations Unies concernant le traitement des détenues et l'imposition de mesures non privatives de liberté aux délinquantes dites « Règles de Bangkok » adoptées le 21 décembre 2010, règle 22.

Le même raisonnement vaut pour la matière disciplinaire. C'est la loi, et non plus un règlement qui détermine dorénavant les comportements punissables, les sanctions possibles et la procédure. Cette dernière garantit les droits de la défense du détenu qui pourra se faire assister par un avocat. Enfin, la loi innove en introduisant, en dehors du recours administratif auprès du directeur de l'administration pénitentiaire contre les décisions du directeur d'établissement (art. 34), un recours juridictionnel auprès de la chambre de l'application des peines nouvellement créée, contre toute décision de l'autorité pénitentiaire qui lui ferait grief (art. 35). L'article 56 définit quant à lui une nouvelle base légale pour une unité de psychiatrie socio-judiciaire à implanter sur le site du CPL, mais gérée par le centre hospitalier neuropsychiatrique, et devant accueillir tant les personnes placées en application de l'article 71[33] du Code pénal que les détenus atteints de troubles mentaux faisant l'objet d'une hospitalisation sans leur consentement conformément à la loi. L'on ne peut qu'espérer que ce centre connaîtra un sort plus favorable que la section médicale spéciale imaginée en 1997.

3 L'influence et le contrôle du Conseil de l'Europe

Évoquons pour finir l'importance du Conseil de l'Europe en matière de traitement des personnes privées de liberté. Cette organisation internationale basée à Strasbourg s'est faite l'ardent défenseur d'un régime pénitentiaire respectant la dignité de la personne humaine et orienté vers la réinsertion des détenus. Sa dernière recommandation en matière de règles pénitentiaires européennes date de 2006 et a été actualisée en 2020. Réaffirmant que la privation de liberté constitue une mesure de dernier recours, elle établit les principes fondamentaux pour l'organisation des systèmes pénitentiaires européens :

1. Toutes les personnes privées de liberté doivent être traitées dans le respect des droits de l'homme.

33 Code pénal, art. 71 : « N'est pas pénalement responsable la personne qui était atteinte, au moment des faits, de troubles mentaux ayant aboli son discernement ou le contrôle de ses actes. Lorsque les juridictions d'instruction ou de jugement constatent que l'inculpé ou le prévenu n'est pas pénalement responsable au sens de l'alinéa précédent, et que les troubles mentaux ayant aboli le discernement ou le contrôle des actes de l'inculpé ou du prévenu au moment des faits persistent, elles ordonnent par la même décision le placement de l'inculpé ou du prévenu dans un établissement ou service habilités par la loi à accueillir des personnes faisant l'objet d'un placement dans la mesure où l'inculpé ou le prévenu constitue toujours un danger pour lui-même ou pour autrui[...].»

2. Les personnes privées de liberté conservent tous les droits qui ne leur ont pas été retirés selon la loi par la décision les condamnant à une peine d'emprisonnement ou les plaçant en détention provisoire.
3. Les restrictions imposées aux personnes privées de liberté doivent être réduites au strict nécessaire et doivent être proportionnelles aux objectifs légitimes pour lesquelles elles ont été imposées.
4. Le manque de ressources ne saurait justifier des conditions de détention violant les droits de l'homme.
5. La vie en prison est alignée aussi étroitement que possible sur les aspects positifs de la vie à l'extérieur de la prison.
6. Chaque détention est gérée de manière à faciliter la réintégration dans la société libre des personnes privées de liberté.
7. La coopération avec les services sociaux externes et, autant que possible, la participation de la société civile à la vie pénitentiaire doivent être encouragées.
8. Le personnel pénitentiaire exécute une importante mission de service public et son recrutement, sa formation et ses conditions de travail doivent lui permettre de fournir un haut niveau de prise en charge des détenus.
9. Toutes les prisons doivent faire l'objet d'une inspection régulière ainsi que du contrôle d'une autorité indépendante.

Si les recommandations du Conseil de l'Europe – à l'opposé des Conventions – n'ont pas valeur légale, elles représentent néanmoins un engagement des États signataires à respecter des principes communs au regard de leur politique pénitentiaire et à renforcer la coopération internationale dans ce domaine, dans le respect des droits humains convenus et en prenant en considération l'abondante jurisprudence de la Cour européenne des droits de l'homme à Strasbourg, instrument de contrôle judiciaire du respect des droits humains habilité à condamner et sanctionner les abus commis par les États membres.

Le Conseil de l'Europe s'est par ailleurs doté d'un mécanisme de contrôle non judiciaire, à caractère préventif, du respect par les États membres de l'article 3 de la Convention des droits de l'homme notamment, qui interdit la torture et les peines ou traitements inhumains ou dégradants. Notons qu'il s'agit de l'unique article de la Convention qui ne tolère ni tempérament ni exception. Le Comité européen pour la prévention de la torture et des peines ou traitements inhumains ou dégradants (CPT)[34] a procédé, depuis sa création en 1989, à quelque 500 visites dans les 47 États membres, qui l'ont conduit dans plusieurs milliers de lieux de

34 Convention européenne pour la prévention de la torture et des peines ou traitements inhumains ou dégradants entrée en vigueur le 1er février 1989, révisée en 2002.

privation de liberté (prisons, commissariats de police, établissements de rétention, hôpitaux psychiatriques, foyers sociaux et autres). L'essence des recommandations formulées sur la base de ses observations durant les visites est résumée dans les Normes du CPT,[35] qui constituent un véritable guide à l'attention des autorités en charge des institutions pénitentiaires ou autrement privatives de liberté. Les observations critiques faites lors de chaque visite sont consignées dans un rapport qui est rendu public avec l'accord de l'État concerné.[36] Si le CPT constate qu'un État ne coopère pas ou refuse d'améliorer la situation à la lumière de ses recommandations, il peut décider de faire une déclaration publique à ce sujet.[37]

Les institutions luxembourgeoises ont ainsi fait l'objet d'inspections en 1993, 1997, 2003, 2009 et 2015.[38] Le Luxembourg compte parmi les pays qui ont marqué leur accord à la publication automatique des rapports du CPT et des réponses du Gouvernement relatives à ceux-ci. La publication des rapports est considérée comme un élément important de la coopération à laquelle les pays signataires se sont engagés. La transparence assurée par la publicité compte comme garant contre d'éventuels abus ou violations des droits humains et comme prévention notamment des traitements inhumains ou dégradants. Nous retrouvons cette volonté de transparence dans les activités et rapports du Contrôleur externe des lieux privatifs de liberté (CELPL),[39] rôle assumé au Luxembourg par le Médiateur du Grand-Duché.[40] Ce Mécanisme national de prévention (MNP) indépendant des autorités exécutives a la charge de procéder à des visites régulières des lieux où se trouvent des personnes privées de liberté, afin de prévenir la torture et autres peines ou traitements cruels, inhumains ou dégradants, en dénonçant d'éventuels insuffisances ou abus tout en proposant d'y remédier.

---

35 Voir https://www.coe.int/fr/web/cpt/standards (dernière consultation: 27.07.2021).

36 Seules la Fédération de Russie et la Turquie se sont opposées à la publication d'une partie des rapports les concernant.

37 Cinq pays ont fait l'objet de telles déclarations publiques : la Fédération de Russie (4 déclarations), la Turquie (2 déclarations), la Grèce, la Bulgarie et la Belgique.

38 Voir les rapports des visites et les réponses relatives à celles-ci du Gouvernement luxembourgeois sous https://www.coe.int/fr/web/cpt/luxembourg (dernière consultation en juillet 2021).

39 Le CELPL a été mis en place par la loi du 11 avril 2010, qui a approuvé le Protocole facultatif (OPCAT) se rapportant à la Convention contre la torture et autres peines ou traitements cruels, inhumains ou dégradants, adopté par l'Assemblée Générale de l'Organisation des Nations Unies à New York le 18 décembre 2002.

40 http://www.ombudsman.lu/ (dernière consultation en juillet 2021).

4 Conclusion

« Depuis 150 ans la proclamation de l'échec de la prison [est] toujours accompagnée de son maintien » avait écrit Michel Foucault en 1975.[41]

Tiraillée entre judiciarisation contraignante, ambitions réhabilitatives, gestion des risques, politisation médiatisée, sans évoquer les populisme punitif et abolitionnisme utopique pareillement inéradicables, l'administration pénitentiaire se trouve au carrefour de trois grands axes de réflexion.

Tant que les notions de pénal et de pénitentiaire restent ancrées dans notre usage des mots, leur connotation de peine, punition, sanction, de *mal* à infliger à celui qui l'a commis, continuera à nous guider dans l'action. La croyance en la prévention individuelle et générale, collective, par la dissuasion que devrait produire une répression certaine et sans merci de toute infraction à l'ordre établi, reste profondément ancrée dans notre imaginaire, quand bien même l'histoire nous montre à suffisance que la souffrance et la peur du châtiment ont été inefficaces pour combattre le crime ; aussi sont-elles absolument incompatibles avec le paradigme juridico-éthique et rationnel de ce 21e siècle. Pour sortir de cette contradiction, les pays germanophones ont changé la notion de « *Straf*vollzug » en celle de « *Justiz*vollzug ». Il s'agit aujourd'hui d'appliquer en toute neutralité une *décision de justice* emportant privation de liberté, ni plus ni moins, et non plus d'exécuter une *peine* ou une *punition* pour dissuader par la souffrance.

La charité chrétienne et la bienfaisance humaniste du 19e siècle sont progressivement devenues patronage, assistance sociale puis probation et accompagnement du justiciable sur son parcours devant mener vers son insertion sociale. L'idée d'amendement salvateur de l'âme s'est muée en traitement modificateur des comportements, puis réhabilitation et réinsertion. L'approche systémique actuelle privilégie une vision globale de la complexité des facteurs multiples – psychologiques, familiaux, sociaux, environnementaux, etc ... – pouvant modifier les comportements humains. L'évaluation des risques, des besoins criminogènes et de la responsivité (RNR) doivent aujourd'hui guider l'accompagnement et l'offre d'aide ou d'intervention qui développeront chez le justiciable la prise de conscience des facteurs potentiellement criminogènes et le renforcement de facteurs protecteurs qui le rendront apte à mieux faire le choix de ses comportements à l'avenir pour prévenir sa récidive.

Le souhait bienveillant des philanthropes du 19e siècle et des pragmatiques du 20e d'humaniser les prisons, de les rendre salubres et dignes de notre civilisation a été systématiquement déçu par le manque d'intérêt politique et de moyens

---

41 Foucault, Michel, *Surveiller et punir. Naissance de la prison*, op. cit., 277.

durant les deux siècles, avec de trop rares exceptions. Des conditions matérielles et une attitude de l'administration et du personnel préservant la dignité de la personne détenue d'abord et ensuite sa capacité de citoyen d'un État de droit, ont mis deux siècles pour se concrétiser. Les mécanismes d'inspection de cet univers clos et mystérieux que sont les prisons, inventées après la Révolution, auraient dû constituer un premier pas vers plus de transparence garante du respect de la loi, des droits humains et de l'intégrité de la personne du détenu. Ce n'est chose faite que depuis quelques décennies au moyen de la multiplication des instruments judiciaires et des mécanismes de surveillance et d'inspection dans un but de prévenir tous les abus possibles, sinon de les sanctionner.

III. La justice internationale et l'impact du droit international

Danielle Wolter

Le juge luxembourgeois et la primauté du droit international

1 Introduction

Les règles de droit qui régissent la vie d'une société sont nombreuses et émanent de sources diverses. Les règles produites par le législateur national coexistent, entre autres, avec celles qui émanent de traités internationaux et de l'Union européenne. Lorsque ces règles entrent en conflit les unes avec les autres, il faut déterminer laquelle prime sur l'autre. Sur le plan pratique, il n'est pas rare que ce phénomène se produise. Un des acteurs qui entre le plus en contact avec les différentes règles est le juge national. Il doit non seulement se prononcer sur des litiges entre deux parties, il doit également trancher des conflits entre normes.

Dans une telle situation, le juge ne prend pas cette décision au gré de ses envies et de ses humeurs. Il est censé respecter ce qui, dans le domaine du droit, est désigné par le terme de la « hiérarchie des normes ». C'est justement à cet égard que la position du juge luxembourgeois, comparée à celle d'autres juges nationaux, sort du commun. En effet, la jurisprudence luxembourgeoise a depuis longtemps accordé une prééminence aux règles européennes et internationales par rapport aux règles nationales, ce qui n'est pas toujours une évidence dans d'autres pays.

2 La hiérarchie des normes : quelques points de repère

La notion hiérarchie des normes est un sujet qui anime vivement les plumes des théoriciens des droits, et ce depuis un certain moment. Il n'est nullement l'objectif du présent chapitre d'étudier ce débat de près. Néanmoins, il est intéressant d'y consacrer quelques explications afin de rendre plus facile la compréhension de ce qui suivra.

https://doi.org/10.1515/9783110679656-019

2.1 La hiérarchie des normes au Luxembourg

Par hiérarchie des normes, il est fait référence à un classement hiérarchisé des règles composant le droit d'un État. Généralement on part du principe qu'une règle doit respecter celle du niveau supérieur. Pour expliquer cela de manière plus concrète, on peut donner l'exemple du droit public luxembourgeois. En se limitant pour l'instant aux seules règles issues de sources nationales, on peut retenir la hiérarchie suivante :[1]

- La Constitution luxembourgeoise
- Les lois votées par la Chambre des députés
- Les règlements grand-ducaux, les règlements des établissements publics ainsi que ceux des organes professionnels (le Collège médical p. ex.)
- Les règlements du Gouvernement en conseil et les règlements ministériels
- Les règlements communaux

Dans cette représentation manquent cependant les règles internationales. Le Luxembourg est ce qui est aujourd'hui souvent appelé un « pays moniste à primauté du droit international ». Si le terme « monisme » fut d'abord utilisé dans le contexte d'une théorie doctrinale au début du 20e siècle,[2] il est de nos jours avant tout utilisé pour désigner des pays qui considèrent que le droit national et international forment un seul ordre juridique avec deux variantes possibles : celle avec primauté du droit interne ou celle avec primauté du droit international.[3] Le Luxembourg peut être classé dans la seconde variante. À cela s'opposent les pays dits « dualistes[4] », qui considèrent que le droit national et le droit international forment deux sphères différentes. Ainsi, le droit international doit être importé dans l'ordre juridique national par le biais d'une norme nationale.[5]

---

1 Besch, Marc, *Normes et légistique en Droit Public Luxembourgeois*, Luxembourg, Larcier, 2019, 15; Pescatore, Pierre, *Introduction à la science du droit*, 2e réimpression, Luxembourg, Bruylant, 2009, 182–184.

2 Voir Kelsen, Hans, *Reine Rechtslehre*, 2e éd.,Tübingen, Mohr Siebeck, 1960, 387–392.

3 Alland, Denis, *Manuel de droit international public*, 4e éd., Paris, PUF, 2017, 194.

4 La théorie dite dualiste est de manière générale liée à l'ouvrage suivant : Triepel, Heinrich, *Völkerrecht und Landesrecht*, Leipzig, Verlag von C.L. Hirschfeld, 1899. (Réimpression inchangée S. A. Aalen, 1958).

5 Alland, Denis, *Manuel de droit international public*, 4e éd., Paris, PUF, 2017, 193.

La solution luxembourgeoise est plutôt rare dans le paysage juridique. Mis à part les Pays-Bas,[6] ou encore, partiellement, la Belgique,[7] il est difficile de trouver des pays qui articulent de cette manière la relation entre droit national et droit international. La particularité réside dans le fait que les règles internationales priment même la Constitution, la norme suprême de l'ordre juridique national ; c'est au moins ce qui semble dominer la vision luxembourgeoise du rapport entre droit national et droit international.[8]

Étant donné qu'une étude comparée dépasserait le but du présent chapitre, il sera fait référence au chapitre *Le Luxembourg et la Cour de justice de l'Union européenne* de Vera Fritz, qui décrit les réactions des juges allemands et français face à l'arrêt *Costa contre Enel*. Cela permet de mieux comprendre pourquoi la position du juge luxembourgeois est très probablement vue comme extraordinaire par quelqu'un qui n'est pas familier avec le droit luxembourgeois.

2.2 Absence de consécration textuelle

Un autre élément qui pourrait surprendre est l'absence de consécration textuelle clarifiant la place des règles internationales au Luxembourg. En effet, la Constitution est muette à ce sujet. Pourtant, la question de savoir s'il fallait inscrire la primauté du droit international dans le texte constitutionnel luxembourgeois a été soulevée de manière concrète à deux reprises. Dans le cadre de la révision constitutionnelle de 1956, le Ministère des Affaires étrangères avait soumis un projet de révision de la Constitution très ambitieux à la Chambre des députés, contenant un article 42 alinéa 4 disposant que « [l]es règles du droit international font partie de l'ordre juridique national. Elles prévalent sur les lois et toutes autres

6 Fleuren, Joseph, *Een ieder verbindende bepalingen van verdragen*, Den Haag, Boom Juridische uitgevers, 2004, 338–339.

7 Lejeune, Yves, *Les rapports normatifs entre la Constitution belge et le droit international ou européen dans l'ordre interne à l'aune des relations entre ordres juridiques primaires*, Revue belge de droit international 2 (2012), 372–398.

8 Kinsch, Patrick, *Le rôle du droit international dans l'ordre juridique luxembourgeois*, Pasicrisie luxembourgeoise 34 (2010), 410 et 415 ; Heuschling, Luc, *Les origines au XIXe siècle du rang supra-constitutionnel des traités en droit luxembourgeois : l'enjeu de la monarchie*, in Riassetto, Isabelle/Heuschling, Luc/Ravarani, Georges (edd.), *Mélanges en l'honneur de Rusen Ergec*, Luxembourg, Pasicrisie luxembourgeoise, 2017, spécialement 165–172 ; Gerkrath, Jörg, *Conclusion générale : La Cour en tant qu'instance de dialogue*, in : Gerkrath, Jörg (ed.), *Les 20 ans de la Cour Constitutionnelle : Trop jeune pour mourir?*, Les Dossiers de la Pasicrisie luxembourgeoise 2 (2018), 140.

dispositions nationales. »[9] Il ressort des travaux préparatoires que cette disposition entendait consacrer la primauté du droit international sur le droit national ; y compris sur la Constitution. Selon le projet de révision « [i]l faut faire remarquer finalement que le texte nouveau affirme la prééminence du droit international sur la loi proprement dite, ainsi que sur *« toutes autres dispositions nationales »* afin qu'il soit clair que cette prééminence a lieu par rapport à toutes règles juridiques nationales, quelle que soit leur source et quelle que soit leur nature. »[10]

L'esprit du projet de révision en question n'a été partagé ni par la commission de révision de la Chambre des députés qui a estimé qu'elle « préfère attendre le développement futur d'une idée qui évolue, au lieu de s'aventurer dans la fixation d'un texte constitutionnel qui s'avérera ou bien trop vague ou bien trop concis dans la suite. », ni par le Conseil d'État qui a estimé que « [l]'évolution du droit est lente; il ne convient pas de la bouleverser par des anticipations qui impliquent le danger de l'inconnu. (...) ». Il a finalement été décidé qu'il vaudrait mieux attendre le développement de la jurisprudence et rejeter l'article élaboré dans le projet gouvernemental.

En juillet 2019, la question d'inscrire la place du droit international dans la Constitution luxembourgeoise a ressurgi. La commission des Institutions et de la Révision constitutionnelle de la Chambre des députés avait, après des hésitations initiales, finalement décidé d'insérer un article réglant la place du droit international dans la proposition de révision. Cela a résulté dans l'article 49 dont l'alinéa 4 dispose que « [l]es traités ratifiés font partie de l'ordre juridique interne et ont une valeur supérieure à celle des lois. »[11] Cette proposition n'a cependant pas recueilli non plus les faveurs et ainsi la Constitution gardera probablement son silence. Selon le Conseil d'État,

> (...) la référence implicite à la théorie moniste est superflue au regard d'une jurisprudence qui remonte au 19e siècle. Il émet surtout ses réserves les plus fortes à l'encontre de la consécration d'une hiérarchie des normes qui, outre qu'elle est superflue au regard d'une jurisprudence constante, reste en retrait par rapport à la solution actuelle qui, en cas de conflit entre un traité régulièrement ratifié et une norme constitutionnelle, donne priorité au traité en raison de l'engagement international pris par l'État.[12]

Sans vouloir s'engager dans la discussion *quid* de la nécessité d'inscrire la place du droit international dans la Constitution luxembourgeoise, il est possible de

---

9 Document parlementaire n°514^{4}, CLXXIV.

10 Document parlementaire n°514^{4}, CLXXXII.

11 Amendements de la Commission, adoptés le 10 juillet 2019, Document parlementaire n°6030^{30}, 2–3.

12 Avis du Conseil d'État du 11 février 2020, 5.

constater que le Conseil d'État accorde une importance majeure à la solution jurisprudentielle de la question. Il poursuit :

> [...] Il s'agirait, à l'évidence, non seulement d'une mise en cause d'une jurisprudence luxembourgeoise plus que séculaire, mais d'un changement fondamental de l'ordre constitutionnel luxembourgeois par rapport au droit international.
> Le Conseil d'État ne peut dès lors que réitérer ses réserves et mises en garde par rapport au dispositif prévu dans l'amendement et rappeler l'avantage du maintien de l'acquis jurisprudentiel qui ne requiert pas une consécration constitutionnelle.[13]

Si le Conseil d'État retient que cet acquis jurisprudentiel ne requiert pas de consécration constitutionnelle, il est par conséquent primordial de présenter au moins une partie de cette jurisprudence, car elle semble actuellement être considérée comme reflétant le mieux la vision luxembourgeoise du rapport entre droit national et droit international.[14]

3 Des solutions jurisprudentielles remontant jusqu'au 19e siècle

Si on a longtemps cité une série de jurisprudences des années cinquante dans le contexte de la relation entre le droit luxembourgeois et le droit international, cela ne signifie pas que ce sont les premières décisions dans lesquelles le juge luxembourgeois a reconnu la primauté du droit international. Des jurisprudences luxembourgeoises remontant au 19e siècle affirmaient d'ores et déjà cette primauté. En revanche, la position consacrant la primauté du droit international est seulement restée constante depuis les années cinquante. Au 19e siècle, il arrivait que le juge luxembourgeois n'opte pas pour l'affirmation de la primauté du droit international,[15] même si cela peut être considéré comme exceptionnel.[16]

---

13 Le Conseil d'État va même plus loin dans son avis et propose une formulation alternative, inspirée de la Constitution de la Grèce : « Les traités adoptés conformément à l'article 49 ainsi que les actes pris par les institutions internationales et européennes en vertu d'un transfert de pouvoirs de l'État conformément à l'article 5, alinéa 2, font partie intégrante du droit interne et priment toute disposition nationale contraire. Voir Avis du Conseil d'État du 11 février 2020, 6.

14 Pour des études plus détaillées : Kinsch, Patrick, *Le rôle du droit international dans l'ordre juridique luxembourgeois*, op. cit. ; Sauer, Carola, *Contrôle Juridictionnel des Lois Au Luxembourg*, Bruxelles, Larcier, 2019, 93–127.

15 Kinsch, Patrick, *Le rôle du droit international dans l'ordre juridique luxembourgeois*, op. cit., 411.

16 Sauer, Carola, *Contrôle Juridictionnel des Lois Au Luxembourg*, op. cit., 110.

Un premier exemple d'arrêt reconnaissant la primauté du droit international émane du Conseil d'État et date de 1872[17]. En tant que membre du *Zollverein*, le Luxembourg faisait partie de l'union douanière entre États allemands. Dans ce contexte, en raison de délégations de pouvoir, certaines compétences se retrouvaient dans les mains du ministre prussien des finances. Le traité du 8 février 1842 concernant le rattachement du Grand-Duché de Luxembourg à l'union douanière et commerciale allemande prévoyait que dans certaines matières « ce haut fonctionnaire prussien avait compétence pour décider le fond comme juge d'appel [...]. »[18] Selon le demandeur cela serait en conflit avec les dispositions de la loi du 16 janvier 1866 portant organisation du Conseil d'État. Ce dernier arguait que le Conseil d'État soit compétent. En analysant ces arguments, le Conseil d'État a expliqué que : « Cette délégation a été stipulée dans les traités internationaux qui constituent un véritable contrat synallagmatique entre les deux pays, auquel une des deux parties ne peut déroger par des actes postérieurs ; [...] la loi de 1866 ne peut donc créer une juridiction supérieure à celle qui a été prévue dans les traités de 1842. »[19] Ainsi, le Conseil d'État a écarté une loi nationale pour faire prévaloir la décision du ministre prussien des finances et par là, le traité en question.

Un autre arrêt intéressant est celui rendu par la Cour d'appel le 7 mars 1917. Ce qui paraît particulièrement étonnant dans l'affaire *Ministère public contre Biasini et consorts*, c'est que le juge luxembourgeois a rendu un *obiter dictum*, une opinion du juge qui est en soi étrangère au litige, mais qui contribue quand même à la portée de l'arrêt, admettant la primauté du droit international sur la Constitution luxembourgeoise. Il faut savoir que dans cette affaire, on reprochait à M. Biasini, un commerçant établi proche de la frontière allemande, d'avoir violé la législation douanière pour contrebande. C'était notamment « la manière dont les allumettes en question ont été proposées par des locuteurs étrangers »[20] qui posait problème. Dans ce contexte, et de manière inattendue, le juge a affirmé qu'en cas de « conflit de la législation indigène proprement dite, avec la législation douanière, c'est cette dernière qui doit l'emporter, à raison précisément de son caractère de traité international. »[21]

17 Arrêt du Conseil d'État du 18 janvier 1872, *Chemin de fer de l'Est c. Directeur général des finances*, Journal des décisions du Conseil d'État, *Journal des décisions du Conseil d'Etat et autres décisions d'un intérêt administratif*, vol. 1 (1867–1874), publié par Michel Schons, Luxembourg, V. Bück, 1874, 239–243.

18 Id., 242.

19 Id., 243.

20 Arrêt du 7 mars 1917 de la Cour d'appel, *Ministère public c. Biasini et consorts*, Pasicrisie luxembourgeoise 10 (1917–1919), 288.

21 Id., 286.

Dans son raisonnement, le juge développait l'argument suivant : « Considérant par ailleurs, ainsi que le juge de première instance l'avait déjà souligné à juste titre, que de toute manière la législation douanière du Grand-Duché, parce qu'elle est fondée sur des traités internationaux et participe ainsi au caractère de ceux-ci, jouit même de la primauté à l'égard de la législation interne [...]. »[22] Par législation interne, il faut en l'espèce entendre toutes les règles nationales, y compris la Constitution, car le juge devait justement écarter des règles constitutionnelles invoquées par les parties.

La reconnaissance par le juge luxembourgeois de la primauté du droit international ne doit par conséquent pas seulement être mise en lien avec la série de jurisprudences des années cinquante, qu'il convient, bien évidemment, de présenter également.

4 Les vedettes : les jurisprudences des années cinquante

Le premier arrêt dans la série concerne l'affaire Huberty contre le Ministère public du 8 juin 1950 dans laquelle la Cour supérieure de Justice a retenu qu'« en cas de conflit entre les dispositions d'un traité international et celles d'une loi interne postérieure, la loi internationale doit prévaloir sur la loi nationale. »[23] M. Huberty a saisi la Cour de cassation suite à une condamnation par la Cour d'appel pour violation de l'arrêté grand-ducal du 3 avril 1937 réglant le commerce des œufs. L'article 6 de cet arrêté exigeait que « [l]es œuf de provenance étrangère devront être marqués avant l'entrée en territoire grand-ducal du nom de leur pays d'origine. » M. Huberty n'avait pas respecté cette obligation.

Dans sa défense, le demandeur a invoqué le traité d'Union économique conclu entre le Luxembourg et la Belgique le 25 juillet 1921. Celui-ci reconnaissait la liberté de commerce entre les deux pays et interdisait des limitations à ce traité imposées de manière unilatérale par un des deux États signataires, ce qui

22 Traduction proposée par Heuschling, Luc, *Les origines au XIXe siècle du rang supra-constitutionnel des traités en droit luxembourgeois*, op. cit., voir note bas de page 30, 163. Texte original: « *In Erwägung übrigens, dass wie der Vorderrichter schon richtig hervorgeheben hat, die Zollgesetzgebung des Großherzogtums ohnehin, weil sie auf internationalen Verträgen beruht und mithin an dem Charakter der selben teilnimmt, im Falle eines Konflikts mit der inländischen Gesetzgebung, sogar den Vorrang über letztere hat.* », Arrêt du 7 mars 1917 de la Cour d'appel, *Ministère public c. Biasini et consorts*, Pasicrisie luxembourgeoise 10 (1917–1919), 287.

23 Arrêt du 8 juin 1950 de la Cour de Cassation, Huberty c. Ministère public, Pascrisie lux., t. 14, 41.

était le cas pour l'arrêté grand-ducal en question. La Cour de cassation a alors statué qu'« en cas de conflit entre les dispositions d'un traité international et celles d'une loi interne postérieure, la loi internationale [devait] prévaloir sur la loi nationale. »[24]

Le juge luxembourgeois a gardé cette position dans un autre arrêt, rendu le 28 juillet 1951. Le Comité contentieux du Conseil d'État devait se prononcer sur une affaire de fiscalité, dans laquelle M. Dieudonné s'opposait à une décision de l'administration des contributions en invoquant, entre autres, la Convention Belgo-Luxembourgeoise du 9 mars 1931 ayant pour but d'éviter la double imposition. Le Conseil d'État a statué qu'« [e]n cas de conflit entre les dispositions d'une convention internationale ayant force de loi dans le pays et celles du droit interne, les premières priment et mettent en échec l'application des dispositions dérogatoires internes, même postérieures. »[25] Cette solution montre que la résolution du conflit de normes n'est pas une entreprise particulièrement difficile pour le juge luxembourgeois : il fait primer le droit international sur le droit national.

Enfin, trois ans plus tard, le juge luxembourgeois admet encore une fois la primauté du droit international sur la loi nationale. Le 14 juillet 1954, la Cour supérieure de Justice a rendu son arrêt *Chambre des métiers et Pagani contre Ministère public*. M. Pagani invoquait la Convention d'union économique entre la Belgique et le Luxembourg du 25 juillet 1921. En effet, il contestait de se voir appliquer l'arrêté grand-ducal du 14 août 1934, selon lequel il aurait dû se prévaloir d'une autorisation gouvernementale afin d'exercer son activité de commerçant. Cela n'était pas conforme à la liberté de commerce prévue dans la Convention. Ainsi le juge luxembourgeois est venu à la conclusion suivante :

« S'il est vrai qu'en principe l'effet des lois successives dépend de la date de leur mise en vigueur, les dispositions contraires aux lois antérieures abrogent celles-ci, il ne saurait pourtant en être ainsi, lorsque l'une des lois est un traité international incorporé dans la législation interne par une loi approbative, pareil traité étant une loi d'une essence supérieure ayant une origine plus haute que la volonté d'un organe interne. Il s'ensuit qu'en cas de conflit entre les dispositions d'un traité international et celles d'une loi nationale postérieure, la loi internationale doit prévaloir sur la loi nationale. »[26] Encore une fois, il est possible d'ob-

---

24 Arrêt du 8 juin 1950 de la Cour de cassation, *Huberty c. Ministère public*, Pasicrisie luxembourgeoise 15 (1950–1953), 42.

25 Arrêt du 28 juillet 1951du Conseil d'État, comité du contentieux, *Dieudonné c. Administration des contributions*, Pasicrisie luxembourgeoise 15 (1950–1953), 264 et 268.

26 Arrêt de la Cour de cassation du 14 juillet 1954, *Chambre des métiers et Pagani c. Ministère public*, Pasicrisie luxembourgeoise 16 (1954–1956), 451.

server que les juridictions luxembourgeoises affirment sans ambages la primauté du droit international.

Ces arrêts célèbres ne devraient certainement pas dominer toute la scène lorsque l'on essaye de comprendre pourquoi l'ordre juridique luxembourgeois reconnaît la primauté du droit international, mais ils reflètent un des angles les plus intéressants du droit luxembourgeois. On peut cependant leur reprocher une chose : ils ne reproduisent guère ce qui intrigue le plus, c'est-à-dire la primauté du droit international sur le droit constitutionnel. C'est pour cette raison qu'il convient en dernier lieu de s'intéresser à des jurisprudences plus récentes.

5 La primauté du droit international sur la Constitution dans la jurisprudence récente

Le 13 novembre 2001, dans l'affaire *Roemen contre Wolter*, la Cour d'appel a tranché un litige entre un journaliste et un ministre luxembourgeois. Ce qui peut paraître surprenant dans cette affaire, c'est que le journaliste accusait le ministre de diffamation. Le ministre s'est prévalu de dispositions constitutionnelles afin de se défendre. Le journaliste a, en revanche, invoqué la Convention européenne des droits de l'homme. Le juge luxembourgeois a retenu la considération suivante:

> En effet, étant donné que, une fois le traité approuvé et ratifié conformément aux procédures constitutionnelles et aux règles de droit international l'État est engagé sur le plan international et ne peut pas, en application de la Convention de Vienne sur le droit des traités, invoquer les dispositions de son droit interne pour justifier la non-exécution d'un traité, la norme de droit international conventionnel d'effet direct doit prévaloir sur la norme de droit interne, peu importe sa nature législative ou constitutionnelle.[27]

Cette décision réaffirme de nouveau que le droit international se place au sommet des normes, même au-dessus de la Constitution, et ce de manière plutôt radicale. De plus, il faut mettre en évidence que l'argumentation du juge est directement appuyée sur le droit international. Ainsi, le juge fait directement dépendre la primauté du droit international d'un traité et non pas de l'ordre juridique interne du Luxembourg. Si certains juristes ont tendance à porter un œil critique sur le

27 Arrêt du 13 novembre 2001 de la Cour d'appel, *Roemen c. Wolter*, Annales du Droit Luxembourgeois 12 (2002), 457.

raisonnement contenu dans cette jurisprudence,[28] d'autres l'interprètent comme une nouvelle manière des juges d'apprécier le rapport entre droit national et droit international[29]. Quoiqu'il en soit, l'affaire *Wolter c. Roemen* est également arrivée devant la Cour supérieure de justice[30]. Dans son arrêt du 5 décembre 2002, elle confirme la primauté du droit international en précisant:

« Les dispositions des articles 82 et 116 de la Constitution ne peuvent être appliquées que si et dans la mesure où elles sont compatibles avec les normes consacrées par les conventions de droit international relatives aux droits de l'homme régulièrement incorporées dans le droit interne et ayant des effets directs dans l'ordre juridique national. »[31]

6 Conclusion

Cette rétrospective jurisprudentielle permet de comprendre pourquoi le Conseil d'État s'est, dans son avis du 11 février 2020, majoritairement appuyé sur le raisonnement du juge luxembourgeois afin de clarifier la position du droit luxembourgeois vis à vis du droit international. En effet, ce dernier a depuis longtemps essayé de conformer ses décisions aux exigences des traités internationaux. Contrairement aux magistrats d'autres pays, le juge luxembourgeois est formé dans une tradition juridique dans laquelle il n'est pas récent d'accorder la primauté aux règles internationales. Cela explique pourquoi certaines des décisions prises par la Cour de l'Union européenne n'ont guère causé de difficultés dans l'ordre juridique interne du Luxembourg. Un défi de plus en plus important pour les juges nationaux est cependant le devoir de rester informé des évolutions du droit international et du droit européen, de même que de la jurisprudence des juridictions européennes et internationales. À ce titre il convient de préciser que tous les juges luxembourgeois ne sont pas forcément spécialisés en matière de droit européen ou de droit international, des matières très vastes qui ne cessent de s'élargir et d'évoluer. Tout au long de leur carrière, ils sont donc dans un certain sens soumis à une obligation de « formation continue ».

28 Kinsch, Patrick, *Le rôle du droit international dans l'ordre juridique luxembourgeois*, op. cit., 415.

29 Fleuren, Joseph, *De historische ontwikkeling van de verhouding tussen internationaal en nationaal recht*, op. cit., 519 (voir note de bas de page 81).

30 Arrêt du 5 décembre 2002 de la Cour supérieure de justice, *Roemen c. Wolte*r, Annales du Droit Luxembourgeois 13 (2003), 683–688.

31 Id., 686.

Michel Erpelding

Le Luxembourg et l'institutionnalisation de la justice internationale : un exemple de politique juridique extérieure (1863–1940)

1 Introduction

Le 18 mars 2019, en réaction à la décision de l'administration Trump de geler les avoirs de la procureure de la Cour pénale internationale, qui avait ouvert une enquête sur d'éventuels crimes de guerre américains en Afghanistan, le ministre luxembourgeois des Affaires étrangères Jean Asselborn réaffirma le « soutien indéfectible [du Luxembourg] à la Cour pénale internationale et à son action indispensable pour mettre fin à l'impunité et rendre justice aux victimes des crimes les plus graves ayant une portée internationale. »[1]

Nullement isolée au sein de la communauté internationale,[2] cette position du gouvernement luxembourgeois est également en cohérence avec l'attitude générale du pays face à la justice internationale. Le Luxembourg figure en effet aujourd'hui parmi les États les plus favorables à celle-ci. Il accueille ainsi les sièges de trois juridictions internationales, à savoir la Cour de justice de l'Union européenne, la Cour de justice Benelux et la Cour de justice de l'Association européenne de libre-échange (qui, regroupant l'Islande, le Liechtenstein et la Norvège n'a pas de compétence à l'égard de son État hôte).[3] Depuis septembre 2020, il héberge également le Parquet européen.[4] En témoigne aussi son acceptation de la compétence d'un certain nombre de cours et de tribunaux internationaux. Le Luxembourg est ainsi partie aux traités instituant la Cour internationale de justice (1945), la Cour européenne des droits de l'homme (1950), le Tribunal international

1 *Déclaration de Jean Asselborn en soutien à la Cour pénale internationale*, communiqué de presse, 18 mars 2019, https://gouvernement.lu/fr/actualites/toutes_actualites/communiques/2019/03-mars/18-asselborn-cour-penale.html [dernière consultation : 29.05.2021].

2 Voir, par exemple, la *Déclaration en soutien à la Cour pénale internationale (CPI) suite à la publication du décret américain du 11 juin 2020*, 23 juin 2020, https://onu.delegfrance.org/Nous-demeurons-engages-pour-un-ordre-international-fonde-sur-des-regles [dernière consultation : 29.05.2021]. Cette déclaration fut signée par 67 États, dont le Luxembourg.

3 Sur le Luxembourg et la Cour de justice de l'Union européenne, voir le chapitre suivant de Vera Fritz.

4 Voir à ce sujet le chapitre de Vera Fritz, « La mise à jour d'une organisation judiciaire héritée du 19e siècle (1980–2020). »

https://doi.org/10.1515/9783110679656-020

du droit de la mer (1982) et la Cour pénale internationale (1998). Dans le domaine de l'arbitrage international, qui se caractérise par la constitution de tribunaux *ad hoc* plutôt que le recours à une juridiction permanente, le Luxembourg pourra notamment plaider devant des tribunaux constitués dans le cadre de la Cour permanente d'arbitrage (1907) et du Centre international pour le règlement des différends relatifs aux investissements (1965).

Dans un ouvrage très remarqué publié en 1983, le diplomate français Guy de Lacharrière a forgé le terme de « politique juridique extérieure » pour souligner l'existence de politiques nationales portant sur les aspects juridiques des relations internationales, entendues comme des politiques « à l'égard du droit et non pas nécessairement [déterminées] par le droit », mais plutôt par l'intérêt national.[5] Alors que Lacharrière avait tendance à opposer droit international et intérêt national, l'universitaire suisse Robert Kolb est venu plus récemment nuancer ce propos. Sans remettre en cause la pertinence de la notion de politique juridique extérieure, il a néanmoins souligné que pour les petits États en particulier, respect de la légalité internationale et intérêt national pouvaient en réalité se confondre.[6] À titre d'exemple, il cita notamment le soutien traditionnel de la Suisse à la justice internationale, y compris lorsque ce soutien affecte négativement ses relations avec certains de ses partenaires, comme, par exemple, les États-Unis au sujet de la Cour pénale internationale.[7] L'attachement dont fait aujourd'hui preuve le Luxembourg à l'égard de la justice internationale doit-il être compris dans des termes similaires ? Ou s'agit-il simplement d'une contribution à la campagne de *nation branding* destinée à rehausser l'image internationale du pays ? Autrement dit, peut-on parler d'une politique juridique extérieure du Luxembourg relative à la justice internationale et si oui, quelles en sont les caractéristiques ?

Pour répondre à cette question, un détour historique s'avère utile. D'un point de vue chronologique, l'histoire de l'institutionnalisation de la justice internationale, marquée par la « renaissance » de l'arbitrage inter-étatique puis l'apparition de véritables juridictions internationales permanentes, coïncida largement avec l'affirmation de l'État luxembourgeois comme acteur indépendant sur la scène internationale. Ces deux phénomènes couvrent en effet une période s'étendant de la seconde moitié du 19e siècle à la première moitié du 20e siècle.

Du point de vue de la pratique étatique, on fait souvent remonter les origines de l'arbitrage moderne au Traité Jay de 1794 entre la Grande-Bretagne et les États-

5 Lacharrière, Guy de, *La politique juridique extérieure*, Paris, Economica, 1983, 5, 13.
6 Kolb, Robert, *Réflexions sur les politiques juridiques extérieures*, Paris, Pedone, 2015, 35–37.
7 Id., 71–72.

Unis, qui institua deux commissions mixtes chargées de régler un certain nombre de litiges issus de l'indépendance des États-Unis.[8] Toutefois, ce n'est qu'à partir de la seconde moitié du 19e siècle, et particulièrement après l'affaire de l'*Alabama* de 1872, qui concernait la construction en Angleterre de navires de guerre pour le compte des Confédérés pendant la Guerre de Sécession américaine, que le recours à ce moyen de règlement pacifique des différends se fit plus systématique et devint une revendication majeure du mouvement pacifiste. Lors des Conférences de la Paix de La Haye de 1899 et 1907, ces revendications débouchèrent sur la création de la Cour permanente d'arbitrage (qui se limite en réalité à un secrétariat permanent, une liste d'arbitres et un règlement de procédure qui doivent faciliter la constitution de tribunaux arbitraux *ad hoc*). L'idée de créer une véritable juridiction internationale permanente dotée de juges à plein temps, bien que déjà discutée en 1907, ne se réalisa qu'en 1922, avec la mise en place de la Cour permanente de Justice internationale (CPJI), à laquelle succéda en 1945 la Cour internationale de Justice (CIJ).[9]

Si l'histoire de l'institutionnalisation de la justice internationale revêt bien entendu une dimension universelle, force est de constater que ce phénomène suscita un réel engouement au Luxembourg, du moins en son principe, et que ses différents gouvernements y défendirent des positions relativement cohérentes, en dépit de la faible institutionnalisation de l'État luxembourgeois et de sa politique étrangère à cette époque.[10]

La présente contribution se propose de retracer l'histoire des débuts de la politique luxembourgeoise en faveur du règlement juridictionnel des différends internationaux à trois périodes successives. La première couvre les années 1863–1880, lorsque l'affaire de la « dette néerlandaise » conduisit le Luxembourg à renoncer à une procédure d'arbitrage qu'il avait lui-même proposée sans nécessairement en mesurer toutes les implications (1). La deuxième période coïncide avec la présidence du gouvernement par Paul Eyschen, qui adhéra nettement au principe de l'arbitrage institutionnalisé tout en omettant de le traduire en applications individuelles concrètes (2). Enfin, la troisième et dernière période examinée est celle de l'entre-deux-guerres, au cours de laquelle ce furent Joseph Bech et surtout son

---

8 Roelofsen, Cornelis G., *International Arbitration and Courts*, in : Fassbender, Bardo/Peters, Anne (edd.), *The Oxford Handbook of the History of International Law*, Oxford, OUP, 2012, 145, 160–161.

9 Grewe, Wilhelm G., *The Epochs of International Law*, Berlin/New York, Walter de Gruyter, 2000, 518–519.

10 Voir, à ce sujet : Trausch, Gilbert, *The Ministry of Foreign Affairs in the Grand Duchy*, in : Steiner, Zara (ed.), *The Times Survey of Foreign Ministries of the World*, London, Times Books, 1982, 345–361.

conseiller Albert Wehrer qui déployèrent une énergie considérable pour inscrire le Luxembourg dans un véritable réseau de traités de règlement juridictionnel des différends (3).

2 Le contentieux de la « dette néerlandaise » : la découverte de l'arbitrage moderne par le Luxembourg

La première invocation de la justice internationale par le Luxembourg se produisit à peine un quart de siècle après son émergence effective comme État indépendant à la suite du Traité de Londres de 1839.[11] Elle concerna un contentieux qui, entre 1841 et 1880, constitua un véritable serpent de mer des relations néerlando-luxembourgeoises – ou plutôt, selon une image employée par les acteurs de l'époque, un vénérable canasson qu'on obligeait chaque année à faire l'aller-retour entre La Haye et Luxembourg. Le différend fut la conséquence directe de la séparation des administrations luxembourgeoise et néerlandaise, décidée en 1830 et avalisée en 1839. La fin de l'union administrative entre les deux pays conduisit en effet le gouvernement néerlandais à réclamer auprès du Luxembourg, dès la fin 1841, le paiement de ce qu'il estimait être la quote-part du Grand-Duché à la dette globale encourue par le Royaume des Pays-Bas au moment de l'union des deux pays entre 1815 et 1839. Le Luxembourg réfuta cette prétention, n'estimant pas être lié par une dette dont le montant sera évalué par les Pays-Bas à environ 15,3 millions de francs. Il riposta en réclamant pour sa part le remboursement par les Pays-Bas des recettes issues de la vente des domaines luxembourgeois, qu'il évaluait à environ 17 millions de francs. En 1854, après des négociations bilatérales, les deux pays revirent leurs prétentions à la baisse, mais demeurèrent dans l'incapacité de résoudre leur différend à l'amiable.[12]

11 En droit constitutionnel, l'émergence de l'État luxembourgeois peut être fixée au 1er janvier 1831, date de l'entrée en vigueur de sa première loi fondamentale. En revanche, du point de vue du droit international, où l'on s'intéresse avant tout à l'effectivité du contrôle exercé par l'État sur son territoire, c'est le 19 avril 1839, date de la signature du Traité de Londres décidant l'évacuation du Luxembourg germanophone par la Belgique, qui doit être considérée comme décisive. Voir les discussions sur cette question dans : 23 Actes de la Section des Sciences Morales et Politiques de l'Institut Grand-Ducal (2020).

12 Séance du 8 juin 1880, CR-ChD (1879–1889), vol. 1, 821–823.

Cette impasse diplomatique conduisit le gouvernement luxembourgeois à proposer, le 18 mars 1863, une résolution du différend par la voie de l'arbitrage, marquant ainsi la naissance d'une politique luxembourgeoise relative à la justice internationale.[13] L'initiative luxembourgeoise fut dans l'air du temps : la crise du Concert européen marquée par la Guerre de Crimée (1853–1856) avait poussé les milieux libéraux à embrasser l'arbitrage international comme nouveau garant de la paix et de la liberté du commerce.[14] Il ne reste pas moins qu'en formulant cette proposition, le gouvernement de Tornaco n'en avait pas nécessairement soupesé toutes les implications juridiques, faisant ainsi apparaître le manque d'expertise du jeune État dans ce domaine.

Ainsi, la transmission de ce litige à un tribunal international aurait certainement nécessité l'assentiment des Parlements néerlandais et luxembourgeois. Or, cette condition semblait difficile à satisfaire pour les Pays-Bas, les conduisant à refuser la proposition luxembourgeoise à plusieurs reprises avant de finalement l'accepter en 1876.[15] Toutefois, une fois le principe de l'arbitrage acquis, leur expertise supérieure dans ce domaine ne tarda pas à se manifester. Alors que les dirigeants luxembourgeois assimilaient l'arbitrage à la pratique, encore répandue à l'époque, consistant à soumettre un différend à un souverain étranger chargé de le trancher en équité et sans avoir à donner de motifs,[16] les Pays-Bas démontraient qu'ils étaient conscients de l'évolution de l'arbitrage depuis la retentissante affaire de l'*Alabama* en 1872. Le 9 septembre 1876, ils soumirent au Luxembourg un projet de convention qui prévoyait de transmettre l'affaire à un véritable tribunal composé de trois membres et chargé de rendre sa sentence « d'après le texte des lois, décrets et conventions applicables à la matière et subsidiairement d'après les principes généraux de droit et d'équité ».[17] Face à un Luxembourg visiblement décontenancé par ce procédé jugé inhabituel,[18] les Pays-Bas invoquèrent le caractère strictement commercial du différend, qui selon eux n'appelait pas « l'application de grands ou obscurs principes du droit des gens ou du droit international », mais uniquement des « stipulations financières d'un traité ».[19] Cette affirmation relevait cependant de la litote, étant donné que le traité en ques-

13 ANLux H-0037, V. de Tornaco à P. Th. van der Maesen de Sombreff, 18 mars 1863.
14 Mazower, Mark, *Governing the World: The History of An Idea, 1815 to the Present*, New York, Penguin, 2012, 84–85.
15 ANLux H-0036, J. van der Does de Willebois à F. de Blochausen, 9 septembre 1876.
16 ANLux H-0036, F. de Blochausen à J. van der Does de Willebois, 19 octobre 1876.
17 ANLux H-0036, Projet de Convention entre le Royaume des Pays-Bas et le Grand-Duché de Luxembourg, 9 septembre 1876, art. VIII.
18 ANLux H-0036, F. de Blochausen à J. van der Does de Willebois, 19 octobre 1876.
19 ANLux H-0036, J. van der Does de Willebois à F. de Blochausen, 18 novembre 1876.

tion était le Traité de Londres de 1839, et que toute appréciation de la participation éventuelle du Luxembourg à la dette néerlandaise impliquait de se prononcer sur le statut international précis du Luxembourg entre 1815 et 1839.

En fin de compte, le projet d'arbitrage luxo-néerlandais resta lettre morte. En mai 1879, une entrevue eut certes lieu à Bruxelles pour finaliser le compromis d'arbitrage entre le ministre d'État luxembourgeois Félix de Blochausen et le Néerlandais Tobias Asser, un des principaux spécialistes du droit international de l'époque.[20] Un certain nombre de questions demeurèrent toutefois en suspens, comme la possibilité de désigner des arbitres de nationalité belge, réclamée par le Luxembourg et rejetée par les Pays-Bas.[21] À l'été 1879, une crise ministérielle emporta les interlocuteurs néerlandais du gouvernement luxembourgeois. Ce dernier en profita pour s'extraire d'un engrenage qui s'était avéré plus complexe qu'initialement prévu. Des échanges informels entre les deux gouvernements permirent d'acter le principe d'une solution transactionnelle.[22] Celle-ci prit la forme d'une renonciation mutuelle des prétentions de part et d'autre, en échange d'une reprise par les Pays-Bas de la protection diplomatique et consulaire des ressortissants luxembourgeois à l'étranger, à laquelle le Royaume avait mis fin en 1867. Elle fut avalisée par une Convention signée le 7 janvier 1880 et ratifiée par la Chambre des députés le 9 juin 1880.[23] En fin de compte, confrontés au choix entre une procédure arbitrale peu familière et incertaine quant à son issue et un compromis politique aux paramètres clairement identifiés, les dirigeants luxembourgeois avaient préféré ne pas s'aventurer en terrain inconnu.

3 Les Conférences de La Haye de 1899 et 1907 : une adhésion de principe à l'arbitrage institutionnalisé

L'incapacité à résoudre le contentieux autour de la dette néerlandaise par la voie arbitrale avait visiblement marqué Paul Eyschen, qui en 1880 avait été directeur général (c'est-à-dire ministre) de la Justice. Une vingtaine d'années plus tard, il

---

20 ANLux H-0036, T. M. C. Asser à F. de Blochausen, 24 mai 1879.

21 ANLux, H-0036, W. van Heeckeren van Kell à F. de Blochausen, 9 juin 1879.

22 ANLux, H-0036, Th. van Lynden van Sandenburg à F. de Blochausen, 1er décembre 1879.

23 Loi du 10 juin 1880 qui approuve la convention conclue le 7 janvier 1880 entre le Grand-Duché de Luxembourg et les Pays-Bas, au sujet du règlement de la question de la liquidation pendante entre les deux pays, Mémorial du 18 juin 1880, 385–386.

ne manqua pas de rappeler à la Chambre des députés combien le Luxembourg avait « souffert » à cette époque de l'absence de règlement de procédure arbitral, pour souligner l'importance que revêtait pour le pays l'adhésion à l'Acte final de la Conférence de La Haye de 1899.[24]

Celle-ci fut convoquée à l'initiative de Nicolas II de Russie qui, sachant son pays en situation défavorable dans la course aux armements entre puissances européennes, avait proposé à tous les « États civilisés » de se réunir pour adopter des mesures en faveur du désarmement et d'un apaisement des relations internationales. Cette conférence, qui siégea à La Haye entre mai et juillet 1899, fut suivie d'une seconde édition qui eut lieu dans la même ville de juin à octobre 1907. Si les conséquences des deux Conférences de La Haye en matière de désarmement furent à peu près nulles (la tenue d'une troisième Conférence, prévue pour 1915, fut d'ailleurs empêchée par l'éclatement de la Première Guerre mondiale), elles eurent un impact autrement plus durable dans d'autres domaines.[25]

Tout d'abord, contrairement aux réunions du Concert européen qui avaient marqué le 19e siècle, les Conférences de La Haye n'étaient pas réservées aux grandes puissances européennes, mais ouvertes à tous les États souverains : 26 participèrent à la première, 43 à la seconde édition. En cela, elles marquèrent l'émergence d'une communauté internationale fondée sur l'égalité souveraine de ses membres, quoique encore largement dominée par les États européens. Ensuite, les Conférences de La Haye eurent une influence durable sur le droit de la guerre, aboutissant dans ce domaine à des conventions et des règlements contraignants qui forment encore aujourd'hui la base du droit international des conflits armés. Enfin, par la création de la Cour permanente d'arbitrage et de la possibilité de recourir à des commissions d'enquête pour élucider des faits contestés susceptibles de conduire à une guerre, elles contribuèrent aussi à l'institutionnalisation de la justice internationale. En revanche, l'idée de créer une Cour internationale de justice et une Cour internationale des prises, bien que discutée en 1907, ne fut pas réalisée. Il reste qu'à travers la Cour permanente d'arbitrage, des États s'affrontant au sujet d'un conflit d'ordre juridique ou factuel disposaient désormais au moins de règles procédurales détaillées et d'un appui logistique pour le résoudre de manière pacifique.[26]

---

24 Séance du 5 juin 1901, CR-ChD (1900–1901), vol. 1, 1676.

25 Voir à ce sujet : Eyffinger, Arthur, *The 1899 Hague Peace Conference. 'The Parliament of Man, the Federation of the World'*, The Hague/London/Boston, Kluwer Law International, 1999; Eyffinger, Arthur, *The 1907 Hague Peace Conference. 'The Conference of the Civilized World'*, The Hague, JudiCap, 2007.

26 Baker, Betsy, *Hague Peace Conferences (1899 and 1907)*, in : Wolfrum, Rüdiger (ed.), *Max Planck Encyclopedia of Public International Law*, Oxford, OUP, 2009.

Si les Conférences de La Haye de 1899 et 1907 restèrent en-deçà des revendications formulées par les mouvements pacifistes, notamment en ce qu'elles retinrent le caractère facultatif de l'arbitrage en cas de différend, leur œuvre aurait certainement encore été moindre sans la pression de l'opinion publique. Les deux Conférences suscitèrent en effet une mobilisation importante de la société civile et de la presse, qui n'hésita pas à publier des informations révélées par tel ou tel délégué, rendant en partie illusoire le caractère en principe non public des délibérations.[27] Il est vrai que les décennies précédentes avaient vu l'éclosion de tout un mouvement international autour de la paix par l'arbitrage.[28] Des représentants de ce dernier avaient également tenté d'approcher les autorités luxembourgeoises. Si aucun député luxembourgeois ne semble avoir répondu à l'appel de la Conférence parlementaire internationale de l'arbitrage (devenue plus tard l'Union interparlementaire) de la rejoindre à Paris en juin 1889, le projet de la Fédération internationale de l'arbitrage de la paix, basée à Bruxelles, d'organiser en 1895 un congrès international à Luxembourg, rencontra plus d'intérêt. Néanmoins, faute de locaux adéquats pour accueillir une telle manifestation, on ne put y donner suite.[29]

Malgré le caractère limité de ses contacts officiels avec le mouvement de l'arbitrage, le gouvernement luxembourgeois pouvait néanmoins être considéré comme particulièrement favorable à cette cause. Ainsi, lorsqu'en 1898 le gouvernement belge lança un appel en vue de mieux réglementer l'arbitrage, la seule réponse positive qu'il reçut fut celle du Grand-Duché.[30] L'attitude foncièrement favorable du Luxembourg à une juridictionnalisation des rapports internationaux se vérifia à nouveau lors des Conférences de 1899 et 1907, où le pays fut représenté par le ministre d'État Paul Eyschen et Lamoral de Villers, chargé d'affaires à Berlin. Si le principal objectif de la délégation luxembourgeoise fut d'obtenir une meilleure définition des droits et devoirs des États neutres en temps de guerre

27 Voir, à ce sujet: Abbenhuis, Maarje, *The Hague Conferences and International Politics, 1898–1915*, London/New York, Bloomsbury, 2019. Au Luxembourg, le *Luxemburger Wort* assura une couverture quasi-quotidienne des Conférences de La Haye, même si celle-ci se bornait généralement à reprendre des informations glanées dans d'autres journaux.

28 Mazower, Mark, *Governing the World*, op. cit., 84–93.

29 ANLux, AE-01971. La réunion de l'UIP en 1889 se déroula sans participation luxembourgeoise : https://www.ipu.org/fr/propos-de-luip/genese-de-luip [dernière consultation : 29.05.2021]. À noter qu'un des deux co-fondateurs de l'UIP, Frédéric Passy, avait entamé sa carrière de militant pacifiste pendant la crise de Luxembourg de 1867 : https://www.ipu.org/fr/propos-de-luip/genese-de-luip/frederic-passy-apotre-de-la-paix [dernière consultation : 29.05.2021].

30 Abbenhuis, Maarje, *The Hague Conferences and International Politics, 1898–1915*, London/New York, Bloomsbury, 2019, 39.

(objectif qui fut atteint en 1907 à la suite d'une proposition formulée par Eyschen en 1899),[31] elle participa néanmoins aussi activement aux discussions relatives au règlement pacifique des différends internationaux.

Lors de la Conférence de 1899, Eyschen insista ainsi avec succès sur la nécessité de doter les commissions internationales d'enquêtes d'un véritable règlement de procédure afin d'«[assurer] la sincérité et l'efficacité de cette mesure d'instruction» confiée à des experts techniques.[32] En 1907, lors des échanges (finalement infructueux) sur la création d'une véritable Cour internationale de justice pouvant également jouer le rôle de commission d'enquête internationale, Eyschen provoqua une discussion sur l'obligation des juges à accepter les demandes d'enquêtes qui leur étaient soumises. Celle-ci permit de souligner que cette obligation (qui valait aussi pour les différends juridiques) était précisément une garantie de l'indépendance de la justice internationale.[33] Il faut dire que le sujet des commissions d'enquête internationales était d'autant plus cher à Eyschen que l'absence d'un tel procédé avait donné des sueurs froides au gouvernement luxembourgeois du temps de la guerre franco-allemande de 1870. Au cours de ce conflit, la Prusse avait vivement reproché au Luxembourg de ne pas avoir empêché le départ d'un train de la Compagnie des chemins de fer de l'Est destiné au ravitaillement de la forteresse de Thionville assiégée, au point qu'une invasion allemande du Grand-Duché avait paru imminente.[34] Le gouvernement ne manqua d'ailleurs pas de rappeler ce «dur enseignement» lorsqu'il demanda à la Chambre des députés d'approuver l'Acte final et les Conventions de 1899.[35]

Le processus de ratification des instruments issus des Conférences de 1899 et 1907 témoigne du soutien unanime des acteurs institutionnels luxembourgeois à la justice internationale. En 1901, le gouvernement souligna ainsi l'importance

---

31 Pays-Bas, Ministère des Affaires étrangères, *Conférence internationale de la Paix. La Haye, 18 mai-29 juillet 1899*, nouvelle édition, La Haye, Martinus Nijhoff, 1907, 3e partie, 2e commission, 4e séance, 5 juillet 1899, 22.

32 Id., 4e partie, 3e commission, 6e séance, 19 juillet 1899, 43–44 et 8e séance, 22 juillet 1899, 61–62.

33 Pays-Bas, Ministère des Affaires étrangères, *Deuxième Conférence internationale de la Paix. La Haye, 15 juin-18 octobre 1907 : Actes et documents*, La Haye, Imprimerie nationale, 1907, vol. 2, 1re commission, 1re sous-commission, 4e séance, 24 août 1907, 636–637.

34 Calmes, Christian, *Création et formation d'un pays. De 1815 à nos jours*, Luxembourg, Imprimerie Saint-Paul, 1989, 378–379.

35 ANLux, M-02163, Projet de loi approuvant l'Acte final de la Conférence de la Paix, ainsi que les Conventions et Déclarations qui y sont annexées, datées du 29 juillet 1899 et signées par le Luxembourg avec les Puissances représentées à la dite Conférence. Exposé des motifs, 20 mai 1901, 2.

de l'arbitrage pour les petits États,[36] imité sur ce point par le Conseil d'État, qui regretta que la Conférence n'avait pas pu s'entendre pour le rendre obligatoire.[37] À la Chambre des députés, on insista également sur l'importance de l'arbitrage pour les petits pays, et la loi de ratification fut adoptée à l'unanimité, moins une abstention émanant du socialiste Michel Welter. Avouant ne pas avoir lu le projet du gouvernement luxembourgeois, ce dernier critiqua surtout le caractère « platonique » des textes adoptés à La Haye. Rappelant les précédents de la dette néerlandaise et de la guerre de 1870, Eyschen lui répondit qu'à La Haye on avait tout de même créé « un Code de procédure international », et que « les faibles doivent toujours être heureux qu'il existe des moyens légaux pour défendre le droit ».[38] En 1910, le gouvernement décrivit les conférences de La Haye comme « une remarquable manifestation de la marche ascendante de la civilisation »,[39] une vue qu'épousa également le Conseil d'État.[40] Cette fois-ci, les discussions à la Chambre des députés furent encore plus sommaires, se résumant essentiellement à un exposé historique de Paul Eyschen, qui nota que bien que n'étant pas un État côtier, le Luxembourg, en raison de sa participation au commerce international, aurait eu intérêt à la création d'une Cour internationale des prises. Cette fois-ci, tous les députés présents votèrent la ratification.[41] Cela dit, aussi bien en 1901 qu'en 1910, le soutien unanime au principe de la justice internationale fut accompagné de la réalisation que le Luxembourg était le dernier pays à ratifier les instruments signés en 1899 et en 1907.[42]

En dépit de son caractère tardif, l'adhésion du Luxembourg aux Actes des Conférences de 1899 et 1907 permettait de combler les lacunes procédurales qui avaient jadis contribué à faire dérailler le projet d'arbitrage au sujet de la dette néerlandaise. Désormais, l'existence de la Cour permanente d'arbitrage permettait d'apporter des réponses précises à toutes ces questions. Le Luxembourg s'empressa d'ailleurs dès 1903 de faire inscrire le président de son Conseil d'État, Henri Vannerus, sur la liste des arbitres de la Cour.[43] Toutefois, celle-ci ne pouvait

36 Id., 3.

37 ANLux, M-02163, Avis du Conseil d'État, 31 mai 1901, 13.

38 Séance du 5 juin 1901, CR-ChD (1900–1901), vol. 1, 1673–1678.

39 ANLux, M-00775, Projet de loi portant approbation de diverses conventions internationales conclues à La Haye le 18 octobre 1907 (2e Conférence de la Paix). Dépêche au Conseil d'État, 1er décembre 1910.

40 ANLux, M-00775, Avis du Conseil d'État, 17 mai 1912.

41 Séance du 9 juillet 1912, CR-ChD (1911–1912), vol. 2, 2862–2868.

42 Ce fut à chaque fois mentionné expressément au cours des débats parlementaires.

43 ANLux, AE-01966, Vannerus resta sur cette liste jusqu'en 1921, année de son décès. Son successeur fut Victor Thorn, également président du Conseil d'État.

entrer en action qu'en application d'une clause compromissoire, d'un compromis d'arbitrage ou d'un traité d'arbitrage. Or, dans ce domaine, le Luxembourg ne fut guère proactif. Lorsqu'en novembre 1904, le gouvernement des États-Unis proposa au Luxembourg de conclure un traité d'arbitrage bilatéral donnant compétence à la Cour permanente d'arbitrage, Paul Eyschen jugea d'abord utile de se renseigner sur la position de la Belgique, à qui l'administration Roosevelt avait fait une proposition similaire, comme à de nombreux autres pays. Or, bien que la Belgique fût en principe favorable à la conclusion d'un traité d'arbitrage avec les États-Unis, le modèle de traité proposé par ces derniers ne lui convenait guère, étant différent de celui qu'elle avait signé avec d'autres États. Les discussions à ce sujet furent donc ajournées *sine die*. Même si cet argument n'était guère applicable au Luxembourg, ce dernier ne donna pas suite à la proposition américaine. Il ne semble pas non plus avoir réagi aux ouvertures belges dans le sens de la négociation d'un traité d'arbitrage avec ce pays.[44]

L'enthousiasme luxembourgeois à l'égard de l'arbitrage international ne dépassa donc pas le stade de l'adhésion de principe, comme en témoigne aussi un ouvrage publié par l'Institut international de la Paix en 1910 et retrouvé dans le fonds de l'ancienne Bibliothèque du Gouvernement.[45] Voulant illustrer le progrès constant de l'arbitrage depuis la seconde moitié du 19e siècle, son auteur y avait inclus des schémas reproduisant le réseau de clauses compromissoires et de traités d'arbitrage conclus entre pays occidentaux. Sur ces schémas, le Luxembourg se situe systématiquement à l'écart, n'étant lié par aucun traité.[46]

4 L'entre-deux-guerres : à la recherche d'une juridictionnalisation tous azimuts

Si la participation luxembourgeoise aux Conférences de La Haye de 1899 et de 1907 eut peu de conséquences concrètes, particulièrement dans le domaine de l'arbitrage, ses retombées à plus long terme furent autrement plus importantes. Démontrant que le Luxembourg avait déjà fait ses preuves comme membre actif de la communauté internationale des États, elle lui ouvrit en 1920 les portes de la

44 ANLux, AE-01969.

45 Fonds aujourd'hui conservé à la Bibliothèque nationale du Luxembourg, inventorié entre octobre 2020 et septembre 2021, en cours de catalogage.

46 Moch, Gaston, *Histoire sommaire de l'arbitrage permanent*, Monaco, Institut International de la Paix, 1910, planches I–VII.

Société des Nations, lui évitant de partager le sort du Liechtenstein, dont la candidature fut rejetée.[47] En souscrivant au Pacte de la SdN (fût-ce *de facto*, car formellement il ne le ratifia ... jamais),[48] le Luxembourg venait également se placer sous la protection du système de sécurité collective de cette organisation, dont l'ambition était de faire « respecter et [...] maintenir contre toute agression extérieure l'intégrité territoriale et l'indépendance politique » de tous ses membres.[49] Bien que le Pacte ne prononçât pas d'interdiction générale du recours unilatéral à la force comme le fera plus tard la Charte de l'ONU, il prévoyait un certain nombre de mécanismes de règlement pacifique des différends. Parmi ceux-ci figurait la création d'une Cour permanente de Justice internationale (CPJI).[50]

Établie à La Haye en 1922 en vertu d'un Statut adopté en fin 1920, formellement indépendante de la SdN, la CPJI répondait en partie aux revendications d'une justice internationale institutionnalisée et obligatoire. Toutefois, elle n'eut ce caractère qu'à l'égard des États qui acceptaient de signer une déclaration facultative de juridiction obligatoire, en vertu de laquelle ils permettaient à d'autres États ayant signé la même déclaration de lui soumettre des différends mutuels de manière unilatérale.[51] Le Luxembourg signa aussi bien le Statut que la déclaration facultative de juridiction obligatoire – une démarche que le ministre d'État Émile Reuter estima cohérente de la part d'un État « de tout temps acquis à toute mesure pouvant affermir ou faire progresser le respect du droit. »[52] Le Conseil d'État, tout en affirmant de partager ces vues, estima néanmoins qu'en ratifiant l'adhésion luxembourgeoise à la Cour alors que celle-ci s'était faite selon les procédure applicable aux membres de la SdN, le Parlement ratifierait également de manière implicite l'adhésion luxembourgeoise à cette organisation. Or, il avait été décidé qu'en raison de la neutralité luxembourgeoise, celle-ci ne pourrait se faire sans révision constitutionnelle préalable. Le Conseil d'État émit donc une

47 Assemblée de la SdN, Ve Commission, 6e séance, 4 décembre 1920.

48 Voir, à ce sujet : Mary, Julien, *La politique du Luxembourg au sein de la Société des Nations*, Hémecht 63 (2011), 405–450.

49 Article 10 du Pacte de la SdN.

50 Article 14 du Pacte de la SdN.

51 Tams, Christian J., *Peace Through International Adjudication. The Permanent Court of International Justice and the Post-War Order*, in : Erpelding, Michel/Hess, Burkhard/Ruiz Fabri, Hélène (edd.), *Peace Through Law. The Versailles Peace Treaty and Dispute Settlement After World War I*, Baden-Baden, Nomos, 2019, 217–237.

52 Projet de loi portant approbation du Protocole de Genève du 16 décembre 1920, portant reconnaissance du Statut de la Cour permanent de Justice internationale, tel qu'il a été approuvé par l'Assemblée de la Société des Nations dans sa séance du 13 décembre 1920, ensemble le dit statut de la Déclaration relative à l'obligation de la juridiction de la Cour, qui y sont joints. Dépêche au Conseil d'État, 10 octobre 1921, CR-ChD (1921–1922), vol. 3, 396.

réserve qui, de fait, fit échouer le processus de ratification.[53] La situation paraissait inextricable.

En réalité, ce ne fut que partie remise. À partir de 1926, Joseph Bech, devenu ministre d'État et des Affaires étrangères et Albert Wehrer, nommé conseiller juridique au ministère des Affaires étrangères, donnèrent une nouvelle impulsion à la politique juridique extérieure du Luxembourg. Intensifiant considérablement les démarches déjà entamées en ce sens par le gouvernement Prüm, ils profitèrent du contexte des Accords de Locarno, qui instauraient un système de garantie et d'assistance mutuelles entre les principales puissances d'Europe occidentale et centrale appuyé sur l'arbitrage obligatoire, pour doter le Luxembourg de garanties similaires. Entre 1927 et 1932, le gouvernement luxembourgeois signa ainsi des traités d'arbitrage bilatéraux avec treize États.[54] En 1928, il participa également à l'adoption par l'Assemblée de la SdN de l'Acte général pour le règlement pacifique des différends internationaux, une convention multilatérale qui devait compléter le système des traités bilatéraux. Restait la question de savoir comment faire ratifier tous ces instruments et le Statut de la CPJI sans se heurter au même obstacle qu'en 1922. Dans une note rédigée fin 1927, Albert Wehrer, soulignant la dangerosité du *statu quo* pour le Luxembourg, s'appuya notamment sur la ratification antérieure des Actes de 1899 et de 1907 pour souligner la compatibilité des traités d'arbitrage et du Statut de la CPJI avec la neutralité luxembourgeoise et la possibilité de ratifier le Pacte de la SdN sans révision constitutionnelle.[55]

La démarche adoptée en fin de compte fut légèrement différente. Laissant de côté la question de la ratification du Pacte de la SdN, le gouvernement soumit à la Chambre un «*package deal*» englobant aussi bien le Statut de la CPJI que les différentes conventions d'arbitrage. Dans une mise en perspective historique, l'exposé des motifs du projet de loi insista sur l'utilité de ces instruments pour les petits États, allant jusqu'à les décrire comme «un complément et un aboutissement nécessaires» des traités à l'origine de l'indépendance luxembourgeoise.[56]

53 *Avis du Conseil d'État*, 14 février 1922, CR-ChD (1921–1922), vol. 3, 409–411.

54 À savoir la Belgique (17 octobre 1927), la France (20 octobre 1927), l'Espagne 21 juin 1928), la Pologne (29 octobre 1928), le Portugal (15 août 1929), l'Allemagne (11 septembre 1929), les États-Unis (6 avril 1929), la Suisse (16 septembre 1929), les Pays-Bas (17 septembre 1929), la Tchécoslovaquie (18 septembre 1929), la Roumanie (22 janvier 1930), la Norvège (12 février 1932) et l'Italie (14 avril 1932).

55 ANLux SDN-113, Ratification des traités de conciliation et d'arbitrage, 14 novembre 1927.

56 Projet de loi portant ratification du Statut révisé de la Cour Permanente de Justice Internationale, de la clause facultative de juridiction obligatoire de la dite Cour, de l'adhésion des États-Unis d'Amérique au dit Statut, des traités d'arbitrage signés depuis 1927 et de l'Acte général d'arbitrage. Exposé des motifs, 16 mai 1930, CR-ChD (1929–1930), vol. 2, 640.

Cette fois-ci, le Conseil d'État apporta son « adhésion intégrale et inconditionnée » au texte.[57] Les débats à la Chambre furent brefs : le rapporteur, Gaston Diderich, présenta les textes comme la prémisse d'une fédération européenne, voire mondiale ; Joseph Bech profita de l'occasion pour remercier les États voisins, mais aussi les États-Unis ; Pierre Krier souligna que les traités à ratifier étaient également conformes à la tradition socialiste. En fin de compte, le projet de loi fut adopté à l'unanimité moins une abstention, celle de Norbert Le Gallais, qui déplorait que ces accords ne comportaient pas de sanction effective, tout en reconnaissant qu'ils « ne [pouvaient] faire du mal à personne ».[58] Quant à Albert Wehrer, il ne se contenta pas de savourer ce succès en interne, mais en tira profit pour renforcer l'image internationale du Luxembourg. En 1932, il publia ainsi dans la prestigieuse *Revue de droit international et de législation comparée* une longue contribution résumant et expliquant les démarches accomplies par le Luxembourg, véritable manifeste de la politique juridique extérieure qu'il avait contribué à définir.[59]

Cette politique ne se limita toutefois pas aux aspects mis en avant par Wehrer. Des documents d'archives montrent qu'elle se déploya également dans d'autres domaines, fût-ce de manière plus discrète. C'est ainsi qu'entre 1925 et 1929, le Luxembourg connut sa première véritable affaire d'arbitrage.[60] Celle-ci de déroula dans le cadre de l'Union économique belgo-luxembourgeoise, dont le traité constitutif avait instauré dans son article 3 une règle de non-discrimination tarifaire entre Belges et Luxembourgeois. Or, cette disposition prévoyait aussi, dans l'intérêt de l'industrie sidérurgique, la mise au point de mesures tarifaires spéciales devant viser « un juste équilibre dans les conditions d'approvisionnement en matières premières et d'écoulement de la production ».[61] La commission paritaire prévue à l'article 3 ayant échoué à déterminer ce « juste équilibre »,

---

57 *Avis du Conseil d'État*, 30 mai 1930, CR-ChD (1929–1930), vol. 2, 718.

58 Séance du 18 juillet 1930, CR-ChD (1929–1930), vol. 2, 2023–2034.

59 Wehrer, Albert, *La politique de sécurité et d'arbitrage du Grand-Duché de Luxembourg. Sa politique de neutralité*, Revue de droit international et de législation comparée 59 (1932), 326–366 et 641–663.

60 Pour le contexte général de cette affaire, voir : Trausch, Gilbert, *À hue et à dia : les relations belgo-luxembourgeoises dans l'entre-deux-guerres*, in Trausch, Gilbert (ed.), *Les relations belgo-luxembourgeoises et la Banque Générale du Luxembourg (1919–1994)*, Luxembourg, Banque générale du Luxembourg, 1995, 111–112 et 118. Pour une analyse plus détaillée, voir : Barthel, Charles, *Bras de fer : Les maîtres de forges luxembourgeois, entre les débuts difficiles de l'UEBL et le Locarno sidérurgique des cartels internationaux 1918–1929*, Luxembourg, Saint-Paul, 2006, 285–356 et 606–640.

61 Convention établissant une Union Économique entre le Grand-Duché de Luxembourg et la Belgique, Mémorial du 11 mars 1922, 218–231.

les deux gouvernements décidèrent d'emprunter la voie de l'arbitrage,[62] confiant la nomination du tiers-arbitre au Conseil de la SdN.[63] Toutefois, de nombreux problèmes ne tardèrent pas à se faire jour, rendant totalement illusoire le délai de quatre mois impartis au tribunal pour rendre sa sentence : difficulté de réunir, puis d'évaluer les données statistiques nécessaires, nécessité d'embaucher un nombre croissant d'experts issus de l'industrie, nécessité de tenir compte du calendrier universitaire des arbitres, décès de l'arbitre luxembourgeois, le professeur Paul Oberhoffer,[64] difficultés du tribunal à cerner la notion de « juste équilibre », etc.[65] De guerre lasse, et souhaitant également échapper au caractère nécessairement imprévisible d'une solution confiée à un tiers,[66] les deux gouvernements, de concert avec les industriels des deux pays, optèrent en faveur d'une résolution transactionnelle du différend, mettant ainsi fin à la mission des arbitres.[67]

L'arbitrage de l'Union belgo-luxembourgeoise concernant avant tout des intérêts privés, la procédure se déroula toujours en étroite concertation avec les sidérurgistes belges et luxembourgeois, régulièrement consultés non seulement par leurs gouvernements respectifs, mais aussi par le tribunal arbitral.[68] Il ne reste pas moins que, formellement, la procédure était de nature inter-étatique, opposant le Luxembourg à la Belgique. L'entre-deux-guerres donna cependant également lieu à des tentatives d'associer le Luxembourg à une nouvelle forme d'arbitrage donnant encore plus d'espace aux acteurs privés. En effet, les traités de paix de 1919–1923 (auxquels le Luxembourg n'était pas partie) avaient mis en place une quarantaine de Tribunaux arbitraux mixtes (TAM) permettant directement à des personnes privées de formuler des requêtes contre des États étrangers.[69] Or, ces tribunaux étaient à la recherche de juristes issus de pays neutres

62 ANLux, AE-00476, Application de certaines clauses de l'article 3 de la Convention d'Union économique belgo-luxembourgeoise du 25 juillet 1925 – Compromis d'arbitrage, 16 février 1926.
63 ANLux, AE-00476, É. Vandervelde et P. Prüm à E. Drummond, 14 février 1926.
64 ANLux, AE-00476, E. Milhaud à J. Bech, 9 août 1927.
65 ANLux, AE-00477, E. Milhaud à J. Bech, 16 mars 1928.
66 Barthel, Charles, *Bras de fer : Les maîtres de forges luxembourgeois, entre les débuts difficiles de l'UEBL et le Locarno sidérurgique des cartels internationaux 1918–1929*, Luxembourg, Saint-Paul, 2006, 622–628.
67 ANLux, AE-00477, E. Milhaud à J. Bech, 23 avril 1929.
68 Barthel, Charles, *Bras de fer*, op. cit., 606–640.
69 Hess, Burkhard/Requejo Isidro, Marta, International Adjudication of Private Rights: *The Mixed Arbitral Tribunals in the Peace Treaties of 1919–1922*, in : Erpelding, Michel/Hess, Burkhard/Ruiz Fabri, Hélène (edd.), *Peace Through Law. The Versailles Peace Treaty and Dispute Settlement After World War I*, Baden-Baden, Nomos, 2019, 239–276, https://doi.org/10.5771/9783845299167-239 [dernière consultation : 29.05.2021].

comme arbitres ou secrétaires juridiques. C'est dans ce contexte que le directeur de la Manufacture de Saint-Gobain, de nationalité luxembourgeoise, approcha le gouvernement Reuter pour obtenir les noms de compatriotes susceptibles d'être intéressés par une charge d'arbitre.[70] Après avoir contacté les barreaux de Luxembourg et de Diekirch,[71] Reuter fut en mesure de recommander au chargé d'affaires français la candidature du bâtonnier Hubert Campill de Luxembourg,[72] mais cette démarche semble être restée sans suites.[73] Au moins deux autres Luxembourgeois eurent davantage de succès sur le « marché » des experts supposés neutres[74] créé par les TAM. Le premier fut l'ancien bourgmestre de Luxembourg Luc Housse, inscrit par le Conseil de la SdN en 1923 sur une liste de membres suppléants possibles du TAM franco-bulgare[75], même s'il ne semble pas avoir siégé[76]. Le second fut l'écrivain, journaliste et juriste Marcel Noppeney. Nommé « arbitre-expert » par le président du TAM franco-allemand en 1923, Noppeney fut chargé d'instruire quelques centaines de demandes d'indemnisation pour dommages de guerre contre le Reich. En Allemagne, la désignation du très francophile Noppeney ne manqua pas de susciter l'indignation[77]. Il est vrai que le Luxembourgeois ne correspondait guère à l'idéal du technicien neutre mis en avant par les tenants de la justice internationale. À cet égard, les états de service limités de Noppeney en tant que juriste[78] étaient sans doute moins problématiques que ses démêlés avec l'occupant pendant la guerre. En 1915–1916, un juge militaire allemand avait prononcé trois condamnations à mort contre Noppeney, accusé notamment d'espionnage et d'assistance à des prisonniers de guerre

70 ANLux, AE-02183, T. Schrader à É. Reuter, 31 janvier 1920.

71 ANLux, AE-02183, É. Reuter à R. Brasseur et Pemmers, 28 janvier 1920.

72 ANLux, AE-02183, É. Reuter au chargé d'affaires français à Luxembourg, 27 mars 1920.

73 Le nom de Campill, expert en droit minier, ne figure en effet pas dans l'annuaire des membres des TAM conservé aux Archives nationales de France. ANF AJ/22/27.

74 Sacriste, Guillaume/Vauchez, Antoine, *Les « bons offices » du droit international : la constitution d'une autorité non politique dans le concert diplomatique des années 1920*, Critique internationale 26 (2005), 111–113.

75 E. Drummond à R. Poincaré, 2 mars 1923. Ministère des Affaires étrangères (France : La Courneuve), 242QO 2461 IV G, 36–37.

76 Luc Housse n'apparaît pas non plus dans l'annuaire des membres des TAM. ANF AJ/22/27.

77 Schätzel, Walter, *Das deutsch-französische Gemischte Schiedsgericht, seine Geschichte, Rechtsprechung und Ergebnisse*, Paris, Berlin, Georg Stilke, 1930, 38–41.

78 Noppeney, qui n'avait étudié le droit que par obéissance à son père et privilégiait toujours ses activités littéraires et journalistiques, n'avait fait qu'une brève apparition au barreau de Luxembourg. Wilhelm, Frank (ed.), *Anthologie de textes de Marcel Noppeney (1877–1966) établie à l'occasion du cinquantième anniversaire de son décès*, Differdange, Éditions du Centre culturel de Differdange, 2016, 21–22.

français évadés. L'intervention conjointe du gouvernement luxembourgeois et de la Grande-Duchesse Marie-Adélaïde auprès de Guillaume II avait certes permis de faire commuer ces sentences en peine de prison, laquelle prit fin à l'armistice. Il n'empêche que cette expérience avait durablement marqué Noppeney, dont les sentiments peu impartiaux à l'égard de l'Allemagne, même vaincue, ne faisaient aucun doute[79]. Indépendamment des remous causés par l'affaire Noppeney, la (modeste) participation luxembourgeoise aux TAM ne conforta pas moins l'image d'un pays favorable à la justice internationale, y compris sous ses formes plus controversées. De fait, lorsque le Quai d'Orsay évoquera au cours de années 1930 la possibilité de créer des TAM permanents préfigurant les actuels tribunaux d'arbitrage en matière d'investissements, son Service de l'arbitrage international proposa d'y associer quelques pays triés sur le volet, dont le Luxembourg.[80]

Dans son article-manifeste de 1932, Albert Wehrer avait présenté le soutien du Luxembourg au règlement juridictionnel des différends internationaux comme le complément nécessaire de sa neutralité, « seule politique extérieure possible » du pays, soulignant que « le Luxembourg désarmé, situé à l'avant-garde et en pleine route des armées, ne possède pour sa défense que le Droit, la foi due aux traités. »[81] Si l'agression allemande du 10 mai 1940 vint sonner le glas de la neutralité luxembourgeoise, le soutien marqué du Luxembourg à la justice internationale constitue encore de nos jours un élément central de sa politique juridique extérieure.

5 Conclusion : quelques traits saillants de la politique extérieure luxembourgeoise relative à la justice internationale

Dans un article paru à l'occasion du centenaire de la Conférence de paix de 1907, l'universitaire et ancien diplomate finlandais Martti Koskenniemi soulignait le

---

79 *« Mir sin net me' Här a Mêschter am êgenen Haus! » – Luxemburg unter deutscher Okkupation*, in : Lieb, Daniela/Marson, Pierre/Weber, Josiane (edd.), *Luxemburg und der Erste Weltkrieg: Literaturgeschichte(n)*, Mersch, Centre national de littérature, 2014, 87–94.

80 Archives du Ministère des Affaires étrangères (France : La Courneuve), Y 593, Note sur la question des tribunaux permanents de droit privé, 12 février 1933, 88–90.

81 Wehrer, Albert, *La politique de sécurité et d'arbitrage du Grand-Duché de Luxembourg. Sa politique de neutralité*, 59 Revue de droit international et de législation comparée (1932), 326–366 et 641–663.

rôle central joué au début du 20e siècle par les États-Unis dans la promotion de la justice internationale. Si ces jours semblent aujourd'hui en partie révolus, il ne reste pas moins que les caractéristiques de ce que Koskenniemi décrivait comme une véritable « idéologie américaine de la justice internationale » n'ont pas entièrement disparu de la politique juridique extérieure de ce pays – du moins lorsque lui-même ne risque pas d'être convoqué devant la justice internationale. L'on citera ainsi : une méfiance de principe à l'égard des autorités étatiques, le refus net de toute perspective de fédération mondiale, l'idée selon laquelle la violation des droits (de propriété) des individus (et des sociétés) par des gouvernements étrangers constituerait une cause majeure des tensions entre États, ainsi qu'un légalisme tourné davantage vers le procès international que vers la codification des normes de droit international.[82]

L'idée d'une « idéologie luxembourgeoise de la justice internationale » paraît assurément excessive, vu le caractère somme tout assez sommaire des discussions menées à ce sujet tant au niveau des institutions qu'au sein de la société civile. En revanche, au regard des prises de positions historiques mentionnées ci-dessus et de la relative cohérence qui s'en dégage, il paraît tout à fait légitime de conclure à l'existence d'une politique juridique extérieure luxembourgeoise dans le domaine de la justice internationale.

Au-delà des contextes politiques changeants, cette politique semble se caractériser par un certain nombre de traits communs. En tout premier lieu, la réalisation profonde, constamment réaffirmée à la façon d'un mantra, qu'en matière de règlement des différends, les petits États ont tout intérêt à placer leur confiance dans la justice internationale plutôt que dans des négociations bilatérales, voire des garanties multilatérales, où leurs intérêts pourraient facilement se voir ignorés. D'où, contrairement aux grandes puissances, la recherche d'une juridictionnalisation maximale de ce règlement des différends. Cela n'exclut cependant pas la conscience des limites de la justice internationale pour défendre les intérêts vitaux du pays, en particulier son existence même. En effet, la survie du Luxembourg, contrairement à celle de la Suisse, dépend *in fine* du bon vouloir des grandes puissances, vu l'impossibilité matérielle d'une défense militaire du pays contre un agresseur étranger. La perception de cette fragilité existentielle a sans aucun doute contribué à un autre trait saillant de la politique juridique extérieure du Luxembourg à l'égard de la justice internationale, à savoir sa tendance à s'inscrire dans un mouvement de fédéralisation des rapports internationaux.

---

82 Koskenniemi, Martti, *The Ideology of International Adjudication and the 1907 Hague Conference*, in : Daudet, Yves (ed.), *Topicality of the 1907 Hague Conference, the Second Peace Conference*, Leiden, Martinus Nijhoff, 2008, 127–152.

Cette tendance, qui pouvait déjà être constatée à l'époque d'Eyschen et de Bech/Wehrer, se poursuit aujourd'hui au sein de l'Union européenne. Le Luxembourg se distingue en cela nettement non seulement d'une grande puissance comme les États-Unis, mais également d'un autre « petit pays » comme la Suisse.

Nous conclurons ces réflexions en évoquant un dernier trait caractéristique (et sans doute moins glorieux), de la politique luxembourgeoise face à la justice internationale, à savoir sa relative faiblesse au stade de l'exécution. On a ainsi pu constater le caractère parfois intermittent de l'activisme luxembourgeois en la matière, résultant tant de la faible institutionnalisation des structures gouvernementales que du manque d'agents qualifiés (ou intéressés), tout comme la relative passivité du pouvoir législatif (et l'attitude parfois désinvolte de l'exécutif à son égard). Comme l'ont montré les récentes difficultés du Luxembourg à trouver des candidats nationaux désireux de rejoindre le Parquet européen,[83] les ambitions du Luxembourg à s'engager en faveur de la juridictionnalisations des rapports internationaux continuent parfois de se heurter à des limites matérielles très concrètes.

83 Schmit, Laurent, *Europäische Staatsanwaltschaft. Gastland Luxemburg verpasst den Start*, Reporter, 14 mai 2021, https://www.reporter.lu/europaeische-staatsanwaltschaft-gastland-luxemburg-verpasst-den-start [dernière consultation : 29.05.2021].

Vera Fritz

Le Luxembourg et la Cour de justice de l'Union européenne

Le Luxembourg entretient depuis 1952 un lien particulier avec la Cour de justice de l'Union européenne. Non seulement le Grand-Duché a joué un rôle dans la création de cette institution, mais il l'accueille également dans sa capitale. Souvent confondu avec d'autres cours internationales, telles que la Cour européenne des droits de l'homme (Strasbourg) ou la Cour internationale de Justice (La Haye), l'organe judiciaire de l'UE peut aujourd'hui se vanter d'être la juridiction internationale la plus puissante du monde. Pourtant au début des années 1950, peu d'observateurs imaginaient que celle qui devait principalement servir de contre-pouvoir à la Haute Autorité du Charbon et de l'Acier jouirait un jour d'un tel pouvoir. Derrière la montée en puissance de la Cour européenne se trouve avant tout la décision de ses juges de jouer un rôle actif dans le processus d'intégration, notamment au cours des décennies 1960 et 1970, pendant lesquelles la construction politique de l'Europe se trouve en difficulté. Par une série d'arrêts audacieux, ils redynamisent l'intégration et renforcent considérablement la construction juridique supranationale des traités européens. Cependant, encore faut-il que les États et les juridictions nationales acceptent et appliquent sa jurisprudence, qui n'est pas dotée de la même légitimité et autorité historiques que celle des plus hautes cours nationales. Nous verrons dans ce chapitre que le Luxembourg compte depuis les années 1950 parmi les États membres qui soutiennent la création d'un espace juridique européen supranational avec une Cour forte, même s'il rechigne parfois à appliquer ses arrêts lorsqu'il se fait lui-même condamner par les juges européens.

1 Les pays du Benelux et la création de la Cour de justice de l'Union européenne

Lorsque le 9 mai 1950, Robert Schuman, ministre français des Affaires étrangères, présente le célèbre discours dans lequel il propose de « placer l'ensemble de la production franco-allemande de charbon et d'acier sous une Haute Autorité commune, dans une organisation ouverte à la participation des autres pays d'Europe », il n'est point question de la création d'une cour européenne de justice.[1]

1 La déclaration prévoit toutefois des voies de recours contre les décisions de la Haute Autorité.

https://doi.org/10.1515/9783110679656-021

Sur le plan institutionnel, il propose seulement de mettre en place une « Haute Autorité commune [...], composée de personnalités indépendantes », dont les « décisions seront exécutoires ».[2] L'idée de créer un deuxième organe européen supranational émerge au cours des négociations du plan Schuman, qui sont ouvertes aux autres pays d'Europe et auxquelles quatre États acceptent de participer : l'Italie, la Belgique, les Pays-Bas et le Luxembourg.[3] Dès le mois de juin 1950, craignant de ne pas faire le poids face à la France et l'Allemagne au sein de la Haute Autorité, ces trois derniers se mettent d'accord sur l'idée qu'il faudra encadrer la toute-puissance de l'institution phare du plan Schuman.[4] Leur résistance éclate au grand jour quand la délégation française soumet à ses partenaires un premier document de travail qui ne propose que des voies de recours limitées contre les décisions de la Haute Autorité. C'est ainsi qu'au fur et à mesure de l'avancement des négociations, il émerge l'idée de doter la future Communauté européenne du charbon et de l'acier d'un organe judiciaire, permettant aux États d'attaquer les décisions de la Haute Autorité devant des juges indépendants.[5]

Inédite en son genre, la Cour de la CECA est comme la Haute Autorité installée à Luxembourg-ville. Son premier siège est à la Villa Vauban, rénovée et transformée en musée en 1949 afin d'accueillir la collection de tableaux de la municipalité. Mais la maison bourgeoise manque de place, donc les audiences de la Cour sont tenues à l'Hôtel de ville.[6] Si les juges ne disposent pas de bâtiment adapté à leurs besoins, cela tient principalement au fait que la décision d'installer les deux organes de la CECA dans la capitale du plus petit pays de la Communauté n'est que provisoire. L'idée de faire travailler les institutions à Luxembourg de manière temporaire a été proposée par le ministre Joseph Bech à la fin d'une réunion interminable qui n'a pas permis de trouver un accord sur le siège définitif. Ce provi-

---

2 Voir le texte intégral sur le site internet du Centre virtuel de la Connaissance sur l'Europe, https://www.cvce.eu/recherche/unit-content/-/unit/5cc6b004-33b7-4e44-b6db-f5f9e6c01023/a797d304-5311-4e61-b534-95fef47fe648 [dernière consultation : 30.06.2021].

3 Sur la création de la Cour de justice pendant les négociations du plan Schuman ou Traité de Paris, voir Boerger-De Smedt, Anne, *La Cour de Justice dans les négociations du traité de Paris instituant la CECA*, Journal of European Integration History 14 (2008), 7–33.

4 Les trois délégations organisent des réunions de concertation en marge des négociations officielles. Voir les comptes-rendus de ces réunions aux ANLux, dossier AE-11347.

5 L'idée de mettre en place une Cour de Justice est également soutenue par la délégation allemande menée par Walter Hallstein. Pour plus de détails, voir Boerger-De Smedt, Anne, *La Cour de Justice dans les négociations du traité de Paris instituant la CECA*, op. cit.

6 Les conditions de travail difficiles à la Villa Vauban, liées essentiellement à un manque d'espace, ont fait l'objet d'une importante correspondance entre la Cour et la municipalité. Voir Archives municipales de la ville de Luxembourg, dossiers LU 11 IV 4 892 et LU 11 IV 4 897.

Villa Vauban, Cour de justice de la CECA, 1955. © Photothèque de la ville de Luxembourg, 55043 nég. 31, Photographie Théo Mey.

soire durera finalement jusqu'à nos jours, en tout cas pour la Cour de justice. L'institution phare de la CECA, la Haute Autorité, disparaît en effet en 1967, car la Commission européenne reprend à Bruxelles ses fonctions d'organe exécutif de la CECA. L'organe judiciaire de la première Communauté est quant à lui en 1958 transformé en Cour de justice des Communautés européennes. En 1973, la Cour emménage dans un bâtiment flambant neuf sur le plateau du Kirchberg. Deux décennies plus tard, suite à l'entrée en vigueur du Traité de Maastricht (1993), elle devient la Cour de justice de l'Union européenne.

Les premiers juges de la Cour de justice de la CECA. © Cour de justice de l'Union européenne.

2 La montée en puissance de la Cour européenne de justice

Ce qui distingue la Cour de justice de l'UE des autres institutions européennes et internationales, c'est qu'elle réalise dans les décennies qui suivent sa création une remarquable transformation. Créée pour protéger les États, elle devient la principale alliée de la Commission lorsqu'il s'agit d'obliger les gouvernements à respecter leurs engagements européens. Par le biais de sa jurisprudence, elle pose dans les années 1960 deux doctrines-clefs qui régissent encore de nos jours le système juridique européen : les principes de l'effet direct et de la primauté du droit européen. Selon le principe de l'effet direct, les citoyens peuvent invoquer des éléments du droit européen directement devant leurs juridictions nationales, sans condition de transposition préalable dans la législation nationale.[7] Le principe de la primauté du droit européen, que la Cour pose pour la première fois dans le célèbre arrêt *Costa contre ENEL* de 1964, veut quant à lui que toute loi nationale contraire au droit européen soit écartée au profit de ce dernier.[8] Par conséquent, ce sont les juges européens et non pas les gouvernements des États membres, qui inscrivent ce principe cardinal dans le droit européen. En érigeant les traités au-dessus des constitutions nationales, ils accroissent aussi considérablement leur propre autorité, puisque ce sont eux les interprètes suprêmes des textes de loi européens.

Au fur et à mesure des élargissements des Communautés, la Cour de justice voit également son champ d'influence géographique s'élargir considérablement. Ses arrêts s'imposent désormais aux gouvernements, juridictions et citoyens de 27 États membres. Ses domaines de compétences sont également très vastes, touchant non seulement à la libre circulation des biens et des personnes, mais également au travail, la santé, l'environnement, l'énergie, le tourisme, etc. Puis elle reçoit un nombre sans cesse croissant de questions sur l'interprétation du droit européen par le biais de la procédure de renvoi préjudiciel. Introduite dans les traités de Rome de 1957, cette procédure permet aux magistrats des tribunaux des États membres d'interroger leurs homologues européens en cas de doute concernant le sens à donner aux articles de la législation européenne. La Cour de justice de l'UE répond à ces questions sous forme d'arrêt. Leur interprétation doit ensuite être appliquée par l'ensemble des magistrats des États membres, de manière à ce

7 Ce principe est affirmé pour la première fois par la Cour en 1963, dans son célèbre arrêt *Van Gend en Loos*. Arrêt de la Cour du 5 février 1963, Affaire 26/62, NV Algemene Transport-en Expeditie Onderneming van Gend & Loos contre Administration fiscale néerlandaise, EU:C:1963:1.
8 Arrêt de la Cour du 15 juillet 1964, Affaire 6/64, Flaminio Costa contre E.N.E.L., EU:C:1964:66.

que le droit européen soit appliqué uniformément sur tout le territoire de l'Union. Depuis la mise en place du mécanisme de renvoi préjudiciel, les juges des tribunaux luxembourgeois ont envoyé à la Cour européenne une centaine de questions d'interprétation du droit européen.

Pour aider la Cour à faire face à une augmentation constante de son activité, un deuxième organe lui est adjoint en 1989, le Tribunal de première instance, aujourd'hui simplement appelé Tribunal, qui traite principalement les recours introduits par les États ou les personnes physiques ou morales contre les actes des institutions européennes. De 2007 à 2019, cet organe est présidé par le Luxembourgeois Marc Jaeger. Ensemble, les deux juridictions ont clôturé environ 1500 affaires en 2020.[9]

La transformation de la Cour en moteur de l'intégration européenne ne s'est pas faite sans oppositions et résistances. En France, il faut attendre l'année 1975 pour que la Cour de cassation reconnaisse la primauté de l'ordre juridique européen.[10] L'acceptation du Conseil d'État arrivera bien plus tard encore, en 1989.[11] En Allemagne, la Cour constitutionnelle entre même ouvertement en conflit avec la Cour européenne. Dans leur célèbre jugement dit *Solange I* de 1974, les juges de Karlsruhe affirment qu'« aussi longtemps que » (*solange*) la protection des droits fondamentaux ne sera, sur le plan européen, pas assurée dans la même mesure qu'elle l'est en Allemagne, ils refuseront la suprématie inconditionnelle du droit européen.[12] Ce bras de fer dure jusqu'en 1986, lorsque la juridiction suprême allemande revient sur sa position avec l'arrêt *Solange II*.[13] Un nouvel épisode de défiance éclate en mai 2020, au moment où la même Cour constitutionnelle exige que la Banque européenne justifie son programme d'achat d'actifs du secteur public.[14] Cette exigence remet directement en question l'autorité de la Cour européenne, qui avait auparavant validé le programme.

---

9 Il faut ici prendre en compte le fait que l'activité de la Cour a été réduite en raison de la crise sanitaire mondiale connue cette année. En 2019, ses juridictions ont rendu près de 1750 arrêts. Cour de Justice de l'Union européenne, *Panorama de l'année. Rapport annuel*, 2019 et 2020.

10 Arrêt de la Cour de cassation française du 24 mai 1975, Société des cafés Jacques Vabre et Societé J. Weigel contre administration française, pourvoi 73–13.556.

11 Conseil d'État France, Arrêt du 20 octobre 1989, Raoul Georges Nicolo contre commissaire du gouvernement.

12 Bundesverfassungsgericht Deutschland, jurisprudence, vol. 37, 271 et suivantes.

13 Id., 339 et suivantes.

14 Bundesverfassungsgericht Deutschland, jugement du deuxième sénat du 5 mai 2020.

3 Le Luxembourg, soutien d'un organe judiciaire européen fort

Au Luxembourg, la question de la primauté du droit européen ne s'est pas posée de manière aussi conflictuelle que dans d'autres États membres de l'Union. Comme il a été éclairé dans le chapitre proposé par Danielle Wolter, le Grand-Duché accorde la primauté à tous les traités internationaux, et cela depuis bien avant l'arrêt *Costa contre ENEL* de la Cour européenne.[15] Les juges du Luxembourg ont donc l'habitude d'écarter la loi luxembourgeoise au profit non seulement du droit de l'Union européenne, mais aussi de celui de nombreux autres traités internationaux. L'engagement du Luxembourg pour la Cour européenne de justice va toutefois au-delà de l'acceptation précoce de la primauté du droit européen. Depuis sa mise en place, le Grand-Duché soutient activement la présence d'une Cour forte. C'est notamment le cas à la fin des années 1960, lorsque la France cherche sous l'impulsion du Président de Gaulle à restreindre les compétences des juges européens. Cet épisode de résistance, voire même d'attaque politique envers la Cour suite à ses arrêts du milieu des années 1960, a lieu dans le cadre de discussions en marge des traités européens.[16] L'objectif derrière les arguments techniques avancés par le Ministère français des Affaires étrangères est à peine dissimulé : il s'agit d'établir de nouvelles formules restrictives au sujet des compétences de la Cour, qui pourraient par la suite être reprises dans les traités européens. Conjointement avec les délégations néerlandaise, italienne et allemande, le Luxembourg fait bloc pour affirmer que les compétences attribuées aux juges par les traités de Rome de 1957 ne sont pas renégociables.[17]

Le Luxembourg encourage aussi les interprétations dynamiques de la Cour par le choix des personnalités pro-européennes qu'elle propose pour nomination aux postes de juges. Parmi les juges nommés par les gouvernements luxembourgeois figure un juriste qui, trente-cinq ans après son départ de la Cour, est toujours

---

15 Cette acceptation de la primauté date du 19e siècle, mais elle a été affirmée de manière radicale dans des arrêts rendus par la Cour supérieure de justice le 8 juin 1950, le 21 juillet 1951 et le 14 juillet 1954. Pescatore, Pierre, *Conclusion et effet des traités internationaux selon le droit constitutionnel, les usages et la jurisprudence du Grand-Duché de Luxembourg*, Luxembourg, Office des imprimés de l'État, 1964, 105–106.

16 Plus précisément, il s'agit de décider de quelles compétences elle doit jouir en ce qui concerne les deux premiers accords de droit international privé signés par les États membres en 1967. Voir au sujet de ces négociations Fritz, Vera, *The First Member State Rebellion? The European Court of Justice and the negotiations of the 'Luxembourg protocol' of 1971*, European Law Journal 21 (2015), 680–699.

17 Id.

considéré comme un des membres les plus influents qu'elle ait connu, Pierre Pescatore. Entré au Ministère des Affaires étrangères du Grand-Duché en 1946, il a derrière lui vingt ans de carrière dans le corps diplomatique lorsqu'il est nommé juge à la Cour européenne en 1967.[18] Il a notamment représenté le Luxembourg dans le comité de rédaction des traités de Rome et présidé la délégation luxembourgeoise dans les négociations du traité Benelux.[19] Il est également un spécialiste reconnu du droit européen naissant dans le monde académique. En 1963, il a fondé avec le Professeur Fernand Dehousse un institut des études juridiques européennes à l'université de Liège.

Lorsque Pierre Pescatore prête serment à la Cour, celle-ci a alors d'ores et déjà posé les deux doctrines « révolutionnaires » de l'effet direct et de la primauté du droit européen. Cependant, ces deux principes restent encore à être étendus avant que l'on puisse véritablement parler d'une construction juridique supranationale. C'est dans cette voie que s'engage la Cour pendant les années 1970, lorsqu'elle prononce une série d'arrêts particulièrement audacieux. Le nom de Pierre Pescatore y est omniprésent, puisqu'il figure comme juge rapporteur dans la grande majorité des affaires les plus retentissantes de cette décennie.[20] Le juge originaire du Grand-Duché ne cache pas ses visions très supranationalistes de la construction juridique européenne dans ses innombrables travaux scientifiques.[21] En renouvelant son mandat à deux reprises (1973 et 1979), le Luxembourg encourage donc activement le travail de la Cour en faveur de l'intégration européenne.[22]

Il faut dire que le Grand-Duché a de multiples raisons pour soutenir l'organe judiciaire de l'UE. D'abord, l'augmentation de la visibilité internationale des juges européens accroît aussi celle de son pays hôte. Mais surtout, les intérêts diplomatiques du Luxembourg sur le plan institutionnel n'ont pas grandement changé

18 Au sujet de la carrière de Pierre Pescatore, voir Fritz, Vera, *Activism on and off the bench. Pierre Pescatore and the Law of integration*, Common Market Law Review 27 (2020), 475–502; Schroeder, Corinne/Wilson, Jérôme, *Europam esse construendam. Pierre Pescatore und die Anfänge der Europäischen Rechtsordnung*, in : *Historische Mitteilungen*, Bd. 18, Stuttgart, Franz Steiner Verlag, 2005, 162–174.

19 Sur son expérience dans le groupe de rédaction des traités de Rome, voir Pescatore, Pierre, *Les travaux du 'groupe juridique' dans la négociation des traités de Rome*, Hémecht 34 (1982), 145–161.

20 Notamment les affaires dites *Internationale Handelsgesellschaft* (1970, 11/70), *AETR* (1971, 22/70), *Defrenne II* (1976, 43/75), *Simmenthal* (1978, 106/77) et *Cassis de Dijon* (1979, 120/78).

21 Ses écrits les plus importants ont été republiés en un volume en 2008. Voir Pescatore, Pierre, *Études de droit communautaire européen 1962–2007*, Bruxelles, Bruylant, 2008.

22 Il est intéressant de signaler que Pierre Pescatore était le beau-frère de l'ancien Premier ministre Pierre Werner, qui est lui aussi connu pour son engagement très important en faveur de l'intégration européenne.

depuis la création de la CECA. Au vu de son incapacité de rivaliser avec ses pays voisins qui peuvent mettre en avant un poids démographique et économique bien plus important, le Grand-Duché a tout intérêt à ce que les institutions indépendantes des gouvernements pèsent dans le processus décisionnel. Contrairement aux discussions à caractère politico-diplomatique, le Luxembourg est à la Cour mis à pied d'égalité avec les autres États. L'influence des juges dépend plutôt de leurs compétences en droit et de leur capacité à convaincre leurs collègues, que du poids diplomatique de leur pays d'origine. Enfin, comme tout pays qui n'est pas doté de la puissance militaire nécessaire pour se défendre seul en cas d'agression, le Luxembourg a un intérêt vital à ce que ses relations avec la communauté internationale fonctionnent dans le cadre du respect le plus strict du droit et des accords établis.

4 L'État luxembourgeois devant la Cour de justice de l'UE

La construction d'un ordre juridique supranational européen n'apporte pas seulement des garanties, il entraîne aussi des obligations et l'abandon d'une part importante de souveraineté nationale. Depuis l'introduction du principe de primauté du droit européen, les États membres ne sont plus libres de mener leurs projets économiques et sociaux comme ils l'entendent, puisque ceux-ci doivent être en adéquation avec les normes des Traités européens et notamment leurs principes de libre circulation et de non-discrimination. Quand ces principes viennent contrecarrer des projets de réformes nationaux, ils font parfois grincer les dents. Il arrive aussi que les États aient des difficultés à atteindre le niveau d'exigence de la règlementation européenne, même si la Commission leur laisse communément du temps pour réaliser les objectifs affichés. Une fois le temps d'adaptation passé, les États qui n'ont pas appliqué les règles européennes se trouvent en situation d'infraction. Dans la plupart des cas, le manquement aux obligations ou la violation ne sont pas constatés par la Cour européenne de justice, mais par les magistrats nationaux. Les juges européens n'interviennent que dans deux cas de figure : lorsque la Commission européenne décide, généralement après plusieurs avertissements restés sans réponse satisfaisante, de lancer une procédure judiciaire européenne ; lorsque les juges nationaux transfèrent une question pour interprétation du droit européen à la Cour de l'UE, qui statue alors indirectement sur l'affaire.

En ce qui concerne la question de savoir si le Luxembourg a depuis 1952 fait figure de « bon élève » en matière d'application des règles européennes, nous manquons à ce jour d'études. En regardant les affaires qui ont été traitées par les juges européens de 2010 à 2020, nous constatons que la Commission européenne a décidé de traduire le Luxembourg en justice à vingt-six reprises.[23] Toutefois, la moitié de ces affaires ont finalement été résolues sans intervention des juges parce que le gouvernement a pris des mesures de mise en conformité avant qu'ils n'aient eu l'occasion de se pencher sur le cas.[24] Parmi les treize affaires jugées, toutes sauf une ont mené à une condamnation pour manquement aux obligations européennes. Certaines de ces infractions ont été importantes, dont notamment celles qui ont touché à l'environnement. En 2010, par exemple, le Luxembourg a été condamné pour ne pas avoir pris toutes les mesures nécessaires pour se conformer à une directive concernant la protection des eaux.[25] L'année suivante, les juges ont constaté que le Grand-Duché n'avait pas transposé de manière complète et correcte une directive relative à la qualité des eaux destinées à la consommation humaine.[26] Puis, en 2013, le gouvernement a écopé d'une lourde amende pour ne pas avoir respecté une directive européenne en matière de traitement des eaux usées. Si les juges ont décidé de franchir le pas de la sanction financière de 2 millions d'euros assortie d'une astreinte de 2800 euros pour chaque jour de non-respect supplémentaire de la directive, c'est qu'il s'agit déjà de la deuxième condamnation pour la non-application de ce même texte de loi qui date de 1991.[27]

Signalons ici que le gouvernement luxembourgeois a lui aussi pendant la dernière décennie fait usage des possibilités de recours offertes par la Cour de justice, en introduisant à six reprises des demandes en annulation de décisions de la Commission européenne.[28] Seul un de ces recours a abouti à une annulation. En ce qui concerne les questions préjudicielles introduites par les tribunaux luxembourgeois auprès de la Cour européenne, nous constatons que ce sont les juridictions administratives qui envoient depuis 2010 le plus de questions aux juges européens. Parmi ces renvois nous trouvons de nombreuses questions relatives aux avantages sociaux et aux prestations sociales introduites par des travailleurs frontaliers. Le dossier qui a certainement reçu le plus d'attention des médias et de l'opinion publique est celui de l'octroi de bourses aux étudiants, qui a déjà mené à trois condamnations par les juges européens. La bataille judiciaire commence

---

23 L'introduction du recours date parfois d'avant 2010.

24 Le Grand-Duché a alors simplement été condamné aux dépens.

25 Arrêt de la Cour du 29 juin 20210, Affaire, C-526/08, Commission contre Luxembourg.

26 Arrêt de la Cour du 9 juin 2011, Affaire C-458/10, Commission européenne contre Grand-Duché de Luxembourg.

27 Arrêt de la Cour du 28 novembre 2013, Affaire C-576/11, Commission européenne contre Grand-Duché de Luxembourg, EU:C:2013:773.

28 Décennie basée sur les jugements rendus, certains de ces recours ont été introduits avant.

en 2012 devant le tribunal administratif de Luxembourg, saisi de 600 recours contre la décision du Ministère de l'Enseignement supérieur et de la Recherche de ne pas faire bénéficier les enfants de travailleurs frontaliers de la même bourse d'aide aux études supérieures que celle dont bénéficient les enfants de travailleurs résidents.[29] Le tribunal interroge alors la Cour européenne de justice sur la question de savoir si cette décision va à l'encontre du droit européen. Cette dernière estime que la règlementation en question est discriminatoire, puisque le droit européen exige que tous les travailleurs d'un pays bénéficient des mêmes avantages sociaux. Les modifications successives entreprises par le gouvernement sur le régime d'aide financière ne permettront pas d'atteindre la conformité totale avec le droit européen, amenant ainsi les juges à prononcer deux nouvelles condamnations en 2016 et en 2019.[30]

5 Conclusion

Ces multiples exemples nous montrent que le soutien luxembourgeois à la construction juridique européenne est certes fort, mais pas infaillible. Le Luxembourg a parfois du retard dans l'application des règlements et directives, de même qu'il lui est arrivé de ne pas se mettre en conformité totale avec les exigences formulées dans les condamnations par la Cour de justice. Évidemment, le Grand-Duché est loin d'être isolé dans ce cas de figure. L'ensemble des États membres de l'UE finissent régulièrement devant les juges européens. Si la plupart affirment haut et fort qu'ils souhaitent que le droit européen soit appliqué le plus strictement possible, cela ne les empêche pas de chercher à gagner du temps et de limiter l'impact de la législation européenne et des arrêts des juges, notamment lorsque les réformes demandées ont un impact financier.

Malgré ces quelques condamnations qui ont interpellé l'opinion publique, le Luxembourg continue de consolider sa place en tant que capitale judiciaire européenne. Depuis 1994, il accueille aussi la Cour de justice de l'Association européenne de libre-échange, communément appelée Cour AELE, qui est responsable de veiller à l'application du droit européen en Islande, au Liechtenstein

29 Chiffre cité dans l'arrêt du 20 juin 2013 de la Cour de justice de l'Union européenne, Affaire C-20/12, Elodie Giersch et autres contre État du Grand-Duché de Luxembourg, EU:C:2013:411.

30 Arrêt de la Cour du 14 décembre 2016, Affaire C238/15, Maria do Céu Bragança Linares Verruga contre ministre de l'Enseignement supérieur et de la Recherche, EU:C:2016:949 ; et Arrêt de la Cour du 10 juillet 2019, Affaire C-410/18, Nicolas Aubriet contre ministre de l'Enseignement supérieur et de la Recherche, EU:C:2019:582.

et en Norvège. Ces trois pays sont membres de l'espace économique européen sans être membres de l'UE. Depuis 2020, Luxembourg-ville est également le siège du Parquet européen, une institution nouvelle destinée à combattre les activités illégales qui portent atteinte aux intérêts financiers de l'Union européenne, dont notamment la fraude à la TVA et la corruption.

Georges Ravarani

L'impact de la Convention et de la Cour européenne des droits de l'homme

Membre fondateur du Conseil de l'Europe, le Luxembourg peut – sans fausse modestie – se targuer d'être un élève modèle de l'idéal humanitaire européen.[1] Le Luxembourg a ratifié la Convention européenne des droits de l'homme dès 1953 (la France l'a fait plus de vingt ans plus tard, en 1974) et ses juridictions la considèrent, à l'instar d'autres traités régulièrement ratifiés, comme directement applicable dans l'ordre juridique interne et comme primant les dispositions nationales contraires. Si le Luxembourg était parmi les premiers à reconnaître le droit de recours individuel devant la Cour européenne des droits de l'homme (1990), les particuliers pouvaient directement invoquer ses dispositions devant les juridictions luxembourgeoises bien plus tôt. Et pour le dire tout de suite : dès 1980, dans l'affaire dite « du siècle » (pas le *Bommeleeër*, mais l'affaire de proxénétisme qui a tenu le pays en haleine dans les années 1980), la Convention européenne des droits de l'homme a fait une entrée tonitruante dans la jurisprudence luxembourgeoise : la chambre des mises en accusation de la Cour d'appel a directement appliqué l'article 8 de la Convention en déclarant que les écoutes téléphoniques dirigées contre les individus, dont quelques-uns étaient des haut placés dans la hiérarchie étatique, suspectés d'entretenir un réseau de proxénétisme, violaient le droit à la vie privée des concernés. Ceci provoqua un enterrement première classe de l'affaire et en 1982 une loi sur les écoutes téléphoniques fut adoptée.

La jurisprudence de la Cour européenne des droits de l'homme inspire depuis très longtemps l'action du législateur dans des domaines sensibles et elle constitue une source d'inspiration de premier plan pour les juridictions. On peut dire sans exagération que les décideurs politiques et juridictionnels sont « habités » par le réflexe « conformité à la Convention ». Combien de fois a-t-on entendu dire « cela ne va pas passer Strasbourg » ou « que dirait-on à Strasbourg ? ».

À partir d'une sélection nécessairement subjective d'exemples, ce chapitre tend à montrer que le paysage juridique luxembourgeois porte une empreinte très profonde de la CEDH et de la Cour qui veille à son application correcte. Il exposera, dans une première partie, l'impact institutionnel de la Convention (1) et ensuite son impact substantiel (2).

1 Une version presque identique de ce chapitre a été publiée dans Gerkrath, Jörg (ed.), *La défense des droits et libertés au Grand-Duché de Luxembourg. Rôle, contribution respective et concertation des organes impliqués*, Paris, Larcier, 2020.

https://doi.org/10.1515/9783110679656-022

1 Impact institutionnel

Le paysage institutionnel a été profondément marqué par l'arrêt Procola du 28 septembre 1995.[2] Nous savons que le Conseil d'État, organe consultatif des pouvoirs législatif et exécutif, exerçait en même temps, par son comité du contentieux, la fonction de juridiction administrative suprême et, dans la plupart des domaines, unique. Une laiterie, Procola, fit valoir devant le comité du contentieux que les « quotas laitiers » qui lui avaient été attribués par décision ministérielle étaient insuffisants et critiquait l'application de la réglementation à la base de cette décision. Le comité du contentieux du Conseil d'État rejeta la demande d'annulation de la décision ministérielle. Devant la CourEDH, la requérante se plaignait de ce qu'elle n'avait pas bénéficié d'un procès équitable étant donné que certains membres du comité du contentieux avaient préalablement collaboré à l'élaboration de l'avis sur lequel la réglementation critiquée avait été édictée et que, de la sorte, ils manquaient d'impartialité. La Cour a constaté qu'il y avait eu confusion, pour quatre conseillers d'État, des fonctions consultative et juridictionnelle : « Dans le cadre d'une institution telle que le Conseil d'État luxembourgeois, le seul fait que certaines personnes exercent successivement, à propos des mêmes décisions, les deux types de fonctions, est de nature à mettre en cause l'impartialité structurelle de ladite institution. » Elle trouva partant une violation de l'article 6 de la Convention. Le législateur constitutionnel réagit sur-le-champ et dès 1996, mit en place les juridictions administratives fonctionnant à deux degrés, tribunal administratif et Cour administrative avec des juges professionnels.[3] Le Conseil d'État fut maintenu mais on lui enleva sa fonction juridictionnelle et il ne gardait que sa fonction consultative. La réactivité du pouvoir politique était exemplaire, à la différence d'autres pays européens ayant des Conseils d'État fonctionnant sur le même schéma, qui ne se sentaient que modérément concernés par l'arrêt Procola. Il est cependant intéressant de noter que tous ont, dans la suite, entamé des réformes conduisant à la séparation des fonctions consultative et juridictionnelle de leurs Conseils d'État.

À un niveau beaucoup moins spectaculaire, des arrêts de Strasbourg, notamment les arrêts Boulois de 2012[4] et Etute de 2018[5], très différents dans les faits mais qui mettaient en exergue des problèmes dans la manière dont le régime

---

2 Cour EDH, *Procola c. Luxembourg*, 28 septembre 1995, n° 14570/89, série A n° 326.

3 Voir le chapitre de Vera Fritz « Mise à jour d'une organisation judiciaire héritée du 19e siècle (1980–2020) ».

4 Cour EDH, *Boulois c. Luxembourg* [GC], n° 37575/04, 3 avril 2012.

5 Cour EDH, *Etute c. Luxembourg*, n° 18233/16, 30 janvier 2018.

pénitentiaire était organisé au Luxembourg, en raison de la compétence non seulement exclusive, mais encore sans recours, du procureur général d'État. Dans la première affaire, il s'agissait d'un prisonnier qui demandait à pouvoir bénéficier de différents congés pénaux qui lui furent refusés par le procureur général. Dans la seconde, il s'agissait d'une libération conditionnelle révoquée au motif que le bénéficiaire n'avait pas respecté les conditions auxquelles avait été soumise sa libération, ce que ce dernier contestait. Si dans la première affaire, la Cour avait encore jugé que la permission ne constituait pas un droit, mais un simple privilège qui pouvait être discrétionnairement refusé par le procureur général, tout en soulignant, dans un *obiter dictum*, qu'elle notait « avec intérêt la réforme législative en cours sur l'exécution des peines » (§ 103 *in fine*), dans la seconde la Cour trouva une violation étant donné que l'intéressé ne pouvait pas faire contrôler par un organe indépendant si les obligations imposées avaient effectivement été violées. La réponse du législateur à ces critiques a consisté à la mise en place de la chambre de l'application des peines, fonctionnant au niveau de la Cour d'appel, par une loi du 20 juillet 2018 (art. 696 à 703 CPP). Celle-ci peut être saisie d'un recours contre les décisions du procureur général en matière d'exécution des peines.

Si l'impact institutionnel est spectaculaire mais par la force des choses limité en nombre, l'impact substantiel, c'est-à-dire affectant des droits fondamentaux, est tout aussi important mais pour le surplus tellement vaste qu'il a fallu opérer un choix et se limiter à quelques exemples.

2 Impact substantiel

Il faut, à titre préliminaire, souligner que si on essaye de mesurer l'impact de la Convention européenne des droits de l'homme et de la jurisprudence de la Cour européenne des droits de l'homme, on est confronté à une vraie difficulté en ce que quelquefois des réformes législatives ou développements jurisprudentiels vont dans le sens des droits et libertés garantis par la Convention, mais sans que la référence de la part des autorités nationales à la Convention ou à la jurisprudence de la Cour européenne des droits de l'homme soient explicites. À d'autres occasions les références sont explicites ou sont la conséquence directe d'un arrêt de la Cour européenne des droits de l'homme. Enfin, quelquefois les réformes législatives interviennent après des décisions judiciaires nationales se référant à la Convention ou à la jurisprudence de la Cour.

À l'image de la jurisprudence de la Cour européenne des droits de l'homme qui a rendu le plus grand nombre de ses arrêts au visa de l'article 6 de la Convention européenne des droits de l'homme qui garantit un procès équitable, le paysage législatif et jurisprudentiel luxembourgeois a été le plus fortement impacté en cette matière. En 2000, Jean-Claude Wiwinius a publié un article à la Pasicrisie consacré au sujet de l'application de l'article 6 § 1er Convention européenne des droits de l'homme par les juridictions luxembourgeoises.[6] Il a montré que les juridictions luxembourgeoises, tout en faisant preuve de pragmatisme et de réalisme, appliquent régulièrement et en toutes matières, les exigences découlant de l'article 6.

À titre d'exemple d'application des exigences découlant de l'article 6, on peut mentionner, en matière pénale, qu'à la suite de différents arrêts de la Cour européenne des droits de l'homme, les droits du suspect et de l'inculpé ont été étendus. C'est ainsi qu'à la suite de l'arrêt Salduz c. Turquie de 2008[7] et de l'arrêt A.T. c. Luxembourg de 2015[8] et de directives européennes il est vrai, le droit d'assistance d'un avocat dès le premier interrogatoire devant la police et devant le juge d'instruction, ayant fait jusque-là l'objet d'une réglementation tout aussi lacunaire que peu claire dans son application concrète, a été introduit par une loi du 8 mars 2017 (art. 3–6 CPP). La Cour européenne des droits de l'homme ne joue d'ailleurs pas aux ayatollahs, ce qui lui est souvent injustement reproché par les États. Dans l'affaire A.T., elle a ainsi validé l'absence d'accès au dossier du suspect dès avant le premier interrogatoire, basée sur des raisons relatives à la protection des intérêts de la justice suffisantes pour ne pas mettre en échec l'efficacité des investigations. Beaucoup plus tôt, à partir du milieu des années 1980 et sans référence explicite à un arrêt de la Cour européenne des droits de l'homme, la jurisprudence avait consacré l'interdiction de cumuler les fonctions d'instruction et de jugement ainsi que celle de statuer sur la liberté provisoire et de connaître ensuite du fond du litige. Cette jurisprudence a été consacrée législativement, en 1989, par une loi modificative de la loi sur l'organisation judiciaire.

En matière civile et administrative, respectivement la jurisprudence et la loi ont imposé la séparation entre le référé et le juge du fond, du moins lorsqu'il y a le moindre risque de préjugé. Une série d'arrêts de la Cour de cassation ont sanctionné le fait de soulever des moyens d'office sans conférer aux parties la possibilité de prendre position.

6 L'application de l'article 6, paragraphe 1er, de la Convention européenne de sauvegarde des droits de l'homme et des libertés fondamentales par les juridictions luxembourgeoises, Pasicrisie luxembourgeoise, tome 31, doctrine, 209 et suivantes.

7 Cour EDH, *Salduz c. Turquie* [GC], n° 36391/02, 27 novembre 2008.

8 Cour EDH, *A.T. c. Luxembourg*, n° 30460/13, 9 avril 2013.

D'une manière générale, sous l'impulsion d'un nombre relativement important d'arrêts rendus par la Cour européenne des droits de l'homme à l'égard du Luxembourg, les juridictions sanctionnent désormais le non-respect d'un délai raisonnable dans l'administration de la justice. Quelques décisions rendues en matière pénale ont pris en considération la longueur excessive de la procédure dans la fixation de la peine, voire, très rarement, ont annulé les poursuites. En général, les juridictions sanctionnent le non-respect du délai raisonnable par l'octroi de dommages-intérêts. Il faut reconnaître que les sommes allouées sont très souvent excessivement modestes et on peut se demander si le recours indemnitaire constitue vraiment un recours effectif.

En matière de respect de la vie privée et familiale, protégée par l'article 8 de la Convention, sous l'impulsion de la jurisprudence de la Cour européenne des droits de l'homme,[9] la Cour de cassation a reconnu l'identité de droits des enfants légitimes, naturels et adultérins, y compris en ce qui concerne les droits successoraux.[10]

La matière de l'adoption a été bouleversée au visa de l'article 8 et sous l'influence de la jurisprudence de la Cour européenne des droits de l'homme. C'est au visa de l'article 8 que les tribunaux ont déclaré inapplicable l'article 354 ancien du Code civil qui prévoyait qu'en cas d'adoption de l'enfant d'un couple divorcé, le consentement à l'adoption du parent qui avait perdu le divorce et n'avait pas la garde de l'enfant n'était pas nécessaire.[11] L'adoption plénière d'un enfant par une personne célibataire, prohibée en droit luxembourgeois, a été grandement facilitée par la jurisprudence de la Cour européenne des droits de l'homme.[12] Dans un arrêt du 16 décembre 2009, la Cour d'appel s'est même mise en contradiction, en quelque sorte, avec la Cour constitutionnelle qui avait estimé que la prohibition en question n'était pas contraire à la Constitution, en la jugeant contraire à l'article 8 de la Convention.[13] Il est intéressant de noter qu'il n'existe aucun mécanisme au Luxembourg qui permettrait de résoudre un conflit entre des arrêts contradictoires rendus respectivement par la Cour constitutionnelle et une juridiction appliquant la Convention européenne des droits de l'homme à propos du même droit fondamental.

---

9 cf. aff. Cour EDH, *Marckx c. Belgique* [plén.], n° 6833/74, 13 juin 1979, série A n° 31.

10 Cass. 17 janv. 1985, *Engel / Engel*, non publié.

11 Cour d'appel 21 octobre 1987, *Speller / Wiesner*, non publié.

12 Cour EDH, *Wagner et J.M.W.L c Luxembourg*, n° 76240/01, 28 juin 2007.

13 Cour d'appel (plusieurs arrêts) 16 décembre 2009, n°s 35194 à 35197 du rôle, Journal des tribunaux Luxembourg 2010, 73.

En matière de droit de propriété, protégé par l'article 1er du Protocole additionnel, la jurisprudence de la Cour européenne des droits de l'homme a eu un impact très important sur un point, de détail pour certains, essentiel pour d'autres : à la suite des arrêts Chassagnou c. France[14] et Schneider c. Luxembourg[15], la loi du 25 mai 2011 relative à la chasse consacre le droit de s'opposer à la chasse sur ses terrains en prévoyant que l'exercice du droit de chasse est suspendu sur les fonds appartenant à des personnes qui pour des convictions éthiques personnelles sont opposées à la pratique de la chasse et qui ont notifié une déclaration écrite et motivée (art. 7 et 24).

L'impact de la Convention européenne des droits de l'homme a peut-être été le plus incisif en matière de liberté d'expression consacrée par l'article 10 de la Convention. Plusieurs affaires assez retentissantes, comme l'affaire Thoma[16] où la Cour européenne des droits de l'homme a trouvé que la condamnation pénale de ce journaliste qui avait commenté de manière critique un sujet d'intérêt général, avait violé sa liberté d'expression, et l'affaire Roemen et Schmit[17], rendue en matière de protection des sources journalistiques, ont conduit le législateur à revoir totalement sa copie. Il est édifiant de se reporter aux travaux préparatoires de la loi du 8 juin 2004 sur la liberté d'expression dans les médias, et plus particulièrement à l'avis du Conseil d'État qui critiquait le régime législatif répressif en vigueur et qui, par rapport à l'article 2 du projet de loi qui précisait les conditions auxquelles doit répondre toute limitation à la liberté d'expression pour être considérée comme valable, proposa tout simplement de se référer, dans le texte de loi même, à l'article 10 de la Convention : « Conformément à l'article 10 de la Convention de sauvegarde des droits de l'homme et des libertés fondamentales, signée à Rome, le 4 novembre 1950 et approuvée par la loi du 29 août 1953, toute restriction ou ingérence en la matière doit être prévue par la loi, poursuivre un but légitime et être nécessaire dans une société démocratique, c'est-à-dire répondre à un besoin social impérieux et être proportionnée au but légitime poursuivi. ». Voici certainement la marque la plus spectaculaire de ce que l'on pourrait qualifier d'« habitation » des instances luxembourgeoises par la Convention et des réflexes « Convention ». Nul besoin de souligner que pour un État de droit et une démocratie traditionnellement très attachée aux droits fondamentaux, il s'agit d'un réflexe essentiel et salutaire. Si le législateur n'a en fin de compte pas retenu la proposition du Conseil d'État, la loi a tenté de prendre en compte, le plus lar-

---

14 Cour EDH, *Chassagnou et autres c. France*, nos 25088/94, 28331/95 et 28443/95, 29 avril 1999.

15 Cour EDH, *Schneider c. Luxembourg*, n°. 2113/04, 10 juillet 2007.

16 Cour EDH, *Thoma c. Luxembourg*, n° 38432/97, 29 mars 2001.

17 Cour EDH, *Roemen et Schmit c. Luxembourg*, n° 51772/03, 25 février 2003.

gement possible, les exigences de la Cour européenne des droits de l'homme en matière de liberté d'expression.

3 Conclusion

Dans ces quelques pages il a été tenté de mettre en évidence que la Convention européenne de sauvegarde des droits de l'homme et des libertés fondamentales et la jurisprudence développée à son sujet par la Cour européenne des droits de l'homme ont eu, depuis les années 1980, un impact substantiel sur le paysage judiciaire au Luxembourg et ont contribué à faire rentrer le respect des droits protégés par la Convention dans le quotidien des tribunaux. La Convention fait désormais partie de l'ADN du juriste luxembourgeois et la justice luxembourgeoise fonctionne au diapason de la communauté de valeurs européenne.

Orientations bibliographiques

Administration des bâtiments publics, *Le Palais de Justice à Diekirch*, Luxembourg, Administration des bâtiments publics, 2018.

Allen, Robert, *Les tribunaux criminels sous la Révolution et l'Empire, 1792–1811*, Rennes, Presses universitaires de Rennes, 2005.

Alter, Karen, *Establishing the supremacy of European law. The making of an international rule of law in Europe*, Oxford, Oxford University Press, 2002.

Amis du vieux Mersch, *L. J. Emmanuel Servais (1811–1890). Un grand homme politique du 19e siècle. Exposition réalisée par les Amis du vieux Mersch a.s.b.l. en collaboration avec les Archives nationales*, Mersch, Amis du vieux Mersch, 1990.

Arboit, Gérald, *Espionner le Grand-Duché de Luxembourg. Une guerre secrète méconnue pendant la Première Guerre mondiale (2e partie)*, Hémecht 67 (2015), 133–153.

Archives Nationales Luxembourg (ed.), *Collaboration : Nazification ? — Le cas du Luxembourg à la lumière des situations française, belge et néerlandaise : Actes du colloque international, Centre Culturel de Rencontre Abbaye De Neumünster*, Luxembourg, Archives Nationales, 2008.

Arendt, Ernest (avec la collaboration de Joseph Vezzani), *Le Barreau du Grand-Duché de Luxembourg*, Luxembourg, Joseph Beffort, 1957.

Artuso, Vincent, *La collaboration au Luxembourg durant la Seconde Guerre mondiale (1940–1945)*, Luxemburg – Studien/Études luxembourgeoises, vol. 4, Francfort-sur-le-Main, Peter Lang, 2013.

Artuso, Vincent, *Les épurations au Luxembourg (1944–1955). Purifier, enquêter, oublier*, in : Bergère, Marc/Campion, Jonas/Droit, Emmanuel/Rigoll, Dominik/Vincent, Marie-Bénédicte, *Pour une histoire connectée et transnationale des épurations en Europe après 1945* (Convergences, vol. 96), Bruxelles, Peter Lang, 2019, 135–146.

Auspert, Sarah/Parmentier, Isabelle/Rousseaux, Xavier (edd.), *Buveurs, voleuses, insensés et prisonniers à Namur au XVIIIe siècle. Déviance, justice et régulation sociale au temps des Lumières*, Namur, Presses universitaires de Namur, 2012.

Badinter, Robert (ed.), *Une autre justice 1789–1799. Contributions à l'histoire de la justice sous la Révolution française*, Paris, Fayard, 1989.

Beccaria, Cesare, *Dei delitti e delle pene*, 1764.

Beck-Mathekowitsch, Fanny, *Un aspect plus sombre du Marché-aux-Poissons. Un lieu d'exécutions*, Ons Stad 23 (1986), 14–15.

Berg, Joseph, *La vie judiciaire et l'organisation judiciaire*, in : Commissariat général du gouvernement, *Le Grand-Duché du Luxembourg*, Luxembourg/Bruxelles, Commissariat général du gouvernement, 1935, 21–25.

Berger, Emmanuel, *La justice pénale sous la Révolution. Les enjeux d'un modèle judiciaire libéral*, Rennes, Presses universitaires de Rennes, 2008.

Berger, Emmanuel (ed.), *L'acculturation des modèles policiers et judiciaires français en Belgique et aux Pays-Bas (1795–1815)*, Bruxelles, Archives générales du royaume, 2010.

Berger, Emmanuel/Rousseaux, Xavier, *Le jury criminel sous l'Empire : bilan et perspectives d'une tentative d'harmonisation juridique en Europe*, in : Antoine, François, et al. (ed.), *L'Empire napoléonien. Une expérience européenne ?*, Paris, Armand Colin, 2014, 227–250.

https://doi.org/10.1515/9783110679656-203

Berger, Emmanuel, *Résister ou collaborer ? Étude socioprofessionnelle des magistrats « belges » et « français » sous le Directoire*, Cahiers du CRHiDI. Histoire, droit, institutions, société 40 (2017).

Berger, Vincent, *In memoriam Alphonse Spielmann*, Revue trimestrielle des droits de l'homme (2006), 481–482.

Berlière, Jean-Marc/Campion, Jonas/Lacché, Luigi/Rousseaux, Xavier (edd.), *Justices militaires et guerres mondiales (1914–1950), Military Justice and World Wars*, Louvain-la-Neuve, Presses Universitaires de Louvain, 2013.

Besch, Marc, *Normes et légistique en Droit Public Luxembourgeois*, Luxembourg, Larcier, 2019.

Biever, Robert, *Considérations sur le Ministère public. Allocution prononcée à l'audience solennelle de la Cour du 4 mai 2011*, Pasicrisie luxembourgeoise 35 (2011–2012), 103–122.

Biever, Robert, *L'abolition de la peine de mort*, in : Pauly, Michel/Jungblut, Marie-Paule/Frieseisen, Claude (edd.), … *la volonté de la Chambre qui est la volonté du pays (Eugène Schaus, 22/11/1966). Un florilège de débats parlementaires luxembourgeois (1848–2008)*, Luxembourg, Imprimerie centrale, 2019, 79–112.

Biever, Robert, *Die Staatsanwaltschaft in Luxemburg – Gemeinsamkeiten und Unterschiede beiderseits der Grenze*, in : Bohnen, Wolfgang/Haase, Lena (edd.), *Kontrolle, Konflikt und Kooperation. Festschrift 200 Jahre Staatsanwaltschaften Koblenz und Trier (1820–2020)*, Berlin, C.H. Beck, 2020, 213–232.

Bodson, Lucile/Segura, Jordane, *Le divorce au Luxembourg en droit et en chiffres*, Differdange, CEPS/INSTEAD, 2010.

Boissonade, Sylvie, *Les prémices de l'individualisation au cours du XIXe siècle en Europe en matière de procédure et de pénologie*, Revue historique du droit français et étranger 91 (2013), 725–739.

Boucher, Philippe (ed.), *La Révolution de la justice. Des lois du roi au droit moderne*, Paris, Jean-Pierre de Monza, 1989.

Bour, Jean, *Les justices de paix au Luxembourg*, Feuille de liaison de la Conférence Saint-Yves 52 (1981), 53–58.

Bour, Jean, *Les crimes devant les magistrats luxembourgeois. Parquet, juge d'instruction, chambre criminelle du tribunal d'arrondissement de Diekirch et de la Cour d'appel*, Luxembourg, P. Bauler, 2021.

Brouwer, J. W. L., *Dans le sillage de la France ? Quelques remarques sur la politique étrangère du Grand-Duché de Luxembourg, 1945–1950*, Hémecht 45 (1993), 67–86.

Brück-Faber, Jean-Pierre, *Étude sur la législation et les institutions relatives au patronage dans le Grand-Duché de Luxembourg*, Bruxelles, J. Goemaere, 1905.

Brück-Faber, Jean-Pierre, *Influenza dell'alcoolismo sulla criminalità*, Rivista di Discipline Carcerarie 31 (1908), 17–27.

Bruschi, Christian (ed.), *Parquet et politique pénale depuis le XIXe siècle*, Paris, Presses universitaires de France, 2002.

Buteau, Henry, *L'ordre des avocats, ses rapports avec la magistrature. Histoire, législation, jurisprudence*, thèse de doctorat, Droit, Paris, Larose, 1895.

Buyle, Jean-Pierre/Lenaerts, Jean-Sébastien, *Le monopole de l'avocat : privilège anachronique ou impérative nécessité ?*, in : *Les monopoles professionnels*, Anthemis (2010), 21–80.

Cadiet, Loïc/Canivet, Guy (edd.), *De la commémoration d'un code à l'autre. 200 ans de procédure civile en France, 1806–1976–2006*, Paris, Litec, 2006.

Calmes, Albert, *Le Grand-Duché de Luxembourg dans le Royaume des Pays-Bas, 1815–1830*, Bruxelles, Edition universelle, 1932.

Calmes, Albert, *Le Grand-Duché de Luxembourg dans la Révolution belge (1830–1839)*, Bruxelles, Edition universelle, 1939.
Calmes, Albert, *La restauration de Guillaume Ier, roi des Pays-Bas (l'ère Hassenpflug), 1839–1840*, Luxembourg, Saint-Paul, 1947.
Calmes, Albert, *La Révolution de 1848 au Luxembourg*, Saint-Paul, Luxembourg, 1957.
Calmes, Albert, *La création d'un État (1841–1847)*, Luxembourg, Saint-Paul, 1983.
Calmes, Christian, *Août 1914. Les protestations officielles luxembourgeoises contre l'invasion allemande*, Hémecht 28 (1976), 407–446.
Calmes, Christian/Bossaert, Danielle, *Histoire du Grand-Duché de Luxembourg de 1815 à nos jours*, Luxembourg, Saint-Paul, 1995.
Carbasse, Jean-Marie (ed.), *Histoire du parquet*, Paris, Presses universitaires de France, 2000.
Carbasse, Jean-Marie, *Histoire du droit pénal et de la justice criminelle*, Paris, Presses universitaires de France, 3e ed., 2014.
Cerf, Paul, *De l'épuration au Grand-Duché de Luxembourg après la Seconde Guerre mondiale*, Luxembourg, Saint-Paul, 1980.
Chauvaud Frédéric/Petit, Jacques-Guy/Yvorel, Jean-Jacques (edd.), *Histoire de la Justice de la Révolution à nos jours*, Rennes, Presses universitaires de Rennes, 2007.
Cicchini, Marco/Vincent, Denis (edd.), *Le Noeud gordien. Police et justice : du temps des Lumières à l'État libéral (1750–1850)*, Chêne-Bourg, Médecine & Hygiène, 2017.
Clemes, Jim (ed.), *Justice de Paix Esch-sur-Alzette*, Esch-sur-Alzette, Jim Clemes Atelier d'architecture et de design, 2012.
Commission européenne pour la démocratie par le droit (Commission de Venise), *Rapport sur les normes européennes relatives à l'indépendance du système judiciaire. Partie II – Le ministère public*, adopté lors de la 85e session plénière, Venise, 17–18 déc. 2010.
Conseil d'État du Grand-Duché de Luxembourg (ed.), *Le Conseil d'État du Grand-Duché de Luxembourg. Livre jubilaire publié à l'occasion du centième anniversaire de sa création, 27 novembre 1856–27 novembre 1956*, Luxembourg, Conseil d'État, 1957.
Conter, Claude/Lieb, Daniela/Limpach, Marc/Schmit, Sandra/Schmitz, Jeff/Weber, Josiane, *Luxemburg und der Zweite Weltkrieg. Literarisch-intellektuelles Leben zwischen Machtergreifung und Epuration*, Luxemburg, Centre national de littérature, 2020.
Coppein, Bart/de Brouwer, Jérôme, *Histoire du Barreau de Bruxelles 1811–2011*, Bruxelles, Bruylant, 2012.
Coumoul, Jules, *Précis historique sur le ministère public*, Revue historique de droit français et étranger 5 (1881), 299–314.
David, Aloyse/Weydert, Marc, *Au nom de la loi l. Berichte aus Zeitungen, Archiven und Privatsammlungen über die Gerechtigkeitspflege im Justizbezirk Diekirch im 19. Jahrhundert*, Diekirch, Imprimerie du Nord, 1997.
Deák, István, *Europe on Trial. The Story of Collaboration, Resistance, and Retribution during World War II*, New York, Westview Press, 2015.
De Greeff, Etienne, *Âmes criminelles*, Paris, Casterman, 1949.
De Koster, Margo/Rousseaux, Xavier/Velle, Karel (edd.), *Sources et perspectives. Histoire socio-politique de la justice en Belgique (1795–2005)*, Bruxelles, Archives générales du royaume, 2010.
De Koster, Margo/Heirbaut, Dirk/Rousseaux, Xavier (edd.), *Deux siècles de justice. Encyclopédie historique de la justice belge*, Bruges, La Charte-Die Keure, 2015.
Delaigue, Philippe, *Une justice de proximité. Création et installation des juges de paix (1790–1804)*, Histoire de la Justice 8–9 (1995–1996), 31–47.

Delpérée, Francis/Fremault de Crayencour, Céline, *La Cour constitutionnelle luxembourgeoise*, Annuaire international de justice constitutionnelle 14 (1998–1999), 11–24.

Derasse, Nicolas, *Les défenseurs officieux. Une défense sans barreaux*, Annales historiques de la Révolution française 350 (2007), 49–67.

Dietz, Heinrich, *Das Militärstrafrechtswesen im Kriege*, in : Hans von Winterfeld, et. al., *Die Organisation der Kriegsführung, Dritter Teil, Die Organisationen für das geistige Leben im Heere* (Max Schwarte (ed.), *Der Weltkampf um Ehre und Recht. Die Erforschung des Krieges in seiner wahren Begebenheit auf amtlichen Urkunden und Akten beruhend*, vol. 8), Leipzig, Johann Ambrosius Barth, 1923.

Dormal, Michel, *Die Einführung des allgemeinen Wahlrechts*, in : Frieseisen, Claude/Jungblut, Marie-Paule/Pauly, Michel (edd.), *La volonté de la chambre qui est la volonté du pays. Un florilège de débats parlementaires luxembourgeois (1848–2008)*, Luxembourg, Chambre des députés, 2019, 35–52.

Dostert, Paul, *Luxemburg zwischen Selbstbehauptung und nationaler Selbstaufgabe. Die deutsche Besatzungspolitik und die Volksdeutsche Bewegung 1940–1945*, Luxembourg, Saint-Paul, 1985.

Dostert, Paul, *« Zivilverwaltung » in Luxemburg*, in : Musée d'histoire de la ville de Luxembourg (ed.), *« ... et wor alles net esou einfach ». Questions sur le Luxembourg et la Deuxième Guerre mondiale*, Luxembourg, Publications scientifiques du Musée d'Histoire de la Ville de Luxembourg, 2002, 46–55.

Dubois, Bruno/Le Marc'hadour, Tanguy, *Codifications et recodifications du droit pénal en Europe au XIXe siècle (Angleterre, Belgique, France)*, Paris, GIP Mission droit et justice, 1999.

Dupont-Bouchat, Marie-Sylvie, *La répression de la sorcellerie dans le Duché de Luxembourg aux XVIe et XVIIe siècles. Une analyse des structures de pouvoir et leur fonctionnement dans le cadre de la chasse aux sorcières*, Thèse, Louvain-la-Neuve, Université Catholique de Louvain, 1977.

Dupont-Bouchat, Marie-Sylvie, *Ducpétiaux ou le rêve cellulaire*, Déviance et société 12 (1988), 1–27.

Dupont-Bouchat, Marie-Sylvie/Rousseaux, Xavier (edd.), *Juges, délinquants et prisonniers dans le département de Sambre-et-Meuse (1794–1814)*, Annales de la Société archéologique de Namur 72 (1998), 343–388.

Emsley, Clive, *Crime, police and penal policy. European experiences 1750–1940*, Oxford, Oxford University Press, 2007.

Ensch, Nicolas-Antoine, *Vorschriften den inneren Dienst der Strafanstalten in Luxemburg betreffend*, Luxembourg, Strafanstaltsverwaltung, 1922.

Ensch, Nicolas-Antoine, *Geschichtliche Abrisse über die Gefängnisse der Stadt Luxemburg*, Luxembourg, 1934.

Ensch Nicolas-Antoine, *Mesures spéciales pour combattre la récidive criminelle, conférence faite le 21 décembre 1935 sur le désir du Jeune barreau de Luxembourg*, Luxembourg, Administration pénitentiaire, 1935.

Ensch, Nicolas-Antoine, *Der Strafvollzug. Handbuch für Gefängnis- und Justizbeamte*, Luxembourg, Vervielfältigungsbetrieb der Strafanstalten, 1936.

Erpelding, Michel/Hess, Burkhard/Ruiz Fabri, Hélène (edd.), *Peace Through Law. The Versailles Peace Treaty and Dispute Settlement After World War I*, Baden-Baden, Nomos, 2019.

Études de la CEPEJ, *Systèmes judiciaires européens. Efficacité et qualité de la justice*, n° 26, 2018.

Everling, Roger, *Le tribunal d'arrondissement de Diekirch. Histoire et évolution*, Feuille de liaison de la Conférence Saint-Yves 45 (1979), 7–23.

Eyschen, Paul, *Das Staatsrecht des Großherzogtums Luxemburg*, Tübingen, J.C.B. Mohr, 1910.

Eyschen, Paul, *Introduction historique au droit public du Grand-Duché de Luxembourg*, Revue de droit international et de législation comparée 43 (1911), 41–78.

Farcy, Jean-Claude, *Droit et justice pendant la première guerre mondiale (1914–1919). L'exemple de la France,* Guerra Mundial, Globalizaçao e Guerra Total 66 (2014), 123–139.

Farcy, Jean-Claude, *Justice et pénalités dans la France du XIXe siècle*, Historiens et Géographes 338 (1992), 161–173.

Farcy, Jean-Claude/Kalifa, Dominique/Jean-Noël, Luc (edd.), *L'enquête judiciaire en Europe au XIXe siècle*, Paris, Créaphis, 2007.

Farcy, Jean-Claude, *Histoire de la justice en France de 1789 à nos jours*, Paris, La Découverte, 2015.

Fayot, Franz/Limpach, Marc (edd.), *Robert Krieps (1922–1990). Démocratie, Justice, Culture, Éducation,* Esch-sur-Alzette, Le Phare, 2009.

Feltes, Paul, *L'organisation judiciaire du Luxembourg au 19e siècle. Un élément de la formation d'un État et d'une administration (1839–1885),* Hémecht 50 (1998), 27–67, 135–175, 375–396.

Fleuren, Joseph, *Een ieder verbindende bepalingen van verdragen,* Den Haag, Boom Juridische uitgevers, 2004.

Fleuren, Joseph, *De historische ontwikkeling van de verhouding tussen internationaal en nationaal recht,* Ars Aequi (juli/augustus 2012), 510–519.

Fonck, Paul, *Epuration in Luxemburg. Die enquête administrative in der Nachkriegszeit,* Mémoire scientifique, Université de Luxembourg 2015.

Fondation internationale pénale et pénitentiaire (ed.), *Méthodes modernes de traitement pénitentiaire*, Berne, Stämpflie et Cie, 1955.

Foucault, Michel, *Surveiller et punir. Naissance de la prison*, Paris, Gallimard, 1975.

Franke, Herman, *The Emancipation of Prisoners. A Socio-Historical Analysis of the Dutch Prison Experience*, Edinburgh, Edinburgh University Press, 1995.

Friedrich, Evy, *Als Luxemburg entvölkert werden sollte. Geschichte und Geschichten der Umsiedlung*, Luxembourg, Bourg-Bourger, 1969.

Fritz, Vera, *Juges et avocats généraux de la Cour de Justice de l'Union européenne (1952–1972), Une approche biographique de l'histoire d'une révolution juridique*, Francfort-sur-le-Main, Vittorio Klostermann, 2018.

Gaboriau, Simone/Pauliat, Hélène (edd.), *Justice et démocratie*, Actes du colloque organisé à Limoges les 21–22 novembre 2002, Limoges, Presses universitaires de Limoges, 2003.

Garnot, Benoît, *Histoire de la Justice. France, XVIe – XXIe siècle*, Paris, Gallimard, 2009.

Gergen, Thomas, *Luxemburgisches Patentrecht im Deutschen Zollverein – Germanisierung, Rechtsvereinheitlichung, Translation von Recht?*, in : Archives nationales de Luxembourg (ed.), *David & Goliath. L'adhésion du Grand-Duché de Luxembourg au Zollverein allemand 1842–1918*, Luxembourg, Archives nationales de Luxembourg, 2019, 156–179.

Gerkrath, Jörg (ed.), *La jurisprudence de la Cour constitutionnelle du Luxembourg 1997–2007*, Luxembourg, Pasicrisie luxembourgeoise, 2008.

Gerkrath, Jörg (ed.) *Les 20 ans de la Cour constitutionnelle : trop jeune pour mourir ?*, Luxembourg, Pasicrisie, 2018.

Gerkrath, Jörg (ed.), *La défense des droits et libertés au Grand-Duché de Luxembourg. Rôle, contribution respective et concertation des organes impliqués*, Paris, Larcier, 2020.

Gilissen, John, *L'Ordre judiciaire en Belgique au début de l'indépendance (1830–1832)*, Journal des Tribunaux 102 (1983), 565–574 et 585–596.

Girard, Pâquerette, *L'évolution du rôle des juges*, Les Cahiers de droit 42 (2001), 361–371.

Grau, Thérèse, *La réforme des prisons*, Esprit (novembre 1979), 88–92.

Grewe, Wilhelm G., *The Epochs of International Law*, Berlin/New York, Walter de Gruyter, 2000.

Haferkamp, Hans-Peter/Szöllösi-Janze, Margit/Ullman, Hans-Peter (edd.), *Justiz im Krieg. Der Oberlandergerichtsbezirk Köln 1939–1945*, Berlin, Lit Verlag, 2012.

Halperin, Jean-Louis, *Deux cents ans de rayonnement du Code civil des Français ?*, Les Cahiers de droit 46 (2005), 229–251.

Hankel, Gerd, *Die Leipziger Prozesse. Deutsche Kriegsverbrechen und ihre strafrechtliche Verfolgung nach dem Ersten Weltkrieg*, Hamburg, Hamburger Edition HIS, 2003.

Heirbaut, Dirk/Rousseaux, Xavier/Velle, Karel (edd.) *Histoire politique et sociale de la Justice en Belgique*, Bruges, la Charte, 2004.

Heirbaut, Dirk/Rousseaux, Xavier/Wijffels, Alain (edd.), *Histoire du droit et de la justice*, Louvain, 2009.

Hengen, Léon, *L'élément progressif dans le régime pénitentiaire*, Nivelles, Imprimerie Pénitentiaire, 1955.

Herbers, Matthias, *Organisationen im Krieg. Die Justizverwaltung im Oberlandesgerichtsbezirk Köln 1939–1945*, (Beiträge zur Rechtsgeschichte des 20. Jahrhunderts, vol. 71), Tübingen, Mohr Siebeck, 2012.

Herr, Joseph, *La justice de paix à Diekirch*, Feuille de liaison de la Conférence Saint-Yves 52 (1981), 46–52.

Holthöfer, Ernst, *Beiträge zur Justizgeschichte der Niederlande, Belgiens und Luxemburgs im 19. und 20. Jahrhundert*, Frankfurt-am-Main, Vittorio Klostermann, 1993.

Homan, Gerlof D., *Constitutional reform in the Netherlands in 1848*, The Historian 28 (1966), 405–425.

Howard, John, *L'état des prisons, des hôpitaux et des maisons de force en Europe au XVIIIe siècle (1777 et 1784)*, Paris, Editions de l'Atelier, 1994.

Janz, Nina, *Justiz, Richter und Anwälte während der nationalsozialistischen Besatzung im Großherzogtum Luxemburg. Ein Forschungsbericht*, in : Lölke, Janna/Staats, Martina (edd.), *Richten – strafen – erinnern. Nationalsozialistische Justizverbrechen und ihre Nachwirkungen in der Bundesrepublik*, Göttingen, Wallstein, 2021, 53–66.

Jean, Jean-Paul, *Ministère de la justice et ministères publics en Europe*, Les cahiers de la justice 1 (2016), 63–74.

Jeanclos, Yves, *Dictionnaire de droit criminel et pénal. Dimension historique*, Paris, Economica, 2010.

Jeanclos, Yves, *La justice pénale en France. Dimension historique et européenne*, Paris, Dalloz, 2011.

Jungblut, Marie-Paule, et al. (edd), *Mord und Totschlag. Begleitband zur gleichnamigen Ausstellung des historischen Museums der Stadt Luxemburg – Luxemburg, 10 Juli 2009–28 März 2010*, Luxembourg, Musée d'histoire de la ville, 2009.

Jungblut, Tony, *Das Henkerbuch*, Luxembourg, Editions Tageblatt, 1953.

Kartheiser, Gilles, *Die Umsiedlung Luxemburger Familien 1942–1945*, Saarbrücken, Akademiker Verlag, 2013.

Klee, Ernst, *Das Personenlexikon zum Dritten Reich. Wer war was vor und nach 1945*, Francfort-sur-le-Main, Fischer Taschenbuch Verlag, 2007.

Kinn, Carlo, *Un enjeu de pouvoir. Les élections au département des Forêts (1797–1799)*, mémoire rédigé dans le cadre du stage pédagogique en vue de l'obtention du grade de professeur de l'enseignement secondaire luxembourgeois, 1994.

Kinsch, Patrick, *In memoriam Alphonse Spielmann (1931–2006)*, Annales du droit luxembourgeois 16 (2006), 11–13.

Kinsch, Patrick, *Le rôle du droit international dans l'ordre juridique luxembourgeois*, Pasicrisie luxembourgeoise 34 (2010), 399–415.

Krier, Emile, *Luxemburg am Ende der Besatzungszeit und der Neuanfang*, in : Düwell, Kurt/ Matheus, Michael (edd.), *Kriegsende und Neubeginn. Westdeutschland und Luxemburg zwischen 1944 und 1947* (Geschichtliche Landeskunde, vol. 46), Stuttgart, Franz Steiner Verlag, 1997.

Kuhn, Nicole/Rousseaux, Eric, *La Cour constitutionnelle luxembourgeoise : dernière pierre à l'édifice des cours constitutionnelles en Europe occidentale*, Revue internationale de droit comparé 53 (2001), 453–482.

Lacassagne, Alexandre/Martin, Étienne, *Anthropologie criminelle,* L'année psychologique 11 (1904), 446–456.

Lauterpacht, Hersch, *The Law of Nations and the punishment of war crimes*, in : Guénaël Mettraux, *Perspectives on the Nuremberg Trial*, Oxford/New York, Oxford University Press, 2008, 13–54.

Léauté, Jacques, *Les prisons*, 2e éd., Paris, Presses universitaires de France, 1990.

Lefort, Albert, *Histoire du Département des Forêts (Le duché de Luxembourg de 1795 à 1814). D'après les archives du gouvernement grand-ducal et des documents français inédits*, Luxembourg, Worré-Mertens, 1905.

Lejeune, Yves, *Les rapports normatifs entre la Constitution belge et le droit international ou européen dans l'ordre interne à l'aune des relations entre ordres juridiques primaires*, Revue belge de droit international 2 (2012), 372–398.

Les avocats du barreau de Luxembourg restés en fonction jusqu'à la libération, *In propria causa : Histoire d'une épuration*, Luxembourg, Saint-Paul, 1946.

Leuwers, Hervé, *L'invention du barreau français, 1660–1830. La construction nationale d'un groupe professionnel*, Paris, Editions de l'EHESS, 2006.

Leuwers, Hervé (ed.), *Juges, avocats et notaires dans l'espace franco-belge. Expériences spécifiques ou partagées (XVIIIe-XIXe siècle)* (Justice and Society, II), Brussels, Algemeen Rijksarchief-Archives Générales du Royaume, 2010.

Limelette, Léonce, *Législation comparée. Le nouveau code pénal du Grand-Duché de Luxembourg. Loi du 18 juin 1879*, Liège, Grandmont-Donders, 1880.

Limelette, Léonce, *Étude sur le code pénal français comparé aux Codes de Belgique et du Grand-Duché*, in : Bulletin de la Société de législation comparée, Bruxelles 5 (1882), 327–350.

Limpach, Marc, *'Schafft die Todesstrafe ab!' Die politischen Debatten um die Abschaffung der Todesstrafe im Spiegel des Tageblatt*, in : Scuto, Denis/Steichen, Yves/Lesch, Paul (edd.), *Un journal dans son siècle. Tageblatt (1913–2013)*, Esch-sur-Alzette, Le Phare, 2013, 240–271.

Loesch, Jacques, *Quels avocats avons-nous ? Séance du 25 mars 2009*, Volume XIII, *Actes de la Section des sciences morales et politiques*, Institut grand-ducal, Luxembourg, Institut grand-ducal, 2010, 61–90.

Löffelsender, Michael, *Kölner Rechtsanwälte im Nationalsozialismus. Eine Berufsgruppe zwischen „Gleichschaltung“ und Kriegseinsatz*, (Beiträge zur Rechtsgeschichte des 20. Jahrhunderts, vol. 88), Tübingen, Mohr Siebeck, 2015.

Logie, Jacques, *Les magistrats des cours et des tribunaux en Belgique : 1794–1814. Essai d'approche politique et sociale*, Genève, Droz, 1998.
Logie, Jacques/Logie, Josette, *Les magistrats des cours et des tribunaux en Belgique (1794–1814). Index prosopographique*, manuscrit inédit, (1995–2009).
Lombroso, Cesare, *L'Uomo delinquente, studiato in rapporto alla antropologia, alla medicina legale ed alle discipline carcerarie*, Milan, Ulrico Hoepli, 1876.
LPPD (ed.), *Livre d'or des camps*, Numéro spécial, Rappel 45:5–6 (mai-juin 1990).
Majerus, Benoît, *De Generalstreik* in : Kmec, Sonja/Majerus, Benoît/Margue, Michel/Péporté, Pit (edd.), *Lieux de mémoire au Luxembourg. Usages du passé et construction nationale*, Luxembourg, Saint-Paul, 2007, 153–158.
Majerus, Nicolas, *Un droit luxembourgeois existe-t-il et comment faut-il l'étudier ? Conférence faite à des futurs juristes aux Cours Supérieurs de l'Athénée*, Luxembourg, Saint-Paul, 1938.
Majerus, Nicolas, *L'évolution de la justice et du droit*, Luxembourg, Saint-Paul, 1948.
Majerus Nicolas, *Histoire du droit dans le Grand-Duché de Luxembourg*, vol. 1 et 2, Luxembourg, Saint-Paul, 1949.
Martinage, Renée, *Histoire du droit pénal en Europe*, Paris, PUF, 1998.
Martinage, Renée, *Du tribunal criminel à la cour d'assises*, Histoire de la Justice 13 (2001), 25–39.
Menichetti, Johan, *L'écriture de la constitution de l'An VIII. Quelques réflexions sur l'échec d'un mécanisme révolutionnaire*, Napoleonica. La Revue 13 (2013), 68–83.
Mersch, Jules, *Biographie nationale du pays de Luxembourg*, fascicules 1–21, Luxembourg, Saint-Paul, 1947–1975.
Mettgenberg, Wolfgang, *Luxemburg. Juristisch-politische Kriegserinnerungen*, Zeitschrift für Völkerrecht 11:4 (1919), 409–460.
Metzler Léon, *Mélanges de Droit Luxembourgeois*, Bruxelles/Luxembourg, Emile Bruylant/Joseph Beffort, 1949.
Michielsen, Joeri, *The "nazification" and "denazification" of the courts in Belgium, Luxembourg and the Netherlands. The Belgian, Luxembourg and Netherlands courts and their reactions to occupation measures and measures from their governments returning from exile*, Dissertation, Université de Maastricht, 2004.
Milburn, Philip (ed.), *Les procureurs de la République. De la compétence personnelle à l'identité collective*, Paris, Mission de Recherche Droit et Justice, 2007.
Ministère d'État, Direction Générale des affaires étrangères, *Neutralité du Grand-Duché pendant la guerre de 1914–1918*, Luxembourg, Victor Buck, 1919.
Ministère de la Justice du G.-D. de Luxembourg (ed.), *Pour mieux connaître nos établissements pénitentiaires*, Luxembourg, Ministère de la Justice, 1940.
Ministerium der Justiz Rheinland-Pfalz (ed.), *Justiz im Dritten Reich. Justizverwaltung, Rechtsprechung und Strafvollzug auf dem Gebiet des heutigen Landes Rheinland-Pfalz* (Schriftenreihe des Ministeriums der Justiz, vol. 3). Francfort-sur-le-Main, Peter Lang, 1995.
Moyn, Samuel, *The last Utopia. Human Rights in History*, Harvard, Harvard University Press, 2012.
Mucchielli, Laurent, *L'évolution de la délinquance des mineurs et de son traitement pénal*, Les Cahiers dynamiques 58 (2013), 6–17.
Münch, Ingo von (ed.), *Gesetze des NS Staates. Dokumente eines Unrechtssystems*, Paderborn, Ferdinand Schöningh, 1994.

Nandrin, Jean-Pierre, *Les nominations judiciaires de 1832. Enjeux constitutionnels et politiques et légitimation du nouvel État belge*, in : Lenders, Piet (ed.), *Le personnel politique dans la transition de l'Ancien Régime au Nouveau Régime en Belgique (1780–1830)*, Kortrijk-Heule, UGA, 1993, 41–69.

Nandrin, Jean-Pierre, *Hommes et normes. Le pouvoir judiciaire en Belgique aux premiers temps de l'indépendance (1832–1848)*, Université catholique de Louvain, 1995.

Nandrin, Jean-Pierre, *La justice de paix à l'aube de l'indépendance de la Belgique (1832–1848). La professionnalisation d'une fonction judiciaire*, Bruxelles, Publications des facultés de Saint Louis, 1998.

Neyen, Auguste, *Biographie luxembourgeoise. Histoire des hommes distingués originaires de ce pays, considéré à l'époque de sa plus grande étendue, ou qui se sont rendus remarquables pendant le séjour qu'ils y ont fait*, Luxembourg, P. Bruch, 1860.

Nilles, Philippe, *La justice criminelle au Luxembourg sous le Consulat et l'Empire (1799–1811)*, Mémoire scientifique réalisé dans le cadre des travaux de fin de stage de la carrière de conservateur aux archives nationales, 2010.

Niveau, Gérard, *Évaluation de la dangerosité et du risque de récidive*, Paris, L'Harmattan, 2011.

Nypels, J.S.G, *Le code pénal belge interprété, principalement au point de vue de la pratique*, Bruxelles, Bruylant, vol. 1, 1867 et vol. 2, 1878.

Observatoire des mutations institutionnelles et juridiques, *La justice administrative en Europe*, Paris, Presses universitaires de France, 2007.

Office de la statistique générale, *Annuaire Officiel 1946* (32 année), Luxembourg, Victor Bück, 1946.

Ordre des avocats du barreau de Liège (ed.), *Deux siècles de libertés, Colloque multidisciplinaire organisé les 8 et 9 septembre 2011 par l'Ordre des Avocats du barreau de Liège à l'occasion de son bicentenaire*, Liège, Ordre des Avocats du barreau de Liège, 2011.

Parquet général du Grand-Duché de Luxembourg, *La justice en chiffres 2016*.

Parquet général du Grand-Duché de Luxembourg, *La justice en chiffres 2017*.

Parquet général du Grand-Duché de Luxembourg, *La justice en chiffres 2018*.

Parquet général du Grand-Duché de Luxembourg, *La justice en chiffres 2019*.

Parquet général du Grand-Duché de Luxembourg, *La justice en chiffres 2020*.

Payot, Lisa, *Les prisons du département des Forêts. Les ambitions françaises face aux réalités luxembourgeoises (1795–1815)*, Mémoire réalisé sous la direction du Professeur Xavier Rousseaux, Faculté de philosophie, arts et lettres, Université catholique de Louvain, 2020.

Péporté, Pit/Kmec, Sonja/Majerus, Benoît/Margue, Michel, *Inventing Luxembourg. Representations of the past, space and language from the nineteenth to the twenty-first century*, Leiden/Boston, Brill, 2010.

Perrot, Michèle, *Délinquance et système pénitentiaire en France au XIXe siècle*, Annales. Economies, sociétés, civilisations 30 (1975), 67–91.

Pescatore, Pierre, *Conclusion et effet des traités internationaux selon le droit constitutionnel, les usages et la jurisprudence du Grand-Duché de Luxembourg*, Luxembourg, Office des imprimés de l'État, 1964.

Pescatore, Pierre, *Les travaux du 'groupe juridique' dans la négociation des traités de Rome*, Hémecht 34 (1982), 145–161.

Pescatore, Pierre, *Études de droit communautaire européen 1962–2007*, Bruxelles, Bruylant, 2008.

Pescatore, Pierre, *Conclusion et effet des traités internationaux selon le droit constitutionnel, les usages et la jurisprudence du Grand-Duché de Luxembourg*, Luxembourg, Office des imprimés de l'État, 1964, réimpression Bruxelles, Bruylant, 2009.

Pescatore, Pierre, *Introduction à la science du droit*, 2e réimpression, Luxembourg, Bruylant, 2009.

Petit, Jacques-Guy, *Ces peines obscures : la prison pénale en France 1780–1875*, Paris, Fayard, 1990.

Pradel, Jean, *Histoire des doctrines pénales*, Paris, PUF,1989.

Publications de la commission permanente de statistique, *Annuaire Officiel 1919* (10e année), Luxembourg, Victor Buck, 1919.

Publications de l'office de statistique, *Annuaire officiel 1937* (28e année), Luxembourg, Victor Buck, 1937.

Publications de l'office de statistique, *Annuaire officiel 1940* (31e année), Luxembourg, Victor Buck, 1940.

Putz, Jean-Luc, *Aux origines du droit du travail : éléments de réflexion sur la genèse et sur l'État actuel du droit du travail luxembourgeois*, tome 1, *La loi, les libertés et les acteurs*, Windhof, Promoculture Larcier, 2014.

Ravarani, Georges, *La constitution luxembourgeoise au fil du temps*, Annales du droit luxembourgeois 17–18 (2007–2008), 59–83.

Riassetto, Isabelle/Heuschling, Luc/Ravarani, Georges (edd.), *Liber amicorum Rusen Ergeç*, Luxembourg, Pasicrisie luxembourgeoise, 2017.

Rouff, Jeanne, *Quelques réflexions sur la justice – Allocution prononcée par Madame la Procureure d'Etat Jeanne Rouff à l'occasion de son départ à la retraite*, Pasicrisie Luxembourgeoise 29 (1993).

Rousseaux, Xavier, *Droit pénal en Belgique au 19e siècle en perspective historique*, Revue d'histoire du droit 61 (1993), 453–470.

Rousseaux, Xavier, *Le personnel judiciaire en Belgique à travers les Révolutions (1780–1832). Quelques hypothèses de recherches et premiers résultats*, in : Lenders, Piet (ed.), *Le personnel politique dans la transition de l'Ancien Régime au Nouveau Régime en Belgique (1780–1830)*, Kortrijk-Heule, UGA, 1993, 13–40.

Rousseaux, Xavier/Levy, René (edd.), *Le pénal dans tous ses États. Justice, États et sociétés en Europe (XIIe-XXe siècles)*, Bruxelles, Presses de l'Université Saint Louis, 1997.

Rousseaux, Xavier/Dupont-Bouchat, Sylvie/Vael, Claude (edd.), *Révolutions et justice pénale en Europe. Modèles français et traditions nationales (1780–1830)*, Paris, L'Harmattan, 1999.

Rousseaux, Xavier, *Politique judiciaire, criminalisation et répression. La révolution des juridictions criminelles (1792–1800)*, in : Martin, Clément (ed.), *La Révolution française à l'œuvre. Perspectives actuelles dans l'histoire de la Révolution française*, Rennes, Presses universitaires de Rennes, 2005, 89–114.

Rousselet, Marcel, *Histoire de la magistrature française des origines à nos jours*, vol. 1 et 2, Paris, Plon, 1957.

Royer, Jean-Pierre, et al. (edd.), *Histoire de la Justice en France du XIIIe siècle à nos jours*, Paris, Presses universitaires de France, 4e éd., 2010.

Salas, Denis, *Parquets européens entre pouvoir judiciaire et politiques pénales*, Droit et société 74 (2020), 91–103.

Sauer, Carola, *Contrôle Juridictionnel des Lois Au Luxembourg*, Bruxelles, Larcier, 2019.

Schaack, Raymond, *Le tribunal criminel du département des Forêts pendant les années IV à VII de la République*, mémoire scientifique, Luxembourg, 1963.

Schaack, Raymond, *Le tribunal criminel des Forêts sous le Directoire*, Hémecht 17 (1965), 23–44.

Schaack, Raymond, *Le tribunal criminel des Forêts. Les Révolutionnaires de 1789 ont-ils réussi à humaniser la justice ?*, Hémecht 19 (1967), 441–455.

Schaack, Raymond, *Crimes et criminels au temps du Directoire*, Hémecht 21 (1969), 5–56.

Schätzel, Walter, *Urteil des luxemburgischen Kriegsverbrechengerichts vom 25. Oktober 1948*, Archiv des Völkerrechts, 1 : 4 (mai 1949), 509–512.

Schmit, Paul/Servais, Emmanuel, *Précis de droit constitutionnel. Commentaire de la constitution luxembourgeoise, avec une version coordonnée du texte de la Constitution*, Luxembourg, Saint Paul, 2009.

Scuto, Denis, *La nationalité luxembourgeoise (XIXe-XXIe siècles), Histoire d'un alliage européen*, Bruxelles, Éditions de l'Université de Bruxelles, 2012.

Scuto, Denis, *Staatsbildung und Staatsangehörigkeitsrecht in Luxemburg. Zwischen Inklusion und Exklusion (1804–1940)*, in : Franz, Norbert/Lehners, Jean-Paul (edd.), *Nationenbildung und Demokratie. Europäische Entwicklungen gesellschaftlicher Partizipation* (Luxemburg-Studien 2), Francfort, Peter Lang Edition, 2013, 249–280.

Scuto, Denis, *Une histoire contemporaine du Luxembourg en 70 chroniques*, Luxembourg, Fondation Robert Krieps, 2019.

Seiwerath, Richard, *Occupés et occupants. La population luxembourgeoise et les troupes allemandes 1914–1918*, Thèse doctorale, Université de Liège, 2017/2018.

Service information et presse du gouvernement luxembourgeois, *Le Conseil d'État du Grand-Duché de Luxembourg*, Luxembourg, Service information et presse, 2013.

Sizaire, M.-A., *Justice et législation civiles (régime foncier) dans le sud-ouest du département des Forêts (1795–1804)*, Mémoire de licence, Université catholique de Louvain, 1975.

Spang, Paul, *Von der Zauberflöte zum Standgericht. Naziplakate in Luxemburg*, Luxembourg, Saint-Paul, 1982.

Spielmann, Alphonse, *La peine de mort au Grand-Duché de Luxembourg*, Revue de science criminelle et de droit pénal comparé 3 (Juillet-Septembre 1976), 661–692.

Spielmann, Alphonse, *L'élan brisé*, d'Letzeburger Land 42 (1978) ; *La criminalité : mythe et réalité. L'élan brisé, 2ème partie*, d'Letzeburger Land 46 (1978) ; *Un retour à des conceptions d'un autre âge. L'élan brisé, 3e partie*, d'Letzeburger Land 46 (1978) ; *L'élan brisé ? Certes*, d'Letzeburger Land 48 (1978).

Spielmann, Alphonse, *À propos du boulet, ou, Un hommage à Paul Eyschen*, Luxembourg, Imprimerie centrale, 1982.

Spielmann, Alphonse, *Des suicides dans nos prisons (« à quatre étoiles »?)*, Luxembourg, Imprimerie centrale, 1982.

Spielmann, Alphonse, *L'exécution des peines – Un éternel problème*, in : Conférence Saint-Yves (ed.), *Diagonales à travers le droit luxembourgeois. Livre jubilaire de la Conférence Saint-Yves 1946–1986*, Luxembourg, Saint-Paul, 1986, 831–846.

Spielmann, Alphonse, *De l'abolition du jury à la suppression de la Cour d'assises au Grand-Duché de Luxembourg*, Revue de droit pénal et de criminologie 67 (1987), 719–733.

Spielmann, Alphonse/Weitzel, Albert/Spielmann, Dean, *La Convention européenne des droits de l'homme et le droit luxembourgeois*, Bruxelles, Nemesis, 1991.

Spielmann, Alphonse, *De la peine de mort au Luxembourg. La longue marche vers l'abolition*, in : *Hommage à l'Athénée*, vol. 4, Luxembourg, Saint-Paul, 2003, 237–246.

Spielmann, Dean, *Le Luxembourg devant la Cour européenne des droits de l'homme. Recueil de jurisprudence (1995–2003)*, Bruxelles, Buylant, 2003.

Seys, Christophe/Shadili, Gérard, *Le traitement pénal de la délinquance des mineurs. Évolution, bilan et perspectives*, L'information psychiatrique 86 (2010), 869–875.

Statec, *Statistiques judiciaires*, Bulletin du Statec 22 (1976), 82–120.

Statec, *Statistiques historiques, 1839–1989*, Luxembourg, STATEC, 1990.

Statec, Weides Robert (edd.), *L'économie luxembourgeoise au 20e siècle*, Esch-sur-Alzette, Le Phare, 1999.

Steinmetz, Jill, *« Kämpfer mit dem überzeugenden Wort ». Die Verteidigungsstrategie des Rechtsanwalts Kurt Heim im Kriegsverbrecherprozess gegen Gestapobeamte vor dem Gerichtshof des Großherzogtums Luxemburg (1949–1951)*, in : Grotum, Thomas (ed.), *Die Gestapo Trier. Beiträge zur Geschichte einer regionalen Verfolgungsbehörde*, Cologne, Böhlau, 2018, 275–292.

Stevens, Fred, *Guillaume Ier, codificateur du royaume des Pays-Bas et la « renationalisation » du droit (1815–1831)*, in : Bousmar, Eric/Desmette, Philippe/Simon, Nicolas (edd.), *Légiférer, gouverner et juger. Mélanges d'histoire du droit et des institutions (IXe-XXe siècles) offerts à Jean-Marie Cauchies à l'occasion de ses 65 ans*, Bruxelles, Presses de l'Université Saint-Louis, 2016, 465–485.

Taylor, Ian/Walton, Paul/Young, Jock, *The New Criminology. For a social Theory of Deviance*, London, Routledge, 1973.

Theis, Vincent, *Le travail des détenus au centre pénitentiaire agricole de Givenich*, travail non publié, 1988.

Theis, Vincent, *Psychosoziale und sozialpädagogische Betreuung im geschlossenen Justizvollzug*, travail non publié, 2008.

Theis, Vincent, *La prison dans son contexte historique. Ses débuts, son évolution, sa situation actuelle*, Forum für Politik, Gesellschaft und Kultur 295 (2010), 7–12.

Thewes, Guy, *La justice des Lumières au Duché de Luxembourg. La réforme judiciaire de Joseph II*, Hémecht 44 (1992), 523–541.

Thewes, Guy, *La réforme administrative de Joseph II dans le duché de Luxembourg*, Hémecht 53 (2001), 529–544.

Thewes, Guy, *Les gouvernements du Grand-Duché de Luxembourg depuis 1848*, Luxembourg, Service Information et Presse, 2011.

Thewes, Marc, *La profession d'avocat au Grand-Duché de Luxembourg*, Bruxelles, Larcier, 2015 (2e éd.).

Thomas, Bernard, *« Les magistrats luxembourgeois ont appliqué bien docilement le droit allemand et nazi ». Un entretien avec l'ancien procureur général, Robert Biever*, Luxemburger Land, 2021, https://www.land.lu/page/article/636/337636/DEU/index.html [dernière consultation: 27.07.2021].

Tort, Olivier, *La magistrature française face aux deux Restaurations (1814–1815)*, Revue d'histoire du XIXe siècle 49 (2014), 93–107.

Tournier, Pierre, *Loi pénitentiaire. Contexte et enjeux*, Paris, L'Harmattan, 2007.

Trausch, Gilbert, *La répression des soulèvements paysans de 1798 dans le département des forêts (aspects et problèmes)*, Luxembourg, Section historique de l'Institut grand-ducal, 1967.

Trausch, Gilbert, *Le Luxembourg à l'époque contemporaine. Du partage de 1839 à nos jours*, Bourg-Bourger, Luxembourg, 1975.

Trausch, Gilbert, *Du particularisme à la nation. Essais sur l'histoire du Luxembourg de la fin de l'Ancien Régime à la Seconde Guerre mondiale*, Luxembourg, Saint-Paul, 1988.

Trausch, Gilbert, *Histoire du Luxembourg*, Paris, Hatier, 1992.
Trausch, Gilbert (ed.), *La Gendarmerie au Luxembourg. 1797–1997*, Luxembourg, Saint-Paul, 1997.
Trausch, Gilbert, *La Stratégie Du Faible : Le Luxembourg Pendant La Première Guerre Mondiale (1914–1919)*, in : *Le Rôle et la Place des Petits Pays en Europe Au XXe Siècle, Small Countries in Europe. Their Role and Place in the XXth Century* (Publications du Groupe de liaison des historiens à la Commission des Communautés européennes, vol. 6), Baden-Baden/Bruxelles, Nomos Verlag/Bruylant, 2005, 45–176.
Trépanier, Jean/Rousseaux, Xavier (edd.), *Youth and justice in Western states, 1815–1950. From punishment to welfare*, Cham, Springer International Publishing, 2018, https://doi.org/10.1007/978-3-319-66245-9.
Trodoux, Josy, *Le « tribunal de police correctionnelle » de Habay-la-Neuve sous le Directoire (1795–1800). Une approche quantitative*, Mémoire de Master, Université catholique de Louvain, 1997.
Truche, Pierre, *Le juge et la presse*, Esprit 210 (mars–avril 1995), 5–12.
Van Dijk, J. J. M., *L'influence des médias sur l'opinion publique relative à la criminalité. Un phénomène exceptionnel ?*, Déviance et société 4 (1980), 107–129.
Vanhulle, Bert, *Dreaming about the prison. Edouard Ducpétiaux and Prison Reform in Belgium (1830–1848)*, Crime, History & Societies 14 (2010), 107–130.
Van Ruller, Sibo, *Genade voor recht. Gratieverlening aan ter dood veroordeelden in Nederland 1806–1870*, Amsterdam, De Bataafsche Leeuw, 1987.
Vimont, Jean-Claude, *La prison à l'ombre des hauts murs*, Paris, Gallimard, 2004.
Velle, Karel, *Het Openbaar Ministerie in België (1796–1995). Organisatie, bevoegdheden en archiefvorming*, Bruxelles, Algemeen Rijksarchief en Rijksarchief in de Provinciën, Miscellanea archivistica studia 66, 1995.
Wagener, Renée, *Vive la république ! Vive la Grande-Duchesse ! Die parlamentarischen Debatten über die Zukunft der Luxemburger Monarchie im Winter 1918/1919*, in : Claude Frieseisen/Marie-Paule Jungblut/Michel Pauly (edd.), *La volonté de la chambre qui est la volonté du pays. Un florilège de débats parlementaires luxembourgeois (1848–2008)*, 53–75.
Warlomont, René, *Les idées modernes de Joseph II sur l'organisation judiciaire dans les Pays-Bas autrichiens*, Revue d'histoire du droit 27 (1959), 269–289.
Wassenberg, Birte, *Histoire du Conseil de l'Europe (1949–2009)*, Bruxelles, Peter Lang, 2012.
Weber, Josiane, *Politische Eliten in Luxemburg : die Rekrutierung der Minister in der zweiten Hälfte des 19. Jahrhunderts*, Forum für Politik, Gesellschaft und Kultur Luxembourg 314 (jan. 2012), 21–24.
Weber, Josiane, *Familien der Oberschicht in Luxemburg. Elitenbildung & Lebenswelten, 1850–1900*, Luxembourg, Guy Binsfeld, 2013.
Weber, Josiane, *Großherzogin Marie Adelheid von Luxemburg. Eine politische Biografie (1912–1919)*, Luxembourg, Éditions Guy Binsfeld, 2019.
Welter, Félix, *Cour supérieure de justice, Discours prononcé à l'audience solennelle du 23 septembre 1954*, Pasicrisie luxembourgeoise, tome 16, 30–114.
Weides, Robert (ed.), *L'économie luxembourgeoise au XXe siècle*, Luxembourg, Éditions Le Phare, 1999.
Wesel, Uwe, *Geschichte des Rechts in Europa. Von den Griechen bis zum Vertrag von Lissabon*, Munich, C.H. Beck, 2010.

Wiwinius, Jean-Claude, *L'indépendance de la justice. Discours à l'occasion de sa réception comme président de la Cour supérieure de Justice le 6 octobre 2016*, Pasicrisie Luxembourgeoise 37 (2016), 639–648.

Yegles-Becker, Isabelle, et al., (edd.) *Les demeures de la justice : du Palais de justice à la Cité judiciaire*, Luxembourg, Service Information et Presse, 2009.

Index des noms de personnes

https://doi.org/10.1515/9783110679656-204